Lothar Bendel

Das große Früchte- und Gemüselexikon

Lothar Bendel

Das große Früchte- und Gemüselexikon

Albatros

Titel der Originalausgabe:
Wissenswertes über Früchte und Gemüse

Die Deutsche Bibliothek – CIP-Einheitsaufnahme
Ein Titeldatensatz für diese Publikation ist bei
Der Deutschen Bibliothek erhältlich.

Umschlaggestaltung: Hauptmann und Kampa, Werbeagentur, CH-Zug
unter Verwendung eines Gemäldes
von Louise Moillon »Stilleben« (Früchte und Gemüse), 1637
Fondazione Thyssen – Bornemisza, Villa Favorita, Lugano-Castagnola

ISBN 3-491-96066-5
www.patmos.de

Vorwort

Sie möchten wissen, ob Sie eine Apfelsine zur Zubereitung einer gefrorenen Süßspeise verwenden können? Oder wie Sie den Reifegrad einer Ananas überprüfen? Oder auch wie hoch der Vitamin C-Gehalt einer Kiwi im Vergleich zur Sauerkirsche ist? Und ob der Eisengehalt im Spinat wirklich so hoch anzusetzen ist, wie immer behauptet wird? - Die Antworten auf diese und zahlreiche andere Fragen finden Sie in diesem neuen Buch: „Wissenswertes über Früchte und Gemüse" gibt rasche und verläßliche Auskunft über alle Bereiche rund um das Thema - kompetent, kompakt und auf durchaus unterhaltsame Weise. In einer kurzen Einleitung werden die Hauptbegriffe „Pflanzen", „Obst", „Früchte" und „Gemüse" auf verständliche Weise erläutert. Im alphabetischen Teil wird auf Herkunft und geschichtliche Bedeutung des jeweiligen Gemüses oder der Frucht eingegangen und Aussehen, Geschmack, Verwendung und Zubereitung sowie Lagerung, Inhaltsstoffe und volksmedizinische Bedeutung behandelt. Daneben listet das Buch alle gängigen und auf den heimischen Märkten erhältlichen Sorten auf und gibt weiterführende Tipps. Eine Kalorientabelle und ein umfangreiches Glossar, das alle bekannten regionalen, dialektalen und fremdsprachlichen Synonyme auflistet, komplettieren den Band. Mit Hilfe dieses Verzeichnisses können sich etwa Restaurantbesitzer, die eine italienische Woche veranstalten wollen, die entsprechenden Fachausdrücke heraussuchen und für ihre Speisenkarte verwenden.

Das Buch ist gedacht sowohl für Hausfrauen und Hausmänner als auch für versierte Köchinnen und Köche, für Serviererinnen und Kellner, für Mitarbeiter in Supermärkten und Gemüseläden, für Hobbyköche und Auszubildende im Hotel- und Gaststättengewerbe - kurz: für alle, die sich nicht nur mit der Information zufrieden geben wollen, dass eine Orange Vitamin C-haltig ist.

Zur Einführung:
Pflanzen - Obst - Früchte - Gemüse

Pflanzen

Allgemeines, Herkunft, Geschichtliche Bedeutung
Unter Pflanzen versteht man eine formenreiche Organismengruppe, die gemeinsam mit den Tieren und dem Menschen die Biosphäre besiedelt. Sie liefern Nahrungs-, Futter- und Heilmittel, sowie Nutz- und Industriepflanzen, die Rohstoffe für Bekleidung, Behausung und Werkzeuge sind.
Sorten
Blattpflanzen nennt man z.B. Blattkräuter, die meisten Kohlarten, Lauch, Salate und Spinat.
Blütenpflanzen nennt man Blütenziergehölze, Rosen, Sommerblumen wie Tagetes, Stauden, Zwiebelblumen und viele Heilpflanzen.
Fruchtpflanzen nennt man z.B. Auberginen, Beerenobststräucher, Erdbeeren, Gurken, Hülsenfrüchte, Kürbisse, Obstbäume, Tomaten und Zucchini.
Galmeipflanzen/Indikatorpflanzen nennt man Pflanzenarten, aus deren Auftreten man auf eine bestimmte Bodenart schließen kann. (z.B. Kalkpflanzen, Sandpflanzen)
Gewürzpflanzen sind Pflanzen, deren Blätter, Blüten, Früchte, Rinden, Samen, Sprossen oder Wurzeln sich wegen ihres aromatischen oder scharfen Geschmacks und Geruchs als würzende Zugaben zur menschlichen Nahrung eignen.
Heilpflanzen nennt man Pflanzen, die, wenn sie richtig eingesetzt werden, eine heilende Wirkung besitzen. Harmlos sind Naturarzneien deshalb noch lange nicht, denn ein Zuviel des Guten kann zu unerwünschten Reaktionen und sogar zu Krebs führen. Deshalb fordert der Gesetzgeber ab 2004 einen Wirksamkeitsnachweis für Pflanzen-Präparate.
Langtagspflanzen nennt man Pflanzen, die ‚schießen', wenn sie pro Tag mehr als 12 Stunden Licht bekommen. Daher sollten solche Pflanzen im Frühjahr oder Herbst angebaut werden und zwar an einem schattigen Platz.
Ruderalpflanzen/Schuttpflanzen heißen Pflanzen, die man meist wildwachsend auf Schuttplätzen findet.
Volksmedizinische Bedeutung
Die Erkenntnis, dass Pflanzen eine heilende Wirkung haben können, ist älter als die Menschheit. Selbst viele Tiere wissen das ...
Allergiker, die durch den Genuss von Lebensmitteln wie z.B. Ananas, Erdbeeren, Nüsse, Papaya, Sellerie usw., oder durch jahreszeitbedingten Pollenflug wie z.B. Birken-, Haselnuss, Raps- oder Schafgarbepollen in lebensbedrohliche Situationen kommen können, sollten sich bei ihrem Hausarzt einem Allergietest unterziehen und sich beraten lassen, um im Ernstfall mit den entsprechenden Mitteln oder Tipps ausgestattet zu sein.

Tipp
Nach einem Infekt oder einer schweren Krankheit, wenn unser Körper also besonders abwehrgeschwächt ist, kann jedermann zum Allergiker werden, auch wenn jahrelang zuvor keine allergischen Reaktionen auftraten.

Obst

Allgemeines, Herkunft, Geschichtliche Bedeutung
In der Jungsteinzeit, vor etwa 10.000 Jahren, begannen unsere Vorfahren mit dem Anbau von Obst - zuvor entnahmen sie der Natur, was sie an Essbarem fanden, z.B. Holzäpfel, Wilde Birnen, Walnüsse usw.
„Obst" ist die Sammelbezeichnung für in rohem Zustand essbare, meist saftreiche, fleischige Früchte bzw. die Samenkerne von Wild- und Kultursorten mehrjähriger Bäume und Sträucher.
Das Wort „Obst" stammt möglicherweise von den althochdeutschen Worten „Obaz" oder „azen" = „essen" ab.
Aussehen
Eine schöne Farbe und Form von Obst sagt nichts über dessen Qualität aus, vielmehr enthält ein solches meist mehr Chemie!
Sorten
Backobst/Dörrobst wird meist unter der Bezeichnung „Mischobst/Mischfrüchte" gehandelt und besteht aus getrockneten Äpfeln, Aprikosen, Birnen, Kirschen, Pfirsichen, Pflaumen, und/oder Feigen. Im Unterschied zu Trockenobst/Trockenfrüchten wird Backobst bei höheren Temperaturen, meist über 100°C getrocknet. Dabei entwickeln manche Früchte ein eigenes Aroma, das für verschiedene Gerichte besonders geschätzt wird. Wie Trockenobst muss auch Backobst luftig und trocken aufbewahrt und laufend auf Milbenbefall kontrolliert werden! Tiefgekühlt und gut verpackt lässt sich Backobst bis zu 6 Monate aufbewahren.
Beerenobst nennt man meist mehrsamige Früchte mit einer fleischigen Fruchtwand (z.B. Weinbeere, Johannisbeere).
Fallobst ist Obst, das entweder bedingt durch seinen hohen Reifegrad, durch Sturm oder andere Umstände zu Boden gefallen ist. Es sollte sofort verarbeitet - also eingekocht, oder zu Most und Apfelwein verarbeitet werden.
Kernobst/Kernfrüchte nennt man Obst, dessen häutiges, pergamentartiges Kerngehäuse, welches den Kern oder Samen enthält, von genießbarem Fruchtfleisch umschlossen ist. Zum Kernobst zählen z.B.: Apfel, Birne, Hagebutte, Nashi und Quitte.
Mischobst/Mischfrüchte (siehe unter „Backobst")
Obstkraut nennt man weichgekochtes Obst, dessen abgepresster Saft noch zusätzlich eingedämpft wurde.
Schalenobst/Schalobst ist die handelsübliche Sammelbezeichnung für Hasel-, Kokos-, Para-, Walnüsse, Esskastanien, Mandeln, Pistazie u.a. Schalenfrüchte. Diesen Fruchtarten gemeinsam ist, dass nur der Samen, nicht aber das Fruchtfleisch essbar ist. Schalenobst unterscheidet sich durch Eiweißreichtum und Ölhaltigkeit drastisch in seiner chemischen Zusammensetzung von den anderen Obstsorten. Schalenobst

wird deshalb von manchen Autoren nicht zum Obst gerechnet, weil nur der von einer verholzten Schale umgebene Samen genossen wird.
Steinobst/Steinfrüchte nennt man Obst, bei dem das weiche, von einer dünnen Haut umgebene, Fruchtfleisch einen sehr harten samenhaltigen Steinkern umschließt. Zum Steinobst zählen z.B.: Aprikosen, Mirabellen, Nektarinen, Pfirsiche, Pflaumen, Renekloden, Süß- und Sauerkirschen und Zwetschen.
Streuobst nennt man Kern- und Steinobst von unregelmäßig angelegten, nicht intensiv gepflegten Hoch- und Halbstammpflanzungen.
Tafelobst ist die Handelsbezeichnung für handgepflückte Äpfel, Birnen, Pflaumen, Pfirsiche, Tafeltrauben und andere Obstarten, die sich durch eine überragende äußere und innere Qualität auszeichnen und sich bevorzugt für den Frischverzehr eignen.
Trockenobst/Trockenfrüche nennt man reifes, getrocknetes Obst, das sowohl in der Sonne, in der Luft oder in Trockenmaschinen getrocknet worden sein kann.
Weichobst ist die Sammelbezeichnung für Stein- und Beerenobst.

Hauptinhaltsstoffe

Obst ist größtenteils reich an Vitaminen, Mineralstoffen und Spurenelementen.

Verwendung, Zubereitung

Vor dem Verzehr sollte Obst immer gründlich gewaschen werden; einige Sorten kann man auch zusätzlich durch kräftiges Abreiben von oberflächlichen Schadstoffen befreien.

Lagerung

Obst sollte kühl und dunkel gelagert werden, denn die Bioaktivstoffe sind licht- und luftempfindlich.

Volksmedizinische Bedeutung

Wer täglich Obst isst, kann damit sein Herzinfarkt- und Krebsrisiko deutlich verringern.

Tipp

Wenn man Obst zerkleinert (z.B. für Obstsalat), gehen innerhalb von einer Stunde bis zu 50% der Vitamine verloren! Dies kann man verhindern, indem man geschnittenes Obst mit Zitronensaft beträufelt, da die Zitronensäure den Vitaminabbau bremst.

Früchte

Fruit: engl., Fruits: franz., Frukte: schwed., Frutta: ital.

Allgemeines, Herkunft, Geschichtliche Bedeutung

Als Früchte bezeichnet man aus Blüten hervorgehende pflanzliche Organe (Baumfrüchte), die die Samen bis zur Reife bergen und meist auch der Samenverbreitung dienen.
Bedauerlicherweise wird mit dem Herkunftsland von Früchten oft gemogelt. Die Kunden sollen glauben, sie kaufen Waren aus der Region, dabei stammen sie aus dem Ausland, wo meist Pestizide in großer Menge eingesetzt werden (meist wird über 16 mal gespritzt!). Auf dem Karton, in dem die Früchte liegen, steht oft das echte Herkunftsland.

Sorten

Beerenfrüchte nennt man Schließfrüchte mit fleischiger Fruchtwand und meist mehreren im Fruchtfleisch eingebetteten Samen (z.B. Johannisbeeren, Stachelbeeren, Holunder, Heidelbeeren, aber auch die Gemüsearten Tomate, Gurke, Kürbis).

Belegfrüchte/Belegobst/Dickzuckerfrüchte/Fruits confits: franz./Kandierte Früchte/Kanditen: österr./Konfitfrüchte nennt man Früchte, überwiegend Zitrusfrüchte, die zuerst in ein Salzbad getaucht werden, wodurch die Zellen aufnahmefähiger für Zucker werden. Danach werden sie in konzentrierter Zuckerlösung getränkt und anschließend, wenn die Dickzuckerlösung abgelaufen und abgetropft ist, getrocknet. Außer Zitronat und Orangeat dürfen alle kandierten Früchte gefärbt werden; auch eine Behandlung mit Schwefeldioxyd ist zulässig. Kandierte Früchte verwendet man z.B. zum Belegen und als Einlage von Torten, Gebäck, Desserts und Eiscrème.

Buntfrüchte ist der im Handel gebräuchliche Fachausdruck für tiefgekühlte Erdbeeren, Himbeeren, Brombeeren, Rote und Schwarze Johannisbeeren, Kirschen und andere farbige Früchte.

Deckfrucht/Überfrucht ist die landwirtschaftliche Bezeichnung für eine Feldfrucht, in die eine Zwischenfrucht (Untersaat) eingesät ist, um dieser Schutz zu geben (z.B. Raps in Klee).

Dessertfrüchte nennt man qualitativ hochwertige Früchte, die in Spirituosen eingelegt wurden.

Dosenfrüchte/Dosengemüse/Konservenobst/Konservengemüse nennt man in Dosen oder Gläser konservierte Früchte. Konserven sind oft 80% preiswerter als frische Ware. Aber was ist mit den Vitaminen? Dosenfrüchte werden bis 130°C erhitzt und dadurch keimfrei gemacht. Dennoch: Die verbesserten Herstellungsverfahren sind viel vitaminschonender geworden, da keine Konservierungsstoffe mehr verwendet werden. Dosenpfirsiche enthalten z.B. immerhin ca. 50% ihrer natürlichen Vitamine. Das entspricht in etwa dem Vitamingehalt eines frischen Pfirsichs, der bei Zimmertemperatur schon zwei Tage in der Obstschale gelegen hat.

Dunstfrüchte/Dünstfrüchte/Dunstobst nennt man Kompottfrüchte, die nur mit etwas Wasser statt mit Zuckerlösung gedünstet wurden.

Essigfrüchte nennt man Obst – meist Birnen und Pflaumen – das gekocht und anschließend süß-sauer, d.h. in Weinessig mit Zucker, Nelken und Zimt eingelegt wurde.

Exotische Früchte ist der Sammelbegriff für in den Tropen und Subtropen wild wachsende wie auch kultivierte Obst- und Gemüsearten, die bei uns noch wenig bekannt sind. Exotische Früchte lösen bedauerlicherweise zunehmend häufiger Allergien aus und können zu einem Genuss voller Reue werden, da sie mitunter Nesselsucht, Asthma, Darmbeschwerden und besonders am Mund grotesk aussehende Schwellungen (Ödeme) auslösen können. Auch unter ökologischen Gesichtspunkten sind Exoten kritisch zu bewerten, da der Energieaufwand für Anbau und Transport sehr hoch ist.

Flambales ist der Oberbegriff für Früchte, die in hochprozentigen Weinbrand eingelegt sind, z.B. in Arrak, Gin, Wodka usw.

Frucht nennt der Ackerbauer nicht nur Baumfrüchte, sondern in erster Linie die Feldernte (Getreide).

Fruchtgelee/Götterspeise/Wackelpeter nennt man mit Gelatine angedickten, etwas ‚schwabbeligen' Fruchtsaft.

Geleefrüchte nennt man aromatisierte Nachbildungen von Früchten aus Gelee.
Hackfrüchte sind Kulturpflanzen, bei denen während ihrer Entwicklung der Boden zum Zwecke der Ertragssteigerung wiederholt gehackt werden muss. (z.B. Kartoffeln, Rüben, Topinambur).
Kernfrüchte (siehe Kernobst: unter „Obst".)
Kompottfrüchte/Kompottobst/Compote: franz. nennt man Früchte, die mit Zuckerlösung gegart wurden.
Macédoine nennt man eine rohe oder gekochte, kalte oder heiße Gemüse- oder Früchtemischung.
Mischfrüchte/Mischobst (siehe bei „Obst" unter „Mischobst")
Rumfrüchte nennt man Früchte, die zum Einlegen in den Rumtopf bestimmt sind.
Sammelfrüchte nennt man die aus einzelnen Steinfrüchten verbundenen Fruchtstände. Außen, auf der fleischig verdickten Blütenachse, sitzen die eigentlichen Früchte als kleine Nüsschen. Beispiele: Himbeeren, Brombeeren, Erdbeeren.
Schalfrüchte nennt man Grasfrüchte, deren Frucht- und Samenschale miteinander verwachsen sind, z.B. Gerste, Hafer, Hirse und Mais.
Scheinfrucht nennt man einen Fruchtstand, der zwar einer Einzelfrucht ähnelt, an dessen Bildung aber außer den einzelnen Fruchtknoten noch andere Blütenteile beteiligt sind (z.B. Feige).
Schließfrucht nennt man eine aus einem oder mehreren Fruchtblättern gebildete pflanzliche Einzelfrucht, deren Fruchtwand sich bei der Reife bzw. Verbreitung nicht sofort öffnet, sondern erst nach ihrer Verrottung die Samen freigibt (z.B. Haselnuss und Stachelbeere).
Schotenfrüchte nennt man längliche Kapselfrüchte mit jeweils zwei miteinander verwachsenen Fruchtblättern und mehreren Samen an der Mittelwand. Das Wort „Schote" kommt aus dem Mittelhochdeutschen und bedeutet „bedeckend".
Schwedenfrüchte nennt man verschiedene in Schwedenpunsch eingelegte, rohe Früchte, die meist mit geschlagener Sahne in hohen Glasbechern serviert werden.
Senffrüchte nennt man Früchte, die in Senf, Essig, Zucker und Gewürze eingelegt wurden.
Spaltfrüchte nennt man in mehrere Teilfrüchte (Samen) zerfallende Früchte, z.B. Anis und Kümmel.
Steinfrüchte/Steinobst nennt man Obst, bei dem das weiche, von einer dünnen Haut umgebene Fruchtfleisch einen sehr harten samenhaltigen Steinkern umschließt. Zum Steinobst zählen z.B. Süß- und Sauerkirschen, Pflaumen, Zwetschen, Renekloden, Mirabellen, Pfirsiche, Aprikosen und Nektarinen.
Studentenfutter nennt man eine Mischung aus verschiedenen Trockenfrüchten, Rosinen, Nüssen, Erdnüssen und Mandeln, und zwar deshalb, weil eine Tüte davon bei kniffligen Schulaufgaben helfen soll.
Südfrüchte ist die Sammelbezeichnung für essbare Früchte, die nicht in nördlichen Klimazonen gedeihen, sondern aus südlichen, tropischen und subtropischen Ländern eingeführt werden müssen. Dazu zählen Zitrusfrüchte und Exotische Früchte.
Trockenfrüche/Trockenobst nennt man reife, getrocknete Früchte, die sowohl in der Sonne, in der Luft oder in Trockenmaschinen getrocknet worden sein können. Trokkenfrüchte können übrigens Spannungskopfschmerzen verursachen, da sie oft

schwefelhaltige Substanzen enthalten, die ausschließlich ihrem Aussehen zugute kommen.
Wildfrüchte nennt man die fleischigen, essbaren Früchte wildwachsender heimischer Bäume und Sträucher (z.B. Hagebutte, Sanddorn und Schlehe).
Zitrusfrüchte (siehe dort).

Volksmedizinische Bedeutung

Früchte sollten nie als Nachtisch, sondern immer vor einer oder statt einer Mahlzeit gegessen werden, denn nur dann geben sie ihre wertvollen Inhaltsstoffe am effektivsten an den Körper ab. Wer vor manchen Früchten, Gemüsen oder anderen Nahrungsmitteln Abscheu empfindet, sollte sich auch nicht dazu überwinden, diese unbedingt zu verzehren, da der Körper durch Ekelgefühl darauf aufmerksam machen möchte, dass er die entsprechenden Inhaltsstoffe einfach nicht mag bzw. nicht verträgt.

Tipp

Wer die Konservendose erfand, darüber ist man sich bis heute nicht ganz schlüssig: Der französische Konditor François Appert experimentierte jahrelang mit Dosen aus Keramik, Blech und Glas, bis ihm 1810 die zündende Idee kam, dass Lebensmittel, die unter Luftabschluss erhitzt werden, besonders lange Zeit haltbar gemacht werden können. Parallel zu dieser Erfindung des Franzosen wird auch der englische Kaufmann Peter Durand genannt, der zur gleichen Zeit dieselbe Entdeckung der Dosen-Konservierung gemacht haben soll.

Gemüse

Gemois: hess., Hortalica: port., Legumbres: span., Légumes: franz., Legumes: port., Legumi: ital., Sayoor: ind., Vegetables: engl., Verdura: ital.

Allgemeines, Herkunft, Geschichtliche Bedeutung

Das Wort Gemüse stammt vom althochdeutschen Wort „gimuosi" ab, mit dem früher Breispeisen (Mus) bezeichnet wurden. Heute versteht man unter einem Gemüse ein einjähriges pflanzliches Nahrungsmittel, das aus den Blattstielen einer Staude wuchs, die roh oder, nach besonderer Zubereitung, der menschlichen Ernährung dienen. Davon ausgenommen sind das Obst und Grundnahrungsmittel wie Getreide und Kartoffeln. Auch unreife Erbsen und Bohnen sowie Pilze, Algen und Meertang zählen zu den Gemüsen, vorausgesetzt, sie werden als solches zubereitet. In vielen Staaten, die Gemüse nach Deutschland exportieren, werden heutzutage Pestizide in großer Menge eingesetzt, die durch die Nahrungsaufnahme in unseren Körper gelangen und so gesundheitliche Schädigungen hervorrufen können. Besser ist es darum, deutsches Gemüse zu kaufen.

Aussehen

Je intensiver die Farben von Gemüse sind, desto gesünder ist dieses. Die verschiedenen Handelsklassen von Gemüsen sagen nichts über die Inhaltsstoffe oder ihren Wert aus, sie urteilen allenfalls über Aussehen und Schönheit der Ware.

Sorten

Achard nennt man eine pikante indische Gemüse- und Früchtemischung, die in Würzessig eingelegt ist.
Blattgemüse nennt man Gemüse, bei dem hauptsächlich die Blätter verwendet werden, z.B.: Spinat, Kopfsalat, Feldsalat, Eissalat, Brunnenkresse, Endiviensalat.
Blütengemüse ist der Sammelbegriff für Gemüse wie Blumenkohl, Broccoli und Artischocken, also Gemüsesorten, die, kurz vor der Blüte stehend, geerntet werden.
Bouquet garni: franz. nennt man in Hotelküchen nicht nur das unten angegebene Suppengemüse, sondern es ist auch der französische Fachausdruck für ein Gewürzsträusschen, das in der klassischen Küche aus Lorbeerblatt, Petersilienstängel und Thymianzweig besteht.
Callaloo-Gemüse nennt man junge Tannia- und Taroblätter und -stängel, nachdem sie wie Wirsing oder Spinat zubereitet wurden.
Dörrgemüse ist die frühere Bezeichnung für Trockengemüse.
Essiggemüse ist in Essig eingekochtes Gemüse, z.B. Mixed Pickles.
Fruchtgemüse ist die Sammelbezeichnung für Pflanzen, die sowohl zum Gemüse, als auch zu den Früchten gehören wie etwa Kürbis, Melone, Gurke, Zucchini, Aubergine und Avocado.
Gärgemüse nennt man Gemüse, das durch Milchsäuregärung konserviert wird, z.B. Sauerkraut, Salzgurken und Bohnen.
Gemüsesprossen (siehe „Sprossengemüse“)
Kaisergemüse nennt man Mischgemüse, das aus Broccoli, Blumenkohl und Karotten besteht.
Knollengemüse nennt man Gemüse, dessen Knollen verzehrt werden, z.B.: Kohlrabi, Radieschen, Rote Rüben, Sellerie.
Kohlgemüse. Man unterscheidet zehn verschiedene Kohlsorten:
Blumenkohl, Broccoli, Chinakohl, Grünkohl, Kohlrabi, Rosenkohl, Rotkohl, Spitzkohl, Weißkohl und Wirsing.
Leipziger Allerlei nennt man im Original eine getrennt gekochte Gemüsemischung, die aus Blumenkohlröschen, Möhrchen, Erbsen, Kohlrabi, Spargel und Speisemorscheln besteht und mit einer Bèchamelsauce, die mit etwas Krebsbutter verfeinert wurde, gebunden wird. Garniert wird mit Krebsschwänzen oder gefüllten Krebsnasen. Im Handel erhält man als „Leipziger Allerlei“ meist eine fertig gegarte Gemüsemischung (konserviert oder Tiefkühl-Ware), die nur Erbsen, Möhren und Brechspargel beinhaltet.
Mischgemüse nennt man ein Gemisch aus gedünsteten Gemüsen.
Ortaggi nennen die Italiener Gemüse aus dem Garten.
Präserve ist die vornehme Bezeichnung für Trocken- oder Konservengemüse.
Primeurs (Erstlinge) nennt der Franzose und der Belgier das erste junge Gemüse und Obst des Jahres, das meist aus dem Treibhaus kommt.
Quellgemüse nennt man aufgeweichtes Trockengemüse.
Röstgemüse/Mirepoix: franz. nennt man grobe Würfel von Zwiebeln, Sellerieknolle, Karotten und Lauch, die man angeschmort als geschmacksgebende Zutat an Suppen-, Braten- und Saucenfonds gibt.
Salatgemüse nennt man Gemüse, das auch als Salat zubereitet werden kann.
Salzgemüse nennt man Gemüse, das in hoher Salzkonzentration konserviert wurde.

Samengemüse wie z.B. Bohnen, Erbsen, Linsen, Sojabohnen und Mais wird meist gegart verzehrt, da es im ungegarten Zustand schwer verdaulich ist. Ausnahme: Zuckermais.
Sauergemüse erhält man, wenn man Gemüse, z.B. Gurken oder Perlzwiebeln, in abgekochte, meist süßsaure Marinaden einlegt.
Schotengemüse ist die zusammenfassende Bezeichnung für frisches Gemüse mit der Hülse, z.B. Erbsen und Bohnen.
Senfgemüse nennt man in Senf, Essig, Salz, Zucker und Gewürze eingelegte Gemüse.
Sprossengemüse/Sprossgemüse/Gemüsesprossen war schon vor 5000 Jahren bei den Chinesen als gesunde Nahrung bekannt. Es handelt sich dabei um Keimlinge, die aus eingelegten Samen entstanden sind (z.B. Kresse, verschiedene Bohnensorten, Bambus, Rettich, Linsen, Alfalfa, Erbsen, Getreide u.v.m.). Diese Samen werden in speziellen belgischen, deutschen oder holländischen Betrieben meist unter Glas ohne Pflanzenschutz- und Düngemittel gezüchtet. Samen aus Samenfachgeschäften sind als Sprossengemüse ungeeignet, da sie mit Beizmitteln und Chemikalien behandelt wurden. Sprossengemüse finden Verwendung in Salaten, Suppen, Eintöpfen, Reisgerichten, Quarkspeisen, Konserven, Rohkost oder blanchiert und in Butter gedämpft als warme Beilage. Keimlinge von Samenkörnern, die nicht aufgegangen sind, sollten nicht gegessen werden.
Stengelgemüse/Stielgemüse nennt man Gemüse, bei dem hauptsächlich der *Stängel*/Stiel zubereitet wird, z.B. Bleichsellerie, Spargel, Rhabarber.
Sugo nennt man dickflüssiges Püree aus Gemüse, das mit Pilzen, Kräutern, Fleisch oder Fisch aufgewertet werden darf.
Suppengemüse/Bouquet garni: franz./Gewerzel: frankfurt./Suppenkraut: bremen./ Suppenbund: hamburg./Suppengrün nennt man frische, getrocknete oder gefrorene Wurzelgemüse wie Karotten, Sellerie, Lauch und Petersilienwurzeln, die - zu einem Strauß zusammengebunden oder auch lose - zur Geschmacksverfeinerung von Suppen oder Fonds verwendet werden.
Tiefkühlgemüse ist aus medizinischer und ernährungswissenschaftlicher Sicht ideal und zuweilen sogar besser als frisches Gemüse. Die Gründe: Lange Lagerung von frischem Gemüse bei Zimmertemperatur wie im Supermarkt zerstört die Vitamine. 48 Stunden nach der Ernte hat Gemüse sogar bis zu 80% seines Vitamin-C-Gehaltes verloren. Nach zwei weiteren Tagen im Kühlschrank sind kaum noch Vitamine vorhanden. Perfekt schockgefrostetes Tiefkühlgemüse (-18°C) aus Deutschland hingegen garantiert ein Optimum an Vitaminen und Mineralstoffen. Der Tiefkühlprozess schließt sogar einige Nährstoffe so auf, dass sie der Körper besser nutzen kann. Ein weiterer Vorteil ist der günstigere Preis (bis zu 60% günstiger als frisches Gemüse), zudem entsteht kein Abfall, und auch das Waschen des Gemüses entfällt. Tiefkühlgemüse gibt man seinen frischen Geschmack wieder zurück, indem man es nur kurz mit kochendem Wasser übergießt. Dabei werden alle Spuren des Gefrierwassers weggespült. Der Aufdruck „küchenfertig" auf der Verpackung bedeutet, dass dieses Tiefkühlgemüse bereits fertig geputzt, gewaschen, in verschiedenen Schnitten (z.B.: Scheiben, Würfel, Stifte) zerkleinert und blanchiert für die Zubereitung vorbereitet wurde. Der Aufdruck „garfertig" bedeutet, dass das vorbereitete Gemüse koch-, brat-, back-, grill- oder mikrowellenfertig ist, also nur noch gegart werden muss. Der Aufdruck „aufbereitfertig" bedeutet, dass die meist Teil- oder Komplettgerichte vor-

bereitet oder bereits gegart sind; man muss sie nur noch auf die erforderliche Verzehrtemperatur erwärmen.
Treibhausgemüse nennt man Gemüse, das im Treibhaus aufgezogen wurde. Da es schnell wachsen soll, wird es während des Wachstums stark gedüngt. Durch den Dünger gelangt mehr Nitrat in das Gemüse als bei Freilandware. Da Treibhausgemüse auch sehr anfällig für Schädlinge ist und deshalb auch öfter gespritzt wird, sollte man Gemüse vom Freiland vorziehen.
Tricolora nennt eine renommierte Tiefkühl- und Konservenfirma ein tiefgekühltes Mischgemüse, das aus Broccoli-, Romanesco- und Blumenkohlröschen besteht.
Trockengemüse nennt man Gemüse, das meist maschinell getrocknet wird.
Wiesengemüse/Wissegemeus: hess. nennt man Mischgemüse, das von wildwachsenden Pflanzen wie z.B. von Brennesseln, Löwenzahn, Wiesenknöterich und Sauerampfer zubereitet wurde.
Wildgemüse ist die Sammelbezeichnung für wildwachsende, in der Regel nicht kultivierte und nicht essbare Pflanzen, z.B.: Brennnessel und Sauerampfer. Wildgemüse haben genetische Vorzüge, die bei der Züchtung meist verlorengehen. Aber Vorsicht: Wildgemüse sollte vor dem Verzehr sehr gründlich gewaschen werden, da es durch Bakterien, etwa durch Ausscheidungen des Fuchses oder anderer Wildtiere, verseucht sein kann. Wer diese Regel nicht befolgt, kann beispielsweise von dem sogenannten Fuchsbandwurm befallen werden, der schwere Leber- und Nierenschäden verursachen kann. Jüngst wurde festgestellt, dass jeder dritte Fuchs an dieser Krankheit leidet.
Wintergemüse wird eigentlich schon im Herbst geerntet. Seinen Namen erhielt es, weil es nach der Ernte den ganzen Winter über gelagert werden kann.
Wurzelgemüse/Wurzelwerk/Wurzelzeug nennt man Gemüse, dessen Wurzeln verzehrt werden können, etwa Rettich, Pastinaken, Karotten, Sellerie oder Schwarzwurzeln.
Zwiebelgemüse ist der Sammelbegriff für alle Gemüsearten, die mit der Zwiebel verwandt sind, z.B. Lauch, Schalotten, Knoblauch, Gemüsezwiebeln, Küchenzwiebeln usw.

Verwendung, Zubereitung

Die äußeren Blätter und die dicken Strünke von Gemüsen sollte man grundsätzlich entfernen, da sie meist durch Schwermetalle und Nitrate stark belastet sind. Bevor man Gemüse kocht, sollte man das Kochwasser salzen, weil Salz die auslaugende Wirkung des Wassers einschränkt. Wenn man Gemüse vor dem Dünsten salzt, tritt der Gemüsesaft schneller aus - das Gericht brennt dann nicht so leicht an, und man braucht kein zusätzliches Wasser zum Ablöschen. Gemüse verliert übrigens beim Kochen weniger von seiner appetitlichen Farbe, wenn man es ohne Deckel kocht.
Gemüsefonds sollten möglichst für Gemüsesaucen oder -suppen weiterverwertet werden, da sich darin viele wertvolle Inhaltsstoffe angesammelt haben.
Frisch gepressten Gemüsesaft, den man aus gesundheitlichen Gründen trinken möchte, sollte man sofort nach dem Pressen, und zwar in kleinen Schlucken trinken, da sich die wertvollen Nährstoffe bereits nach kurzer Zeit verflüchtigen.
Gemüse-Eintopf wird besonders schön sämig, wenn man einen Teil des schon gegarten Gemüses im Mixer püriert und es anschließend unter den Eintopf rührt.
Nach neuesten Erkenntnissen sollte man Gemüse nicht, wie lange Zeit empfohlen, in Kupfertöpfen garen, da sich das Kupfer mit den Gemüsebestandteilen verbindet,

wodurch die Vitamine zerstört werden. Als vitaminschonend gelten dagegen Edelstahltöpfe.
Bâtonnet nennt man Gemüse (z.B. Möhren, Knollensellerie, Rüben), das in Pommes-Frites-ähnliche Stäbe geschnitten wurde.
Brunoise nennt man feinwürfelig geschnittenes Wurzelgemüse.
Julienne nennt man feinstreifig geschnittenes Wurzelgemüse.
Mantignon nennt man kleinwürfelig geschnittenes Gemüse (z.B. Karotten, Sellerie, Lauch, Zwiebeln, Petersilienwurzel, Champignonabschnitte), das nach dem Garen entweder im Ganzen oder mit dem Zauberstab püriert in der jeweiligen Sauce verbleibt.
Paysanne nennt man feinblättrig oder in Scheibchen geschnittenes Gemüse.

Lagerung

Gemüse ist zwar, je nach Sorte, kürzer oder länger lagerfähig, doch sollte man wegen des Vitamin- und Mineralstoffverlusts von einer längeren Lagerung absehen. Wenn man z.B. Gemüse im Laden kauft, ist es zwar frisch - vorausgesetzt, es lag nicht schon einige Tage im Gemüseregal -, wenn man dieses Gemüse aber erst drei bis vier Tage später kocht, ist es freilich schon so ‚alt', dass es kaum noch Vitamine und Mineralstoffe enthält. Eine Gemüsekonserve oder Tiefkühlgemüse wäre in diesem Fall die gesündere Lösung. Laut „Stiftung Warentest" vergammeln übrigens 35% aller Lebensmittel im Kühlschrank! Gemüse, das man in Plastikbeutel verpackt oder in Folie eingeschweißt erworben hat, sollte man zu Hause sofort auspacken, da es sonst zu ‚schwitzen' beginnt, was einen raschen Verderb zur Folge hat.

Volksmedizinische Bedeutung

Die sekundären Pflanzenstoffe im Gemüse, die Bakterien abwehren, die Abwehrkräfte stärken und hohen Blutdruck und Blutfette senken, werden erst frei, wenn man Gemüse zerkleinert. Deshalb sollte es gründlich und gut zerkaut werden, denn nur dann kann unser Körper die ‚Natur-Apotheke' voll ausnutzen. Andererseits ist das auch der Grund, weshalb zerkleinertes Gemüse nicht lange aufbewahrt werden soll, denn dann verflüchtigen sich die wertvollen Inhaltsstoffe im Nu.
Rohes Gemüse ist schwer verdaulich, zu frischem Saft gepresst wird es jedoch zu 100% sofort vom Körper aufgenommen.

Tipp

„Flotte Lotte" nennt man eine Passiermühle, mit der man gegarte Gemüse oder Früchte durch Drehbewegung derart durchsieben kann, dass nur noch die Kerne und die Schalen im Gerät verbleiben.
„Mandoline" nennt man einen manuell bedienbaren Küchenhobel, dessen Messer man je nach Bedarf so einstellen kann, dass z.B. rohe Kartoffeln, Möhren oder Kohlrabi durch Hobeln scheibchen-, streifen- oder waffelförmig herauskommen.

A

Acerola

Malpighia emarginata (früher: Malpighia punicifolia)

Acerola: ital., norw., span., Acerola cherry: engl., Acérole: franz., Ahornkirsche, Antillenkirsche, Azerola, Barbados cherry: engl., Barbados Kersen: niederl., Barbadoskirsche, Cerise des Antilles: franz., Jamaika-Kirsche, Kirsche der Antillen, Puerto Rican cherry: engl., Puerto-Rico-Kirsche, Semeruco: span., Westindian cherry: engl., Westindische Kirsche

Allgemeines, Herkunft, Geschichtliche Bedeutung

Die Acerola, die ihren Ursprung in Mittelamerika hat und zu den Malpighiengewächsen (Malpighiaceae) gehört, wurde 1946 durch Dr. Conrado Assenjo von der Universität in Puerto Rico entdeckt. Mit unserer heimischen Kirsche ist die Acerola nicht verwandt. Ihre wichtigsten Anbaugebiete liegen in Afrika, Guayana, Hawaii, Mexiko, Peru, Südtexas, Venezuela, Westindien und in der Karibik.

Aussehen

Der immergrüne, rotblühende Zierstrauch hat kirschenähnliche, gelb-orange-rote, 1 bis 3cm große weiche Steinfrüchte mit einer dünnen, glänzenden Haut, die mit zarten Längsrillen umgeben ist. Im Inneren befinden sich drei Samen.

Geschmack

Acerolen haben zwar einen fruchtigen, süß-sauren und sehr saftigen Geschmack, spezifische Geschmacksstoffe fehlen allerdings.

Hauptinhaltsstoffe

Vitamin A, B 1, B 3, B 6, Fluor.

Sowohl der Saft als auch das durch Sprühtrocknung gewonnene Acerola-Pulver enthalten 23 bis 25% Vitamin C.

Verwendung, Zubereitung

Acerolen werden schon in den Anbauländern ausschließlich als Saft zur Vitaminanreicherung von Getränken und Lebensmitteln oder als Pulpe (Fruchtmark) zur Eisherstellung und für Marmelade verarbeitet.

Lagerung

Wegen ihrer dünnen Haut und ihrem hohen Flüssigkeitsgehalt ist die Acerola leicht verderblich. Darum ist sie bei uns als Frischfrucht kaum erhältlich.

Volksmedizinische Bedeutung

Das in der Acerola befindliche Vitamin C fördert die Eisenresorption und stärkt den Immunschutz und die Hormonproduktion. Außerdem aktiviert das Vitamin den Stoffwechsel, indem es Fett aus den Reserven lockt und die Bildung krebserregender Nitrosamine hemmt.

Tipp

Acerolen haben den höchsten Vitamin-C-Gehalt aller Obst- und Gemüsesorten (durchschnittlich 3g pro 100g Frucht). Das ist 30mal mehr als die Zitrone und 100mal mehr als die Orange aufweisen kann! Unreife Acerolen erreichen sogar bis zu doppelte Gehalte.

Affenbrotfrucht

Adansonia digitata

Adansonie, Baobab: afrik.

Allgemeines, Herkunft, Geschichtliche Bedeutung

Der Affenbrotbaum kann bis zu 1000 Jahre alt werden. Ursprünglich stammt er aus Afrika und gehört zur Familie der Bombaxgewächse (Bombacaceae). Außer in Afrika wird dieser „Charakterbaum der afrikanischen Savanne" auch in Madagaskar und Nordaustralien angebaut.

Aussehen

Der bis zu 20m hoch werdende Affenbrotbaum hat einen tonnenförmigen, wasserspeichernden, weichholzigen Stamm mit einem Umfang von bis zu 10m. Die kernreichen, gurkenförmigen Früchte des Affenbrotbaums können bis zu 50cm lang werden.

Geschmack

Affenbrotfrüchte haben einen süß-säuerlichen, kürbisähnlichen Geschmack.

Verwendung, Zubereitung

Aus dem trockenen, pulvrigen Fruchtmark und den ölhaltigen Samen der Affenbrotbaumfrüchte backen die afrikanischen Eingeborenen Brot, Fladen u.v.m.; aus den jungen Blättern wird meist Gemüse gekocht. Das sehr leichte Holz des Affenbrotbaums wird von den Eingeborenen u.a. zur Herstellung von Kanus benutzt.

Aki

Blighia sapida

Ackee, Akee: engl., Akee d'Afrique: franz., Akinuss, Akipflaume, Merey del diablo: span., Ris de veau végétale: franz., Seso vegetal: span.

Allgemeines, Herkunft, Geschichtliche Bedeutung

Das Ursprungsgebiet der Aki, einem immergrünen Seifenbaumgewächs (Sapindaceae), liegt im westafrikanischen Gebiet zwischen Sierra Leone und Kamerun. Ende des 18. Jahrhunderts gelangte die Aki durch Kapitän Blight von der Bounty per Sklavenschiff auch auf die Westindischen Inseln. Die Hauptanbaugebiete dieser exotischen Frucht liegen heute in Brasilien, Florida, Jamaika, Westafrika und in der Karibik. Vom Namen des oben genannten Kapitäns wurde die botanische Bezeichnung der Aki abgeleitet.

Aussehen

Die paprikaähnliche Aki hat eine ledrige, glatte Schale, die orangerot, lachsfarben oder nur rot gefleckt sein kann. Bei Reife springt die Frucht in drei Fächer auf und enthüllt drei ungenießbare, braune, beerenartige Samen, die an der Basis von einem kleinen, weißen, fleischigen Samenmantel (Arillus) umgeben sind, dem eigentlichen essbaren Teil der Frucht.

Geschmack

Die Aki hat einen cremig-zarten, avocadoartigen Geschmack.

Hauptinhaltsstoffe

Aminosäure Hypoglycin, Calcium, Eisen, reichlich Eiweiß, Ethylen, Glutathion, Kalium, Magnesium, Mannoheptulose, 20% leicht verdauliches Pflanzenfett, Provitamin A, Vitamin B 1, B 2, B 6, C, D, E, Zucker. Die chemische Zusammensetzung der Aki ist vergleichbar mit der hochwertigen Avocado.

Verwendung, Zubereitung

Gekocht oder gebraten passt die Aki als Gemüse am besten zu Fisch- und Fleischgerichten, die mit Curry gewürzt werden.

Lagerung

Bei Zimmertemperatur ist die Aki bis zu zwei Wochen haltbar.

Volksmedizinische Bedeutung

Aufgrund ihres hohen Fettgehaltes zählt die Aki zu den kalorienreichen Früchten. „Frucht des Teufels" wird die Aki auch genannt, weil sie, unreif und überreif genossen, mitsamt der Schale giftig ist.

Tipp

Da Akis ihres hohen Fettgehalts wegen leicht ranzig werden, sind sie nur selten auf unseren Märkten anzutreffen.

Amarant

Amaranthus dubius

Amarante: franz., Amaranth: engl., Amaranto: ital., Amáranton: griech., Fuchsschwanz, Gartenfuchsschwanz, Inkaweizen, Ponnanganni, Tampala

Allgemeines, Herkunft, Geschichtliche Bedeutung

Schon vor 3000 Jahren hatte der Amarant bei den Azteken- und Mayakulturen Mittelamerikas eine große Bedeutung in der Ernährung; in Asien und Afrika zählt der Amarant noch heute zu den beliebtesten Blattgemüsen. Hauptanbaugebiete des Amaranten, der ebenso zur Familie der Fuchsschwanzgewächse (Amaranthaceaeen) wie zum Getreide zählt, liegen in Asien, China, Indien, Java, Mexiko, Südamerika, Westafrika und in der Karibik. Für den deutschen Bedarf wird der Amarant meist aus den Niederlanden importiert.

Aussehen

Der Amarant hat gefurchte, weißnervige, bis zu 1m hoch werdende Stängel mit zarten, dunkelgrünen oder roten, nicht welkenden Blättern und unscheinbare Blüten, aus denen später Körner werden.

Geschmack

Der Amarant schmeckt markig, kräftig und nussig.

Sorten

Chinesischer Spinat/Chinese spinach: engl./Ganges-Amarant heißt eine Amaranten-Sorte mit Blättern, die eine unverkennbar dunkle Blattaderung aufweisen.

Hauptinhaltsstoffe

Reichlich Calcium, Kalium, Eisen, nährstoffhemmende Substanzen, natürliche Schadstoffe, 19% hochwertiges (weitgehend gliadinfreies/kleberfreies) Eiweiß, Lysin, Magnesium, Phosphor, Provitamin A und Vitamin C (ca.120mg%).

Verwendung, Zubereitung

Pannagemüse/Sarantigemüse/Sindnargemüse nennt man junge Amaranten-Blätter, nachdem sie wie Spinat zu Gemüse bereitet wurden. Die gliadinfreien Körner des Amaranten verwendet man zur Mehlherstellung, in Müesli, als Bratling und in Suppen oder Aufläufen. Amarantenkörner sind besonders bei Kindern sehr beliebt, wenn man sie wie Popcorn in der Pfanne puffen läßt.

Lagerung

Amaranten-Blätter und -Stängel sollten sofort verwendet werden, da sie leicht verderblich sind.

Volksmedizinische Bedeutung

Der ernährungsphysiologisch äußerst wertvolle Amarant stärkt das Immunsystem, kurbelt den Stoffwechsel an, sorgt für stabile Knochen, verlangsamt den Alterungsprozess, erhöht die Gedächtnisleistung, stärkt die Nervenkraft und soll sogar Magengeschwüre heilen. Da das Eiweiß des Amaranten weitgehend gliadinfrei ist, ist er auch für Menschen geeignet, die auf übliches Getreideeiweiß allergisch reagieren. Körner-Amaranten, die man in ein weiches Kissen gefüllt hat und auf ermüdete Augen drückt, entspannen und kühlen nach anstrengender Bildschirmarbeit, längeren Autofahrten und durchfeierten Nächten.

Tipp

Da die nährstoffhemmenden Substanzen und natürlichen Schadstoffe des Amaranten bei einem Baby zu Problemen mit der Verdauung führen können, sollte man ihn als Bestandteil der Kleinkindernahrung meiden. Erwachsene sind davon nicht betroffen!

Ananas

Ananas comosus

Ananas: franz., norw., Ananás: span., Ananasso: ital., Ananaz, Erdbeerdistel, Königsapfel, Liebesfrucht, Nana meant, Pina americana: span., Pine-apple: engl., Pinon

Allgemeines, Herkunft, Geschichtliche Bedeutung

Die Heimat der wildwachsenden Ananas, einem Bromeliengewächs (Bromeliaceae), liegt vermutlich in Paraguay bzw. Südbrasilien. 1493 entdeckte Kolumbus erstmals Ananasbäume in Guadeloupe auf den Westindischen Inseln, wo sie von den Eingeboreren „Nana meant" genannt wurde. Kolumbus gab ihr wegen ihrer Ähnlichkeit mit Pinienzapfen den Namen „Pinon". Und wirklich: Bei der Ananas handelt es sich um den Fruchtzapfen einer Staudenpflanze. Um 1550 wurde die Ananas von einem französischen Hugenottenpfarrer erstmals „Ananaz" genannt. Seit dem 17. Jahrhundert wird die Ananas, die auch als „Königin der Südfrüchte" firmiert, in Afrika, Australien, Guinea, Hawaii (80% der Weltproduktion), Indonesien, Paraguay, Taiwan, Westindien, auf den Azoren, in Costa Rica, auf den Philippinen, auf der Insel Krim und auf den Kanaren erwerbsmäßig angebaut. Als „Ananas" bezeichnet man in Österreich auch die Großfrüchtige Gartenerdbeere.

Aussehen

Die Ananasfrucht sieht aus wie ein großer Kiefernzapfen mit, je nach Herkunft, gelbbrauner, rotbrauner oder grünlicher, schuppiger Schale und farblosem bis goldgelbem Fruchtfleisch, dessen Mittelstück ungenießbar ist, da es holzig schmeckt. Die Ananas in unseren Supermärkten unterscheidet sich übrigens von ihrem Original in den Herkunftsländern ganz erheblich: nicht nur im Geschmack, der speziell für den europäischen Gaumen gezüchtet wurde, sondern auch durch das Fehlen der ursprünglich vorhandenen Kerne.

Geschmack

Nur bei vollreifen, also wirklich wohlriechenden Ananas-Früchten mit sehr ausgeprägten Schuppen auf der Außenhaut, die auf leichten Druck nachgeben, entwickelt sich der Ananasäther, welcher der Frucht ihr typisches Aroma und den angenehm würzig-süßsauren Geschmack und Geruch verleiht. Wer keine gute Nase hat, zupft an den zarten Blättchen an der Oberseite: wenn sie sich mühelos rauszupfen lassen, ist die Frucht reif. Je reifer eine Ananas ist, desto intensiver duftet sie - besonders am Stilansatz. Unreife Ananas-Früchte haben einen strohigen, sauren Geschmack.

Sorten

Babyananas nennt man eine köstlich duftende Mini-Ananas, die, in der Zeit von Dezember bis August, meist aus Kenia importiert wird. Sie ist sehr aromatisch, hat eine goldgelbe Schale, rot-gelbes Fruchtfleisch und ist eher eine Dekorationsfrucht, da sie sehr klein ist und ihr Fruchtfleisch nur wenig ergiebig ist. Der innere Strunk der Babyananas kann im Gegensatz zur normalgroßen Ananas mitgegessen werden.

Red Spanish heißt eine rötliche Ananas-Sorte, die in Kuba und Puerto Rico die Hauptsorte bildet.

Ripley Queen/Fairy Queen nennt man gelbe Ananas-Sorten, die in Malaysia und Brasilien stark verbreitet sind. Sie haben eine stark zylinderisch Form und sind von kleinen Stacheln umgeben.

Smooth Cayeene/Cayenne lisse: franz. heißt eine weitverbreitete orangegelbe Ananas-Sorte, die auf den Azoren, in

Guinea, in Südafrika und auf den Hawaii-Inseln angebaut wird.

Hauptinhaltsstoffe

Bromelin, sehr calcium- und eisenreich, Chlorid, Fruchtsäuren, Jod, Kalium, Kupfer, Magnesium, Mangan, Natrium, Provitamin A, Vitamine der B-Gruppe, 30mg Vitamin C pro 100g Fruchtfleisch, Xanthophyll, Zink, Zukker.

Verwendung, Zubereitung

Ananasfrüchte müssen schon beim Kauf reif sein, da sie, einmal geerntet, nicht mehr nachreifen. Reife Ananasfrüchte werden zum Rohverzehr, als Konserve, zu Süßspeisen, Bowle, in Cocktails, in Frucht-, Gemüse- und Fleischsalaten und kandiert als Konfitüre und in Gebäck verarbeitet. Ausgehöhlt eignet sich die Ananas zum Füllen mit Obst- oder Meeresfrüchtesalat.

Eine frische Ananas kann nicht für Speisenzubereitungen mit Gelatine (Obstkuchen) verwendet werden, da ihr Enzym „Bromelin" das Gelieren verhindert. Mit dem pflanzlichen Gelierstoff AGAR AGAR oder dem kurzzeitigen Erhitzen des Fruchtfleisches über 40°C kann man dem jedoch problemlos entgegenwirken. Die Eigenschaft des Bromelins kann sogar bei der Fleisch-Zubereitung nützlich sein. Fleisch wird beispielsweise zarter, wenn man es entweder mit einer frischen Ananasscheibe belegt oder es mit frischem Ananassaft beträufelt. Milchprodukte wie Puddings oder Quarkspeisen, die man mit frischer Ananas vermischt hat, sollten hingegen sofort verzehrt werden, da sie nach kurzer Zeit durch das Bromelin bitter schmecken. Da Konserven bei der Herstellung stark erhitzt werden, enthält demzufolge eine Ananas aus der Dose kein wirksames Bromelin mehr, und außerdem hat sie dabei 60% ihrer Vitamine eingebüßt.

Aus Ananas-Fruchtschalen kann man erfrischenden Tee zubereiten. Aus den Ananas-Blattfasern werden in den Anbauländern feine Gewebe, Seile, Netze und Hängematten gefertigt.

Lagerung

Bei einer idealen Lagertemperatur von + 15°C (Keller) kann man reife Ananasfrüchte zwar einige Tage lagern, jedoch nicht kälter, da sie sonst schnell schwarze Flecken bekommen und verderben. Eine im Kühlschrank gelagerte Ananas trocknet zudem leicht aus, sie nimmt schnell den Duft anderer dort gelagerter Speisen (z.B. Fisch, Käse, Obst) an, und das typische Ananasaroma verflüchtigt sich. Vollreife Ananasfrüchte sollte man möglichst schnell verbrauchen, da sie sehr viel Saft verlieren. Überreife oder überlagerte Früchte und solche mit Druckstellen haben schon derart an Geschmack verloren, dass sie als minderwertig gelten müssen.

Volksmedizinische Bedeutung

Die kalorienarme und leicht verdauliche Ananas wirkt dank des wertvollen Enzyms Bromelin entwässernd, verdauungsfördernd, fettabbauend, stoffwechselfördernd und aktiviert die körpereigene Abwehr. Bromelin kann auch rheumatische Beschwerden wirksam bekämpfen, indem es zusammen mit dem irritierten Immunsystem schädliche Stoffe aus dem Körper ausscheidet. Wer nach einem üppigen Menü ein unangenehmes Völlegefühl spürt, dem können ein paar Stückchen frische, reife Ananas manchmal besser helfen als ein hochprozentiger Digestif, denn durch das Enzym Bromelin, das Eiweiß spalten und fehlenden Magensaft ersetzen kann, wird die Verdauung auf natürliche Weise gefördert.

Vorsicht: Ananasgenuss kann auch allergische Reaktionen hervorrufen. Zahnfleischentzündungen heilt man, indem man eine Woche lang täglich etwa 150g Ananas-Fleisch langsam im Mund zerkleinert.

Tipp

Chunks/Tibits nennt man im englischsprachigen Raum nicht nur kleine Leckerbissen, sondern auch große oder kleine Ananasstücke bzw. -scheiben im eigenen Saft, wenn sie in Konserven gehandelt werden.

Annone

Annona

Annona: norw., Anona: ital., span., Anome, Anone: franz., Jamaican apple: engl., Jamaika-Apfel

Allgemeines, Herkunft, Geschichtliche Bedeutung

Das Ursprungsgebiet der Annone liegt in den Regenwäldern Perus und Ecuadors. Annonen-Samen wurden schon in alten peruanischen Gräbern gefunden. Annonen zählen zu den Rahmapfelgewächsen (Annonaceae), die wiederum zu den größten Familien der magnolienartigen Flaschenbaumgewächse gehören. Weitverbreiteten Anbau findet man heute in Indien, Israel, Kalifornien, Kenia, Kolumbien, Spanien, Sri Lanka, Südamerika, Thailand, Vietnam und auf den Kanarischen Inseln.

Aussehen

Annonen sind birnengroße, erdbeer- oder pinienzapfenförmige, mattgrüne Früchte mit schuppenartigen Höckern, deren je nach Sorte weiches, weißes bis bläuliches Fruchtfleisch sich bei eintretender Reife schwärzlich verfärbt. Es beinhaltet große, steinharte, schwarzglänzende und ungenießbare Kerne.

Geschmack

Der Geschmack des Fruchtfleisches variiert je nach Sorte von sehr süß bis sauer und von leicht fruchtig bis hocharomatisch.

Sorten

Atemoya nennt man eine Kreuzung aus Cherimoya und Stachelannone mit saftigem Fruchtfleisch und dem Aroma der Cherimoya.

Cherimoya: Annona cherimola: lat./ Chérimole: franz/Chirimoya: ital., span./Cremefrucht. Die Cherimoya ist eine graugrüne, rundliche Frucht mit schuppenartiger, höckriger Haut. Das körnige, cremigweiße bis leicht bläuliche Fruchtfleisch schmeckt mehr oder weniger süßlich, angenehm saftig und hat ein unverwechselbar wohlschmeckendes Aroma, das an Ananas, Erdbeeren oder Himbeeren mit Zimt und Schlagsahne erinnert. Es enthält zahlreiche ungenießbare, ca. 1cm lange, dunkelbraune, leicht herauszulösende Kerne. Bei Feinschmeckern gilt die Chermoya als köstlichste Tropenfrucht.

Mammilate heißt eine herzförmige Cherimoyenart aus Madeira, die in England besonders als Dessertfrucht beliebt ist. Sie ist etwa 300g schwer, hat wie die Chermoya eine schuppenartige, höckerige, blassgrüne Haut und bläuliches Fruchtfleisch, das zahlreiche dunkelbraune Kerne enthält.

Netzannone: Annona reticulata: lat./Anona colorada: span./ Bullock's heart: engl./Cachiman: engl./Corazón: span./Corossol: franz./Coeur de boeuf: franz./Custard-apple: engl./Eiercreme-apfel/Ochsenherz. Sie kommt aus Südamerika und von den Antillen, hat ein rundes bis herzförmiges Aussehen, eine braun-violette Schale (daher der Name „Ochsenherz"), ist 8 bis 12cm groß und bis zu 1kg schwer. Das feste, gelblich bis weiß-graue Fruchtfleisch enthält zahlreiche braune Kerne. Die Netzannone wird überwiegend zur Saftherstellung genutzt, da das fade, weniger aromatische, an Schwarze Johannisbeeren erinnernde Aroma sehr süß ist.

Schuppenannone: Annona squamosa: lat./Annone écailleuse: franz./ Anona blanca: span./Caneel-Apfel/Monkey Head: engl./Pomme canelle: franz./ Rahmapfel/Sweet-Sop: engl./Sugar apple: engl./Süßsack/Zimtapfel/ Zukkerapfel. Diese ovale, orangengroße Annonensorte kommt aus den Tropen Indiens. Sie hat eine blaugrüne, samtige, schuppige Haut und ein köstlich-mildes Aroma mit süßem Birnen-Zimtgeschmack. Das sahnigweiße, leicht verderbliche Fruchtmark der Schuppenannone dient meist als Geschmacksstoff für die Getränkeindustrie oder als Basis für diverse Desserts.

Stachelannone: Annona muricata: lat./Corossol épineux: franz./Granábana: span./Sauerbrei/Sauersack/ Sour apple: engl./Soursop: engl. Diese fußballgroße Annonensorte, die die Größte ihrer Gattung ist, ähnelt einer sattgrünen Birne. Heimisch ist die warzige und stachelige Annonnenart im tropischen Flachland Lateinamerikas. Das weiche, weiße Fruchtfleisch umschließt viele dunkle, harte Kerne. Der süß-saure Saft wird hauptsächlich zur Fruchtsaft-, Konfitüre- und Eiscrèmeherstellung verarbeitet.

Hauptinhaltsstoffe

Annonen enthalten Calcium, Phosphor, Vitamin C und sind sehr kaliumreich. Der Traubenzuckergehalt liegt sogar höher als bei jeder anderen Obstsorte!

Verwendung, Zubereitung

Annonen sind sowohl für Crèmes, Obstsalate, Suppen, Marmelade, Kompott und Milchmixgetränke als auch für die Eisherstellung oder für Sorbets verwendbar. Für den Frischverzehr halbiert man eine gekühlte Cherimoya - und nur die ist zum Frischverzehr geeignet -, entfernt die ungenießbaren Kerne und löffelt das Fruchtfleisch aus. Man kann das Fleisch aber auch aus der Schale lösen und durch ein Sieb streichen. Um das feine Aroma noch stärker hervorzuheben, kann man etwas Zitronensaft, Cognac oder Likör über das Fruchtfleisch träufeln.

Lagerung

An einem nicht zu kühlen Ort (also nicht im Kühlschrank) lässt sich die Annone problemlos einige Tage aufbewahren. Unreife Annonen kann man bei Zimmertemperatur nachreifen lassen.

Volksmedizinische Bedeutung

Man schreibt der Annone eine leicht verdauliche Wirkung zu. In Afrika dienen Annonen-Fruchtfleisch und -Blätter der Behandlung von Fieber und Durchfall.

Tipp

Ein himmlisches Dessert erhält man, wenn man eine Cherimoya mit Quarkspeise gefüllt genießt.

Apfel

Malus domestica

Abbel: hess., Aebler: schwed., Appel: engl., niederl., Eple: norw., Manzana: span., Mela: ital., Paradiesfrucht, Pomme: franz.

Allgemeines, Herkunft, Geschichtliche Bedeutung

Die ersten Apfelbäume wuchsen schon vor 5000 Jahren im Baltikum, kamen in vorchristlicher Zeit mit den Goten ans Schwarze Meer, von dort zu den Römern und mit ihnen schließlich über die Alpen zu uns. In der griechischen und nordischen Mythologie spielt der Apfel als Symbol von Liebe und

Fruchtbarkeit eine große Rolle. Im Mittelalter galt der Apfel, aufgrund der biblischen Erzählung vom Sündenfall im Alten Testament, als Sinnbild des Sinnenreizes und der Erbsünde. Die heutigen Kultursorten des Rosengewächses (Rosaceaen) Apfel entstanden im Laufe von Jahrtausenden aus Kreuzungen europäischer und asiatischer Wildformen. Heute ist der Apfelbaum weltweit der meistverbreitete Obstbaum. Größere Apfel-Anbaugebiete findet man in Afrika, Deutschland, Italien (Südtirol) und Neuseeland. Äpfel aus dem Ausland kommen sehr häufig mit Pestiziden in Berührung, die in der Bundesrepublik verboten sind (Benomyl), weshalb man solche Äpfel vor dem Verzehr gründlich waschen und schälen sollte, um den Schadstoffgehalt zu vermindern. Nebenbei bemerkt gehen durch die langen Transportwege bei solchen Äpfeln auch noch bis zu 60% der Vitamine verloren.

Aussehen

Siehe unter „Sorten".

Am Aussehen einer Apfelblüte kann man übrigens die Verwandtschaft mit Rosen erkennen.

Geschmack

Der Apfel schmeckt, je nach Sorte und Reife, von sehr sauer bis süßlich aromatisch. Deutsche Äpfel der Handelsklasse A sind die aromatischsten und haltbarsten überhaupt.

Sorten

Europaweit gibt es ca. 1600, weltweit sogar 20.000 Apfel-Sorten.

Die derzeit wichtigsten Apfelsorten heißen:

Alkmene, Boskop (nach dem Zuchtort in Südholland benannt), Berlepsch, Cox-Orange, Elstar, Gloster, Glockenapfel (zur Zeit der Essreife klappern seine Kerne, wenn man den Apfel schüttelt), Golden Delicious (nach einem amerikanischen Hobbyzüchter benannt), Goldparmäne, Ravensteiner, Granny Smith, Idared, Ingrid Marie (nach einer dänischen Lehrerstochter benannt), James Grieve (nach einem Schotten benannt), Jamba, Jonagold, Jonathan, Red Delicious, Klarapfel, Tumanga, Renette/Reinette, Starking, Starkrimson, Maigold, Primerouge, Kidd's Orange, Spartan.

Baby-Apfel/Cherry appel: engl./Kirschapfel/Pomme cherry: franz. nennt man eine pflaumengroße Apfelsorte, die mitsamt Haut und Stiel in Zuckersirup konserviert in den Handel kommt und vornehmlich als Garnitur Verwendung findet.

Bananenapfel nennt man auch die Apfelsorte „Mutterapfel"/„Mother".

Bratapfel nennt man einen im Ofen gebratenen sauren Apfel, der zuvor mit Mandeln, Marzipan, Honig, Zimt und Butter gefüllt wurde, nachdem sein Kerngehäuse ausgestochen wurde.

Dunstäpfel nennt man in gezuckertem Weißwein gedünstete Äpfel.

Galläpfel/Gallen/Pflanzengallen/Schlafäpfel/Zezidien nennt man etwa 2cm große, haarige Wucherungen, die gelegentlich unter Eichen- oder Haselnussblättern vorkommen. „Äpfel" nennt man sie schlicht deshalb, weil sie rund sind. Galläpfelbildungen sind als Schutzmaßnahme der befallenen Pflanze aufzufassen, die damit die Parasiten gegen das übrige Gewebe abgrenzt. Verantwortlich dafür ist die weibliche Eichengallwespe, die ihre Eier ins Blattgewebe legt, das bald darauf zu wuchern beginnt. So entstehen kugelige Kinderstuben, in denen bis zu 5000 junge Wespen Schutz und Nahrung finden, bis sie im Winter als ausgewachsene Tiere die Gallen verlassen. Schwarzbraune Gallen-Flüssigkeit, die man früher aus getrockneten, zerriebenen Galläpfeln, die man mit Eisenspänen vermischte, bestand, diente der Herstellung von schwarzer oder brauner Tinte. Den Namen „Schlafäpfel" erhielten sie, weil man sie früher als Schlafmittel unter das Kopfkissen legte.

Holzapfel/Wildapfel ist die volkstümliche Bezeichnung für die gerbstoffreiche kleine Frucht verschiedener, saurer, gelber oder roter wilder Arten des Apfelbaums, aus denen man vorzügliches Gelee und milden Wein herstellen kann.

Javaapfel/Java apple: engl./Wax jambu: engl. Javaäpfel, sie schmecken ähnlich wie Granny-Smith-Äpfel, jedoch etwas fader, haben ihren Ursprung in Malaysia oder Südindien. Es gibt zwei Formen dieser glockenförmigen Frucht: rote und grünweiße. Der rote Javaapfel ist saftiger, erfrischender und weniger säuerlich als der knackigere grünweiße, der meist roh gegessen oder zu Sirup verarbeitet wird. Javaapfel-Samen ist ungenießbar.

Mors de Cochon heißt eine rote, birnenförmige Apfelzüchtung aus der Schweiz, deren Stiel am bauchigen Ende sitzt.

Pepping ist eine aus dem Englischen kommende Bezeichnung für kleine Äpfel.

Rosenäpfel nennt man Pflanzengallen an wilden Rosensträuchern/Hagebutten (siehe unter „Galläpfel").

Trockenäpfel/Puttäpfel/Ringäpfel/Dampfäpfel: schweiz. nennt man geschälte und getrocknete Apfelscheiben, die meist in den USA oder in den Niederlanden hergestellt werden. Getrocknete Äpfel dienten in alten Zeiten auf dem Lande als Wintervorrat, als andere Konservierungsmethoden noch unbekannt waren.

Winterzitrone heißt eine schweizer „Apfelsorte".

Hauptinhaltsstoffe

Amino,- Apfel-, Zitronen-, Bernstein- und Milchsäure, Calcium, Eisen (0,26 bis 0,85mg pro 100g), Ethylengas, Flavonoide, Gerbstoffe, Jod, Kalium (100-175mg pro 100g), Magnesium, Pektin, Phosphor, Rutin, Vitamin A, B 1, B 2, B 6, C, E, 85% Wasser, Zellulose, mehrere Zuckerarten. Ein besonders hoher Gehalt an Vitamin C, Pektin und Flavonoiden befindet sich in der Apfelschale, weshalb man die Schale, vorausgesetzt, sie ist unbehandelt, stets mitverzehren sollte. Der Grad des Vitamin-C-Gehalts ist jedoch auch von der jeweiligen Apfelsorte abhängig. Zu früh geerntete Äpfel (unterentwickelte Früchte) enthalten kaum Vitamin C; aber auch Äpfel, die man erhitzt hat (z.B. Bratäpfel), haben 70% ihres Vitamins C eingebüßt.

Verwendung, Zubereitung

Äpfel kann man u.a. zu Apfelmus, Apfelküchle, Apfelkompott, Apfelstrudel, Apfelkraut, Trockenäpfeln, Gelee, als Kuchenbelag und zu Most, Apfelwein oder Apfelsaft verarbeiten.

Geschälte Äpfel sollten sofort mit Zitronensaft beträufelt, in Essigwasser gelegt oder blanchiert werden, da sie sonst an der Luft oxidieren (bräunen). Verantwortlich dafür sind sogenannte Polyphenoloxidasen, die durch Oxydation die im Apfel enthaltenen Phenolverbindungen zersetzen und so den braunen Farbstoff Melanin auslösen. Die Braunfärbung angeschnittener Äpfel ist somit nicht, wie fälschlicherweise oft behauptet wird, auf den Eisengehalt des Apfels zurückzuführen. Der alte Spruch: „Je schneller ein Apfel braun wird, desto mehr Eisen ist darin enthalten", ist also nicht aufrechtzuerhalten.

Apfelstückchen auf der Erde von Zimmerpflanzen sorgen für herrliche Blüten und sparen teuren Dünger.

Besonders appetitliches und wohlschmeckendes Apfelmus erhält man, indem man die Äpfel wie gewohnt zuerst schält, entkernt, in grobe Stücke zerteilt, danach mit einem Schluck Weißwein übergießt und mit etwas Zucker vermengt. Anschließend werden die Apfelstücke in einem zugedeckten Cromargantopf gemächlich gargedünstet und dabei ab und zu umgerührt. Zum Schluss werden sie mit einer Prise Zimt und einem Spritzer Rum gewürzt und dann entweder durch ein Sieb gestrichen oder mit dem Mixer püriert, um dann, noch lauwarm, serviert zu werden. Man braucht also beim Apfelmus-Kochen gar keinen Wasserzusatz, da Äpfel bei langsamem Erhitzen genügend von ihrer eigenen Flüssigkeit abgeben. Außerdem wird das Apfelmus bei dieser Zubereitung nicht so wässrig dünn, wie man es oft im Handel erhält.

Brot läßt sich übrigens wesentlich länger im Brotkasten aufbewahren, wenn man einen ungeschälten Apfel dazulegt.

Lagerung

Äpfel sollten kühl, nicht zu trocken und keinesfalls zusammen mit Kartoffeln und Früchten gelagert werden, da das dem Apfel entströmende Ethylengas (ein Fruchtreifungshormon) einen raschen Reifungsprozess hervorruft. Außerdem sollten Äpfel sich bei der Lagerung nicht berühren. Vorsicht: Nach drei Wochen Lagerung im Keller haben auch die besten Äpfel die Hälfte ihrer wertvollen Vitamine verloren. Darum sollte man sie nur in kleineren Mengen einkaufen - möglichst aus der näheren Umgebung.

Volksmedizinische Bedeutung

Der in Äpfeln wichtigste Ballaststoffanteil ist das Pektin, das im Darm Giftstoffe bindet und für eine rasche Ausscheidung sorgt (auch bei Verstopfung). Außerdem bremst Pektin Heißhunger, senkt den Cholesterinspiegel und regt den Stoffwechsel an. Der Fruchtzuckergehalt des Apfels macht nicht dick, sondern erhöht einen gesunkenen Blutzuckerpegel. Dies ist z.B. ideal bei Kreislaufbeschwerden, Kopfschmerzen und Müdigkeit. Abends vor dem Zubettgehen wirkt ein Apfel beruhigend und entspannend. Bei Durchfall sollte man frisch geriebene Äpfel essen. Bei Erkältungskrankheiten oder Nervosität empfiehlt sich ein Tee aus frisch aufgebrühten Apfelschalen. Vorsicht: Die Apfelsorten Granny Smith und Golden Delicious machen Allergikern zu schaffen - Boskop und Jamba wird dagegen meist vertragen.

Tipp

Äppelwoi nennt man Apfelwein in Hessen.

Apfelkoch sagt man in Österreich zu Apfelmus.

Apfelkrapfen/Apfelchüechli: schweiz./ Apfelkucherl: österr./ Beignets: franz. nennt man Apfelküchlein anderswo.

Apfelkraut nennt man dick eingekochten, ungesüßten Saft von frischen ungeschälten Äpfeln, den man als Brotbelag oder zum Verfeinern von Rotkraut und dergleichen verwenden kann.

Cider heißt ein 15%iger englischer Dessertwein, der aus Äpfeln hergestellt wird.

Cidre heißt ein nordfranzösischer Apfelwein.

Stöffche nennt man Apfelwein in Frankfurt am Main.

Apfelsine

Citrus sinsensis

Apelsin: norw., Appelsina: altholl., Arancia: ital., Chinaapfel, Chinesischer Apfel, Goldapfel, Naranja dulce: span., Orange: süddt., österr., schweiz., Pomerantsche: österr., Pomme d'orange: franz., Sinaapfel, Süsse Orange, Süssorange, Süsspomeranze, Sweet orange: engl.

Allgemeines, Herkunft, Geschichtliche Bedeutung

Die Heimat der Apfelsine lässt sich gut von ihrem botanischen Namen „Citrus sinsensis" (lat. „sinsensis" = „chinesisch") ablesen. Den genauen Ursprung vermutet man in Südchina, wo sie nachweislich schon vor 3000 Jahren kultiviert wurde. In der römischen Kaiserzeit gelangten die Apfelsinen über Italien unter dem Namen „Orangen" auch nach Deutschland. Erstmals in Europa angepflanzt wurden Apfelsinen 1533 - übrigens ihrer Schönheit wegen - von Herzog Antoine von Bourbon in Süd-Frankreich. 1792 wurden Apfelsinen dann auch auf Plantagen bei Valencia/Spanien kultiviert, wo sie heute noch zur wichtigsten Einnahmequelle zählen. Ihren deutschen Namen verdankt die Frucht dem Niederdeutschen „Appel ut Sina" - „Apfel aus China", woraus sich das Wort „Apfelsine" entwickelte.

Noch heute, wie vor hundert Jahren, werden Apfelsinen, die wichtigsten Zitrusfrüchte, mit der Hand geerntet. Die Pflücker haben dabei weiche Baumwollhandschuhe an, um die natürliche Verpackung der Frucht - ihre Schale - zu schonen.

Haupterzeuger-Länder dieses Rautengewächses (Rutaceaen) sind Algerien, Australien, Brasilien, Florida, Israel, Italien, Kalifornien, Marokko, Mexiko, Spanien, Südafrika, Südamerika und Westindien.

Aussehen

Die Apfelsine ist eine kugelige bis eiförmige Frucht mit hellorangener bis dunkelroter, glatter, ablösbarer Schale. Ihr gelbes bis rotes Fruchtfleisch ist meist in 9 Segmente aufgeteilt.

Merke: Bei allen Orangen-Sorten sind Mindestgrößen vorgeschrieben. Orangen aus Nord- und Südamerika sind meist groß, dickschalig und haben sehr saftiges, festes Fruchtfleisch. Orangen aus den anderen Ländern sind eher dünnschalig, mittelgroß und fast immer kernlos.

Geschmack

Apfelsinen haben ein angenehmes, süß-säuerliches Aroma.

Sorten

Blondfrüchte/Blondorangen ist der biologische Ausdruck für Apfelsinen mit hellem Fruchtfleisch. „Blondfrüchte" sind im allgemeinen „Navel"-Orangen, „Jaffa" oder „Valenciaorangen", selten auch andere Sorten. „Navels" sind dickschalige und saftige, aromatische runde Orangen aus Spanien, Marokko, Algerien, Griechenland und der Türkei, die mindestens 5,5mal mehr Zucker als Säure enthalten müssen. Navels unterscheiden sich von den anderen Orangensorten durch den Nabel (engl. „Navel") am früheren Blütenansatz. Da sich zwischen den Segmenten, durch die Züchtung bedingt, unter dem Nabel noch eine weitere verkümmerte Extrafrucht bildet, schließt dieser nicht ganz. Diese Extrafrucht, übrigens ein bewusstes Zuchtziel, sollte dazu dienen, die Kerne aufzunehmen, damit die Hauptfrucht kernlos bleibt. Inzwischen ist es der Züchtung jedoch gelungen, auch die Tochterfrucht kernlos zu erhalten. Die heutigen Navels besitzen keine keimfähigen Pollen und daher auch keine Kerne. Navels werden von November bis August vornehmlich als

Frischfrucht, aber auch für die Saftherstellung verwendet.

Blutfrüchte/Blutorangen. Diese herbkräftig schmeckende Orangensorte dient zwischen November und April hauptsächlich dem Rohverzehr. Die Verfärbung (Pigmentierung) des Fruchtfleisches und der Schale beruht auf der Anreicherung des Farbstoffes Anthozyan, der sich unter dem Einfluss von Säure rot verfärbt.

Doppelblut-Früchte kommen meist aus Sizilien. Sowohl die Schale als auch das Fruchtfleisch und der Saft sind tiefrot.

Halbblut-Früchte haben eine hellorange, runzlige Schale und zartrot geädertes Fruchtfleisch mit wenigen Kernen. Meist kommen sie aus Algerien, Marokko, Tunesien oder Sizilien.

Sommerorangen gibt es in der Zeit von Mai bis November aus Übersee. Meist werden sie zur Saftherstellung genutzt.

Süßapfelsine/Zuccherini heißt eine fast schon penetrant süß schmeckende Schwester der Apfelsine, die nur beschränkt in Italien und im Orient kultiviert wird und verständlicherweise nur sehr wenige Liebhaber findet.

Vollblut-Früchte haben eine rote, leicht rauhe Schale und besonders vitamin-C-haltiges, blutrotes Fruchtfleisch.

Winterorangen werden unterteilt in Blondfrüchte und Blutfrüchte.

Hauptinhaltsstoffe

Antioxidantien, Apfel-, Wein- und Zitronensäure, 11 verschiedene Aromastoffe, Bitter- und Gerbstoffe, Eisen, etherisches Öl, Flavonoide, Folsäure, Frucht-, Rohr- und Traubenzucker, Kalium, Limonin, Magnesium, Phosphor, Sinensal, und ca. 14 verschiedene Vitamine, zudem 87% Wasser.

Besonders hervorzuheben ist das in hochkonzentrierter Form vorkommende Vitamin C.

Verwendung, Zubereitung

Apfelsinen werden meist als Frischfrucht, aber auch für kalte, warme und gefrorene Süßspeisen, Marmelade, Liköre, Saft, Nektar und Limonade verwendet.

Apfelsinen sollten möglichst frisch verzehrt werden, da ihr Vitamingehalt täglich abnimmt. Auch frisch gepressten Orangensaft sollte man aus diesem Grund sofort nach dem Pressen trinken!

Frischen Wohlgeruch im Küchen- oder Kleiderschrank erhält man, wenn man eine Apfelsine darin aufhängt, die man mit Gewürznelken gespickt hat. Orangenschalen vertreiben unangenehme Küchengerüche, wenn man sie bei 100°C im Backofen erhitzt.

Orangeade nennt man Orangenlimonade.

Orangeat/Arancini: ital. nennt man kleingeschnittene, gewürfelte, kandierte Schalen von Bergamotten oder Pomeranzen, die oft, in Schokolade oder gehackte Nüsse getaucht, auf den Markt kommen.

Orgeade/Orgeat ist eine andere Bezeichnung für Mandelmilch.

Lagerung

Kühl gelagert sind Apfelsinen etwa 1-2 Wochen haltbar. Im Gegensatz zu den meisten Früchten reifen einmal gepflückte Apfelsinen nicht mehr nach.

Volksmedizinische Bedeutung

Der hochkonzentrierte Vitamin-C-Gehalt der Orange stärkt das Bindegewebe der Haut, schützt vor Cellulite und Erkältung und unterstützt die Neubildung von körpereigenen Eiweissen.

Um einem Aufstoßen beim Orangenverzehr entgegenzuwirken, entferne man vollständig die weiße Innenhaut unter der Schale (die Albedo); der Gesundheit zuliebe ist es jedoch besser, sowohl die weiße Innenhaut als auch das Fruchtfleisch mitsamt den Trenn-

wänden mitzuessen, da es Pflanzenstoffe enthält, die vor Krebs schützen können und zudem die Verdauung anregen. Kurz aufgekochtes Orangen-Fruchtfleisch eignet sich als heilende Kompresse bei Geschwüren und Abszessen. Zahnfleischbluten kann man durch Orangenverzehr stoppen. Getrocknete, ungespritzte Orangenschalen wirken gegen Blähungen und Verstopfung, entwässern und stärken die Nerven.
Hinweis: Wer unter Migräne oder Arthritis leidet, sollte Orangen in jeder Form meiden!

Tipp

Orangensaft sollte nie, wie oft praktiziert, morgens zusammen mit Kaffee getrunken werden, da die Gerbstoffe des Kaffees das Vitamin C blockieren.

Aprikose

Prunus armeniaca

Abricot: franz., Abrikoos: niederl., Albaricoque: span., Albicocca: ital., Aprikos: norw., Apricot: engl., Armellino, Armenillo: ital., Armenische Frucht, Armenischer Apfel, Barille: ostschweiz., Elbarquq: arab., Frühpfirsich, Malete: mainz., Marille: böhm., österr., Mischmisch, Praecox: lat.

Allgemeines, Herkunft, Geschichtliche Bedeutung

Alexander der Große brachte die aus Armenien stammende Aprikose von einem seiner Beutezüge aus dem Kaukasus mit nach Europa. Bis zum Jahre 1700 zählte man die Aprikose zu den Pfirsichen. Man nannte sie damals „Frühpfirsich", weil sie schon im Frühsommer geerntet werden konnte.In der Welt der gängigen Frischfrüchte haben Aprikosen heutzutage die kleinsten Ernten. Erwähnenswerte Anbaugebiete liegen in Australien, Deutschland, Frankreich, Griechenland, Israel, Italien, Jugoslawien, Kalifornien, Mittelmeerländer, Spanien, Südafrika (vorwiegend Konserven) und in Ungarn. Australische Aprikosen kommen meist als Konserve auf den Markt, israelische werden hauptsächlich zu Dörrobst verarbeitet, und aus jugoslawischen wird überwiegend Pulpe gewonnen. Verwandt mit den zu den Rosengewächsen (Rosaceae) zählenden Aprikosen sind Pfirsiche und Mandeln. Ihren Namen verdanken die Aprikosen den Arabern, die sie „Elbarquq" nannten; die Spanier führten dann die Bezeichnung „Albaricoque"ein, woraus bei uns schließlich das Wort „Aprikose" wurde. Heute werden im sonnigen amerikanischen Bundesstaat Kalifornien jedes Jahr zur Zeit der Aprikosenernte vielerorts Aprikosenfeste gefeiert.

Aussehen

Aprikosen zeichnen sich durch eine länglich-ovale und glattschalige bis feinwollige Form mit einseitiger Furche aus. Charakteristisch ist ihre orangegelbe Hautfarbe, die sonnenseits jedoch meist karminrot ist.

Geschmack

Nur gut ausgereifte Aprikosen haben ein typisch fein-süß-säuerliches und saftiges Aroma. Unreife Aprikosen haben einen trockenen, saueren und mehligen Geschmack.
Als Konservenfrüchte haben Aprikosen viel von ihrem Aroma und ihrer Vitamine verloren – sie schmecken meist nur nach Zucker.

Sorten

Albergen nennt man eine kleine, sehr früh reifende Aprikosen-Sorte.

Mandelaprikosen sind weniger wertvoll. Ihre süßen Kerne werden wie Mandeln verarbeitet.

Orejones/Oreillons: franz. nennt man halbierte Trockenaprikosen ohne Stein aus Spanien, die abwechselnd in der

Sonne und in Schwefelverbrennungsräumen gedörrt wurden.
Umeboshi-Aprikosen nennt man süß-sauer eingelegte Aprikosen, die überwiegend Bestandteil der japanischen Küche sind. In Deutschland sind sie manchmal im Asien- oder Naturkostladen zu finden.

Hauptinhaltsstoffe

Apfel- und Zitronensäure, Calcium, Eisen, Eiweiß, Folsäure, Kalium, Kobalt, Kupfer, Lactone, Lycopen, Pangam, Pflanzenfarbstoffe, Phosphor, Provitamin A, Quercetin, Vitamin B 5, B 15 (im Kern), C. Der Provitamin-A-Gehalt einer Trockenaprikose liegt sogar wesentlich höher als bei allen anderen Früchten.

Verwendung, Zubereitung

Aprikosen sind u.a. als Tafelobst, in Fruchtsalaten, Kuchen, als Trokkenobst, Konfitüre, Kompott, in Saucen, Aufläufen, Crèmes, Fruchtsuppen, Mus, Limonaden, Likören, Spirituosen und Konserven verwendbar.
In einigen Ländern werden entbitterte Aprikosenkerne, die in Geruch und Geschmack Mandeln ähneln, zu marzipanähnlichen Pasten (Persipan), Likör oder Bittermandelöl verarbeitet.

Lagerung

Aprikosen sollten kühl, jedoch nicht zu kalt gelagert werden, da sie sonst ihr Aroma verlieren.
Vollreife Aprikosen können nur noch kurze Zeit aufbewahrt werden, da sie sehr schnell verderben. Trockenaprikosen lassen sich etwa 1 Jahr lang lagern; bei einer gleichmäßigen Raumtemperatur von 8°C kann sich die Lagerung sogar auf mehrere Jahre erstrecken.

Volksmedizinische Bedeutung

Aprikosengenuss wirkt sich positiv auf das Wachstum der Haare und der Fingernägel aus, sorgt für reine Haut und rote Backen und gilt als Muntermacher für Herz und Kreislauf. Außerdem schützen Aprikosen vor Entartung der Zellen und geben Schutz vor Infektionen.
Neuesten Studien zufolge, lindern Aprikosen dank ihres Inhaltsstoffs Pangam Migräneanfälle und Kopfschmerzen - auch vorbeugend.
Ein besonders hohes Durchschnittsalter haben nachweislich Einwohner eines pakistanischen Gebirgsortes ihrem hohen Aprikosenkonsum zu verdanken, da die Aprikose immunstärkende Karotene und hohe Pflanzenfarbstoff-Konzentrationen aufweist, die einen verjüngenden Effekt haben.

Tipp

Bei reifen Aprikosen lässt sich der Stein - im Gegensatz zu den unreifen Früchten - sehr leicht lösen.

Arracacha

Arracacia xanthorrhiza

Arracacha: span., Arracacia, Peruanische Möhre, Peruanische
Pastinake, Peruvian carrot: engl., Peruvian parsnip: engl.

Allgemeines, Herkunft, Geschichtliche Bedeutung

Die Arracacha ist ein rübenartiges Gewächs, dessen Heimat in Kolumbien liegt. Wegen ihrer wohlschmeckenden Wurzel wurde sie schon von den Inkas kultiviert. Die Arracacha ist eine zu den Doldenblütlern (Apiaceae, Umbelliferae) gehörende Knollenpflanze, die auf unseren Märkten noch ohne Bedeutung ist.

Aussehen

Die Arracacha sieht aus wie eine längliche Sellerieknolle mit sellerieähnlichen Blättern. Die Knolle hat in ihrem Inneren einen ausgeprägten lilafarbenen Ring, der sich im äußeren Rand vom vorderen Teil bis zum Ende der Wurzel zieht.

Hauptinhaltsstoffe

Hoher Stärkegehalt.

Verwendung, Zubereitung

Die Arracacha-Wurzel wird wie Kartoffeln gebacken, gebraten und gekocht oder püriert in Suppen und Eintöpfen verarbeitet. Aus dem Wurzelmehl wird Kranken- und Kinderkost, Brote und Pfannkuchen bereitet.

Lagerung

Die Arracacha-Knolle kann leicht gekühlt bis zu einem Monat aufbewahrt werden.

Volksmedizinische Bedeutung

Die Arracacha ist eine besonders leicht verdauliche Frucht.

Artischocke

Cynara scolymus

Alcachofa: span., Alcharsof, Anginara: griech., Artichaut: franz., Artichoke: engl., Artisjok: niederl., Carciofo: ital., Erddorn, Essdistel, Globe-artichoke: engl., Speisedistel.

Allgemeines, Herkunft, Geschichtliche Bedeutung

Schon 500 v. Chr. kannte man die Artischocke in Ägypten und Rom als teure Spezialität. Als Arzneipflanze wird die Artischocke, deren Ursprung vermutlich im vorderen Orient liegt, schon seit dem Mittelalter (5.-15. Jahrhundert) geschätzt. Seit dem 13. Jahrhundert ist die Artischocke auch in Spanien bekannt, von wo aus sie über Frankreich in das Rheingebiet zu den deutschen Fürsten gelangte. Seit dem 16./ 17. Jahrhundert werden Artischocken in allen Mittelmeerländern angebaut. Im 18. Jahrhundert wurde die edle Feinschmeckerdistel in Frankreich als Aphrodisiakum angesehen. Bürgerliche Familien sollen daher ihren Töchtern geraten haben, sich von der erotisierenden Wirkung der Blütenknospe fernzuhalten.

Artischocken werden per Hand kurz vor der Blüte, also im Knospenstadium, geerntet, da der Blütenboden später bitter, nicht mehr zart und weniger gut verdaulich wird. Diese zeit- und arbeitsaufwendige Handernte rechtfertigt den relativ hohen Preis der „Königin der Gemüse", deren essbarer Anteil definitiv nur 20% beträgt. Erwerbsmäßiger Feldanbau dieser kälteempfindlichen Staude, die zur Familie der Korbblütler (Asteraceae, Compositaea) zählt, wird in Ägypten, Algerien, Frankreich, Griechenland, Iran, Israel, Italien, Marokko, Spanien, Türkei und in den USA (dort sogar ganzjährig) betrieben.

Ihr Name „ardi schau" = „Erddorn" weist darauf hin, dass sie einmal aus einer distelähnlichen Pflanze gezüchtet wurde.

Aussehen

Artischocken sehen aus wie faustgroße, violette oder grüne, längliche oder ovale Kiefernzapfen mit übereinanderliegenden grünen bis violetten Hüllblättern und wollfilzigen Stielblättern. Die staudenartigen Distelgewächse können bis zu 2m hoch werden und blühen von 6 - 12 Uhr. Eine reife, frische Artischocke aus dem Gemüseladen sollte harte, grüne, festanliegende Blätter haben, der Kopf muss fest geschlossen sein, und ihre Spitzen dürfen nicht vertrocknet sein. Der *Stängel* sollte nicht zu kurz abgeschnitten und nicht zu dünn sein, denn er versorgt die Blütenknospe noch mit Feuchtigkeit.

Geöffnete, gefleckte Blätter deuten auf eine überreife und möglicherweise ausgetrocknete und somit ungenießbare Artischocke hin.

Geschmack
Artischocken schmecken anfangs etwas gewöhnungsbedürftig, dann aber köstlich, leicht bitter und ein bisschen herb mit leichtem Haselnuss-Sellerie-Aroma.
Sorten
Babyartischocken/Miniartischocken. Solche, die in ihrem Inneren noch keinen Blütenansatz gebildetet haben, können im Ganzen, also praktisch ohne Abfall, roh, gekocht oder eingelegt gegessen werden. Geschmort dienen sie als Gemüse oder mariniert als Vorspeise. Meist werden sie nur in südlichen Ländern angeboten. Auf französischen und italienischen Märkten werden sie sogar fertig gekocht angeboten.
Camus de Bretagne heißt die wichtigste französische Artischocken-Sorte. Sie hat eine stumpfkugelige Form.
Catanese heißt eine Artischocken-Sorte aus Italien mit grün-violetten Hüllblättern.
Königs-Artischocke nennt man eine große Artischocken-Sorte aus der Toscana (Italien).
Prince de Bretagne heißt die Königin der Artischocken aus Frankreich. Sie ist rundlich und hat enganliegende oder ziegelartig übereinanderliegende Blätter.
Romanesco heißt die wohl bedeutendste italienische Export-Artischocke. Sie ist mittelgroß, rundlich und von März bis Juni auf dem deutschen Markt. Nebenbei bemerkt: „Romanesco" nennt man übrigens auch eine Blumenkohl-Abart (siehe dort).
Spinoso sardo nennt man eine dornige Artischocken-Sorte aus Sardinien.
Tudela heißt eine grüne, längliche Artischocken-Sorte aus Spanien.
Violette de Palermo heißt eine längliche Artischocken-Sorte mit spitzen, locker anliegenden Blättern, die außen violett, innen jedoch grün ist. Meist kommt sie aus Italien oder Spanien.
Hauptinhaltsstoffe
Calcium, Cynarin (Cynaropikrin), Eisen, Eiweiß, etherisches Öl, Inulin, Kalium, Magnesium, Mangan, Scolymosid, hoher Phosphorgehalt, Provitamin A, Vitamin B 1, E.
Mit einem Ballaststoffgehalt von über 10% gehören Artischocken zu den ballaststoffreichsten Gemüsen.
Verwendung, Zubereitung
Da Artischocken als besonders appetitanregend gelten, werden sie meist als Vorspeise bevorzugt. Ein Großteil wird aber auch als Grundlage für Spirituosen, Aperitifs und Magenbitter verarbeitet.
Um sie als Vorspeise zu verwenden, bereitet man sie wie folgt zu: Zuerst wird sie gründlich gesäubert; danach schneidet man die äußeren Blattspitzen ab. Der Anschnitt und das untere Ende der Artischocke werden dann mit Zitronensaft beträufelt, damit sich diese Stellen nicht dunkel verfärben. Nun werden die Artischocken ca. 35 Minuten in Salzwasser gekocht, und zwar nicht im Aluminium-, sondern im Emailletopf, da sich Artischocken durch Aluminiumkontakt grauschwarz verfärben. Die Artischocken sind gar, wenn sich die inneren Hüllblätter leicht herausziehen lassen. Genießbar sind die unteren Hüllblätter und der Blütenboden. Artischockenböden werden auch als Suppeneinlage oder in Salaten verwendet. Sogar die Artischockenstiele lassen sich als Suppeneinlage verwenden, sie schmecken allerdings ziemlich bitter und müssen vor dem Verzehr geschält werden.
Und so isst man gegarte Artischocken, wobei eine „Fingerbowle" unerlässlich ist: Man zupft die Blätter einzeln ab, dippt sie in eine Sauce oder in zerlassene Butter und streift die fleischigen

unteren Teile der Hüllblätter mit den Zähnen ab. Das ungenießbare, stachlige und faserige ‚Heu' auf dem Blütenboden wird sorgsam, am besten mit einem Grapefruitlöffel, entfernt. Dieses Nachputzen des Blütenbodens nennt man „tournieren".

Lagerung

Bis zu 4 Tage lassen sich Artischocken im Kühlschrank aufbewahren, vorausgesetzt man hat sie vorher ungewaschen in ein feuchtes Tuch gewickelt.

Volksmedizinische Bedeutung

Artischocken haben eine entschlakkende und entgiftende Wirkung auf Leber, Magen und Galle. Außerdem sind sie kalorienarm, vitaminreich und appetitanregend. Sie kurbeln den Stoffwechsel an, wirken cholesterinspiegelsenkend, bekämpfen Übelkeit und Erbrechen und werden bei Eiweiß im Urin eingesetzt. Auch erhöhte Harnsäurewerte, Rheuma, Gicht, Arteriosklerose und Blasen- und Nierenschwäche werden nachweislich durch die Artischocke gebessert. Der natürliche Bitterstoff Cynaropikrin in der Artischocke fördert die Blutbildung und festigt die Blutgefässwände. Artischocken sind auch bestens für Diabetiker geeignet, da die in ihnen enthaltene Stärke „Inulin" beim Kochen zu Fruchtzucker umgewandelt wird.

Vorsicht: Da Artischockengenuss allergische Reaktionen auslösen kann, sollten Allergiker auf ihren Verzehr möglichst verzichten!

Tipp

Das Artischocken-Essen als solches wird auch als „Grünes Fondue" bezeichnet.

Aubergine

Solanum melongena

Man nennt die Aubergine auch noch:

Albergine, Aubergine: engl., franz., niederl., Batemjan: pers., Berenjena: span., Beringène: franz., Brinjal: ind., Eggplant: engl., Eieräpfel, Eierfrucht, Eierpflanze, Eierplant: niederl., Madapple: engl., Mayenne: franz., Melanzana: ital., Melanzane: österr., Melanzani: österr., Melanzanenapfel, Melidsana: griech., Melongène: franz., Patlican: türk., Petonciano: ital., Schwarze Tomate, Spanisches Ei

Allgemeines, Herkunft, Geschichtliche Bedeutung

Auberginen sind wahrscheinlich in Westindien heimisch, denn dort wurden sie schon im 5.- 4. Jahrhundert v. Chr. in den Sanskrit-Schriften als „Brinjal" erwähnt. Da die asiatische Stammform der Aubergine ursprünglich entweder gelb oder weiß und nur eigroß war, erhielt sie den Namen Eierfrucht. Die Araber brachten die Aubergine erstmals im 13. Jahrhundert nach Europa. Im Jahr 1550 begannen die Italiener dieses Fruchtgemüse zu kultivieren. Heute befinden sich ihre bevorzugten Anbaugebiete in Ägypten, Afrika, Frankreich, im Irak, in Israel, Italien, Japan, auf den Kanaren, in Mittelamerika, in den Niederlanden (im Gewächshaus kultiviert), in Rumänien und in Spanien. Die Tomaten, Kartoffeln und Paprikaschoten zählen zur näheren Verwandtschaft der Aubergine, die zur Familie der Nachtschattengewächse (Solanaceae) gehört.

Aussehen

Von der Form her unterscheidet man längliche, keulenförmige, leicht gebogene, sowie rundliche und eiförmige Auberginen.

Auberginen haben eine purpur-violette bis schwärzliche, seltener eine weiße oder gelbe Haut die auf leichten Daumendruck nachgibt. Hat die Haut ihre Festigkeit und ihren Glanz verloren, ist die Frucht schon überreif.

Das mehlige weißlich-grüne Auberginen-Frucht-fleisch ist mit kleinen, wei-

chen, weiß-gelben, essbaren Kernen durchwachsen.
An der Oberseite der durchschnittlich ca. 300g schwer werdenden Aubergine befindet sich ein ca. 2cm langer ausstehender Stiel.
Auberginenblüten sind meist violett, gelegentlich aber auch weiß und - vor allem - wunderschön anzusehen.

Geschmack

Frische Auberginen schmecken relativ neutral. Erst beim Dünsten, Braten oder Grillen entwickeln sie ihren leicht bitteren, nussigen Wohlgeschmack.

Sorten

Antroewa heißt eine afrikanische Wildart der Aubergine, aus der wohl die kultivierte Aubergine entstand. Sie wird auch noch in Madagaskar und Malaysia angebaut. Die etwa 8cm lange zwiebelförmige Frucht ist im reifen Zustand glänzend orange-gelb und teilweise mit braunen Flecken behaftet. Der Geschmack variiert von süß bis bitter. Diese Frucht kann zwar roh verzehrt werden, beliebter ist allerdings das Braten oder Kochen. Mit den frischen Blättern dieser Ur-Aubergine verfeinert man Suppen und Saucen oder man bereitet sie wie Spinat zu. Auch ihre Blüten sind essbar.
Konasu heißt eine bis 10cm lange, mild-süßliche Auberginen-Sorte aus Japan.
Mini-Auberginen gelten in ihrer Funktion als Kübelpflanze eher als Augenschmaus auf dem Balkon - für den Kochtopf sind sie weniger geeignet.
Serpentinum heißt eine hellgrüne oder gestreifte Auberginen-Sorte aus Thailand, die bis zu 1m lang wird und gelegentlich auch gewunden wächst.
Slim Jim Aubergine nennt man eine sehr große und lange Auberginen-Sorte, deren Außenhaut weiß-lila marmoriert ist.
Solanum torvum/Pea aubergine: engl. heißt eine grüne, etwa 5-15mm groß werdende, erbsenförmige Auberginensorte aus Thailand, die relativ bitter schmeckt.

Hauptinhaltsstoffe

Calcium, Eisen, Kalium, Nikotin, Phosphor, viel Provitamin A, Vitamin B 1, B 2, C. Solanin ist nur in unreifen Auberginen und in ihrem Stielansatz enthalten.

Verwendung, Zubereitung

Auberginen sind deshalb für den Rohverzehr nicht geeignet, weil sie roh ‚pappig' und fade schmecken und außerdem Bitterstoffe aufweisen, die erst durch Erhitzen zerstört werden. Man kann Auberginen auf vielfältige Arten zubereiten: Sowohl das Grillen, Fritieren, Backen, Schmoren, Sautieren oder Füllen ist möglich. Meist wird sie jedoch zu „Ratatouille" (französisches Mischgemüse), „Moussaka" (griechischer Auberginen-Auflauf) oder Salat verarbeitet.
Werden Auberginen-Scheiben vor der Zubereitung mit Salz bestreut und mit Zitronensaft beträufelt, dann eine Stunde ziehengelassen, abgespült und abgetupft, so nimmt das Fruchtfleisch beim Braten oder Backen nicht soviel Fett auf, der leichte Bittergeschmack wird gemildert, und dem schwammartigen Fruchtfleisch wird damit außerdem viel Wasser entzogen.
Auberginen von normaler Größe müssen nicht geschält werden, da die dünne Schale wertvolle Aroma- und Mineralstoffe enthält: zudem behalten die Scheiben mit Schale bei der weiteren Zubereitung besser ihre Form. Bei sehr großen Früchten sollte die Schale jedoch entfernt werden, da sie meist zäh und bitter schmeckt. Man geht dabei vor, wie bei einer Tomate, indem man die Frucht zuerst oben und unten einritzt, dann kurze Zeit in kochendes

Wasser taucht und anschließend die Haut abzieht.
Als „Auberginen-Kaviar" bezeichnet man in Südfrankreich Auberginen-Fruchtfleisch, das mitsamt den dunklen Kernen („Kaviar"), Salz, Pfeffer, viel zerstoßenem Knoblauch und Olivenöl, mit einer Gabel grob zerdrückt, verspeist wird. Zuvor werden die Auberginen im Backofen bei 150°C so lange gegart, bis die Schale „soufliert", also durch die Hitze Blasen wirft. Dazu passt Stangenweißbrot.
Sultan Abdul Aziz bereitete einst seinem Gast, Prinzessin Eugenie von Frankreich, der Gattin Napoleons III., Auberginenpüree, das er später „Sultans Entzücken" taufte, weil die Prinzessin in der Tat derart von diesem Gericht entzückt war, dass sie es immer wieder wünschte. Hier das Rezept: Geschälte Auberginenscheiben lässt man etwa 15 Minuten mit Salz und Zitrone ziehen, drückt sie aus, hackt sie fein, gibt sie in eine Mehlschwitze und lässt sie so lange schmurgeln, bis ein gleichmäßiges Püree entstanden ist. Dann gibt man etwas Milch hinzu, schlägt das Ganze mit einem Schneebesen auf, rührt geriebenen Käse dazu und schmeckt mit Salz und Pfeffer ab. Dazu gehört unbedingt Lammragout.
Vorsicht: Wenn man zum Zerkleinern des Auberginen-Fruchtfleischs einen Mixer einsetzt, wird es bitter und somit ungenießbar!

Lagerung

Die wasser- und druckempfindlichen Auberginen möchten nach Möglichkeit dunkel und kühl, allerdings nicht unter 5°C gelagert werden. Wenn man Auberginen der Sonne ausetzt, bekommen sie schnell eine schwammige und braune Haut - sie sind dann nicht mehr genießbar.
In der Nachbarschaft von Avocados, Äpfeln, Tomaten, Bananen und Zitrusfrüchten bekommen Auberginen schnell braune Flecken und verderben rasch.

Volksmedizinische Bedeutung

Auberginengenuss fördert die Gallensekretion und senkt den Cholesterinspiegel. Auch bei Rheuma-, Stoffwechsel-, Ischias-, Leber- und Nierenleiden soll sie heilend wirken.
Eine Warze beseitigt man, indem man eine Woche lang täglich, auch nachts, eine frische Auberginenscheibe mit einem Pflaster auf der Warze befestigt. Die Auberginenscheibe sollte dabei täglich erneuert werden.

Tipp

Reife Auberginen sollten nicht gepflückt, sondern am Stielansatz abgeschnitten werden, damit die vorhandenen, eventuell später noch tragenden Triebe nicht verletzt oder abgerissen werden.

Avocado

Persea gratissima

Abacatebirne, Advokatenbirne, Aguacate: span., Alligatorbirne, Alligator pear: engl., Avocado: engl., ital., norw., Avocadobirne, Avocat: franz., Avokado: niederl., Aztekenbirne, Butterbirne, Butterfrucht, Palta: südam.

Allgemeines, Herkunft, Geschichtliche Bedeutung

Schon vor 8000 Jahren wurde die Avocado in Guatemala angebaut. Von den Ureinwohnern Südamerikas wurde sie, aufgrund ihres hohen Gehaltes an wertvollen pflanzlichen Fetten, „Ahua Quatl" = „Butter des Waldes" genannt. Erstmals erwähnt wurde die Avocado um 300 v. Chr. Bei uns ist die Avocado seit der Zeit der Eroberung Mexikos durch den spanischen Eroberer Cortes im 16. Jahrhundert bekannt. Die

Hauptanbaugebiete der Avocado liegen in Afrika, Australien, Florida, Israel, Kalifornien, Kenia, dem Mittelmeergebiet, Mittel- und Südamerika, Spanien und in Westindien. Avocados werden zu den Lorbeergewächsen (Lauraceae) gezählt und gehören sowohl zu den Gemüsen als auch zum Obst. Da Avocados weder gespritzt noch chemisch behandelt werden, sind sie rein biologische Produkte.

Aussehen

Avocados sind normalerweise oval bis birnenförmig und mit einem relativ großen, braunen, gut lösbaren, ungenießbaren Kern versehen; es gibt aber auch apfel-, pflaumen- und gurkenförmige Avocados. Die lederartige Haut - sie sollte keine Druckstellen aufweisen - ist je nach Sorte sattdunkelgrün, braun oder purpur. Die Farbe hat jedoch nichts mit der Intesität des Aromas zu tun. Das weißliche Avocado-Fruchtfleisch hat einen leichten Grünschimmer. Verzehrreif ist eine Avocado entweder, wenn ihre Schale auf Daumendruck nachgibt oder wenn sich das Fruchtende mit einem Zahnstocher ohne nennenswerte Kraftanwendung einstechen lässt. Grüne Avocados mit braunen Flecken sind überreif. Von Avocados, bei denen man den Kern rascheln hört, wenn man sie schüttelt, sollte man die Finger lassen, da ihr Fruchtfleisch durch Überalterung schon vertrocknet ist.

Geschmack

Alle reifen Avocado-Sorten zeichnen sich durch einen sahnig-cremigen, haselnussartigen Geschmack aus. Überreife und unreife Avocados schmecken dagegen bitter und fade.

Sorten

Aguacate heißt eine im Südwesten Amerikas wildwachsende Abart der Avocado.

Cocktail-Avocado/Mini-Avocado. Diese pflaumengroße, gurkenförmige Avocado-Sorte ist kernlos, da sie ohne Befruchtung entsteht. Sie ist nur in Frankreich im Handel.

Ettinger nennt man eine birnenförmige, glattschalige, kräftig grüne Avocado-Sorte aus Kalifornien oder Israel.

Fuerte. Diese Sorte, die von November bis Februar auf dem Markt ist, hat eine rauhe, mattgrüne Schale.

Hass. Sie ist gelbfleischig, hart, klein, runzlig, fast schwarz und hat das beste Aroma.

Nabal. Diese Avocado-Sorte mit dem geringsten Fettgehalt kommt aus Israel, ist mittelgroß, kugelrund, glattschalig, grün und nur von Januar bis März auf dem Markt.

Negra de la cruz ist eine tiefschwarze Avocado-Sorte, die ausschließlich in Chile auf dem Markt ist.

Hauptinhaltsstoffe

Biotin, Calcium, Eisen, reichlich Eiweiß, Ethylen, Glutathion, Kalium, Magnesium, Mannoheptulose, bis 32% leicht verdauliches Pflanzenfett, Provitamin A, Vitamin B 1, B 2, B 6, C, D, E, Zucker. Avocados haben den höchsten natürlichen Fettgehalt und den besten Eiweißgehalt aller Früchte!

Verwendung, Art der Zubereitung

Zuerst halbiert man die Avocado und entfernt den ungenießbaren Kern, indem man die beiden Hälften vorsichtig mit einer kleinen Drehbewegung voneinander trennt. Das Fruchtfleisch sollte anschließend sofort mit Zitronen- oder Limettensaft beträufelt werden, damit es sich nicht unansehnlich braun-grau verfärbt. Die Kernmulde kann entweder mit Zucker oder Salz und Pfeffer gewürzt werden, oder mit Kräutermarinade, Krabben-, Matjessowie mit Fruchtsalat gefüllt werden. Man kann aber auch das Fruchtfleisch zerdrücken und als Brotaufstrich verwenden.

Avocadofleisch darf nicht gekocht werden, da es sonst bitter wird. Vielmehr sollte man das Avocadofleisch nur leicht in heißer Sauce oder Suppe ziehen lassen.

Eine Delikatesse im Hochsommer ist kalte Avocadosuppe. Dazu wird das frische Avocadofleisch zuerst püriert und dann mit Zitronensaft, Weißwein, saurer Sahne, kalter Hühnerbrühe und zuletzt mit geschlagener Sahne vermischt.

„Guacamole" nennt man eine äußerst pikante mexikanische Delikatesse. Dazu muss das frische Fruchtfleisch der Avocado zuerst zusammen mit dem Saft einer Limette püriert werden. Anschließend mischt man dieses Fruchtpüree mit entkernten und enthäuteten Tomatenwürfeln und würzt mit Salz, Pfeffer und einer gehackten Chili.

Lagerung

Avocados kommen fast immer unreif in den Handel; also muss sie noch nachreifen. Beschleunigen lässt sich dieser Reifevorgang, indem man die Frucht in Zeitungspapier einschlägt und bei Zimmertemperatur 2-3 Tage liegen lässt. Vorzeitig reifgewordene Avocados lassen sich im Kühlschrank noch ca. 8 Tage frischhalten. Avocados dürfen nicht zusammen mit Äpfeln, Broccoli, Blumenkohl und Zitrusfrüchten gelagert werden, da diese durch Ethylen-Ausscheidung einen raschen Verderb verursachen.

Volksmedizinische Bedeutung

In ihrer Zusammensetzung unterscheidet sich die Avocado sehr von anderen Früchten, denn sie enthält etwa 30% natürliches Fett. Es handelt sich dabei um ein wertvolles Pflanzenfett mit einem hohen Anteil an mehrfach ungesättigten Fettsäuren, die sich günstig auf den Cholesterienspiegel auswirken, da ihre Enzyme Fette derart aufspalten, dass sie sich im Körper nicht ablagern können. Die Folge davon ist Gewichtsverlust! Avocadogenuss ist auch Balsam für Herz, Immunsystem und Gefäße, fördert die Hirn- und Hautdurchblutung, kurbelt die Produktion roter Blutkörperchen an, stärkt das Selbstbewusstsein, schützt vor Reiseübelkeit, gilt als Stresskiller, neutralisiert zu viel Magensäure und ist, dank Glutathion, das wirkungsvollste Antioxidans (Krebskiller). Avocados stärken außerdem die Muskeln, können schmerzhafte Krämpfe beim Leistungssport verhindern und gelten als Top-Mittel gegen Muskelkater. Wegen ihres die Insulin-Produktion hemmenden Gehalts an Mannoheptulose ist die Avocado auch als Diät-Nahrungsmittel zur Gewichtsreduzierung geeignet.

Tipp

Aus dem Avocado-Kern kann man sich selbst ein Mini-Avocadobäumchen ziehen, indem man die Kernspitze abschneidet, ein Glas mit nasser Watte auslegt, den Kern mit der runden Seite nach unten daraufstellt und immer für genügend Feuchtigkeit sorgt.

B

Babaco

Carica pentagona

Babaco: engl., ital, niederl., norw., span.

Allgemeines, Herkunft, Geschichtliche Bedeutung

Die zu den Melonenbaumgewächsen (Caricaceae) zählende Babaco ist in den Andentälern Ecuadors heimisch. Weltweit wird diese Frucht in Ecuador, Griechenland, auf der Insel Guernsey, in Israel, in Italien (seit 1985), in Neuseeland (seit 1973) und sogar in Südtirol angebaut. Man sagt der Babaco, die mit der Papaya verwandt ist, einen ähnlichen Siegeszug wie der Kiwi voraus.

Aussehen

Die gurkenförmige, bis zu 20-30cm lange und bis zu 12cm dicke, kernlose Babaco hat eine fünfeckige, spitz zulaufende, grün-gelbe Schale.

Geschmack

Die Babaco hat ein saftiges, feinsäuerliches, erfrischendes Erdbeer-, Apfel-, Papaya- Ananasaroma.

Hauptinhaltsstoffe

Calcium, Papain, Phosphor, extrem viel Vitamin C.

Verwendung, Zubereitung

Man isst die rundherum genießbare Babaco als Frischfrucht entweder mit Zucker bestreut oder dünn mit Honig bestrichen. Zuvor sollte man sie waschen und entweder quer in Scheiben oder längs in Streifen schneiden. Auch zu Obstsalat, Kompott, Konfitüre, Eis, Shakes, püriert in Suppe usw. lässt sich diese Frucht verarbeiten. Dank des Enzyms Papain ist die Babaco auch als hervorragender Fleischzartmacher geeignet. In den Herkunftsländern werden unreife Babacos zu Gemüse bereitet.

Lagerung

Ungekühlt ist die Babaco ca. 4 Wochen haltbar.

Volksmedizinische Bedeutung

Frischer Babacogenuss neutralisiert zuviel Magensäure und wirkt verdauungsfördernd.

Baelfrucht

Bael fruit: engl., Beli, Belifrucht, Bengalische Quitte, Bengal quince: engl., Bel indien: franz.

Allgemeines, Herkunft, Geschichtliche Bedeutung

In seinem Ursprungsland Indien gilt der Belibaum als heilig.

Aussehen

Die 6-12 cm langen ockerfarbenen Baelfrüchte haben eine tropfenförmige Form und in Segmente unterteiltes, faseriges Fruchtfleisch.

Geschmack

Das Fruchtfleisch der Baelfrucht schmeckt sehr süß.

Hauptinhaltsstoffe

Provitamin A und Vitamin C.

Verwendung, Zubereitung

Die Baelfrucht wird sowohl als Frischfrucht, als auch zu Saft, als Getränkezusatz, in Crèmes, Puddings, Eis oder in Sorbets verwendet.

Lagerung

Da sich die Baelfrucht nur kurze Zeit hält, ist sie auf unseren Märkten kaum anzutreffen.

Volksmedizinische Bedeutung

Der Verzehr von Baelfrüchten hilft bei Durchfall.

Balsampflaume

Spondias cytherea

Allgemeines, Herkunft, Geschichtliche Bedeutung

Der Ursprung dieser exotischen Baumfrucht mit wedelartigen Zweigen liegt in Tahiti. Die Balsampflaume gehört zu den Sumachgewächsen (Anacardiaceae) und ist mit der Mango verwandt. Ihre Herkunft ist abhängig von der jeweiligen Sorte.

Aussehen und Geschmack

Da es von der Balsampflaume sehr viele verschiedene Sorten gibt, die sich wiederum in Geschmack und Aussehen unterscheiden, muss man sich auf die jeweiligen Angaben unter „Sorten" berufen.

Im Allgemeinen haben Balsampflaumen einen länglichen, platten Kern, der oft mit feinen, strahlig in das Fruchtfleisch hineinragenden Holzfasern versehen ist.

Sorten

Süße Balsampflaume: Spondias dulcis Ambarella: lat./Apfelmango/Cytherea-Apfel/Echte Mombinpflaume/Goldapfel/Golden apple: engl./Goldpflaume /Kasamango/Pomerac/Pomme de cythère: franz./Prune d'Amerique: franz./Süße Mombinpflaume/Tahitiapfel. Diese apfelgroße, birnenförmige Sorte kommt aus Polynesien, Fidschi, Samoa, Java oder Madagaskar. Sie hat eine rostbraun gefleckte Schale und goldgelb-weißes, saftiges, süßes, faseriges Fruchtfleisch. Gelegentlich hat sie einen leicht terpentinartigen Beigeschmack. In Java kocht man die Blätter der Süßen Balsampflaume zusammen mit Fleisch, damit dieses mürbe wird.

Rote Balsampflaume: Spondias purpurea: lat./Ciruela roja: span./Imbu/ Jacote: span./Jamaica plum: engl./ Jamaikapflaume/Mombin rouge: franz. /Otaheite-Apfel/Otaheite apple: engl./ Prune rouge: franz./Rote Mombinpflaume/Spanische Pflaume/Spanish plum: engl./Umbu. Die Rote Balsampflaume kommt meist aus Westindien oder Südamerika. Sie hat eine zähe, purpurfarbene Schale und schmeckt wie die Süße Balsampflaume.

Gelbe Balsampflaume: Spondias mombin: lat./Gelbe Mombinpflaume/Gelbpflaume/Hog-plum: engl./Mompe: engl. /Mopé: franz. Die Gelbe Balsampflaume wächst im tropischen Amerika, auf Java und in Westafrika. Sie ist gelb, pflaumengroß und hat einen herben, trockenen Geschmack.

Mangopflaume: Spondias pinnata: lat./Imra/Indische Mango/Tahitian quince: engl./Tahitipflaume. Die Mangopflaume kommt aus Vorderindien, Java oder Malakka. In Aussehen und Geschmack ist sie der Roten Balsampflaume ähnlich. In Indien gelten Mangopflaumen als Nationalfrucht, denen man geheimnisvolle Kräfte zuschreibt. Bei den Hindus werden Mangopflaumen als „Früchte himmlichen Vergnügens" verehrt.

Hauptinhaltsstoffe

Etherisches Öl, Harze, Phenole, Säuren, Vitamin C, 13% Zucker.

Verwendung, Zubereitung

Balsampflaumen werden als Frischfrucht, zu Kompott, Marmelade, Sorbet, Crèmes, in Getränken und zu Konserven verarbeitet. Wenn man eine Balsampflaume als Frischfrucht verzehren will, muss man zuvor die Schale mit einer dreizinkigen Spezialgabel abziehen, deren mittlerer Zinken länger als die anderen ist, um sich in einem Loch des Steins Halt zu verschaffen.

Unreife Balsampflaumen dienen der Chutney-Herstellung.

Lagerung

Die Balsampflaume ist nicht oft auf unseren Märkten zu finden, da sie schlecht transportierbar und sehr leicht verderblich ist.

Bambussprossen

Bambusa vulgaris

Bamboo shoots: amerik., Bamboo sprouts: engl., Bambusschösslinge, Bambusspitzen, Pousses de bambou: franz., Takenoko: jap.

Allgemeines, Herkunft, Geschichtliche Bedeutung

Die in den ostasiatischen Tropen beheimateten Bambussprossen werden heute überwiegend in China, Indien, Japan und in Mittel- und Südamerika kultiviert. Sie gehören zu den Riesengräsern (Poaceae/Gramineae) mit verholzenden Stängeln.

Aussehen

Die kegelförmigen, elfenbeinfarbenen Bambussprossen sind etwa 15cm lang und haben einen Durchmesser von 5-8cm. Die Struktur des Fruchtfleisches ähnelt dem des Kohlrabis oder der von Sellerieherzen.

Geschmack

Junge Bambussprossen schmecken knackig-zart, süß-säuerlich und kohlrabiähnlich.

Hauptinhaltsstoffe

Von allen Pflanzen haben Bambussprossen den höchsten Anteil an Kieselsäure.

Verwendung, Zubereitung

Die dekorativen Bambussprossen sind ein bedeutender und nicht wegzudenkender Bestandteil der chinesischen Küche. Sie werden zuerst ca. 40 Minuten in Salzwasser gegart und danach wie Spargel zubereitet. Zum Rohverzehr sind Bambussprossen nicht geeignet, da sie Blausäure enthalten, die sich erst durchs Kochen verflüchtigt.
Hierzulande sind Bambussprossen nur in Konserven erhältlich.

Volksmedizinische Bedeutung

In China und Japan werden Bambussprossen als Mittel gegen Nervosität und Epilepsie eingesetzt.

Tipp

Achia/Atchia heißen Bambusschößlinge, wenn sie als scharfe indische Essigkonserve im Supermarkt oder im Asienladen angeboten werden.

Banane

Musa

Adamsfeige, Banaan: niederl., Banam, Banan: norw., Banana: engl., span., ital., Banane: franz., Paradiesfeige

Allgemeines, Herkunft, Geschichtliche Bedeutung

Die Banane ist eine der ältesten Kulturpflanzen der Erde, da ihr Vorkommen schon gegen Ende der Eiszeit festgestellt wurde. Im 6. Jahrhundert v. Chr. wurde die Banane erstmals in indischen Aufzeichnungen erwähnt, 650 n. Chr. brachten sie arabische Händler nach Palästina und Ägypten. Durch Seefahrer kam sie später auch nach Afrika, zu den Kanarischen Inseln und nach Mittel- und Südamerika. Nach Europa wurde die Banane erst 1885 eingeführt, und 1892 kam die erste Banane schließlich auch nach Deutschland. Inzwischen hat sich die Banane zur Weltrekordlerin entwickelt, denn sie ist die Frucht, die die höchste Weltausfuhr, sprich: das größte Welthandelsvolumen aller Früchte erreicht.
Bananen entstehen aus den Blüten der nach unten gebogenen Bananenstauden-Stängel. Am Ende dieser Stängel befindet sich eine große Anzahl Blüten, die in einem kräftigen weißgelben, bis zu einem halben Meter langen Kolben eingeschlossen sind. Dieser Kolben, aus dem später die Bananenblüten entstehen, wird von einigen rot-braunen

Schutzblättern umhüllt. In den Anbauländern werden diese noch geschlossenen Kolben häufig gegrillt, gekocht oder gebraten zu Gemüse verarbeitet. Leicht gekühlt lassen sich Bananenblüten - bei uns sind sie leider nur sporadisch auf den Märkten anzutreffen - bis zu zwei Wochen aufbewahren.

Die später zentnerschwer werdenden Fruchtstände der Banane werden im jeweiligen Herkunftsland vor der Reife, also noch grün, abgeschnitten und in ‚Hände' zerlegt kartoniert. Bevor sie in den Handel gelangen, reifen sie in klimatisierten Kammern (Bananenreifereien) nach und erhalten erst dort ihre typisch goldgelbe Färbung. Während dieses Reifeprozesses wird die Stärke der grünen Früchte in Zucker umgewandelt, und auch die Aromastoffe entwickeln sich erst während dieser Nachreife.

Man bezeichnet die Banane, die zur Gattung der Bananengewächse (Musaceaen) gehört und botanisch gesehen zu den Beerenfrüchten gezählt wird, als das größte Kraut der Erde und wegen ihrer natürlichen und umweltfreundlichen, voll kompostierbaren Schale als die sauberste Frucht.

Bananen werden heute u.a. in Afrika, Costa Rica, Ecuador, Indien, auf den Kanarischen Inseln, in Malaysia, Süd- und Mittelamerika und in Thailand angebaut. Der Name „Banane" leitet sich vom arabischen „banan" = „Finger" ab, denn die Früchte wachsen an den Fruchtständen in Form einer Hand mit jeweils 10 oder 20 „Fingern" bzw. „Bananen".

Aussehen

Warum ist die Banane eigentlich krumm? - Jede junge Einzelfrucht wächst anfangs nach unten. Später wächst sie dann, hormon- und sonnenbedingt, zuerst nach außen und dann nach oben, der Sonne entgegen, wobei es zu der bekannten Krümmung kommt. Vollreife Bananen haben eine glatte, leuchtend gelbe Schale mit sommersprossenartigen Tupfen, perfekt gelbe Bananen, die wie aus dem Bilderbuch aussehen, beinhalten oft Gifte und Schadstoffe. Bananen mit schwarzen Flecken und Kratzern lassen auf unsachgemäßen Transport oder vorübergehende Unterkühlung schließen. Diese Bananen sind im Geschmack zwar noch gut, haben aber an Nährstoffen bereits viel eingebüßt. Nur gelbe Bananen schenken übrigens Kraft - grüne Exemplare enthalten 82% Stärke und liegen darum wie Blei im Magen.

Geschmack

Bananen schmecken im Allgemeinen angenehm-süßlich. Bananen in unseren Supermärkten unterscheiden sich von ihren Originalen in den Anbauländern ganz erheblich: nicht nur im Geschmack, der speziell für den europäischen Gaumen gezüchtet wurde, sondern auch durch das Fehlen der ursprünglich vorhandenen Kerne.

Sorten

Gemüsebanane: Musa paradisiaca: lat./Abessinbanane/Abessinische Banane/Kochbanane/Mehlbanane/Pferdebanane/Pisang: indon./Pisangfeige/Pisangfrucht/Plantain: engl., franz./ Pla(n)tane/Plante/Plátano: span. Die sehr stärkehaltige Gemüsebanane - sie stammt ursprünglich aus Mittelamerika - kann bis zu 50cm lang und armdick werden. Ihre Schalenfarbe kann rot, violett, grün, aber auch gelb sein. Gemüsebananen verfügen über einen hohen Kalorien-, Vitamin- und Mineraliengehalt und sind deshalb in ihren Anbauländern so wichtig wie bei uns die Kartoffel. Gemüsebananen werden in der karibischen oder afrikanischen Küche ausschließlich gekocht, gebacken oder gebraten als Gemüse verwendet, da sie wegen ihres hohen Stärkegehalts für den Frischverzehr ungeeignet ist! Sie dienen aber auch als Kindernahrung und zur Mehl-, Bier- und Essigherstellung. Da Gemüsebananen wenig Eigenaroma besitzen, vertragen sie kräftiges Würzen. Gemüsebananen schält man, indem man zuerst die beiden Enden abschneidet, sie dann von vorne bis hinten bis auf's Fruchtfleisch einritzt und schließlich besser quer als längs abzieht.

Faserbananen/Hanfbananen kommen von den Philippinen und werden dort überwiegend industriell zur Textilfaser-Herstellung (Manilafaser) genutzt.

Fehlbanane nennt man eine stärkereiche, allerdings bei uns unbedeutende Gemüsebananen-Sorte aus dem pazifischen Raum.

Matok-Banane nennt man eine kleine, grüne Gemüsebananen-Sorte, die mittlerweile auch des öfteren auf unseren Märkten anzutreffen ist. Matok-Bananen sind, wie alle Gemüsebananen-Sorten, nicht zum Rohverzehr geeignet.

Obstbanane: Musa nana: lat. Dessertbanane. Nur ein Fünftel der Weltproduktion sind Obstbananen - der Rest: Gemüsebananen! Obwohl es bei den Obstbananen definierte Sorten gibt, werden sie meist unter Markenzeichen je nach Erzeugerland geführt, z.B.: Chiquita, Onkel Tuca, Tyffes u.a.

Apfelbananen sind grüngelb, sehr klein, dünnschalig, ca. 10cm lang und schmecken köstlich fruchtig - entfernt nach Äpfeln. Am saftigsten und aromatischsten schmecken Apfelbananen, wenn sie braune Flecken auf der Schale aufweisen. Kultiviert werden sie in Südostasien und Brasilien - überwiegend jedoch in Kenia.

Babybanane/Bananito/Fingerbanane/Gelbe Zuckerbanane/Zuckerbanane nennt man eine kleine und teure Obstbananen-Züchtung mit sehr dünner, gelber Haut und einem intensiven, süßen Bananengeschmack. Sie wird hauptsächlich in Kolumbien, Thailand und Malaysia kultiviert.

Bocadillo-Bananen nennt man Babybananen, wenn sie als Konserve gehandelt werden.

Cavendishbananen haben bei den Obstbananen die größte Bedeutung, da sie sehr robust sind.

Feigenbanane nennt man eine Trokkenbanane mit ausgeprägtem Aroma. Sie ist durchschnittlich nur 6-7cm lang.

Jamaika-Banane heißt eine dickschalige, etwa 25cm lange Obstbananen-Sorte. Sie schmeckt süßlich mild und schwach säuerlich.

Madeirabanane nennt man eine gelbe, gurkenförmige Obstbananen-Sorte mit birnenartigem Geschmack.

Rote Bananen sind kleine rotbraune Obstbananen mit saftigem, dunkelgelbem Fleisch. Angebaut werden sie hauptsächlich in Brasilien, Thailand, Indonesien, Malaysia und Kenia.

Eine *Winterbanane* ist keine Bananensorte, sondern eine wohlschmeckende Tafelapfel-Sorte.

Zierbananen: Ensete ventricosum: lat. bilden nur kleine, ungenießbare, ledrige Früchte; ihre imposanten Blätter sind jedoch eine Attraktion in jedem Wintergarten. Im Frühjahr, wenn die ersten starken Sonnenstrahlen auf diese lichtempfindliche Pflanze fallen, neigt sie leicht zur Braunfärbung ihrer Blätter. Verhindern kann man dies, indem man sie entweder vorübergehend mit einem leichten Tuch oder Papier abdeckt oder man dunkelt den Standort etwas ab, indem man den Rolladen zur Hälfte herunterkurbelt.

Hauptinhaltsstoffe

Eisen, Folsäure, Fruchtsäure, Fruchtzucker, Glukose, Kalium, Kohlenhydrate, Kupfer, Magnesium, Mangan, Niacin, Phosphat, Phosphor, Provitamin A, Tryptophan, Vitamin B 1, B 2, B 3, B 6, B 7, B 12, C, E, 70% Wasser.
Die Banane verfügt über den geringsten Kochsalzgehalt und den höchsten Kalium- und Kohlenhydratgehalt aller Früchte! Außerdem enthalten Bananen als einziges Obst alle Nerven-Vitamine des B-Komplexes in reicher Form. Das kommt sonst nur in Fleisch vor! Durch lange Transportwege und dadurch bedingte lange Lagerung haben Bananen bedauerlicherweise meist einen Großteil ihrer wertvollen Mineralstoffe und Vitamine eingebüßt.

Verwendung, Zubereitung

Obstbananen werden frisch als Tafelobst oder in Fruchtsalat, gedörrt in Trockenobst-Mischungen und gebraten oder flambiert in der warmen Küche verarbeitet. Auch zu kalten, warmen und gefrorenen Süßspeisen, für Garnituren, in der Patisserie und in der Bäckerei werden sie in verschiedenen Variationen verwendet.
Gemüsebananen werden zu Mehl, Stärke, Pulver und sogar zu „Chips" und „Fritten" bereitet. In den Erzeugerländern werden Gemüsebananen mit der gesamten Schale zu Wein, Branntwein und Likör verarbeitet.
Bananenblätter werden in den Anbauländern, wenn sie noch frisch und grün sind, gekocht oder gedünstet als Gemüse verspeist - in Mitteleuropa sind sie jedoch kaum erhältlich.

Lagerung

Bananen müssen locker, möglichst hängend, bei optimal +12°C (nie unter 10°C) aufbewahrt werden - im Kühlschrank leiden Aroma, Qualität und Aussehen.
Bananen sollten nicht neben Birnen oder Äpfeln gelagert werden, da ihr Fruchtfleisch sonst weiche Stellen bekommt; mit Zitrusfrüchten vertragen sie sich dagegen sehr gut.
Reife Bananen sollten möglichst bald verzehrt werden, da ihr Vitaminverlust nach der Reife sehr hoch ist. Unreife Bananen reifen schneller, wenn man sie neben überreife legt, oder man wikkelt sie zuerst in ein feuchtes Geschirrtuch und dann in eine Papiertüte.

Volksmedizinische Bedeutung

Bananen sind eine gute Krankenkost, da sie vitaminreich, bekömmlich, leicht verdaulich und sättigend sind, ohne zu belasten. Da Bananen eine kurze ‚Durchlaufzeit' im Magen haben, kann man sie auch bei Magen- und Darmerkrankungen verzehren. Bananen gelten als Energiespender bei Schwächeanfällen, denn keine andere Frucht gibt dem Körper solange und so schnell (45 bis 60 Minuten) Energie wie die Banane. Auch bei Stress und Stimmungsschwankungen (schlechter Laune und Depressionen) sollte man Bananen essen, da sie die glücksbringenden Hormone Serotonin und Salsolinol enthalten. Überreife Bananen enthalten Stoffe (Ester), die rauschähnliche Zustände erzeugen können!
Schürfwunden sollte man mit der Innenseite einer Bananenschale einreiben - das kühlt angenehm, stillt die Blutung und fördert die Heilung
Vorsicht: Da Schalen von Obstbananen oft mit Pestizitrückständen hochbelastet sind, sollte man sich nach dem Bananenschälen gründlich die Hände waschen.

Tipp

Mattes Lackleder bringt man wieder auf Hochglanz, indem man es mit der Innenseite einer Bananenschale abreibt und anschließend gründlich poliert.

Batate

Ipomoea batatas

Artichaut des Indes: franz., Bataat: niederl., Batata: indian., span., Batate: franz., Boniato, Camote: span., Patata americana: ital., Patata dolce: ital., Patate douce: franz., Spanish potato: engl., Süsskartoffel, Sweet potato: amerik., Zoete aardappel: niederl.

Allgemeines, Herkunft, Geschichtliche Bedeutung

Ihren Ursprung hat die Batate, bei der es sich um die Wurzelknolle der Knollenwinde handelt, wahrscheinlich im nördlichsten Teil Südamerikas, wo sie schon seit Jahrhunderten als Grundnahrungsmittel gilt. Erstmals nach Europa kam dieses Windengewächs (Convolvulaceae) im Jahre 1519 - also noch vor der Kartoffel. Bataten werden zwar unterirdisch wie Kartoffeln angebaut, sie erfordern jedoch eine warme bis tropische Witterung, und der Ertrag ist geringer als der der Kartoffeln. Trotzdem entspricht die gesamte Weltproduktion der Batate etwa einem Drittel der Kartoffelernte. Wichtige Anbaugebiete der Batate findet man zwar in Afrika, Brasilien, Indonesien, Indien, Israel, Italien, Japan, Nordamerika, Portugal, Spanien und Vietnam; der größte Bataten-Produzent der Erde ist allerdings China.

Aussehen

Die relativ glatte Schale der bis zu 2kg schwer werdenden rettich- bis kartoffelartigen Batate weist einige Vertiefungen auf und ist, je nach Sorte und Herkunft, entweder hellbraun mit mehligem, weißlichem Fruchtfleisch oder purpurrot mit lachsrotem Fruchtfleisch versehen. Gründsätzlich gilt: Je heller das Fruchtfleisch der Batate aussieht, desto trockener ist es; je dunkler, desto weicher und saftiger ist es.

Die Batate ist nicht zu verwechseln mit der Yamswurzel; unter diesem Namen kommt sie nämlich oft auf unsere Märkte.

Geschmack

Bataten haben einen süßlichen, mehligen Geschmack.

Braunschalige Bataten schmecken nach dem Kochen etwas trockener und haben eine lockerere Konsistenz als rotschalige.

Sorten

Weiße Kartoffel nennt man eine Bataten-Sorte mit hellbrauner Schale und weißlichem, mehligem Fruchtfleisch, die meist aus Italien kommt.

Hauptinhaltsstoffe

Eisen, Eiweiß, Kalium, 27% Kohlenhydrate, Pektine, Phosphor, Provitam A, Vitamine der B-Gruppe, Vitamin C und E, Stärke, Zucker. Bataten mit roter Schale gelten als wertvollere Vitaminspender, weil ihr Fruchtfleisch mehr Karotin enthält als das der hellbraunen Sorte.

Verwendung, Zubereitung

Bataten werden zwar meist wie Kartoffeln zubereitet, man kann sie aber auch zu Brot, Branntwein, Spiritus, Mehl, Zuckersirup, Marmelade oder Stärke, verarbeiten. In Amerika wird Batatenstärke sogar zu Sago verarbeitet. Besonders delikat schmeckt die Batate als Beilage zu Fisch, Wild oder Fleisch, wenn man sie zuerst leicht einsticht, dann mit Öl bestreicht und sie schließlich, in Folie gewickelt, im Backofen, in heißer Asche oder auf dem Grill gart, danach längs aufschneidet, die Pulpe aufdrückt und schließlich, gesalzen und mit Butter bedeckt, auslöffelt. In den Herkunftsländern werden Bataten gerne püriert mit Sahne und Gewürzen verfeinert und dann in einer Auflaufform überbacken. In den Anbauländern werden sogar die Batatesprossen und -blätter zu Gemüse verarbeitet.

Lagerung

Bataten können dunkel, trocken und kühl wie Kartoffeln gelagert werden; allerdings nie unter 5°C, denn wegen des hohen Wassergehaltes sind sie leichter verderblich als Kartoffeln.

Volksmedizinische Bedeutung

Batateknollen enthalten einen Wirkstoff, der Hungergefühle gar nicht erst aufkommen lässt - Bataten sind also sanfte Appetitzügler.

Tipp

Traditionsgemäß kommt Bataten-Auflauf in Amerika zum „Thanks-Giving", dem amerikanischen Erntedankfest, auf den Tisch.

Bataviasalat

Lactuca sativa var. capitata

Batavia-sla: niederl., Battavian lettuce: engl., Crisphead lettuce: engl., Laitue Batavia: franz., Lattuga cappuccio a foglie lisce: ital., Lechuga Batavia: span.

Allgemeines, Herkunft, Geschichtliche Bedeutung

Bataviasalat ist ein Salattyp, der in neuerer Zeit in Frankreich vermutlich aus einer Kreuzung von Kopfsalat und Eisbergsalat entstanden ist.

Batavia-Importe kommen meist aus Frankreich, den Niederlanden, Italien oder der Schweiz. In kleineren Mengen wird er aber auch inzwischen in Deutschland angebaut.

Aussehen

Bataviasalat hat kräftig gekrauste, gelbe bis rotgrüne, längliche oder runde Blätter, die am gezackten Rand rötlichbraun gefärbt und weicher als die des Eisbergsalats sind. Das Herz des Bataviasalates ist meist fest geschlossen.

Geschmack

Bataviasalat schmeckt zwar herb-frisch und dem Kopfsalat ähnlich, jedoch deutlich kräftiger, nussiger und würziger.

Hauptinhaltsstoffe

Calcium, Eisen, Eiweiß, Fruchtsäuren, Kalium, Phosphor, Provitamin A, Spurenelemente, Vitamin B 1, B 2, B 3, B 6 und C.

Verwendung, Zubereitung

Der farbenfreudige Bataviasalat, dessen Blätter nicht so leicht zusammenfallen wie die des Kopfsalats, dient entweder als dekorative Garnitur oder er wird wie Kopfsalat zubereitet.

Lagerung

Kühl und nicht zu trocken gelagert, lässt sich Bataviasalat einige Tage aufbewahren.

Volksmedizinische Bedeutung

Bataviasalat hat wie Kopfsalat eine harntreibende und beruhigende Wirkung.

Baumtomate

Cyphomandra betacea

Boomtomaat: niederl., Kaiapois: neuseel., Tamarillo: engl., ital., franz., niederl., norw., Tomate d'Abre: franz., Tomate de árbol: span., Tomate de la paz: span., Tree tomato: engl.

Allgemeines, Herkunft, Geschichtliche Bedeutung

In ihrer Heimat Kolumbien werden Baumtomaten schon seit Jahrhunderten von den Ureinwohnern angebaut. Erstmals nach Westdeutschland eingeführt wurden Baumtomaten im Jahr 1967 aus Neuseeland, wo sie von den Eingeborenen „Kaiapois" genannt werden. Entfernt verwandt sind die zu den Nachtschattengewächsen (Solanaceae) zählenden Baumtomaten zwar mit Tomaten und Kartoffeln, sie werden aber nicht wie diese dem Gemüse, sondern den Früchten zugeordnet. Importiert wird die Baumtomate heute aus Indien, Indonesien, Java, Kaliforni-

en, den Kanarischen Inseln, Kenia, Kolumbien, Madeira, Neuseeland, Sri Lanka und aus Südamerika.
Zu ihrem deutschen Namen kam die Baumtomate, da sie in Aussehen und Geschmack der Tomate sehr ähnelt, zu den Nachtschattengewächsen zählt und zudem an einem baumartigen Strauch wächst.

Aussehen

Baumtomaten wachsen meist zu mehreren an langstieligen, bis zu 6m hohen baumartigen Sträuchern. Die Baumtomate selbst ist eine eiförmige, tomatenenartige, bis zu 5cm lange Frucht mit kräftig roter Haut, die, je nach Sorte, Herkunft und Reifegrad, auch orangerot, braunrot, gelbrot, gelb oder purpurfarben sein kann. Das feste, rötliche Fruchtfleisch, das zur Mitte hin eine geleeartige Masse bildet, wird mit dunklen, essbaren Samenkernen durchzogen.
Reif ist eine Baumtomate, wenn ihre Schale auf Daumendruck nachgibt.

Geschmack

Das saftige Fruchtfleisch der Baumtomate hat ein herb-süßes, feines, aprikosen-tomatenartiges Aroma. Die Schale schmeckt leicht bitter.

Sorten

Inca Gold Tamarillo heißt eine etwas kleinere, gelbe Baumtomaten-Sorte aus Ecuador, die mittlerweile aber auch in Neuseeland angebaut wird. Sie schmeckt besonders süß und hat kleinere und weichere Samenkerne als das Original.

Hauptinhaltsstoffe

Calcium, Eisen, Magnesium, Phosphor, hoher Pro-Vitamin-A-Gehalt, 25mg Vitamin C pro 100g Fruchtfleisch.

Verwendung, Zubereitung

Baumtomaten werden roh in Obstsalat, Saucen oder als Beilage zu Käse, kaltem Braten oder gebraten als Beilage zu exotischen Fleischgerichten verwendet; das enthäutete Fruchtfleisch der Baumtomate lässt sich aber auch sehr gut zur Speiseeis- und Marmeladenherstellung verwenden. Aufgrund des herb-bitteren Geschmacks zieht man die Schale der Baumtomate vor dem Verzehr dünn ab, indem man die kurz eingeritzte Frucht wie eine Tomate in kochendem Wasser überbrüht und dann die Schale entfernt. Man kann die Frucht jedoch auch halbieren und dann, am besten leicht gezuckert, mitsamt den Kernen auslöffeln.

Lagerung

Kühl, jedoch nicht zu kalt, lässt sich die Baumtomate problemlos einige Tage aufbewahren. Vollreif muss sie jedoch sofort verarbeitet werden.

Volksmedizinische Bedeutung

Der Verzehr von Baumtomaten soll sich cholesterinspiegelsenkend auswirken.

Tipp

Als Dessert-Geheimtipp gelten in Sherry und karamelisiertem Rohrzucker angedünstete Baumtomaten-Scheiben.

Berberitze

Berberis vulgaris

Ägresch, Agendorn, Albessen, Basselbeere, Bayselbeere, Beerdorn, Beiss(l)beere, Berbaris, Berbeissen, Berberisse, Berbesbeere, Berbis, Berbisbeere, Bersisch, Berwitzen, Besenbeere, Bettlersalat, Bilsenbeere, Bitzelbeere, Boassel(i)beere, Bromamosch, Bromelbeere, Bubenbeere, Bubenblätter, Bubenkraut, Bubenlaub, Bubenschenkel, Dabernitzen, Dornholz, Dornstaude, Dornstrauch, Dreidorn, Dreifaltigkeitsdorn, Erbenseele, Erbisch, Erbischöflein, Erbselbeere, Erbseldorn, Erbsele, Erbshofen, Ersidl, Erzäfla, Essigbeere, Essigblätter, Essigdorn, Essigflaschl, Essigkrüglein, Essigkübelein, Essigpanzeler, Essigplützerl, Essigscharl, Essigträuble(in), Essigzapfen, Fässlistrauch, Farbholz, Ferresbeere, Gälhageldorn, Gälholz, Gälsuchtsdorn, Gaissenlaub, Geissbeere, Geissblatt, Gelbeere, Gelbholz, Gischgerlitzen, Golddorn, Guckgauch, Gürbseleholz, Guggerbrot, Guggerkraut, Guggerlaub,

Hagdornbeere, Hageldorn, Hagsauerampfer, Hagesurische, Hahnhödlein, Hase(n)brot, Heiliger Dorn, Hennewickel, Herbstele, Hexennudel, Hirpsele, Hözöfa, Ibsele, Katzenöhrlein, Katzenohr, Kreutzdorn, Kreuzbeere, Kuckucksampfer, Kuckucksbeere, Kukkucksbrot, Masselbeere, Maulholz, Mottenblume, Mutterkraut, Nageldearnoch, Nageldorn, Örbsele, Örsiba, Passelbeere, Peisselbeere, Pergauggle, Prum(m)elbeere, Pumbeln, Pummeln, Reiselbeere, Reissbeere, Rhabarberbeere, Rîf(spitz)beere, Rizala, Rote Tintenbeere, Salsendorn, Sandholz, Sauerach, Sauer(ach)dorn, Sauerbeere, Sauerblatt, Sau(e)rach, Schlämpeschlägeli, Schwiderdorn, Schwiderholz, Schwider(malte), Schwinder(ne)beere, Siebbeere, Sperberbeere, Spiendorn, Spiessdorn, Spienwaimerle, Spitzbeere, Stauchelbaum, Steinfassbeere, Stüpfistaude, Suerdorn, Surich, Versich, Versichdorn, Wehdorn, Weinbeerendorn, Weinbeerlein, Weinfersich, Weinlägel, Weinnägerlein, Weinnagerl, Weinscharl(ing), Weinscheidling, Weinschierling, Wein(spitz)beere, Weinzäpfel, Wilde Weinraute, Wutzen(staude), Zahme Hülse, Zitterlbeere, Zitzerl, Zwackholz

Allgemeines, Herkunft, Geschichtliche Bedeutung

Schon im alten Ägypten wurden Berberitzen-Beeren als Mittel gegen Fieber verwendet. In Italien existiert die Legende, nach der aus Berberitzen-Zweigen die Dornenkrone Jesu geflochten worden sein soll, weshalb die Berberitze dort „Heiliger Dorn" genannt wird.

Da die Berberitze hauptsächlich durch Vögel verbreitet wird, trifft man sie verwildert selbst an den entlegensten Stellen an. Als Wildobst wächst die Berberitze z.B. in Kleinasien, im Kaukasus, in Nordiran, in Nordamerika und von Skandinavien bis Südeuropa meist an steinigen, sonnigen Hängen. Kultiviert findet man dieses Sauerdorngewächs etwa als „lebenden Zaun" in unseren Gärten. Der Name „Sauerdorn" deutet auf den stark sauren Geschmack und die dornigen Äste hin. Bei den Kultivierten unterscheidet man essbare Berberitzen und solche, die nur als Ziersträucher gehandelt werden. Da die Berberitze als Zwischenwirt des „Getreiderostes", einer durch Parasiten entstehenden Pilzkrankheit, gilt, sollte sie möglichst nicht in der Nähe von Getreidefeldern angepflanzt werden.

Der Gattungsname „Berberis", auf den der deutsche Name „Berberitze" zurückzuführen ist, stammt vermutlich aus dem Arabischen.

Aussehen

An dem bis zu 2m hoch werdenden, dornigen Berberitzen-Strauch wachsen die länglichen, scharlachroten Berberitzen-Beeren in kleinen Trauben.

Geschmack

Berberitzen sollten nach dem ersten Frost geerntet werden, weil sich durch die Kälte ihr säuerlich-herber Geschmack etwas mildert.

Hauptinhaltsstoffe

Das Alkaloid „Berberin", Bitterstoffe, Fruchtsäuren, Gerbstoffe, Gummi, Harz, Fett, Stärke, Tannin, sehr Vitamin-C-reich, Zucker.

Verwendung, Zubereitung

Berberitzen-Beeren werden zu Saft, Marmelade, Gelee, Kompott, Likör und Geist verarbeitet. Für den Rohgenuss sind Berberitzen-Beeren wegen ihrer herben Säure normalerweise ungeeignet - mit anderen Früchten gemischt werden sie jedoch zu einer köstlichen Vitaminbombe.

Die Rinde des Berberitzen-Strauchs enthält einen gelben Farbstoff, der einst dem Färben von Leder und Wolle diente.

Lagerung

Wegen ihrer raschen Verderblichkeit, aber auch wegen des Vitaminverlusts bei längerer Lagerung sollten Berberitzen möglichst sofort nach der Ernte verarbeitet werden.

Volksmedizinische Bedeutung

Frischer Berberitzensaft, der mit Zukker eingekocht und passiert wurde, soll antibakteriell bei Lungenerkrankungen, Nierenleiden, Leberstauungen, Halsentzündungen, Magenbeschwerden, Gelbsucht, Grieß- und Steinleiden helfen. Er wirkt außerdem erfrischend, blutdrucksenkend, krampflösend und ist ein starkes Abführmittel. Ein altes Hausmittel gegen Fieber ist Berberitzen-Tee aus den Beeren und Tee aus Berberitzen-Wurzeln soll den Harnfluss verstärken. Berberitzen-Blätter sind dagegen sehr giftig!

Vorsicht: Während der Schwangerschaft ist von einem Berberitzen-Verzehr abzuraten, da diese Pflanze den Uterus stimuliert! Auch vor Berberitzen-Überdosierung wird gewarnt, da es, bedingt durch den Wirkstoff „Berberin", zu Vergiftungen kommen kann.

Tipp

Wenn Berberitzen-Früchte sehr länglich wachsen, gibt es einen langen Winter – so der Volksglaube.

Bergamotte

Citrus aurantium ssp. bergamia

Bergamot: niederl., Bergamot orange: engl., Bergamoto: span., Bergamott: norw., Bergamotte: franz., Bergamotto: ital.

Allgemeines, Herkunft, Geschichtliche Bedeutung

Christoph Kolumbus soll die Bergamotte von ihrer Heimat, den Kanarischen Inseln, zuerst in die spanische Stadt „Berga" gebracht haben, die dadurch Namensgeber dieser Frucht gewesen sein könnte. Eine andere Geschichte besagt, dass der Name dieses Rautengewächses (Rutaceae) auf die türkische Stadt „Bergamia" (Pergamon) zurückzuführen sei. Fest steht jedoch, dass die Bergamotte aus einer Kreuzung von Limette und Bitterorange entstanden ist. Heutzutage wird die Bergamotte außer in Spanien, auf den Kanarischen Inseln und in der Türkei auch in Brasilien, an der Elfenbeinküste, in Italien (Kalabrien) und in Westindien kultiviert.

Aussehen

Die Bergamotte ist eine längliche, glattschalige, blassgelbe, birnenähnliche Zitrusfrucht, die manchmal auch mit einem kleinen Nabel versehen sein kann.

Geschmack

Roh ist die Bergamotte ungenießbar, gegart schmeckt sie dagegen angenehm säuerlich.

Sorten

Chinois: Citrus aurantium var. myrtifolia: lat./Chinotto: engl./Bittere Mandarine/Chinotte: franz. Die ursprünglich aus China kommende Chinotto wird heute hauptsächlich in Algerien und Italien angebaut: Von Januar bis Februar kommt sie aus Algerien, im September aus Italien. Vermutlich ist sie eine Zuchtform der Bergamotte. Chinottos haben eine rötlich-gelbe Schale, gelbliches Fruchtfleisch und einen säuerlich-bitteren Geschmack. Sie dienen der Herstellung von Likör, Erfrischungsgetränken, kandierten Früchten und zum Teil auch als Beigabe zu „Maraschino". Aus der Chinotto-Fruchtschale wird China-Öl (Chinotto-Öl) gewonnen.

Hauptinhaltsstoffe

Bergamottöl in der Schale.

Verwendung, Zubereitung

Die Bergamotte ist, da sie, wie oben erwähnt, roh ungenießbar ist, nur für Verarbeitungsprodukte wie Orangenmarmelade, Orangeat und Likör geeignet. Industriell wird sie auch zur Herstellung von Crèmes, Kölnisch Wasser, Parfüm, Haarwasser und zur

Aromatisierung von Tee (Earl Grey) und Tabak verwendet.

Tipp

Als „Bergamotte" bezeichnet man auch eine spezielle Birnen- und Mandarinen-Sorte. (siehe unter „Birnen" und „Mandarinen".)

Betelnuss

Areka catechu

Areca: engl., Arekanuss, Betel nut: engl., Noci betel: ital., Noix d'arec: franz., Nuece de areca: span., Pinang

Allgemeines, Herkunft, Geschichtliche Bedeutung

Die Heimat der Betelnusspalme/Arekapalme/Pinangpalme liegt auf den Sundainseln. Kultiviert wird dieses Palmengewächs (Arecaceae) aber auch in Ostafrika und Südasien.

Aussehen

Die bis zu 15m hohe Betelnusspalme trägt dicke, eiergroße Früchte, deren faserige Fruchtwand rotbraune Samen, die Betelnüsse, umschließt.

Geschmack

Betelnüsse schmecken erfrischend-süßlich.

Hauptinhaltsstoffe

Alkaloide, Arecaidin, Arecolin, Cholin, Fette, Tannin, Zucker.

Volksmedizinische Bedeutung

In Indien und Ostasien kauen schätzungsweise 200-400 Millionen Menschen Betelnüsse, um sich in eine stimulierende und euphorisierende Wirkung zu versetzen. Das giftige Arecolin der Betelnuss wird dabei durch den Zusatz von Zimt, gebranntem Kalk und den Blättern des Betelpfeffers in ungiftiges Arecaidin umgewandelt.

Tipp

Beim Zerkauen von Betelnüssen färbt sich der Speichel rot und die Zähne schwarz.

Birne

Pyrus communis

Bire: schweiz., Birre: eifel, Geisshirtle, Pear: engl., Peer: niederl., Pera: span., Pere: ital., Poire: franz.

Allgemeines, Herkunft, Geschichtliche Bedeutung

In Anatolien (Kaukasus) liegt der Ursprung der Birne, wo sie schon 3000 v. Chr. nachgewiesen wurde. In Griechenland sollen dann die ersten Kulturbirnen angebaut worden sein, und zwar auf dem Peloponnes, der deshalb den Beinamen „Apia" = Birnenland bekam. Die heutige kultivierte Birne stammt von Kreuzungen europäischer wilder Holzbirnen und asiatischer Wildformen ab. Die Birne ist ein Rosengewächs (Rosaceae), das mittlerweile weltweit in Afrika, Argentinien, Belgien, Chile, China, Deutschland, Frankreich, Italien, Japan, den Niederlanden, Österreich und den USA angebaut wird. Das Wort „Birne" ist römisch-lateinischen Ursprungs; bis in das 17. Jahrhundert hinein wurde für die Frucht im Deutschen das Wort „Bir" verwendet, in dem sich das Lateinische „pyrus" entdecken lässt.

Aussehen

Birnen weisen meist weißes Fruchtfleisch auf, das einige essbare Kerne enthält.

Geschmack

Reife Birnen sind zartfleischig, saftig, süß-aromatisch und verströmen einen angenehmen Duft. Da der Fruchtsäuregehalt einer Birne im Vergleich zu einem Apfel niedriger ist, schmeckt sie bei gleichem Zuckergehalt viel süßer als ein solcher.

Sorten

Apfelbirnen/Päpplet: schwed. sind 1961 im schwedischen Institut für Pflanzenforschung in Malmö durch eine Züchtung aus Apfel und Birne

entstanden. Die schwedische Wendung „Päpplet" entstand aus der Vereinigung der schwedischen Worte „Päron" für Birne und „Äpple" für Apfel.
Benita heißt eine neue Birnensorte, die aus einer Kreuzung von Nashi und einer heimischen Birnensorte entstanden ist. Sie hat längliche Früchte, deren Haut eine Vielzahl von braunen Pünktchen aufweist.
Bergamott-Birne/Bergamote: franz./ Bergamotta: ital./Beg armudy: türk./ Herrenbirne nennt man eine rundliche italienische Birnensorte, deren Namensgebung von der italienischen Stadt „Bergamo" beeinflusst wurde.
Holzbirne/Wildbirne: Pyrus pyraster: lat. nennt man die nahezu ausgestorbene Wildform der Birne, die man schon im Altertum kannte. Sie wurde im Jahr 1998 von der Schutzgemeinschaft Deutscher Wald zum „Baum des Jahres" gekürt. An dornigen Ästen trägt dieser kleine Baum harte Früchte, die zwar nicht für den Frischverzehr, jedoch zur Weinherstellung sehr gut geeignet sind. Während der Blütezeit von April bis Mai ist der wärmeliebende Wilde Birnbaum Nahrungsspender für viele Insekten- und Vogelsorten. Das feine, grau-rosa gefärbte Holz dieses Baums ist bei Holzschnitzern sehr beliebt.
Küddel heißt eine Mini-Birne, die 1992 nach EG-Norm für zu klein befunden und somit verboten wurde. Die traditionsbewussten Münsterländer benötigten diese kleine Birnensorte früher als Zutat für ein regionales Grünkohlgericht.
Sommerzitrone nennt man eine Südtiroler „Birnensorte".
Speckbirne nennt man eine weichgedörrte Birne, die ungekocht und demzufolge wie eine Trockenbirne verzehrt werden kann.

Hauptinhaltsstoffe
Calcium, Eisen, Jod, Kalium, Kiesel- und Phosphorsäure, Kupfer, Magnesium, Mangan, Natrium, Vitamin A, B 2, C.

Verwendung, Zubereitung
Birnen werden als Tafel- oder Trockenobst, Kompott, Kuchenbelag, Marmelade, Birnenbrot, für Garnituren, für die Saft- und Mostherstellung und zu Likör oder für Destillate verwendet; sie eignen sich aber auch vorzüglich für die Konservierung. Aus Birnenschalen kann durch alkoholische Extraktion „Birnenaroma" gewonnen werden. Das Holz des Birnenbaums eignet sich übrigens hervorragend für Tischler- und Drechslerarbeiten.

Lagerung
Da reife Birnen nach der Ernte leicht verderben, müssen sie rasch verzehrt oder weiterverwendet werden. Unreife, also noch harte Birnen werden innerhalb von 24 Stunden schön reif und weich, wenn man sie zusammen mit einem reifen Apfel in Zeitungspapier oder in eine Plastiktüte wickelt.

Volksmedizinische Bedeutung
Birnen wirken entwässernd, entschlakkend und blutreinigend, da sie jedoch mehr unverdauliche Stoffe enthalten als z.B. Äpfel, stellt sich bei ihrem Verzehr rasch ein Sättigungsgefühl ein, und sie sind außerdem, trotz ihres großen Zuckerreichtums, schlechter verträglich. Dass die Birne auch heilende Wirkstoffe enthält, die gegen Befindlichkeitsstörungen und vielerlei Beschwerden vorbeugen, wissen nur wenige Birnenfans. – „Der hat was in der Birne", sagt man im Volksmund über kluge Leute – und wirklich: Dank ihres hohen Gehaltes an Kiesel- und Phosphorsäure gelten Birnen als echte Gehirn- und Nervennahrung, weshalb

sie auch für Schulkinder sehr empfehlenswert sind.

Tipp

Hutzeln sagt man in Hessen zu getrockneten Birnen.

Kletzen nennt man getrocknete Birnen in Bayern und Österreich.

Kloatze nennt man getrocknete Birnen in Tirol.

Bittergurke

Carella

Balsambirne, Balsamgurke, Bitter cucumber: engl., Bitter gourd: engl., Balsam pear: engl., Karela: engl., Karella, Margose: franz.

Allgemeines, Herkunft, Geschichtliche Bedeutung

Vermutlich stammt die wilde Ur-Bittergurke aus Indien. Die heutige kultivierte Art wird an Gerüsten oder Stellagen gezogen. Die Hauptanbauländer von Bittergurken sind Afrika, China, Indien, Indonesien, die Karibik, Malaysia, die Philippinen, Sri Lanka und Taiwan. Für unsere deutschen Märkte werden Bittergurken meist aus Thailand oder aus den Niederlanden importiert.

Aussehen

Unreife Bittergurken haben normalerweise eine dunkelgrüne, zwar salatgurkenähnliche, jedoch warzige und stachlige Schale. Es gibt jedoch auch Sorten dieses Gurkengewächses mit hellgrüner und glatter Schale. Reife Bittergurken haben eine gelb-orangefarbene Schale. Sie enthalten ein helles Fruchtmark mit zahlreichen Kernen, die von einem watteartigen Samenmantel umhüllt werden.

Geschmack

Das Fruchtfleisch unreif geernteter Bittergurken schmeckt mild. Das Fruchtfleisch reifer Bittergurken schmeckt zwar süß, der Samenmantel dagegen sehr bitter. Es gibt aber auch taiwanesische Bittergurken-Sorten, deren Samenmäntel weniger Bitterstoffe enthalten.

Hauptinhaltsstoffe

Bitterstoffe, hoher Eisen- und Vitamin-C-Gehalt.

Verwendung, Zubereitung

Bittergurken werden meist zu Gemüse bereitet, indem man zuerst die beiden Enden entfernt und dann die Frucht schält. Anschließend wird sie blanchiert und das bitter schmeckende Wasser weggegossen. Die so vorbereitete Bittergurke halbiert man längs und kocht oder brät sie, je nach Wunsch und Bedarf. Zum Rohgenuss ist die Bittergurke ungeeignet, da sie roh - wie ihr Name schon verrät - sehr bitter schmeckt.

In den Anbauländern werden auch die Blätter und Triebe der Bittergurke zu Gemüse verarbeitet.

Volksmedizinische Bedeutung

Der in der Bittergurke enthaltene Bitterstoff wirkt heilend bei Dickdarmentzündungen.

Blumenkohl

Brassica oleracea convar. botrytis var. botrytis

Bloemkool: niederl., Blütenkohl, Cauliflower: engl., Cavolfiore: ital., Chou-fleur: franz., Coliflor: span., Fagiuolo: ital., Italienischer Kohl, Käsekohl, Karfiol: österr., schles., süddt., Karviol, Traubenkohl

Allgemeines, Herkunft, Geschichtliche Bedeutung

Die Heimat des Blumenkohls liegt in Kleinasien. Er ist aus einer von vielen Kulturformen des Gemüsekohls entstanden. Griechische Mönche sollen ihn im 16. Jahrhundert italienischen Kreuzfahrern mitgegeben haben. Jedenfalls gedieh der Blumenkohl vom

17. Jahrhundert. an in Italien, nachdem man Samen aus Zypern und Kreta bezogen hatte. Ein Jahrhundert später kam der Blumenkohl auch in deutsche Lande; in Bamberg soll er zuerst angebaut worden sein. Die wichtigsten europäischen Anbaugebiete des Blumenkohls, der mit Brokkoli und Romanesco verwandt ist, sind in Belgien, Deutschland, England, Frankreich, Italien und den Niederlanden zu finden. Seinen Namen erhielt der zur Familie der Kreuzblütler/Brassicaceae (Cruciferae) gehörende Blumenkohl durch seinen fleischig verdickten, noch nicht voll entwickelten Blütenstand mit den zahllosen Röschen, den „Blumen". Der bayerisch-österreichische Begriff „Karfiol" leitet sich vom Italienischen „Cavolfiore" ab.

Aussehen

Qualitativ hochwertiger Blumenkohl sollte wohlriechende, schneeweiße bis elfenbeinfarbene Köpfe und knackig grüne Blätter mit saftigen Strünken vorweisen. Es handelt sich dann um die Klasse „Extra", die beste und beliebteste Blumenkohl-Güteklasse. Um solch einen weißen Blumenkohl zu erhalten, müssen die Köpfe während des Anbaus rechtzeitig mit den eigenen Blättern abgedeckt und zusammengebunden werden, damit sie vor Sonnenstrahlen, die das Verfärben bewirken, geschützt sind. Ein buckliger und grießiger Blumenkohlkopf deutet auf ein verspätetes Ernten hin - es handelt sich dann um eine mindere Qualität. Setzt man Blumenkohl einige Zeit der prallen Sonne aus, färbt er sich naturgemäß gelb, braun oder violett.

Geschmack

Blumenkohl hat einen zurückhaltenden, eher dezenten Kohlgeschmack.

Sorten

Alverda/Cymona heißt eine vorzüglich schmeckende grüne Blumenkohlsorte aus Italien, die im Herbst und Sommer auf unsere Märkte gelangt. Geringster Lichteinfall färbt die „Blume" während des Wachstums zuerst gelb, dann kräftig grün. Grüner Blumenkohl ist besonders vitamin- und mineralstoffreich und nicht so nitrathaltig wie der Weiße.

Baby-Blumenkohl/Mini-Blumenkohl nennt man kleine weiße, grüne oder violette Blumenkohlköpfchen aus Frankreich, die dort für die Edelgastronomie angebaut werden. Ihr Kopfdurchmesser darf 9cm nicht überschreiten.

Blumenwirsing/Caulicab: amerik. nennt sich seit 1950 eine amerikanische Kreuzung aus Blumenkohl und Wirsing. Eine dünne Schicht glatter Blätter umschließt bei dieser Gemüsezüchtung mit spitz zulaufenden Köpfen ein Gebilde blumenkohlähnlicher Knospen, die ein bernsteinfarbenes Aussehen und einen süßlichen Geschmack haben. Blumenwirsing kann zu Gemüse gekocht oder roh als Salat gegessen werden.

Broccoli nennen die Italiener farbige Blumenkohlsorten.

Gelber Blumenkohl ist eine mit Karotin angereicherte amerikanische Blumenkohl-Züchtung.

Paludenkohl/Sumpfkohl nennt man italienischen Blumenkohl, der auf ehemaligen italienischen Sumpfgebieten angebaut wird und dabei nicht gedüngt werden muss, weil der Boden genügend natürliche Nährstoffe besitzt. Paludenkohl ist größer, schöner und teurer als der u.a. Provinzkohl.

Provinzkohl nennt man italienischen Blumenkohl, der, im Gegensatz zum Paludenkohl, auf sehr kargem Boden angebaut wurde, weshalb man ihm während des Wachstums öfter Dünger zuführen muss.

Violetter Blumenkohl bekommt durch Anthocyan-Zusatz eine attraktive lila Färbung. Sein Geschmack erinnert an Broccoli. Beim Kochen in Salzwasser verliert er seine ungewöhnlich violette Farbe - er wird graugrün. Bei der Zubereitung in der Mikrowelle behält er dagegen sein reizvolles Aussehen.

Hauptinhaltsstoffe

Calcium, Folsäure, Kalium, Kupfer, Nikotin, Pantothensäure, Phosphor, Provitamin A, Senföle, Vitamin B 1, B 2, B 3, B 6, C, K, Zellfasern, Zink.

Verwendung, Zubereitung

Blumenkohl eignet sich zum Kochen, Dünsten, Backen oder als Gemüseeinlage in Eintöpfen. Auch zum Rohverzehr als Salat oder Bestandteil von Mixed Pickles ist er geeignet. Vor dem Kochen sollte man Blumenkohl etwa eine halbe Stunde in Salzwasser legen, um eventuell versteckte Raupen aufzuspüren und ‚herauszutreiben'. Das Kochwasser ist mit Salz, einer Prise Zucker und Zitronensaft zu würzen, damit der Blumenkohl schön weiß bleibt; auch etwas Zucker und/oder Milch erfüllt diesen Zweck.

Übrigens: Typischer Kohlgeruch beim Kochen lässt sich lindern, indem man dem Kochwasser ein paar Walnüsse oder ein bis zwei alte Brotscheiben zufügt, die man später wieder entfernt.

Blumenkohlfond und Blumenkohlsuppe färben sich - bedingt durch die verschiedenen Säuren - nach einer Weile unappetitlich grau-bräunlich. Dem kann man entgegenwirken, indem man den Blumenkohl in einem Edelstahl- oder Glastopf gart und danach möglichst sofort verzehrt.

Lagerung

Im Gemüsefach des Kühlschranks oder in einem lichtgeschützten, kühlen Kellerraum lässt sich Blumenkohl mehrere Tage aufbewahren. Man sollte ihn allerdings nicht zusammen mit Ethylen ausscheidenden Obst- und Gemüsesorten (Avocados, Tomaten, Äpfeln, Zitrusfrüchten) lagern, da er sonst schnell seine feste Form verliert, vergilbt und rasch verdirbt.

Bei der Zubereitung von Blumenkohl ist auch folgendes zu beachten: ‚Nur' 35% der Vitamine werden zerstört, wenn man den Blumenkohl im Ganzen kocht; schneidet man den Blumenkohl in Röschen, so gehen sogar 70% der wertvollen Vitamine verloren! Durch zu lange und zu kühle Lagerung kann der Blumenkohl-Strunk anfangen, unangenehm fischig zu riechen, was auf einen Zersetzungsprozess des Pflanzen-Eiweißes zurückzuführen ist.

Volksmedizinische Bedeutung

Blumenkohlverzehr wirkt sich positiv auf Herz, Kreislauf, Nerven, Magen und Darm aus. Bedingt durch seinen hohen Wassergehalt, kann er sogar etwaige Feuchtigkeitsverluste des Körpers schnell wieder ausgleichen. Wegen seiner zarten Zellstruktur ist Blumenkohl zwar das am leichtesten verdauliche Gemüse, bedauerlicherweise ist er aber deshalb in den Ruch der Krankenhauskost gekommen.

Tipp

Auch frisches Blumenkohl-Grün (Blätter und Stängel) lässt sich zu einem wohlschmeckenden Gemüse oder zu Suppe bereiten. Dies ist deshalb besonders empfehlenswert, da das ‚Grün' noch wesentlich vitamin- und mineralstoffhaltiger ist als der eigentliche Blumenkohl.

Bockshornklee

Trigonella foenum-graecum

Fenugreek: engl., Griechisch Heu, Heno griego: span., Hirschwundenkraut, Hornklee, Kuhhorn, Kuhhornklee, Schöne Grete, Siebenzeiten, Ziegenhornklee

Allgemeines, Herkunft, Geschichtliche Bedeutung

Der Bockshornklee, der zu den Schmetterlingsblütlern/Papillonaceae zählt und zu den Hülsenfrüchtlern gehört, ist im mittelmeerischen und vorderasiatischen Raum zwar weit verbreitet und auch zu Hause, doch wird er auch in Mitteleuropa, z.B. in Frankreich angebaut, wo er hauptsächlich als Viehfutter Verwendung findet. Im vorchristlichen China kamen die Samen des Bockshornklees als Heilmittel zum Einsatz, und unter Kleopatra galten sie schon im alten Ägypten als wirksames Kosmetikum für die Haut. Im antiken Griechenland schätzte man Bockshornkleesamen als Dopingmittel bei Wettkämpfen. Die heilige Hildegard von Bingen verordnete Bockshornklee bei Milzbeschwerden. In Indien, wie auch im antiken Griechenland wird und wurde das Kraut des Bockshornklees als Viehfutter verwendet. Davon leitet sich auch sein botanischer Name ab: „Foenum" = Heu und „Graecum" = griechisch.

Aussehen

Bockshornklee ist eine einjährige, ca. 50cm hohe, fast kahle Pflanze mit drei fingerartig angeordneten, am Rand gekerbten, kleeartigen, krautigen hellgrünen Blättern, die sich zur Spitze hin verbreitern. Das mittlere Blättchen ist jeweils gestielt. Die hellgelben Blüten stehen einzeln, oder es sind jeweils zwei oder drei in wenigblütigen Köpfchen angeordnet. Als Frucht bildet sich eine zylindrische und zuweilen leicht gebogene, sichelartige, bis zu 10cm lang und 1cm breit werdende Hülse, die 5-20 kleine, ungleich gestaltete, flache, eiförmig bis würfelförmige, gelbe bis rotbraune, harte Samen enthält. Die Wurzel des Bockshornklees hat ein pfahlartiges Aussehen.

Geschmack

Bockshornkleesamen haben einen angenehm bitteren, an Curry erinnernden Geschmack.

Geruch

Bereits auf größere Entfernung fällt Bockshornklee durch seinen unangenehmen, strengen Geruch auf, der erst nach dem Trocknen und dann auch erst nach mehreren Jahren nachläßt.

Sorten

Bisamklee/Blauer Steinklee/Brotklee/Käseklee/Schabzigerklee/Trigonella caerulea: lat./Zigerklee wird hauptsächlich in den Alpen kultiviert. Sein am besten in der Frühe geerntetes, schnellwüchsiges Kraut, das im Geschmack an Liebstöckel erinnert, wird in der Schweiz im gemahlenen Zustand als Würze bei der Herstellung des „Schabziger"/„Glarner Kräuterkäse"/„Grüner Käse", einem trockenen, harten Reibkäse aus Magermilch und Buttermilch, und auch zum Würzen von Fladenbrot verwendet.

Hauptinhaltsstoffe

Alkaloid, Calcium, Cholin, Diosgenin, hochwertige Eiweiße, etherisches Öl, 30% Galaktomannanschleim, Kupfer, Nitrate, Saponin, Steroidsaponine, Trigonellin, Vitamine, Zink.

Verwendung, Zubereitung

Geröstete Bockshornklee-Samen schmekken zwar etwas bitter, sind aber eine gesunde Beigabe zu Mischsalaten, Suppen, Eintöpfen und Linsengerichten. In Indien werden Bockshornklee-Samen Currymischungen zugesetzt. Bockshornklee dient, nebenbei bemerkt, auch der Geschmacksbeigabe von Rinderfutter. Wegen des starken Geruchs wird Bockshornklee heute, außer in der Veterinärmedizin, nur noch selten verwendet. Der Textilindustrie dient der Schleim des Bockshornkleesamens zum Steifen von Farbbrühen.

Volksmedizinische Bedeutung

Bockshornklee-Samen haben eine wärmende, verdauungsfördernde, appetit- und immunsystemanregende, antriebssteigernde, magenstärkende und kräftigende Wirkung bei geistiger und körperlicher Erschöpfung. Sie heilen auch entzündete Rachenräume und strapazierte Stimmbänder. Auch in heißen Breiumschlägen (100g gemahlene Samen werden mit etwas Wasser verkocht), die der Behandlung von Nagelbettentzündungen, Hühneraugen, Schwielen, Furunkeln und Karbunkeln dienen, werden sie verwendet. In der Pharmaindustrie wird der im Bockshornklee enthaltene Wirkstoff „Diosgenin" seit kurzem als „Semen foenugraeci" für Präparate zur Empfängnisverhütung verwendet.

Tipp

Bockshornklee, im Garten angepflanzt, gibt dem Boden Stickstoff zurück.

Bohne

Phaseolus vulgaris

Baune: westf., Bean: engl., Bönor: schwed., Boon: niederl., Bunne: kölsch, Fagiolino: ital., Faseerlich: volkstüml., Fäsölchen: rhein., Fasoli: griech., Fasulija, Feijao, Frijole: span., Haricot: franz.

Allgemeines, Herkunft, Geschichtliche Bedeutung

Nachweislich wurden Bohnen schon 7000 v. Chr. angebaut. Für die alten Ägypter, Römer und Griechen waren Bohnen - seinerzeit waren nur Bohnenkerne aus der Familie der Dicken Bohne in aller Munde - schwer zu ‚verdauen'. Sie glaubten deshalb, dass Bohnen von den Seelen Verstorbener bewohnt seien und dadurch quälende Alpträume verursachen würden. Die grünen Verwandten der Dicken Bohne mit essbarer Schote brachten spanische Seefahrer erst im Jahr 1685 aus dem Land der Azteken nach Europa. Am spanischen Königshof galten diese Bohnen als Delikatesse, die nur nach besonders erfolgreichen Feldzügen serviert werden durften. Das Wort „Bohne" stammt vom Althochdeutschen „Bona" ab, was „Geschwollene" bedeutet.

Aussehen

Qualitativ hochwertige, behülste Bohnen sollten leicht brechende und hartfleischige Schoten aufweisen, die nicht berostet oder faserig sein dürfen.

Geschmack

Der Bohnengeschmack differiert je nach Sorte von neutral über nussig bis hin zu besonders delikat. Früh am Morgen geerntete Bohnen sollen am besten schmecken.

Sorten

Von keinem Gemüse der Welt gibt es so viele verschiedene Sorten wie von den Bohnen.

Bohnen, die mit der Hülse gegessen werden können, sind z.B.:

Ägyptische Bohne/Dolique d'Egypte: franz./Egyptian bean: engl./Faselbohne/Helmbohne/Hyazinth bean: englisch/Lablab: afrik. heißt eine bohnenähnliche Pflanze, deren Samen mit einem helmartigen Ringwulst versehen ist. Sie kommt meist aus Afrika und Indien. Sowohl die Hülsen, Triebe, Blätter und Wurzeln als auch die weißen, roten, braunen oder schwarzen Samen dieser Pflanze sind essbar.

Blaue Bohne heißt genaugenommen eine violette Bohnensorte, die ihre Farbe beim Kochen verliert.

Bobbybohne nennt man eine zarte, samenreiche, sehr dünne und lange Bohnensorte mit rundlichem Querschnitt, die sowohl aus dem Inland als auch aus Afrika oder Ägypten kommt.

Brechbohne/Bräckbohne nennt man eine Bohnensorte mit feinen Kernen und dickfleischigen, zarten, runden Hülsen, die sich vor dem Kochen glatt durchbrechen lassen sollten. Der zähe Faden in der Hülse wurde zwar weitestgehend weggezüchtet, gelegentlich muss er jedoch noch mit einem Messer entfernt werden.

Buschbohne/Dwarf bean: engl./Fagiolo nano: ital./Fisole: österr., böhm., roman./Haricot nain: franz./Judia enana: span./Kruppbohne/Stamboon: niederl./Strauchbohne. Sie ist aus buschigen, rankenden Kultursorten der Gartenbohne entstanden. Dazu gehört die Prinzessbohne, die Delikatessbohne, die Wachsbohne, die Brechbohne und die Zuckerbohne. Buschbohnen werden maschinell geerntet und meist zu Konserven verarbeitet. Bei Kleingärtnern ist die Buschbohne beliebter als die Stangenbohne, da sie geringere Mühe und Ansprüche stellt und praktisch auf allen Böden gedeiht.

Coco-Bohne/Breite Bohne/Schwertbohne nennt man eine Stangenbohnen-Sorte mit großen, breiten, flachen Hülsen.

Delikatessbohne/Sperzieboon: niederl. nennt man eine junge, fadenfreie Buschbohne mit kurzer grüner Hülse, die vor dem Kochen lediglich von den beiden Enden befreit werden muss. Meist findet sie als Konserve Verwendung.

Feuerbohne/Habichuela: span./ Haricot d'Espagne: franz./Kapuzinerbohne/Prachtbohne/Prunkbohne/ Runner bean: engl./Türkenbohne/ Türkische Bohne/Wollbohne nennt man eine bis zu 35cm lang werdende, fadige, aber wohlschmeckende Stangenbohnen-Sorte mit zarter Hülse, braunen oder buntgefleckten Samen und weißen oder feurig-roten Blüten, die schon seit Jahrtausenden im tropischen Südamerika kultiviert wird.

Filetbohne/Flageolet vert: franz./ Krüllbohne Lüchtebohne/Lüdtebohne heißt eine fadenlose, zarte, französische Bohnensorte mit grünen, flachovalen Kernen, die stets unreif geerntet wird.

Gartenbohne/Fagiolini: ital./French bean: engl./Grüne Bohne/Haricot vert: franz./Höckerli: schweiz. nennt man die wichtigste und aromatischste Bohnensorte, die ihren Ursprung in Ostindien hat. Als „Buschbohne" oder „Stangenbohne" findet sie entweder als Frischgemüse oder Konserve Verwendung.

Goabohne/Flügelbohne/Flügelhülse/ Four-angled bean: engl./Goa bean: engl./Haricot dragon: franz./Pois ailé: franz./Pois carré: franz./Vierwinklige Bohne/Winged bean: engl. Goabohnen nennt man Stauden mit grünen, bis 40cm langen essbaren, bohnenähnlichen Schoten und braunen, schwarzen, gelben oder weißen Kernen. Angebaut werden sie in Asien, Afrika und in der Karibik. Selbst die Wurzeln, Hülsen, Triebe, Blätter, Blüten und Samen dieser Bohnensorte sind essbar. In den Herkunftsländern dient der Anbau dieser eiweißreichen Pflanze nur zur Selbstversorgung. Den Namen „Flügelbohne" verdankt sie den entlang ihren flachen Hülsen verlaufenden, gewellten Flügeln.

Hemdbohnen nennt man in Sachsen Bohnenbündel im Teigmantel, die in heißem Öl goldgelb ausgebacken werden.

Keniabohne heißt eine besonders kleine, zarte, stricknadeldünne, faden- und samenlose Prinzessbohnen-Sorte aus Afrika, die bei uns ziemlich teuer ist.

Mattenbohne/Mat bean: engl./Moth bean: engl./Mottenbohne/Mückenbohne heißt eine indische Bohnensorte, deren kleine, braunen Hülsen 4-9 Sa-

men enthalten, die nur 5mm lang und 2mm breit werden.
Monguete heißt eine spanische Prinzessbohnen-Sorte.
Palbohne nennt man den frisch aus der Hülse gelösten Kern der Grünen Bohne.
Prinzessbohnen nennt man Delikatessbohnen, die im Wachstum etwas stärker ausgefallen sind.
Punschbohnen nennt man mit Alkohol gefüllte Pralinen.
Schnittbohne/Brockelbohne/Schnibbel bohne: pfälz./Schnippelbohne: westf./ Schnippelchesbohne: hess./Schneidebohne nennt man kleingeschnittene, hellgrüne, breithülsige Stangen- oder Buschbohnen, die vornehmlich der Zugabe von Eintopfgerichten oder gedünstet als Beilage dienen. Sie werden noch unreif gepflückt, da sie sonst abstürben.
Spaghetti-Bohne: siehe unter „Spargelbohne".
Speckbohnen nennt man nicht nur gebündelte, blanchierte Prinzessbohnen, die man in eine Speckscheibe gewickelt und dann im Backofen erhitzt hat, sondern auch die langen, groben, festen, fleischigen und süßen Hülsen einer Stangenbohnensorte.
Stännerbohne: hunsr./Brühbohne: rhein. nennt man Schnittbohnen, die man zur Konservierung über längere Zeit in Salz einlegt.
Stangenbohne/Hochbohne/Kletterbohne/Vietsbohne. Stangenbohnen wurden aus der Gartenbohne gezüchtet. Sie brauchen ein kletterfreundliches Stützgerüst und dienen vornehmlich dem Frischmarkt. Beim Klettern entwickeln sie übrigens einen Linksdrall.
Türkische Erbsen nennt man eine in Bardowick bei Hamburg gezogene Bohnensorte, die, zusammen mit Bergamotte-Birnen und Dörrfleisch, eine Hamburger Spezialität sind.
Wachsbohne/Butterbohne/Gelbe Bohne /Gemüsebohne/Haricot mange tout: franz./Spargelbohne: österr. nennt man eine lange, rundovale Zucht-Varietät der Busch- oder Stangenbohne mit gelben bis wachsfarbenen Hülsen. Sie wird meist zu Sauerkonserven verarbeitet und eignet sich am besten für Salatzubereitungen.
Yamsbohne/Knollenbohne heißt eine Schlingpflanze mit steckrübenähnlicher bis zu 10kg schwer werdenden hellbraunen Wurzel. Mit der Yam ist sie zwar nicht verwandt, sie kann aber mitsamt ihren Blättern, Samen, Hülsen und Wurzeln genauso zubereitet werden, allerdings nur im jungen, noch unreifen Zustand. Im reifen Zustand enthält sie giftige Stoffe.
Zuckerbohne heißt eine Bohnensorte mit fleischigen Hülsen, die bei der Reife um die Samen herum sehr runzlig werden und dabei stark einfallen.
Zuckerbrechbohne heißt eine Bohnensorte mit den Eigenschaften von Brechbohne und Zuckerbohne.
Auskernbohnen nennt man folgende Bohnensorten, bei denen man nur die Kerne isst, die Hülse folglich ungenießbar ist:
Ackerbohnen/Feldbohnen nennt man kleinkernige Puffbohnen. Sie werden meist als Futterbohnen angebaut. Die Ackerbohne zählt zu den ältesten Kulturpflanzen der Menschheit; ihr Ursprung liegt in Mittel- und Zentralasien. Größere Anbaugebiete findet man in der Türkei, in Marokko, Italien, Spanien und in Deutschland.
Adzukibohne/Adzuki bean: engl./ Asukibohne/Azuki heißt eine zwar leicht verdauliche, jedoch kräftig und süßlich schmeckende ostasiatische Bohnensorte mit dunkelroten oder

schwarzen Samenkernen, die meist zu Beilagen oder Suppen Verwendung findet und in China und Japan sogar zur Konfektherstellung genutzt wird. In Asien gilt die Adzukibohne nach der Sojabohne als wirtschaftlich wichtigste Leguminose.

Augenbohne/Black-eyed pea: engl./ Chinesische Bohne/Cowpea: engl./ Haricot dolique: franz./Kuhbohne/ Kuherbse/Kundebohne/Vigna ssp.: bot. Dies ist eine kleine, weiße bohnenähnliche Pflanze aus Afrika mit dunklem, augenähnlichem Ring um den Nabel, die Gewürze und Aromen beim Kochen gut aufnimmt.

Birmabohne/Duffinbohne/Haricot de Lima: franz./Javabohne/Kratokbohne/Lima bean: engl./Limabohne/ Madagaskarbohne/Mondbohne/Perubohne/Rangoonbohne/Siévabohne. Die Birmabohne, die meist aus den Tropen Afrikas, Indiens, Madagaskars, Südamerikas und Floridas kommt, hat kleine, weißlich-beige, mehlige Samen, die beim Kochen nicht zerfallen. Sie wird meist zu Salat und Gemüse verarbeitet. Da Birmabohnen den Wirkstoff Phaseolunatin enthalten, der in wässriger Lösung Blausäure abspaltet, müssen sie vor dem Verzehr im offenen Topf mindestens 1,5 Stunden gegart werden. Das Kochwasser muss während dieses Vorgangs mehrmals erneuert werden.

Borlotti-Bohne/Saligia-Bohne nennt man die mittelgroßen, bräunlichen, weichkochenden, bittersüßen Samen einer Stangenbohnensorte aus Italien, die stark mit roten Flecken und Streifen markiert sind. Diese Flecken und Streifen färben sich beim Kochen grün. Borlotti-Bohnen werden hauptsächlich zu Salaten oder Suppe (z.B. Minestrone) verarbeitet.

Bostonbohne/Perlbohne nennt man eine Bohnensorte mit dünnschaliger Hülse und runden, weißen, mehligkochenden und relativ kleinen Samen, die sich aber deutlich an der Hülse abzeichnen. Sehr gut eignen sich Bostonbohnen zur Herstellung von Suppen und Eintöpfen. Nicht wegzudenken sind sie beim berühmten französischen „Casoulet" und bei den traditionellen amerikanischen, „Boston Baked Beans".

Canellino/Cannellini heißt eine mittelgroße, weichkochende, mehlige, cremig-weiße Trockenbohnensorte aus Italien, die meist zu Konserven verarbeitet wird.

Chilibohnen nennt man in gekochte, pikante Sauce eingelegte, meist konservierte Wachtelbohnen.

Dicke Bohnen/Bissarà: alger./Broad bean: engl./Fave: ital./Fêve: franz./ Fool: arab./Graute Baune: westf./ Große Bohne/Grote Bohne: norddt./ Haba: span./Pferdebohne/Puffbohne/ Saubohne/Sumpfbohne/Tuin boon: niederl./Vicia faba: lat. Die Puffbohne, die genaugenommen zur Wickenfamilie gehört, enthält besonders leicht verdauliches Eiweiß, viele Kohlenhydrate und den Reservestoff „Vicilin", wodurch sie zu den wertvollsten und wichtigsten Nahrungsmitteln zählt. Grundsätzlich sollten Puffbohnen nur gekocht verzehrt werden, da sie Giftstoffe enthalten, die erst beim Kochen zerstört werden, ansonsten sie ein als „Favismus" bezeichnetes Krankheitsbild verursachen können. Die Hülsen der Puffbohne enthalten drei bis sechs Samenkörner, die bei „Milchreife" noch weißlich grün sein sollen. Im grünen Zustand nennt man den Kern dann „Fave". Danach verfärben sie sich bräunlich oder auch rot. Pro Person rechnet man ca. 500g Puffbohnen

in Hülsen. Meist werden Puffbohnen zu Suppen, Salaten oder Eintopfgerichten verwendet. Kleingeschnitten und gekocht können sogar die jungen Hülsen der Puffbohne als Gemüse, in Suppen, Eintöpfen oder in Salaten verarbeitet werden. Mehl, das aus getrockneten und gemahlenen Puffbohnen entsteht, nennt man „Kastormehl".
Dörrbohnen nennt man getrocknete Puffbohnen.
Ful medames heißt eine ägyptische Saubohnen-Art.
Guarbohne/Cluster bean: engl./Guar: franz. heißt eine afrikanische Bohnensorte, die vor dem Verzehr unbedingt gekocht werden muss, damit der in ihr enthaltene Giftstoff „Phasin" bedeutungslos wird. Guarbohnen werden zu Gemüse und Salat, aber auch zur Herstellung von Dickungsmitteln, Klebstoff und Kosmetika verarbeitet.
Kidneybohne/Indianerbohne/Rote Bohne heißt eine in Amerika und Afrika angebaute rotbraune oder dunkelrosa Bohnensorte mit mehligfestkochender Konsistenz und einem süßlichen Geschmack, der an Esskastanien erinnert. Sie wird speziell zu „Chili con carne", einem mexikanischen Reisgericht, verwendet.
Kurze Strumpfbandbohne nennt man die jungen Hülsen der Augenbohne, die man wie Brechbohnen zubereiten kann.
Lunjabohne ist der Phantasiename für Sprossen der geschälten, grünen Mungbohne, den sie 1960 von einem in Düsseldorf-Elle lebenden chinesischen Diätkoch namens Ning Tjian erhielt.
Mung(o)bohne/Green gram: engl./ Golden gram: engl./Grüne Soja/Jerusalembohne/Haricot mung: franz./ Haricot doré: franz./Linsenbohne/ Moong Dal: ind./Mung bean: engl. Mung(o)bohnen werden in Asien und Afrika angebaut. Sie haben kleine gelbbraune (ungeschälte) oder grüne (geschälte) Samen und kommen entweder halbiert oder im Ganzen auf den Markt. Spätreifende Mungbohnen haben grüne Samen, die sogar roh gegessen werden können, da sie gut bekömmlich sind. In ihrer Heimat Ostasien ist die Mungbohne während der Fastenzeit, in der nur vegetarisch gegessen werden darf, ein geschätztes Gemüse. In den Anbauländern lässt man die Samen der Mungbohne gerne als Keimlinge austreiben, um sie später gebraten oder gedünstet chinesischen Gerichten beizufügen.
Getrocknet und gemahlen dient die Mungbohne in Asien der Glasnudel-Herstellung. Glasnudeln sind zwar geschmacksneutral, sie nehmen allerdings sehr leicht das Aroma anderer Zutaten an. In Asien werden sie entweder kurz in Wasser eingeweicht und dann kleingeschnitten oder man fritiert sie.
Aus ungeschälten Mungbohnen werden „Sojasprossen" gekeimt, die auch roh verzehrt werden können. (siehe auch unter „Sojabohne")
Reisbohne/Haricot riz: franz./Rice bean: engl. heißt eine in Asien und in Afrika überwiegend als Futterpflanze und Bodendecker angebaute Bohnensorte, die auch als Reisersatz und Reiszusatz verwendet werden kann. Reisbohnen haben sehr kleine, längliche, gelbe, braunrote, schwarze oder gesprenkelte reisähnliche Samen, die auch einen reisähnlichen Geschmack aufweisen. Die Blätter und Hülsen der Reisbohne sind sogar roh essbar.
Rosados/Rosafarbene Bohnen sind oval, schwach rötlich bis bräunlich gesprenkelt und ca. 1cm lang.
Schildkröten-Bohne/Frijole negro: span./Schwarze Bohne heißt eine nur

1cm große, kohlenschwarze, weiß gepunktete Bohnensorte aus Südamerika, die mit der Feuerbohne verwandt ist.

Schmalzbohnen nennt man im Volksmund weiße Bohnen, weil sie, frisch gekocht, einen leicht schmalzigen, cremigen Geschmack entwickeln.

Schminkbohne/Schwarze Bohne/Black bean: engl. heißt eine zarte, leicht verdauliche, angenehm würzig-süßlich schmeckende Bohnensorte, die außen glänzend schwarz ist und innen weißes Fruchtfleisch besitzt. Sie kommt überwiegend aus Brasilien, wo sie als Hauptnahrungsmittel gilt und meist zusammen mit Reis gegessen wird. Das Einweichwasser dieser Bohnensorte kann beim Kochen mitverwertet werden.

Urdbohne/Schwarze Mungobohne/ Black gram: engl./Urd: engl./Urd Dal: ind. nennt man eine Mungbohnen-Sorte mit aussen schwarzen Samen, die, wenn sie geschält werden, ein gelbliches Aussehen bekommen.

Seebohnen nennt man junge, sehr aromatische junge Algentriebe (siehe unter „Meeresalgen").

Trockenbohnen/Haricot sec: franz. nennt man getrocknete Auskernbohnen, die vor der Zubereitung über Nacht in Wasser eingeweicht werden müssen.

Wachtelbohne/Bunte Bohne/Käferbohne: österr. nennt man eine mittelgroße, längliche, zwar mehlige, jedoch festkochende Bohnensorte, die, rotbraun-beige gesprenkelt und getupft, Wachteleiern ähnelt und meist in Salaten und Eintöpfen eine sehr dekorative Wirkung erzielt.

Hauptinhaltsstoffe

Ballaststoffe, Calcium, Eisen, Kalium, Kieselsäuren, Magnesium, Phasin, Phosphor, Provitamin A, Spurenelemente, Stärke, Vitamin B 1, B 2, B 6, C und E. Bohnen zählen allgemein zu den wertvollsten Eiweißlieferanten.

Verwendung, Zubereitung

Bohnen sind sehr vielseitig zu verwenden. Man macht daraus Salat, Gemüse, Eintopfgerichte, Suppen usw. Grüne Bohnen schreckt man nach dem Kochen mit kaltem Wasser ab, damit sie ihre frische, grüne Farbe behalten; ansonsten würden sie sich unappetitlich grau verfärben. Sollten grüne Bohnen etwas welk geworden sein, legt man sie eine Viertelstunde in kaltes Wasser , sie erholen sich dann sofort. Bohnen werden übrigens besser verdaulich, wenn man einen Salbeizweig mitkocht, den man nach dem Garen wieder entfernt. Das Kochwasser von Bohnen kann man zur Herstellung von Suppen, Eintöpfen oder Saucen verwenden.

Noch ein nützlicher Hinweis: Ungesalzenes Kochwasser von weißen Bohnen entfernt selbst hartnäckige Flecken von Rotwein und Tinte.

Lagerung

Grüne Bohnen sollten gekühlt nicht länger als zwei Tage im Kühlschrank aufbewahrt werden, da sie danach ihre Inhaltsstoffe weitestgehend verlieren und auch rasch verderben.

Volksmedizinische Bedeutung

In rohem Zustand dürfen Bohnen nicht gegessen werden, da ihre Hülsen und insbesondere die Kerne den giftigen Eiweißstoff Phasin enthalten. Schon 5-6 rohe, grüne Bohnen können zu einer akuten Vergiftung führen, da das Phasin die roten Blutkörperchen verklumpen lässt. Durch dreiminütiges Kochen wird der Giftstoff jedoch schon völlig zerstört. Verdauungs-, Fieber-, Herz- und Nierenkranke sollten Bohnen meiden, da es nach dem Verzehr zu Säuerungen und Blähungen kommen kann; außerdem kann bestehendes Fieber noch erhöht werden.

Bei Zuckerkrankheit, Herz- und Nierenleiden, erhöhter Harnsäure, Gicht, Rheuma, Wassersucht und Harnsteinen wirkt Bohnenhülsen-Tee garantiert. Er muss allerdings täglich frisch gekocht werden. Dazu kocht man 40g Bohnenhülsen mit 3 Litern Wasser auf 1 Liter ein und trinkt ihn durchgesiebt, kalt oder warm, mehrmals täglich. Bohnenhülsen beschleunigen durch Beeinflussung des Fettstoffwechsels auch das Abmagern. Zerriebene Bohnenblätter beseitigen Warzen und Hühneraugen, wenn man sie mehrmals am Tag frisch aufträgt.

Tipp

Kaffeemühlen mahlen besonders fein, wenn man zwischen die Kaffeebohnen eine „blaue Bohne" mischt.

Boysenbeere

Rubus hybrid

Boysenberry: engl.

Allgemeines, Herkunft, Geschichtliche Bedeutung

Die Boysenbeere ist ein Rosengewächs (Rosaceae), das 1925 - auf Initiative eines Herrn Rudolph Boysen - in Kalifornien durch Rückzüchtung der Loganbeere mit Wildhimbeere und Brombeere entstanden ist. 1937 feierte die Boysenbeere auch in Neuseeland Premiere, wo sie mittlerweile die wichtigste Beerenfrucht dieser Art ist.

Die Boysenbeere, die allgemein im Juli geerntet wird, verträgt keinen trockenen Boden und ist sehr frostempfindlich.

Aussehen

Boysenbeeren sind ca. 3cm groß, purpurschwarz, stachellos und ähneln Loganbeeren.

Geschmack

Die Boysenbeere hat ein angenehmes, fein würziges, süßes, weinsäuerliches Aroma, das weder durch Tiefkühlen noch durch Einkochen beeinträchtigt wird.

Sorten

Hilda-Beeren sind aus einer Kreuzung zwischen Taybeere und Boysenbeere entstanden. Die mittelgroßen, rötlichschwarzen Beeren, die üblicherweise im Spätsommer geerntet werden, haben ein schmackhaftes, volles Aroma. Ihren Namen verdanken Hilda-Beeren dem Vornamen der Ehefrau des Züchters.

Verwendung, Zubereitung

Boysenbeeren werden selten als Frischfrucht, dafür aber in erheblichem Ausmaß in der Joghurtproduktion, als Konfitüre oder in Speiseeis verwendet. Gelegentlich kommen sie auch als Saftkonzentrat oder Tiefkühlfrucht zu uns.

Lagerung

Da diese Beerenobstart sehr transportempfindlich ist, wird sie nur selten auf unseren Märkten angeboten.

Brokkoli

Brassica oleraceae convar. botrytis var. italica

Broccoli: franz., niederl., Bróccoli: span., Brökkelkohl, Brokkerln, Calabrese: engl., Cavolo Broccolo: ital., Grüner Blumenkohl, Spargelkohl, Sprossenbrokkoli, Sprouting broccoli: engl., Sprossenkohl

Allgemeines, Herkunft, Geschichtliche Bedeutung

Der Brokkoli ist die erste verbesserte Form des wilden Blumenkohls und gilt als wertvollste Kohlsorte überhaupt. Er wurde schon von den alten Griechen kultiviert und erhielt von den alten Römern den Familiennamen Brassica oleracea.

Vor 200 Jahren wurde der Brokkoli, aus Italien kommend, zwar erstmals auch bei uns kultiviert, kurz darauf geriet er jedoch wieder in Vergessenheit. Seit einigen Jahren nimmt seine Beliebtheit wieder zu. Angebaut wird der zur Familie der Kreuzblütler/Brassicaceae (Cruciferae) zählende Brokkoli inzwischen außer in Deutschland und Italien auch auf der Kanalinsel Jersey, in Südschweden, Spanien, Frankreich und in den USA. Der Name „Brokkoli" entstand im Laufe der Zeit aus dem Lateinischen „brachium" für Arm oder Zweig und dem Römischen „brocco" für „Sprössling".

Der frühere Präsident der USA, George Bush, hat sich übrigens einmal öffentlich negativ über den Geschmack des Brokkolis geäußert, was den Farmern prompt eine Umsatzeinbuße von 2 Milliarden Dollar im folgenden Jahr einbrachte. Anschließende genauere wissenschaftliche Untersuchungen konstatierten, dass Brokkoli, entgegen bisheriger Meinung, sehr gesund ist und sogar krebshemmende Stoffe enthält. Ein ungeahnter Aufschwung dieses Gemüses war die erfreuliche Folge.

Aussehen

Brokkoli sieht aus wie kräftig-grüner, aber locker verzweigter Blumenkohl mit fest geschlossenen Röschen, dessen Kopf von grünen Deckblättern umgeben wird.

Gelber Brokkoli ist falsch gelagert worden - er blüht schon. Roter/Violetter Brokkoli ist eine in Italien sehr beliebte Brokkoli-Sorte, die auf unseren Märkten kaum angeboten wird.

Geschmack

Brokkoli schmeckt zwar blumenkohlähnlich, jedoch kräftiger, und das Aroma ‚marschiert' in Richtung Spargel, weshalb der Brokkoli auch „Spargelkohl" genannt wird. Bei gelbem Brokkoli ist der Geschmack stark beeinträchtigt, da er holzig und ungenießbar ist.

Sorten

Broccoletti nennt man die etwa 10cm langen nachgewachsenen Seitentriebe des im Frühjahr geernteten Brokkolis mit unterschiedlicher Stärke, die bis zum Herbst geschnitten werden können.

Broccoli nennt man in Italien farbigen Blumenkohl.

Chinesischer Brokkoli/Chinese broccoli: engl./Chinese kale: engl./Early kailaan: engl. kommt aus China, Thailand, Indonesien oder Malaysia. Sowohl die Blütenknospen und die Stängel als auch die jungen Blätter dieser bis zu 1m hoch werdenden brokkoliähnlichen Pflanze sind essbar.

Hauptinhaltsstoffe

Antioxidationsstoffe, Bitterstoffe, Eisen (mehr als Spinat), Eiweiß, Folsäure, Glutathion, Indole (Antikrebswirkstoffe), Jod, Kalium, Kohlenhydrate, Lutein, Niacin, Pantothensäure, Phosphor, Quercitin. Brokkoli hat den höchsten Vitamin-Gehalt aller Gemüsesorten. Außerdem enthält er viel Calcium (5mal soviel wie Blumenkohl), Provitamin A (40mal soviel wie Blumenkohl), Vitamin B 1, B 2, Vitamin C (4mal soviel wie Blumenkohl) und Vitamin K. Brokkolistiele sind sehr chlorophyll- und selenreich.

Verwendung, Zubereitung

Brokkoli findet wie Blumenkohl Verwendung als Gemüse in Aufläufen, Eintöpfen, Suppen oder als Tiefkühlgemüse. Man kann ihn auch roh oder gekocht als Salat verzehren. Zuerst sollte man Brokkoli ungefähr eine halbe Stunde in Salzwasser legen, damit sich eventuelles Kleingetier löst. In der Zwischenzeit kann man die dicken Stiele dünn schälen und zerkleinern oder kreuzweise einschneiden, damit sie später gleichzeitig mit den zarten

Blütenständen gar werden. Danach wird Brokkoli grundsätzlich nur gedünstet und nicht gekocht, weil beim Kochen die wertvollen Inhaltsstoffe größtenteils zerstört werden. Aus den stark karotinhaltigen Deckblättern des Brokkolis, die besonders in Italien und Amerika ebenfalls gegessen werden, kann man ein wohlschmeckendes wirsingartiges Gemüse zubereiten.

Lagerung

Brokkoli kann allenfalls 1 bis 2 Tage im Kühlschrank aufbewahrt werden. Wegen des hohen Vitamin- und Mineralstoffverlusts bei der Lagerung sollte er jedoch möglichst sofort nach dem Einkauf verzehrt werden. Brokkoli sollte nicht zusammen mit Avocados und Obst gelagert werden, da er sonst rasch verdirbt.

Volksmedizinische Bedeutung

Der leicht bekömmliche Brokkoli fördert die Verdauung, entgiftet den Körper, wirkt blutdrucksenkend, schützt nachweisbar vor Krebs, kurbelt die Zellerneuerung an und gilt als hochwirksamer Fettkiller.

Schwangere, Frauen, die mit der Pille verhüten und Personen, die regelmäßig Medikamente einnehmen, sollten Brokkoli seines hohen Folsäureanteils wegen essen.

Tipp

Eine Portion Brokkoli von etwa 150-200g deckt schon den Tagesbedarf an Vitamin C.

Brombeere

Rubus fruticosus

Abfangsbeere, Bachbeere, Blackberry: engl., Blambeere, Braam: niederl., Braber, Bräge, Bräkebeere, Bramberi: althochdt., Brämelbeere, Brambeere, Bramble: engl., Brame: mundartl., Brammerte, Brandbeere, Braunbeere, Bremere: hunsr., Brenkeldorn, Brennbeere, Brenndorn, Brimbeere, Brimme, Brombaschine, Brombesinge, Brome: fränk., Bromel(t)e, Bromerbeere, Brozelbeere, Brümeln, Brünsebücken, Brummbäre, Bru(mmel)beere, Brumme(lke), Brummesken, Brumuster, Brumsterten, Brunkle, Brunnenbeere, Brusebeere, Dornbeere, Dornlaub, Dornmure, Drombel, Drumbeere, Eisenbeere, Farzknottel, Feldschwarzbeere, Fenneapfel, Fieberbeere, Flamere, Flemmbeere, Frambeere, Frommbeere, Gaulhäuflein, Gaulhimbeere, Gaulklösse, Gaulpollen, G(e)schwoderbeerlein, Glumbeere, Gram(belle), Grasbeere, Grembeere, Grufel, Grummetbeere, Gruosebeere, Haberbeere, Hakelbeere, Hangbeere, Heckenbeere, Heckenbettcher, Hennenbeere, Hexenschmer, Himbele, Himbremen, Himerte, Himmchen, Hirschbeere, Hirschbolle, Hopfenranke, Hummelbeere, Hundsbaschine, Hundsbeere, Jaggon, Kateraugen, Klöppelbeere, Knasper, Kragelbeere, Krampete, Krasselbeere, Kratzbeere, Kratzeln, Kratzrame, Kratzranke, Kroatzbeere: schles., Kro(m)beere, Krotzbeere, Madlennen, Malimbeere, Mohrenbeere, Mombeere, Morbel, Mora di rovo: ital., Moren, Mulinkes, Murbeere, Mure: tirol., Mûre sauvage: franz., Peitschenstrauchbeere, Pferdebeere, Pflugbeere, Pflumbeere, Pfrubeere, Räpeldorn, Ra(h)mbeere, Râmestaude, Rampfe(n), Randbeere, Rankenbeere, Rantzebeere, Rindsbeere, Rossbolle, Rotzbeere, Rüsch, Rumpelsbeere, Saubeere, Schmerbel, Schnitterbeere, Schnorrgäuer, Schossbeere, Schwapperte, Schwarze Haubeere, Schwarze Himbeere, Snôrbeere, Snurrbeien, Solbär(bum), Spitzbeere, Staudenmure, Steigbesinge, Steinbeere, Stoppelbeere, Swartjebeere, Swertje, Tacken, Teerbeere, Titanenblut, Trambeere, Trumbolle, Zarzamora: span., Zolkerbeere

Allgemeines, Herkunft, Geschichtliche Bedeutung

Der Ursprung der zu den Rosengewächsen (Rosaceae) und Sammelfrüchten (nicht Beerenfrüchten!) zählenden Brombeere liegt in Eurasien und Nordamerika. Die kultivierte Brombeere, an deren Entstehung wenigstens 16 verschiedene Rubus-Arten beteiligt sind, existiert erst seit Mitte des letzten Jahrhunderts. Brombeeren werden von August bis September geerntet. Am wohlsten fühlen sich Brombeeren in schattigen Wäldern und an sonnigen Hainen. Sie werden hauptsächlich in Asien, Belgien, Deutschland, Frankreich, Jugoslawien, Niederlande, Nord- und Südamerika, Polen, Rumänien und in der Tschechischen Republik angebaut. Als das Volk noch das Pflanzenleben genau beobachtete, sah es eine geheimnisvolle Bedeutung darin, dass sich die Schößlinge des Brombeerstrauches nach dem Boden zu umbiegen, wobei die Spitzen wieder Wurzeln schlagen. Durch diese Bogen schickte man Kinder, um sie vor Hautkrankheiten und ähnlichem zu heilen. Aber der Bogen symbolisierte auch die obere Hälfte des Jahreskreises der Sonne und musste deshalb für alle, die durchkrochen, Wiedergeburt bedeuten. In den Blättern, die erst eine Drei- und dann eine Fünfteilung zeigen, vermutete man ebenfalls eine seltsame Kraft. Der deutsche Name „Brombeere" leitet sich von dem Althochdeutschen Wort „Bramberi" ab, das in dem englischen Wort „Bramble" = Dornenstrauch steckt.

Aussehen

Die großfrüchtigen Garten-Brombeere wächst – ebenso wie die etwas kleinere wilde Wald-Brombeere – an einem Dornenstrauch heran. Sie hat zunächst rote, später glänzende, tiefschwarze, saftige Früchte, deren Boden erst im vollreifen Zustand leicht zu lösen ist. Seit 1950 gibt es auch stachellose Brombeer-Sorten.

Geschmack

Im reifen Zustand, also wenn sich die Früchte leicht vom Fruchtboden lösen lassen und sie auf leichten Druck nachgeben, schmecken Brombeeren süß-herb-würzig, fruchtig und saftig, wobei zu bemerken ist, dass die wilden Wald-Brombeeren noch viel aromatischer sind als Garten-Brombeeren.

Sorten

Ackerbrombeere: Rubus caesius: lat./ Ackerbrommer/Akerbeere/Bachbeere /Bärendreck/Blackbeere/Bläueli/Blaue Beere/Bramranke/Düwelsschmer/Flesembeere/Frauenbeere/Fuchsbeere/ Hühnerbeere/Katzenbeere/Krasselbeere/Kratzer/Krötenbeere/Kuchbeere/Nachtnebel/Nebelbeere/Otter/ Ra(h)mbeere/Rossbeere/Rossboppere /Schlangenbeere/Sittere(n)beere /Stoppelbrombeere/Tau(ben)beere/ Taubenknopf/Taubenköpflein/Taubenspick/Teerbeere/Teufelsbeere/ Thurbeere/Traubenbeere/Weinbrombeere/Wilde Brombeere. Die Ackerbrombeere hat kriechende, stachlige Triebe. Die glatten oder behaarten Früchte sind blau bereift, haben schwarzes Fruchtfleisch und schmekken saftig-sauer.

Andenbeere: Rubus bogotensis: lat./ Gebirgsbeere der Anden/Andean mountainberry: engl./Mora de castilla: span. Die Andenbeere, sie wächst ausschließlich in den Höhenlagen Südamerikas, ist mit ihren tiefroten, runden bis länglichen Beeren doppelt so groß wie die normale Brombeere. In Kolumbien wird sie meist in Form von Nektar oder Marmelade angeboten. Das unverkennbare Brombeeraroma der Andenbeere hat einen leicht medizinischen Beigeschmack.

Multbeere: Rubus chamaemorus: lat./Arktische Brombeere/Bay-Kapples /Berghimbeere/Cloudberry: engl./ Krätzbeere/Lakka: finn./Lakkabeere/ Molt(e)beere/Molterbeere/Multer: norw./Mûrearctique: franz./Nordische Sumpfbrombeere/Norwegische Brombeere/Pautkenbeere/Schellbeere/ Sumpfbrombeere/Sumpfhimbeere/Taubeere/Tetinbeere/Torfbeere/Wolkenbeere/Zwergbrombeere/Zwergmaulbeere. Die Multbeere ist eine brombeerähnliche, wohlschmeckende, herbwürzige und, vollreif, eine orange-gelbe Frucht, die an einem 20cm hohen wildwachsenden Strauch wächst. Sie ist in den Sümpfen Nordamerikas und dem arktischen Europa zu Hause. Man isst sie entweder roh mit Zucker und Sahne oder verarbeitet sie zu Marmelade.

Nordische Himbeere/Mamurabeere heißt eine sehr wohlschmeckende Verwandte der Multbeere, die meist roh verzehrt wird.

Prachtbrombeere: Rubus spectabilis: lat. heißt eine wildwachsende amerikanische Brombeer-Sorte mit großen, aromatischen, lachs- oder weinroten Beeren.

Hybridsorten der Brombeere heißen:

Japanische Weinbeere: Rubus phoenicolasius: lat./Wine raspberry: engl. heißt eine in Japan entstandene Kreuzung zwischen Himbeere und Brombeere, die seit der zweiten Hälfte des letzten Jahrhunderts auch bei uns, meist in Spalieren, kultiviert wird. Sie hat leuchtend scharlachrote, relativ kleine Beeren, die an attraktiven, bis zu 2.50m hoch werdenden karmesinroten Ranken wachsen und einen angenehm weinsäuerlichen Geschmack aufweisen. Japanische Weinbeeren sind leicht verderbliche Früchte, die roh verzehrt oder zu Marmelade und Obstwein verarbeitet werden können.

Loganbeere: Rubus loganobaccus: lat./Loganberry: engl. Dieser Hybrid, der aus einer Kreuzung von Brombeere und Himbeere entstanden ist, wurde erstmals im Jahre 1881 von dem schottischen Richter J.H. Logan in Santa Cruz/Kalifornien gezüchtet. An der amerikanischen Pazifikküste ist sie eine gewinnträchtige Beerensorte, die zudem noch sehr resistent gegen Trokkenheit ist. Die Loganbeere wird in Spalieren gezogen, hat ca. 5cm große, längliche, dunkelviolette Früchte mit wenigen Stacheln und ähnelt übergroßen Himbeeren. Der aromatische, süßsaure Geschmack ist stark brombeer- bzw. himbeerähnlich. Mittlerweile wird die Loganbeere auch in Dänemark, England und in den Niederlanden angebaut. Da die Früchte einen tiefen Kelch haben, der Insekten anlockt, sollte man sie vor dem Verzehr genauestens auf Ungeziefer überprüfen. Bei uns sind Loganbeeren meist nur als Konserve erhältlich. Die Loganbeere ist übrigens nicht zu verwechseln mit der „Longane"!

Malling-Sonnenbeere heißt eine englische Kreuzung von 1981 aus der kalifornischen Brombeere und der Himbeere.

Marionbeere nennt man eine Kreuzung aus Brombeere und Olattiebeere.

Nektar-Himbeere/Heija. Sie ist 1975 in Finnland durch eine Kreuzung aus Himbeere und Brombeere entstanden.

Olattiebeeren sind eine Kreuzung aus Loganbeere und Youngbeere.

Sonnenbeeren sind aus einer Kreuzung zwischen Himbeere und Brombeere entstanden. Die fast schwarzen, kegelförmigen, mittelgroßen Sonnenbeeren haben von August - September Saison. Sie schmecken köstlich, süß-säuerlich.

Veitchbeere/Veitchberry: engl. heißt eine enge Verwandte der Loganbeere. Man kann sie pur essen oder mit Sahne mischen. Sie wird auch zur Herstellung von Marmeladen und Speiseeis verwendet.

Youngbeeren/Jungbeeren/Youngberry: engl. wurden 1928 nach dem amerikanischen Züchter Mr. Young benannt. 1933 kamen sie erstmals nach Deutschland. Die Youngbeere ist eine weinrote, stachellose Rückkreuzung der Loganbeere mit der Brombeere. Größeren Anbau dieser Frucht gibt es nur in der Nähe der südafrikanischen Stadt George.

Hauptinhaltsstoffe

Apfel- und Zitronensäure, Ballaststoffe, Calcium, Eisen, etherische Öle, Gerbstoffe, Magnesium, Mangan, Oxalsäure, Pektin, Provitamin A, Vitamin C, Zucker. Die Brombeere ist der stärkste Provitamin-A-Spender unter den Beerenfrüchten!

Verwendung, Zubereitung

Brombeeren werden als Frischobst, in Kompott, Joghurt, Quark, zu Konfitüre, als Konserve, Gelee, Eis, in kalten Süßspeisen, zu Sauce, Sirup, Saft, im Rumtopf, als Süßmost, Likör, Brombeergeist oder als Kuchenbelag konsumiert. Auch die berühmten englischen „Jams" (Marmeladen) werden überwiegend aus Brombeeren zubereitet. Brombeer-Blätter werden zu schwarzem Tee, zu Teemischungen und für Gesichtslotionen in der Kosmetikindustrie verwendet. Wenig bekannt ist, dass Tee von Brombeer-Blättern, die man mit ein paar Himbeerblättern vermischt hat, im Geschmack fast identisch mit dem chinesischen Tee ist.

Lagerung

Nach der Ernte müssen Brombeeren vor Sonnenbestrahlung geschützt, kühl und ausgebreitet gelagert und so rasch als möglich verbraucht werden. Unreif geerntete Brombeeren reifen bei der Lagerung nicht nach. Brombeeren eignen sich auch sehr gut zum Tieffrieren.

Volksmedizinische Bedeutung

Brombeersaft wirkt gegen Harnstau, Durchfall, ist schweißtreibend und stärkt die Verdauungsorgane. Menschen mit Stoffwechselerkrankungen (Gicht) und Steinleiden sollten auf übermäßigen Brombeergenuss verzichten, da der Oxalsäuregehalt der Brombeere das Leiden verstärken kann. Sodbrennen vertreibt man, indem man getrocknete Brombeerblätter zerkaut. Tee aus Brombeerblättern stoppt Durchfall, bekämpft Mund- und Rachenentzündungen und reinigt das Blut. In Frankreich und den Niederlanden gelten Brombeeren sogar als anerkannte Heilpflanze.

Tipp

Bramble fruits ist ein Ausdruck, der in England Himbeeren und Brombeeren mit ihren Verwandten umfasst.

Brotfrucht

Artocarpus communis

Breadfruit: engl., Fruit d'arbre à pain: franz., Fruta de pan: span., Pan de pobre: span.

Allgemeines, Herkunft, Geschichtliche Bedeutung

Brotfrüchte zählen zu den Maulbeergewächsen und sind mit den Jackfrüchten verwandt. Brotfruchtbäume werden in Afrika, Indien, in der Karibik und in Polynesien angebaut. In Indien ist die Brotfrucht, die sowohl zu den Gemüsen als auch zum Obst gezählt wird, nach der Gemüsebanane das wichtigste Grundnahrungsmittel. Der berühmte Captain Blight von der ebenso berühmten „Bounty" sorgte im Jahre 1788 erstmals im Auftrag der englischen Regierung für die Verbreitung des Brotfruchtbaums, um die Ernährung von afrikanischen Sklaven zu sichern.

Aussehen

Die Brotfrucht ist eine bis zu 5kg schwer werdende, runde oder längliche Frucht mit gelblicher oder grüner, runzliger Schale. Das cremefarbene, feinfaserige Fruchtfleisch besteht aus einer teigigen Masse, deren Konsistenz man weitläufig mit körnigem Brot vergleichen könnte. Es enthält entweder zwei bis drei braune, kastanienartige Samen, oder es ist samenlos.

Geschmack
Der penetrante Geruch der Brotfrucht ähnelt der Durianfrucht. Das Fruchtfleisch der Brotfrucht schmeckt dagegen saftig, mild, zurückhaltend und kartoffelartig.
Sorten
Artocarpus incisa: lat. nennt man eine rundliche, polynesische Brotfrucht-Sorte.
Artocarpus integrifolia: lat. nennt man längliche Brotfrüchte mit nierenartigem Knick, die aus Ostindien oder Malaysia kommen.
Hauptinhaltsstoffe
Eiweiß, Fett, Kalium, Stärke, Vitamine der B-Gruppe, Vitamin C, Wasser.
Verwendung, Zubereitung
Die Brotfrucht wird zwar meist gekocht, gebacken, geröstet oder gebraten, sie wird aber auch zu Mehl gemahlen oder zu Saft gepresst. Die Eingeborenen in den Herkunftsländern graben Brotfrüchte in den Boden ein, um nach der Reife eine Art gegorenen, für sie wohlschmeckenden Käse zu erhalten. Das Holz des Brotfruchtbaums wird in den Anbauländern beim Hütten- und Bootsbau und bei der Herstellung von Geräten verwendet.

Bucheckern

Fagus silvatica

Beechnut: engl., Bucheln: österr., Buchennüsse, Eckern, Fabuco: span., Faggina: ital., Faîne: franz.

Allgemeines, Herkunft, Geschichtliche Bedeutung
Als Bucheckern werden die Früchte der einheimischen Rotbuche bezeichnet. Bucheckern zählen zu den Buchengewächsen (Fagaceae) und sind mit der Esskastanie verwandt. In der Kriegs- und Nachkriegszeit war Bucheckern-Öl eine willkommene, wenn auch mühsam erschlossene Speiseölquelle.
Aussehen
Bucheckern sind dreikantige, kaffeebraune Früchte.
Geschmack
Sie schmecken süßlich, nussig und leicht bitter.
Hauptinhaltsstoffe
Aleuron (Reserveeiweiss), 50% Öl, Oxalate, Oxalsäure, Stärke.
Verwendung, Zubereitung
Meist dienen Bucheckern als Mandelersatz oder Öllieferant. Man kann sie aber auch roh knabbern.
Volksmedizinische Bedeutung
Bucheckern sollten nur in Maßen verzehrt werden, da sie in größeren Mengen genossen schlecht verträglich sind.

Buchweizen

Fagopyrum esculentum

Alforfón: span., Blé noir: franz., Bokwaiten: westf., Bookweten: holst., Buckwheat: engl., Grano saraceno: ital., Hedelesch: eifel., Heidekorn, Paterkorn, Schwarzplenten: tirol., Tatarenkorn, Taterkorn, Trigo sarraceno: span.

Allgemeines, Herkunft, Geschichtliche Bedeutung
Die Heimat des Buchweizens liegt in den Mongolischen Steppen. Buchweizen zählt nicht zum Getreide, sondern ist ein Knöterichgewächs, das auch „Nicht-Brotgetreide" genannt wird; da seine Körner jedoch in der Zusammensetzung dem Getreide gleichen, wird er unter praktischen Gesichtspunkten zum Getreide gezählt. Buchweizen ist eine anspruchslose Frucht, mit dessen Hilfe der Mensch selbst öden Heideäkkern noch einen Ertrag abzuringen vermag. Buchweizen wird in Norddeutschland, Österreich, Frankreich, Russland, Nordamerika und in den Niederlanden angebaut. Er ist mit dem

Sauerampfer und dem Rhabarber verwandt.

Aussehen

Der rötlich-weiß blühende, bis zu 60cm hoch werdende Buchweizen hat dreikantige, glänzend-braune bis silbergraue Früchte, die kleinen Bucheckern ähneln, denen er auch seinen Namen verdankt.

Geschmack

Buchweizen schmeckt mehlig-nussig.

Hauptinhaltsstoffe

Calcium, Eisen, Eiweiß, Fagopyrin, nährstoffhemmende Substanzen, natürliche Schadstoffe, Lezithin, Lysin, Rutin, Stärke, Tryptophan.

Verwendung, Zubereitung

Die enthülsten Samen des Buchweizens kann man roh essen oder als Suppeneinlage, Rohkost, Grütze und zur Mehlherstellung verwenden.

Da Buchweizenmehl, bedingt durch das Fehlen des Klebereiweißes, nicht backfähig ist, muss man es (z.B. für Pfannkuchen) mit Weizenmehl im Verhältnis 2:1 mischen.

Heide(n)mehl ist ein anderer Ausdruck für Buchweizenmehl.

Kascha nennt man enthülste und geröstete Buchweizenkörner.

Volksmedizinische Bedeutung

Durch den Verzehr von Buchweizen wird der Gehirnstoffwechsel aktiviert, die Nervenkraft gestärkt und die Lernfähigkeit erhöht. Buchweizen weist einen roten Farbstoff in der Fruchtschale auf, der die Sensibilität der Haut gegenüber Sonnenlicht erhöht, weshalb man sich nach dem Buchweizen-Verzehr nicht der direkten Sonne aussetzen sollte. Da Buchweizenkraut aufgrund seines hohen Rutingehalts einen sehr hohen arzneilichen Wert hat, wirkt Buchweizenkraut-Tee stark durchblutungsfördernd und wird deshalb vorbeugend bei Krampfadern, Ödemen, Hämorrhoiden und Arterien- und Venenschwäche empfohlen. Eine längere Einnahme über mehrere Wochen hinweg ist dabei auf jeden Fall angebracht.

Vorsicht: Die nährstoffhemmenden Substanzen und natürlichen Schadstoffe des Buchweizens können bei einem Baby zu Problemen mit der Verdauung führen, weshalb man Buchweizen bei der Kleinkindernährung meiden sollte. Erwachsene sind davon nicht betroffen!

Tipp

Bliny: russ./Plinsen/Plinzen: ostdt. nennt man Eierpfannkuchen, die mit Buchweizenmehl hergestellt wurden.

C

Casimiroa
Casimiroa edulis

Cochil-Sapote, Metasano, Mexican apple: engl., Mexikoapfel, Pomme mexicaine: franz., Sapota bianco: ital., Sapote blanche: franz., Weisse Sapote, White sapote: engl., Zapote blanco: span.

Allgemeines, Herkunft, Geschichtliche Bedeutung
Casimiroa heißt eine Zitrusfrucht, die zur Familie der Rautengewächse (Rutaceae) zählt. Sie stammt zwar ursprünglich aus Südamerika, wird aber mittlerweile auch aus Australien, Florida, Kalifornien und Neuseeland nach Europa importiert. Erst seit 1967 werden Casimiroas übrigens auch nach Deutschland eingeführt.
Aussehen
Casimiroas wachsen auf bis zu 15m hoch werdenden Bäumen. Unter der dünnen und rauhen Schale der bis 8cm großen, gelbgrünen, quittenähnlichen Steinfrüchte befindet sich cremigweißes, schmelzend-weiches Fruchtfleisch, in das 2 bis 5 relativ große, gelbe Samenkerne eingebettet sind.
Geschmack
Casimiroas haben wenig Säure, schmecken zwar wenig aromatisch, jedoch bitter-süßlich und entwickeln einen Beigeschmack, der an braunen Zucker erinnert.
Verwendung, Zubereitung
Casimiroas werden hauptsächlich als Frischfrucht verwendet. Da das Fruchtfleisch sehr süß schmeckt, sollte man es unbedingt vor dem Verzehr mit etwas Zitronen- oder Limettensaft beträufeln.
Lagerung
Casimiroas sind nur sehr kurze Zeit lagerbar, weshalb sie auf unseren Märkten nur sehr selten angeboten werden.

Celosie

Hahnenkamm

Allgemeines, Herkunft, Geschichtliche Bedeutung
Die in Afrika heimische Celosie ist ein Fuchsschwanzgewächs, das mittlerweile auch in Amerika, Indonesien und Westindien kultiviert wird.
Aussehen
Die Celosie ist ein bis zu 1,5m hoch werdender amarantähnlicher Busch mit roten oder grünen Blättern.
Geschmack
Der Geschmack von Celosien-Blättern erinnert an Spinat.
Verwendung, Zubereitung
Celosien-Blätter, die jungen -Triebe und die -Blüten finden meist bei der Herstellung von Gemüse, Suppe oder Eintöpfen Verwendung.

Champignon
Agaricus

Aeckerling, Angerling, Edelpilz, Egerling, Mushroom: engl., Tafelpilz

Allgemeines, Herkunft, Geschichtliche Bedeutung
Die zu den Blätterpilzen gehörenden Champignons werden in Deutschland ausnahmsweise den Gemüsen zugeordnet, da sie überwiegend wie solches verarbeitet werden. Erstmals kultiviert wurden Champignons Mitte des 17. Jahrhunderts in Paris - daher ihr französischer Name „Champignon de Paris". Die französische Küche verhalf

ihnen dann schnell in die Spitzenreiterposition unter den Speisepilzen. Champignons werden zwar seit längerer Zeit auch in Deutschland gezüchtet, doch meist werden sie aus den Niederlanden, Belgien oder Frankreich importiert.
Das Wort „Champignon" bedeutet im Französischen „Pilz".

Aussehen

Frische Champignons zeichnen sich durch fest geschlossene, fleckenlose, glänzende, weiße oder braune Köpfe mit praller Oberfläche, festem Rand und Stiel und kernigem Fleisch aus. Solche mit welkem Rand sind schon zu alt, schmecken faserig und verfärben sich bei der Zubereitung unansehnlich.

Geschmack

Champignons schmecken, je nach Sorte, mandel-, anis-, oder nussartig.

Sorten

Anis-Champignon: Agaricus arvensis: lat./Aromachampignon/Schafchampignon/Schafegerling/Träuschling heißt eine sehr wohlschmeckende wildwachsende Champignon-Sorte, die von Mai bis Oktober auf Wiesen, in Parks, in Nadelwäldern und auf Äkkern vorkommt.

Brauner Champignon: Agaricus lanipes: lat./Brauner Egerling/Breitschuppiger Egerling/Kastanien-Champignon/Kastanje-Champignon: niederl. /Rosa Champignon heißt eine je nach Reife helle- bis dunkelbraune oder sogar rosafarbene Varietät des Kultur-Champignons, die wesentlich würziger und aromatischer schmeckt als ihr weißer Bruder.

Felsenchampignon heißt eine graubraune französische Zuchtchampignon-Sorte.

Kultivierte Champignons: Agaricus bisporus: lat./Kultur-Champignons /Champignons de Paris: franz./ Weisse Champignons/Zuchtchampignons werden ganzjährig in dunklen Kellern oder Hallen auf aufgearbeitetem Pferdemist angebaut, da dieser einen extrem hohen Ballaststoffgehalt aufweist. Es gibt drei verschiedene Zuchtchampignon-Größen:

1. Die kleinsten werden noch unreif geerntet und haben einen geschlossenen Hut.
2. Die mittelgroßen haben einen halbgeöffneten Hut.
3. Die großen Riesen-Champignons haben einen offenen Hut.

Riesen-Champignons nennt man eine besonders große und flache Zuchtchampignon-Sorte mit kräftigem Geschmack, die sich sehr gut zum Füllen eignet und meist aus Holland zu uns kommt.

Stadtchampignon: Agaricus bitorquis: lat./Scheidenegerling/Strassenchampignon heißt eine wildwachsende Champignon-Sorte, die von Mai bis Oktober auf Gras oder Sandböden, am Wegesrand, nicht aber in Wäldern zu finden ist.

Waldchampignon: Agaricus silvaticus: lat./Brauner Waldchampignon/Steinchampignon/Steinpilzchampignon/ Waldedelpilz/Waldegerling. Waldchampignons sind je nach Alter hell- bis dunkelbraun und fester und kleiner als Zuchtchampignons. Außerdem haben sie einen intensiveren und herzhafteren Geschmack als die Zuchtvariante. Meist findet man sie unter Fichten und in feuchten Nadelwäldern. Waldchampignons sind zwar auch roh genießbar, leider jedoch etwas madenanfällig.
Vorsicht: Der Waldchampignon ist leicht zu verwechseln mit dem schwach giftigen Tintenchampignon und dem sehr giftigen Knollenblätterpilz, der allerdings dunklere Lamellen hat.

Wiesenchampignon: Agaricus campestris: lat./Ägertling/Brachmännchen/ Brachpilz/Feldchampignon/Feldedelpilz/Feldegerling/Feldling/Pferdechampignon/Weidling. Diese wilde Champignon-Sorte ist im Sommer und Herbst meist auf gedüngten Wiesen anzutreffen. Wiesenchampignons dürfen nicht roh verzehrt werden!

Hauptinhaltsstoffe

Biotin, Calcium, Eisen, Eiweiß, Kalium, Phosphor, Vitamin B, C, D, E, K.

Verwendung, Zubereitung

Champignons werden gekocht, gedünstet, gebraten, gegrillt, fritiert oder roh zu Suppen, Saucen, Salaten, Fleisch- und Wildgerichten, Eierspeisen, Ragouts usw. verarbeitet. Vor der Zubereitung dürfen sie nur kurz in kaltem Wasser gewaschen werden, da sie sich sonst mit Wasser vollsaugen. Anschließend muss man sie schnell mit Zitronensaft beträufeln, um ein hässliches Verfärben zu verhindern. Danach werden sie in einem Topf mit geschlossenem Deckel nur mit einem Stückchen Butter und einer Prise Pfeffer langsam zum Kochen gebracht. Dabei geben sie soviel Eigensaft ab, dass sich eine Zugabe von fremder Flüssigkeit erübrigt. Salzen sollte man Champignons erst nach dem Garen, damit sie schön saftig bleiben. Übriggebliebenen Champignon-Fond kann man, im Eiswürfelbereiter portioniert und aufbewahrt, zum Aufgießen oder Ablöschen von Suppen oder Saucen verwenden.

Lagerung

Ca. 3 Tage lassen sich frische Champignons im Kühlschrank aufbewahren, wenn man sie vorher in ein Tuch eingeschlägt. Besser ist es jedoch, sie sofort zu verarbeiten, damit sie bei der Zubereitung ihre appetitliche Farbe behalten. Champignons sollten möglichst nicht zusammen mit Zitronen gelagert werden, weil sie dadurch schneller altern.

Volksmedizinische Bedeutung

Champignons gelten als wirksame Gehirn- und Nervennahrung, da sie durch ihre Inhaltsstoffe Nervenflattern beenden und die Gehirntätigkeit anregen. Champignons enthalten nachweislich auch antiseptische Stoffe, die Bakterien abtöten und schleimlösend wirken. Da Champignons sehr kalorienarm und leicht verdaulich sind, eignen sie sich auch hervorragend zu einer Schlankheitsdiät.

Tipp

Wenn von einem „Pilz" die Rede ist, sind eigentlich nur die Fortpflanzungsorgane gemeint. Der eigentliche Pilz, das Pilzgeflecht oder „Myzel" liegt unter der Erde und kann manchmal mehrere hundert Meter lang werden.

Chayote

Sechium edule

Chayotl: südamerik., Chayotte: franz., Chocho, Cho-cho, Choco, Choko, Chouchon, Choyote, Christofine, Christophene, Christophine, Chuchu, Mirliton, Sou-sou, Stachelgurke, Xuxu: brasil.

Allgemeines, Herkunft, Geschichtliche Bedeutung

Die Chayote ist ein Kürbisgewächs (Cucurbitaceae), das schon von den Azteken Südamerikas als „Chayotl" kultiviert wurde, wovon ihr Name abgeleitet wurde. Größere Anbaugebiete der Chayote findet man heute außer in Südamerika auch noch in Westafrika und in Westindien.

Aussehen

Die Chayote ist eine kleine runde oder birnenförmige Kürbisart mit glatter oder warziger, weißer, gelber oder grüner Schale und elfenbeinfarbenem bis dunkelgrünem, festem Fruchtfleisch, das einen klebrigen Saft absondert. Sie enthält einen großen Kern und kann bis zu 750g schwer werden.

Geschmack

Das Aroma dieses Fruchtgemüses ist im reifen Zustand zwar birnen-zucchiniähnlich, mit zunehmendem Alter und zunehmender Größe wird es jedoch schnell fade.

Hauptinhaltsstoffe

Stärke, Vitamine.

Verwendung, Zubereitung

Chayoten sollten, da ihr Fruchtfleisch sehr klebrig ist, unter fließendem Wasser geschält werden. Roh wird die geschälte Chayote zu Salat oder Backwaren, gekocht zu Gemüse bereitet. Junge Chayoten-Sprossen lassen sich wie Spargel zubereiten, aus den Blättern kann man ein spinatähnliches Gemüse herstellen. Auch Chayoten-Wurzeln kann man verzehren, wenn man sie wie Kartoffeln zubereitet. In den Herkunftsländern werden Chayoten auch als Viehfutter verwendet.

Lagerung

Halbreif geerntete Chayoten lassen sich gekühlt mehrere Wochen lagern.

Volksmedizinische Bedeutung

Chayoten-Verzehr wirkt sich besonders positiv bei hohem Blutdruck aus.

Chicorée

Cichorium intybus var. foliosum

Belgische Endivie, Belgischer Chicorée, Bleichzichorie, Brüsseler Endivie, Brüsseler Salat, Brussels chicory: engl., Brussels lof: niederl., Endive: amerik. und franz., Chicorée de Bruxelles: belg., Chicory: engl., Chikoree, Cicoria belga: ital., Endive: franz., schweiz., French endive: engl., Salatzichorie, Schikoree, Treibzichorie, Witloof: fläm., Witloof chicory: engl., Zichoriensalat

Allgemeines, Herkunft, Geschichtliche Bedeutung

Im Jahr 1844 entdeckte der belgische Gärtner Brézier durch Zufall Zichorienwurzeln, die in einem dunklen Keller zu treiben begonnen hatten. Er probierte die Triebe und experimentierte so lange, bis sich aus der Zichorienwurzel der Chicorée entwickelte. 1873 wurde das Gemüse zum erstenmal auf einer Ausstellung gezeigt, und 1913 versteigerten Gemüsegärtner die ersten Pflanzen, die allerdings erst ab 1930 größere Bedeutung erlangten. Chicorée ist also eine nur in Kultur bekannte Varietät der Gemeinen Wegwarte/Wilden Zichorie. Das weiße Gemüse wird in zwei Etappen gezüchtet. Im ersten Jahr bildet sich die Wurzel, im zweiten Jahr entsteht der essbare Teil. Zunächst wachsen hintereinander die einzelnen Blätter und nachdem diese abgeschnitten sind, bildet sich der Kopf. Hierzu müssen die Wurzeln aber zuerst im Kühlhaus gelagert werden. Bei milden Temperaturen ins Dunkle gestellt, beginnen die ersten neuen Blätter zu treiben: sie formen sich zu dem charakteristischen, spitz zulaufenden weißen Kopf. Nach 25 Tagen kann der Chicorée geerntet werden.

Die heutige Beliebtheit des Chicorées, der zur Familie der Korbblütler/Asteraceae (Compositae) gehört, kam erst nach dem Zweiten Weltkrieg. Mittlerweile wird Chicorée außer in Belgien auch in Deutschland, Frankreich, Holland, Nordafrika und im gesamten Orient angebaut.

Aussehen

Chicorée ist 10-20cm lang, hat ein sauberes, festes, kolbenförmiges Aussehen und besteht aus dichtgewickelten weißen Blättern mit zartgelben bis hellgrünen Spitzen und einem festen Strunk.

Geschmack
Chicorée hat ein reizvolles, knackiges, leicht bitter-herbes Aroma. Je grüner Chicorée-Blätter sind, desto bitterer schmecken sie. Die Bitterstoffe im Strunk sind heutzutage dagegen weitestgehend weggezüchtet.
Hauptinhaltsstoffe
Folsäure, Intybin (Bitterstoff), Inulin, Spurenelemente, Vitamin B 1, B 2 und C, sehr kalium,- phosphor - und calciumreich. Unter den Wintergemüsen gilt Chicorée als größter Vitamin-A-Spender.
Verwendung, Zubereitung
Chicorée wird frisch als Salat und gedünstet oder sautiert zu Gemüse verwendet. Die äußeren, leicht befleckten Blätter, die Blattspitzen und der Strunk, den man keilförmig aus dem halbierten Chicörée herausschneidet, entfernt man, da sie sehr bitterstoffreich sind. Sollte trotzdem noch ein aufdringlicher Bittergeschmack vorherrschen, kann man diesen mildern, indem man den Salat kurze Zeit in Milch legt. Chicorée sollte nicht in eisernen Töpfen oder Pfannen zubereitet werden, da er sich darin unansehnlich dunkel verfärbt.
Lagerung
Im Kühlschrank ist frischer Chicorée noch einige Tage haltbar. Schon nach vier Stunden Raumbeleuchtung färben sich Chicorée-Blätter allerdings grünlich und werden dabei stark bitter und nahezu ungenießbar. Da Chicorée sehr stoß- und druckempfindlich ist, sollte man ihn stets behutsam behandeln, sonst bekommt er hässliche rote oder rotbraune Flecken.
Volksmedizinische Bedeutung
Die Bitterstoffe des Chicorées wirken sich beim Verzehr positiv sowohl auf Appetit und Stimmung als auch auf Leber, Galle, Blutgefäße, Kreislauf und Verdauung aus. Wegen seines Inulingehalts ist Chicorée besonders für Diabetiker empfehlenswert; Rheumatiker profitieren von seiner harntreibenden Wirkung.
Tipp
Infolge des Basenüberschusses hat Chicorée eine stark säurebindende Wirkung, weshalb man nach einem deftigen Essen statt eines Magenbitters auch ein paar Chicoréeblättchen verzehren kann.

Chinakohl

Brassica pekinensis

Báicài: chin., Blätterkohl, Cavolo cinese: ital., Chinese cabbage: engl., Chinese kool: niederl., Chinese leaf: engl., Chinesischer Kohl, Chou de chine: franz., Col de china de boja crespa: span., Hakusai: jap., Japankohl, Kochsalat, Pekingkohl, Pe-Tsai: engl., franz., Schantungkohl, Shandongkohl, Selleriekohl

Allgemeines, Herkunft, Geschichtliche Bedeutung
Seit dem 5. Jahrhundert wird Chinakohl in China angebaut. Entstanden ist er dort vermutlich aus einer Kreuzung von Paksoi und Speiserübe. Nach Deutschland ist der zu den Kreuzblütlern/Brassicaceae (Cruciferae) zählende Chinakohl erst Anfang dieses Jahrhunderts gekommen. Innerhalb Europas wird dieser Verwandte des Weißkrauts außer in Deutschland auch in Italien, Österreich, Spanien und in den Niederlanden angebaut.
Aussehen
In den ostasiatischen Ländern gibt es verschiedene Sorten des Chinakohls, die sich durch unterschiedliche Kopfformen - blockig, halblang oder lang - unterscheiden.
Chinakohl von unseren Märkten ist länglich-rund, ca. 30-40cm lang und hat eine ovale, fest geschlossene Form, die dem Romana ähnelt. Die appetitlichen, gewellten, weißlich-gelben, gele-

gentlich auch leicht grünen Blätter sollten bei gesundem Chinakohl mit breiten, knackigen Blattrippen versehen sein.

Geschmack

Chinakohl schmeckt mild-würzig und dezent kohlartig.

Sorten

Lung Nga Paak: chin./Zahn vom weissen Drachen heißt eine staudensellerieähnliche Chinakohl-Sorte, von der der bei uns kultivierte Chinakohl abstammt.

Hauptinhaltsstoffe

Calcium, Eisen, Kalium, Natrium, Phosphor, Provitamin A. Chinakohl ist außerdem sehr Vitamin-C-haltig und geradezu eine ‚Bombe' an hochwertigen Aminosäuren und Senfölen.

Verwendung, Zubereitung

Chinakohl lässt sich für die Zubereitung von Salat, Suppengemüse, Rouladen oder asiatischen Gerichten verwenden. Als Gemüse kann man Chinakohl zwar kurz schmoren, sieden oder dünsten – für Gerichte mit längerer Garzeit (z.B. Sauerkraut) ist er dagegen ungeeignet da er beim Einlegen und nach langer Kochzeit ein unappetitliches Aussehen bekommt. Die dikken weißen Rippen der Außenblätter können dagegen wie Spargel zubereitet werden.

Für die Koreaner ist Chinakohl das wichtigste Gemüse, denn ohne ihn gibt es kein „Kim-chi", ein mit Chili, Knoblauch, Pfeffer, Ingwer, Zwiebeln, Sesamsamen- und -öl eingelegter roher Chinakohl – und ohne Kim-chi ist für die Koreaner kein Essen vollkommen. Dieser scharf eingelegte Kohl soll angeblich die Sinne beleben, die Magensäfte ankurbeln und für ein langes, gesundes Leben sorgen – davon ist jedenfalls jeder Koreaner überzeugt. Die koreanischen Städter kaufen Kimchi meist in Dosen.

Lagerung

Kühl und dunkel lässt sich Chinakohl ca. 7 Tage aufbewahren.

Wie alle Kohlsorten darf auch Chinakohl nicht zusammen mit Obst gelagert werden, da er sonst schneller reift, rascher fault und die Blätter schneller vergilben.

Volksmedizinische Bedeutung

Man sagt dem Chinakohl eine verdauungsfördernde, leicht bekömmliche und allgemein anregende Wirkung nach. Da er nicht wie Weißkohl bläht, ist er auch bei Magenempfindlichen sehr beliebt und zudem ideal für eine Diät geeignet.

Tipp

Einen besonders knackigen Biss bekommt Chinakohl-Salat, wenn man ihn eine halbe Stunde vor dem Anrichten in den Kühlschrank legt.

Choisum

Brassica campestris var. parachinensis

Chinese flowering cabbage: engl., Choy sum: engl., Choi sum: chin., Tsoi-sum

Allgemeines, Herkunft, Geschichtliche Bedeutung

Choisum kommt zwar ursprünglich aus Südostasien, es wird aber auch in Südamerika und Westafrika angebaut. Auf unseren europäischen Märkten ist dieses exotische Blattkohlgemüse bislang leider nur sehr selten anzutreffen.

Aussehen

Choisum hat ovale, grüne Blätter, kleine gelbe Blüten und dünne, runde Stiele.

Geschmack

Choisum-Blätter schmecken sehr mild und etwas kohlartig, die Blütenknospen sind hingegen viel kräftiger im Geschmack.

Hauptinhaltsstoffe

Eisen, Vitamin B 1 und C.

Verwendung, Zubereitung

Choisum-Blätter, -Blütenknospen und -*Stängel* werden entweder im Ganzen oder nur grob zerkleinert als Gemüse zubereitet. Die Stängel können sogar ungeschält verwendet werden.

Lagerung

Im Kühlschrank ist eine Aufbewahrung dieses Gemüses ca. 4 Tage möglich.

Cranberry

Vaccinium macrocarpon

Airelle rouge: franz., Amerikanische Moorbeere, Amerikanische Moosbeere, Amerikanische Preiselbeere, Arandano Encarnado: span., Cranberrie: engl., Grosse Moosbeere, Grossfrüchtige Moosbeere, Kranbeere, Kranichbeere

Allgemeines, Herkunft, Geschichtliche Bedeutung

Der Ursprung der Cranberry liegt in Nordost-Amerika und Kanada, wo sie auch heute noch kultiviert wird. Erste Anbauversuche dieser Moosbeerenart gibt es mittlerweile jedoch auch in Deutschland, Polen, Russland und in den Niederlanden. Der Wert von Cranberries als Mittel gegen Skorbut war schon lange vor Entdeckung der Ascorbinsäure bekannt, denn amerikanische Seeleute nahmen schon früher Fässer voller Cranberries mit auf ihre langen Reisen, ohne etwas von Vitaminen zu wissen. Cranberries können, wie alle Heidekrautgewächse (Ericaceae), 100 Jahre und älter werden und tragen jährlich Früchte; geerntet wird von November bis April.

Zum bereits erwähnten „Thanksgiving", dem amerikanischen Erntedankfest, das am letzten Donnerstag im November gefeiert wird, sind Cranberries ein „Muss", und unerlässlich sind sie in Amerika auch an Weihnachten als traditionelle Beilage zum gefüllten Truthahn. Amerikaner pflegen Cranberries sogar im Kino zu ‚vernaschen'.

Der Name Cranberrry bedeutet Kranichbeere (engl. „crane" = „Kranich") - so entstanden, weil die Beeren angeblich gerne von Kranichen gefressen werden; außerdem erinnern auch Cranberry-Blütenkelch, -Blütenknospe und -Blütenstiel an einen Kranichkopf.

Aussehen

Cranberries sehen aus wie dicke, ovale Preiselbeeren, sie ähneln aber auch der bei uns wildwachsenden Moosbeere, die jedoch etwas dicker als die Preiselbeere ist. Die Cranberry ist also die Dickste dieser drei Beerenarten.

Geschmack

Cranberries schmecken zwar erfrischend säuerlich-herb, jedoch milder und nicht so aromatisch wie Preiselbeeren.

Hauptinhaltsstoffe

Calcium, Eisen, verschiedene Fruchtsäuren, Phosphor, Vitamin A, B 1, viel Vitamin C (bis über 38 mg).

Verwendung, Zubereitung

Cranberries werden zu Saft, Desserts, Eis, Kompott, Marmelade, Chutney, in Obstsalat oder als Obstkuchenbelag verwendet; im Gegensatz zur Preiselbeere kann man die Cranberry nämlich auch roh verzehren.

Lagerung

In Frischhaltebeuteln sind Cranberries dank ihres hohen Gehalts an Benzoesäure bis zu zwei Wochen haltbar.

Volksmedizinische Bedeutung

Cranberry-Genuss wirkt sich günstig auf die Darmflora und Blasentätigkeit aus.

Tipp

Gartenpreiselbeere/Kulturpreiselbeere /Zuchtpreiselbeere wird die Cranberry zwar fälschlicherweise oft auch genannt, die „Preiselbeere" ist jedoch ein eigenständiges Mitglied der großen Vaccinium-Familie.

Cupuacu

Theobroma grandiflorum spreng

Allgemeines, Herkunft, Geschichtliche Bedeutung

Die brasilianischen Regenwälder sind das Ursprungsgebiet der Cupuacu. Rund um die Stadt Manaos wächst diese exotische Frucht wild. Bei Belem wird die mit dem Kakaobaum verwandte Cupuacu mittlerweile auch kultiviert.

Aussehen

Die Cupuacu ist eine kokosnussähnliche Frucht, die bis zu 5kg schwer werden kann. Ihr beigefarbenes Fruchtfleisch enthält viele braune, essbare Kerne.

Geschmack

Die Cupuacu hat einen hocharomatischen und sehr erfrischenden Geschmack.

Verwendung, Zubereitung

In den Herkunftsländern wird die Cupuacu zwar meist als Frischfrucht verzehrt, sie dient aber auch oft als Zutat von Obstsalaten und als Saft oder Pulpe zur Herstellung exotischer Getränke, Eiscrèmes und Likören.

Curuba

Passiflora molissima

Banana Passionfruit: engl., Bananen-Passionsfrucht, Curuba: ital. und span., Mollifruit: engl., Tacso: franz., Tumbo serrano: span.

Allgemeines, Herkunft, Geschichtliche Bedeutung

Die Curuba stammt aus den Anden Kolumbiens, wo sie auch als Nationalfrucht gewürdigt wird. Diese exotische Frucht wird zur Familie der Passionsfrüchte (Passifloraceae) gezählt und ist dadurch mit der Maracuja, Purpur-Granadilla und der Süßen Grenadilla verwandt. Von April bis August kann man Curuben, die an immergrünen Kletterpflanzen wachsen und sogar noch in Höhenlagen bis zu 2600m gedeihen, auf unseren Märkten finden. Meist wird sie aus Kolumbien, Neuseeland, Peru oder Venezuela zu uns importiert.

Aussehen

Die Curuba ist eine ca. 10cm lange, gurkenförmige Frucht mit glatter, weicher Schale, die – je nach Reifegrad – grün-gelb bis gelb oder rot sein kann. Ihr gelbliches oder manchmal auch orangefarbenes Fruchtfleisch ist zwar relativ geleeartig-weich, es ist jedoch wesentlich fester als das anderer Passionsfrüchte.

Geschmack

Die wohlriechende Curuba schmeckt erfrischend-süß, vollfruchtig, leicht apfelähnlich mit herbem Nachgeschmack und unvergleichlich exotisch.

Hauptinhaltsstoffe

Calcium, Eisen, Phosphor, geringer Säuregehalt und besonders Vitamin-A-B 12- und C-haltig.

Verwendung, Zubereitung

Curuben werden überwiegend als Frischfrüchte genutzt, indem sie längs halbiert und danach samt den Kernen ausgelöffelt werden. Auch in Obstsalat, als Saft, Sirup, Gelee, bei der Herstellung von Kaltschale, Sorbet, Eis und Pudding, in Mixgetränken, als Kuchen- und Tortenbelag oder gedünstet als Beilage zu Braten oder Steaks wird sie verwendet.

Volksmedizinische Bedeutung

Curubasaft wirkt schlaffördernd und blutdrucksenkend.

Tipp

Besonders gut macht sich von Kernen befreites Curuben-Fruchtfleisch in Milchshakes.

D

Dattel

Phoenix dactylifera

Daddel: norw., Dadel: niederl., Date: engl., Dátil: span., Datte: franz., Dattero: ital., Tammer: afrik.

Allgemeines, Herkunft, Geschichtliche Bedeutung

Seit über 8000 Jahren werden Dattelpalmen in Indien kultiviert, wo sie oft auch als Alleebäume an Straßenrändern vorkommen. Als Datteln bezeichnet man die Früchte der bis zu 20m hoch und bis zu 100 Jahre alt werdenden Dattelpalme, dem wichtigsten Oasenbaum Afrikas und Asiens. Da seine tiefen bis zu 6m langen Wurzeln das Grundwasser erreichen, vermag er in der Wüste zu gedeihen, weshalb seine Früchte auch als „Brot der Wüste" bezeichnet werden. Pro Palme werden im Jahr zwar 50-100kg essbare Datteln geerntet, ihre volle Tragfähigkeit hat die Dattelpalme, die zu den Palmengewächsen/Arecaceae (Palmae) gezählt wird, jedoch erst zwischen dem 30. und 100. Lebensjahr. Zu uns kommen Datteln ganzjährig grundsätzlich tiefgekühlt - erst kurz vor dem Verkauf werden sie wieder aufgetaut. Die wichtigsten Importländer sind Ägypten, Afrika, Arabien, Australien, Indien, Irak, Iran, Israel, Griechenland, Kalifornien, Kanarische Inseln, Nordafrika, Sizilien, Spanien und die Türkei. Der europäische Hauptumschlagplatz für Datteln ist Marseille in Südfrankreich. Der Name „Dattel" wird vom griechischen „dáktylos" abgeleitet, was „Finger" bedeutet. Der Wedel der Dattelpalme hat nämlich ein fingerähnliches Aussehen.

Aussehen

Frische Datteln - sie werden mit und ohne den ovalen, beinharten, leicht lösbaren, ungenießbaren Kern gehandelt - sind länglich-oval, fingerlang und haben ein pflaumenähnliches Aussehen. Die dünne, gelbe bis rötlichbraune Außenhaut sollte prall und glänzend sein. Das grünlich-weiße, außen feste und innen weiche Fruchtfleisch sollte saftig sein. Ein heller Belag auf getrockneten Datteln rührt meist von auskristallisiertem Zucker her - er kann aber auch auf Schimmel- oder Milbenbefall zurückzuführen sein.

Geschmack

Baumfrische Datteln sind zwar weniger süß, jedoch wesentlich saftiger als getrocknete.

Sorten

Alexandriner Datteln nennt man Datteln aus Ägypten.

Barhi heißt eine wohlschmeckende israelische Dattel-Sorte, die meist mit Zweigen angeboten wird.

Berberdatteln/Königsdatteln kommen aus Tunesien, Algerien oder Marokko.

Persische Datteln sind hellbraun und gelten als die Schmackhaftesten.

Hauptinhaltsstoffe

Dattelkernöl, Eisen, hoher Calcium-, Kalium-, Magnesium- und Phosphorgehalt, Tryptophan, Vitamin A, B 6, B 12, D.

Trockendatteln enthalten 70% (!) leicht verdaulichen Invertzucker.

Verwendung, Zubereitung

Datteln werden frisch oder getrocknet zu Süßspeisen, Kompott, Obstsalat, Konfekt, Gebäck, Dattelmark, Dattelhonig (durch Pressen der Früchte gewonnen), Paste („Dibbis") und als Dattel-Snacks (mit Schokolade überzogen) verarbeitet. Frische Datteln isst

man wie Pflaumen, indem man sie vor dem Verzehr seitlich aufschneidet um sie zu entkernen. Die dünne Haut lässt sich leicht abziehen. In den Anbauländern wird der beim Anzapfen der Dattel-Blütenstände austretende Saft zu Palmwein und Schnaps (Arrak) verarbeitet. Das Öl der Dattel-Kerne wird zu Dattelkernöl gepresst.
Palmkohl nennt man in den Herkunftsländern Dattelblätter, die wie Kohl zu Gemüse oder Salat bereitet wurden. Dattelblätter werden in den Anbauländern oft auch im religiösen Kult verwendet oder zu Gebrauchsgegenständen verarbeitet. Das Holz der Dattelpalme dient meist Bauzwecken.

Lagerung

Kühl und nicht zu trocken können frische Datteln etwa 3 Tage aufbewahrt werden. Sie sollten jedoch nicht direkt neben Mehl und Getreideerzeugnissen gelagert werden, da sonst Wurmbefall zu befürchten ist. Ebenso sollten Datteln nicht in der Nähe von Zwiebeln oder Lauch gelagert werden, da deren etherische Gerüche auf sie übergreifen.

Volksmedizinische Bedeutung

Die leicht verdauliche Dattel gilt als rascher Energiespender. Sie sorgt auch für einen gesunden Blutzuckerspiegel und wirkt nervenstärkend; man sagt ihr sogar eine „anregende" Wirkung nach. Roher Dattelsaft fördert die Hautdurchblutung und gibt ihr so einen jugendlichen Teint. Datteln, die man mit Joghurt vermischt hat, gelten als wirkungsvolles Schlafmittel. Die Araber schreiben übrigens dem hohen Calcium-, Magnesium- und Phosphorgehalt der Dattel zu, dass Krebskrankheit bei ihnen praktisch unbekannt ist. Kalifornische Wissenschaftler haben neuerdings aus Dattelkernen ein Östrogen isoliert, das chemisch mit dem tierischen Steroid-Geschlechtshormon „Östron" identisch ist.

Tipp

Caryota nennt man in Zucker eingelegte Datteln.

Dattelpflaume

Diospyros lotus

Frutta di loti: ital., Karshurma: jap., Lotosfrucht, Lotospflaume, Schwarze Dattel

Allgemeines, Herkunft, Geschichtliche Bedeutung

Der Ursprung der Dattelpflaume liegt in Ostasien. Da sie zu den Schmetterlingsblütlern (Fabacae) zählt, die der Diospyros-Gattung zugehören, ist sie mit Kaki und Persimone verwandt. Erwähnenswerte Anbaugebiete der Dattelpflaume findet man in Asien, den Balkanländern, China, Italien, Japan, Korea und am Mittelmeer.

Aussehen

Die Dattelpflaume wächst an einem etwa 12m hoch werdenden Baum. Reif ähnelt sie einer kleinen, glänzenden, schwarzblauen Kirsche, unreif ist sie an der gelben Farbe zu erkennen.

Geschmack

Die Dattelpflaume schmeckt sehr sauer.

Sorten

Schwarze Sapote: Diospyros digyna: lat. nennt man eine Dattelpflaumen-Sorte, deren Hauptanbaugebiete sich auf die Karibik und Mexiko konzentrieren. Sie hat ein süß-säuerliches, kakiähnliches Aroma und ähnelt zwar tatsächlich einer Kaki, hat im reifen Zustand jedoch eine grüne Schale und braunes Fruchtfleisch.

Hauptinhaltsstoffe

Tannin.

Verwendung, Zubereitung

Als Frischfrucht ist die Dattelpflaume nur dann geeignet, wenn man sie zuvor kurz in heißes Wasser gelegt hat, wodurch sich ihr starker Tanningeschmack lösen soll. Getrocknet wird die Dattelpflaume zu Wein und Sirup verarbeitet.

Lagerung

Da die Dattelpflaume nur sehr beschränkt haltbar ist, spielt sie auf unseren deutschen Märkten eine völlig untergeordnete Rolle.

Dinkel

Triticum spelta

Alemannisches Getreide, Fesen, Spelt, Spelzweizen, Veesen: oberschwäb.

Allgemeines, Herkunft, Geschichtliche Bedeutung

Als Dinkel bezeichnet man das ausgereifte Korn einer Urweizenart, die durch eine Kreuzung von Emmer, einer alten Weizenart, und Zwergweizen entstanden ist. Schon in der Steinzeit war Dinkel ein Teil der menschlichen Nahrung. In der Antike war er im ganzen Mittelmeerraum als Brotgetreide bekannt, später im alemannischen Siedlungsraum, die am weitesten verbreitete Getreideart. Auf die heilende und schmerzlindernde Wirkung des Dinkels hat erstmals die Hl. Hildegard von Bingen (1098-1179) hingewiesen. Sie sagte dem Dinkel nach, dass er rechtes Fleisch und Blut schaffe und außerdem fröhlich stimme. In Süddeutschland wurde Dinkel noch im ersten Drittel unseres Jahrhunderts als wichtiges Nahrungsmittel und Grundlage für viele Mehlspeisen angebaut, während er ansonsten von den Feldern verschwunden war. Das größte deutsche Hauptanbaugebiet des Dinkels, der den heutigen Weizenzuchtsorten völlig unterlegen ist, liegt in Bayern. Wesentlich bekannter als der ausgereifte Zustand des Dinkels ist dieser als „Grünkern", wenn er also noch ‚grün hinter den Ohren" ist. Siehe hierzu Näheres unter „Grünkern".

Aussehen

Ein hoher Wuchs und lange, lockere zweireihige waagerecht wachsende, längliche Ähren kennzeichnen den Dinkel.

Geschmack

Dinkel schmeckt körnig-nussig.

Hauptinhaltsstoffe

Eisen, Magnesium, Phosphor, Vitamine der B-Gruppe. Der Vitamin-, Eiweiß- und Fettgehalt des Dinkels ist sogar etwas höher als der des Weizens.

Verwendung, Zubereitung

Da Dinkelmehl hervorragende Backeigenschaften hat, ist es in der Vollkornbäckerei sehr beliebt. Geschroteter Dinkel findet meist als Brei, als vegetarischer Bratling, in Aufläufen oder Eintopf Verwendung.

Volksmedizinische Bedeutung

Dinkelgenuss führt zur Anregung des Verdauungsapparates und stärkt die Abwehrkräfte. Dinkelspelz wird heute wieder in Krankenhäusern, wie zu Zeiten der Hl. Hildegard, als Matratzen- oder Kissenfüllung bei Schmerzpatienten angewandt.

Tipp

Mit Dinkelspelz gefüllte Kissen oder Matratzen können auf 130°C erhitzt werden, wodurch eventuelle Milben, wie man sie in herkömmlicher Bettwäsche kennt, abgetötet werden.

Durian

Durio zibethinus

Baumkäse, Civet cat fruit: engl., Doerian: niederl., Dourian: franz., Durian: norw., span., Durio: ital., Durion, Hérisson d'arbre: franz., Indische Zibetbaumfrucht, Stinkfrucht, Zibetkatzenbaumfrucht

Allgemeines, Herkunft, Geschichtliche Bedeutung

Als Durian bezeichnet man die Frucht des Zibetkatzenbaums, der schon seit Jahrhunderten in den Regenwäldern Südostasiens kultiviert wird. Seinen Namen erhielt dieser Baum, weil sich auf ihm gerne Zibetkatzen/Zivetten aufhalten, die, wie die Durian auch, einen wahrhaft bestialischen Gestank absondern. Zibetkatzenbäume zählen zu den Wollbaumgewächsen (Bombacaceae), die zu einer in Europa noch unbekannten Fruchtfamilie, dem Ölobst, gehören. Angebaut wird dieser bis zu 40m hoch werdende Baum in Ceylon, China, Indonesien, Malaysia, auf den Philippinen, in Sri Lanka und in Thailand. Das Wort Durian kommt vom Malaiischen „duri" und bedeutet „Dorn" - eine Anspielung auf die dornigen Höcker auf der Frucht.

Aussehen

Durionen werden bis zu 30cm lang und 15cm breit und können bis zu 10kg schwer werden. Sie sehen aus wie olivgrüne bis mattgelbe ausgewachsene Igel mit pyramidenartigen, dornigen Höckern. Das weißliche Fruchtfleisch enthält in 5 Kammern jeweils 2-4 längliche kastanienähnliche Samen, die von einem cremefarbenen Mantel umgeben sind: dem einzigen, genießbaren Teil der Frucht.

Geschmack

Für Europäer riecht die vollreife Durian-Schale eher abstoßend: nach faulen Eiern, verdorbenem Fleisch oder nach Käse, der mit Terpentin übergossen wurde. Für Asiaten ist dieser Gestank zwar ein Hochgenuss - in öffentlichen Verkehrsmitteln Indonesiens ist das Mitführen von Durianfrüchten jedoch gesetzlich verboten. Auch viele Fluggesellschaften verweigern den Transport dieser Früchte, eben wegen des penetranten Geruchs. Das Fruchtfleisch der Durian hat erstaunlicherweise einen sehr angenehmen Geschmack, der etwa mit Vanillepudding zu vergleichen ist, den man mit Mandeln, Karamel und Himbeerschuss gewürzt und dann mit Sherry abgeschmeckt hat. Ihres einmalig guten Geschmacks wegen wird die Durian auch als „Königin unter den Südfrüchten" bezeichnet.

Verwendung, Zubereitung

Das Fruchtfleisch der Durian wird meist gezuckert als Frischfrucht, oder, kleingehackt und mit Salz und Pfeffer gewürzt, verzehrt. Auch in Suppe, Marmelade und zur Eisherstellung wird es verwendet. Als Konserve ist diese Frucht ungeeignet, da Durionen leicht gären und die Dosen infolgedessen schon binnen kurzer Zeit platzen würden. Durian-Samen werden entweder in Scheiben geschnitten und dann in Kokosfett frittiert als Beilage zu Reisgerichten oder angeröstet und leicht gezuckert als Konfekt verzehrt. Die Durian-Schale ist ungenießbar.

Volksmedizinische Bedeutung

In Indien ist die Durian als Aphrodisiakum sehr begehrt.

Tipp

Wenn man eine Durian auf unseren Märkten erwerben möchte, muss man derzeit mit einem Stückpreis von mindestens 25,00 DM rechnen!

Eichblattsalat

Lactuca sativa var. crispa

Amerikanischer Pflücksalat, Eichenblattsalat, Eichenlaubsalat, Eikebladsla: niederl., Lattuga cappuccio a foglie ricce: ital., Lechuga crespa: span., Oak leaved lettuce: engl.

Allgemeines, Herkunft, Geschichtliche Bedeutung

Seinen Namen verdankt der mit dem Kopfsalat verwandte Eichblattsalat dem Aussehen seiner Blätter, die denen der Amerikanischen Eiche ähneln. In Deutschland wird diese beliebte Pflücksalat-Sorte zwar vereinzelt angebaut, überwiegend wird er jedoch aus Belgien, Frankreich, Italien, den Niederlanden oder aus Spanien importiert.

Aussehen

Eichblattsalat hat attraktive, lange, schmale, unregelmäßig gezackte, hell- bis dunkelgrüne eichenlaubähnliche Blätter, die sich zum Blattrand hin bräunlich verfärben.

Geschmack

Eichblattsalat hat einen angenehm würzigen und herzhaften, dabei unaufdringlichen Haselnussgeschmack.

Sorten

Krizet heißt eine neue Eichblatt-Variation mit grünen Blättern. Ansonsten ist sie identisch mit der Sorte „Raisa".

Raisa heißt eine Weiterentwicklung des Eichblattsalats mit dekorativen rötlichen Blättern, die extrem weich und sehr herzhaft im Geschmack sind. Diese Salatsorte gibt es in Deutschland erst seit Beginn der 90er Jahre.

Red Salad Bowl heißt eine Eichblattsalat-Sorte mit kräftig gekraustem, rötlich- bis purpurglänzendem, eichenblattähnlichem Laub.

Salad Bowl nennt man die zweitwichtigste Eichblattsalat-Sorte, die zwar dem normalen Eichblattsalat gleicht, jedoch gelbgrüne Blätter besitzt.

Hauptinhaltsstoffe

Calcium, Kalium, Milchsaft, Natrium, Phosphor, Provitamin A, Vitamin B 1, B 2, C und K.

Verwendung, Zubereitung

Eichblattsalat wird meist entweder mit anderen Salaten vermischt verzehrt oder er dient als Garnitur. Eichblattsalat sollte keinesfalls unter fließendem Wasser abgespült werden; vielmehr sollte man die abgelösten Blätter nur behutsam in reichlich kaltem Wasser schwenken. Danach zerkleinert man sie grob und lässt sie gut abtropfen, damit die Salatsauce gut haften bleibt.

Lagerung

Da Eichblattsalat schnell zusammenfällt, ist er nur bedingt lagerfähig.

Volksmedizinische Bedeutung

Eichblattsalat-Genuss hat eine beruhigende Wirkung zur Folge. Er gehört somit zu den unschädlichen Ein- und Durchschlafhilfen.

Tipp

Der dezente Geschmack des Eichblattsalats lässt sich mit einem Hauch Knoblauch etwas aufwerten.

Eisbergsalat

Lactuca sativa var. capitata

Boston-Salat, Eissalat, Iceberg salad: amerik., Iceberg lettuce: engl., Knacksalat, Krachsalat: schweiz., Laitue Iceberg: franz., Lattuga cappuccio a foglie ricce Iceberg: ital., Laibacher Eis: österr., Lechuga glacial: span., Lechuga Iceberg: span., Pummerlsalat: österr., Yssla: niederl.

Allgemeines, Herkunft, Geschichtliche Bedeutung

Eisbergsalat ist eine alte Salatvarietät, die ursprünglich in der Gegend um Neapel aus einer Zuchtform des Kopfsalats entstanden ist. Zu größerer Bedeutung und zu seinem Namen gelangte der Eisbergsalat aber erst in Amerika: Beim Bahntransport von Kalifornien zur Ostküste - es gab zu dieser Zeit noch keine gekühlten Transportmittel - häufte man große Eisstükke über die Ladung um ihn vor dem Verderb zu schützen. Unbeschadet und unverwelkt erreichte er so das Ziel, und die mit Staunen beobachtende Bevölkerung rief: „Die ‚Eisberge' kommen!"

Deutschland, Israel, Italien, Niederlande, Spanien und Amerika heißen die Hauptanbauländer des zur Familie der Korbblütler (Asteraceae) zählenden Eisbergsalats, der in Amerika sogar dem Kopfsalat vorgezogen wird.

Aussehen

Eisbergsalat hat feste, runde, dicht geschlossene hellgrüne und weiße Köpfe ohne Umblätter mit einem Durchmesser von 15-20cm. Die kohlartig übereinanderliegenden Blätter sind stark gerippt, knackig und vollglänzend. Beim Kauf sollte der Strunk des Eisbergsalats ein frisches Aussehen haben und wohlriechend sein.

Geschmack

Eisbergsalat hat einen milden, knackigen, herzhaften und zart-nussigen Geschmack.

Sorten

Crispsalat heißt eine mittelgroße niederländische Winter-Variante des Eisbergsalats mit lockeren, knackigen, dunkelgrünen Außenblättern und einem kugelförmigen Herz. Er wird überwiegend unter Glas angebaut und mit einem Mindestgewicht von 300g, meist in Folienbeuteln verpackt, angeboten.

Frillice heißt eine mittelgroße, dekorative Kreuzung aus Krauser Endivie und Eisbergsalat mit zart-bitterlichem Aroma und knackig-saftigen, leicht gekräuselten schwachgrünen Blättern.

Kleiner Juwel/Little Gem: engl./Mini-Eisberg/Mini-Lattich/Navarra/Sucrine: franz. heißt eine dem „Romana" ähnliche, leicht süßlich schmeckende Mini-Eisbergsalat-Sorte, die aus einer Kreuzung von Eisberg- und Kopfsalat entstanden ist. Diese besonders in Großbritannien beliebte Salatsorte hat kleine, nur 70-110g schwere Köpfe ohne Umblätter. Von Mai bis Oktober kommt sie meist aus Frankreich, im Winter wird sie aus Israel oder Spanien importiert.

Roter Eissalat ist eine auf dem deutschen Markt noch relativ unbedeutende dunkelrote Eisbergsalat-Sorte mit Umblättern.

Hauptinhaltsstoffe

Calcium, Eisen, Eiweiß, Fruchtsäuren, hoher Kaliumgehalt, Phosphor, Provitamin A, Vitamin B 1, B 2, B 3, B 6, C, Spurenelemente.

Verwendung, Zubereitung

Eisbergsalat wird ausschließlich zur Salatbereitung verwendet, indem man ihn, nachdem man die äußeren Blätter entfernt hat, wie einen Kohlkopf grob oder fein in Stücke schneidet und dann mit einer herzhaften Sauce anrichtet; waschen ist nicht nötig.

Den Eisbergsalat-Strunk kann man mühelos herausdrehen, wenn man ihn vorher kurz aber kräftig auf eine feste Arbeitsplatte oder Tischkante schlägt.

Lagerung

Leicht gekühlt ist Eisbergsalat relativ lange haltbar, auch dann, wenn er schon angeschnitten wurde.

Volksmedizinische Bedeutung

Eisbergsalat ist der Salat mit den wenigsten Kalorien! Angesichts seines hohen Kaliumgehalts schwemmt er

Wasser aus dem Körper und wirkt blutdrucksenkend.

Tipp

Eisbergsalat hat gegenüber Kopfsalat den Vorteil, dass er nicht so schnell in der Salatsauce zusammenfällt, weshalb er ideal für kalte Büffets ist - außerdem ist er um ein Vielfaches ergiebiger als Kopfsalat.

Eiskraut

Aizoaceae

Aizoon: griech., Crystalline: engl., Eisblume, Eisgewächs, Eispflanze, Ficoide cristalline: franz., Ficoide glaciale: franz., Ice plant: engl., Kristallkraut, Mesembryanthemum crystallinum: lat., Mittagsblume

Allgemeines, Herkunft, Geschichtliche Bedeutung

Das in Südafrika beheimatete Eiskraut kommt wildwachsend in Wüstengebieten oder an Meeresküsten Australiens, Indiens, Kaliforniens, Portugals, auf den Kanarischen Inseln und am Mittelmeer vor. Neuerdings wird dieses immer wieder nachwachsende Nelkengewächs auch in französischen Gewächshäusern angebaut, von wo aus es ganzjährig zu uns gelangt. Den deutschen Namen verdankt das Eiskraut dem Umstand, dass seine feuchtigkeitsspeichernden Blätter bei Wärme immer mit durch Verdunstung entstandenen Salzkristallen behaftet sind. Der botanische Name „Aizoaceae", der aus dem Griechischen abgeleitet wird, bedeutet „ewig leben", da viele dieser Pflanzen auch unter den ungünstigsten Bedingungen gedeihen.

Aussehen

Das Eiskraut ist eine am Boden kriechende Pflanze mit fleischigen, glänzenden Blättern.

Geschmack

Eiskraut schmeckt würzig-bitter, spinatähnlich, salzig, durchaus erfrischend und leicht säuerlich.

Hauptinhaltsstoffe

Calcium, Jod, Kalium, Kupfer, Magnesium, Phosphor, Provitamin A, Vitamin B 1, B 2, C.

Verwendung, Zubereitung

Frisches Eiskraut kann man zu Salat, Suppe oder wie Spinat zu Gemüse verarbeiten. Es eignet sich aber auch als besonders ausgefallene Dekoration auf Kalten Buffets und Vorspeisen.

Lagerung

Weges des nach der Ernte schnell schrumpfenden Wassergehalts der Blätter ist Eiskraut nur kurze Zeit lagerbar. Zum Trocknen ist Eiskraut zwar ungeeignet, allerdings kann es eingesalzen werden. Auch für den Wintervorrat eignet es sich sehr gut.

Volksmedizinische Bedeutung

Bei Sodbrennen hat Eiskraut eine lindernde Wirkung.

Tipp

Bei uns kennt man das Eiskraut meist nur als dekorative Steingartenpflanze.

Endivie

Cichorium endivia

Andievche: hunsr., Andijvie: niederl., Chicorée: franz., Endibia: span., Endive: amerik., Indivia: ital.

Allgemeines, Herkunft, Geschichtliche Bedeutung

Die Pharaonen des alten Ägypten haben die Endivie zwar schon als Gemüse genutzt, ihren Ursprung hat sie jedoch in Indien, wo sie heute noch wildwachsend vorkommt. Nach Nord- und Mitteleuropa gelangte die Endivie im 13. Jahrhundert, in Nordamerika wurde sie erstmals 1803 erwähnt. Die Endivie ist eine Kulturvarietät der Wegwarte/Zichorie, die zur Familie der Korbblütler Asteraceae (Compositae) gezählt wird und folglich mit Chicorée und Löwenzahn verwandt ist. Für den deutschen Verbraucher wird zwar mittlerweile ganzjährig inländische Endivie angeboten, Importe kommen jedoch auch aus Frankreich, Italien, Spanien und aus den Niederlanden.

Aussehen

Endiviensalat sollte dunkelgrüne Außenblätter und hellgelbe Herzblätter aufweisen, die bei einem qualitativ hochwertigen Stück anteilsmäßig mindestens ein Drittel der Pflanze ausmachen sollten. Damit diese Herzblätter besonders zart, hell und mild werden, bindet man sie wenige Wochen vor der Ernte durch Zuhilfenahme der Außenblätter zusammen, womit ein natürliches Bleichen erzeugt wird. Braune Blattspitzen an den äußeren Blättern sind unbedeutend, da sie bei der Zubereitung ohnehin keine Verwendung finden. Herzfäule hingegen - die sogenannte Kranzfäule - beeinträchtigt die Verwertungsfähigkeit allerdings beträchtlich.

Geschmack

Endiviensalat hat einen herzhaft-würzigen und leicht bitteren Geschmack.

Sorten

Escariol: Cichorium endivia var. latifolium: lat./Broad leaved endive: engl./Escarola: span./Eskariol-Endivie /Glatte Endivie/Chicorée escariol: franz./Scarola: ital./Winterendivie nennt man eine Endivien-Sorte mit großen, breiten Blättern und gelbem Herz.

Frisée: Cichorium endivia var. crispum: lat./Bindenendivie/Bubikopf/Chicorée frisée: franz./Curled endive: engl./ Krause Endivie/Krulandijvie: niederl. /Lockenkopf/Wirrkopf. Die Krause Endivie, eine hellgelbe bis grüne, bitterschmeckende Endiviensalat-Sorte mit mehr oder weniger gekrausten, spitzenartigen Blättern, kommt in der Zeit von November bis April meist aus dem Freilandanbau der französischen Provence.

Lavata (ital: „gewaschen") nennt man in Italien Glatte oder Krause Endivie, die nach der Ernte in Wasser gelegt wurde, um ihre Bitterstoffe größtenteils zu entfernen und um die harten Blattrippen aufzuweichen.

Schnittendivie: Cichorium endivia var. endivia: lat. heißt eine Endiviensalat-Sorte mit lockerem, grünem Kopf, dessen Blätter einzeln und sogar mehrmals geerntet werden können.

Hauptinhaltsstoffe

Hoher Calcium-, Phosphor- und Provitamin A-Gehalt, Eisen, Intybin, Kalium, Lactucerol, Vitamin B 1, B 2, B 6, C.

Verwendung, Zubereitung

Die Endivie wird zu Salat, Gemüse oder für Rouladen und, da sie als sehr appetitanregend gilt, auch für Vorspeisen verwendet. Die besonders bitter schmeckenden äußeren Blätter, die Blattspitzen und der Strunk werden zuvor entfernt. Endiviensalat wird meistens in Streifenform (Julienne) geschnitten, wobei zu beachten ist, dass er zuvor - nicht danach! - unter fließendem Wasser gut abgespült werden muss, da sonst die wertvollen Inhaltsstoffe und Vitamine im Waschwasser ‚baden gehen'. Einmal in Streifen geschnittener Endiviensalat, sollte alsbald verzehrt werden, da sich die Schnittstellen nach kurzer Zeit durch Oxydation unansehnlich rotbraun färben. Zu starken Bittergeschmack, besonders beim Frisée, kann man durch ein Auswässern in lauwarmem Wasser mildern. Endiviensalat sollte nicht mit Essig, sondern mit Zitronensaft angemacht werden, da Essig ihm seinen Eigengeschmack nimmt.

Lagerung
Im Kühlschrank oder in einem kühlen, trockenen Keller lässt sich in Zeitungspapier eingewickelter Endiviensalat einige Tage aufbewahren.

Volksmedizinische Bedeutung
Durch den hohen Gehalt an Bitter- und Geschmacksstoffen hat die Endivie eine appetitanregende, verdauungsfördernde, gallefreundliche und harntreibende Wirkung.

Tipp
Endivienköpfe mit stark gebleichtem Herzen sind besonders zart und mild und deshalb sehr begehrt.

Erbse

Pisum sativum

Ähze: nordrhein-westf., Ärter: dän., Ätze: niederrh., Alverja: span., Arfe: mecklenb., Arfte: niedersächs., Erwt: niederl., Erwe: hunsrück., Gartenerbse, Gemüseerbse, Grüne Erbse, Guisante: span., Pea: engl., Pisello: ital., Pois: franz., Schoten; schles., Speiseerbse

Allgemeines, Herkunft, Geschichtliche Bedeutung
Wissenschaftler haben kürzlich zwar das Alter eines spektakulären Trockenerbsen-Funds nahe Heilbronn auf das Jahr 9750 v. Chr. datiert, das wahre Ursprungsgebiet der Erbsen wird jedoch im Mittelmeergebiet vermutet. Somit ist die Erbse die älteste Nutzpflanze unter den Leguminosen. Eine größere Verbreitung dieser „Prinzessin der Hülsenfrüchte", wie die Erbse auch genannt wird, wurde erst im 9. und 10. Jahrhundert n. Chr. erlangt. In England war ihr Genuss durch Parlamentsbeschluss vom Jahre 1433 jahrelang auf Adelige beschränkt, und Ludwig XIV. ließ schon um das Jahr 1670 im Pariser Louvrepark riesige Erbsenfelder anbauen, da Erbsen damals ganz groß in Mode waren.

Die Erbse gehört zur Familie der Schmetterlingsblütler (Fabaceae) und wird weltweit z.B. in Amerika, Frankreich, Indien, Israel, Italien, Kenia, Deutschland, Spanien und Südafrika angebaut. Die karibischen Insulaner bezeichnen übrigens sowohl Erbsen- als auch Bohnenkerne als „Pois", zu deutsch: „Erbsen".
Der Name „Erbse" stammt vom Mittelhochdeutschen „erbeiz" ab.

Aussehen
Bei der Erbse, die im Volksmund ungenau als „Schote" bezeichnet wird, handelt es sich genaugenommen um eine „Hülse". Die eigentlichen Erbsen sind nur die in den Hülsen sitzenden Samen. Eine frische Erbsen-Hülse sollte gleichmäßig grün, gut geformt und mit zarten, saftigen Kernen prall gefüllt sein.

Geschmack
Frische Erbsen sollten fein süßlich und knackig schmecken.

Sorten
Ackererbse: Pisum arvense: lat./Futtererbse/Peluschke/Sanderbse/Stockerbse heißt eine Erbsensorte, die ausschließlich als Viehfutter angebaut wird.
Backerbsen nennt man erbsengroße Brandteigkügelchen, die, in der Friteuse vorgebacken, als Suppeneinlage Verwendung finden.
Buscherbsen nennt man eine niedrigwachsende Erbsensorte, die ohne Gerüst auskommt.
Blaue Erbsen/Blauwschokkers: niederl. nennt man getrocknete Kapuzinererbsen, deren Schale blaugrau ist. Sie werden meist für Suppen und Pürees verwendet.
Drescherbsen nennt man Trockenerbsen, die zuerst an der Luft getrocknet und danach gedroschen werden, damit die Erbsenkörner aus der Hülse fallen.

Gelbe Erbsen nennt man reif geerntete, getrocknete Schalerbsen.
Grüne Erbsen nennt man halbreif geerntete, getrocknete Schalerbsen.
Kaisererbse/Kaiserschote heißt die beste und teuerste Zuckererbsen-Sorte.
Kapuzinererbsen/Alte Weiber/Capucijners: holländ./Desirée: franz./Graue Erbse/Grue Arfte: ostpreuss. nennt man besonders kleine und zarte, getrocknete Schalerbsen.
Knackerbsen/Pois croquant: franz./ Snap pea: amerik. sind erst seit 1979 auf dem Markt. Sie haben runde, dicke Hülsen und sehen Zuckererbsen sehr ähnlich.
Krackererbsen/Pois cassés: franz./ Spalterbsen/Splittererbsen nennt man geschälte, geschliffene und polierte halbe oder gespaltene getrocknete Schälerbsen, die sich besonders gut zur Herstellung von Erbsbrei und Erbsensuppe eignen. Krackererbsen haben den gleichen Nährwert wie Schälerbsen und sind zudem viel preiswerter.
Kruperbsen/Petit pois: franz./Zwergerbsen nennt man ganz kleine, noch jung geerntete Erbsen.
Löffelerbsen nennt man eine Berliner Spezialität, deren Erfinder ein märkischer Zisterziensermönch im 14. Jahrhundert war. Er präsentierte dieses Eintopfgericht, das aus gelben, ungeschälten Erbsen, Pökelfleisch, geräuchertem Speck, Gemüsen und Kartoffeln besteht, seinem Kaiser. Dieser ernannte später den erfinderischen Mönch - wohl nicht zuletzt dank seiner Fähigkeiten als Koch - zum Erzbischof.
Markerbsen/Pois ridé: franz./Runzelerbsen/Wrinkled pea: engl. heißt die am meisten angebaute jedoch sehr kälteempfindliche Erbsensorte mit runzligem, kantigem Samenkorn. Da die Kohlenhydrate bei dieser zarten und süßen Erbsensorte in Form von Zuckerstoffen abgelagert werden, nennt man sie fälschlicherweise auch „Zuckererbse". Markerbsen werden im Sommer - grundsätzlich noch grün - als Frischgemüse oder für die Tiefkühltruhe geerntet, da sie im vollreifen Zustand verhärten und selbst durch langes Kochen nicht mehr weich werden.
Pflückerbsen nennt man unreif geerntete Erbsen, die vor der Zubereitung gepult werden müssen. Da der Zeitaufwand dafür sehr hoch ist, werden sie kaum geordert und sind deshalb auch kaum im Angebot.
Prinzesserbse sagt man zu einer noch jung geernteten, zarten, leicht süßlich schmeckenden Gartenerbse.
Reisererbse nennt man eine bis zu 2m hoch wachsende Erbsensorte, die während des Wachstums durch Reisig oder ein Gerüst gestützt werden muss.
Rosinenerbsen nennt man runde gelbe, grüne, graue oder marmorierte Trokkenerbsen.
Schälerbsen nennt man geschälte Trokkenerbsen, die geschliffen und poliert wurden. Sie eignen sich besonders gut zur Herstellung von Erbspüree.
Schalerbse/Auskernerbse: schweiz./ Bowerli: schweiz./Brockelerbse: süddt. /Glatte Erbse/Kneifelerbse/Pahlerbse /Palerbse: schweiz./Pois rond: franz. /Rollerbse/Round pea: engl.

Sie hat große, glatte, runde, beigefarbene Samen und Schoten, die nach dem Puhlen meist weggeworfen werden. Selten werden sie auch, nachdem sie innen enthäutet wurden, für Erbsensuppe verwendet. Schalerbsen können, noch grün geerntet, in der Küche verwendet werden. In Schalerbsen sind die Kohlenhydrate in Form von

Stärke abgelagert, weshalb sie mehlig und weniger süß im Geschmack sind.

Schnee-Erbse/Snow pea: engl. nennt man eine flache, hellgrüne Erbsen-Sorte mit nur sehr kurzer Haltbarkeit, die ähnlich der Zuckererbse mitsamt der Schote gegessen werden kann.

Schockererbsen nennt man kantige Trockenerbsen.

Schotenerbsen ist der veraltete und unkorrekte Ausdruck für frühreif geerntete Gartenerbsen.

Trockenerbsen nennt man getrocknete Schalerbsen, deren äußere Samenschale geschält werden muss, da sie hart und unverdaulich ist. Getrocknete Erbsen werden zu Erbswurst, Eintöpfen, Suppen, Püree, Mehl u.ä. verarbeitet. Qualitativ sind alle Trockenerbsen gleich, vorausgesetzt, es sind keine Maden, viel Bruch und keine Fremdkörper dazwischen.

Türkische Erbsen - ein irreführender Ausdruck für eine Bohnensorte (siehe dort) - nennt man in Hamburg ein Regionalgericht, das mit Bohnen, Bergamotte-Birnen und Dörrfleisch zubereitet wird.

Viktoriaerbsen nennt man besonders großkörnige Trockenerbsen, die einen Mindestdurchmesser von 7mm aufweisen müssen.

Zuckererbse/Erbsenschote/Kefe/Kiefelerbse: schweiz./Pois mange-tout: franz./Schotenerbse/Süßschäfe/Sugar pea: engl./Sugar-snap pea: engl./Zukkerschäfe/Zuckerschote nennt man eine winzige, grüne, fadenlose, noch nicht ganz reif geerntete Erbsensorte, die höchstens zwei Tage lagerbar ist, weil ihre essbare, süße Schote bei der Nachreifung schlaff, mehlig und geschmacklos wird. Beim Anbau benötigen Zuckererbsen, deren Pergamentschicht weggezüchtet wurde, ein Gerüst. Dieses im Frühjahr erhältliche zarte Gemüse wird mitsamt den Schoten, nur kurz in etwas Butter mit einem Schluck Weißwein behutsam gedünstet - nicht gekocht - verspeist. Ein paar Minzeblättchen, ein paar gehackte Kopfsalatblätter und etwas saure Sahne, die nur mit etwas frischem Kerbel gewürzt werden sollte, geben diesen Schötchen den letzten Pfiff.

Auf Konservendosen muss die Erbsengröe angegeben sein: Man unterscheidet:

„Extra fein": Korndurchmesser = 7,5mm

„Sehr fein": Korndurchmesser = 7,5-8,2mm

„Fein": Korndurchmesser = 8,2- 9,3mm

„Mittelfein": Korndurchmesser = 9,3-10,2mm

„Gemüseerbsen": Korndurchmesser = über 10,2mm

Hauptinhaltsstoffe

Ballaststoffe, Calcium, Eisen, Eiweiß, Kalium, Lecithin, Lectine, Legumin, Magnesium, Phosphor, Pisatin, Provitamin A, Stärke, Vicilin, Vitamin B 1, B 2, B 3, B 6, C und E, Zucker. Erbsen haben zudem den höchsten Niacin-Gehalt aller Gemüsesorten.

Verwendung, Zubereitung

Erbsen werden meist als Konserve oder Tiefkühlware angeboten. Frische Erbsen kommen meist nur aus dem eigenen Garten oder vom Wochenmarkt. Für den Verzehr müssen sie zuerst gepult werden, d.h.: man bricht die Hülse auf und entnimmt die Samen. Nachdem man sie gründlich gewaschen hat, werden sie ca. 2-3 Minuten blanchiert und schließlich mit eiskaltem Wasser abgeschreckt, damit sie ihre appetitliche grüne Farbe behalten. Um sich viel Zeit zu ersparen, kann man frische Erbsen auch mit der Schote kochen - beim Kochen lösen sich die Erbsen selbst heraus und die

Schoten schwimmen oben. Außerdem schmecken die Erbsen dann noch besser. Danach kann man sie z.B. als Gemüse verwenden, indem man sie entweder in zerlassener Butter schwenkt und dann mit einer Prise Zucker und etwas Salz würzt, oder man vermischt sie mit einer delikaten, nur leicht gebundenen Bèchamelsauce. Auch für Salate, Reis- und -Kartoffelgerichte oder Aufläufe eignen sich blanchierte Erbsen.
Getrocknete Erbsen müssen vor dem Kochen mehrere Stunden (je nach Sorte und Alter 2-8 Std.) eingeweicht werden. Das Einweichwasser sollte später zum Garen verwendet werden, da sich beim Quellen wichtige Mineralien darin gesammelt haben. Sehr wichtig ist, dass dieses Einweichwasser ungesalzen bleibt und erst zum Kochen gebracht werden muss, bevor die Erbsen hinzugefügt werden, weil dadurch die Garzeit erheblich verringert werden kann. Salz kommt erst nach dem Garen dazu. Damit Trockenerbsen auch nach dem Kochen eine appetitlich Farbe behalten, gibt man dem Kochwasser eine Prise Zucker bei - mit dem Nebeneffekt, dass dadurch der Erbsengeschmack positiv beeinflusst wird.

Lagerung

Frisch geerntete Erbsen sollten kühl und luftig gelagert werden, da sie viel Eigenwärme entwickeln, wodurch sie sich schnell gelb färben und damit rasch wertlos werden.

Volksmedizinische Bedeutung

Erbsen gelten als beruhigende, entwässernde und nervenstärkende Sattmacher. Es gibt asiatische Bergstämme, die durch eine ausgesprochen geringe Fruchtbarkeit auffallen. Der Grund: Sie ernähren sich überwiegend von Erbsen, die einen Inhaltsstoff besitzen, dessen Wirkung mit derjenigen der Anti-Babypille zu vergleichen ist. Allerdings muss man schon gewaltige Mengen Erbsen verzehren, wenn man auf diese Weise Familienplanung betreiben will. Die haushaltsüblichen Mengen sind völlig unbedenklich!

Tipp

Erbswurst nennt man eine in Wurstform gepresste, kochfertige Erbsensuppe aus Erbsmehl und anderen Zutaten, die zu den ältesten industriell vorgefertigten Lebensmitteln der Welt zählt.

Erdbeerbaumfrucht

Arbutus unedo

Aardelboom: niederl., Arbouse: franz., Arbute: eng., Arbutus-Beere, Chinesische Baumerdbeere, Chinesischer Arbutus, Corbezzolo: ital., Fraise en arbre: franz., Frukt ar jordbärtre: norw., Hagapfel, Madronjo: span., Meerkirsche, Strawberry tree fruit: engl.

Allgemeines, Herkunft, Geschichtliche Bedeutung

Die Erdbeerbaumfrucht hat ihren Ursprung in Ostasien. Hauptanbaugebiete der Erdbeerbaumfrucht liegen außer in Asien auch in Irland, Italien, Korsika, Nordamerka, Spanien, in der Schweiz und in Südtirol.

Aussehen

Erdbeerbaumfrüchte sind erdbeerartige, gelbe bis scharlachrote Früchte, die an lorbeerähnlichen, immergrünen Strauchbäumen wachsen. Ihre Schale ist mit dreispitzigen Warzen versehen. Das Fruchtfleisch ist gelb, hat eine breiige Konsistenz und beinhaltet zahlreiche harte, essbare kleine Kerne.

Geschmack

Erdbeerbaumfrüchte schmecken süßsauer, mehlig und eigentlich - etwas langweilig.

Verwendung, Zubereitung

Wegen ihres faden Geschmacks werden Erdbeerbaumfrüchte nur sehr selten als Frischware konsumiert. Sie dienen eher der Dekoration und zur Herstellung von Wein, Likör, Branntwein, Magenbitter oder Marmelade.

Lagerung

Da Erdbeerbaumfrüchte nur kurze Zeit haltbar sind, sollten sie möglichst sofort nach der Ernte zubereitet werden.

Volksmedizinische Bedeutung

In größeren Mengen genossen, haben Erdbeerbaumfrüchte eine berauschende und kopfschmerzfördernde Wirkung. Tee, den man aus Erdbeerbaum-Blüten herstellt, hat eine schweißtreibende und fiebersenkende Wirkung.

Tipp

Die botanische Artbezeichnung „unedo" („ich esse nur eine") deutet schon auf die Unbekömmlichkeit bei einem Übergenuss von Erdbeerbaumfrüchten hin.

Erdbeere

Fragaria

Aardbei: niederl., Ardbeere, Ertberi: althochd., Fragola: ital., Fraise: franz., Fresa: span., Ihrbeere, Jordbär: norw., Strawberry: engl.

Allgemeines, Herkunft, Geschichtliche Bedeutung

Wilde Walderdbeeren schmeckten schon den alten Germanen. Erstmals kultiviert wurden Erdbeeren erstmals im 14. Jahrhundert in Südfrankreich und am Niederrhein. In Deutschland wurden die ersten Gartenerdbeeren 1751 aus englischen Stecklingen in den Hofgärten König Georgs II. von Hannover aufgezogen. Erstes erwerbsmäßiges Anbauzentrum dieser ‚Perle' unter allen Beeren oder „Königin des Beerenobstes", wie die beliebte Erdbeere auch noch genannt wird, war um 1840 das kleine Murgtaldorf Staufenberg bei Baden Baden im Schwarzwald, wo man südfranzösische Stecklinge verwendete. Erdbeeren zählen eigentlich nicht zu den Beerenfrüchten, da ihr Fruchtfleisch nicht aus Fruchtblättern, sondern aus der Blütenachse gebildet wird. Man bezeichnet sie also strenggenommen als Schein- und Sammelfrüchte. Frische Erdbeeren werden ab Februar aus Spanien, Italien und Griechenland mit meist schwachem Aroma nach Deutschland importiert; im Juni und Juli kommt sie dann wesentlich wohlschmeckender aus heimischer Erzeugung (ca. 100.000t pro Saison). Wie beim Spargel läßt sich die Erdbeerernte mittels spezieller Folienabdeckung des Beetes zeitlich ausdehnen.

Vorsicht: Das ganze Jahr über ist die zu den Rosengewächsen (Rosaceae) zählende Erdbeere zwar auch als teure Treibhausware aus Südeuropa oder den USA zu beziehen, in diesen Früchten steckt jedoch nachweisbar jede Menge Düngemittel (Nitrate), die das Aroma verderben. Um diese Früchte transportfähig zu machen, werden sie zudem noch mit zahlreichen Konservierungsstoffen behandelt oder gar radioaktiv bestrahlt. Verbraucherschützer raten daher, Erdbeeren nur im Sommer zu kaufen, am besten vom nächstgelegenen Bauern.

Aussehen

Es gibt unzählige Erdbeer-Sorten, die sich durch Form, Farbe, Geschmack und Fruchtfleischfestigkeit unterscheiden. Reife Erdbeeren erkennt man an einer gleichmäßg roten Außenhaut. Erdbeer-Blüten sind weiß.

Geschmack

Erdbeeren haben einen feinfruchtigen Geschmack. Kleine Erdbeeren sind meist schmackhafter als Große, die oft innen hohl sind und sehr wässrig schmecken. Bei der Herstellung von Erdbeerkonfitüre und Marmelade entwickeln Erdbeeren ein neues, eigenes

Aroma, das auch noch nach Jahren stabil bleiben kann; bei Erdbeeren, die bei der Eis-, Joghurt- und Quarkherstellung Verwendung finden, verflüchtigt sich dagegen das fruchtige Aroma rasch.

Sorten

Alpenerdbeere/Felsenerdbeere heißt eine stark duftende Wild-Erdbeere, die von Juni bis September in europäischen Gebirgen zu finden ist. Sie schmeckt aromatischer und feiner als die Gartenerdbeere und ist wesentlich kleiner als diese.

Ananaserdbeere: Fragaria ananassa: lat./Ananas: bayr., österr./Bresling /Brestlinge: altdt./Grossfrüchtige Gartenerdbeere/Prestling heißt eine Erdbeer-Sorte, die erstmals Mitte des 18. Jahrhunderts in den Niederlanden aus einer zufälligen Kreuzung zwischen der nordamerikanischen Scharlach-Erdbeere und der würzigen, großen Chile-Erdbeere entstanden ist. Sie verströmt einen ganz besonderen Duft und ist nur einmal im Jahr erntbar.

Chile-Erdbeere: Fragaria chiloensis: lat. Diese großfrüchtige Erdbeersorte wurde erstmals 1721 von dem französischen Fregattenkapitän „Fraisier" aus Südamerika nach Frankreich gebracht. Zu Ehren dieses Kapitäns wurde die Erdbeere im Französischen „Fraise" getauft.

Indische Erdbeere: Duchesnea indica: lat./Trugerdbeere heißt ein Bodendekker mit erdbeerähnlichen Blättern und Früchten, die sich allerdings durch völlige Geschmacklosigkeit auszeichnet. Die Blüten dieser trügerischen Pflanze sind im Gegensatz zur Erdbeere gelb.

Monatserdbeeren sind aus Bemühungen entstanden, wildwachsende europäische und sibirische Walderdbeeren zu kultivieren. Sie blühen und fruchten mehrmals während einer Vegetationszeit und schmecken ähnlich wie die Walderdbeere.

Moschuserdbeere/Muskatellererdbeere /Zimterdbeere nennt man eine aus dem Mittelmeergebiet stammende birnenförmige Erdbeer-Sorte mit dicken, großen Früchten, die sich besonders durch ihren moschusähnlichen Duft hervorhebt.

Scharlach-Erdbeere: Fragaria virginiana: lat./Virginische Erdbeere/Himbeererdbeere. Diese kleinfrüchtige Erdbeer-Sorte wurde erstmals 1623 von Amerika an den französischen Hof nach Versailles gebracht.

Walderdbeere: Fragaria vesca: lat./ Flohbeere/Fraise de bois: franz./ Hügelerdbeere/Knackbeere/Knackelbeere/Knickbeere nennt man eine besonders aromatische, korinthengroße, scharlachrote, nur an sonnigen Standorten wildwachsende Erdbeer-Sorte, die den ganzen Sommer über Früchte trägt. Nach der Ernte sollte sie wegen Parasiten-Gefahr gründlich gewaschen werden. Im Gegensatz zu ihren Verwandten muss die Walderdbeere nicht entstielt werden. Abkömmlinge der Walderdbeere sind u.a. die Sorten: Senga-Sengana, Miese Schindler, Hansa, Neride, Induka, Confitura, Karina und Tago.

Beim Erdbeerkauf unterscheidet man drei Güteklassen:

1. „Extra": Die Früchte sind in Bezug auf Reifegrad, Färbung und Größe besonders regelmäßig.
2. „Klasse I.": Hier werden leichte Formfehler und kleine unreife Stellen akzeptiert.
3. „Klasse II.": Früchte mit Form- und Entwicklungsfehlern sowie weißen Stellen, die bis zu einem Fünftel der Oberfläche einnehmen entsprechen dieser Kategorie. Hier sind auch leichte

trockene Druckstellen und Spuren von Erde zulässig.

Hauptinhaltsstoffe

Calcium, Eisen, Folsäure, Fragarianum, Kalium, Magnesium, Methylsalicilsäure, Natrium, P-Cumarin, Pektin, Phosphor, Provitamin A, Vitamin B 1, B 2, C (62mg auf 100g), 89,5% Wasser. Unter den heimischen Früchten hat die Erdbeere nach der Schwarzen Johannisbeere den höchsten Vitamin-C-Gehalt. Mit nur 150g Erdbeeren ist sogar der Tagesbedarf eines Erwachsenen an Vitamin C gedeckt. Erdbeeren sind außerdem die besten Mangan-Lieferanten. Erdbeerblätter enthalten Gerbstoffe, Flavonoide und Säuren.

Verwendung, Zubereitung

Erdbeeren werden meist als Frischfrucht verzehrt. Oft werden sie auch in Fruchtsuppen, Limonaden, Saucen, Bowle, Punsch, Mus, Kompott, als Kuchenbelag, zu Saft gepresst, zu warmen und kalten Süßspeisen, Erdbeermark, Rumtopf, Marmelade oder zu Likör verarbeitet. Zusammen mit Quark, Joghurt oder Dickmilch vermischt, sind Erdbeeren eine besonders gesunde Kombination.

Das sensible, feine Aroma der frischen Erdbeere leidet sehr, wenn man die Frucht nicht richtig behandelt. Deshalb sollte man beachten:

1. Erdbeeren sollten erst vor dem Verzehr kurz und sachte abgebraust werden, da schon ein zu harter Wasserstrahl die Früchte derart verletzen kann, so dass das Aroma schwindet.
2. Erdbeer-Stiele und -Blätter werden erst nach dem Waschen abgezupft, weil sich die Erdbeeren sonst mit Wasser vollsaugen.
3. Zuckern sollte man Erdbeeren erst kurz vor dem Verzehr, da sie sonst schnell in ihrem eigenen Saft schwimmen.
4. Wenn man Erdbeeren mit etwas Zitronensaft und Puderzucker in einer Schüssel schwenkt, verstärkt sich ihr Aroma erheblich.
5. Gefrorene Erdbeeren sollte man nicht in einer heißen Zuckerlösung auftauen, da sie sonst ihr Aroma verlieren. Besser ist es, sie im Mikrowellengerät oder bei Zimmertemperatur aufzutauen.
6. Erdbeer-Marmelade behält ihre schöne Farbe, wenn man ein Stückchen Rhabarber mitkocht.

Mit Erdbeerblättern kann man nicht nur eine „Maibowle“ verfeinern, sie gelten auch als schmackhafter Zusatz zu Wild- oder Mischsalaten, zu Kräuterbutter, Saucen und zum Gurkeneinlegen.

Lagerung

Im Kühlschrank lassen sich frisch geerntete Erdbeeren noch ca. zwei bis drei Tage aufbewahren. Man sollte jedoch nicht zu viele Erdbeeren übereinander lagern, da sie dadurch Druckstellen bekommen, die den Verderb beschleunigen.

Volksmedizinische Bedeutung

Erdbeergenuss wirkt stoffwechselanregend, entgiftend, sättigend (dank Pektin), fiebersenkend, nervenstärkend, harntreibend, blut- und hautreinigend, zahnfleischkräftigend, zahnsteinlösend und entschlackend. Auch als wirksames Mittel gegen Bleichsucht und Blutarmut hat sich die leicht bekömmliche Erdbeere schon oft bewährt. Das Vitamin C der Erdbeere kann die Liebeslust steigern, die Erregbarkeit fördern und sogar Spermien vor Erbgutschäden schützen. Am gesündesten sind Erdbeeren am Morgen, denn pur und auf nüchternen Magen gegessen, entfalten sie am besten ihre Wirkstoffe. In der Naturmedizin werden Erdbeerkuren/Erdbeertage gegen Gicht, Rheuma, Harngrieß, Harnsteine,

Nieren-, Leber-, Milz- und Blasenleiden, Darmschwäche, Hartleibigkeit, Übergewicht, Überfüllung der Blutgefäße im Unterleib, Kreislaufstörungen und Zuckerkrankheit empfohlen. Pro Tag werden dabei 1250g Erdbeeren empfohlen, neben denen nur andere leichte Lebensmittel wie Gemüse oder Reis gegessen werden sollten. Der berühmte Botaniker Carl von Linneé (1707-1778) soll durch Erdbeerkuren schwere Gichtanfälle losgeworden sein. Beim Verzehr von gegrilltem Fleisch bilden sich krebserregende Substanzen, sogenannte „Nitrosamine", im Körper. Da Erdbeeren diese Giftstoffe neutralisieren, ist es ratsam, nach dem Grillen ein paar Erdbeeren zu verzehren. Aus Erdbeerblättern und -wurzeln wird blutreinigender, harntreibender, beruhigender und erfrischender Tee hergestellt, der auch bei Hämorrhoiden, Erfrierungen, Gelbsucht, Durchfall, Asthma, Steinleiden und Nachtschweiß heilend wirken soll. Vorsicht: Erdbeeren werden nicht von allen Menschen vertragen, da manche Personen nach ihrem Genuss eine Nesselsucht (kribbelnde Lippen oder Hautausschläge) bekommen, die jedoch rasch wieder vergeht. Hervorgerufen wird sie durch den chininähnlichen Stoff „Fragarianum", der eine Störung der Magennerven hervorruft. Diese Allergie lässt sich ausschalten, indem man die Erdbeeren durch ein Haarsieb streicht und dem Mus etwas Calcium untermischt (Calcium verschreibt übrigens auch der Arzt, wenn dieses Nesselfieber ausgebrochen ist). Oft kann eine Allergie schon durch Zugabe von Sahne oder Milch verhindert werden.

Tipp

In Erbach/Rheingau wird alljährlich Anfang Juli ein „Erdbeerfest" gefeiert, das immer wieder lebhaften Zuspruch erfährt. Die Ortsmitte wird für den Verkehr gesperrt, damit sich die zahlreichen Gäste aus dem In- und Ausland auf rustikalen Bänken ganz auf das Fest konzentrieren können. Außer Erdbeeren in verschiedenartigsten Zubereitungsarten, Erdbeerbowle und Erdbeersekt werden auch deftige Gerichte offeriert.

Erdbeerspinat

Chenopodium capitatum

Blitum virgatum: lat., Epinard-fraise: franz., Spinacio fragola: ital., Strawberry spinach: engl.

Allgemeines, Herkunft, Geschichtliche Bedeutung

Erdbeerspinat heißt ein Gemüse aus Großmutters Zeiten, das jahrhundertelang erfolgreich in europäischen Gärten kultiviert wurde, bis es durch den Spinat verdrängt wurde.

Aussehen

Die blattreiche Erdbeerspinat-Pflanze trägt knäuelförmige leuchtendrote, saftige Früchte, die Monatserdbeeren gleichen. Ihre Blätter ähneln dem Spinat.

Geschmack

Erdbeerbaum-Früchte haben zwar einen entfernt erdbeerähnlichen, jedoch sehr faden Geschmack.

Verwendung, Zubereitung

Die jungen Erdbeerspinat-Blätter kann man wie Spinat zu Gemüse oder auch zu Salat verarbeiten. Mit den dekorativen Früchten kann man kalte und warme Speisen verzieren.

Tipp

Die Erdbeerspinat-Pflanze kann auch als ungewöhnliche Balkon- und Topfpflanze mit starkem Zierwert dienen.

Erdmandel

Cyperus esculenta

Amande de terre: franz., Bulbuli trasi, Cha, Dulcinia, Earth almond: engl., Souchet comestible: franz., Tigernuss, Tigernut: engl., Zukkerwurzel, Zulunuss

Allgemeines, Herkunft, Geschichtliche Bedeutung

Die Erdmandel ist, obwohl sie zu den Nüssen gezählt wird, die Knollenfrucht des nutzbaren Zypernmandelgrases, das seinen Ursprung in Afrika hat. Erdmandeln werden heute hauptsächlich in Afrika, Indien, Madagaskar und in Nord- und Südamerika kultiviert.

Aussehen

Die Zypernmandelgras-Staude, die ähnlich der Kartoffel unterirdische Ausläufer treibt, bildet eichelgroße Knöllchen, die mit schuppenförmigen Blättchen behaftet sind: eben die Erdmandeln.Erdmandeln haben weißlichgelbes Fruchtfleisch, das einen kastanienbraunen Kern mit runzliger, schwer löslicher Haut beinhaltet.

Geschmack

Erdmandeln haben ein süßliches, mandel- bis nussähnliches Aroma.

Sorten

Chufanuss/Chufa: span. heißt eine Erdmandelart aus dem Mittelmeergebiet. In Spanien stellt man daraus das milchartige Getränk „Horchata" her.

Hauptinhaltsstoffe

Erdmandeln sind sehr eiweiß-, stärke- und ölreich.

Verwendung, Zubereitung

Frische Erdmandeln dienen zwar meist dem Frischverzehr oder als Eiszutat, sie werden aber auch gekocht oder geröstet zu Gemüse bereitet und zur Öl- oder Mehlherstellung verarbeitet.

Tipp

Da Zypernmandelgras stark wuchert, ist von einer Pflanzung im eigenen Garten abzuraten.

Erdnuss

Arachis hypogaea

Aardnoot: niederl., Achantinuss, Affennuss, Arachide: franz., ital., Arachisnuss, Araschisnuss, Aschantinuss: österr., Cacah(o)uète: franz., Cacahuete: span., Erdbohne, Erdeichel, Erdpistazie, Groundnut: engl., Kamerunnuss, Mandubibohne, Mandubi-Nuss, Manies: span., Monkey Nut: engl., Noccioline americane: ital., Peanött: norw., Peanut: engl.

Allgemeines, Herkunft, Geschichtliche Bedeutung

In Peru wuchsen Erdnüsse schon vor 3500 Jahren, und weil sie so nahrhaft waren, wurden sie von den Inkas als „Himmliche Speise" verehrt. Die Inkas benutzten Erdnüsse sogar als Kaffee- und Kakaoersatz. Von Südamerika gelangte die Erdnuss im 18. Jahrhundert über Spanien, Portugal, Afrika und Asien schließlich in die USA, wo sie in warmen, sonnigen Staaten wie Georgia, Florida, Alabama und Texas ideal gedeiht. Mittlerweile werden die zur Familie der Schmetterlingsblütler (Fabaceae) zählenden Erdnüsse auch in Argentinien, Chile, China, Indien, Israel, Mexiko und in Westafrika angebaut. Die USA sind übrigens die größten Produzenten essbarer Erdnüsse; Indien und China produzieren Erdnüsse hauptsächlich für die Verarbeitung von Erdnussöl. Erdnussöl nimmt in der Weltproduktion von Pflanzenölen nach Sojabohnenöl immerhin den zweiten Platz ein.

Erdnüsse - sie sind als „Affen-„ und „Fernsehfutter" in Verruf geraten - sind im botanischen Sinn keine Nüsse, sondern Hülsenfrüchte/Legominosae; im Handel werden sie allerdings meist zum Schalenobst gezählt. Die Bezeichnung „HPS" auf Erdnusstüten bedeutet „Hand Picked Selected", zu deutsch: „Handauslese".

Aussehen

Die bis zu 70cm hoch werdende Erdnusspflanze ist ein strauchartiges Gewächs, dessen kurze Blütenstiele sich nach dem Verblühen abwärts verlängern und die an der Spitze sitzenden Schoten in die Erde dringen, wo sie schließlich 5-8cm unter der Erde ausreifen. Die Ähnlichkeit des Erdnussstrauchs mit dem Erbsenstrauch kommt in der englischen Sprache mit dem Namen „peanut" = „Erbsennuss" zum Ausdruck.

Geschmack

Erdnüsse sollten ganze, feste Kerne mit festem Biss aufweisen und dürfen nicht ranzig sein. Frisch gepulte Erdnusskerne schmecken leicht bitter und sowohl mandelähnlich als auch bohnenkernartig.

Hauptinhaltsstoffe

Bor, Calcium, kein Cholesterin, 30% Eiweiß (mehr als Rindfleisch), Kalium (mehr als ein Apfel), Kohlenhydrate, Linolsäure, Magnesium, Öle (40-50%, davon 37% ungesättigte Fettsäuren), Phosphor, Provitamin A, Vitamine B 1, B 2, B 3, C (soviel wie Chicorée), D, E und K (eine Besonderheit gegenüber allen anderen Nussarten), Zink. Der Ölanteil einer Erdnuss sinkt übrigens um so mehr, je weiter die Tropen vom Anbaugebiet entfernt sind.

Verwendung, Zubereitung

Erdnüsse werden frisch, geröstet oder gesalzen gegessen, aber auch für fernöstliche und afrikanische Gerichte, für Brotaufstriche, Erdnussmark, Mandelersatz, zur Speiseölherstellung und fein gemahlen als Erdnussbutter wird sie verwendet. Beim Rösten, Backen oder überhaupt beim Erhitzen verschwindet der leicht bittere Geschmack der frischen Erdnuss.

Türkenbrot nennt man leicht karamelisierte Erdnüsse.

Lagerung

Erdnüsse müssen dunkel und trocken gelagert werden, da sie sonst schimmeln und auch schneller ranzig werden.

Volksmedizinische Bedeutung

Ernährungsforscher haben jüngst die (ungesalzene) Erdnuss zur „Gesündesten Nuss der Welt" erklärt, weil schon 100g Erdnüsse mehr wertvolles Eiweiß als ein Steak, mehr Vitamin B als Fleisch und mehr Vitamin E als die entsprechende Menge Pflanzenöl enthalten, wodurch Erdnüsse insbesonders als optimale Nahrung für Menschen gelten, die wenig oder gar kein Fleisch verzehren. Erdnüsse wirken blutdrucksenkend, aktivieren die Gehirnzellen, machen gute Laune und stärken Augen, Nerven und das Immunsystem. Erdnüsse wirken sogar gegen die Bluterkrankheit – das hat Dr. Brüster von der Kinder-Universitätsklinik Düsseldorf festgestellt. Er hat aus Erdnüssen sogar einen Extrakt gewonnen, der die Blutgerinnungszeit bei Bluterkranken auf die Hälfte verkürzt.

Vorsicht: Erdnüsse zählen leider auch zu den Spitzenreitern von Lebensmitteln, die bei Menschen am häufigsten Allergien auslösen können. Schon ungeborene Babys von Müttern, die während der Schwangerschaft oft Erdnüsse knabbern, können sich diese Allergie im Mutterleib einfangen , so dass sie im späteren Leben – und das schon sehr früh und häufig – an allergischen Reaktionen leiden werden; das hat jüngst eine englische Studie bewiesen.

Tipp

Die Farbe der Erdnussschalen passt sich dem jeweiligen Boden an, in dem sie wächst: helle Erdnüsse wachsen demnach auf sandigem Boden; humusreicher Boden lässt die Hülsen dunkeln.

F

Feige

Ficus carica

Fichi: ital. Mz., Fico: ital. Ez., Fig: engl., Figue: franz., Fike: norw., Higo: span., Vijg: niederl.

Allgemeines, Herkunft, Geschichtliche Bedeutung

Der in Kleinasien beheimatete Feigenbaum, der bis zu 100 Jahre alt werden kann, ist eine der ältesten Nahrungs- und Nutzpflanzen der Menschheit. Schon in der Antike zählte die Feige zu den täglichen Grundnahrungsmitteln und als Symbol der Fruchtbarkeit und des Wohlbefindens. Seit dem 1. Jahrhundert n. Chr. werden Feigen auch im westlichen Mittelmeerraum kultiviert. Von dort aus drang sie dann allmählich im Lauf der Jahrhunderte als „Adriatische Feige" bis nach Mitteleuropa vor. Die Feige ist ein Maulbeerbaumgewächs (Moraceae), das nicht an hohen Palmen, sondern an nur bis zu 5m hoch werdenden Bäumen und baumartigen Sträuchern langsam heranwächst. Erst nach acht Jahren lohnt sich die erste Ernte. Danach kann man ca. 40 Jahre lang ernten. Dann verringern sich jedoch die Erträge zunehmend, bis sie nach einiger Zeit schließlich von selbst aufhören. Die bedeutendsten Anbaugebiete dieser Scheinfrucht liegen heute in Australien, Brasilien, Frankreich, Griechenland, Indien, Israel, Italien, Kalifornien, Nordafrika, Spanien und der Türkei.

Der deutsche Name „Feige" wurde vom römischen „ficus" abgeleitet.

Aussehen

Reife Feigen haben ein tropfen- oder birnenförmiges Aussehen und weiches bis hellrosa Fruchtfleisch, das bei hellen Sorten weißlich-rote, bei dunkelblauen Sorten dunkelrote, essbare Samenkerne beinhaltet. Die dünne grüne, purpur oder violette, Haut lässt sich bei essreifen Früchten leicht abziehen. Schneidet man eine Feige durch, so stellt man fest, dass sie nicht eine Frucht, sondern einen Blütenstand bildet. Diesen Blüten- oder Fruchtstand der Feige nennt man „Rezeptakel".Getrocknete Feigen werden, bevor sie geformt und verpackt werden, nach dem Trocknen nochmals durch Dampf aufgeweicht, damit sie ansprechender aussehen. Diese Früchte haben dann eine weiß- glänzende Haut, die durch auskristallisierten Zucker gebildet wird.

Geschmack

Frische Feigen schmecken zwar schwach-aromatisch, honigsüß und gallertartig, jedoch zuweilen etwas fad.

Sorten

Der wildwachsende Feigenbaum bildet drei Generationen pro Jahr mit unterschiedlichen Früchten:

Fichi wird im September reif und ist essbar.

Mamme wird zwar im April/Mai reif, ist aber ungenießbar.

Profichi wird im Juli reif, ist aber ebenfalls ungenießbar.

Die Kulturfeige/Essfeige hat nur weibliche Blüten und bildet drei Generationen:

Flori di fico wird von April bis Juni geerntet.

Pedagnuoli wird von Juni bis November geerntet.

Cimaruoli wird von September bis Januar geerntet.

Bari-Feigen nennt man eine italienische Trockenfeigen-Sorte aus Apulien.

Baglamafeigen/Protobenfeigen nennt man Trockenfeigen, die nicht zusammengepresst, aufgereiht oder zusammengeschoben wurden, sondern denen man durch Aufdämpfen die ursprüngliche Birnenform wiedergegeben hat.

Bayernfeige nennt man eine krankheitsresistente, frühreifende und ungewöhnlich frostharte Feigensorte mit vielen positiven Eigenschaften, die an einem geschützten Sonnenplatz sogar in Deutschland gedeihen kann. Sie schmeckt süß-aromatisch, ist sehr ertragreich und trägt riesengroße Früchte.

Bocksfeige/Geissfeige/Holzfeige heißt eine Feigensorte, die nur männliche Blüten und keine essbaren Früchte hervorbringt.

Eselsfeige/Maulbeerfeige/Sykomore heißt eine bitter-schmeckende maulbeerartige Feigenart aus Äthiopien und Ostafrika mit gelben, behaarten Fruchtständen. Aus dem unverrottbaren Holz dieser bis zu 16m hoch werdenden Bäume wurden früher die Sarkophage der alten Ägypter hergestellt.

Garlandsfeige heißt eine griechische Trockenfeigen-Sorte, die - meist zu Kränzen geformt - in Kisten, Kartons usw. versandt wird.

Naturalfeigen/Trockenfeigen kommen meist aus der Türkei, Griechenland und Kalifornien. Sie kommen auch unter den Bezeichnungen „bearbeitete", „manipulierte", „etuvierte" oder auch „konfektionierte" Feigen in den Handel, wobei sie nach dem Absieben begast, gewaschen und für 1-3 Minuten in kochendes, leicht gesalzenes Wasser geworfen oder einer Dampfbehandlung ausgesetzt werden, bevor sie aufgeweicht in die jeweils gewünschte Form gepresst, verpackt und zum Schluss noch einmal begast werden.

Smyrna-Feigen/Sultanfeigen nennt man getrocknete türkische Feigen, die als die beste Trockenfeigen-Sorte gelten. Sie werden grundsätzlich nach der Größe („Size Nr.") sortiert und nach der Zahl der Früchte pro kg gehandelt.

Hauptinhaltsstoffe

Bor, Calcium, Eisen, 50% Invertzucker, Kalium, Magnesium, Phosphor, Provitamin A, Vitamin B 1. Feigen zeichnen sich außerdem durch einen hohen Basenüberschuss aus und sind sehr enzymreich.

Verwendung, Zubereitung

Frische Feigen sollten stets am Stiel angefasst werden, da sie sehr druckempfindlich sind. Sie werden u.a. zu Kompott, Vorspeisen mit Schinken oder Salami, zur Speiseeisbereitung und zur Herstellung von Alkohol, Wein oder Likör verwendet.

Boukha heißt ein tunesischer Feigen-Schnaps.

Getrocknet und gemahlen dienen Feigen in den Anbauländern entweder als Kaffeezusatz oder sie werden zu Feigenkaffee verarbeitet. Als Nachspeise werden Feigen am besten gekühlt mit Sahne, Crème fraîche, Zitronensaft, Kirschwasser oder Cognac oder als Abrundung eines feinen Menüs mit Käse veredelt, serviert. Die Feige selbst wird dazu längs halbiert und dann ausgelöffelt; man kann sie aber auch mit der Schale essen. Die kleinen Samenkerne verursachen dabei ein leichtes Knirschen.

Lagerung

Getrocknete Feigen sollten trocken und kühl gelagert werden. Starke Kandierung, weißer Schalenbelag und saurer Geruch lassen auf eine Überlagerung bzw. fehlerhafte Lagerung schließen. Frische Feigen sind nur kurze Zeit lagerfähig.

Volksmedizinische Bedeutung

Frische und getrocknete Feigen haben eine verdauungsfördernde Wirkung, da sie reich an Ballaststoffen und Enzymen sind. Getrocknete, in Milch aufgeweichte Feigen, helfen bei Kehlkopf- und Rachenkatarrh. Die leicht verdaulichen Feigen haben im Allgemeinen eine sehr sättigende, stimmungsaufhellende, immunstärkende, entgiftende, entsäuernde und ‚anregende' Wirkung. Die Rinde des Feigenbaums wird bei Zahnschmerzen und rissigen und entzündeten Füßen eingesetzt. Warme Auflagen mit Feigenblättern und -trieben haben eine heilende Wirkung bei verschiedenen Hautleiden.

Tipp

In Deidesheim an der Deutschen Weinstraße kann man eine herrliche Feigen-Allee bewundern, die schon 1907 gepflanzt wurde und sich auf einer Länge von ca. 150m erstreckt.

Feijoa

Acca sellowiana

Ananasguave, Brasilianische Guave, Feijova: ital., Goyave ananas: franz., Guayaba del pail: span., Pineapple guava: engl.

Allgemeines, Herkunft, Geschichtliche Bedeutung

Die Feijoa ist ein Myrtengewächs (Myrtaceae), das in Südbrasilien oder Nordargentinien seinen Ursprung hat. Sie wird in Afrika, Asien, Australien, Florida, Frankreich, Israel, Italien, Kalifornien, Neuseeland, Spanien und Südamerika angebaut. In Neuseeland hat die mit der Guave verwandte Feijoa sogar einen noch höheren Beliebtheitsgrad als die Kiwi.

Aussehen

Die Feijoa ist eine eiförmige, avocadoähnliche, grüne Frucht mit einer runzligen, ledrigen, zwar dünnen, aber festen Schale, die mit einem weißlichen bis lachsfarbenem Wachsschleier überzogen wird. Das feste, geleeartige, rosafarbene Fruchtfleisch enthält kleine, weiche, gelbliche Kernchen.

Geschmack

Der köstliche herb-frische, sehr süße Geschmack der Feijoa wirkt leicht parfümiert. Er erinnert an Ananas mit Stachelbeeren oder Erdbeeren.

Hauptinhaltsstoffe

Die Feijoa hat einen sehr hohen Vitamin C-Gehalt (zwischen 28 und 100mg%).

Verwendung, Zubereitung

Die Feijoa findet als Frischfrucht, in Obstsalat, als Kompott, Marmelade, Gelee, zu Desserts und bei der Eisherstellung Verwendung. Als Frischfrucht wird sie entweder halbiert und dann mitsamt den essbaren Kernen ausgelöffelt, oder man isst sie, in Spalten geschnitten, wie eine Melone. Angeschnittenes Fruchtfleisch sollte man, wenn es nicht gleich verzehrt wird, sofort mit Zitrone beträufeln, da es sich sonst schnell unansehnlich verfärbt.

Lagerung

Gekühlt lässt sich die Feijoa etwa eine Woche aufbewahren.

Volksmedizinische Bedeutung

Feijoagenuss hat eine verdauungsfördernde und abführende Wirkung.

Tipp

Die Feijoa gilt als starker Aromaträger bei Früchten und allerlei Süßspeisen, außerdem hat sie eine hohe Gelierkraft.

Feldsalat

Valerianella locusta

Ackerlattich, Ackersalat, Boursette: franz., Corn-Salad: engl., Dolcetta: ital., Doucette: franz., Gartenrapunzel, Kleine Rapunzel, Kornsalat, Lämmersalat, Lambs lettuce: engl., Mâche: franz., Mausohr: eifel., Niss(e)lsalat: bayr., Nüsschensalat, Nüssler: schweizerdt., Nüsslisalat: schweiz., Rabinschen, Rapünzchen, Rapünzlein, Rapunze(l), Rebkresse, Ritscherl, Ruiponce: span., Salat-Rapünzchen,

Schafsmaul, Schmalzkraut: hess., Sonnenwirbele: bad., Valerianella: ital., span., Veldsla: niederl., Vogerlsalat: österr., Wingertsalat

Allgemeines, Herkunft, Geschichtliche Bedeutung

Die Heimat des Feldsalats liegt in Eurasien. Früher kannte man Feldsalat nur als Wildgemüse, das man auf Feldern und Wiesen oder als ‚Unkraut' zwischen Getreide sammelte, um es in der Küche zu verwerten. Erst in diesem Jahrhundert wurde der zu den Baldriangewächsen (Valerianaceae) zählende Feldsalat zur Kulturpflanze, und zwar zunächst in Frankreich, später dann in der Schweiz und schließlich auch in Süddeutschland. Größeren Feldsalat-Anbau findet man heute außer in Deutschland, der Schweiz und in Frankreich auch in England, Italien und den Niederlanden, wo er entweder in Gewächshäusern, im Plastiktunnel oder im Freiland herangezogen wird. Freilandware ist herber, sauber gewaschen, geputzt, nicht aufgeschossen und ohne Wurzelansätze; Glas- und Tunnelware ist zart und schon gewaschen - alles ist verwendbar. Infolge des hohen Ernteaufwands zählt der Feldsalat, dessen Saison normalerweise von August bis April währt, zu den teuersten Gemüsesorten überhaupt; allerdings wird für einen 4-Personen-Haushalt auch nur ca. 150g benötigt.

Aussehen

Die länglichen, abgerundeten, spatenförmigen Feldsalat-Blätter sollten beim Kauf eine dunkelgrüne, bisweilen auch weißlich-violette Farbe und eine knakkig-feste Konsistenz aufweisen, da angewelkte Feldsalat-Blätter schon viel von Qualität und Aroma eingebüßt haben.

Geschmack

Durch sein zartes Nussaroma hat der Feldsalat seinen Namen „Nüsslisalat" erhalten.

Sorten

Holländischer Breitblättriger heißt eine großblättrige und teuere Feldsalat-Sorte aus den Niederlanden.

Italienischer Feldsalat hat gelbgrüne Blätter.

Stuttgarter nennt man eine kleinblättrige Feldsalat-Sorte, die überwiegend in Süddeutschland angebaut wird.

Hauptinhaltsstoffe

Baldrianöl, Calcium, Eisen, etherische Öle, Kalium, Magnesium, opiatähnliche Stoffe, Phosphor, Provitamin A, Vitamin B 6, C, E. Nach der Petersilie hat Feldsalat den zweithöchsten Eisengehalt unter den Gemüsearten. Da Feldsalat von allen Salatsorten den höchsten Vitamin-C-Gehalt hat, gilt er als gesündester Salat.

Verwendung, Zubereitung

Feldsalat kann zwar auch zu Gemüse und als Garnitur verwendet werden, am besten eignet er sich allerdings als Salat. Vor der Zubereitung muss er mehrmals gründlich in viel Wasser (nicht unter fließendem Wasser) gewaschen werden, da er meist stark versandet ist.

Zu Feldsalat passt am besten folgendes Dressing:

1 gehackte Zwiebel, 1 zerstoßene Zehe Knoblauch, geh. Petersilie, Schnittlauchröllchen, etwas gehackte Pimpernell, 1 Tl Senf, Kräuteressig, 1 Schuss Milch, Olivenöl, Salz, Pfeffer und 1 Prise Zucker in eine Schüssel geben. 1 heiße, gekochte und fein zerdrückte Kartoffel dazugeben und gut verrühren. Den Feldsalat vorsichtig mit dem Dressing mischen, mit kross gebratenen, heißen Dörrfleisch- und Weißbrotwürfelchen bestreuen und sofort servieren.

Lagerung

Feldsalat lässt sich zwar gekühlt ein paar Tage aufbewahren, doch wegen des Vitaminverlusts sollte er möglichst sofort nach der Ernte verzehrt werden.

Volksmedizinische Bedeutung

Feldsalatgenuss wirkt nervenstärkend, entspannend, beruhigend und stresskillend. Feldsalat hilft auch bei der Bildung neuer Zellen, bei der Blutzirkulation, schützt vor Krampfadern, stärkt das Immunsystem, wirkt wohltuend bei Darmträgheit, Leber- und Gallenleiden und unterstützt die Sehkraft. Außerdem schützt Feldsalat vor Erkältungen, Infektionen und Blasenentzündungen, kann Krebs vorbeugen und aktiviert die Leber.

Vorsicht: Feldsalat enthält Baldrianöl, das - in entsprechenden Mengen genossen -Lustlosigkeit und Müdigkeit hervorrufen kann. Dieser Stoff wird auch pharmazeutisch genutzt.

Tipp

Wenn man leicht angewelkten Feldsalat vor dem Anrichten kurz in eiskaltes Wasser taucht, wird er besonders knackig.

Fenchel

Foeniculum vulgare var. azoricum

Fehnkol, Femis, Fenicht, Fenikel, Fennel: engl., Fenouil: franz., Finke(l), Finocchio: ital., Gemüsefenchel, Hinojo de bulbo: span., Knollenfenchel, Süssfenchel, Venkel: niederl., Zwiebelfenchel

Allgemeines, Herkunft, Geschichtliche Bedeutung

Schon im Altertum kannte man bei den Chinesen, Indern, Griechen und Römern die Heilwirkung des wildwachsenden Gewürzfenchels, dessen Heimat das Mittelmeergebiet ist und aus dem durch züchteriche Veredelung der hier beschriebene Gemüsefenchel hervorgegangen ist. Die Griechen glaubten, Fenchel mache schlank und schrieben ihm sogar aphrodisische Kräfte zu. Hippokrates und Dioskurides empfahlen ihn wegen seiner muttermilchbildenden Eigenschaft. Plinius empfahl Fenchel gegen eine Vielzahl von Leiden. Er behauptete auch, dass sich Schlangen im Winter am Fenchel ihre alte Haut abstreifen würden. Die Hl. Hildegard von Bingen sagte über den Fenchel, dass er Menschen fröhlich mache, ihnen einen angenehmen Geruch und eine gute Verdauung gäbe. Karl der Großen ließ den Fenchel in das Verzeichnis der wichtigsten Kulturpflanzen aufnehmen. Da Fenchel zur Familie der Doldenblütler/Apiaceae (Umbelliferae) gezählt wird, ist er mit Anis, Dill und Kümmel verwandt. In Afrika, Frankreich, Italien (Sizilien), im Orient und in Spanien wird Gemüsefenchel ganzjährig, meist auf sandigem Boden, kultiviert. Er sollte nicht in der Nachbarschaft von Tomaten angepflanzt werden, da sich die beiden gegenseitig die Nahrung stehlen.

Aussehen

Marktfrischer Gemüsefenchel sollte feste, weiße bis grünliche und je nach Sorte kurze und breite oder schmale und längliche, bulbenartige Knollen mit eingekürztem dillähnlichem Kraut aufweisen. Gemüsefenchel mit holzigem Stielanschnitt und solcher mit dunklen Druckstellen sollte gemieden werden, da er entweder zu alt ist oder falsch gelagert wurde und somit trokken, zäh und strähnig schmeckt.

Geschmack

Gemüsefenchel hat einen dominierenden, dill-anisähnlichen und leicht süßlichen Geschmack.

Sorten

Florentiner Fenchel/Fenouil de florence: franz. heißt eine kleine, zarte Gemüsefenchel-Sorte.

Herbstfenchel ist dem Sommerfenchel vorzuziehen, da er jahreszeitbedingt nicht in die Blüte schießt;
Sizilianischer Fenchel ist groß und kräftig.
Sommerfenchel ist als Langtagspflanze - bedingt durch lange und warme Sommertage - eher davon betroffen.

Hauptinhaltsstoffe

Anethol, Biotin, Calcium, Eisen, etherisches Öl Anethol, Folsäure, Kalium, Magnesium, Provitamin A, Vitamin B 1, B 2, B 12, C und E, Phosphor, Psoralen. Fenchel besitzt mehr Vitamin E als alle anderen Gemüsesorten, und sein Vitamin-C-Gehalt ist doppelt so hoch wie der einer Orange.

Verwendung, Zubereitung

Um unnötigen Vitaminverlusten vorzubeugen, sollte Gemüsefenchel möglichst nur kurz gedünstet oder frisch verzehrt werden. Zuvor sollte er sorgfältig gewaschen werden, da sich anbaubedingt zwischen den Blättern leicht Sand ablagert. Zum Garen schneidet man die Knolle längs in Faserrichtung, damit sein anisartiges Aroma während des Garprozesses optimal aufgeschlossen werden kann. In Italien wird Gemüsefenchel roh als Dessert verzehrt, was gleichzeitig mit einer Zahnreinigung und gutem Mundgeruch verbunden ist. Außerdem wirkt er roh gegessen stark sättigend. Da die zartgrünen, feingefiederten Fenchel-Blättchen noch vitamin- und chlorophyllreicher sind als die eigentliche Fenchel-Knolle, sollten sie unbedingt bei der Zubereitung, z.B. als Garnitur oder zum Würzen von Fischgerichten und Salaten, berücksichtigt werden.

Lagerung

Im Kühlschrank hält sich die druckempfindliche Fenchel-Knolle ca. 1 Woche, vorausgesetzt man hat sie vorher sorgfältig in ein feuchtes Tuch gewikkelt.

Volksmedizinische Bedeutung

Gemüsefenchel ist sehr kalorienarm und leicht verdaulich. Seine Inhaltsstoffe haben eine nervenstärkende, entschlackende, hautstraffende und harntreibende Wirkung. Die etherischen Öle des Fenchels bekämpfen nicht nur Bronchitis, Magen- und Darmstörungen und Erkältungskrankheiten, sie vertreiben auch schlechten Atem.

Tipp

Fenchel und Anis ähneln sich deshalb in Duft und Geschmack, weil beide das etherische Öl „Anethol" enthalten.

Fleischkraut

Chicorée sauvage améliorée: franz., Herbstchicorée, Herbstzichorie, Pain de sucre: franz., Sugar loaf: engl., Winterzichorie

Allgemeines, Herkunft, Geschichtliche Bedeutung

Das aus Südeuropa stammende Fleischkraut wird bei uns vornehmlich von Kleingärtnern angebaut. Fleischkraut gehört zur Familie der Korbblütler/Asteraceae (Compositae) und ist, da es aus der wilden Zichorie hervorgegangen ist, mit Chicorée und Radicchio verwandt. In Frankreich, Italien, Nordafrika, Österreich und der Schweiz liegen die Hauptanbaugebiete dieser Pflanze.

Aussehen

Fleischkraut hat einen geschlossenen gelb-grün-weißlichen, zuckerhut-ähnlichen Kopf, der zwar im Äußeren dem Chinakohl und dem Römischen Salat ähnlich ist, jedoch nicht mit ihnen verwandt ist.

Geschmack

Frisches Fleischkraut hat einen würzigen, kernigen, nussartigen und leicht bitteren Geschmack, der bei zunehmender Reife etwas milder ist.

Sorten

Zuckerhut heißt die wichtigste Fleischkraut-Sorte, die ihren Namen der Form ihres 40cm hohen, festen Kopfes - nicht des Geschmacks wegen - zu verdanken hat. Der Zuckerhut gleicht auch dem Chicoree, mit dem Unterschied, dass der Zuckerhut im Tageslicht heranwächst und folglich grüne Blätter hat.

Hauptinhaltsstoffe

Bitterstoffe, Folsäure, sehr calcium-, kalium- und phosphorreich, Provitamin A, Spurenelemente, Vitamin B 1, B 2 und C.

Verwendung, Zubereitung

Meist wird aus Fleischkraut Salat, weit seltener Gemüse hergestellt. Den leicht bitteren Geschmack des Fleischkrauts kann man durch kurzes Wässern oder durch eine künstliche oder natürliche Frosteinwirkung beseitigen.

Lagerung

Gut gekühlt und dunkel gelagert, lässt sich Fleischkraut mehrere Wochen aufbewahren.

Volksmedizinische Bedeutung

Der Genuss von Fleischkraut bewirkt eine leicht verdauungsfördernde Wirkung.

G

Gerste

Hordeum vulgare

Barley: engl., Cebada: span., Garste, Gasten, Gerstenkorn, Orge: franz., Orzo: ital.

Allgemeines, Herkunft, Geschichtliche Bedeutung

Die Gerste wurde schon vor 6000 Jahren in Vorderasien kultiviert, womit sie zu den frühen Kulturpflanzen des Menschen zählt. Sie ist eine Sommergetreideart, die zur Familie der Süßgräser (Poaceae) gehört.

Aussehen

Die Gerste ist eine etwa 1,20m hoch werdende Körnerfrucht mit besonders langen Grannen und rundlich-ovalen Körnern, die von einer strohigen Hülle umgeben sind.

Geschmack

Gerste hat einen nussigen, körnigen und leicht süßlichen Geschmack.

Sorten

Braugerste wird überwiegend zum Bierbrauen, aber auch zur Herstellung von Malzkaffee, Whisky und als Viehfutter verwendet.

Sommergerste ist zwar die am meisten angebaute Sorte, doch ist sie nicht so ertragreich wie Wintergerste.

Wintergerste hat einen kurzen Halm und eine lang begrannte, ca. 15cm lange Ähre. Wintergerste bringt wegen der langen Vegetationsperiode allgemein höhere Erträge als Sommergerste.

Hauptinhaltsstoffe

Albumin, Folsäure, Fructose, Globulin, Glucose, Glutenin, Hordein, Kieselsäure, Magnesium, Maltrose, Mineralstoffe, Nicotinsäure, Panthothensäure, Saccharose, Schleimstoffe, Stärke, Vitamin B 1, B 2, B 6, E.

Verwendung, Zubereitung

Gerstenkörner dienen der Malz,- Mehl-, Graupen-, Grützen-, Bier- und Schnapsherstellung. Gerstenmehl kann zwar auch zum Andicken von Saucen und Suppen verwendet werden, wegen seines süßlichen Geschmacks sollte es jedoch mit anderen Mehlsorten (z.B. Weizenmehl) gemischt werden.

Stichgrütze nennt man eine besonders feine Gersten-Grütze.

Volksmedizinische Bedeutung

Die Gerste regeneriert den gesamten Organismus, kräftigt, Haare, Nägel und Bindegewebe. Atemwegsinfekte kann man mit Gersten-Tee lindern.

Tipp

Graupen/Gerstengraupen/Perlgerste/ Perlgraupen/Rollgerste: österr. nennt man Gerstenkörner, deren Frucht- und Samenschale durch Schleifen und Polieren entfernt wurde. Sie werden meist zur Herstellung von Griess oder Grütze, in Österreich auch zur Herstellung regionaler Suppen und Eintöpfe verwendet.

Getreide

Cereales: span., Céréales: franz., Cereali: ital., Cerealien, Cereals: engl., Grain: engl., Grano: ital., Granos: span., Kördeln: österr., Körnerfrüchte, Zerealien

Allgemeines, Herkunft, Geschichtliche Bedeutung

Als Getreide werden einjährige Süßgräser (Poaceae) bezeichnet, die wegen ihrer essbaren Früchte angebaut werden. Die wichtigsten europäischen Getreidearten sind Roggen, Weizen, Gerste, Hafer und Buchweizen. Die Hauptgetreidearten in den südlichen Zonen und in Asien sind: Reis, Mais, Hirse. Das Wort Getreide stammt vom

Mittelhochdeutschen „getregede" = Bodenertrag ab.

Sorten

Ährengetreide nennt man Gerste, Roggen und Weizen.

Brotgetreide nennt man Getreide, das der Ernährung des Menschen dient.

Futtergetreide nennt man Getreide, das der Ernährung von Tieren dient.

Rispengetreide nennt man Getreide, dessen Früchte in Rispen wachsen. z.B. Hirse, Hafer und Reis.

Sommergetreide nennt man nicht winterfestes Getreide (z.B. Gerste, Hafer, Roggen, Weizen), das im Frühjahr gesät und im Sommer geerntet wird.

Wintergetreide nennt man winterhartes Getreide (z.B. Gerste, Hafer, Roggen, Weizen), das im Herbst gesät und im folgenden Sommer geerntet wird.

Hauptinhaltsstoffe

Calcium, Eisen, Kieselsäure, Lysin, Magnesium, Vitamin B 1, B 2, B 6, H.

Tipp

Bratling nennt man eine vegetarische Frikadelle, die aus Getreide, Gemüse oder Hülsenfrüchten hergestellt wird.

Ginkgopflaume

Ginkgo biloba

Báiguo: chin., Ginkgo: engl., ital., span., Ginkgo bilobé: franz., Ginkgo-Nuss, Ginko, Ginkonuss, Ginnan: jap., Goldfrucht, Kinko: chin., Pflaumennuss, Silberaprikosen, Weiße Nuss

Allgemeines, Herkunft, Geschichtliche Bedeutung

Die Ginkgopflaume ist die Frucht des anspruchslosen, seit über 300 Millionen Jahren bekannten ostasiatischen Fächerblattbaums, der eine Höhe von 30 m erreichen kann. Schon im Jahr 1800 v. Chr. galten Ginkgo-Blätter bei den Chinesen als Heilpflanzen – das ist in historischen Dokumenten belegt.

Aussehen

Unter der zähen Schale der pflaumenähnlichen Frucht befindet sich hellbeiges Fruchtfleisch und ein Kern.

Geschmack

Ginkgopflaumen schmecken süß und pflaumenartig.

Verwendung, Zubereitung

In Japan dient die Ginkgopflaume als Beilage zu gebratenem Fisch. Sie wird aber auch zum Knabbern oder als Suppeneinlage verwendet. Zuvor entfernt man die Schale und blanchiert die Frucht. Der geröstete und gehackte Ginkgopflaumen-Kern dient als Gewürz in der asiatischen Küche.

Lagerung

In luftdicht verschlossenen Gefäßen lassen sich Ginkgopflaumen mehrere Wochen aufbewahren.

Volksmedizinische Bedeutung

Ginkgopflaumen und auch Ginkgo-Extrakt aus den Blättern fördern nachweislich die Hirndurchblutung und den Abtransport von Schlackenstoffen.

Vorsicht: Ginkgopflaumen sollten nicht im Übermaß genossen werden, da sie zu Vergiftungserscheinungen führen können!

Tipp

In Deutschland sind Ginkgopflaumen nur als Konserve erhältlich.

Glasschmalz

Salicornia europaea

Gemeiner Queller, Glaskraut, Glasworth: engl., Krückfuss, Meeresbohne, Queller, Salicorne: franz., Salzkraut, Seespargel, Samphire: engl., Sea asparagus: engl.

Allgemeines, Herkunft, Geschichtliche Bedeutung

Die Heimat des Glasschmalz' ist das Nordseeküstengebiet. Da dieses meist wildwachsende, selten auch kultivierte Gänsefußgewächs (Chenopodiaceae)

während des Wachstums den Boden entsalzt, gilt es in den Niederlanden als wichtigste Pflanze zur Landgewinnung. Von April bis Juli wird das zu den Gemüsen zählende Glasschmalz an den europäischen Küstengebieten gesammelt und vermarktet. Den Namen „Glaskraut" erhielt Glasschmalz, weil es bis ins Jahr 1850 als Asche der Herstellung von Soda und Glas diente.

Aussehen

Glasschmalz ist eine blattlose, sukkulente Pflanze mit stark verzweigten, fleischigen, grünen oder rötlichen Stängeln.

Geschmack

Glasschmalz schmeckt fischig und salzig.

Hauptinhaltsstoffe

Glasschmalz ist sehr jodhaltig.

Verwendung, Zubereitung

Nur junge Glasschmalz-Pflanzen werden zu Salat oder Gemüse verarbeitet, meist als Beilage zu Fischgerichten. Ältere Pflanzen dienen ausschließlich Dekorationszwecken.

Volksmedizinische Bedeutung

Glasschmalzgenuss wirkt entwässernd und blutreinigend. Durch ihr Jodreichtum wirkt die Pflanze auch Schilddrüsenerkrankungen entgegen. Früher wurde Glasschmalz auch als Mittel gegen Skorbut und Harnwegserkrankungen empfohlen.

Tipp

Meeresalge wird Glasschmalz fälschlicherweise oft im Handel genannt. Meeresalgen sind jedoch eigenständige Pflanzen.

Granadilla

Passiflora ligularis

Golden passionfruit: engl., Granadilla: engl., ital., Grandilla, Grenadilla: span., Grenadille: franz., Grenadille douce: franz., Lilikoi: hawaii., Pomme liane: franz., Süße Granadilla, Süße Passionsfrucht, Sweet passionfruit: engl.

Allgemeines, Herkunft, Geschichtliche Bedeutung

Der Ursprung der Granadilla liegt in den tropischen und subtropischen Gebieten Südamerikas, große Anbaugebiete dieser zu den Passionsfrüchten (Passifloraceae) zählenden Exotin findet man aber auch in Afrika, auf Hawaii, auf der Insel Madeira, in Mittelmeerländern, in Südamerika und in Westindien. Verwandt sind Granadillen mit Curuben, Maracujen und Purpur-Granadillen, ihr Flächenertrag ist allerdings z.B. nur im Vergleich zur Purpur-Granadilla fünfmal so groß. Der Name Granadilla - er wurde übrigens auf alle Passionsfrüchte übertragen - stammt noch von den spanischen Eroberern, die aufgrund der Ähnlichkeit mit dem Granatapfel zu dieser Bezeichnung kamen, die übersetzt „Kleiner Granatapfel" heißt.

Aussehen

Die Granadilla ist eine hühnereigroße Frucht mit glatter, gelb-orangefarbener bis braunfleckiger (sehr reif) holziger Schale. Ihr geleeartiges, gelbweißes Fruchtfleisch beinhaltet zahlreiche grünliche, essbare Kerne.

Geschmack

Die Granadilla hat ein köstliches, typisch weinsäuerlich-tropisches Aroma, das entfernt an Stachelbeeren erinnert.

Sorten

Badea: Passiflora quadrangularis: lat./Barbadine: franz./Giant Granadilla: engl./Parcha: span./Riesengranadilla ist zwar in Südamerika heimisch, sie wird aber auch in Westindien, Australien und im tropischen Amerika angebaut. Die Badea wird bis 25cm lang, hat rotes Fruchtfleisch, eine gelbe, glatte Schale und ähnelt einem Kürbis, der auf einem vierkantigen Stängel ruht. Die Badea findet als Gemüse und

Kompott Verwendung. Geschmacklich ist sie etwas fader als die Granadilla.

Cholupa/Chulupa: span./Gulupa. Diese gelblich-grün-graue Frucht mit 6-7cm Durchmesser und dünner, jedoch harter Schale kommt aus dem tropischen Amerika. Ihr erfrischend aromatisches, gelblich-graues Fruchtfleisch enthält zahlreiche Samenkerne. Cholupen werden zum Rohverzehr, zu Saft für Mixgetränke und zu Konfitüre verarbeitet.

Hauptinhaltsstoffe

Calcium, Eisen, viel Vitamin B 12, Vitamin C.

Verwendung, Zubereitung

Die Granadilla wird als Frischfrucht, zu Obstsalat, Säften, Eis, Sorbets, Cremes und Saucen verarbeitet. Als Frischfrucht wird sie zuerst halbiert und dann mitsamt den Kernen ausgelöffelt.

Lagerung

Kühl aber nicht zu kalt kann man Granadillen etwa eine Woche aufbewahren.

Volksmedizinische Bedeutung

Granadillen haben eine beruhigende und verdauungsfördernde Wirkung.

Tipp

Mit etwas Zitronensaft, Cognac oder Sahne verfeinert, aber auch nur leicht gepfeffert ist die Granadilla ein erfrischendes Geschmackserlebnis.

Granatapfel

Malum granatum

Granaatappel: niederl., Granada: span., Grenade: franz., Granateple: norw., Melagrana: ital., Pomegranate: engl., Punica granatum: bot., Punischer Apfel

Allgemeines, Herkunft, Geschichtliche Bedeutung

Schon im Altertum wurde der Granatapfel kultiviert, und bei den alten Ägyptern, Griechen und Juden galt er als Symbol der Liebe und Fruchtbarkeit. Das größte spanische Anbaugebiet und sogar eine spanische Stadt wurden nach ihm benannt: Granada. Auch das spanische Staatswappen trägt einen Granatapfel. Die sechs verhärteten Kelchblattzipfel des Granatapfels - er gehört, wie könnte es auch anders sein, zu den Granatapfelgewächsen (Punicaceae), - dienten einst als Vorlage zum bekannten Porzellan-Zwiebelmuster. Granatäpfel kommen heute ganzjährig aus Ägypten, Afghanistan, Brasilien, Iran, Israel, Kalifornien, den Kanarischen Inseln, Madeira, Marokko, den Mittelmeerländern, Tunesien und Zypern. Der botanische und lateinische Name „Punica granatum" deutet durch „granatum" auf besonderen Samenkern-Reichtum und „Punica" auf Punien hin, dem heutigen Tunesien; nach altrömischer Meinung gediehen in Punien nämlich die allerbesten Granatäpfel des Imperium Romanum. Die wirkliche Urheimat des Granatapfels wird jedoch im alten Persien vermutet.

Aussehen

Der Granatapfel ist orangengroß, hat die Form einer Zwiebel und einen zipfligen Kelchansatz. Je nach Reifegrad ist der Granatapfel von einer glatten, gelblichen oder rot-bräunlichen, 5mm dicken Lederhaut umschlossen, die bei vollreifen Früchten zwar leicht eingerissen wirkt, jedoch völlig luftdicht ist. Das innere Fruchtfleisch des Granatapfels ist sülzartig, rötlich und enthält viele essbare blasse, hellrosa bis dunkelrote, johannisbeerartige Kerne, die durch weiße, ungenießbare Trennhäute in Kammern unterteilt werden. Das äußere Fruchtfleisch ist meist etwas hölzig.

Baluster/Roter Balus nennt man einen unreifen Granatapfel.

Geschmack
Das Fruchtfleisch des Granatapfels schmeckt süß-säuerlich, zwar wenig großartig, jedoch erfrischend, der Johannisbeere zwar ähnlich, aber herber. Da die weißen Trennhäute und die Kerne alter Granatäpfel extrem bitter schmecken, sind sie ungenießbar. Die Kerne von frischen Früchten können dagegen mitgegessen werden.

Hauptinhaltsstoffe
Calcium, Citronensäure, Eisen, Invertzucker, Kalium, Phosphor, Vitamin B 1, B 2, C.
Die Schale des Granatapfels enthält eine sehr aggressive Gerbsäure, die derart hartnäckige Flecken auf Kleidung und Tischwäsche verursachen kann, dass sie auch durch das beste Fleckenwasser nicht mehr zu beseitigen sind.

Verwendung, Zubereitung
Granatäpfel dienen überwiegend dem Frischkonsum, sie werden aber auch zu Salaten, Saucen, als Garnitur, in Süßspeisen, Quarkspeisen oder zur Eisherstellung verwendet. Als Frischfrucht wird der Granatapfel zuerst halbiert, dann die Kerne ausgeklopft - sie können auch ausgekaut werden -, und schließlich wird das Fruchtfleisch ausgelöffelt. Mit etwas Weinbrand, Rum, Eierlikör oder Zitronensaft kann es noch verfeinert werden. Um nur an den Saft des Granatapfels zu gelangen, knetet man die Frucht ein wenig, bohrt ein Loch in die Schale und steckt einen Trinkhalm hinein; oder man drückt die halbierte Frucht mit der Zitronenpresse behutsam aus und siebt die entstandene Flüssigkeit durch.
Aus Granatapfel-Kernen (- beim Zerkauen entsteht übrigens ein knackendes Geräusch -) wird der bekannte Grenadine-Sirup und -Saft hergestellt. In der orientalischen Küche werden Granatapfel-Kerne auch zum Würzen von Fleischgerichten, Eierspeisen und Fischgerichten oder zur Dekoration von Kuchen, Desserts oder Salaten verwendet.
Vorsicht: Granatapfel-Saft hinterlässt auf Kleidungsstücken, Teppichböden oder Tischdecken bleibende Flecken.

Lagerung
Bei einer gleichbleibenden Temperatur von +5°C sind Granatäpfel bis zu 6 Monate haltbar! Nach längerer Lagerung ist die Frucht allerdings nicht mehr zum Frischverzehr, sondern ‚nur' noch zur Saftgewinnung geeignet.

Volksmedizinische Bedeutung
Granatäpfel wirken durstlöschend, anregend und nervenstärkend. Früher waren sie ein beliebtes Mittel gegen Bandwürmer.

Tipp
Besonders bemerkenswert ist, dass der Granatapfel über das größte bekannte Vorkommen an natürlichen Östrogenen verfügt.

Grapefruit
Citrus paradisi

Grapefruit: engl., franz., niederl., Grapefrukt: norw., Grape fruit: ital., Toronja: span.

Allgemeines, Herkunft, Geschichtliche Bedeutung
Grapefruits sind Rautengewächse (Rutaceae), die erstmals im Jahr 1750 auf den Westindischen Inseln aufgetaucht sind, wo sie offenbar durch eine Zufallskreuzung aus Apfelsine und Pampelmuse entstanden sind. Heute werden Grapefruits in China, Florida, Indien, Israel, Jamaika, Japan, Kalifornien, Malaysia, Marokko, Mittel- und Südamerika, Spanien, Südafrika und Texas angebaut. 90% der Welternte kommt aus den USA. Ihren Namen verdankt die Grapefruit dem Umstand, dass ihre Früchte traubenartig aus den

Zweigen wachsen: „grape" = Traube und „fruit" = Frucht). Die Handelssprache und der Volksmund unterscheiden oft nicht zwischen Grapefruit und Pampelmuse.

Aussehen

Grapefruits sind doppelt so groß wie Orangen und kleiner als Pampelmusen. Sie haben eine hellgelbe bis rotgelbe Schale und graugrünes, rosa oder rotes Fruchtfleisch. Wenn sich die Grapefruitschale weich anfühlt und eigentlich schon ein bisschen ‚schlapp' aussieht, hat sie ihren geschmacklichen Höhepunkt erreicht.

Geschmack

Der Grapefruitgeschmack ist im Allgemeinen bitter-süß-säuerlich; es gibt jedoch auch Grapefruitsorten, mit rosafarbenem und rötlichem Fruchtfleisch, die aromatisch und lieblich schmecken. Grüne, noch unreif geerntete Grapefruits schmecken sehr bitter. Einmal geernet, reifen sie selbst an einem sonnigen Platz nicht mehr nach.

Sorten

Florida nennt man eine Grapefruit-Sorte, die von September bis Januar aus den USA kommt. Sie ist weiß- oder rotfleischig und hat eine leicht rostfarbene Außenhaut.

Jaffa heißt eine saftige, weißfleischige israelische Grapefruit-Sorte, die von Dezember bis Mai auf unseren Märkten anzutreffen ist. Sie hat eine dünne Schale, ist kernlos und schmeckt säuerlich-bitter.

Kalifornien heißt eine weiße bis rotfleischige amerikanische Grapefruit-Sorte, die von April bis September Saison hat.

Outspan heißt eine sehr saftige weiß- oder rotfleischige südafrikanische Grapefruit-Sorte, die von Juli bis August zu uns gelangt.

Chironja/Chirounkha/Cironja nennt man eine Kreuzung aus Grapefruit und Orange, die in Puerto Rico entstanden ist. Sie ist grapefruitgroß, hellgelb und enthält nur wenige Kerne. Das sehr saftige Fruchtfleisch schmeckt angenehm süß. Die Chironja lässt sich sehr leicht schälen und dient vornehmlich dem Frischverzehr.

Sweeties/Jaffa-Sweeties/Pomelitas sind 1985 in Israel aus einer Kreuzung zwischen Pomelo und Grapefruit entstanden und seitdem auf dem deutschen Markt. Sweeties sind ovale, bis 1,5kg schwere, pampelmuseähnliche Früchte mit dicker, feinporiger, grünlich-gelber, glänzender Schale und festem, blassgelbem Fruchtfleisch, das ausgeprägt süß-aromatisch und sehr saftig schmeckt.

Hauptinhaltsstoffe

Bio-Flavonoide, Bitterstoff „Limonin", Calcium, Folsäure, Kalium, Pektin, Phosphor, Spurenelemente, viel Vitamin C, Vitamin-P-Faktor Naringin, 89% Wasser.

Verwendung, Zubereitung

Grapefruits werden meist als Frischfrucht zum Frühstück oder zu Vorspeisen, Säften, Cocktails und Süßspeisen verwendet. Man kann die Grapefruit zwar auch zur Herstellung von Marmeladen oder filetiert als warme Beilage zu Fleischgerichten verwenden, beim Erhitzen werden jedoch 90% ihrer wertvollen Inhaltsstoffe zerstört.

Als Frischfrucht wird die Grapefruit zuerst halbiert, danach lockert man die einzelnen Fruchtsegmente mit einem speziellen Grapefruit-Messer, um sie schließlich (evtl. leicht gezuckert) auszulöffeln. Aus Grapefruitschalen wird Grapefruitöl gewonnen, das man in Getränken, Süßspeisen und Kosmetikprodukten wiederfindet.

Lagerung

Leicht gekühlt sind reife Grapefruits längere Zeit haltbar, wesentlich länger jedenfalls als Apfelsinen und Zitronen.

Während der Lagerung werden die Früchte sogar noch aromatischer und milder.

Volksmedizinische Bedeutung

Das Fruchtfleisch der Grapefruit enthält reichlich Bio-Flavonoide, die die Wirksamkeit des Vitamin C bis zum 20fachen erhöhen, was sich positiv auf das Immunsystem und die Blutgefäße auswirkt. Der Gesundheit zuliebe sollte man grundsätzlich sowohl die weiße Innenhaut als auch das Fruchtfleisch mitsamt den weißen Trennwänden mitessen, da es Pflanzenstoffe enthält, die nicht nur die Verdauung anregen und sogar vor Krebs schützen sollen, sondern auch einen zu hohen LDL-Cholesterinspiegel senken. Ein geringer Kalorien- und Natriumgehalt macht die Grapefruit auch speziell für die Diätkost geeignet. Grapefruitkern-Extrakt hilft Patienten mit Hefepilz-Befall genauso wie Menschen mit Hautproblemen (Akne), Zahnfleischbluten, Entzündungen der Mundhöhle, Gastritis und, wie behauptet wird, sogar bei Magenkrebs. Sinnvoll ist dieser Extrakt auch bei Schlafstörungen und zur Behandlung chronischer Müdigkeit. Grapefruitkern-Extrakt vermischt mit Baby-Shampoo mehrmals wöchentlich in die Kopfhaut einmassiert, beseitigt Schuppen und Jucken der Kopfhaut. Neuerdings wird vermutet, dass dieser Extrakt sogar den Ausbruch von Aids verzögert; erste Versuche am Pariser Pasteur-Institut laufen bereits.

Vorsicht: Man sollte Grapefruits und sonstige Grapefruit-Produkte nicht in Verbindung mit Medikamenten verzehren, da diese vom Körper nicht mehr aufgespalten und wieder ausgeschieden werden können und sie sich somit im Körper zu einer gefährlich hohen Dosis ansammeln! Die Wirkung von Arzneimitteln gegen Herzerkrankungen werden durch Grapefruitgenuss sogar dermaßen verstärkt, dass der Blutdruck unerwünscht gesenkt wird oder das Herz schneller schlägt.

Tipp

Fälschlicherweise wird die Grapefruit oft auch als „Pomelo" bezeichnet; die Pomelo ist jedoch das Ergebnis einer israelischen Kreuzung von Pampelmuse und Grapefruit.

Grünkern

Triticum var.

Badischer Reis, Dinkelweizen, Grundkorn, Grünkorn, Kernen, Schwabenkorn, Spelzweizen

Allgemeines, Herkunft, Geschichtliche Bedeutung

Anfang des 19. Jahrhunderts ließ ein sehr regenreicher Sommer den Dinkel nicht reif werden, und er musste noch grün geerntet werden, wollte man überhaupt noch einen Nutzen haben. Die grünen Körner wurden getrocknet und auf heißen Steinen gedörrt. Zerrieben ergab sich ein Mehl, welches zum Backen ungeeignet war; da man zu damaliger Zeit aber von Getreidekörnern auch Suppen und Breie (unsere heutigen „Müslis") herstellte, kam der Grünkern hier zur Anwendung. Zur großen Überraschung wurde so ein neuer, sehr feiner Geschmack entdeckt. Man baute den Dinkel in der Folgezeit im Gebiet des Odenwaldes, wo sich diese Geschichte abgespielt haben soll, auch weiterhin an, und dies bis in die heutige Zeit. Als „Grünkern" bezeichnet man also genaugenommen das unreif geerntete, getrocknete, geröstete, enthülste, entspitzte und schließlich vermahlene Korn des Dinkels.

Aussehen
Ein hoher Wuchs und lange, lockere zweireihige Ähren kennzeichnen den Grünkern.
Geschmack
Grünkern hat ein unverwechselbares, kräftig-würziges Aroma.
Hauptinhaltsstoffe
Eisen, Phosphor, Vitamine.
Verwendung, Zubereitung
Grünkern kommt entweder als Mehl, geschrotet oder grießartig auf den Markt. Daraus lassen sich ausgezeichnete Suppen, schwäbische Spätzle und Aufläufe zubereiten.
Volksmedizinische Bedeutung
Grünkern ist sehr bekömmlich und hat eine verdauungsanregende Wirkung.

Grünkohl

Brassica oleracea convar. acephala var. sabellica

Berza col: span., Blätterkohl, Blattkohl, Boerenkool: rhein, niederl., Borecole: engl., Braunkohl: bremen., Cavolo a penna: ital., Cavolo riccio: ital., Chou vert: franz., Curly kale: engl., Green cabbage: engl., Federkohl: schweiz., Köhl, Krauskohl, Oldenburger Palme: nieders., Palme des Nordens, Palmkohl: friesl., Pflückkohl, Repollo verde: span., Schnittkohl, Winterkohl, Winterwirsing

Allgemeines, Herkunft, Geschichtliche Bedeutung
Der heutige Grünkohl wurde zwischen den Jahren 1900-1920 durch Veredlung des ehemaligen Braunkohls, der auch als Winterkohl bekannt war, gezüchtet. Da die sehr kälteempfindlichen Braunkohl-Blätter nach dem ersten Nachtfrost einen leicht bräunlichen Schimmer bekamen, führten sie zu seiner Namensgebung. Braunkohl wurde früher zwar hauptsächlich für Futterzwecke verwendet, seine kleinen Herzblättchen wurden jedoch auch schon damals in manchen Küchen verwendet. Die Urform des Grünkohls, der zur Familie der Kreuzblütler/Brassicaceae (Cruciferae) gezählt wird, ist im östlichen Mittelmeerraum beheimatet. Frischer deutscher Grünkohl kommt zwischen Oktober und April meist aus Niedersachsen, Westfalen, dem Rheinland oder Schleswig-Holstein; importierter Grünkohl stammt meist aus den Niederlanden oder Skandinavien.
Aussehen
Gesunder Grünkohl hat sattgrüne, gekräuselte Blätter ohne Kopfbildung. Es gibt auffallende Unterschiede in Strunkhöhe (niedrig, halbhoch und hoch wachsende Sorten) sowie in Form, Farbe und Kräuselung der Blätter. Ein Gelbwerden der Grünkohl-Blätter kann folgende Ursachen haben: Nässestau, Blattlausbefall oder Magnesium- und Stickstoffmangel.
Geschmack
Grünkohl bekommt erst durch Frosteinwirkung ein angenehmes, herb-süßliches Aroma, da sich die in ihm enthaltende Stärke erst bei eisiger Kälte in Zucker umwandelt. Außerdem verliert Grünkohl durch Frost einen Großteil seiner Bitter- und Blähstoffe. Nicht durchgefrorener Grünkohl schmeckt grießig.
Sorten
Frühjahrs-Grünkohl/Kohlkeimchen nennt man in Norddeutschland zur Frühjahrszeit die nachgewachsenen zarten Blättchen des im Vorjahr abgeernteten Grünkohls, dessen Sprossen über Winter auf dem Feld stehengelassen wurden.
Lerchenzungen heißt eine halbhohe, feingekrauste Grünkohl-Sorte mit schmalen, langen, grünen Blättern.
Schwarzkohl/Toskanischer Palmkohl/Borecole: engl./Cavolo nero: ital./Chou cavalie: franz. heißt eine herzhaft würzige italienische Grün-

kohl-Sorte mit ca. 70cm langen, dekorativen, extrem dunklen, zungenartigen Blättern. Die dicken Blattrippen sollte man vor der Zubereitung entfernen.

Hauptinhaltsstoffe

Calcium, Eisen, Folsäure, sehr kaliumreich, Magnesium, Natrium, Niacin, Phosphor, reich an Provitamin A, Vitamin B 1, B 2, B 3, B 6, C und E. Von allen Kohlsorten besitzt Grünkohl den höchsten Gehalt an wertvollem Eiweiß, Kohlenhydraten, Vitamin B und C. Nach den Möhren ist Grünkohl zweitstärkster Lieferant des Provitamin A, und nach der Paprikaschote ist er sogar zweitstärkster Lieferant von Vitamin C. Der hohe Vitamin-C-Gehalt des Grünkohls leidet nicht durch Hitze, sondern bildet sich - wie bei anderen Kohlsorten auch - erst beim Kochen.

Verwendung, Zubereitung

Grünkohl-Gemüse wird gerne zusammen mit Kassler, Pinkelwurst (Wurst aus Grütze, Rinderflomen und Zwiebeln), Mettwurst und anderem Pökelfleisch zubereitet. Im Oldenburger Land gibt es im Winter sogar große „Grünkohlgelage", wobei derjenige Gast (oder ein Ehrengast), der die größte Portion Grünkohl verzehrt hat, zum „Kohlkönig" gewählt wird.

Zur Grünkohlgemüse-Bereitung werden die Blätter zuerst vom unverdaulichen Strunk gestreift, dann blanchiert, danach grob zerhackt und schließlich in nur ganz wenig Fond bissfest gedünstet. Gewürzt wird mit Zucker, Salz und Muskat. Eine Prise Zimt oder ein paar Sellerieblättchen, die man dem Kochwasser zufügt, nimmt Grünkohl den strengen Kohlgeschmack.

Lagerung

Gut gekühlt lässt sich Grünkohl einige Tage im Kühlschrank oder im kühlen Keller aufbewahren. Wie alle Kohlsorten darf auch Grünkohl nicht zusammen mit Obst gelagert werden, da er sonst schneller reift, rascher fault und die Blätter schneller vergilben.

Volksmedizinische Bedeutung

Grünkohl wirkt blutbildend, wasserausschwemmend und beugt Arteriosklerose vor.

Tipp

Roher Grünkohl wird zwar wegen seiner Unverträglichkeit selten zu Salat verarbeitet, eine Delikatesse sind jedoch noch ganz junge und zarte Grünkohl-Blättchen, die nur mit einer milden Zitronenmarinade angemacht und mit Stangenweißbrot verzehrt werden.

Guave

Psidium guajava

Djamboe, Goijaba: brasil., Goayave: franz., Guajava, Guajave: indian., Guava: engl., ital., niederl., Guayaba: span., Guayabe, Guayava, Guayave, Gujava: norw., Kujave, Quitte der Tropen

Allgemeines, Herkunft, Geschichtliche Bedeutung

Das Ursprungsgebiet der Guave liegt wahrscheinlich in Haiti. Anfang des 17. Jahrhunderts wurde sie von dort aus nach Asien gebracht, von wo aus sie in alle Länder der Tropen und Subtropen verbreitet wurde. Kultiviert wird die Guave, die zu den Myrtengewächsen (Myrtaceae) zählt, in Asien, Brasilien, Florida, Hawaii, Indien, Israel, Kalifornien, Kenia, Orient, Südafrika, Südamerika und in den Mittelmeerländern.

Aussehen

Die Guave ist eine apfel- oder birnenförmige Frucht, die an strauchähnlichen, immergrünen Bäumen wächst. Sie hat eine ungenießbare dünne, glatte, gelblich-grüne Schale und schleimiges, hellgrünes oder zartrosafarbenes Fruchtfleisch, in dem sich kleine, kantige, harte, essbare Kerne befinden.

Geschmack

Reife Guaven duften herrlich moschusartig, sind sehr saftig und haben ein einmaliges, betont süßes Aroma, das an Birnen, Feigen, Erdbeeren, Stachelbeeren und Quitten erinnert. Überreife Guaven riechen unangenehm sauer.

Sorten

Cas heißt eine mandarinengrosse Guaven-Sorte aus Costa Rica und Guatemala, die entweder wie ein Apfel gegessen oder zu Getränken, Marmeladen, Eiscremes und Sorbets verarbeitet wird. Der hohe Säuregehalt dieser Frucht kann bei Übergenuss zwar Durchfall zur Folge haben, dennoch wird meist zu viel davon verzehrt, da der phantastische Geschmack dieser köstlichsten aller Guavearten dazu verführt.

Coronilla/Erdbeerguave. Diese Guavensorte kommt zwar meist aus Brasilien, sie ist aber auch im fernen Osten weitverbreitet. Coronillen sind ca. 8cm lang und haben einen Durchmesser von 6cm. In der Fruchtmitte befinden sich einige Samenkörner. Das Fruchtfleisch schmeckt köstlich-exotisch, sehr erfrischend - besser als das der Guave.

Stachelbeerguave/Brazilian guave: engl./Goyava du brésil: franz. Diese wohlschmeckende Guavensorte wird meist zu Fruchtsäften und Gelees verarbeitet.

Wildguaven sind in Südamerka heimisch. Sie haben die Form einer Pflaume und hellgelbes, saures Fruchtfleisch, das vorwiegend der Herstellung von Getränken und Speiseeis dient.

Hauptinhaltsstoffe

Calcium, Eisen, Ellagsäure, Kalium, Pektin, Phosphor.

Guaven enthalten außerdem maximal pro 100g Fruchtfleisch 900mg Vitamin C - das ist das Fünffache von Zitrusfrüchten! Außerdem beinhalten sie beachtlich viel Provitamin A und Vitamin B.

Verwendung, Zubereitung

Guaven sind reif, wenn sie aromatisch duften und die gelbe Schale auf leichten Fingerdruck nachgibt. Guaven werden als Frischobst, zu Süßspeisen, Saft, Kompott, Konserven, Marmelade, Gelee, Likör, Obstsalat, Mus, Paste, in Quarkspeisen, als Aromaträger für Joghurt oder als Beilage zu Käse verwendet. Am besten schmeckt die Guave, wenn man sie - leicht gekühlt - dünn geschält und geviertelt mit Zukker und Weinbrand oder Rum würzt. Die Kerne stören zwar etwas dabei, sie sind aber essbar. Man kann die Guave zwar auch geschmort oder gekocht zu exotischen Speisen verzehren, wegen des hohen Vitaminverlusts ist jedoch davon abzuraten.

Lagerung

Kühl gelagert lässt sich eine unbeschadete Guave bis zu einer Woche aufbewahren. Unreife grüne Guaven lässt man an einem kühlen, hellen Ort nachreifen.

Volksmedizinische Bedeutung

Guavengenuss lindert Magen- und Darmbeschwerden und wirkt verdauungsfördernd. Zahnschmerzen kann man lindern, indem man Guave-Blätter kaut.

Tipp

Unter allen exotischen Früchten wird die Guave als das „Vitamin-Kraftpaket" schlechthin bezeichnet.

Gurken

Cucumis sativus

Agurets: russ., Agurke: dän., Augurk: niederl., Cetriolo: ital., Concombre: franz., Cucumber:

engl., Guggumere: schweiz., Gukummern, Jurke: berlin., Komkommer: niederl., Kukum(b)ern, Kummere: hunsrück., Ogurets: russ., Pepino cohombro: span.

Allgemeines, Herkunft, Geschichtliche Bedeutung

Gurken, sie sind das kalorienärmste und wasserreichste Gemüse überhaupt, wurden schon vor 4000 Jahren an den Südhängen des Himalayagebirges angebaut. Über Ägypten und Griechenland kamen sie im Mittelalter auch nach Rom, wo sie Kaiser Tiberius in seinen Hofgärten anbauen ließ. Vorübergehend wurde dann Ungarn zum Zentrum der Gurkenzüchtung. Die ersten Gewächshauskulturen dieses Fruchtgemüses gab es erstmals in England im 19. Jahrhundert. Im botanischen Sinne ist die Gurke eine Beerenfrucht und wird der Familie der Kürbisgewächse (Cucurbitaceen) zugeordnet.

Aussehen

Die meisten Gurken sind grün. Es gibt aber auch gelbe und weiße Gurken, die wegen ihres dekorativen Aussehens einen gewissen Beliebtheitsgrad erreicht haben und meist für Salate oder Schmorgemüse Verwendung finden. Qualitativ hochwertige Gurken sollten unverletzt, sauber und ohne ausgeprägte Kernbildung sein. Apfelförmige Gurken sind eine außerordentlich saftige und knackige Gurkensorte aus dem Freiland, die sich für köstliche Salate eignet.

Geschmack

Gurken haben einen erfrischenden und angenehm milden Geschmack. Der gelegentlich bittere Geschmack von Freilandgurken ist meist darauf zurückzuführen, dass sie eine ‚Erkältung' erlitten haben. Dieses führt bei den Pflanzen zu Wachstumsstörungen. Besonders Pflanzen, die durch Sonneneinwirkung erhitzt wurden, reagieren nachteilig auf kaltes Wasser. Von Nachteil sind außerdem große Temperaturgegensätze zwischen Tag und Nacht. Möglicherweise spielen auch die Lichtverhältnisse und die Überlagerung bei der Bildung der Bitterstoffe eine Rolle. Auch die einzelnen Gurken-Sorten reagieren unterschiedlich.

Sorten

Beta-Alpha-Gurken heißt eine 15cm lange und bis zu 250g schwere Gurkensorte, die früher aus Israel und der Türkei zu uns importiert wurde. Mittlerweise kommen sie auch aus deutschen Gewächshäusern.

Cornichons nennt man kleine, scharfe, in Gewürzessig eingelegte Gürkchen.

Einlegegurken/Ridge cucumber: engl. nennt man zylindrische, leicht gekrümmte, dunkelgrüne Gurken, die etwas kleiner sind als Salatgurken und überwiegend im Freiland angebaut werden. Ihre Oberfläche ist mit stachligen Warzen bedeckt, die jedoch im Laufe der Reife verschwinden. Das Fruchtfleisch von Einlegegurken zerfällt beim Kochen nicht so leicht wie das der Salatgurke. Einlegegurken sind rund um den Spreewald (südlich von Berlin) eine beliebte Spezialität. Schon um 1750 brachten es die Spreewälder zu großer Meisterschaft, so dass Friedrich der Große aus dem damals sächsischen Oberspreewald Gurkeneinleger nach Preussen abwerben wollte. Die einzigartige Qualität Spreewälder Gurken soll einem Lübbenauer Gurkenfabrikanten zu verdanken sein, der vor gut hundert Jahren entdeckte, wie man den Gärungsprozess beschleunigen und somit das Hohlwerden der Gurken verhindern konnte: durch Behandlung mit feinen Nadelstichen nämlich.

Einlegegurken werden je nach Zubereitungsart zu: *Delikatessgurken/ Essiggurken/Gewürzgurken/Gherkins:*

engl./Gurkerln: österr./Pepinillo: span. /Pfeffergurken/Polnische Gurken/ Saure Gurken/Schmorgurken/Senfgurken/Zuckergurken verarbeitet.
Industriegurken nennt man sterilisierte, in Würfel-, Scheiben-, Streifen- oder Würfelform geschnittene und süßsauer eingelegte Gurkenstücke.
Häkelgurken/Knudelgurken/Krüppelgurken nennt man durch Wachstumsstörungen deformierte Gurken. Krüppelwuchs entsteht meist unter dem Einfluss nasskalter Witterung.
Japangurken/Kurigurken/Uri sehen zwar aus wie unsere Salatgurken, sie haben aber eine warzige Schale. Das Aroma dieser japanischen Gurkensorte ist ungewöhnlich fischähnlich. In Japan werden sie meist in Reiswein eingelegt verzehrt.
Minigurke nennt man eine nur 150-200g schwere Neuzüchtung der Salatgurke, mit der man insbesondere Singles als Käufer ansprechen möchte.
Rote Schlangengurken in Paprikafarbe wurden Ende der sechziger Jahre von dem holländischen Botaniker Merrle gezüchtet, und zwar mit Gurken- oder Tomatengeschmack. Auf dem Markt durchsetzen konnten sie sich bis heute jedoch nicht.
Salatgurken/Schälgurken/Schlangengurken/Walzengurken heißt eine große, lange und warzenlose Gur-kensorte mit dunkelgrüner Schale. Bei einer gut geschälten Salatgurke aus dem Treibhaus - und die meisten Salatgurken, die wir in Deutschland kaufen, kommen aus Treibhäusern Frankreichs, Belgiens, Italiens und Hollands - kann man sicher sein, dass sich keine Giftstoffe mehr an ihr befinden, da diese weggeschält wurden: Die Giftstoffe befinden sich bei der Gurke nämlich nur in der Schale. Salatgurken aus dem Bio-Anbau darf man jedoch bedenkenlos auch mit der Schale verzehren. China betreibt übrigens den größten Salatgurken-Anbau weltweit. Wichtig: Salatgurken mit Bitterstoff sind nach EWG-Vorschrift grundsätzlich nicht handelsfähig. Lediglich in den Klassen II und III dürfen höchstens 2% nach Anzahl der Gurken an den Enden einen bitteren Geschmack aufweisen.
Salzdillgurken/Salzgurken werden meist in Fässern durch natürliche Milchsäuregärung unter Zusatz von Salz, Gewürzen und Kräutern haltbar gemacht.
Schälgurken nennt man Delikatessgurken, die vor der Zubereitung geschält werden.
Teufelsgurken nennt man in Chili und andere scharfe Gewürze eingelegte Gewürzgurken.

Hauptinhaltsstoffe

Apfel-, Zitronen- und Oxalsäure, Calcium, Eisen, Folsäure, Kalium, Magnesium, Phosphor, Provitamin A, Vitamin B 1 und C, 97% Wasser.

Verwendung, Zubereitung

Salatgurken werden zwar meist - wie der Name schon sagt - zu Salat bereitet, jedoch findet er immer öfter auch als Gemüse viele Anhänger. Den Saft leicht gesalzener Gurkenscheiben, die man für Salat vorbereitet hat, sollte man nicht durch Abpressen entfernen, da man dabei die Gurke ihrer wertvollen Inhaltsstoffe beraubt und sie zudem noch schwerer verdaulich wird. Schlecht gekauter oder ein Zuviel an Gurkensalat zieht unliebsame Unverträglichkeiten nach sich, z.B. Aufstoßen, Bauchweh, Durchfall. Dem kann man entgegenwirken, indem man entweder der Salatsauce etwas Senf beimengt oder die Kerne der längs geteilten Gurke vor dem ‚Anmachen' mittels eines Kaffeelöffels entfernt. Freilandgurken dienen - meist in Essig

eingelegt - als Garnitur, Salatzutat usw.
„Original Spreewaldgurken" bereitet man folgendermaßen zu:
3kg gewaschene Einlegegurken in einem hohen Steintopf mit Salz bestreuen und über Nacht stehenlassen. Gurken herausnehmen, trockentupfen, abwechselnd mit feingeschnittenen Dilldolden, getrocknetem Estragon, Perlzwiebeln, Meerrettichscheiben und Pfefferkörnern, Lorbeer- und Weinblättern in den Steintopf schichten. 1 Ltr. Essig, ½ Ltr. Wasser und 2 Essl. Zucker aufkochen und die Gurken damit übergießen. Den Steintopf kühlstellen. Nach 10 Tagen den Sud abgießen, aufkochen, nochmals über die Gurken geben und mit Cellophan schließen. Nach 6 Wochen sind sie verzehrfertig.

Lagerung

Gekühlt sind Salatgurken bis zu 3 Wochen haltbar. Salatgurken sollten nie zusammen mit ethylenhaltigem Obst oder Gemüse gelagert werden, da sie durch deren Ausscheidung sehr rasch reifen und verderben.

Volksmedizinische Bedeutung

Ernährungsphysiologisch ist die Gurke sehr hoch einzustufen, da sie eines unserer gesündesten und basenreichsten Gemüse ist. 100g Gurken enthalten nur 13 Kalorien! Roh gegessen, wirkt die Gurke so appetitanregend, wassertreibend, herzentlastend, stuhlregulierend und hautreinigend wie nur wenige Gemüsearten. Bei brennenden Augen kühlt man mit Gurkenscheiben. Gurkensaft wird erfolgreich bei Hautkrankheiten, Sonnenbrand, Verbrennungen, Frostschäden der Haut und rotem Gesicht angewandt. Gurkensaft, den man mit Milch vermischt hat, wirkt durststillend und lindernd bei Aufregung und Fieber. Salatgurken-Schalen bekämpfen Kopfschmerzen - man legt sie einfach auf die Stirn. Saure Gurken geben zwar Körperwärme und fördern die Verdauung - der Spruch: „Sauer macht lustig!" trifft bei sauren Gurken aber nicht zu, da sie den Magen eher miesepetrig machen und außerdem noch den Nachdurst fördern.

Tipp

Ein bekanntes tschechisches Gurkenanbaugebiet heißt „Znaim" - daher die berühmte klassische Garnitur für Rostbraten oder Rumpsteak „Znaimer Art", die stets Gurkenstreifen beinhaltet.

H

Hafer

Avena sativa

Avoine: franz., Biwen, Flöder, Gäbelshaber, Gewöhnlicher Hafer, Haber: schweiz., Haver: plattdt., Howern, Oat: engl., Rispenhafer

Allgemeines, Herkunft, Geschichtliche Bedeutung

Der Ursprung des Hafers liegt in Asien. In Nord- und Mitteleuropa ist Haferanbau seit der Bronze- und Eisenzeit nachgewiesen, womit der zu den Süßgräsern zählende Hafer zu den jüngeren Kulturgetreidearten des Menschen gehört. Im Altertum galten Haferstrohbäder und -packungen als hilfreiches Mittel gegen Rheuma sowie Nieren- und Blasenleiden. Hafer-Importe, die meist aus Amerika, Kanada, Neuseeland und Australien zu uns kommen, werden generell zur Lebensmittel-Herstellung verwendet. Aus deutschem Hafer wird meist hochwertiges Tierfutter produziert.

Aussehen

Hafer hat vielfach verzweigte, abstehende Rispen mit gleichseitig angeordneten Ährchen und von Spelzen umgebenen Körnerfrüchte. Die Höhe des Hafers variiert wie bei keiner anderen Getreideart und beträgt meist 60 - 120cm.

Hauptinhaltsstoffe

Aminosäuren, Ballaststoffe, sehr hoher Calcium- und Eiweißgehalt, Magnesium, Vitamin B 1, B 2 und E, Zink.

Verwendung, Zubereitung

Hafer wird zu Haferflocken, Hafermehl, Hafergrütze, Müsli, Auflauf, Gebäck, Brei, Pfannkuchen, zu Säuglingsnahrung und als Bindemittel für Suppen und Saucen verwendet. In England und Schottland bereichern Haferflocken als Grundnahrungsmittel in Form von „Porridge" den Frühstückstisch. Geröstete Haferflocken können notfalls als Mandelersatz dienen, da sie geröstet ein ähnliches Aroma wie Mandeln entwickeln.

Volksmedizinische Bedeutung

Hafer ist dafür bekannt, dass er Leber und Bauchspeicheldrüse entlastet, den Blutzuckerspiegel senkt und die geistige und körperliche Leistungsfähigkeit steigert. Er wird auch als Energiespender Nr.1 unter den Getreide-Sorten bezeichnet, da er eine beruhigende, stärkende und sehr sättigende Wirkung hat. Haferflocken, die man mit ein paar Apfelstückchen gemischt und danach mit Magermilch übergossen hat, gelten als ungeschlagener Muntermacher am Morgen, da sie jede Menge Powerstoffe enthalten.

Tipp

Sommersprossen kann man bleichen (wegschminken geht nicht), indem man 2 Esslöffel Haferflocken mit 4 Esslöffeln Buttermilch zu einer Paste verrührt und diese alle 3 Tage für 20 Minuten gleichmäßig auf die Sonnenflecke aufträgt; anschließend mit lauwarmem Wasser abspülen.

Hagebutten

Rosa canina

Agavanzas: span., Annekenbutte, Baderli, Barbuschke, Bauchstecherl, Beisserle, Biliger, Blühdorn, Botschüle, Bottelhecke, Bottelknopf, Bottelter, Botten, Broselbeere, Bruttel, Buckel, Büschelrose, Buggele, Bullendorn, Bullenpischer, Bullensack, Bullert, Bunzigel, Buschrose, Buttanischen, Buttelapfel, Butteldinger, Buttelhiefe, Buttelte, Buttenbeere, Buttenrose, Butterfässlein, Butzhagen, Buzigel,

Christusdorn, Coccole della rosa canina: ital., Donnerrose, Dorn(apfel), Dornbeere, Dornfiselchen, Dornhüttchen, Dornkuchel, Dornkühlein, Dornmännchen, Dornrose, Dornstaude, Dostrose, Dutteldorn, Duttelknopf, Duttelstrupp, Egeltiere, Eklenter, Erlstaude, Escaramujos: span., Eschkete, Eschrose, Essröschen, Fettochsen, Filzstrauch, Flatterrose, Flöckrose, Frauenrose, Fruit of Hawthorn: engl., Fruits d'églantier: franz., Gaulknödel, Haarbutte, Ha(ber)butze, Habrodel, Hachelbutze, Häge, Hägen, Haferbutze, Hage(l)butte, Hage(l)butze, Hageldische, Hag(el)dorn, Hageldotsch, Hagenapfel, Hag(e)rose, Hagewüppkes, Hagipken, Hagspitzbuschen, Hahnbeere, Hahnbusch, Hahndorn, Hahnebutte, Hahnhöldlein, Hahnhöttle, Hahnklösschen, Hahnklöten, Hahnpfautschen, Hahnpink, Hahnwiepen, Hainbutten, Haingitsche, Hainhiffe, Hainhoken, Hainrose, Hainrosenbeere, Haketiuken, Halfe, Halskitzele, Hammbutte, Han(e)butten, Hangelrose, Hanódl, Hapûtchen, Harwuzel, Hatscherrose, Hâweike, Hawohde, Hebetschen, Heckenapfel, Heckenbecken, Heckenbutze, Heckengatzerle, Hekkenkirsche, Heckenpikker, Heckenröschen, Hefakölli, Hegen, Heiderose, Heimbutte, Heinzerlein, Helfen, Helfestude, Hennefetzel, Hennefüsslein, Hepelepepel, Herrenapfel, Herrenquaste, Hetschenbeere, Hetschepetsch(en): österr., Hetsche(rl)n, Heuetrösli, Hexendorn, Hicke, Hiefalter, Hiften: süddt., Hinfen, Hirgenrose, Hissen, Hitschipitsch, Höfeskölli, Holzrose, Honiefte, Hornbutte, Hüffen, Huheichel, Huhicke, Hunäferle, Hundsdorn, Hundsklösse, Hun(n)beere, Hussefackeli, Ibbesbiercher, Jêbke, Jepkes, Jobke, Juckapfel, Juckbeere, Juckbirnchen, Juckbohne, Juckkörner, Juckpulver, Juckrose, Judasbeere, Judenbrot, Judenbutz(e), Judenheppe, Jungferntutten, Kakadér, Kapernass, Kaulbutsch, Kiepenkirsche, Kiepenstrauch, Kippendorn, Kippenrose, Kläggedorn, Klappohren, Klunzhenne, Knappbutte, K(o)rallen, Krällekes, Kranach, Kratzdorn, Kratzer, Krawuddele, Krimmelrose, Krögedorn, Krukbeere, Lausbeere, Laus(busch), Lauspeke, Mäkkeslüs, Magenputzerli, Mariabirnchen, Marterbeere, Martinsbeere, Mehlbeere, Mehlkirsche, Mehlklettchen, Mehlsack, Meischgl, Milchrose, Moosrose, Moschkulle, Müllerkes, Mufeln, Nagelrose, Naunetzen, Naunitzen, Nipenappe, Nipenbirne, Nipetäre, Öchslein, Ohr(en)bambelcher, Ohrklunker, Ohrringel(ein), Pargaukle, Patsche, Pferderose, Pfingstliese, Pfrosle(n), Picke, Pickrose, Piepekantjes, Pitschepatschen, Porzel, Pracherrose, Puck(el)rose, Püppchen, Quast, Rawodele, Reikemann, Repeldorn, Rose hip: engl., Rosenbeere, Rosspüppke, Rote Dirndl, Rote Männlein, Rote Schlehe, Rotköpfchen, Rotpipke, Rührfass, Rüterdorn, Säule, Saurose, Schattenrose, Schipka, Schlackerrose, Schlagdorn, Schlingrose, Schmalzkübelein, Schnoterkliess, Schwarzkopf, Schweinchen, Scitzadorn, Scitzela, Scütz, Skützgoglen, Smulenträkers, Spackel(dor), Stachelhecke, Staudenröschen, Steinröschen, Stichel, Stinkrose, Storlbeere, Suckel(in), Wasserkübelein, Wegdorn, Weibel, Weibermegser, Weibermetzger, Weibrose, Wepdorn, Wepeln, Wetterrose, Wieke, Wiepe, Wiepke(s)dorn, Wieptiuken, Wilde Keppen, Windrose, Zaunrose, Zeilnägele, Ziegendorn, Zwicker

Allgemeines, Herkunft, Geschichtliche Bedeutung

Als „Hagebutten" bezeichnet man die Früchte verschiedener wilder Rosenarten. In Eurasien und Osteuropa liegen die größten Anbaugebiete dieses Rosengewächses (Rosaceae); in Deutschland gilt ihr Anbau dagegen als unwirtschaftlich. Im Herbst, wenn die Blüten allmählich vergehen, sind die Früchte ein herrlicher Schmuck am Rosenstrauch und bei den Vögeln als Nahrung sehr begehrt.

„Nüsschen" ist der Fachausdruck für die Hagebutten-Früchte. Sie werden normalerweise zu Beginn der Vollreife geerntet, also zwischen September und November vor der ersten Frosteinwirkung, da ihr Vitamin-C-Gehalt durch Frost stark gemindert wird. Den Namen „Hundsrose" erhielt die Hagebutte, weil man im Mittelalter glaubte, die Pflanze helfe bei den Bissen eines tollwütigen Hundes.

Aussehen

Die Färbung von Hagebutten reicht von grün über gelb und orange bis hin zu einem leuchtenden rot.

Geschmack

Hagebutten schmecken süß-säuerlich und sehr herb.

Sorten

Rosenäpfel nennt man Pflanzengallen an wilden Rosensträuchern. (siehe unter „Galläpfel").

Vitaminrose: Rosa pendulina: lat. nennt man eine kultivierte Hagebutten-Sorte, die meist aus Russland oder den Niederlanden zu uns importiert wird.

Welsche Hagebutte nennt man die länglichen Früchte des Judendorns.

Hauptinhaltsstoffe

Apfel- und Zitronensäure, etherisches Öl, fettes Öl, Flavone, Gerbstoffe, Leucocyanidine, Lycopen, Mineralstoffe, Pektin, Provitamin A, Tocopherole, Vitamine B 1, B 2, reichlich Vitamin C, Vitamin D, E, K und P, Zucker. Hagebuttensaft enthält 15 x soviel Vitamin C wie Orangensaft: 500-1700 mg%. In Hagebutte-Kernen befinden sich zudem Vanillinspuren.

Verwendung, Zubereitung

Hagebutten sind wegen ihres Geschmacks nur in gekochtem Zustand verzehrbar. Sie werden meist zu Likör, Hagebuttenwein, Saft, Limonade, Sauce, Suppe, Mark, Marmelade oder Mus gekocht. Spätestens nach etwa einem Jahr sollte Hagebuttenmark- oder -marmelade jedoch verzehrt werden, da sich das Vitamin C danach verflüchtigt. Frische oder getrocknete Hagebutten dienen als „Kernlestee" der Teeherstellung - die getrockneten und gerösteten Kerne als Kaffee-Ersatz.

Lagerung

Trocken und luftig gelagert lassen sich Hagebutten ca. 1 Woche aufbewahren.

Volksmedizinische Bedeutung

Hagebuttengenuss dient der Infektabwehr bei Erkältungskrankheiten, hilft Giftstoffe in der Leber und den Nieren abzubauen und wirkt außerdem abführend und harntreibend. Hagebutten-Tee, er ist auch als „Deutscher Tee" bekannt, kann man zur Behandlung von Blasen- und Nierenentzündungen und zum Betupfen der Augen bei Augenentzündungen anwenden.

Tipp

Zu den alten Bräuchen am Neujahrstag gehörte früher, dass das Familienoberhaupt in aller Frühe Hagebutten aus der benachbarten Gemarkung holte, da diese - nach altem Volksglauben - Krankheiten vom Haus fernhalten sollten.

Hanf

Cannabis sativa

Cânamo: span., Canapa: engl., Chanvre: franz., Gewöhnlicher hanf, Hemp: engl., Nutzhanf

Allgemeines, Herkunft, Geschichtliche Bedeutung

Die Heimat des Hanfs liegt zwar in Syrien, er wird aber auch vielfach in China, Italien, Ungarn, Serbien, Russland und Amerika kultiviert. Seit 1996 darf Nutzhanf auch in Deutschland angebaut werden. Der seit dem 3. Jahrhundert v. Chr. bekannte Hanf gehört zur Familie der Hanfgewächse (Cannabaceae) und ist mit dem Hopfen verwandt. Er kann eine Höhe von bis zu 3,50m erreichen. „Hanfen" nennt man ein Produkt, das aus Hanf besteht.

Aussehen

Der schnellwachsende Hanf hat krautige Blätter mit fingerförmigen, gezähnten und gefiederten Bastfasern, die 5-55mm lang und 15-28mm breit werden können. Somit gehört der Hanf zu den Pflanzen mit den längsten nutzbaren Fasern. Die hohlen Stängel besitzen eine innere Rinde. Die Blüten, aus denen später kleine, runde, nussartige Früchte wachsen, sind sehr klein.

Sorten

Amerikanischer Hanf dient der Herstellung von Marihuana/Ganja.

Indischer Hanf/Cannabis indica: lat. heißt eine einjährige, bis zu 4m hoch werdende, überwiegend in Indien, Afghanistan und im Iran angebaute Hanf-Sorte, deren Blattspitzen aufgrund ihres hohen Gehalts an Cannabinoiden oft zur Herstellung von Haschisch genutzt wird.

Hauptinhaltsstoffe

Cellulose, Gamma-Linolensäure, Tetrahydrocannabinol (THC).

Verwendung, Zubereitung

Hanffasern werden überwiegend zur Herstellung von Waren verwendet, die einer hohen Festigkeit und Wasserbeständigkeit bedürfen (z.B. Papier, Möbel, Kleidung, Segeltücher, Taue, Seile, Säcke, Wachse, Shampoo usw.). Kleingehackt können junge Hanf-Blätter der Herstellung von Brot oder als Salatzutat dienen. Aus ungeschälten Hanf-Früchten wird entweder Hanf-Öl gepresst, das meist zu Schmierseife und Lacken verarbeitet wird oder sie finden als Vogelfutter Verwendung.

Lagerung

Frische Hanf-Blätter kann man ca. 2 Wochen an einem kühlen Ort aufbewahren.

Volksmedizinische Bedeutung

Umschläge mit Hanfblättern werden bei Rheuma, Migräne und Zahnschmerzen verabreicht.

Tipp

Etwa 34kg Blätter des gewöhnlichen Hanfs müßte man rauchen, um ‚high' zu werden, da die rauscherzeugenden Inhaltsstoffe in nur sehr geringem Maße vorhanden sind.

Haselnuss

Corylus avellana

Aveline: franz., Avellana: ital., span., Hasel, Hasselnött: norw., Hazelnoot: niederl., Hazelnut: engl., Noisette: franz., Welschhasel

Allgemeines, Herkunft, Geschichtliche Bedeutung

Die Heimat der wildwachsenden Haselnuss liegt vermutlich in Südeuropa oder in Kleinasien, wo sie schon vor unserer Zeitrechnung genutzt wurde. Heutzutage findet man Haselnusssträucher, sie gehören übrigens zur Familie der Birkengewächse (Betulaceae), meist als Sichtschutzgehölze in Gärten oder Parks. Ab Mitte August kommen Haselnüsse mit der Schale überwiegend aus Frankreich, Griechenland, Italien, Russland, Spanien, USA oder Zypern; die Türkei ist dagegen Hauptlieferant für Haselnusskerne. Ihres wertvollen hohen Eiweißgehalts wegen werden Haselnüsse auch als „Fleisch der Vegetarier" bezeichnet.

Aussehen

Haselnüsse haben eine längsgestreifte, glänzende oder matte und mehr oder weniger dicke, verholzte Schale. Der elfenbeinfarbene, hartfleischige und - je nach Sorte - kugelrunde oder ovale Kern ist von einer dünnen, hellbraunen Haut umgeben.

Geschmack

Die Haselnuss hat ein typisch wohlschmeckendes, nussiges Aroma, das von Filberton, einem farblosen Öl, hervorgerufen wird.

Sorten

Barcelones-Nuss/Oregon-Haselnuss/ Royals heißt eine runde, zarte und kernige Haselnuss-Sorte aus Nordamerika, aus der meist Pralinen oder Honignüsse und dergleichen hergestellt werden.

Baumhasel/Tombul/Türkische Hasel/ Türkische Dicknuss heißt ein wertvoller Straßen- und Parkbaum, der in Kleinasien, Südosteuropa, Österreich und Ungarn zu finden ist. Seine runden, sehr schmackhaften Nüsse werden meist bevorzugt zur Herstellung von Backwaren verwendet. Diese Haselnuss-Sorte bringt alle 10 Jahre eine Rekordernte.

Bluthasel nennt man hierzulande eine kleine Haselnusssorte mit dünner Schale und einem länglichen, dicken Kern, der mit einem rötlichen Häutchen ummantelt ist.

Filbert-Nuss: Corylus maxima: lat. /Lambertshasel/Lambertsnuss heißt eine kultivierte Varietät der Zellernuss aus der Lombardei. Sie hat robuste, längliche, walzenförmige Früchte, die in einer einseitig geschlitzten Fruchthülle sitzen. Geschmacklich ist sie den Zellernüssen überlegen.

Gewöhnliche Hasel/Haselstrauch/ Waldhasel heißt eine häufig in Deutschland vorkommende wildwachsende Haselnuss-Sorte, die bis zu 9m hoch werden kann.

Giovanni-Nuss/Neapolitaner Nuss heißt eine lange und breite Haselnuss-Sorte aus Livorno.

Italienische Nuss/Römerkern/Römische Nuss nennt man eine plattrunde Haselnuss-Sorte aus Italien.

Levantiner Nuss heißt eine zwar rundliche, jedoch nach oben hin zugepitzte italienische Haselnuss-Sorte.

Zellernuss/Bambergernuss/Pontische Nuss heißt eine große, rundliche, dünnschalige Haselnuss-Sorte mit gestreiften Fruchtwänden, die meist aus Österreich oder Ungarn zu uns kommt.

Hauptinhaltsstoffe

Calcium, hoher Eisengehalt, Eiweiß, Filberton, Kalium, Kupfer, Magnesium, Öl, Phosphor, Schwefel, Vitamine B 1, C (nur in frischen Nüssen), E, Ballast-, Bitter- und Gerbstoffe.

Verwendung, Zubereitung

Getrocknet, geröstet und gemahlen oder gerieben dienen Haselnüsse der Herstellung von Nougat, Eis, Likör, Brotaufstrichen, Torten, Pralinen, Puddings, Nussbutter, Schokolade, Mus und Mark. Beachtliche Haselnuss-Mengen werden auch zu Öl verarbeitet. Haselnüsse schält man, indem man sie zuerst ein paar Minuten im Backofen röstet - wodurch sich gleichzeitig ihr Geschmack verbessert -, um sie danach von ihrer geplatzten Schale zu befreien, indem man sie in den Händen oder in eimem Tuch abreibt. Getrocknete Haselnussblätter kann man als Tabak rauchen. Für Eichhörnchen und Häher sind Haselnüsse eine beliebte Nahrung. Die biegsamen Haselnuss-Zweige werden von Korbmachern und Böttchern hochgeschätzt.

Lagerung

Geschälte Haselnüsse werden wegen ihres hohen Fettgehalts bei falscher Lagerung (zu warm oder zu feucht) schnell ranzig; leicht angeröstet sind sie jedoch, infolge eines geringeren Wassergehalts, haltbarer. Haselnüsse mit Schale sind, vorausgesetzt, sie werden trocken, kühl und dunkel gelagert, bis zu zwei Jahre haltbar.

Volksmedizinische Bedeutung

Haselnüsse haben eine allgemein anregende Wirkung. Darmträgheit, Magenbeschwerden und Sodbrennen kann man mit Haselnüssen nicht nur bekämpfen, sie wirken auch vorbeugend. Umschläge mit Tee aus Haselnussblättern helfen bei Hämorrhoiden.

Tipp

Haselnusszweige sind besonders gut als natürliche Stützen bei der Anzucht von Erbsen oder Bohnen geeignet, da sie nicht wurzeln.

Heidelbeere

Vaccinium myrtillus

Äuglbeer, Aigelbeere, Airelle noire: franz., Angelbeere, Arándano: span., Aterbeere, Augenbeere, Bäseke, Bäuckbeere, Baschine, Bagola: ital., Bayas del arándano: span., Bayas bel mirtilo: span., Bebern, Bebitte, Beckbeere, Beerschkerne, Beersökne, Beiberen, Beikbeere, Bergmyrte, Besinge, Beukeren, Beuwern, Bibken, Bickbeere, Biggebitten, Bilberry: amerik., Bilebeer, Biwerken, Bixbeere, Blabär: norw., Blaubeere: süddt. und österr., Blauwe Bosbes: niederl., Blubberbeere, Blueberry: engl., Bocksbeere, Boeweln, Bor(u)fken, Buderi, Bübberken, Büddels, Büwwecken, Bullgnagen, Bullgrafen, Bullgrawen, Buschbeere, Dröppelkes, Drudenbeere, Druidenbeere, Drump(f)elbeere, Drunkele, Eigelbeere, Eiselbeere, Erbel, Erber, Feibeten, Feiwerte, Ga(n)delbeere, Gehagelsbeere, Geissbeere, Gendelbeere, Glücksbeere, Glückser, Granten, Greiserbeere, Griffelbeere, Hackentepfel, Hällebeere, Häselbeere, Haffere, Haiberten, Hanaugen, Hanbir, Hartbeere, Haselbeere, Hasenbeere, Hedelbesinge, He(e)delbeere, Heibelte, Heiber, Heidebeere, Heidel, Heilebeere, Heiti: schweiz., Helpern, Heselbeere, Heubeere, Heulwaken, Heuwern, Himerte, Hindel, Höpperle, Hüteni, Hundsbeere, Jackjebeere, Jägerbeere, Jaffi(a)m(a), Jagelbeere, Jakobsbeere, Joksbeere, Klunderbeere, Kohleke, Kra(c)kbeere, Krähenauge, Kron(s)beere, Kudbeere, Kuhleke, Kuhteke, Kupschebeere, Kutheke, Mamber, Margaretenbeere, Mauebeere, Mirtillo: ital., Môlbeere, Mollbeere: rheinld., Mombeere, Morpel, Moschbeere, Mostbeere, Mützke, Myrtebeere, Myrtille: franz., Ochsenzecke, Paudelbeere, Pickelbeere, Postelbeere, Preus(s)elbeere, Pritsele, Puckelbeere, Rif(f)elbeere, Rossbeere, Sauerländische Korinthe, Schnuderbeere, Schwarzäugelbeere, Schwarzbeere: süddt, österr., böhm., Schwarze Erdbeere, Schwarzel, Schwarze Preiselbeere, Sendbeere, Sentbeere, Sepbeere, Setbeere, Sibbeere, Spreissbeere, Stäudlein, Staudelbeere, Stoanlbeere, Stopfbeere, Tackbeje, Tackenbeere, Tau(b)beere, Taubenbeere, Vossebes: niederl., Wähle, Walberte, Walbite, Wal(d)beere, Waldheidelbeere Wall(e)beere, Walpern, Weinbeere, Wele: hunsr., Welpern, Whortleberry: engl., Wolbeere, Wolberten, Wolper, Wolwatten, Worbel, Zäpern, Zeckenbeere, Zette(n), Zöchbeere

Allgemeines, Herkunft, Geschichtliche Bedeutung

Die wildwachsende Heidelbeere hat ihren Ursprung in Eurasien, wo sie schon im 11. Jahrhundert als Heilpflanze bekannt war. In Deutschland findet man wildwachsende Heidelbeeren von Juni bis September auf trockenem Grund in Wäldern, auf Kiefernlichtungen und auf Hochmooren oder Heideboden. Größere Anbaugebiete dieses etwa 50cm hohen Heidekrautgewächses (Ericaceae) existieren in Asien, den Balkanländern, in Frankreich, Nordamerika und in Polen. Das Wort „Heidelbeere" wurde vom Althochdeutschen „Heitperi" abgeleitet, was auf das Vorkommen auf der Heide hinweist.

Aussehen

Die reife Heidelbeere hat erbsengroße, blauschwarze, kernarme Beerenfrüchte, die mit einem dauerhaften Tau bedeckt sind. Unreife Heidelbeeren sind rot. Heidelbeer-Blätter sind normalerweise dunkelgrün. Gelbe Heidelbeer-Blätter zeigen Eisenmangel an.

Geschmack

Kultivierte Heidelbeeren schmecken zwar süß-sauer und sind sehr aromatisch, wilde Waldheidelbeeren sind jedoch noch viel geschmacksintensiver und enthalten außerdem mehr Vitamine und Mineralstoffe als die Kultivierten. Ein leichter Bittergeschmack der Heidelbeere ist auf Überlagerung zurückzuführen.

Sorten

Kulturheidelbeere: Vaccinium corymbosum: lat./Amerikanische Blueberry/Gartenheidelbeere/Nordamerikanische Heidelbeere. Die Kulturheidelbeere ist 1906 in Nordamerika aus einer Kreuzung von Brombeere und Olattiebeere entstanden. Sie ist wesentlich größer und hat viel festeres Fruchtfleisch als die wildwachsende Heidelbeere. Mittlerweile wird sie in

Amerika feldmäßig angebaut, aber auch in den Niederlanden, Österreich und in der Lüneburger Heide wird sie auf kleineren Anbauflächen kultiviert. Der rohe Fruchtsaft der Kulturheidelbeere ist zwar fast farblos, beim Kochen verfärbt er sich allerdings durch den Farbstoff in der Schale dunkelrot.

Moorbeere/Vaccinium uliginosum: bot. /Bergmännl/Blaue Granten/Blochine /Bluderbeere/Bludere /Bluder(t)sch/ Bogbilberry: engl./Budretsche/Buhlblagen/Buhlgraden/Bullbeere/Doppelbeere/Drumpelbeere/Drunkelbeere/ Dummelsbeere/Dunbeere/Fäiberte/ Femmelten/Femmerten/Filzbeere/Filzklobern/Girigitz/Glogitzer/Grifle/ Grosse Heidelbeere/Gugazerbeere/Gugge(n)/Guggenbeere/Gugitzer/Hahnbeere/Hundsbeere/Fagelbeere/Jägerbeere/Judenböwern/Jugelbeere/Kos(t)-beere/Krähenbeere/Kran(ich)beere/ Kräuel/Krankeln/Kreuzbeere/Krombeere/Moosfacken/Moosgucker/Moorheidelbeere/Nabelbeere/Ochsenklaiwern/Ochsentieke/Pfaffenbeerlein/ Pfaffenbirl/Pferdeworbel/Pfluderbeere/Purgnadel/Puttengnaden/Raumböwern/Rauschbeere/Rissbeere/Rossheidelbeere/Rote Heide/Rotzbeere/ Rummelbeere/Runkelbeere/Sau(er)-beere/Schlogitzer/Schnotzbeere/Schnuderbeere/Schwindelbeere/Schwindel(n)/Seehoibeere/Skuzelbeere/Sprekkelbeere/Sturlbeere/Sumpfbeeere/ Sumpfheidelbeere/Tollbeere/Topfbeere/Trinkelbeere/Trunkelbeere/Unsinnele/Wasserbeere/Wildheidel/ Winnenbeere/Zoglbirl.

Moorbeeren findet man meist zerstreut, zuweilen aber auch gesellig wachsend, sowohl in feuchten Wäldern und auf Torfböden Nordeuropas, als auch in badischen und bayrischen Mooren. Sie ist eine etwas größere Abart der Heidelbeere und hat bläulichschwarze, bereifte Früchten und nicht färbenden Saft. In größeren Mengen genossen, führt sie zu Ernährungsstörungen, Schwindelgefühlen und Lähmungserscheinungen, da sie möglicherweise schwach giftig ist. In Deutschland sind Moorbeeren nur für private Sammler von Bedeutung.

Hauptinhaltsstoffe

Anthocyaninartiges Oenin, Apfel-, Zitronen-, Oxal- und andere Fruchtsäuren, Calcium, Eisen, Gerbstoffe, Hydrochinon, vegetabilisches Insulin, Invertzucker, Kalium, Magnesium, Mangan, Natrium, Pektin, Phosphor, Provitamin A, Tannin, Vitamin B 1, B 2, B 6, C und E.

Verwendung, Zubereitung

Die Heidelbeere findet oft als Frischobst (meist mit Zucker und Sahne verzehrt) Verwendung, wobei sich das Mundinnere durch ihren stark färbenden Saft dunkelblau färbt. Auch zur Joghurt- und Puddingherstellung, in Buttermilch, Heidelbeerwein, Most, Likör, als Kompott, für Torten, Aufläufe, Müslis, Konfitüre, Mus, Saft, Eis und als Pfannkuchenfüllung wird sie verarbeitet.

Lagerung

Heidelbeeren halten sich kühl gelagert ca. 5-7 Tage.

Der hohe Vitamingehalt der Heidelbeere bleibt durch die luftabsperrende Beerenhaut sogar noch bis zu drei Tage nach der Ernte konstant erhalten.

Volksmedizinische Bedeutung

Würmer, Durchfall, Dickdarmkatarrh, Zahnfleisch- und Mundschleimhautentzündung kann man durch Heidelbeergenuss erfolgreich bekämpfen. Nachweislich helfen Heidelbeeren auch Autofahrern, die an mangelhafter Nacht-Sehfähigkeit und erhöhter Blendempfindlichkeit leiden. Bei nervösem

Reizmagen zerdrückt man 120g Heidelbeeren, übergießt sie mit lauwarmer Milch und isst sie langsam und gut zerkaut. Dick eingekochter Heidelbeer-Extrakt hilft gegen nässende Flechten und starken Juckreiz. Mit verdünntem Heidelbeersaft wird gegen Rachenkatarrh gegurgelt. Heidelbeertee, den man aus getrockneten Heidelbeeren zubereitet hat, wirkt stark harntreibend. Heidelbeerblätter führen, in hohen Dosen eingenommen, zu Vergiftungserscheinungen.

Tipp

In einem Märchen wird behauptet dass überall dort, wo pechschwarze Heidelbeeren den Boden bedecken, Zwerge ein- und ausgehen.

Himbeere

Rubus idaeus

Ambeer, Ambus, Bäumchenbeere, Beere der Hirschkuh, Bringebär: norw., Embeere, Entenbeere, Finebeere, Framboise: franz., Framboos: niederl., Frambose, Frambuesa: span., Frauenbeere, Frecken, Gimbern, Gînebeere, Haarbeere, Hängebitten, Hängele, Hafelesbeere, Heidelene, Hember, Henkbeere, Hennenbeere, Hexenschmierbeere, Hifbeere, Hinte, Hinzelbeere, Hochbeere, Hohlbeere, Hollbeere, Hombeere, Honigbeere, Himbesing, Himkes, Himmere, Himpelbeere, Hindbeere, Hinkbeere, Hinkele, Hintbeere, Hintperi: althochdt., Horbeere, Hünke, Hüntebeere, Huiba, Huibabeere, Huimaken, Hulbeere, Humbeere, Hummelbeer, Hummele, Humpele, Hundsbeere, Imaken, Imbeere, Immele, Immerte, Insbeere, Kindelbeere, Kornbeer, Krakelbeere, Krankebeere, Lampone: ital., Lunzelé(n)beere, Madenbeere, Malaun, Maline, Malinebeere, Marinebeere, Môlbeere, Moleitken, Mützke, Mulwer, Mutterbeerchen, Nidelbeere, Ombeere, Plomperbeere, Raspberry: engl., Renkbeere, Rimbeere, Rindsbeere: reg., Ring(els)beere, Rombeere, Rote Breme, Runzerebeere, Samtbeere, Schnitterbeere, Seidenbeere, Sidebeer, Staudelbeere, Stemmbeere, Stengelbeere, Taubeere, Umberbeere, Ummel, Unzelebeere, Waldbeere, Wimele, Woll(en)beere

Allgemeines, Herkunft, Geschichtliche Bedeutung

Himbeersamen wurden schon aus vorgeschichtlicher Zeit gefunden. Die alten Römer benutzten die Himbeere als Heilpflanze bei Bissen von Schlangen und Skorpionen. Ab dem Jahre 350 n. Chr. wurde die Himbeere in Südeuropa kultiviert. Erst um 1570 gelang es Mönchen, sie auch nördlich der Alpen zu züchten, und von Clusius weiß man, dass er schon im Jahre 1601 zwischen roten und gelben Himbeer-Sorten unterschieden hat.

Die Himbeere ist strenggenommen keine Beere, sondern die Frucht einer sommergrünen, zweijährigen beerenartigen Steinsammelfrucht, die, wie die Brombeere, zu den Rosengewächsen (Rosaceae) gezählt wird. Erntezeit ist von Mitte Juli bis Mitte August. Die vielen Himbeerarten wachsen weltweit wild und gezüchtet vorzugsweise an feuchten, schattigen Stellen und an Waldrändern und können oft zweimal im Jahr geerntet werden. Bei den Kultursorten der Himbeeren unterscheidet man zwischen den für den Erwerbsanbau bedeutenden einmal tragenden Sorten von den zweimal tragenden. Die zweimal tragenden Sorten fruchten an ihren Jungruten im Herbst des ersten Entwicklungsjahres und ein zweites Mal im Sommer des Folgejahres. Besonders hervorzuheben sind die Anbaugebiete in Belgien, der Tschechischen Republik, in Deutschland, England, Frankreich, Italien, in den Niederlanden, Nordamerika, Schottland, Ungarn und in Polen, das als „größtes Himbeerbecken der Welt“ benannt wird. Der Artname „Rubus idaeus“ leitet sich von dem griechischen Berg „Ida“ ab, auf dem Himbeersträucher schon im Mittelalter in großer Anzahl wuchsen. Bei den alten Germanen und im Althochdeutschen hieß die Himbeere „Hintperi", also „Beere der Hirschkuh", weil dieses Tier die Himbeere schon früher mit besonderer Vorliebe verspeiste.

Aussehen

Der bis zu 2m hoch werdende Himbeerstrauch hat viele kleine, schwache Stacheln an Ruten und Blättern und eigentlich recht unscheinbare Blüten mit grünem Kelch und weißen Blumenblättern. Die runden bis länglichen Früchte sind in der Überzahl rot und lösen sich gut vom Fruchtboden, selbst im unreifen Zustand. Wilde Himbeeren und kultivierte Himbeeren aus der zweiten, jährlichen Ernte sind zwar etwas kleiner als andere, jedoch weitaus aromatischer. Es gibt auch rosa, zuweilen auch gelbe (meist aus Frankreich oder Belgien) oder weiße Himbeer-Sorten, die meist aber nur für den Gartenliebhaber von Belang sind.

Mit grauem Schimmel überzogene Himbeeren und Himbeerruten mit kleinen schwarzen Flecken sind deutliche Merkmale für den Befall mit Grauschimmel. Gegen diese Pilzkrankheit hilft eine luftige Kultur, ausgewogene Düngung und sofortiger Rückschnitt der abgeernteten Ruten. Um dem Pilz das Leben noch schwerer zu machen, wird bei schwerer Befallsgefahr ab Blühbeginn drei- bis viermal in wöchentlichem Abstand gespritzt.

Geschmack

Himbeeren haben ein derart unvergleichlich ausgeprägtes, wohlschmeckendes Aroma und so zartkörniges Fruchtfleisch, dass man sie berechtigterweise als „aromatischste heimische Obstart" bezeichnet.

Sorten

Herbsthimbeeren erzielen besonders hohe Preise, da sie zwar meist sehr klein, aber dafür besonders wohlschmeckend sind. Sie sind von August bis November auf dem Markt.

Sommerhimbeeren sind großfruchtig und sehr ertragreich.

Waldhimbeeren/Gebirgsbeeren nennt man wildwachsende Himbeeren, die besonders aromatisch sind und meist gewerblich in Wäldern gesammelt werden.

Phenomenal Berry: engl. gleicht der Loganbeere und kommt auch aus der gleichen Familie. Man kann sie entweder roh essen oder zu Marmelade verarbeiten.

Sonnenbeere nennt man eine Frucht, die aus einer Kreuzung zwischen Himbeere und Brombeere entstanden ist und deren köstliche, süß-säuerliche, fast schwarze, kegelförmige, mittelgroße Beeren von August bis September Saison haben.

Tangelbeere/Tangleberry: engl. nennt man eine in Amerika wildwachsende Himbeerart, deren süße Beeren roh, als Dessert, Kompott u.ä. verwendet werden können.

Hauptinhaltsstoffe

Apfel-, Oxal- und Zitronensäure, Calcium, sehr eisenhaltig, etherisches Öl, Fruchtzucker, Kalium, Magnesium, Niacin, Pektin, Phosphor, Provitamin A, Vitamin B 1, B 2, B 6, C, sehr vitamin-E-haltig. Die Himbeer-Blätter sind stark Vitamin-C-haltig.

Verwendung, Zubereitung

Himbeeren verwendet man als Frischfrucht, für Süßspeisen, Torten, Eis, Kompott, Marmelade, Gelee, Saft, Sirup, Auflauf und für die Likör-, Himbeergeist- oder Rumtopfherstellung.

Aus einem Teil Himbeeren und zwei Teilen Rotweinessig zaubert man köstlichen Himbeeressig.

Lagerung

Himbeeren sind sehr druckempfindlich und leicht verderblich und sollten deshalb entweder rasch verbraucht oder tiefgekühlt werden.

Volksmedizinische Bedeutung

Himbeeren haben eine entzündungshemmende, blutbildende, stoffwechselanregende, entgiftende, abwehr- und kreislaufstärkende und entwässernde Wirkung. Aus Himbeer-Blättern kann man einen erfrischenden und wohlschmeckenden Tee zubereiten, der nicht nur das Wohlbefinden steigert, sondern auch noch eine stopfende, fiebersenkende und blutreinigende Wirkung besitzt. Kalter Himbeertee eignet sich zu Mundspülungen und zum Gurgeln.

Tipp

In den frühen Morgenstunden geerntete Himbeeren schmecken besonders gut und halten sich sogar noch länger frisch als andere - vorausgesetzt, man hat sie am Abend zuvor kräftig begossen!

Hirse

Panicum miliaceum

Arzan: pers., Kaffernkorn, Miglio: ital., Mijo: span., Millet: engl., franz.

Allgemeines, Herkunft, Geschichtliche Bedeutung

Die aus Ostasien stammende Hirse ist die älteste von Menschenhand kultivierte und widerstandsfähigste Getreideart, denn nachweislich wurde sie schon von den alten Chinesen, den Indern der Urzeit und den Spartanern des klassischen Griechenlands verzehrt. Neben der Gerste galt die Hirse früher sogar als wichtigste Körnerfrucht Europas, bis sie von der Kartoffel verdrängt wurde. Nennenswerte Anbaugebiete der Hirse findet man in Afrika, Asien und in Indien, wo sie noch heute als Nahrungsgrundlage für ca. 300 Millionen Menschen gilt. Die Afrikaner in der Sahel-Zone essen sogar zweimal täglich einen Brei aus Hirse, den sie „Too" nennen.

Die Hirse gehört zu den „Nichtbrotgetreiden", das heißt: Bei der Brotherstellung kann man Hirse, mit anderen Getreidesorten gemischt, zwar problemlos zu Brot verarbeiten, allerdings lässt sich allein aus Hirse wegen des Fehlens des Klebereiweißes „Gluten" kein Brot herstellen. Der Name „Hirse" stammt übrigens von dem Althochdeutschen „Hirsi" ab, was „Ernährendes" bedeutet.

Aussehen

Die Hirse ist ein bis zu 60cm lang werdendes Rispengewächs mit mattgelben Körnchen.

Geschmack

Hirsekörner schmecken mild und nussig-süßlich.

Sorten

Asiatische Hirse/Kaoliang/Kaulian(g) ist zwar das wichtigste Grundnahrungsmittel Nordostchinas, sie wird aber auch in Nordamerika angebaut.

Borstenhirse/Fennich/Kolbenhirse nennt man eine kleinkörnige Hirsesorte, die meist nur als Futterpflanze (Vogelfutter) Verwendung findet.

Dekangras/Suhwahirse heißt eine in Japan und Indien angebaute Hirsesorte.

Deutsche Hirse/Echte Hirse/Rispenhirse heißt eine kleinkörnige Hirsesorte, die als Nahrungs- und Futtermittel dient.

Milocorn nennt man eine amerikanische Hirseart, die vornehmlich in der Stärkeherstellung Verwendung findet.

Sorg(h)umhirse: Sorghum durra: lat. /Dari/Durragras/Durr(h)a/Mohrenhirse/Moorhirse/Negerhirse/Reisbesen heißt eine dürreresistente, großkörnige Hirsesorte aus Afrika, die der Mehlherstellung und als Futterpflanze dient.

Hauptinhaltsstoffe

Sehr stark eisenhaltig, Folsäure, kein Gluten, Kupfer, Lecithin, Lysin, Magnesium, Silicium (Kieselsäure), Zink.

Verwendung, Zubereitung

Hirse wird zu Suppe, Brei, Grütze, Pudding, Branntwein und in glutenfreier Diätnahrung verwendet. Gekochte oder gedünstete Hirsekörner können - wie Reis zubereitet - als Beilage zu Fleisch- oder Fischgerichten serviert werden. Zuvor sollten sie heiß abgewaschen werden, da beim Schälen der Körner Fett austreten kann. Aus vergorener Hirse stellt man in Afrika Bier her, das man dort „Marissa" nennt.

Lagerung

Lichtgeschützt kann Hirse mehrere Monate gelagert werden.

Volksmedizinische Bedeutung

Hirse ist eine leicht verdauliche Körnerfrucht, die sich auch für Gluten-Allergiker eignet. Hirse hat auch einen entzündungshemmenden und heilenden Effekt bei Darm-, Blasen- und Nierenbeschwerden.

Vorsicht: Hirseverzehr kann bei sensiblen Menschen zu schweren allergischen Schocks führen. Besonders gefährdet sind Personen, die schon über die Atemwege durch hirsehaltiges Wellensittichfutter sensibilisiert worden sind. Die nährstoffhemmenden Substanzen und natürlichen Schadstoffe der Hirse können aber auch bei einem Baby zu Problemen mit der Verdauung führen, weshalb man Hirse bei der Kleinkinderernährung grundsätzlich meiden sollte.

Tipp

„Hirsebrei mit brauner Butter ist das beste Bauernfutter" - so der Volksmund.

Holunderbeere

Sambucus nigra

Äplern, Alhern, Alhorn, Allate, Allerte, Allörden, Altholler, Bachholder, Backholer, Bätschke, Ballerbüchsenflieder, Best, Betschele, Bocksholler, Büchsenholz, Buffenholz, Deutscher Flieder, Dolder, Echter, Elderbaum, Elderberry: engl., Eller, Ellhorn, Erterlenk, Faulbaum, Fläder, Fledder(busk), Fleeder, Fleiren, Fliederbeer: norddt., Gramille, Halern, Halollern, Hauler(t), Haulunder, Hausholder, Helder, Heps, Hillerten, Hitschel(n), Hölder(tött), Höllerte(n), Holder, Holderbeere, Holderknopf, Holhölter, Holler: bayr., österr., Hollerbeere, Hollrunken, Holuntar: althdt., Hontert, Hüllern, Hülster, Hünnel, Hulandr, Hulanner, Hulertrauben, Hundel, Hundsbeere, Hundsflieder, Hurelbus, Husholder, Johannisflieder, Judastrauben, Käseholz, Kaigelken, Kaitzken, Kakollerke, Katelbeere, Katzenflieder, Keisken, Kel(e)ken, Klapp(büssen)holt, Kochholder, Kodelbeere, Köleken, Krankenflieder, Küchleinholder, Latwergenschwärzer, Lausholler, Marter(blume), Massholder, Maulstengel, Mosch, Muckelholz, Musflieder, Pfeifenstöcke, Pfropfenholz, Pfropfpiepenholz, Platzekessstöckle, Pluffenholz, Rechholder, Reckholder, Püsseke, Quackeln, Quäckenbömenholt, Quärden, Quebbecken, Quebbeten, Quêftchen, Quewete, Quitsch(e), Sambuco: ital., Saúco: span., Schafholder, Schesen, Schetschken, Schibiken, Schipken, Schlehenbüchsenholz, Schosiken, Schüppchen, Schwarze Holunderbeere, Schwarzer Flieder, Schwarzer Holunder, Schwarze Vogelbeere, Schwarzholder, Schwitztee, Siekbeere, Silberplatte, Splenterholz, Stinkflieder, Stinkhölerte, Stinkholder, Stinkholler, Sükbeere, Sureau: franz., Svarthyll: norw., Teeblume, Teeflieder, Teeholunder, Teufelsbeere, Tintenbeere, Tutenholz, Vlêder, Vlierbes: niederl., Vogelflieder, Wakeln, Witschel, Worbelbeere, Zahmer Flieder, Zetschken, Zibken, Zickeln, Ziweken, Zwäbbesten, Zwäbesken, Zwebchen, Zwerken, Zwilsken, Zwiweken

Allgemeines, Herkunft, Geschichtliche Bedeutung

Schon seit der Antike gelten Beeren, Blüten, Rinden und Wurzeln des Holunders nicht nur als Nahrungs-, sondern auch als Heilmittel. Deshalb pflanzte man ihn in der Nähe des Hauses und zog vor ihm den Hut. Der Gruß galt der Hausgöttin „Freya" (Frau Holle), die in dem Strauch wohnen soll und das Haus mit seinen Bewohnern schützen sollte. Aus ihrem Kissen schüttelt Frau Holle übrigens keinen Schnee, sondern die kleinen weißen Blütchen der Holunderdolden. Die Heimat des Holunders, der zur Familie der Geißblattgewächse (Caprifoliaceae) gehört, liegt in Europa, wo er vielerorts - meist wildwachsend - anzutreffen ist. Manchmal kann Holunder allerdings lästig werden, weil er überall als Sämling durch Vögel verbreitet wird. Die beste Erntezeit der Holunderbeeren liegt in der Zeit von September bis Oktober, die der Holunderblüten von Juni bis Juli. Holunder wird zwar auch als „Fliederbeere" bezeichnet, mit dem Zierflieder aus dem Garten hat er jedoch nichts gemein. Das althochdeutsche Wort „Holuntar" wird auch mit „Baum der Holla" (der Frau Holle) gedeutet.

Aussehen

Die großfrüchtigen Beeren des baumähnlichen, bis zu 10m hoch werdenden Holunderbuschs sind glänzend und beinahe schwarz. Holunder-Blüten sind weißgelblich und stehen doldenartig zusammen. Holunder-Blätter haben eine gezähnte und gefiederte Form.

Geschmack

Roh schmecken Holunder-Beeren herb-säuerlich. Im gekochten Zustand sind sie freilich ein Genuss.

Sorten

Traubenholunder: Sambucus racemosa: bot./Bergholunder/Feldflieder/Hirschholunder/Roter Holunder wächst im Gebirge. Man erkennt ihn an den gelbgrünen Blüten und an den korallenroten Beeren, die herb-sauer schmecken und hauptsächlich zur Herstellung von Säften Suppen, Marmeladen und Kompott verwendet werden. Seine Kerne dürfen nicht mitverwendet werden, weil sie stark sambunigrinhaltig (giftig) sind. Die Beeren des Traubenholunders haben eine stark fieberdämpfende Wirksamkeit.

Attich/Sambucus ebulus: lat./Ackerholder/Adach/Arch/Feldholder/Giftholunder/Natterbeer/Niederholder/Zwerg(blatt)holunder. Diese Zwergholunder-Sorte, die auch in unseren Wäldern vorkommt, hat rosa Blüten und giftige, schwarze Beeren. Tee aus den Blättern und Wurzeln wird jedoch für homöopathische Zwecke genutzt. Vorsicht: Größere Dosen rufen Erbrechen und Schwindel hervor.

Hauptinhaltsstoffe

Alkaloide, Bitterstoffe, Calcium, Cholin, Eisen, Eiweiß, etherisches Öl, heilkräftige Farbstoffe, Fruchtsäuren, Gerbstoffe, Glykoside, Harze, Kalium, Magnesium, Natrium, Niacin, Phosphor, Provitamin A, Quercetin, Rutin, Sambucin, Sambunigrin, Schleim, Vitamin B 1, B 2, B 6, C und P, Zucker.

Verwendung, Zubereitung

Holunderbeeren dürfen, da sie roh giftig sind, nur im gegarten Zustand verzehrt werden. Zuvor werden sie mit einer Gabel von den Rispen gestreift. Gegarte Holunderbeeren werden meist zu Mixgetränken, Grog, Wein, Sekt, Fliederbeersuppe, Saft, Mus, Gelee, Marmelade und Kompott vearbeitet. Holundersaft dient oft auch als Färbemittel für Fruchtsäfte, Fruchtweine und Nektare. Früher mischten Winzer sogar dem Rotwein frischen Holundersaft bei, damit die Farbe des Weines noch intensiver wurde - heute ist das allerdings verboten! Holunderblüten werden, obwohl sie wegen des Inhaltsstoffs Sambunigrin nicht ganz unbedenklich sind, zu Tee und „Hollerküchle" verarbeitet.

Holunderblüten-Sekt bereitet man folgendermaßen zu:

1l Wasser mit 100g Zucker aufkochen, abkühlen lassen, zwei gewaschene Holunderblüten-Dolden und zwei Zitonenscheiben hineinlegen. Nach Belieben kann man auch noch eine Tasse Weinessig hinzufügen. Nach 24 Stunden wird das erfrischende Getränk durch ein Sieb gegossen und getrunken.
Wenn man einige geschälte Holundertriebe in den Mehlvorrat gibt, verhindert dies Milbenbefall. Aus der Rinde, den Blättern und den Wurzeln des Holunders werden harntreibende Arzneimittel hergestellt. Wühlmäuse vertreibt man, indem man Holunderblätter, die man einige Tage in Wasser gestellt hat, mit dem Wasser in die Wühlmausgänge gießt.

Volksmedizinische Bedeutung

Gegarte Holunderbeeren haben eine nieren-, blut- und magenreinigende Wirkung. Roh verzehrte Holunderbeeren verursachen Magenschmerzen, Übelkeit und starken Brechreiz. Holundertee/Fliedertee aus den Blüten hat bei fieberhaften Erkältungen eine schweißtreibende und belebende Wirkung. Außerdem wirkt er abführend, auswurffördernd, harntreibend, steigert die Abwehrkräfte, vertreibt Kopfschmerzen und hilft Stress besser zu verarbeiten. Holundertee wird auch zum Gurgeln bei Angina, Heuschnupfen und Halsentzündungen angewandt. Die frisch abgeschnittene Rinde des Holunderbuschs hilft bei Insektenstichen und Brandwunden.

Tipp

Besonders solchen Menschen, die zu Fettleibigkeit neigen und viel sitzen müssen, werden Speisen und Getränke empfohlen, die mit Holundermus oder -saft angereichert wurden.

Hopfen

Humulus lupulus

Gemeiner Hopfen, Grünes Gold, Hopf, Hoppen, Hop: engl., Houblon: franz., Hupfen, Luppolo: ital., Lupulo: span.

Allgemeines, Herkunft, Geschichtliche Bedeutung

In Osteuropa soll das Ursprungsgebiet des Hopfens liegen, dessen schlaffördernde und beruhigende Wirkung zu allererst von den ersten Bierbrauern der Welt, den alten Sumerern (4000-3000 v. Chr.) entdeckt wurde. Die alten Römer lernten den Hopfen erstmals auch als Edelgemüse kennen. Plinius stellte fest, dass Hopfen oft um Weiden und andere Bäume rankt und nannte ihn deshalb Lupulus, zu deutsch „Weidenwolf". Im Mittelalter glaubte man, dass Hopfen Schwermut und Koliken erzeuge. Heute weiß man, dass er tatsächlich nicht bei Depressionen verabreicht werden sollte. Wildwachsend findet man Hopfen an Zäunen und Waldrändern. Seit 768 wird der Hopfen in der Hollertau in Freising (Bayern) anstatt Beifuß als Würz- und Konservierungsmittel für die Bierbrauerei, an 4-6m hohen Stangengerüsten wachsend, angepflanzt. Zum Winter sterben die oberirdischen Triebe ab, im Frühjahr treiben die Sprossen dieser rasch wachsenden und robusten Pflanze aus dem Wurzelstock neu aus und im September können die Hopfenzapfen geerntet werden. Ganz bekannt ist die Hopfenpflücker-Krankheit, bei der die Erntenden von Schläfrigkeit übermannt werden. Größere Anbaugebiete dieses Hanfgewächses (Cannabaceae) liegen in Belgien, Süddeutschland, England, Frankreich und in der Tschechischen Republik.

Aussehen

Hopfenzapfen sind grün und haben – wie der Name schon sagt – ein zapfenartiges Aussehen. Hopfensprossen sind weiß-gelblich und ähneln jungem Spargel.

Geschmack

Die jungen Triebe schmecken herbwürzig, lauch-, spargel- chicoréeähnlich.

Sorten

Aromahopfen, der dem Frischverzehr und der Herstellung feinhopfiger Biere dient und

Bitterhopfen, der meist zur Bockbier-Erzeugung Verwendung findet.

Hauptinhaltsstoffe

Asparagin, etherische Öle, Hopfenbittersäure, Humulon, Lupolon (nur im weiblichen Hopfen), östrogene Substanzen, Rutin, Tannin.

Verwendung, Zubereitung

Hopfensprossen/Brotos de lululo: span./Hopscheuten: niederl./Jets de houblon: franz. werden außer für die Bierherstellung auch zum Frischverzehr als Salat oder blanchiert, gedünstet oder geschwenkt für die Zubereitung von Gemüse oder Suppe verwendet.

Ein beliebtes Karfreitag-Abendessen im Saazer Ländchen sind Hopfensprossen, die in Salzwasser gegart, mit Essig, Öl, Salz und Pfeffer angemacht und dann mit gekochtem Ei garniert werden.

Hopfenspargel nennt man Hopfensprossen, nachdem sie wie Spargel zubereitet wurden.

Hopfenblüten verwendet man zur Herstellung von schlaffördernden Tees mit sedativem Effekt oder als Hopfenkissen mit der gleichen Wirkung.

Hopfenzapfen/Dolden/Trollen: volksmdl. werden ausschließlich zur Bierherstellung verwendet.

Volksmedizinische Bedeutung

Hopfengenuss hemmt Infektionen des oberen Verdauungstrakts, die offenkundig Auslöser für Magen- oder Zwölffingerdarmgeschwüre sind. Mit einer Mixtur aus Baldrianwurzeln und Hopfenzapfen im Verhältnis 4:1 kann man Schilddrüsenerkrankungen, Angstzustände, psychische Verspannungen, innere Unruhe, Herzklopfen, Appetitlosigkeit und Schlaflosigkeit bekämpfen. Hopfenzapfen-Tee beruhigt bei Neurosen, hat eine nervenstärkende, schlaffördernde und harntreibende Wirkung und bekämpft Magen- und Verdauungsschwäche. Äusserlich angewandt heilt Hopfentee offene Wunden und Geschwüre.

Vorsicht: Hopfengenuss kann allergische Hautreaktionen auslösen.

Tipp

Zur Herstellung von 100 Litern Bier werden nur 150g Hopfen benötigt!

Hülsenfrüchte

Leguminosae

Dal: ind., Fabales, Legumes: engl., Legumineuses: franz., Leguminosas: span., Leguminose: ital., Leguminosen, Pulses: engl., Schotenfrüchte, Schotengemüse

Allgemeines, Herkunft, Geschichtliche Bedeutung

Hülsenfrüchtler sind nach den Gräsern die wirtschaftlich wichtigste Pflanzenfamilie. Mit Ausnahme der Erdnüsse zählen sie eher zu den fettarmen Nahrungsmitteln.

Hauptinhaltsstoffe

Calcium, Eisen, 25% Eiweiß (Legumin), Kupfer, Lectine, Magnesium, Nukleinsäure, Proteaseinhibitoren, Saponine, 50% Stärke, B-Vitamine.

Verwendung, Zubereitung

Hülsenfrüchte werden vor dem Kochen einige Stunden in Wasser eingeweicht: gute Ware versinkt darin, schlechte Ware schwimmt obenauf! Mit Ausnahme von Trockenerbsen sollte man Hülsenfrüchte grundsätzlich kalt aufsetzen, da sie sonst einer unnötig langen Kochzeit bedürfen. Hülsenfrüchte sollten erst nach dem Garungsprozess gesalzen werden, denn Salz oder auch säurehaltige Zutaten wie Essig, Wein und Tomaten verzögern oder verhindern manchmal sogar ihr Weichwerden. Sprossen von Hülsenfrüchten sollten vor dem Verzehr blanchiert werden, da sie dann besser verdaulich werden.

Volksmedizinische Bedeutung

Von allen pflanzlichen Nahrungsmitteln haben Hülsenfrüchte zwar den höchsten Eiweißgehalt, dieses Eiweiß ist jedoch wegen des Fehlens wichtiger Aminosäuren deshalb nicht als vollwertig anzusehen, weil es in festen Zellwänden eingeschlossen ist und dadurch vom Körper wesentlich schlechter ausgenutzt werden kann als Fleischeiweiß. Der hohe Gehalt an Saponinen macht Hülsenfrüchte jedoch zu wertvollen Lebensmitteln, da sie nachweislich die Anzahl der Antikörper im Blut erhöhen. Wichtig ist auch das Vorhandensein eines fettähnlichen phosphorhaltigen Stoffes, des Lezithins, das nervenstärkend und stresskillend wirkt. Auch der Sättigungswert der Hülsenfrüchte ist ziemlich groß, denn durch ihren Zellstoffgehalt regen sie die Darmtätigkeit an. Problematische Inhaltsstoffe in Hülsenfrüchten sind die sogenannten Proteaseinhibitoren, die die eiweißspaltenden Enzyme der Bauchspeicheldrüse hemmen. Da sie erst durch 15minütiges Kochen zerstört werden, sollte man keine rohen Hülsenfrüchte essen.

Tipp

Wenn man das erste Kochwasser von Hülsenfrüchten, sobald es zu sieden beginnt, abgießt und die Früchte danach nochmals mit heißem Wasser aufsetzt, verlieren sie ihre blähenden Eigenschaften.

I

Ikakopflaume

Chrysobalanus icaco

Coco plum: engl., Cocoa plum: engl., Goldpflaume, Icacopflaume, Icaque: franz., Prune coton: franz., Jicaco oder Hicaco: span, Jicacillo: span.

Allgemeines, Herkunft, Geschichtliche Bedeutung

Die Ikakopflaume ist eine zu den Rosengewächsen (Rosaceae) zählende exotische Frucht, die meist aus ihrer Heimat, dem tropischen Afrika oder Amerika, zu uns kommt.

Aussehen

Ikakopflaumen-Sträucher haben ledrige Blätter und je nach Sorte und Herkunft gelbe, blaue, rote oder rotbraune pflaumenähnliche Früchte mit weißem Fruchtfleisch und essbaren Kernen.

Geschmack

Im Rohzustand hat die Ikakopflaume einen penetrant herb-sauren, trockenen Geschmack. Erst mit etwas Zucker gekocht entwickelt sich ein angenehmes Aroma.

Hauptinhaltsstoffe

Calcium, Phosphor.

Verwendung, Zubereitung

Ikakopflaumen werden überwiegend zu Konserven, Marmelade oder Kompott verarbeitet, da sie, wie erwähnt, für den Rohgenuss ungeeignet sind.

J

Jaboticaba

Myrciaria jaboticaba

Baumstammkirsche, Giaboticaba: ital., Jaboticaba: engl., franz., niederl., norw., span., Jabuticaba

Allgemeines, Herkunft, Geschichtliche Bedeutung

Die Heimat der Jaboticaba liegt in Südamerika, rund um Rio de Janeiro, wo sie früher von den Indianern vornehmlich zur Weinherstellung genutzt wurde. Heutzutage wird dieses Myrtengewächs (Myrtaceae) in Argentinien, Australien, Florida und Südamerika angebaut und kann mehrmals im Jahr geerntet werden.

Aussehen

Die Jaboticaba ist rund bis oval, kirschgroß und hat eine sehr feste, ungenießbare, bräunlich-schwarz glänzende Außenhaut. Das blassweiße, gallertartige Fruchtfleisch enthält 1-4 rosafarbene essbare Kernchen.

Geschmack

Die Jaboticaba hat einen erfrischenden, süß-säuerlichen Geschmack, der vergleichbar ist mit einer Mischung aus Kirsche und Johannisbeere.

Verwendung, Zubereitung

Meist findet die Jaboticaba als Frischfrucht und zur Marmeladen-, Getränke- und Eisherstellung Verwendung.

Lagerung

Wegen ihrer schnellen Verderblichkeit ist die Jaboticaba auf deutschen Märkten ein sehr seltenes Produkt; sie lässt sich allenfalls zwei Tage lagern.

Jackfrucht

Artocarpus heterophyllus

Brotfrucht des kleinen Mannes, Fruit de Jacques: franz., Fruta del pobre: span., Frutto Jack: ital., Indische Brotfrucht, Jáca: span., Jacca: niederl., Jackbaumfrucht, Jackfruit: engl., Jaka: ind., Jakktfrukt: niederl., Jaqueira: span., Jaquier: franz., Nangka: malay., Pain des singes: franz., Pane d'Albero: ital., Yaca: span.

Allgemeines, Herkunft, Geschichtliche Bedeutung

Der Ursprung der Jackfrucht liegt in Vorderindien und Sumatra. Durch portugiesische Seefahrer wurde sie als „Jaca" im gesamten südostasiatischen Raum verbreitet. Die Jackfrucht gehört zu den größten Früchten, die in den Tropen Asiens angebaut werden; neben den Kürbissen sind sie sogar die zweitgrößten essbaren Früchte der Welt. Die stärkehaltigen Jackfrüchte spielen in der Ernährung der eingeborenen Bevölkerung eine große Rolle. Sie nennen die Frucht, die übrigens mit der Brotfrucht verwandt ist, „Brotfrucht des kleinen Mannes". Jackfrüchte werden in Afrika, Malaysia, auf den Molukken, in Neuguinea, Ostasien, Polynesien, auf den Südseeinseln, in Süd- und Mittelamerika, auf den Sundainseln, in Vorderindien und in der Karibik kultiviert. Wegen ihres unangenehmen Geruchs werden sie jedoch nur sehr selten exportiert. Jackfrüchte gehören zur Familie der Maulbeergewächse (Moraceae) und sind gleichfalls dem Obst und Gemüse zuzuordnen. Der Name „Jack" wird vom malaiischen „Chakka" abgeleitet und heißt soviel wie „Frucht des Brotfruchtbaums".

Aussehen

Jackfrüchte, sie wachsen entweder direkt am Stamm oder an den Haupttästen des bis zu 15m hoch werdenden Jachbrotfruchtbaums, sind kürbisgroße, sackähnliche bis zu 30kg schwer und 1m lang werdende Scheinfrüchte mit einer grünen, himbeerförmigen, knotigern und unangenehm riechenden Schale. Ihr weiches, faseriges, gelbliches Fruchtfleisch ist in zahlreiche Fruchtsegmente unterteilt, die man einzeln entnehmen kann. Jedes dieser Segmente enthält einen etwa 5cm langen weißen Kern.

Geschmack

Der exotische, milde Geschmack der Jackfrucht erinnert an frische Feigen mit Honig, entfernt auch an Durionen. Jackfrucht-Kerne schmecken wie geröstete Kastanien.

Hauptinhaltsstoffe

Calcium, Eiweiß, Kalium, Phosphor, Stärke, Vitamin C, Zucker. Die Kerne sind sehr ölreich.

Verwendung, Zubereitung

Nur ein Drittel der Jackfrucht ist roh oder gekocht essbar, zwei Drittel sind dagegen Abfall. Vor der Zubereitung entfernt man behutsam von jedem Segment die faserige Umhüllung, bis das glatte, gelbe Fruchtfleisch zum Vorschein kommt, das halbiert und entkernt wird. Jackfrüchte werden meist zu Gelee, Obstsalat, Eis, Gemüse oder in Sirup eingelegt verarbeitet. Jackfrucht-Kerne werden entweder in Suppen oder Eintopfgerichten mitgekocht oder geröstet in der Pâtisserie verarbeitet. Die jungen Blätter des Jackfrucht-Baums kann man zu Gemüse verarbeiten. Das Holz des Jackfrucht-Baums dient dem Hütten- und Bootsbau.

Volksmedizinische Bedeutung

Jackfruchtgenuss hat eine sehr verdauungsfördernde Wirkung.

Jambolan

Syzygium cumini

Duhat: philipp., Eugenia, Eugenie, Jambolanpflaume, Jamboo, Jambopflaume, Jambos, Jambul, Jambuse, Javapflaume, Jumbul, Malaienapfel, Pomarosa: span., Jambo amarillo: span., Pomme rose: franz., Rose apple: engl., Rosenapfel

Allgemeines, Herkunft, Geschichtliche Bedeutung

Die zu den Myrtengewächsen (Myrtaceae) zählende Jambolan ist eine Beerenfrucht, die zwar in Sri Lanka heimisch ist, sie wird jedoch auch auf den Antillen, in Australien, China, Indien, Java, Kalifornien, Malaysia, Südafrika und in Thailand kultiviert. Im tropischen Amerika kommt die mit dem Gewürznelkenbaum verwandte Jambolan jedoch nur in verwilderter Form vor.

Aussehen

Jambolanen haben eine schrumplige, kastanienbraune bis purpurrote Haut. Das schwammig-trockene Fruchtfleisch ist weiß, gelb oder rosa und beinhaltet meist nur einen ungenießbaren Samen. Am Ende der Frucht sitzen kronenförmig verdickte Kelchblätter.

Geschmack

Die Jambolan hat einen säuerlich-herben, rosen-aprikosenähnlichen Geschmack.

Sorten

Apfel-Jambusen haben apfelförmige Früchte.

Aprikosen-Jambusen haben birnenförmige, nach Aprikosen schmeckende Früchte.

Hauptinhaltsstoffe

Gerbstoffe, Harz, Öle, sehr Vitamin-C-haltig.

Verwendung, Zubereitung

Die Jambolan wird meist als Frischfrucht verzehrt. Gekocht oder zu Saft gepresst, dient sie meist der Herstellung von Marmelade, Essig und Kompott oder als Zusatz für Erfrischungsgetränke. Jambolan-Blüten werden meist zu Konfekt verarbeitet.

Volksmedizinische Bedeutung
Jambolanverzehr hat eine stopfende Wirkung bei Durchfall.

Japanische Mispel

Erioborya japonica

Bibace: franz., Japanese plum: engl., Japanese medlar: engl., Japanse mispel: niederl., Japansk mispel: norw., Loquat: engl., Nèfle du Japon: franz., Nespola di Giappone: ital., Nispero del Japón: span., Nispola del Japon: span., Wollmispel

Allgemeines, Herkunft, Geschichtliche Bedeutung
Anfang des 8. Jahrhunderts gelangte die Japanische Mispel von ihrer Heimat Japan aus in den Mittelmeerraum. Größerer Anbau wird in Algerien, China, Florida, Frankreich, Indien, Israel, Italien, Japan, Kalifornien, Libanon, Mittelmeerraum, Mittel- und Südamerika, Spanien, Taiwan und Thailand betrieben. Verwandt ist dieses Rosengewächs (Rosaceae), das von Januar bis Juni geerntet werden kann, mit Apfel, Birne, Quitte und Mispel.
Aussehen
Die aprikosengroßen, narbigen und je nach Sorte apfel- oder birnenförmigen Japanischen Mispeln sind mit einer fleckigen, apricotfarbenen, dünnen, zähen und leicht behaarten Haut überzogen an deren Ende sich ein kleiner Blütenkelch befindet. Das feste und saftige Fruchtfleisch beinhaltet 3-6 rehbraune, bohnenartige Kerne.
Geschmack
Nur vollreife Japanische Mispeln duften nach Äpfeln und haben ein pfirsichähnliches, süßes Aroma, das mit erfrischender Säure glänzt. Unreif sind sie ungenießbar. Die Kerne haben einen mandelähnlichen Geschmack.
Hauptinhaltsstoffe
Betacarotin, Calcium, Kalium, Phosphor, Vitamin C.
Verwendung, Zubereitung
Geschält und entkernt dienen reife Japanische Mispeln meist dem Frischverzehr oder als Zutat für Fruchtsalate; sie werden aber auch zu Kompott, Saft und Gelee verarbeitet. Die Kerne werden wie süße Mandeln behandelt.
Lagerung
Da Japanische Mispeln leicht verderblich sind, besitzen sie auch sehr schlechte Lagerungseigenschaften.
Volksmedizinische Bedeutung
Japanische Mispeln wirken herzstärkend, cholesterinspiegelsenkend und bekämpfen Magenbeschwerden.
Tipp
Eine Spezialität sind Japanische Mispeln, die man zuerst ca. 15 Minuten bei 180°C im Ofen gebacken und dann mit Mandeln bestreut und mit geschlagener Zimtsahne garniert, serviert.

Johannisbeere

Ribes

Currant: engl., Groseille: franz., Grosella: span., Ribe: ital., Sankt Johannträublein, Trüberli: schweiz., Zeitbeere: ulm.

Allgemeines, Herkunft, Geschichtliche Bedeutung
In Nordosteuropa soll die Johannisbeere ihren Ursprung haben. Im Jahr 1450 wurde die Rote Johannisbeere erstmals erwähnt, hundert Jahre später auch die Schwarze Johannisbeere. Johannisbeeren wachsen wild und gezüchtet vorzugsweise an feuchten und schattigen Stellen in Belgien, Deutschland, England, Frankreich, in den Mittelmeerländern, den Niederlanden und in Polen. Geerntet wird dieses Steinbrech-

gewächs (Saxifragaceae) von Ende Juni bis Ende Juli.
Der Bürgermeister von Dijon/Frankreich Kanonikus Kir war übrigens der Erfinder des bekannten alkoholischen „Kir": Weil sein Wein zu sauer war, mischte er ihn mit Cassislikör (Liör aus der Schwarzen Johannisbeere). Daraus entwickelte sich später „Kir Royal" (Sekt vermischt mit Cassislikör) und „Kir Imperial" (Champagner vermischt mit Cassislikör).
Da die Johannisbeere normalerweise erst ab dem Johannistag (24. Juni) geerntet werden kann, erhielt sie den Namen „Johannisbeere".

Aussehen

Die verschiedenfarbigen, traubenartigen Johannisbeer-Sorten wachsen an unbestachelten Sträuchern. Blutrote und Goldgelbe Johannisbeeren sind Zierpflanzen.

Geschmack

Weiße Johannisbeeren schmecken aromatisch-süß. Rote Johannisbeeren sind zwar aromatisch, jedoch ziemlich säuerlich. Schwarze Johannisbeeren weisen einen bitter-herben Geschmack auf.

Sorten

Alpen-Johannisbeeren und *Felsen-Johannisbeeren* sind wildwachsende rote Johannisbeer-Sorten, die in Gebirgswäldern Europas und Sibiriens heimisch sind.
Korrianen nennt man gedörrte Schwarze Johannisbeeren.
Rote Johannisbeere: Ribes rubrum: lat./Bortscheschke/Eisperbeere/Ellbeere/Fleischbeere/Frauenbeere Frönwunder/Fürwurzel/Geissbeere/Groseille rouge: franz./Günnefürzli/Handrunke/Hansmardaune/Hanstraube/Harillekes/Hinkbeere/Hundsbeere/Jannsbeere/Jannsdruwe/Jibern/Johannisgrischel/Johannisknürschel/Kalberze/Kardaunegrischeln/Kasperte/Kirschjohannisbeere/Kleine Grischel /Klingelcher/Klüngelchesgroscheln/Korällekes/Kräälescher/Labbelsbeere /Meerträublein/ Meertrübeli: schweiz. /Mimel/Moruseln/Pogitschken/Rängbeere/Red Currant: engl./Ribiseln: österr./Rotbezinge/Rote Druschel/Santihansbeere/Santihansträublein/Sauerbeere/Schliehbeere/Schweinbeere/Stengelbeere/Strangelbeere/Straussbeere/Strängchensbeere/Strip/Strullbeere/Strutzenbeere/Sulferte/Träubli/Trösschensbeere/Weinapfel/Weinbeere/Weinkrieschel/Weinträubel/Wieggi/Wildrosinen/Wildweinbeere/Wimelte /Zankerle /Zaufen/Zeitbeere.
Schwarze Johannisbeere: Ribes nigrum: lat./Aalbeere/Adebarskaspern/Äggebeere/Ahlbeere/Albesing/Black Currant: engl./Bocksbeere/Brotbüwwecken /Buckelbeere/Casis: span./Cassis: franz. /Fieberbeere/Gichtbeere/Gichtkirsche /Gichttraube/Henderschkens/Hundwimelte/Judenbeere/Kakelbeere/Kassis/ Katzenbeere/Katzendreckeler/Lawerte/Oltbeere/Ribiseln: österr./Schusterbeere/Schwarze Gehandsrauwe/Schwarze Johannistraube/Schwarze Kasse/Schwarze Mehrtrübli/Schwarze Weinbeere /Schwerzeitbeere /Stinkstruk/Päperbeere/Pfaffenbeere/Pfefferbeere/Ribes nero: ital./Rosstraube/Schnaps-Johannistraube/Schwarze Ribiseln: österr./Schwarze Rosinen/Schwarze Träuble/Stichbeere/Stinkbeere/Swarte Allbee/Teufelsjohannistraube/Totenbeere/Wäntele/Wanzenbeere/Wanzenträublein/Wasserbeere/Wendelbeere/Wimelte.
Weißgelbe Johannisbeere: Ribes album. lat. Sie ist eine leicht verderbliche holländische Spielart der Roten Johannisbeere. Wenn man Marmelade aus ihr zubereitet, färbt sich ihr Saft beim Kochen rötlich!

Hauptinhaltsstoffe
Ballaststoffe, Biotin, Bor, Calcium, Eisen, Fruchtsäure, Kalium, Magnesium, Pektin, Phosphor, Provitamin A, Vitamin B 1, C. Johannisbeeren besitzen den höchsten Pektingehalt und den höchsten Eisengehalt aller Beerenfrüchte. Die Schwarze Johannisbeere besitzt mit 177mg Vitamin C pro 100g Fruchtfleisch sogar den höchsten Vitamin-C-Gehalt unter allen einheimischen Obstsorten.

Verwendung, Zubereitung
Während weißgelbe und rote Johannisbeeren für den Frischmarkt und zur Herstellung von Süßspeisen, Gelee, Rumtopf, Konfitüre, Cumberlandsauce, Wildsauce, Joghurt und Eis bestimmt sind, werden die Schwarzen bevorzugt zu Säften, Nektaren, Johannisbeergeist und Cassis-Likör (Crème de Cassis) verarbeitet. Zuvor werden die Beeren, am einfachsten mit einer Gabel, von den Rispen gestreift. Rispen von Roten Johannisbeeren wirken besonders dekorativ und schmecken auch noch vorzüglich, wenn man sie zuerst in leicht geschlagenes Eiweiß taucht und anschließend mit Puderzucker bestäubt serviert. Einen zu starken säuerlichen Geschmack kann man neutralisieren, indem man die Beeren kurze Zeit mit Puderzucker bestäubt ziehen läßt.
Smarodinowka heißt eine russische Wodka-Sorte, die mit den Blättern der Schwarzen Johannisbeere aromatisiert wird.

Lagerung
Frisch geerntete Johannisbeeren lassen sich gekühlt ca. 3 Tage aufbewahren. Sie eignen sich auch sehr gut zum Tiefkühlen.

Volksmedizinische Bedeutung
Vom gesundheitlichen Standpunkt aus ist die Schwarze Johannisbeere die wertvollste Beerenobstart! Der hohe gesundheitliche Wert der Schwarzen Johannisbeere beruht auf der Gesamtheitswirkung all ihrer wertvollen Inhaltsstoffe auf den menschlichen Organismus. Zum Beispiel wirkt sich der Gehalt an P-Faktoren in Schwarzen Johannisbeeren positiv auf die Durchlässigkeit der kapillaren Blutgefäße aus. Schwarzer Johannisbeersaft und auch die abgekochten Zweige und Blätter des Strauches wirken hautstraffend, kühlend, blutdrucksenkend, steigern die Abwehrbereitschaft gegen Grippe und Lungenentzündung und sind ein altes Mittel gegen Schwäche, Gicht, Rheuma, Durchfall und Wassersucht. Frischer Johannisbeersaft wirkt fiebersenkend, wenn man ihn mit fein gehackten Zwiebeln vermischt einnimmt.

Tipp
In den vergangenen Kriegszeiten blieb Süßmost aus Schwarzen Johannisbeeren in mehreren Ländern für Kranke, Kleinkinder und alte Leute in Krankenhäusern usw. reserviert, da die Schwarze Johannisbeere einen hohen medizinischen Wert besitzt.

Johannisbrot

Ceratonia siliqua

Algarroba: span., Bockshörndl, Carob: engl., Caroube: franz., Carruba: ital., Charrûb: arab., Karobbe, Karobe, Karube, St. Jansbrood: niederl.

Allgemeines, Herkunft, Geschichtliche Bedeutung
Der Johannisbrotbaum hat seinen Ursprung im östlichen Mittelmeer und im Orient. Er hat sehr tiefe Wurzeln, die sogar Felsen sprengen können, wird etwa 10m hoch, ähnelt dem Walnussbaum und zählt zu den ältesten Kulturpflanzen. Nach Europa gelangte der Johannisbrotbaum erst während des

14. Jahrhunderts im Zuge von Pilgerreisen. Der britische Feldherr Wellington und seine Reitersoldaten überlebten einen Feldzug in Spanien, indem sie Johannisbrot verzehrten. Heute ist er in allen Mittelmeerländern, von Portugal bis in die Türkei anzutreffen. Aber auch in Arabien und Kalifornien wird dieser Verwandte der Hülsenfrüchte angebaut. Den Namen „Johannisbrot" erhielten die Früchte, weil sie der Legende nach Johannes dem Täufer in der Wüste als Nahrung gedient haben sollen.

Aussehen

Johannisbrot hat gerade bis leicht gekrümmte, dunkelbraun glänzende, ledrige, 12-25cm lange und 3cm breite Fruchthülsen mit rötlichem Fruchtfleisch, die büschelweise an den Ästen hängen.

Geschmack

Die Johannisbrotfrucht hat einen unangenehmen Geruch. Das Fruchtfleisch schmeckt dagegen honigartig-süß und ist mitsamt der Hülse essbar.

Hauptinhaltsstoffe

Eiweiß, Fett, Gerbstoffe, Iso-Buttersäure, Pektin, Pflanzengummi, Schleimstoffe, Traubenzucker.

Verwendung, Zubereitung

Johannisbrot-Früchte dienen der Herstellung von Kaffee-Ersatz, Branntwein, Rum, Sirup, Konfekt, Farbstoff und Bouillonwürfeln. Um in den Genuss des süßen Fruchtmarks zu kommen, muss man die Hülsen mitessen, denn schälen kann man sie nicht.

Carob nennt man geröstetes und feingemahlenes Johannisbrot-Fruchtmark, das meist als Kakaoersatz Verwendung findet.

Aus den getrockneten Johannisbrot-Samen wird kleberfreies *Johannisbrotkernmehl/Carobin/Carubin/Locust bean gum: engl.* hergestellt, einem Diabetikermehl, das ein vorzügliches Gelier-, Binde- und Stabilisierungsmittel bei der Saucenherstellung ist, da es noch wirksamer als Stärke ist.

Volksmedizinische Bedeutung

Johannisbrot wird zu Hustenmitteln und zu Brusttees verarbeitet. Auch bei Magenentzündungen und Durchfall wird es eingesetzt.

Tipp

Vermutlich stammt vom lateinischen Namen des Johannisbrotbaums „Ceratonia" die Gewichtsbezeichnung „Karat" ab, da die Samen seiner Früchte Apothekern und Juwelieren früher als Gewichte dienten: sie wiegen äußerst gleichmäßig 0,18g (1 Karat = 0,2g).

Jostabeere

Ribes var.

Allgemeines, Herkunft, Geschichtliche Bedeutung

Nach 40-jähriger Züchtungsarbeit entstand im Max-Planck-Institut für Züchtungsforschung die Jostabeere. Diese Kreuzung aus Schwarzer *Jo*hannisbeere und *Sta*chelbeere - sie ist eher für den Gartenbau geeignet - kam erst 1975 in den Handel. Geerntet wird die Jostabeere im Juli.

Aussehen

Jostabeeren sind stachellos, oval und kräftiger und größer als alle Stachelbeer- und Johannisbeersorten. Reife Jostabeeren sind fast schwarz, glatt und dünnhäutig und ohne die Öldrüsen ausgestattet, die den Schwarzen Johannisbeeren ihren charakteristischen Geruch verleihen.

Geschmack

Die Jostabeere hat ein köstliches, leicht säuerliches Aroma, das an Stachelbeeren und Johannisbeeren erinnert.

Sorten

Jochelbeere heisst eine widerstandsfähige Kreuzung aus der Schwarzen Johannisbeere und Stachelbeere, die 1983 in Dresden entstanden ist. Der Geschmack der Stachelbeere herrscht bei ihr vor. Die schwarzen Jochelbeeren sind glattschalig und etwas größer als Johannisbeeren. Sie schmecken angenehm säuerlich und haben ein feines Aroma.

Hauptinhaltsstoffe

Mit 90-100mg% zählt die Jostabeere zu unseren Vitamin-C-reichsten Obstarten!

Verwendung, Zubereitung

Frischfrucht, Marmelade, Saft.

Lagerung

Die Jostabeere hat sehr gute Tiefkühleigenschaften.

Tipp

Zur Herstellung von Konserven sind Jostabeeren deshalb ungeeignet, weil ihre dünne Schale beim Erhitzen platzt und sie dadurch ein hässliches Aussehen bekommen würden.

Jujube

Ziziphus jujuba

Azufaifa: span., Ber, Bor, Brustbeere, Brystbär: norw., Chinese date: engl., Chinese fig: engl., Chinesische Brustbeere, Dornjujube, Ginga: span., Giuggiola: ital., Indische Brustbeere, Judendorn, Jujube: engl., franz., Jujubes: niederl., Rote Dattel, Tintendattel, Yujaba: span.

Allgemeines, Herkunft, Geschichtliche Bedeutung

In den Halbwüstengebieten Chinas wird die Jujube zwar schon seit Jahrtausenden kultiviert und zählt auch heute dort noch zu den wichtigsten Obstarten, ihr Ursprung wird allerdings in Syrien vermutet. Von den Römern wurden erstmals nach Europa gebracht. Die Jujube ist eine Steinfrucht (keine Beere!), die der Familie der Kreuzdorngewächse (Rhamnaceae) angehört. Von August bis Oktober werden Jujuben hauptsächlich aus Afrika, Australien, China, Frankreich, Indien, Italien, den Niederlanden und Japan auf unseren Märkten angeboten.

Aussehen

Die Jujube ist ein dorniger Strauch mit ledrigen Blättern. Die glänzenden, zwetschgenförmigen Früchte haben eine grüne bis rotbraune Schale. Das gelblich-weiße mehlige Fruchtfleisch ist etwas schleimig und beinhaltet einen ungenießbaren, zylindrischen Kern.

Geschmack

Der süßliche Geschmack der Jujube ist vergleichbar mit Datteln und Birnen.

Sorten

Chinesische Datteln nennt man getrocknete Jujuben. Sie schmecken aromatischer als Frische und finden meist in der chinesischen und in der indischen Küche Verwendung.

Chinesische Jujuben/Filzblättrige Jujuben werden zwar etwas größer als Normale, sie haben aber dafür ein schlechteres Aroma.

Französische Jujuben/Ziziphus lotus: lat./Italienische Jujuben sind nur olivengroß und stammen aus dem Mittelmeerraum.

Indische Jujuben/Ziziphus mauritiana: lat. nennt man sehr sauerschmeckende indische Jujuben.

Hauptinhaltsstoffe

Calcium, Eisen, Kali, Phosphor, 70mg Vitamin C pro 100g Fruchtfleisch, 25% Gesamtzucker.

Verwendung, Zubereitung

Die Jujube dient meist als Zutat in Salaten; sie wird aber auch getrocknet und kandiert oder zu Marmelade, Honig, Obstwein und Weinbrand verarbeitet.

Lagerung

Kühl und nicht zu trocken können frische Jujuben etwa 3 Tage aufbewahrt werden.

Volksmedizinische Bedeutung

Jujuben gelten als allgemeines Stärkungsmittel. Da sie auch eine immunstimulierende Wirkung haben, werden sie auch zur Krebstherapie und als Herztonikum eingesetzt. Aus getrockneten Jujuben stellt man Brusttee her, den man zur Katarrhenbehandlung anwendet. Jujubensamen werden bei Angstzuständen, Schlaflosigkeit, Schwindel und Nachtschweiß angewendet. Jujuben-Blätter helfen in den Anbauländern bei Skorpionstichen.

Tipp

Vollreif schmecken Jujuben am besten.

K

Kaffir-Limette

Citrus hystrix

Combavas: franz., Kaffir-Limone, Makrut lime: engl., Sambal

Allgemeines, Herkunft, Geschichtliche Bedeutung

Die Kaffir-Limette stammt aus Südostasien und ist, da sie zu den Rautengewächsen (Rutaceae) gezählt wird, eine Zitrusfrucht. Angebaut wird sie in Indonesien und Thailand.

Aussehen

Die Kaffir-Limette ist eine dunkelgrüne zitronenartige Frucht, die an einem kleinen Baum mit dünnen Ästen wächst. Die dickschaligen und runzligen Früchte enthalten wenig Saft, sind aber sehr kernreich. Die Blätter der Kaffir-Limette sehen aus, als seien zwei Blätter hintereinander zusammengewachsen.

Geschmack

Kaffir-Limetten schmecken sehr stark zitronig. Blätter und Früchte verströmen ein starkes Zitronenaroma.

Verwendung, Zubereitung

Kaffir-Limettensaft wird zum Würzen von Saucen, Suppen, Salaten usw verwendet. Die Blätter und Früchte finden frisch oder getrocknet meist in asiatischen Currygerichten Verwendung.

Lagerung

Leicht gekühlt lassen sich Kaffir-Limetten ca. 2 bis 3 Wochen aufbewahren.

Volksmedizinische Bedeutung

Kaffir-Limettensaft hat eine heilende Wirkung bei Erkältungskrankheiten und Vitamin-C-Mangel.

Tipp

Die spiralenförmig geschnittene Schale der Kaffir-Limette wirkt in Longdrinks sehr dekorativ und ist außerdem erfrischend.

Kaki

Diospyros kaki

Apricot du Japon: franz., Cachi: ital., Caqui: franz., span., Chinese persimmon: engl., Chinesische Dattelfeige, Chinesiche Dattelpflaume, Chinesische Persimmon, Chinesische Quitte, Coing de Chine: franz., Date plum: engl., Dattelfeige, Diospiro: ital., Frutti di loti: ital., Götterpflaume, Göttliche Frucht, Hindi: engl., Japanese Persimmon: engl., Japanische Aprikose, Japanische Dattel, Japanische Dattelfeige, Japanische Dattelpflaume, Japanische Kaki, Japanische Persimmon, Kaki: asiat., engl., franz., ital., niederl., norw., span., Kakiapfel, Kakibaum, Kakidattel, Kakifrucht, Kakipflaume, Khaki: pers., Loti: ital., Orientalische Persimmon, Palo santo: span., Coing de chine: franz., Raquemine

Allgemeines, Herkunft, Geschichtliche Bedeutung

Die Kaki kommt ursprünglich aus China und Japan. Angebaut wird die Kaki, die vom botanischen Standpunkt her zu den Beeren gehört, auch in Australien, Brasilien, Chile, China, Dalmatien, Florida, Israel, Italien, Japan, Kalifornien, Spanien, Südfrankreich und in Südkorea. Die Kaki ist die stärkste Vertreterin der Diospyros-Gattung und gehört damit zu den Ebenholzgewächsen (Ebenaceae). Das asiatische Wort „Kaki" heißt zu deutsch „Frucht".

Aussehen

Kakis sind runde gelb-orangerote, glatte und glänzende, tomatenähnliche Früchte mit vier Blütenblättern am Stängelansatz, die an bis zu 8m hoch werdenden Baum- und Strauchpflanzen wachsen. Im vollreifen Zustand, also wenn das glasig-glänzende Fruchtfleisch durch die dünne Haut schimmert und sich die Frucht weich anfühlt, sind die Kakis weich, saftig und sehr druckempfindlich. Das orangerote Fruchtfleisch hat eine geleeartige Konsistenz und kann zwei bis acht Kerne enthalten.

Geschmack

Nur vollreif schmecken Kakis sehr süß und saftig und entwickeln dabei einen leichten Birnen,- Aprikosen,- Tomatengeschmack mit einem leichten Vanille-Touch. Das weiche Fruchtfleisch zerfließt dann förmlich in der Hand. Leider hat es oft einen leicht bitteren Nachgeschmack. Unreif schmecken Kakis ihres hohen Gerbstoffgehalts wegen herb und pelzig.

Sorten

Indianer-Feigen/Kakifeigen nennt man in der Sonne getrocknete Kakis, die sich - wie gedörrte Feigen - mit auskristallisiertem Zucker bedecken.

Persimone: Diospyros virginiana: bot./Persimmon: engl./Persimonia: span./Persimonn/Persimonne/Persimonpflaume/Virginische Dattelpflaume. Ursprünglich kommt die Persimone aus China. In Kalifornien hat sie aber erst seit 1870 Berühmtheit erlangt: Auf einer 325.000qm großen und somit der größten Persimonen-Plantage der Welt, werden Persimonen gezüchtet. Persimonen sind kakiähnlich, pflaumen-orangengroß, blass-orange, oft mit roter Backe, haben wenigstens vier Kerne und dunkles, sehr herb schmekkendes Fruchtfleisch. Oft werden sie zur Branntwein-Herstellung verarbeitet; man kann sie jedoch auch frisch verzehren. Persimonenbäume werden nur vier Meter hoch. Es gibt auch jungfernfrüchtige Persimonen, die kernlos und mit gelbem Fruchtfleisch, aber hohem Gerbstoffgehalt (Tannin) behaftet sind, der sich allerdings bei voller Reife (sie werden künstlich nachgereift) wieder verliert.

Hauptinhaltsstoffe

Calcium, Carotinoide, Gerbsäure (Tannin), Glucose, Kalium, Mangan, 85mg Vitamin C pro 100g Fruchtfleisch, 13-15% Zucker. Die Kaki gilt als Vitaminbombe, da sie zu den Provitamin-A-stärksten Früchten zählt.

Verwendung, Zubereitung

Die Kaki wird als Frischfrucht, für Marmelade, Süßspeisen, kalte Vorspeisen, Obstsalat, Quarkspeisen, Saft, Trockenobst und in Babynahrung verarbeitet. Wenn man die Kaki als Frischfrucht verzehren will, schneidet man zuvor den grünen Kelch heraus - die Frucht öffnet sich dann von alleine. Jetzt kann man das Fruchtfleisch - es sollte leicht gekühlt sein - auslöffeln. Man kann aber auch die zähe Schale abziehen und die Kaki dann wie einen Apfel essen. Verfeinern kann man die Kaki mit etwas Zitronensaft, Likör oder Weinbrand. Kerne und Haut sollte man nicht mitessen, da sie bitter schmecken.

Lagerung

Gekühlt lässt sich die Kaki ca. 4 Tage aufbewahren. Harte, unreife Kakis kann man bei Zimmertemperatur nachreifen lassen.

Volksmedizinische Bedeutung

Die leicht verdauliche Kaki gilt als rascher Energiespender. Sie stärkt die Widerstandskräfte gegen Erkältungen und gilt allgemein als Volksmedizin gegen Schilddrüsenerkrankungen. Kakisaft macht die Haut feinporiger und zarter, da er eine porenverengende Wirkung hat.

Tipp

In Japan gelten Kakis als ‚Katerkiller'!

Kaktusfeige

Opuntia ficus-indica

Barbareifeige, Cactusfijg: niederl., Distelfeige, Feigendistel, Feigenkaktus, Feigen-Opuntie, Figue de Barbarie: franz., Fikenkaktus: norw., Higo chumbos: span., Kaktusbirne, Kaktusfrucht, Nopal: franz., span., Opuntie, Prickly pear: engl., Stachelbirne, Stachelfeige, Tsabar: israel., Tuna: span.

Allgemeines, Herkunft, Geschichtliche Bedeutung

Bei der Kaktusfeige handelt sich um die Früchte des Opuntienkaktus, dessen Heimat in den Wüstenzonen Mexikos liegt, weshalb er auch als „Brot der trockenen Gegenden" bezeichnet wird. Für die Indianer waren diese Früchte früher ein unentbehrliches Nahrungsmittel. Spanische Seefahrer brachten die Kaktusfeige im 16. Jahrhundert erstmals mit nach Europa. In Ägypten, Algerien, Australien, Brasilien, Israel, Peru, Sizilien, Spanien, Südafrika, Tunesien und in den Trockengebieten Amerikas (in der Wüste!) wächst der Opuntienkaktus meist wild. In Australien überwucherte dieses Kakteengewächs (Cactaceae) sogar einst 24 Millionen Hektar und musste ausgerottet werden. Auf deutschen Märkten kann man Kaktusfeigen in der Zeit von September bis Mai erhalten.

Aussehen

Die etwa gänseeigroße, feigenförmige Kaktusfeige hat rötlich-gelbe bis lachsfarbene oder braune, leicht abgeplattete Früchte mit warzenförmig bestachelten Erhebungen und lederartiger Haut. Das zarte, orange-gelbe Fruchtfleisch enthält viele kleine, flache, essbare Kerne. Grüne Kaktusfeigen sind unreif.

Geschmack

Reife Kaktusfeigen haben einen leicht süß-säuerlichen, saftigen Birnen-Melonengeschmack, der zwar gelegentlich etwas fade sein kann, aber sehr erfrischend ist. Grüne Früchte sind ungenießbar.

Hauptinhaltsstoffe

12mg Calcium pro 100g Fruchtfleisch, Eiweiß, Kalium, Kohlenhydrate, Oxalatkristalle, Vitamine der B-Gruppe, 20mg Vitamin C pro 100g Fruchtfleisch, Zucker.

Verwendung, Zubereitung

Die Kaktusfeige wird zum Frischkonsum, für kalte Vorspeisen, Süßspeisen, Marmeladen, in Mixgetränken, Obstsalat, Sirup, Saft oder als Trockenfrucht verwendet.

Kaktusfeigen-Fruchtfleisch - es sollte leicht gekühlt sein - kann man mit Zitronensaft, Zucker und Eierlikör, mit Grand Marnier, mit whiskeygewürzter Orangenmarmelade, mit Cognac, oder mit heißer Schokoladensauce beträufelt verzehren. Vorher wird die Schale abgezogen, oder man halbiert die Frucht und löffelt sie aus. Die Schale sollte dabei wegen ihrer Stacheln nie mit der ungeschützten Hand berührt werden, da dies zu Juckreiz und Entzündungen führen kann. Um die Stacheln zu entfernen, legt man die Frucht kurze Zeit in kaltes Wasser; danach lassen sich die Stacheln leicht lösen.

Aus dem getrockneten Fruchtfleisch der Kaktusfeige wird in Mexiko ein berauschendes Getränk zubereitet. Dort werden auch die jungen, zarten und dickfleischigen Blätter des Feigenkaktus zu Gemüse gekocht.

Die Samen der Kaktusfeige schmecken sowohl pur als auch mit Pfeffer bestreut oder mit Mayonnaise und Zitronensaft gewürzt. Sie wirken aber auch sehr dekorativ als Krönung eines Desserts, im Obstsalat oder als Beigabe zu verschiedenen Cremes. Der eigentliche Feigenkaktus-Körper dient in den Anbauländern meist als Viehfutter.

Indische Feige/Fico d'India: ital./Figue d'Inde: franz./Indian fig: engl. nennt man getrocknete Kaktusfeigen.

Lagerung

Frische Kaktusfeigen lassen sich im Kühlschrank etwa 1 Woche lagern.

Volksmedizinische Bedeutung

Das Fruchtfleisch der Kaktusfeige wirkt leicht abführend, entschlackend und durstlöschend. Bei Blasenschwäche und Prostataleiden bewähren sich sogar zu 80% Extrakte aus Blüten und Früchten der Kaktusfeige! Bei manchen Menschen kann es nach Kaktusfeigen-Genuss, bedingt durch die feinen Oxalatkristalle, zu einem leichten Brennen auf der Zunge und den Mundschleimhäuten kommen; auch kann sich der Urin rötlich färben. Dies ist jedoch unbedenklich und geht bald wieder vorbei.

Tipp

Nopalitos nennt man eine südamerikanische Spezialität, die in Mexiko an jeder Straßenecke angeboten wird. Es handelt sich dabei um in Scheiben geschnittene zarte, grüne, dickfleischige Feigenkaktus-Blätter, die entweder in feurig-scharfe Sauce oder nur in Wasser eingelegt sind.

Kapuzinerkresse

Tropaeolum majus

Blumenkresse, Capucine: franz., Common nasturtium: engl., Cresson du Pérou: franz., Fremde Kapuzinerblume, Gelbes Vögerl, Indianerkresse, Indische Kresse, Kanarienvögelchen, Kapuzinerchen, Nasturtium: engl., Nasturz, Salatblume

Allgemeines, Herkunft, Geschichtliche Bedeutung

In ihrer Heimat Peru wird die Kapuzinerkresse schon seit 4000 Jahren kultiviert. Erst im 17. Jahrhundert wurde sie durch spanische Seefahrer auch nach Europa gebracht.

Da die Kapuzinerkresse zur Familie der Kapuzinerkressengewächse (Tropaeolaceae) gehört, zählt sie folglich auch nicht, wie etwa die Gartenkresse, zu den Kreuzblütlern. Professioneller Anbau der Kapuzinerkresse wird nirgendwo betrieben, sie dient meist nur als Zierpflanze in Vorgärten. Ihren Namen hat die Kapuzinerkresse von der ursprünglich kapuzinerbraunen Blütenfarbe und der Blütenform, die den Kapuzen der Kapuzinermönche ähnelt. Gleichzeitig weist die botanische Bezeichnung „Tropaeolum" auf ihre schildstieligen Blätter und die helmartigen Blüten hin.

Aussehen

Die Kapuzinerkresse hat auffallend hübsche, gelappte, fingerförmige bis nierenförmige Blätter und leuchtend gefärbte, gespornte, rote, blaue oder orangegelbe helmartige Blüten an runden, wasserhaltigen, leicht zerbrechlichen, lang rankenden Stängeln.

Geschmack

Die jungen Kapuzinerkresse-Blätter, -Blüten, - Früchte und die -Knospen schmecken pfeffrig-scharf, pikant, senfartig, kaprig, kressig. Große alte Blätter sind ledrig und schmecken sehr scharf.

Sorten

Anu: Tropaeolum tuberosum: lat./ Knollige Kapuzinerkresse heißt eine Sorte, die von den Höhenlagen Kolumbiens und Perus stammt. Die unterirdischen Knollen sind essbar und von hohem Stärke- und Vitamin-C-Gehalt. Der unangenehme Geruch und der scharfe Geschmack verschwinden, wenn man die Wurzel nach dem Kochen kurz einfriert.

Tropaeolum nanum: lat. heißt eine Kapuzinerkressen-Sorte, die in runden Büschen wächst.

Tropaeolum nanum plenum: lat. heißt eine Kapuzinerkressen-Sorte mit gefüllten Blüten.

Tropaeolum tricolor: lat. nennt man eine Kapuzinerkressen-Sorte mit dreifarbigen Zipfelmützenblüten.

Hauptinhaltsstoffe
Kapuzinerkresse enthält im Allgemeinen Glucotropaeolin, Mineralstoffe und Senföle.
Die Blüten sind sehr Vitamin-C-haltig.
Verwendung, Zubereitung
Falsche Kapern/Kapernersatz kann man aus den braunen, noch geschlossenen Blütenknospen der Kapuzinerkresse herstellen, indem man sie in Essig und Salz einlegt. Aus jungen Kapuzinerkresse-Blättern und -Blüten kann man Salat, Gemüse und Tee bereiten. Feingehackte Kapuzinerkresse-Blätter kann man auch zum Belegen von Butterbroten oder im Kräuterquark verwenden. Zum Trocknen eignen sich Kapuzinerkresse-Blätter jedoch nicht. Die prächtigen, essbaren Kapuzinerkresse-Blüten wirken außerdem sehr dekorativ auf Salaten und Kalten Platten. Man sollte jedoch sachte damit umgehen, da sie sehr scharf schmecken.
Lagerung
Einmal geerntet, lässt sich Kapuzinerkresse nur noch kurze Zeit aufbewahren, da sie sehr schnell verwelkt.
Volksmedizinische Bedeutung
Kapuzinerkresse wirkt blutreinigend, wundheilend, kräftigend, leicht abführend, verjüngend, aphrodisierend, stärkt das Immunsystem und regt die Bildung von roten Blutkörperchen an. Auch bei Harnwegsinfektionen, Skorbut und Bronchitis hat sich der Verzehr der Kapuzinerkresse bewährt. Kapuzinerkresse-Blätter wirken im frischen Zustand nur dann antibiotisch gegen zahlreiche Krankheitserreger, wenn sie
ohne Öl angemacht wurden und wenn unmittelbar nach dem Verzehr kein Alkohol getrunken wird. Dieses von dem Kölner Professor Dr. Winter entdeckte Antibiotikum wird auch pharmazeutisch genutzt und kommt als „Wi Wi 192" oder „Tromalyt" in den Verkehr, ein Mittel hauptsächlich bei Infektionen der Rachenhöhle sowie bei Nieren - und Blasenleiden.
Vorsicht: Bei Überdosis von Kapuzinerkresse-Blättern können starke Magenreizungen auftreten.
Tipp
Wenn man um den Stamm von Obstbäumen herum oder auf Baumscheiben Kapuzinerkresse pflanzt, verhindert man Blut- und Blattlausbefall, da Schwebfliegen angelockt werden, die diese Schädlinge vertilgen. Auch Schnecken, Ameisen, und Raupen nehmen vor der Kapuzinerkresse Reißaus.

Karambole
Averrhoa carambola

Apfel von Goa, Baumstachelbeere, Carambola: engl., ital., niederl., norw., span., Carambole: franz., Karambola: portug., Pomme de Goa: franz., Starfruit: engl., Sternfrucht, Tamarindo chino: span.

Allgemeines, Herkunft, Geschichtliche Bedeutung
Die Heimat der Karambole ist Indonesien. Sie gehört zu den Sauerkleegewächsen (Oxalidaceae) und wächst in tropischen Ländern auf niedrigen, buschartigen Gurkenbäumen. Ganzjährig wird sie aus Afrika, Brasilien, China, Florida, Indien, Indonesien, Israel, Karibik, Kolumbien, Malaysia, Südamerika oder aus Thailand importiert. Der Name „Karambola" stammt aus dem Portugiesischen und bedeutet „Sternfrucht", denn: wenn man die Frucht quer in Scheiben schneidet, erhält man ‚Sterne'.
Aussehen
Die Karambole ist eine etwa fingerlange, dünnhäutige, grünlich-gelbe Frucht mit fünf- bis sechskantigen Längsrip-

pen. Reife Karambolen haben eine wachsartige, kräftig gelbe, essbare Außenhaut, braune Kanten und durchscheinendes, bernsteinfarbenes, saftiges Fruchtfleisch, das glatte, braune, essbare Kerne enthält.

Geschmack

Karambolen haben ein erfrischendes, süß-saures, fruchtiges Aroma, das entfernt an Quitten und Stachelbeeren erinnert. Ihr Duft ist eher jasminähnlich.

Sorten

Bilimbi: Averrhoa bilimbi: bot./Bilimbing/Cucumber tree fruit: engl./ Vinagrillo: span./Pepino culi: span. Diese Karambolen-Sorte kommt aus dem malaiischen Gebiet. Die grünen länglichen, flachgerippten, gurkenförmigen, sehr sauren Früchte werden meist gesalzen und an der Sonne getrocknet oder süß-sauer eingelegt in Konserven angeboten.

Hauptinhaltsstoffe

4mg Calcium pro 100g Fruchtfleisch, Eisen, Kalium, Magnesium, hoher Oxalsäuregehalt (mehr als unser heimischer Rhabarber!), Phosphor, 85mg Provitamin A pro 100g Fruchtfleisch, reich an Vitamin B 3 und C.

Verwendung, Zubereitung

Die Karambole wird als Frischfrucht, Konserve, für Kompott, Marmelade (mit Stachelbeeren gemischt), Gelee, Mus, Erfrischungsgetränke, Chutney, zu Salaten, Bowlen und gedünstet oder kurz in heißer Butter geschwenkt als exotische Beilage zu Fleisch- oder Fischgerichten verwendet. Bei uns gilt sie als ausgesprochene Dekorationsfrucht. Im Allgemeinen wird die Karambole ungeschält verarbeitet; bei älteren Früchten sollte man allerdings wenigstens die braunen Kanten an den Längsrippen ihres Bittergeschmacks wegen dünn abschneiden. Karambolescheiben eignen sich übrigens sehr gut zum Reinigen von Messinggegenständen.

Lagerung

Gekühlt ist die Karambole ca. 10 Tage haltbar.

Volksmedizinische Bedeutung

Karambolen haben eine durststillende Wirkung. Zahnfleischerkrankungen und Akne kann man durch Auflegen von Karambole-Scheiben beseitigen.

Tipp

Karambolescheiben, die man in einem Glas mit Sekt begießt, fangen an, sich zu drehen, was durch die aufsteigende Kohlensäure ausgelöst wird.

Kardone

Cynara cardunculus

Carde, Cardi, Cardo: ital. Cardos: span., Cardon: franz., Cardoon: engl., Cardy, Distelkohl, Gemüseartischocke, Karde, Kardi, Kardoen: niederl., Kardonen-Artischocke, Kardy, Prickly artichoke: engl., Spanische Artischocke, Spanische Distel

Allgemeines, Herkunft, Geschichtliche Bedeutung

Die Kardone ist ein in den Mittelmeergebieten und Nordafrika heimisches Distelgewächs, das schon im 4. Jahrhundert v. Chr. als Gemüse bekannt war. Man nimmt an, dass die Kardone die Stammform der Artischocke ist, zumindest ist sie mit ihr verwandt. Um 1650 wurde die Kardone erstmals in England und Frankreich angepflanzt, und noch im vorigen Jahrhundert war sie auch in Deutschland ein beliebtes Gemüse, das in vielen Rezepten bedacht wurde; heutzutage dagegen gilt die Kardone bei uns eher als Exotin. Die Kardone wird im tropischen Afrika, Belgien, Frankreich, Italien, Spanien, Südamerika, USA und Westasien kultiviert. Wenn sie voll ausgewachsen ist, wird sie - wie Bleichsellerie - zusammengebunden und mit Erde angehäufelt oder in schwarze Plastikfolie gewickelt, damit sie später hell, mild und zart wird.

Aussehen

Die Kardone ist eine 1,5m hohe, distelartige Pflanze mit violetten Blüten, die zwar einer zierlichen Artischocke ähneln, deren dickfleischige Blattstiele jedoch eher an Staudensellerie erinnern.

Geschmack

Die Kardone hat einen herben, nussartigen, leicht bitteren, strengen, artischockenähnlichen Geschmack.

Hauptinhaltsstoffe

Cynarin, Inulin, Vitamin C.

Verwendung, Zubereitung

Die vorgegarten, also gekochten oder gebackenen Blattstiele und Rippen der Kardone werden entweder zu Gemüse oder zu Salat verarbeitet. Vorher werden die gebleichten Stiele oder Hauptrippen der riesigen Blätter gut gereinigt und die äußeren faserigen oder je nach Sorte stachligen Blattränder entfernt. Die inneren Stiele - nur diese sind verzehrbar - werden in 8cm lange Stücke geschnitten, dann in Mehlwasser mit etwas Zitronensaft ca. 40 Minuten gekocht und danach abgezogen. Der strenge Geschmack der Kardone lässt sich etwas mildern, indem man sie mit etwas frischem Salat vermischt verspeist. Die Blattstiele der Kardone werden auch zur Bitterlikör-Herstellung und zu Konserven verarbeitet. Die Blütenköpfe der Kardone werden im Gegensatz zur Artischocke nicht mitgegessen.

Lagerung

Kühl, dunkel und ohne Zugluft lässt sich die Kardone bis zu 1 Woche lagern, danach trocknet sie aus und ihr Fruchtfleisch wird fleckig.

Volksmedizinische Bedeutung

Die bitteren Inhaltsstoffe der Kardone regen Leber, Galle und Verdauung an.

Tipp

Dank Inulin, das von der Bauchspeicheldrüse gut verarbeitet werden kann, ist die Kardone auch für Diabetiker gut verträglich.

Karotten

Daucus carota ssp. sativus

Carota: ital., Carottes: franz., Carrots: engl., Feldrübli: schweiz., Gartenmöhren, Goldrüben, Junge Wurzeln, Karote: niederl., Karoton: griech., Möhren, Mohrrettich, Mohrrüben, Morde: hunsr., Motten: hess., Peen: niederl., Riewe: hunsr., Rüben, Rüebli: schweiz., Rübli: süddt., Schattbutbengel, Speisemöhren, Vogelnetz, Woddeln: norddt., Wortel: niederl., Würzelchen, Wurzeln: norddt., Zanahorias: span.

Allgemeines, Herkunft, Geschichtliche Bedeutung

Schon vor über 4000 Jahren kannte man die Karotte in Asien. Die ursprünglich purpurfarbene Wilde Möhre mit ihren weißen Doldenblüten und einer zähen, spindelförmigen, verholzten Pfahlwurzel soll erstmals im 10. bis 12 Jahrhundert aus Asien nach Mitteleuropa gekommen sein, wo sie zuerst von den Holländern kultiviert wurde. Sie fanden heraus, dass die Wildform ihre negativen Eigenschaften durch Kultivierung in bearbeitetem Ackerland verliert. Heutzutage werden Karotten ganzjährig u.a. in Algerien, Belgien, Dänemark, Deutschland, Frankreich, Israel, Italien, den Niederlanden und in Ungarn angebaut. Prinz Charles nennt in seinem Garten am Buckingham-Palast 20 Karotten-Sorten sein Eigen! Seinen Namen bekam die Karotte von den Römern. Sie nannten es „carota". Der Zweitname „Möhre" dagegen stammt aus dem Althochdeutschen.

Aussehen

Botanisch und pflanzenbaulich sind „Karotten" und „Möhren" das Gleiche, nicht aber strenggenommen markttechnisch: „Möhren" sind groß, walzenförmig, länglich und schmal. „Karotten" nennt man dagegen frühe, kleine Rübchen, die meist kurzwurzlig, kugelig und stumpf sind. Die Farbe der Wurzeln variiert von weiß über gelblich bis tiefrot. Es gibt sogar eine asiatische Karotten-Sorte mit violetter Schale. Wenn eine Karotte aufgerissene Furchen aufweist, deutet dies auf zu geringe Bodenfeuchte während des Wachstums hin.

Geschmack

Karotten haben ein angenehmes, leicht süßliches und mildes Aroma.

Sorten

Bundkarotten/Bundmöhren nennt man Treibhaus- oder Frühmöhren, die nur im Frühjahr und Sommer auf den Märkten erhältlich sind. Sie sollten über frisches, gesundes Kraut und zarte und gewaschene Wurzeln verfügen.

Fingermöhren nennt man eine kleine, fingerlange Möhrensorte, die meist zu Tiefkühl- oder Konservenware verarbeitet wird.

Futtermöhren/Eselsmöhren/Gelbe Rüben: österr./Gelleriewe: saarl./ Pferdemöhren/Pferderüben/Riesenmöhren sind faserig, holzig, weiß- bis gelbfleischig und dienen Futterzwekken. In einigen Gegenden stellt man daraus ein wohlschmeckendes Mus her oder verwendet ihren eingedickten, zuckerhaltigen Saft als Sirup. Geröstet und gepulvert liefern sie Kaffee-Ersatz.

Herbstkarotten/Winterkarotten haben eine feste, grobe Struktur und sind kegelförmig. Sie verfügen über ein besonders intensives, karottiges Aroma.

Pariser Karotten heißt eine kleine, runde, süße, zarte und meistens gewaschene Karotten-Sorte, die schon nach 75 Tagen geerntet werden kann. Im Frühjahr und im Sommer ist sie ausschließlich in Büscheln erhältlich. Es gibt auch riesige industrielle Produktionen für die Konservenherstellung.

Sandmöhren nennt man in Sand eingeschlagene Möhren, die so im Spätjahr vor Frost geschützt werden.

Waschmöhren nennt man Bundmöhren, die ab Mitte Juli mit zylindrischer Wurzel und ohne Laub angeboten werden. Waschmöhren heißen sie, weil sie vor dem Verpacken durch eine ‚Waschstraße' gefahren werden, um den gröbsten anhaftenden Schmutz zu entfernen. Die Sorten „Nantaise", „Marktgärtner" und „Frühbund" sind besonders zart und süß.

Wilde Möhre. Ihre erdig-süßliche Wurzel wird zu Kaffee-Ersatz, Sirup und orangenem Farbstoff verarbeitet. Die Wurzel und das Kraut sind ein antiseptisches Diuretikum, mit dem man Blasen- und Prostatainfektionen, Gicht und erhöhte Harnsäure behandelt. Die Samen finden sich in Likören und Parfüms wieder, helfen bei Katerstimmung und vertreiben Würmer.

Hauptinhaltsstoffe

Anthocyane, Biotin, Calcium, Eisen, Eiweiß, etherisches Öl, Folsäure, Fruchtsäure, Glutamin, Kalium, Lezithin, Magnesium, Natrium, Pektin, Pro-Vitamin A, Vitamine B 1, B 2, B 3, B 6, C, E, 5% Zucker. Die Karotte ist unsere ergiebigste einheimische Karotinquelle. Diesen Karotingehalt kann man übrigens am Äußeren erkennen: Eine tief-orange-rote Karotte enthält mehr Karotin als eine hell-orangene.

Verwendung, Zubereitung

Karotten sind zur Herstellung von Rohkost, Saft, Suppen, Säuglingsnahrung, Marmelade, Salat, Torte, Eintöpfen, Suppengrün, Auflauf, Konserve und als Gemüsebeilage geeignet. Frische, junge Karotten brauchen nicht geschält zu werden, da die Schale nur hauchdünn ist. Da die jungen Blättchen der Möhre sehr vitamin- und chlorophyllreich sind, sollte man sie auf keinen Fall wegwerfen, sondern sie wie Küchenkräuter verwenden.

Lagerung

Kühl, bei 10°C und hoher Luftfeuchtigkeit, lassen sich Karotten ca. vier bis fünf Tage aufbewahren. Bei zu eisiger Lagerung bekommen Möhren einen seifigen, bitteren, chininartigen Geschmack. Auch unter Einwirkung von Ethylengasen werden Möhren bitter. Man sollte Karotten nicht über längere Zeit mit dem Kraut aufbewahren, da sie sonst ihrer Feuchtigkeit beraubt werden und sie dadurch rascher welken.

Volksmedizinische Bedeutung

Karottengenuss wirkt wassertreibend, verdauungsfördernd (guter Fettverdauer!), senkt den Cholesterinspiegel, stärkt das Immunsystem und beseitigt unreine Haut. Bei Zuckerkranken fördert regelmäßiger Karottengenuss sogar die Zuckerausscheidung. Bei Leistungstiefs sollte man rohe Kartten zerkauen, weil durch das Kauen die Durchblutung im Kopf gesteigert wird und so das Gehirn mit mehr Sauerstoff versorgt wird. Roher Karottenbrei soll vor Krebs schützen, da er freie Radikale neutralisiert. Außerdem ist er ein gutes Mittel gegen Heiserkeit und Mundfäule. In einen Umschlag eingewickelt, hat dieser Brei sogar eine heilende Wirkung bei Verbrennungen. Einen wohlschmeckenden und sehr wirksamen Hustensaft erhält man, indem man Karottensaft und Zucker zu gleichen Teilen mischt.

Tipp

Da beim Verzehr von rohen Karotten das wertvolle Karotin nicht vollständig vom Körper verarbeitet werden kann, sollte man unbedingt durch Zugabe von Fett in Form von Margarine, Speiseöl, Sahne oder Butter etwas nachhelfen, denn erst dann können die Zellwände dieses Gemüses aufgelockert und das wichtige Vitamin für die Verdauungssäfte angreifbar gemacht werden.

Kartoffel

Solanum tuberosum

Aardappel: niederl., Abern: zittau., Ädäppel: köln., Älü: ind., Batatas: span., Brambor: tschech., Bramburie: altdt., Bramburk: böhm., mähr., rumän., Burgonya: ungar., Erdapfel: österr., Erdbirne: sächs., Erdling: salzb., Erdteufel, Erdtoffel: ostdt., Gold der Inkas, Grumbe: hess., Grumbeer, Grumbel: elsass., Grumbiere: koblenz., fränk., Grundbeere, Grundbirne, Gummeli: schweiz., Härdöpfel: schweiz., Indianerwurzel, Inka-Trüffel, Kartoffli: schles., Kartofler: dän., Krummbeere, Krumpli: ungar., Mäusle, Papo patata: span., Patata: ital., Pomme de terre: franz., Potato: engl., Schrompera: eifel., Tartuffel, Tartuffoli: ital., Teufel, Teufelswurzel, Töffelen: mecklenb., Tüfteln: mecklenb.-vorpomm., Zemiaky: poln.

Allgemeines, Herkunft, Geschichtliche Bedeutung

Schon vor 4000 Jahren wurde die Ur-Kartoffel in den Hochländern Südamerikas zwischen Bolivien und Peru von den Inkas in unterschiedlichen Klimazonen angebaut. Der spanische Eroberer Pizarro soll sie um 1526 erstmals auch nach Europa gebracht haben. Andere Quellen besagen, dass Sir Francis Drake erstmals die Kartoffel um 1580 nach England gebracht haben soll. Der Botaniker Carolus Clusius war es, der 1588 im botanischen Garten in Frankfurt am Main die ersten Kartoffeln der hübschen Blüte und des üppigen Laubes wegen auf deutschem Boden anpflanzte. Marie Antoinette ließ sich Kartoffelblüten ins Haar stekken und als Muster auf ihre Roben sticken. Feldmäßiger Kartoffel-Anbau gelang 1680 zuerst in Österreich und 1682 dann auch in der Gegend um Nürnberg. Um ihre Verbreitung in Deutschland hat sich Friedrich Wilhelm I. (1688-1740), der Vater des „Alten Fritz", verdient gemacht, der den Kartoffelanbau per Gesetz befahl. Als sich die Bauern trotzdem weigerten, Kartoffeln anzubauen, da sie glaubten, dass sie dumm machen, drohte er damit, ihnen Nase und Ohren abschneiden zu lassen. Schließlich ließ man sich zu Aussaat und Ernte herab. Doch erst in der zweiten Hälfte des 18. Jahrhunderts erkannte man den Wert dieses Nachtschattengewächses (Solanaceae) als Nahrungsmittel; in der Hungersnot nach dem Siebenjährigen Krieg wurde die Kartoffel zu einer bedeutenden Hilfe für die notleidende Bevölkerung.

Kartoffeln sind knollige, stark entwickelte unterirdische Sprossverdickungen und gehören genaugenommen nicht zu den Früchten oder den Gemüsen sondern zu den „landwirtschaftlichen Kulturen". Wegen ihrer umfassenden Bedeutung und speziellen Verwendung wird sie aber dennoch als „Gemüse" angesehen. In Frankreich wurde die Kartoffel lange Zeit für eine Trüffel/Cartoufle: franz. gehalten, woraus später ihr deutscher Name entstanden ist.

Die ersten Kartoffelchips kreierte 1853 ein indianischer Koch in Saratoga (USA) für den Milliardär Cornelius Vanderbildt. Der fand nämlich die Bratkartoffeln auf seinem Teller viel zu dick. Aus Rache schnitt der Küchenprofi die zweite Portion papierdünn und würzte sie knallscharf - Vanderbildt war entzückt! *Saratoga-Chips/Saratogakartoffeln* werden Kartoffelchips laut ihrem Entstehungsort auch genannt.

„Pommes frites" wurden im 18. Jahrhundert erfunden. Laut einer Chronik aus dieser Zeit waren es die Belgier, die in Flüssen kleine Fische fingen und diese dann in heißem Fett fritierten. Im Winter, wenn die Flüsse zugefroren waren, mussten sie auf diese Leckerbissen verzichten. Deshalb kamen sie auf die Idee, Kartoffeln in Streifen zu schneiden und in Fett auszubacken. Diese Kartoffelstreifen waren den Fischen dann zumindest von der Form her ähnlich. Seitdem erobern Pommes frites unaufhaltsam die Küchen der Welt.

Aussehen

Kartoffeln sollten sich fest anfühlen und eine saubere, braune Schale haben, die keine grünen Stellen aufweisen sollte. Deutsche Speisekartoffeln sind oft unter dem Namen „Ackergold" im Handel. Die Marke trägt je nach Kocheigenschaft eine grüne, rote oder blaue Banderole. Grün = festkochend, rot = vorwiegend festkochend, blau = mehligkochend.

Geschmack

Kartoffeln schmecken hierzulande im Allgemeinen relativ neutral. Der vollaromatische Geschmack der Kartoffeln in den Ursprungsländern (Südamerika) ist den hiesigen hochgradig überlegen.

Sorten

Es gibt über 230 Kartoffelsorten, wovon 165 allein in Deutschland registriert und anerkannt sind. Hier einige davon:

Frühkartoffeln/Heurige: österr./Neue Kartoffeln enthalten normalerweise mehr Nitrat als späte Sorten und Importware mehr als heimische Ware. Uneingeschränkt empfehlenswert sind jedoch die „Nicola" aus Ägypten, Marokko und Zypern. Ebenfalls ein Lekkerbissen ist die „Sieglinde" aus Zypern oder Italien. Auch die „Secura" aus Spanien kann hier gut mithalten. Finger weg von den „Neapler Runden", einer wilden Mischung verschiedener Sorten, bei der die Nitratbelastung extrem hoch ist. Auch bei holländischen Phantasiesorten wie „Diamant", „Spunta" und „Jaerla" handelt es sich um chemisch unterstützte und oft radioaktiv bestrahlte Schnellzüchtungen, die nicht garantiert sortenrein auf den Markt kommen - viel Aroma haben sie übrigens auch nicht. Übrigens: Kartoffelliebhaber essen Neue Kartoffeln samt der Pelle und nur mit Kümmel bestreut. Zur Herstellung von Kartoffelklößen sind Neue Kartoffeln ungeeignet, da sie kaum Stärke enthalten - die Klöße würden im Nu zerfallen!

Sehr frühe Sorten, wie z.B. Atica, Berber, Carola, Christa, Gloria, Hela, Saskia, Ukama sind vorwiegend festkochend, haben einen niedrigen Stärkegehalt, sind relativ teuer und für den Sofortverbrauch bestimmt.

Frühe Sorten heißen z.B. Berolina, Cilena, Cinja, Diamant, Ilona, Sieglinde. Sie sind festkochend und zur Kurzlagerung bestimmt.

Mittelfrühe Sorten heißen z.B. Agria, Bintje, Clivia, Culpa, Désirée, Gesa, Grandifolia, Granola, Grata, Hansa, Irmgard, Jetta, Juliver, Linda, Nicola, Quarta, Roxy, Selma und Ulla. Sie sind vorwiegend festkochend und für die Einkellerung geeignet.

Mittelspäte bis sehr späte Sorten heißen z.B.: Aula, Datura, Idaho (USA), Isola, Monza und Saturna. Sie sind mehligkochend.

Chugauas heißt eine kleine rote, sehr wohlschmeckende Kartoffel-Sorte aus Südamerika, die man mitsamt der Schale essen kann.

Drillinge sagt man zu besonders kleinen Kartoffeln.

Kartoffeläpfel nennt man die ungenießbaren, oberirdischen gelbgrünen oder roten Beerenfrüchte der Kartoffelpflanze, die lediglich für die Gewinnung von Saatgut für Züchtungsversuche von Bedeutung ist.

La ratte-Kartoffeln heißt eine walnussgroße südfranzösische Kartoffel-Sorte mit spitzer Form.

Salatkartoffeln nennt man festkochende Kartoffel-Sorten, also Sorten, die beim Schneiden nicht zerfallen.

Türkische Kartoffeln nennt man in Öl gebratene rohe Kartoffelscheiben auf Pilawreis mit Currysauce.

Vitelotte/Trüffelkartoffeln/Truffes de Chine: franz. nennt man eine edle, urförmige, peruanische Kartoffelsorte. Sie ist sehr dekorativ und hat geschmacksintensives, violettes Fruchtfleisch, das leicht süßlich-erdig und nussartig schmeckt. Mit Schale gegessen schmeckt es bitter. Die Farbe entsteht durch einen hohen Anthozyangehalt. Vereinzelt wird sie auch schon in Deutschland und Frankreich angebaut. 1kg kostet etwa 6.- DM.

Hauptinhaltsstoffe

Aluminium, Atropin, Ballaststoffe, Calcium, Eisen, Eiweiß, Gerbstoff, Glukose, Kalium, Karotin, Kobalt, Kotinin, Kupfer, Magnesium, Mangan, Niacin, Nickel, Pantothensäure, Phosphor, Schleim, Stärke (10 bis 30%), Vitamin B 1, B 2, B 6, C (ca. 17mg%), E, K, Zink. Hervorzuheben ist insbesonders der Eiweißgehalt. Er liegt zwar nur bei 2%, die biologische Wertigkeit von Kartoffeleiweiß ist jedoch sehr hoch. Sie steht nach Sojaeiweiß an zweiter Stelle der pflanzlichen Produkte! Der Vitamin C-Gehalt der rohen Kartoffel ist zwar dreimal höher als beim Apfel - beim Kochen werden davon jedoch etwa 40% zerstört!

Verwendung, Zubereitung
Kartoffeln werden gekocht, gebacken, gebraten oder frittiert zur Herstellung von Suppen, Eintöpfen, Beilagen wie Kartoffelpüree, Reibekuchen, Gratins, Klößen, Rösti, Pellkartoffeln für Brotbeimischungen, zu Falschem Sago und zu Kartoffelmehl verwendet.
Baggers: fränk./Bambes: sächs./Glitscher: sächs./Kartoffelküchle: schwäbisch/Kartoffelpuffer: berlin./Krebbelcher: koblenz./Lappenpickert: westfäl./Latke: jüd./Latschen: sächs./Reiberdatschi: süddt./Rievekoche: köln. nennt man Reibekuchen auch noch.
Kartoffelbrei/Kartoffelmus/Kartoffelpüree/Dinne Krummbeere: pfälzisch /Stock: schweiz./Quetschkartoffeln: saarl./Rührkartoffeln: sächsisch/Stampes: süddt./Stampfkartoffeln: ein anderer Name für Kartoffelpüree.
Kartoffelstärke/Kraftmehl/Fécule: franz. nennt man Kartoffelmehl auch noch.
Quellkartoffeln: schweiz./Pellmänner sind Pellkartoffeln.
Beim Kartoffelschälen sollte man vorhandene Keime und alle grünen Stellen großzügig entfernen, da sie den Giftstoff Solanin enthalten. Rohe, verschrumpelte Kartoffeln sollte man nicht wegwerfen: Sie erholen sich wieder, wenn man sie vor dem Schälen in Eiswasser legt. Geschälte Kartoffeln sollte man nicht zu lange im Wasser stehen lassen, da schon nach einem Tag ein bis zu 50%iger Vitamin- und Mineralstoffverlust entsteht. Noch größer sind die Verluste, wenn man beim Kochen Eisentöpfe verwendet. Unnötigen Vitaminverlust kann man verhindern, indem man die kurz zuvor geschälten Kartoffeln in nur ganz wenig Salzwasser eher dünstet als kocht. Geschälte Kartoffeln, die mehrere Tage in Wasser aufbewahrt werden, entwickeln während der Lagerzeit wieder den Giftstoff Solanin, was eine Kochzeitverlängerung von über einer Stunde bewirken kann.
Kartoffeln werden übrigens schneller weich, wenn man dem Kochwasser etwas Butter, Fett oder Öl beifügt. Kartoffelscheiben, die man frisch gekocht und noch warm für Kartoffelsalat vorgeschnitten hat, kleben nicht zusammen, wenn man sie mit etwas heißem Wasser übergießt.
Kochwasser von Pellkartoffeln sollte man nicht für Suppen oder Saucen weiterverwenden, da es stark solaninhaltig ist. Man kann damit aber Silber reinigen, Leder oder Holz zum Glänzen bringen oder ein schlecht abfließendes Waschbecken wieder zum Ablaufen bringen. Gekochte Pellkartoffeln lassen sich wesentlich länger aufbewahren, wenn man sie ungeschält in den Kühlschrank stellt. Mit der Schnittfläche roher, halbierter Kartoffeln lassen sich mühelos Edelstahlspülen oder -kochtöpfe reinigen.
Pellkartoffeln lassen sich wesentlich leichter schälen (pellen), wenn man dem Kochwasser etwas Salatöl hinzufügt und wenn man sie sofort nach dem Garen mit kaltem Wasser abschreckt.

Lagerung
Kartoffeln sollten trocken, sauber, unbeschädigt, frostfrei und gelüftet gelagert werden, am besten in einem kühlen, dunklen Keller. Fürs Überwintern eignen sich hauptsächlich späte Kartoffelsorten. Kartoffeln sollten nicht in einer Plastiktüte verpackt gelagert werden, da sie darin ‚schwitzen' und schnell verderben. Man sollte auch keine Äpfel neben Kartoffeln lagern, da die Knollen sonst rasch zu keimen beginnen. Keimende Kartoffeln sollte man nur für den Tagesbedarf abkeimen! Um ein Keimen zu verhindern, sollte man die gelagerten Kartoffeln mit Branntkalk bestreuen (500g auf

50kg Kartoffeln), oder man stellt einen flachen Teller mit Kräuterölen aus Basilikum, Knoblauch, Kümmel, Pfefferminze und Thymian auf die Kartoffeln und lässt sie mindestens zwei Wochen einwirken.

Volksmedizinische Bedeutung

Kartoffelverzehr wirkt sich positiv auf den Stoffwechsel und die Tätigkeit der Nervenzellen aus. Bei stetem Aufstoßen, Blähbauch und Sodbrennen wirkt roh gepresster Kartoffelsaft Wunder, da er die Magensäure bindet.

Rohe Kartoffeln sind deshalb ungenießbar, weil sie Stoffe enthalten, die dem Körper nicht bekommen. Außerdem ist die Stärke in der rohen Knolle schwer verdaulich. Erst wenn diese durch Erhitzen aufgeschlossen wird, kann der Stoffwechsel sie leichter verwerten.

Geschwollene Augenlider bekämpft man mit einem Brei von frisch geriebenen Kartoffeln, den man - in ein Tuch gewickelt - etwa 10 Minuten (gegebenenfalls mehrmals) auf die Augenlider drückt.

Kartoffelmehl lässt sich als schnell heilsames und äußerst preiswertes Baby-Puder bei wundem Po anstelle von teuren Spezial-Crèmes einsetzen.

Kartoffeln unseres heutigen Sortiments enthalten in ihrer Frischsubstanz meist weniger als 10 g/100 g des giftigen Solanins, so dass die Gefahr einer Vergiftung fast auszuschließen ist. Selbst wenn man mit dem Essen etwas Solanin aufnimmt, wird davon nur ein Bruchteil im Darm resorbiert. Um eine lebensbedrohliche Dosis aufzunehmen, müsste man schon ca. 800g grüne rohe Kartoffeln essen.

Tipp

Kartoffel-Qualität kann man wie folgt prüfen:

1. Wenn man zwei Hälften einer Kartoffel einanderreibt, sollten sie aneinanderkleben, und es sollte sich am Rand leichter Schaum bilden.
2. Beim Zusammendrücken einer Kartoffelhälfte sollte kein Wasser austreten.
3. Kartoffeln, die beim Weichkochen innen hart bleiben, sind qualitativ minderwertig und zudem nicht lange lagerfähig.

Rohe Kartoffelschalen eignen sich gut zum Entkalken von Kesselstein, indem man sie zusammen mit etwas Wasser ca. 1 Stunde im Topf köchelt.

Kaschunuss

Anarcadium occidentale

Abaschu, Acajou: franz., Acajounuss, Akajou: norw., Anacardio: ital., Anacadium-Nuss, Anacardius: brasil., Cachounuss, Cajou: franz., Caju: span., Cashewnuss, Cashew: engl., Cashew-noot: niederl., Elefantennuss, Kaju: indian., Kernel, Maranone, Marknuss, Noci di acagiù: ital., Noix cajou: franz., Tintennuss, Westindische Merknuss

Allgemeines, Herkunft, Geschichtliche Bedeutung

Die Heimat des niedrigwachsenden Acajoubaums, der die Kaschunüsse trägt, liegt in Brasilien (Amazonasgebiet) und auf den Westindischen Inseln. Portugiesische Seefahrer brachten die Kaschunuss im 16. Jahrhundert erstmals auch nach Indien. Kaschunüsse gehören zu den Sumach- oder Terebinthengewächsen (Anacardiaceae) und sind mit den Mangonen verwandt. In Ägypten, Afrika, Brasilien und Indien werden sie heute hauptsächlich kultiviert. Die Kaschunuss wächst aus dem unteren kommaartigen Teil des birnenförmigen Acajouapfels/Kaschuapfels, dessen giftige Schale schon in den Herkunftsländern entfernt wird, da sein Anteil bis zu 65% beträgt.

Aussehen
Kaschunüsse sind etwa 2cm lange, nierenförmige Nüsse, die meist geröstet und enthäutet, teilweise auch gesalzen in den Handel kommen.
Geschmack
Die zarten und edlen Kaschunüsse erhalten erst durch Röstung ihr schwach süßliches und mandelähnliches Aroma, da das in ihnen enthaltene scharfe Fett erst durch Erhitzung richtig wohlschmeckend und mild wird.
Hauptinhaltsstoffe
Calcium, Chrom, 21% Eiweiß, 45% (!) Fett, Fluor, Gerbstoff, Kalium, Phosphor, Provitamin A, Vitamin B 1, B 2, C, E.
Verwendung, Zubereitung
Kaschunüsse werden für kalte und warme Saucen, Müslis, Salate, Desserts und als Knabberei verwendet. In Brasilien dient die Kaschunuss nicht nur dem Frischverzehr, sondern auch der Wein-, Likör-, Kompott-, Konfitüre- und Essigherstellung.
Lagerung
Wegen ihres hohen Fettgehalts sind Kaschunüsse relativ leicht verderblich.
Volksmedizinische Bedeutung
Der Verzehr von Kaschunüssen wirkt sich positiv auf Muskeln, Augen, Haut, Zähne, Knochen und den Stoffwechsel aus.

Kassie

Cassia fistula

Casse: franz., Cassia: engl., Indischer Goldregen, Röhrenkassie, Senna, Sennastrauch, Sennes

Allgemeines, Herkunft, Geschichtliche Bedeutung
„Kassien" nennt man die Früchte des in Südostasien heimischen Puddingröhrenbaums, den man dort meist wildwachsend in der Nähe von Trokkengebieten und Wüsten vorfindet. Schon im 9. Jahrhundert führten arabische Ärzte seine Blätter als hochwertiges Abführmittel in Europa ein. In Arabien, Afrika, Australien, Indien, Mittelmeer, Nord- und Südamerika wird die Kassie, die zur Familie der Hülsenfrüchtler gehört, kultiviert. Kassien zählen auch zu den Mimosengewächsen (Mimosaceae) und sind mit dem Johannisbrotbaum verwandt.
Aussehen
Die Kassie ist ein Halbstrauch mit dünnen paarigen, blassen Blättchen, gelben Blütchen und charakteristischen, 30-60cm langen und 2-3cm breiten, platten Schoten, die aussehen wie röhrenartige, schwarzbraune Stangen. Sie beinhalten in Etagen angeordnete Querscheidewände, die mit schwarzbraunem, klebrigem Fruchtmark gefüllt sind.
Geschmack
Das Mark der ungenießbaren Schoten schmeckt angenehm süßlich.
Sorten
Alexandrina-Senna/Cassia angustifolia: lat./Tinnevelly-Senna. Von ihr werden die *Sennesblätter/Sanna: arab.* und *Sennesschoten* geerntet, die meist zur Herstellung von Kautabak und Abführmitteln Verwendung finden.
Hauptinhaltsstoffe
Anthrachinone, Emodin, Flavonoide, Gerb- und Bitterstoffe, Harz, Schleim, Weinsteinsäure.
Verwendung, Zubereitung
Das süße Fruchtmark, das sich in den Schoten befindet, gilt als begehrtes Naschwerk bei Kinder; die Hülse wird dabei aufgebrochen und ausgelutscht.
Röhrenmanna/Manna: engl./Manne: franz. ist der Handelsname für das Fruchtmark der Kassie, wenn es nach Europa kommt.
Volksmedizinische Bedeutung
Abführmittel, die aus der Alexandrina-Senna hergestellt wurden, dürfen nicht während der Schwangerschaft und

Stillzeit angewandt werden! Bei Dauergebrauch oder Übergenuss kann es auch zu Abhängigkeit, Herzbeschwerden, Darmträgheit und Darmveränderungen kommen und sogar Krebs verursachen.

Kermesbeere

Phytolacca americana

Amerikanische Kermesbeere, Kermes, Pokeweed: engl., Raisin d'Amerique: franz., Schminkbeere, Skoke: engl.

Allgemeines, Herkunft, Geschichtliche Bedeutung

Die Kermesbeere wurde schon vor 3000 Jahren im Orient zur Scharlachfärbungen verwendet. Erst im 18. Jahrhundert wurde dieses Kermesbeerengewächs (Phytolaccaceae) auch nach Deutschland eingeführt, wo es vornehmlich dem Färben von Rotwein diente. Heute ist die Kermesbeere bei uns nur noch als Zierpflanze bekannt. Größere Anbaugebiete der Kermesbeere findet man in Indien und in Südeuropa, wo sie überwiegend industriell genutzt wird.

Aussehen

Kermesbeeren sind längliche, himbeerfarbene bis graue und schuppenartige Beeren.

Sorten

Asiatische Kermesbeere: Phytolacca acinosa: lat. nennt man eine Kermesbeeren-Sorte aus dem Gebiet zwischen Himalayagebirge und Japan, die genauso verwendet wird, wie die Amerikanische.

Verwendung, Zubereitung

Kermesbeeren werden zum Färben von Wein, Likör, Süßwaren und Gebäck verwendet. Aus den Blättern und den jungen Sprossspitzen lässt sich Gemüse zubereiten.

Kichererbse

Cicera arietinum

Ceci: ital., Chana Dal: ind., Chick-pea: engl., Fontanellerbse, Garbanzo: span., Garbanzo-Bohne, Gram: engl., Hommos, Hummus: arab., Kaffee-Erbse, Kekererwt: niederl., Kespari: ind., Kicherling, Kickerlinge, Platterbse, Poischiche: franz., Saat-Platterbse, Spaanse erwt: niederl.

Allgemeines, Herkunft, Geschichtliche Bedeutung

Die Kichererbse ist eine weißlich oder violettblühende Hülsenfrucht (Leguminosae), die im Nordiran und dem südlichen Kaukasus zu Hause ist. Eigentlich ist dieser Schmetterlingsblütler (Fabaceae) keine Erbse, sondern der Samen eines 1m hohen, ehemals wildwachsenden Krautes, das heute auch kultiviert wird. Kichererbsen-Anbau findet man in Afrika, China, Indien, Mexiko, im östlichen Mittelmeer und in Spanien, wo sie zu den beliebtesten Volksnahrungsmitteln gehört.

Aussehen

Kichererbsen haben im Allgemeinen eine unregelmäßige kantige, zuckererbsengroße Form mit schnabeligem Vorsprung. Sie werden sowohl im Ganzen als auch halbiert vermarktet. Braune oder Schwarze Kichererbsen sind klein und runzlig und kommen meist aus Indien. Goldgelbe Kichererbsen sind groß, rundlich, beige und kommen meist aus Südeuropa. Rötliche Kichererbsen werden im Nahen Osten angebaut.

Geschmack

Kichererbsen schmecken herb-bitter, mehlig, kernig, nussartig.

Sorten

Album heisst die beste Kichererbsen-Sorte. Sie hat leicht eingebeulte Samen. *Nokhodchi: pers.* nennt man eine relativ große Kichererbsen-Sorte, die man wie Erdnüsse isst. Zur Herstellung eines besonderen persischen Gebäcks wird sie zu Mehl zerkleinert.

Hauptinhaltsstoffe

Calcium, Eisen, Eiweiß, Fett, Kohlenhydrate.

Verwendung, Zubereitung

Kichererbsen werden zur Herstellung von Püree, Gemüse, Couscous, Suppen, Eintöpfen, Salat, Mehl, Falafel (fritierte Kichererbsen-Bratlinge), Brot, Gebäck und Konserven verwendet. Gerösete Kichererbsen werden zwar meist zu Kaffee-Ersatz (Surrogat) verarbeitet, man kann sie aber auch wie Nüsse verzehren. Frische grüne Kichererbsen können wie Erbsen auch roh verzehrt werden. Getrocknete Kichererbsen müssen zuerst 12 Stunden in Wasser eingeweicht werden, bevor man sie, gut abgespült, ca. 3 Stunden kocht.

Besan nennt man Mehl aus getrockneten Kichererbsen.

Volksmedizinische Bedeutung

Vorsicht: Nach dem Verzehr größerer Mengen roher Kichererbsen können Vergiftungserscheinungen der Nerven (Lathyrismus) auftreten.

Kirsche

Cerasus

Alse, Cereza: span., Cerise: franz., Cherry: engl., Chriesi: schweiz., Ciliegia: ital., Elexe, Else, Holzbeere, Kers: niederl., Kirsebär: norw., Prunus sp.: bot.

Allgemeines, Herkunft, Geschichtliche Bedeutung

Der römische Feldherr Lucullus speiste nicht nur gerne vorzüglich, er war es auch, der den ersten Süßkirschbaum 74 v. Chr. von der Schwarzmeerküstenstadt „Kerasos" (heute türk.: „Kerasonda"), die der Frucht den Namen gab, nach Italien brachte. Wildkirschen kannten die alten Römer schon lange zuvor. Etwa 120 Jahre nach dem Auftreten der ersten Edelkirsche in Italien kam sie auch nach Deutschland, in die Schweiz, nach Österreich und bald darauf auch nach Großbritannien und Nordeuropa. Auch das Alter der Sauerkirsche lässt sich in etwa zurückverfolgen. So fand man in Pfahlbauten am Bodensee und in der Saalburg in Homburg v. d. Höhe Kerne von Sauerkirschen, deren Entstehungszeit wohl in der Römerzeit liegt.

Die Kirsche ist eine zu den Rosengewächsen (Rosaceae) zählende Steinobstart, die in ganz Europa angebaut und ab Mai geerntet wird. Verwandt mit ihr sind Pflaumen, Walnüsse und Aprikosen. Die Reifezeit der Kirschen, die man auch als „Königin der Früchte" bezeichnet, wird in „Kirschenwochen" ausgedrückt. Die frühesten Sorten reifen in der 1., die späten Sorten in der 7. oder 8. Kirschenwoche.

Aussehen

Süßkirschen-Bäume werden bis zu 20m hoch, haben herrliche Blüten und grobgezähnte, länglich-ovale Blätter, die von den Ästen abstehen. Sauerkirsch-Bäume haben im Gegensatz zu Süßkirsch-Bäumen einen niedrigeren Wuchs, glänzende, glatte, aufrechtstehende Blätter und dünnere Zweige.

Geschmack

Kirschgeschmack variiert – je nach Sorte– von zuckersüß bis total sauer.

Sorten

Süßkirschen werden unterteilt in:

1. Herzkirschen/Natten sind langstielig, groß, gelb-rot bis schwarzrot, herzförmig, weichfleischig und finden meist zur Kuchen- und Kompottherstellung oder als Frischfrucht Verwendung.

2. Knorpelkirschen/Knupper: altdt./ Kracher/Krammelkirschen sind buntscheckige, bissfeste und geschmack-

volle Früchte, die meist als Frischware verwendet werden.
Weitere Sorten:
Sauerkirschen/Meggy: ungar./Weichselkirschen/Weichseln: österr. werden unterteilt in:
1. Amarellen/Ammern/Amorellen/Baumweichseln: österr./Glaskirschen nennt man eine milde, festfleischige, rote Sauerkirschen-Sorte.
2. Morellen/Marellen/Schwarzelse/Süssweichseln: österr./Tintenbeere nennt man eine mäßig saure, weichfleischige, dunkelrote Sauerkirschen-Sorte. Aus Morellen bereitet man z.B. „Cherry Brandy", einn Kirschlikör, der aus einer Mischung von Kirschgeist und Kirschsirup, angereichert mit 25-30 Vol.% Alkoholgehalt besteht.
3. Schattenmorellen/Strauchweichseln: österr., sind kleine schwarzrote, saure Kirschen mit färbendem Saft, die meist zu Konserven verarbeitet werden. Ihren Namen haben sie dem französischen „Château Morel" zu verdanken.
Amarena-Kirschen nennt man schwarzrote Süßkirschen, die in Zuckersirup eingelegt wurden.
Arbuto heißt eine kleine, rote, getrocknete, kirchenähnliche chinesische Frucht mit süßem, an Backpflaumen erinnernden Geschmack. Arbuten müssen vor dem Gebrauch mit kochendem Wasser übergossen und danach ein bis zwei Stunden eingeweicht werden.
Bastardkirschen nennt man Kreuzungen aus Süß- und Sauerkirschen. Sie haben entweder eine helle, durchscheinende Haut und farbloses Fruchtfleisch oder sind dunkelfarben.
Bischofskirschen nennt man in Essig und Zucker eingelegte rohe Kirschen.
Brennkirsche nennt man eine selektierte Type der Vogelkirsche, aus deren vergorener Maische meist Kirschwasser oder Kirschgeist gewonnen wird.
Cocktailkirschen nennt man gefärbte Kaiserkirschen, die - meist ankandiert, mit Bittermandelöl oder anderen Aromastoffen behandelt und in Zuckerlösung eingelegt - alkoholischen Getränken beigegeben oder auch zum Dekorieren verwendet werden.
Kaiserkirschen nennt man eine aromatische, sehr süße und festfleischige Süßkirschen-Sorte, die meist gezuckert als Konserve erhältlich ist.
Kirschrosinen nennt man getrocknete Sauerkirschen der besten Sorten, aus denen meist Liköre bereitet werden.
Königin Hortense heißt die wohl geschmacklich beste aller Bastardkirschen-Sorten, die aber leider nicht sehr ertragreich ist.
Konfitkirschen nennt man kandierte Kirschen.
Maikirsche heißt eine weichfleischige, sehr saftige Sauerkirschen-Sorte.
Maraschinokirschen nennt man große, in Maraschinolikör eingelegte, meist gefärbte Süßkirschen.
Maraskakirschen/Maraschken nennt man in Dalmatien eine pflaumenfarbene, kleine, runde Kirschen-Sorte, aus denen der berühmte „Maraschino"/„Maraskinolikör" hergestellt wird.
Piemont-Kirschen, die man aus der Pralinenwerbung kennt, existieren als eigene Kirsch-Sorte nicht; dieser Begriff ist nur ein geschütztes Warenzeichen.
Tollkirschen: Atropa belladonna: lat./Belladonna: ital./Dollwurz/Diewelskersche/Irrbeere nennt man die wildwachsenden, giftigen kirschenähnlichen Früchte eines Nachtschattengewächses.
Vogelkirschen kannten schon die Steinzeitmenschen. Die Früchte dieser Wildkirsche sind klein, schwarz und

bittersüß. Der Name „Vogelkirsche" kommt daher, dass die Samen von Vögeln verbreitet werden.
Zierkirschen sind nur Schmuckgehölze aus Japan, deren Früchte bei uns unreif abfallen und ungenießbar bleiben.
Kornelkirsche: Cornus mas: lat./Cornelkirschen/Derlitzen/Dirlizen/Dirndl: österr./Dürlitzen/Fluehwidli/Gelber Hartriegel/Härtel, Herlitzen/Korneliuskirsche/Korlesbeere/Kornelle/Krakebeere/Tierlibaum/Turnetzlabomm. Kornelkirschen nennt man die essbaren, schwer steinlöslichen länglichen Früchte des gelbblühenden Hornstrauchs, der zu den Hartriegelgewächsen (Cornaceaen) zählt. Diese vor allem in Südeuropa und im Orient gedeihende Frucht wird meist, in Zucker und Essig eingelegt, als Kompott gereicht oder sie dient der Saft- und Likörherstellung. Kornelkirschen sind reif, wenn sie sich vollrot gefärbt haben und sich ihr Fruchtfleisch weich anfühlt.

Hauptinhaltsstoffe

Apfel- und Zitronensäure, Calcium, Farbstoffe, Folsäure, Gerbstoffe, Kalium, Kieselsäure, Magnesium, Mineralsalze, Natrium, hoher Phosphor- und Eisengehalt, Provitamin A, Vitamin B 1, B 2, B 6, C, E, Zuckerverbindungen. Der Kalorien- und Vitamingehalt von Süßkirschen ist im Allgemeinen höher als der von Sauerkirschen.

Verwendung, Zubereitung

Kirschen werden zur Herstellung von Eisdesserts, Pralinen, Kuchen, Kaltschale, Saft, Desserts, Kompott, Konfitüre, Kirschwasser verarbeitet. Natürlich finden sie auch als Frischfrucht viele Liebhaber. Heiße Sauerkirschen - meist werden sie zu Vanilleeis und Sahne serviert - schmecken besonders gut, wenn man sie, bevor man ihren Saft mit Speisestärke andickt, mit Zukker, Zimt, 1 Prise Salz, 1 Schuss Rum, Rotwein und Zitronensaft abschmeckt. Getrocknete Kirschbaumblätter können auch als Tabakersatz dienen. Baumholz von Süßkirschen eignet sich sehr gut zum drechseln und zur Herstellung von wertvollen Möbeln.

Lagerung

Trocken und kühl lassen sich frisch geerntete Kirschen ca 3-5 Tage lagern; bei krassen Temperaturschwankungen verderben die zartbesaiteten Früchte jedoch sehr rasch.

Volksmedizinische Bedeutung

Der einmalige Mix aus Vitaminen und Mineralstoffen macht die Kirsche zu einer anerkannten Naturmedizin. Kirschengenuss wirkt verdauungsanregend, fettneutralisierend, entschlakkend, herzstärkend, regenerierend, entwässernd und harnsäurespiegelsenkend. Kirschen können auch Gicht- und Rheumaschmerzen lindern und die Zähne vor Karies und Parodontose schützen. Auch die Sehleistung wird durch Kirschen nachweisbar gestärkt. Bei Magenübersäuerung sollte man süße Kirschen verzehren, Sauerkirschen unterstützen dagegen die Arbeit von Leber und Niere. Tee aus Sauerkirschstielen hat eine harntreibende, blutstillende, entzündungshemmende und stopfende Wirkung bei Durchfall.

Tipp

Nach dem Genuss von rohen Kirschen sollte man kein Wasser trinken, da dies erhebliche Bauchschmerzen hervorrufen kann!

Kiwano

Cucumis metuliferus

African horned cucumber: engl., Afrikanische Horngurke, Citromelon: israel., Concombre africaine: franz., Concombre cornu: franz., Geleemelone, Grosse Igelgurke, Höckermelone, Horned melon: engl., Horngurke, Hornmelone, Jelly melon: engl., Jelly-Melone, Kiwano: ital., niederl., span., Kiwimelone, Lemonbana, Melano: israel., Métulon: franz., Mexican Fruit, Swani melon: afrik., Swanimelone

Allgemeines, Herkunft, Geschichtliche Bedeutung

Schon seit 3000 Jahren wächst die Kiwano an ihrem Ursprungsort der Kalahariwüste in Afrika. Seit 1920 ist sie auch in Neuseeland bekannt. Erstmals gezüchtet und gehandelt wird sie dort aber erst seit 1981 von dem Ehepaar Morris, die die Kiwano anfänglich unter dem Namen „Mexican Fruit" marktfähig machten. Mittlerweile werden Kiwanos auch in Australien, Equador, Israel, Italien, Japan, Kenia und in Kolumbien kultiviert. Da Kiwanos der Familie der Kürbisgewächse (Cucurbitaceae) angehören, zählen sie zur Verwandtschaft der Gurken und Melonen.

Aussehen

Die Kiwano sieht aus wie eine kurze, dicke Gurke mit stachligen, warzigen Höckern. Reif ist sie, wenn sie eine orange-gelbe Außenhaut und gallertartiges und intensiv grünes Fruchtfleisch aufweist, das zahlreiche gurkenähnliche Kerne beinhaltet.

Geschmack

Die Kiwano schmeckt erfrischend süßsauer mit einem leichtem Bananen-Limetten-Touch.

Hauptinhaltsstoffe

Sehr hoher Kalium- und Magnesiumgehalt, reichlich Vitamin C. 100g Kiwano-Fruchtfleisch enthalten nur 22 kcal/92 kj.

Verwendung, Zubereitung

Die Kiwano wird meist als durstlöschende Frischfrucht, für Cocktails, Fruchtsalate, Salatsaucen, Getränke und zur Dekoration verarbeitet. Die Italiener empfehlen, Kiwanos nur zur Saftgewinnung zu verwerten. Wenn man die Kiwano als Frischfrucht verzehren möchte, wird sie zuerst gekühlt, dann halbiert und schließlich leicht gezuckert oder mit Weinbrand, Zitronensaft und Schlagsahne verfeinert und mitsamt den essbaren Kernen ausgelöffelt. Die Kiwano-Schale ist ungenießbar!

Lagerung

Bei Raumtemperatur (nicht im Kühlschrank!) lässt sich die Kiwano bis zu 4 Monate lagern.

Tipp

Da die Kiwano weder dem Gemüse noch dem Obst eindeutig zuzuordnen ist, zählt sie zu den Zwittern.

Kiwi

Actinidia chinensis

Affenpfirsich, Aktinidie, Chinese gooseberry: engl., Chinesische Stachelbeere, Groseille de Chine: franz., Kivi: ital., Kiwi: franz., ital., niederl., span., Kiwifruit: engl., Kiwifrukt: norw., Samtactinidie, Saris: franz., Schafspfirsich, Yang Tao: chin., Zespri: neuseel.

Allgemeines, Herkunft, Geschichtliche Bedeutung

Der Engländer Robert Fortune führte die Kiwi erstmals in der Mitte des letzten Jahrhunderts als „Chinesische Stachelbeere" aus China in Europa ein. Anfang dieses Jahrhunderts erst kamen Kiwisamen auch nach Neuseeland, von wo aus sie ihren Siegeszug antraten. Erst Mitte der siebziger Jahre tauchten die Kiwis auch in Deutschland als Rarität in den Obstgeschäften auf. Mittlerweile sind sie in fast jedem Obstladen zu erwerben. Kaum eine andere nicht heimische Pflanze hat binnen so kurzer Zeit einen derartigen Bekanntheitsgrad erlangt wie die Kiwi. Kiwis sind die Früchte des Chinesischen Strahlengriffels, einer strauchartigen Schlingpflanze, die durch Züchtung mittlerweile auch in gemäßigten Klimazonen angebaut werden kann. Kiwis werden heutzutage ganzjährig in Australien, China, Chile, Deutschland, Frankreich, Großbritannien, Israel, Italien, Japan, Kalifornien, Korsika, Neuseeland, in den Niederlanden, Spanien und in Südafrika angebaut. Es gibt sogar kälteunempfindliche Sorten, die in Russland wachsen.

Aussehen

Kiwis sind eiförmig und eigroß und haben eine ungenießbare, braun-grüne, behaarte Schale, die bei einer mundreifen Frucht auf leichten Fingerdruck nachgeben sollte.

Das Fruchtfleisch der Kiwi ist smaragdgrün mit einer weißen Mitte und enthält eine Vielzahl von winzigen, schwarzen, essbaren Kernen. Feuchte Kiwis sind überreif, innen glasig und ohne Aroma.

Geschmack

Kiwis schmecken süßsäuerlich, aromatisch, wie eine Mischung aus Stachelbeeren, Erdbeeren und Melonen.

Sorten

Japanische Stachelbeere: Actinidia arguta: lat./Hardy Kiwi/Kokuwa: chin./ Sibirische Stachelbeere/Weiki heißt eine pflaumengroße, nach Honig schmeckende, klimaunempfindliche, unbehaarte Kiwi-Sorte, die auch getrocknet, mitsamt der Schale genossen und verbacken werden kann. Auch der bekannte Tarawein wird daraus gemacht.

Großfrüchtige Actinidia: Actinidia sinsensis: lat./Hayward Giant Kiwi Berry: engl. heißt die Haupt-Kiwisorte in Deutschland, die aus Neuseeland kommt, wo sie seit 1906 gezogen wird. Rund 80% der Weltproduktion werden mit dieser Sorte bestritten, obwohl sie geringere Erntemengen als andere Kiwisorten erbringt.

Bayern-Kiwi/Kiwais heißt eine in Weihenstephan/Bayern gezüchtete Kiwi-Sorte, die wie Wein in Trauben wächst. Kiwais sind grüne Mini-Kiwifrüchte mit nur zwei Zentimetern Durchmesser, die ein frisch-süßsäuerliches Aroma besitzen und mitsamt der glatten Schale verzehrt werden können.

Hauptinhaltsstoffe

Actinidin, Calcium, hoher Eisengehalt, Fruchtsäure, Kalium (mehr als Bananen), Spurenelemente, Traubenzucker, Vitamine A, B, D, E. Der Vitamin-C-Gehalt einer Kiwi ist doppelt so hoch wie der einer Orange.

Verwendung, Zubereitung

Die Kiwi ist eine Frisch- und Verarbeitungsfrucht, die in Fruchtsalat, Rumtopf, Süßspeisen, Marmelade, Saft, püriert als Sauce, in Getränken, als Garnitur oder in Butter geschwenkt zu Fleisch- und Fischgerichten verarbeitet wird. Sie gilt auch als hervorragender Weichmacher und Geschmacksverstärker für Fleisch, indem man es vor dem Braten mit einer halbierten Kiwi einreibt oder mit Kiwischeiben belegt.

Da das Enzym „Actinidin" in der Kiwi zusammen mit Milch einen Bitterstoff entstehen lässt, sollte man frische Kiwis in Desserts oder Müslis nicht mit Milch mischen! Actinidin verhindert auch das Festwerden von Gelatine. Wenn man jedoch Kiwis vor der Verwendung mit kochendem Wasser übergießt und sie darin kurz ziehen lässt, verliert das Enzym seine Wirkung. Da man beim Erhitzen einer Kiwi jedoch einen hohen Vitaminverlust hinnehmen muss, ist eher zum Frischverzehr zu raten. Als Frischfrucht wird die Kiwi halbiert und mitsamt den vielen Kernchen ausgelöffelt oder man schält sie wie einen Apfel und verarbeitet sie so weiter.

Lagerung
Reife Kiwis sind im Kühlschrank 2 Tage haltbar. Unreife Früchte lagert man 24 Stunden zusammen mit einem Apfel in eine Tüte. Auch bei normaler Zimmertemperatur reifen Kiwis allmählich nach.

Volksmedizinische Bedeutung
Kiwis sind besonders leicht verdaulich, appetithemmend, verdauungsanregend und dank Actinidin eiweißzersetzend. Kiwis stärken das Immunsystem, indem sie die Zahl der Abwehrzellen bis zum Zwölffachen erhöhen, verbessern die Blutzirkulation, senken die Cholesterinwerte (dank Proleolytsäure), schützen vor Infektionen, halten die Haut jung, vertreiben Müdigkeit und helfen bei Übergewicht und Parodontose. Kiwis bewirken im Körper einen Energieschub für Muskeln, Nerven und Stimmung, denn sie wirken auch aufmunternd. Das in der Kiwi enthaltene Enzym Actinidin ist auch in der Lage, rheumatische Beschwerden wirksam zu bekämpfen, da es schädliche Stoffe aus dem Körper ausscheidet. In China gelten Kiwis sogar als bestes natürliches Antibiotikum.
Vorsicht: Kiwis können auch allergische Reaktionen auslösen!

Tipp
Namensgeber der Kiwi ist ein lustiger Vogel, fast flügel- und schwanzlos, braun und rund, der im Urwald lebt und darüber hinaus das Wappentier der Neuseeländer darstellt: der Kiwi-Kiwi. Tatsächlich ist die Ähnlichkeit verblüffend: mit etwas Phantasie betrachtet, sieht der Vogel, der fast ausgestorben ist, einer wandelnden Kiwifrucht mit Hals und Kopf zum Verwechseln ähnlich.

Kiwicha
Amaranthus caudatus

Korn der Inkagötter

Allgemeines, Herkunft, Geschichtliche Bedeutung
Die Kiwicha ist ein Fuchsschwanzgewächs, das schon lange vor dem Anbau der Kartoffel bei den Inkas als Körnerfrucht bekannt war. 1540 wurde ihr Anbau unter Todesstrafe verboten, da man dieser Frucht eine außerordentlich starke Überlebenskraft der Unterdrückten nachsagte. Heute bemüht man sich in ihrem Ursprungsgebiet, den Anden Perus, wieder um einen intensiven und lohnenden Anbau, um der hungerleidenden Bevölkerung zu helfen.

Aussehen
Die Kiwicha sieht aus wie eine übergroße, rötliche Hirse mit tausenden kleinen Körnern pro Pflanze.

Geschmack
Leicht geröstet schmecken Kiwicha-Körner wunderbar.

Hauptinhaltsstoffe
Calcium, Eisen, Lysin, Phosphor, Vitamin A und C. Die Kiwicha enthält alle für den Menschen wichtigen Aminosäuren und beinhaltet sogar mehr Proteine als der höchstgezüchtete Weizen.

Verwendung, Zubereitung
Kiwicha-Körner werden meist zu Mehl gemahlen, woraus man Cornflakes, winziges Popcorn, Suppe oder Babynahrung herstellen kann. Die Blätter kann man wie Spinat zubereiten.

Volksmedizinische Bedeutung
Das in der Kiwicha enthaltene „Lysin" versorgt das Gehirn mit wichtiger Nahrung, die für Geist und Konzentration verantwortlich ist.

Tipp
In Form von Cornflakes wird die Kiwicha bei der NASA auch als wichtige

Astronautennahrung mit ins All genommen.

Klette (Große)

Arctium lappa

Bardana: span., Bardane: franz., Burdock: engl., Essbare Klettenwurzel, Gobo: jap., Grindwurz, Haarballe, Hopfenklette, Japanische Klettenwurzel, Kladde, Klettenwurz(el), Klusen, Lappa: ital., Wolfskraut

Allgemeines, Herkunft, Geschichtliche Bedeutung

Im Herbst und im Frühjahr kann sie geerntet werden. Das Wort „Klette" ist vom Lateinischen „Gluten" abgeleitet, was „klebrig" bedeutet und auf die schleimige, klebrige Wurzel verweist. Vor etwa 1000 Jahren kam die distelartige Große Klette über China nach Japan, später hielt sie dann auch Einzug in Europa und Amerika. Wildwachsend findet man die zu den Korbblütlern (Asteraceae) zählende Große Klette heute meist als ‚Unkraut' an Wegrändern oder auf Schutthalden Europas, Japans, Taiwans, Chinas und Kaliforniens.

Aussehen

Die spindelförmige, bis zu 80cm lang werdende essbare Pfahlwurzel dieser distelartigen, bis zu 1,50m hoch werdenden Pflanze ähnelt einer Schwarzwurzel. Die Hüllblätter der kugeligen Blüten sind mit gelbgrünen Widerhaken versehen, die der Fruchtverbreitung durch Tiere dienen.

Hauptinhaltsstoffe

Eiweiß, etherisches Öl, Fett, Gerbstoffe, Inulin, Zucker, Schleimstoffe.

Verwendung, Zubereitung

Die Wurzeln der Großen Klette werden entweder wie Schwarzwurzeln zu Gemüse verarbeitet oder man bereitet daraus, zusammen mit den jungen Trieben, einen wohlschmeckenden Salat. Aus den Wurzeln wird das etherische Klettenwurzelöl gepresst.

Volksmedizinische Bedeutung

Tee aus getrockneten Kletten-Wurzeln hat eine blutreinigende, abführende, ausschlaghemmende, schleimlösende und stark harn- und schweißtreibende Wirkung. Auch bei Rheuma und Gicht soll dieser Tee helfen. Klettenwurzelöl wirkt wundheilend, kräftigt das Haar und wird besonders erfolgreich als Antischuppenmittel einsetzt.

Kohlrabi

Brassica oleracea convar. acephala var. gongylodes

Caulorapa: römisch, Cavolo rapa: ital., Chou rave: franz., Colinabo: span., Colrábano: span., Colrave: franz., Kalarábé: ungar., Kohlrabe, Kohlrabi: engl., Koolrabi: niederl., Rabi in die Erd', Oberkohlrabi, Oberrübe: schles., Rübkohl: schweiz., Stengelrübe, Turnip cabbage: engl.

Allgemeines, Herkunft, Geschichtliche Bedeutung

„Kohlrabi" nennt man eine Kulturform des Gemüsekohls, bei der durch oberirdische kräftige Verdickung der Sprossachse apfelgroße, fleischige Knollen entstehen. Vor etwa 400 Jahren wurde dieser Kreuzblütler/Brassicaceae (Cruciferae) von Italien aus über ganz Europa verbreitet. Erstmals erwähnt wurde Kohlrabi in einem Edikt Karls des Großen, wonach er per Gesetz angepflanzt werden musste. Den Namen „Kohlrabi" verdankt dieses Gemüse seiner Familie und seiner Form: Aus den italienischen Bezeichnungen „cavolo" für „Kohl" und „rapa" für „Rübe" entwickelte sich im 17. Jahrhundert der deutsche Name, der übrigens Eingang in mehrere Sprachen europäischer Länder fand.

Aussehen
Kohlrabi ist eine Stängelknolle, die mit einem dünnen, abwischbaren Wachsüberzug auf der Oberhaut versehen ist und nur mit ihrem untersten Teil mit der Erde verwachsen ist. Unterschieden werden grünlich-weiße und blauviolette Kohlrabisorten, deren Haltbarkeit, Fleischfarbe und Geschmack zwar gleich sind, die blauen Sorten wachsen jedoch langsamer als die weißen, die hingegen wieder länger zart bleiben. Kohlrabiknollen sollten nicht zu dick sein und keine Risse im weißlichen Fruchtfleisch aufweisen. Kohlrabi-Kraut sollte ein frisches Aussehen haben, denn vergilbte, stark welke Blätter weisen auf eine längere Lagerung hin.

Geschmack
Kohlrabi schmeckt süßlich, nussig, wenig kohlartig.

Sorten
Freilandkohlrabi gibt es von Mitte Mai bis Ende Oktober und schmeckt kräftiger als Treibhausware. Die bekannteste weiße Sorte ist „Wiesmoor weißer Trieb", die beliebtesten Blausorten (violette) sind „Wiener blauer Glas" und „Blauer Speck".

Superschmelz heißt eine riesige Kohlrabisorte, die meist nur in Privatgärten angebaut wird. Bei früher Aussaat, ausreichender Feuchtigkeit und Düngung wird er so groß wie ein Weißkohl, ohne holzig zu werden und kann bis Oktober im Boden bleiben. Der Geschmack ist nicht so aufregend, wie der des normalen Kohlrabi, dafür ist er umso ergiebiger.

Treibhauskohlrabi gibt es von Anfang April bis Juni. Er ist zarter im Fleisch und entwickelt mehr Laub als Freilandkohlrabi.

Winterkohlrabi schmeckt milder, wenn man ihn in einer Mischung aus Milch und Wasser (1:1) kocht. Auch je eine Prise Salz und Zucker verfeinern seinen Eigengeschmack.

Hauptinhaltsstoffe
Calcium, Eisen, Kalium, Magnesium, Natrium, Phosphor, Provitamin A, Senföl, Vitamin B 1, B 2, B 6, C, Zink. Kohlrabi-Blätter gehören im Gegensatz zur Knolle zu den stärksten Karotin-Trägern unter unseren Gemüsearten. Auch Eiweiß, Vitamine und Mineralstoffe (besonders Phosphor) sind überdurchschnittlich hoch in den Blättern enthalten. Kohlrabiknollen enthalten zwar nur einen Bruchteil dieser wertvollen Inhaltsstoffe, aber schon 150g decken den Tagesbedarf eines Erwachsenen an Vitamin C.

Verwendung, Zubereitung
Kohlrabi findet gesiedet, gedämpft oder gedünstet als Gemüse, Salat, Auflauf, Eintopf, für Füllungen oder zum Überbacken Verwendung. Wenn man Kohlrabi im Ganzen kocht und dann erst kleinschneidet, bleibt das Aroma besser erhalten. Außerdem kann man die holzigen Stellen, die sich meist am Wurzelhals befinden, besser erkennen und ausschneiden. Junger Kohlrabi eignet sich bestens als Rohkost; er braucht nicht geschält zu werden. In südosteuropäischen Ländern bereitet man aus Kohlrabi-Blättern spinatähnliches Gemüse und Gemüse-Rouladen. Die frischen, zarten Herzblättchen können dem Gemüse nach dem Kochen kleingehackt beigefügt werden. Sie dienen auch als vitaminreiche Würze von Salaten und zur Geschmacksverfeinerung bei der Suppenherstellung.

Lagerung
Kühl und feucht lässt sich frischer Kohlrabi höchstens 8 Tage im Kühlschrank lagern, danach wird er holzig. Wie alle Kohlsorten darf auch Kohlrabi nicht zusammen mit Obst gelagert werden,

da er sonst schneller reift, rascher fault und die Blätter schneller vergilben.

Volksmedizinische Bedeutung

Kohlrabiverzehr stärkt das Immunsystem, baut Stress ab, wirkt entwässernd und somit blutdrucksenkend und kräftigt Knochen und Zähne. Zudem trägt er zur Straffung der Haut bei.

Tipp

„Holzig" und „pelzig" wird meist nur weißer Freilandkohlrabi, wenn er während des Wachstums entweder zu viel Kälte oder unzureichend Feuchtigkeit abbekommt.

Kokosnuss

Cocos nucifera

Coco: span., Coconut: engl., Cocotier: franz., Noce di cocco: ital., Noix de Coco: franz., Nuéz de Coco: span., Kokosnött: norw., Kokosnoot: niederl., Palma di coco: ital., Tennai: ind., Thenga: ind.

Allgemeines, Herkunft, Geschichtliche Bedeutung

Die ältesten fossilen Kokosnüsse stammen aus Neuseeland. Wildformen der Kokosnuss gibt es in Australien und auf den Philippinen. Da Kokosnüsse die Fähigkeit haben, schwimmend tausende Kilometer zurückzulegen und dabei keimfähig bleiben, ist ihre ursprüngliche Heimat zwar unklar, wir wissen jedoch, dass Kokosnüsse seit etwa 4000 Jahren in Indien kultiviert werden. Die "Augen" am Nussansatz veranlassten die Spanier, die Früchte „Coco" = „Grimasse" zu nennen.

Die Kokosnuss ist die dreikantige Steinfrucht der bis zu 30m hoch werdenden Kokospalme, die ab dem 8. bis zum 100. Lebensjahr blüht und je nach Alter jährlich 50-400 Kokosnüsse hervorbringt. Die Kokosnuss ist die bekannteste aller Palmengewächse (Arecaceae), die bei weitem wichtigste Nuss der Welt und möglicherweise die einzige Nutzpflanze, die vom Menschen restlos genutzt wird. Kokosnüsse werden in Australien, Brasilien, Indien, Indonesien (Hauptproduzent), Mittel- und Südamerika, Ostafrika, auf den Philippinen, in Sri Lanka, in der Südsee und in Vietnam angebaut.

Aussehen

Reife Kokosnüsse sind kopfgroß und von einer grünen Außenschale umgeben. Darunter liegt eine dicke Faserschicht. Vor dem Versand werden Außenschale und Teile dieser Faserschicht entfernt. Kokosnüsse sind immer hohl und je nach Alter mit einer wässrigen Flüssigkeit, der Kokosmilch (korrekter: Kokoswasser) gefüllt, die in den Ursprungsländern als Erfrischungsgetränk sehr begehrt ist. Beim Kauf einer Kokosnuss in unseren Supermärkten sollte man eine Schüttelprobe machen: gluckert die Kokosnuss, ist sie in Ordnung; wenn sie nicht gluckert, ist sie schon zu alt und schmeckt garantiert seifig – sie ist dann nicht mehr genießbar!

Geschmack

Das Fruchtfleisch der Kokosnuss hat einen haselnussähnlichen Geschmack.

Sorten

Bukos nennt man junge ungeschälte Kokosnüsse.

King Coconut/Trinkkokosnuss heißt die goldgelbe Variante der normalen Kokosnuss mit weniger Fruchtfleisch, aber mehr Kokoswasser (bis ½ l).

Meereskokosnuss/Coco de mèr: franz. /Noix de Seychelles: franz./Double coconut: engl./Sea coconut: engl./ Seychellen-Nuss heißt eine zweigeteilte, weibliche Form der Kokosnuss. Sie wächst nur auf der Insel Praslin (Seychellen), ist die Größte aller Palmfrüchte und wird bis zu 25kg schwer.

Nawasi nennt man eine geschälte junge Kokosnuss, deren Kern noch weich und das Fleisch besonders zart und lecker ist. In den Ursprungsländern bereitet man daraus Pasteten. Auf dem Land sind Nawasi und Bukos als vitaminreiches Getränk beliebter als Cola.

Hauptinhaltsstoffe

Eiweiß, Fett, Kohlenhydrate.

Verwendung, Zubereitung

Die weiße, fetthaltige Schicht innerhalb der harten Kokosschale, die „Kopra", ist ein sehr energiereiches Speichergewebe, das der Ölgewinnung (Kokosöl), Margarine-, Pflanzenfett-, Getränke-, Kokosflocken/Kokosette: österr. - und Gebäckherstellung, als Beilage zu fernöstlichen Gerichten und zur Herstellung vieler anderer Verarbeitungsprodukte dient.

Kokosnüsse öffnet man, indem man mit einem Hammer so lange kräftig auf die Nahtstellen klopft, bis die Schale platzt. Das weiße Fruchtfleisch schneidet man zuerst in Segmente, dann hebt man es mit der Messerklinge von der Schale ab. Für den Frischverzehr sind Kokosnüsse allerdings kaum von Bedeutung, da die grobzellige Kopraschicht faserig-trocken schmeckt. Aus dem Saft der Kokosnuss-Blütenkolben wird „Arrak" (Palm-Branntwein) hergestellt. Aus dem Mark, das über dem Ansatz der Blätter sitzt, wird das bekannte „Palmito" gewonnen.

Zubereitung von Kokosmilch: Frische Kokosraspeln und das Kokoswasser werden mit warmer Milch bedeckt, dann intensiv geknetet, aufgekocht, 2-3 Stunden ziehengelassen, durch ein feines Sieb gedrückt, fertig. Schmeckt gekühlt köstlich und ist sehr nahrhaft! Milchreis schmeckt besonders aromatisch, wenn man ihm während des Kochens ein paar Kokosraspeln unterrührt.

Lagerung

Bei 0°C sind Kokosnüsse bis zu 2 Monate haltbar.

Volksmedizinische Bedeutung

Frische Kokosmilch/Kokoswasser wird wegen ihrer Sterilität in den Herkunftsländern auch medizinisch verwendet.

Tipp

Nur bei etwa jeder elftausendsten Kokosnuss kommt es vor, dass eine der drei „Augen" mit einer Perle (einer kalkartigen Substanz) zugewachsen ist, anstatt wie normalerweise mit einer dünnen Haut verschlossen zu sein, durch die der Keimling den Weg nach aussen findet. Wer diese Kokosperle durch Glück findet, erlebt also wegen der Seltenheit ein Naturwunder in der Welt der Früchte!

Kopfsalat

Lactuca sativa var. capitata

Blattsalat, Botersla: niederl., Butterhäuptel, Butterkopfsalat, Buttersalat, Cabbage lettuce: engl., Gartensalat, Grüner Salat, Häuptelsalat: österr., Harpelsalat, Head lettuce: engl., Kropsla: niederl., Laitue pommée: franz., Lattich: hess., Lattuga cappuccio: ital., Lechuga: span., Lettuce: engl., Sla: niederl.

Allgemeines, Herkunft, Geschichtliche Bedeutung

Kopfsalat ist aus der häufigsten Lattichart, dem Gartenlattich, entstanden. Er gehört zur Familie der Korbblütler (Asteraceae) und ist mit Endiviensalat und Romana verwandt.

Kopfsalat in seiner heutigen Form wurde zuerst in Italien als Gartensalat kultiviert, gelangte dann 1537 durch den französischen Schriftsteller Rabelais nach Frankreich und von dort nach Deutschland. Man bereitete ihn zunächst vornehmlich als Kochgemüse zu. Im 18. Jahrhundert gab es dann einen wahren Kopfsalat-Boom, an dem

König Friedrich Wilhelm von Preussen nicht ganz unschuldig war: Er aß mit Vorliebe Kopfsalat und mischte ihn höchstpersönlich bei Tisch - mit den Händen, wie es sich für damalige Feinschmecker gehörte!
Heute wird Kopfsalat ganzjährig aus Belgien, England, Italien, Frankreich, Spanien und aus den Niederlanden zu uns importiert. Kopfsalat sollte an einem trüben Tag und möglichst nicht in der Nachbarschaft von Petersilie und Kohlrabi angepflanzt werden, da deren Wurzelausscheidungen die Salatköpfe welken lassen.

Aussehen

Kopfsalat sollte gesund, frisch, fest bis locker und sauber sein. Die Blattfarbe wechselt je nach Sorte von hellem Gelbgrün über kräftiges Violett, bis hin zu braun gezeichnetem Grün. Die Frische des Kopfsalates lässt sich an der Schnittfläche des Strunks erkennen: bei längerer Lagerung färbt er sich braun bis schwarz.

Geschmack

Kopfsalat schmeckt erfrischend, saftigmild und relativ neutral.

Sorten

Baby-Salat/Baby salad: engl./Lechuga baby: span./Salaherzen nennt man speziell gezüchteten Mini-Kopfsalat aus Spanien. Er hat längliche zarte, grüne Blätter und ist sehr mild im Geschmack. Meist wird er geviertelt, gewaschen und dann mit einem geigneten Dressing nappiert.

Freiland-Kopfsalat ist besonders groß, fest, sehr ergiebig und würzig im Geschmack.

Frühjahrskopfsalat, also Kopfsalat, der im Frühjahr gepflanzt wurde, wächst zwar sehr schnell, geht aber bei Hitze rasch in Blüte über.

Glassalat nennt man Kopfsalat aus dem Treibhaus. Er ist leichter als Freilandsalat und hat sehr zarte Blätter. Winter-Kopfsalat aus dem Treibhaus entwickelt wegen Licht- und Wärmemangel keine festen Köpfe; er wird praktisch nur vom Folienbeutel zusammengehalten. Außerdem enthält er die höchste Menge an gesundheitsschädigendem Nitrat in Blattsalaten überhaupt. Im Sommer ist die Nitrat-Belastung nur halb so hoch!

Kopfsalatherz nennt man das verbleibende zarte, hellgrüne Innere (das Herz) eines Kopfsalats, nachdem man die äußeren grünen Blätter entfernt hat. Meist wird es gewaschen, geviertelt und mit einem leichten Dressing (z.B. flüssige Sahne mit Zitronensaft, Zucker und Salz) nappiert.

Roter Kopfsalat/Rotkäppchen/Rotköpfchen/Piratensalat heißt eine, bedingt durch Anthocyane hervorgerufene rote Kopfsalat-Sorte, die bereits 1898 von einem französischen Gärtner gezüchtet wurde. Seine Blätter haben eine zartere Konsistenz und schmekken besser als die des grünen Kopfsalats; die Haltbarkeit ist dagegen schlechter.

Schnittsalat: Lactuca sativa var. secalina: lat./Stechsalat/Stecksalat heißt eine nicht kopfbildende Kopfsalat-Varietät, die schon 40 Tage nach der Aussaat aufrechtstehende, glatte oder krause grüngelbe Blätter bildet, die man mit Ausnahme des Herztriebs kurz über dem Boden abschneidet. Da die Pflanze immer wieder nachtreibt, sind während der Sommermonate mehrere Ernten möglich. Schnittsalat wird meist nur im Hausgarten angepflanzt.

Sommerkopfsalat, also Kopfsalat, der im Sommer gepflanzt wurde, wächst langsamer als Frühjahrskopfsalat, wird aber dafür viel größer und schießt nicht so schnell in die Blüte.

Süßer/Süßer Kopfsalat ist in Ostdeutschland sehr beliebt. Es handelt sich dabei um normalen Kopfsalat, den man nur mit Zucker und etwas Zitronensaft angemacht hat.
Tracadero-Kopfsalat/Schmalzler: österr./Schmalzsalat: österr./Viennese: ital. nennt man eine haltbare Kopfsalat-Sorte mit schwerem und sehr festem Kopf, der von November bis April meist aus Frankreich oder Spanien zu uns kommt.
Trotzkopf heißt eine alte, fast schon in Vergessenheit geratene großköpfige Kopfsalat-Sorte mit runzligen Blättern und braunen bis lilafarbenen, blasigen Blattspitzen.

Hauptinhaltsstoffe

Apfel- und Zitronensäure, Ballaststoffe, Calcium, Eisen, Eiweiß, Kalium, Milchsaft, Nitrat, opiatähnliche Wirkstoffe, Phosphor, Provitamin A, Spurenelemente, Vitamin B 1, B 2, B 6, C, K.

Verwendung, Zubereitung

Kopfsalat wird meist als Salat, selten zu Gemüse verarbeitet. Grundsätzlich sollte man Kopfsalat erst kurz vor dem Essen zubereiten, um ihn frisch und vitaminreich zu halten. Zuvor wird er nur kurz unter fließendem Wasser abgespült - nicht in Wasser eingeweicht!
In vielen „First class"-Küchen werden nur die Herzblätter des Kopfsalats verwendet - sie enthalten nur 5% Vitamine! Die viel vitaminreicheren, äußeren Blätter - sie enthalten 50-60% Vitamine und „Lactucerol", den besten Stresskiller - sind also um ein Vielfaches gesünder. Die Blattspitzen und die dicksten Strünke sollte man jedoch entfernen, da sich darin meist Schadstoffe und Nitrate gesammelt haben.

Lagerung

Kopfsalat sollte wegen des Vitaminverlusts möglichst sofort nach dem Einkauf verwendet werden. Im Kühlschrank lässt er sich höchstens zwei bis drei Tage aufbewahren, vorausgesetzt, man hat ihn in Zeitungspapier oder Folie gewickelt. Bräunlich-rote Blätter und Rippen am Kopfsalat lassen darauf schließen, dass er unsachgemäß und zusammen mit Ethylen ausscheidendem Obst oder Gemüse (z.B. Tomaten, Äpfel, Gurken) gelagert wurde.

Volksmedizinische Bedeutung

Kopfsalat ist sehr bekömmlich und die natürlichste Einschlaf- und Beruhigungshilfe - vorausgesetzt, er wird mit etwas Öl angemacht.

Tipp

Laut einer Benimmregel wird Kopfsalat grundsätzlich nur mit einer Gabel gegessen - er wird also nie mit dem Messer zerschnitten! Man kann ihn höchstens mit Hilfe des Messers behutsam falten und ungedrückt - mit der Gabel aufgespießt - zum Mund führen.

Kraussalat

Lactuca sativa var. acaphala

Krulsla: niederl., Rupfsalat

Allgemeines, Herkunft, Geschichtliche Bedeutung

Kraussalat ist in den Niederlanden durch eine Kreuzung aus Kopfsalat und Bataviasalat entstanden. Sein Anbau hat sich nur auf Hausgärten beschränkt - erwerbsmäßiger Anbau ist nicht bekannt. Im Frühjahr wird der Kraussalat geerntet.
In den Niederlanden darf Kraussalat nur als Kraussalat bezeichnet werden, wenn seine kräftig grünen Außenblätter kraus sind und er in der Knackigkeit etwa dem Eissalat gleicht, ansonsten darf er nur als „Pflücksalat" vermarktet werden.

Aussehen

Kraussalat hat hochwachsende, endiviensalatähnliche, krause, knackige, vollgrüne Blätter, die nicht kopfbildend sind.

Geschmack

Kraussalat hat ein mild-süßliches Aroma.

Sorten

Grand Rapids/Strubelpeter kommt aus den Niederlanden. Er ist aufrecht wachsend, hat hellgrüne, gekrauste Blattränder und wird oft auch im Topf angeboten.

Hauptinhaltsstoffe

Apfel- und Zitronensäure, Ballaststoffe, Calcium, Eisen, Eiweiß, Kalium, Milchsaft, Phosphor, Provitamin A, Spurenelemente, Vitamin B 1, B 2, B 6, C, K.

Verwendung, Zubereitung

Meist wird Kraussalat mit anderen Salaten gemischt, aber auch zum Garnieren ist er geeignet.

Lagerung

Kraussalat lässt sich - selbst leicht gekühlt - höchstens drei Tage aufbewahren.

Volksmedizinische Bedeutung

Kraussalat hat eine beruhigende und leicht verdauungsfördernde Wirkung.

Tipp

Wenn man jeweils nur die ausgewachsenen Blätter des Kraussalats pflückt oder rupft, ist eine Mehrfachernte möglich.

Kresse

Lepidium sativum

Berro: span., Crescione: ital., Cress: engl., Cresso: althdt., Cresson de jardin: franz., Cresson alénois: franz., Passerage cultivée: franz., Garden cress: engl., Gartenkresse, Kasse, Kersche, Kerschel, Kressig, Kressen: Mz., Land cress: engl., Lepidios: span., Mastuerzo: span., Pfefferkraut, Sterkers: niederl., Tuinkers: niederl.

Allgemeines, Herkunft, Geschichtliche Bedeutung

Die Gartenkresse ist eine uralte Kulturform der Brunnenkresse. Ihre Heimat ist in Persien, dem heutigen Iran, zu finden. Kresse gelangte erst mit den Römern in die Länder nördlich der Alpen. Im Mittelalter stellte man aus ihren Blättern destilliertes Kressewasser her, das vor Haarausfall schützen sollte. Kresse wird ganzjährig in Amerika, Asien, Belgien, Dänemark, Deutschland, England, Frankreich und in den Niederlanden kultiviert. Die Wachstumszeit der Gartenkresse ist die kürzeste aller Gemüsekulturen. Im Sommer ist sie schon nach etwa 5 Tagen erntereif. Geerntet wird dieser Kreuzblütler/Brassicaceae (Cruciferae), der übrigens mit dem Hirtentäschel verwandt ist, grundsätzlich vor der Blüte. Das Wort „Kresse" stammt aus dem Althochdeutschen „Cresso" = „scharf".

Aussehen

Kresse hat lockere, trockene und sehr feine Blättchen.

Geschmack

Kresse hat einen leicht scharfen, pikanten, pfeffrigen Geschmack, der an Meerrettich erinnert.

Sorten

Breitblattkresse ist an den europäischen Küsten heimisch und schmeckt wie Gartenkresse - sogar die Wurzel!

Brunnenkresse: Nasturtium officinale: lat./Agriäo: portugies./Bachkresse/ Bachsalat/Berros: span./Bornkassen/ Bornkersch/Bornkresse/Bronna-Kressig/Cresson de fontaine: französ./ Nasenschinder/Nasi tortium: röm./ Nasturcio aquatico: italien./Paderkerse/Quellenkrauke/Quellenrauch/ Quellenraukenkraut/Wasserkerse/Wasserkresse/Wasserlauchkraut/Wassersenf/Watercress: englisch/Waterkers: niederl./Weisse Kresse/Wiesenkresse. Die weißblühende, wildwachsende

Brunnenkresse war schon im Mittelalter als Heilpflanze gegen Lungenkrankheiten, Wassersucht, Gicht und Rheuma, aber auch als Salat, Küchenkraut und Gemüse bekannt. Getrocknete und zerriebene Brunnenkresse benutzte man als Niespulver. Die Römer glaubten, dass Brunnenkresse besonders zärtlich mache. Die persischen Soldaten, die in antiker Zeit viel Kresse aßen, zeigten sich den eiweißüberernährten römischen Soldaten überlegen; das wurde schon von damaligen Ärzten festgestellt.
Wildwachsende Brunnenkresse findet man meist an Bachrändern und Quellen, aber vorsichtig: Sie kann die Cysten des tödlichen Leberegels beherbergen, weshalb man sie stets sehr sogfältig waschen sollte. Das Hauptanbaugebiet von kultivierter Brunnenkresse ist seit dem 17. Jahrhundert Dreienbrunnen bei Erfurt/Thüringen. Dort wird sie zwischen hoch aufgeworfenen Gemüsebeeten in etwa 3m breiten Wassergräben kultiviert. Unter Napoleons Lazarettinspektor gelangte die Pflanze 1809/10 nach Frankreich in die Picardie. Dies dürften die beiden bedeutendsten Brunnenkresse-Anbaugebiete der Welt sein.
Brunnenkresse schmeckt vor der Blüte, also von Februar bis März, knackig frisch, pikant, rettichartig, sauer, leicht bitter, hat große in rundlichen Lappen gefiederte Blätter und zählt zu den jodreichsten Gemüsen. Ältere Blätter entwickeln zwar ein besseres Aroma als junge, nach der Blüte im Mai wird ihr Aroma jedoch sehr scharf.
Daikon-Kresse/Daikon cress: englisch/Cresson Daikon: franz./Daikonkers: niederländ. nennt man im Handel Sprossen, die aus den Samen des Japanischen Rettichs gewachsen sind.
Feldkresse findet man wildwachsend an Wegrändern und auf Äckern.
Kapuzinerkresse (siehe dort).
Winterkresse/Barbarea vulgaris: lat./ Barbarakraut/Barbelkraut/Barbenkraut /Barbarée: franz./Common wintercress: engl./Wintercress: englisch/ Yellow rocket: engl./Frühlingsbarbenkraut heißt eine wild-wachsende, winterharte, in Europa und Amerika heimische Kressen-Sorte mit schlichten, bräunlichen bis bronzefarbenen Blättern, gelben Blüten und einem strengen, bitteren, pfeffrigen, rettichkressartigen Geschmack. Meist wird sie mit anderen Salaten gemischt oder sie dient – zusammen mit anderen Kräutern vermengt – als gesunder Brotbelag. Ihr Name „Barbarakraut" leitet sich von der Möglichkeit ab, sie noch nach dem Barbaratag (4. 12.) sammeln zu können. Vorsicht: Winterkresse kann mit dem küchenpraktisch unwichtigen Ackersenf verwechselt werden!

Hauptinhaltsstoffe

Bitterstoff, Calcium, Eisen, etherisches Öl, Jod, Kalium, Lepidin, Mangan, Niacin, Phosphor, Provitamin A, Schwefelverbindungen, Senföl, Vitamine B 1, B 2, B 6, C, E. Kresse enthält doppelt soviel Vitamin A und C wie der vitaminreiche Feldsalat!

Verwendung, Zubereitung

Kresse wird als Salat, Gewürz, zum Garnieren, in Suppen, in Saucen, als Saft für Frühjahrskuren, in Kressebutter, als Brotaufstrich und zum Verfeinern von Salaten, Spinat oder Quarkgerichten verwendet. Da Kresse beim Kochen viel von Ihrem Geschmack verliert und auch rasch welkt, sollte man sie stets als letzte Zutat an das fertige Gericht geben. Ansonsten sollte Kresse nur sparsam verwendet werden, da andere Zutaten durch ihren scharfen Geschmack nicht übertönt werden sollten.

Lagerung

Kühl gelagert hält sich Kresse ca. zwei bis drei Tage. Geschnittene Kresse muss am gleichen Tag verwendet werden, da sie sehr schnell verdirbt!

Volksmedizinische Bedeutung

Da frische Kresse einen sehr hohen Jodgehalt hat, ist sie gut für die Schilddrüse und verhindert Kropf. Sie wirkt außerdem appetitanregend, verdauungsfördernd, blutreinigend, fiebersenkend, sorgt für frischen Atem, lässt Heiserkeit und Schnupfen schneller abklingen und unterstützt den Stoffwechsel. Auch bei Blutarmut, Skorbut, Harnwegsinfektionen, zur Hautreinigung und als harntreibendes Mittel hat sie sich bewährt. Kresse ist dank des Senföls „Benzyl Isothiozyanat" eine wahre Geheimwaffe gegen Virusinfekte und enthält sogar Anti-Krebs-Substanzen.

Tipp

Mit frisch gepresstem Kressesaft lassen sich lästige Nikotinflecken aus der Kleidung entfernen.

Kudzu-Bohne

Pueraria lobata

Koupou-Bohne, Kudzu: engl., Kuzu

Allgemeines, Herkunft, Geschichtliche Bedeutung

Früher war die zu den Hülsenfrüchten (Legominosae) zählende Kudzu-Bohne in ihrer Heimat Ostasien ein wichtiges Grundnahrungsmittel, mittlerweile ist sie heute jedoch dort weitestgehend von der Süßkartoffel verdrängt worden.

Aussehen

Die Kudzu-Bohne hat lilafarbene Blüten und flache, papierartige Hülsen mit gelbbraunem, feinem Flaum. Ihre braunen, knollenartigen, weissfleischigen Wurzeln können bis zu 30kg schwer werden.

Geschmack

Bitter.

Hauptinhaltsstoffe

Hoher Protein-Gehalt, Stärke, Vitamin A und D.

Verwendung, Zubereitung

Kudzu-Bohnen dienen heute hauptsächlich der Herstellung von Stärke, die meist in der chinesischen und orientialischen Küche zum Andicken von Suppen und Saucen verarbeitet wird. Wenn das harte Fruchtfleisch der Kudzu-Bohne zu Gemüse verarbeitet werden soll, muss es mindestens zwei Stunden gekocht werden.

Volksmedizinische Bedeutung

Ein in Apotheken erhältliches Instantpulver aus der Kudzu-Pflanze soll Rauchern während einer Entwöhnung helfen, da bestimmte Rezeptoren, über die sich das Nikotin im Körper verbreitet, während der Entwöhnungsphase durch die Inhaltsstoffe der Kudzu besetzt werden.

Kürbis

Cucumis

Bebe, Calabaza: ind., Citronille: franz. (grosser Kürbis), Courge: franz. (kleiner Kürbis), Cucurbita: bot., Flaske, Fleisch, Kerbes, Kirbes, Körwitz, Panzerbeere, Pampoen: niederl., Pepone, Plutzer: österr., Squash: engl., Zapallo: span., Zucca: ital.

Allgemeines, Herkunft, Geschichtliche Bedeutung

Schon vor 10.000 Jahren wurde der Kürbis von Indianern im tropischen Amerika kultiviert. Kolumbus hat diese vom botanischen Gesichtspunkt her zu den Beeren zählende Frucht dort im Jahre 1514 entdeckt und nach Europa gebracht. Leonard Fuchs erwähnte den Kürbis 1543 in seinem Kräuterbuch als

Neuheit. In biblischer Zeit galt Kürbiskernöl schon als wirksames Abführmittel. Kürbisse gelten als die größten Gartenfrüchte, da sie bis zu 75kg schwer werden können. In Ägypten, Amerika, Argentinien, China, Deutschland, Frankreich, Griechenland, Italien, Japan, Mexiko, Rumänien, Spanien und der Türkei liegen die größten Kürbis- Anbaugebiete.

Aussehen

Kürbisse sind dicke Früchte mit walzenförmiger oder auch medizinballähnlicher Form, haarigem und kantigem Stängel, großen herzförmigen Blättern und größeren, hellgelben bis orangegelb gefärbten Blüten. Sein gelbes- bis orange-rotes Fruchtfleisch umschließt einen Hohlraum mit vielen kleinen Kernchen, die essbar sind, wenn man sie von ihrer weichschaligen Hülle befreit hat. Die ungenießbare glatte Kürbisschale sollte sauber und ohne Flecken sein.

Einen reifen Kürbis erkennt man daran, dass er hohl klingt, wenn man leicht gegen seine Schale klopft, dass sich sein Stiel verfärbt und verkorkt hat und sich der Blütenansatz leicht eindrücken lässt.

Geschmack

Ein großer Kürbis besitzt im Gegensatz zu einem kleinen keinen ausgeprägten Eigengeschmack, da sein Fruchtfleisch kaum Zucker und keine Säure enthält; erst Gewürze bringen ihn lukullisch heraus!

Sorten

Ackerkürbis/Feldkürbis wird meist zwischen Mais und Kartoffeln angebaut und dient vornehmlich Futterzwecken.

Anquito heißt eine argentinische Kürbis-Sorte, deren Geschmack an Melone erinnert.

Balsamapfel/Bittermelone/Bitter melon: engl. nennt man einen Wachskürbis, wenn er als Konserve im Handel angeboten wird.

Butterball heißt eine japanische Hybridsorte des Riesenkürbisses mit grüner Schale und orangefarbenem Fruchtfleisch. Er misst nur 15cm Durchmesser und schmeckt nach Maronen.

Butternusskürbis: Caryoka nuciferum: lat./Butternut Squash: engl. heißt eine grün-gelbe Moschuskürbisart aus dem tropischen Amerika mit nussig-buttrigem Geschmack. Er sieht wie eine verlängerte, große Birne aus und schmeckt am besten gedünstet, möglichst nur mit Zwiebeln, Curry und Cayennepfeffer gewürzt.

Cucurbita pepo varietas Styriaca heißt eine in Osteuropa und in der österreichischen Steiermark angebaute Kürbis-Edelsorte, aus deren Kerne wertvolles, dunkelgrünes *Kürbiskernöl/Kernöl: österr.* gepresst wird, das pro Liter bis zu 5000 DM kosten kann und seiner hitzeempflindlichen Inhaltsstoffe wegen nicht erhitzt werden sollte.

Eichelkürbis/Acorn squash: engl. heißt ein beliebter hart- und dickschaliger amerikanischer Winterkürbis mit gelbem, süßlichem Fruchtfleisch. Er wird entweder gefüllt, im Ganzen gegart oder zu feinem Püree verarbeitet.

Flaschenkürbis/Calabaza: span., ind./ Courge bouteille: franz./Calabassier: franz./Dudhi/Dhudi/Grüner Kürbis/ Kalebasse/Maté/Mo Kwa/Westindischer Kürbis heißt eine flaschenförmige Winter-Kürbisfrucht mit holziger, gelbroter oder grüner, gelegentlich auch stachliger, Schale und schwammigem, gelbem, neutral schmeckendem Fruchtfleisch, die mit dem Gartenkürbis verwandt ist. Archäologische Funde lassen den Schluss zu, dass dieser Kürbis bereits vor 12.000 Jahren in Peru heimisch war, womit er zu den

ältesten Kulturpflanzen gehört. Meist wird er zur Anfertigung von Gefäßen (Kalebassen) verwendet. Noch klein und jung ist er auch als Kochgemüse – nicht aber zum Rohverzehr - geeignet. Sogar die Blätter, Sprossen und Kerne werden in den Anbauländern zu Gemüse bereitet.
Gartenkürbis: Cucurbita maxima: bot./Gemeiner Kürbis/Gemüsekürbis /Pôtiron: franz./Pumpkin: englisch/ Riesenkürbis/Sommerkürbis/Zentnerkürbis ist orange- bis goldfarben, rund und stammt vermutlich von dem in Texas und in Mexiko wildwachsenden „Texaskürbis" ab. Der bislang größte Gartenkürbis, er wurde 121,5kg schwer, wird meist auf Komposthaufen oder auch an sonnigen Gartenekken gepflanzt.
Hokkaido-Kürbis/Uchiki Kuri: jap. heißt eine japanische, bis zu 2kg schwer werdende rankende Kürbis-Sorte mit glänzender, orangefarbener Schale und vitaminreichem, wohlschmeckendem, nussigem, hartem, rötlichem Fruchtfleisch.
Kürbchen nennt man sowohl kleine Kürbisse als auch Zucchinis.
Kussa/Cushaw: engl. heißt eine großfrüchtige Gemüsekürbis-Sorte, die von amerikanischen Indianern entwickelt wurde. Um 1500 wurde sie erstmals von Spaniern nach Europa gebracht. Die Holländer züchteten daraus eine kernlose Kürbissorte, die seit 1962 erfolgreich exportiert wird. Die Kussa sieht aus wie eine große Salatgurke mit hellgrüner Schale. Das weiß-grüne Fruchtfleisch schmeckt blumenkohlkohlrabiähnlich. Am besten mundet es jedoch, wenn es in grobe Würfel geschnitten, gekocht und danach mit holländischer Sauce nappiert wird.
Marktkürbis/Marrow: engl. nennt man eine Zucchini, wenn man sie längere Zeit wachsen lässt, bis sie ca. bis zu 40cm lang und sehr schwer geworden ist. Der Gemüsekürbis wird meist geschält und in Würfel geschnitten zu Gemüse verarbeitet, oder in Scheiben geschnitten und in Mehl und Backteig gewendet und danach gebraten oder gebacken als Beilage zu vegetarischen Gerichten verwendet.
Melonenkürbis/Moschuskürbis heißt eine peruanische Kürbisart mit gebogenem Hals, gelatineartigem, dunkelgelbem Fruchtfleisch und einer weichen, essbaren, knallgelben Schale.
Ölkürbis/Mandelkürbis heißt eine Kürbis-Sorte mit schmackhaften sehr ölhaltigen (50%)Kernen, die auch als Mandelersatz dienen.
Pepitas nennt man von der Hülse befreite Kürbiskerne, die meist geröstet und leicht gesalzen mit Salat oder Müsli gemischt verzehrt werden.
Spaghetti-Kürbis/Spaghetti pompoen: niederl./Vegetable spaghetti: engl. nennt man eine ovale, japanische Kürbisart, die unreif eine weiße, reif eine gelbe Schale aufweist. Das gelbgrüne Fruchtfleisch, das überwiegend im Ganzen gekocht wird, zerfällt nach dem Kochen in spaghettiähnliche Fäden, nachdem man es mit einer Gabel durchkämmt hat. Der Spaghetti-Kürbis wird meist warm (wie Spaghetti) mit Tomatensauce oder heißer Butter gegessen. Aber auch eiskalt serviert mit Fleisch oder als Salat ist der Spaghetti-Kürbis eine beliebte Delikatesse.
Texaskürbis heißt eine in Texas und Mexiko wildwachsende Kürbis-Sorte, von der der Gartenkürbis abstammt.
Wachskürbis/Chinesischer Squash/ Chinesische Wintermelone/Courge cireuse: franz./Wax gourd: englisch/ White gourd: engl./Ash gourd: engl. /Chinese preserving melon: engl./ Winter melon: engl./Wintermelone

nennt man eine essbare Kürbissorte, die in Asien, Australien, USA, Afrika und auch in den Niederlanden zwar kultiviert wird, im übrigen Europa jedoch nur als Zierpflanze bekannt ist. Ihre grünen, bis zu 45kg schwer werdenden Früchte sind mit einer Wachsschicht überzogen. Wachskürbisse enthalten Terpene, die gegen Krebs wirken sollen. Von allen Kürbisgewächsen kann der Wachskürbis am längsten gelagert werden (bis 6 Monate). In Indonesien tunkt man die Fruchtstreifen des Wachskürbis' in eine Zuckerlösung, trocknet sie und isst sie zu Kaffee oder Tee. In China verzehrt man kalte Wachskürbisse, um abzunehmen.

Zierkürbisse/Zucche ornamentali: ital. sind generell ungenießbar. Sie dienen ausschließlich der Zierde.

Hauptinhaltsstoffe

Calcium, Eisen, Eiweiß, hormonähnliche Stoffe, Kalium, Kieselsäure, Magnesium, Natrium, Phosphor, Provitamin A, Selen, Vitamin B 1, B 2, B 6, C und E, Zink.

Verwendung, Zubereitung

Kürbisse werden gekocht, gefüllt oder überbacken zu Chutney, Suppe, Salat, Backwerk, Marmelade, Mus, Gemüse, oder süß-sauer eingelegt als Kompott oder Konserve verarbeitet. Kürbis-Blüten gelten gefüllt oder in Maisteig gehüllt und dann ausgebacken bei Feinschmeckern als wahre Delikatesse. Aus den noch jungen, besonders vitaminreichen Kürbisblättern kann man vorzügliches Kochgemüse bereiten.

Lagerung

Kürbisse sind bis zu 6 Monate lagerbar.

Volksmedizinische Bedeutung

In gekochter Form wirkt der kalorienarme Kürbis leicht verdaulich, harntreibend, stuhlregulierend, leberstärkend, entgiftend, hautstraffend (gut bei Orangenhaut!), stärkt das Immunsystem und schützt so intensiv vor gefährlichen UV-Strahlen wie eine Crème mit Lichtschutzfaktor 10. Bei Schwangerschaftserbrechen hat sich Kürbiskompott bewährt. Kürbiskerne gelten als wirksames Mittel gegen Bandwürmer, Nierenleiden, Prostataleiden, Bluthochdruck, Hämorrhoiden, Seekrankheit, kräftigen die Blasenmuskulatur und harmonisieren das Zusammenspiel von Blase und Schließmuskel. Bei den Chinesen gelten rohe Kürbiskerne sogar als lebensverlängend! Der Kürbis ist auch als Aphrodisiakum bekannt! Kürbisblätter haben bei Schürfwunden und Hautkratzern eine infektionshemmende Wirkung.

Tipp

Jedes Jahr treffen sich im amerikanischen Lewis mehrere Teams zum „Kürbisschießen". Dabei muss ein etwa 4kg schwerer Kürbis möglichst weit durch die Luft befördert werden – in der Regel mit Spezialkonstruktionen, die Feldhaubitzen ähneln. Die bisherige Rekordweite beträgt 1,12 Kilometer!

Kumquat

Fortunella japonica

Chin-Kon: chin., Cumquat, Goldorange, Japanische Orange, Kinkan: chin., Kumquat: engl., franz., ital., niederl., span., norw., Kumquat orale: franz., Kuquam, Marumi-Kumquat, Miniorange, Nagami: jap., Oval-Kumquat, Zwergorange, Zwergpomeranze

Allgemeines, Herkunft, Geschichtliche Bedeutung

Die dekorative Kumquat ist eine eigenständige Zitrus-Gattung, also ein Rautengewächs (Rutaceae), das nicht durch Kreuzungen entstanden ist. Der englische Botaniker Robert Fortune brachte sie 1846 von China bzw. Vietnam mit nach Europa, in erster Linie wohl als Zierpflanze. Heute kommt diese kleinste essbare Zitrusfrucht ganzjährig aus Afrika, Brasilien, China, Israel, Italien, Japan, Marokko, Mexiko, dem Mittelmeergebiet und Nordamerika.

Aussehen

Mit ihrer pflaumengroßen, länglichen oder rundlichen Form und der goldgelb-orangefarbenen, dünnen, essbaren Schale sieht die Kumquat aus wie ein Miniatur-Exemplar der Orange. Ihr Fruchtfleisch besteht aus vier bis fünf Segmenten, die jeweils zwei grünliche Kerne beinhalten.

Geschmack

Das Fruchtfleisch und die duftende Schale der Kumquat schmecken köstlich, würzig - von süß-bitter bis stark säuerlich-herb - und wesentlich intensiver als das von Orangen.

Sorten

Citrangequats/Zitrangequat heißt eine bitter-süß-säuerlich schmeckende Kreuzung aus Citrange und Kumquat.

Limequat/Minizitrone/Zwergzitrone heißt eine Kreuzung aus Limette und Kumquat, die 1909 entstanden ist und noch robuster und gesünder ist als die Kumquat. Sie hat weiß-gelbliches, nach Limette schmeckendes Fruchtfleisch. Die grünliche Schale dieser pflaumengroßen, rundlichen und saftigen Frucht ist sehr aromatisch und somit essbar.

Orangequat heißt eine Kreuzung aus Orange und Kumquat.

Hauptinhaltsstoffe

Kalium, Vitamin A, B, C.

Verwendung, Zubereitung

Kumquats lassen sich mitsamt der stets unbehandelten Schale für den Frischkonsum, zum Kandieren, als Garnitur, in Konserven, für Gelee und Marmelade, Kompott, für Süßspeisen, mit Schokolade umhüllt, zum Einlegen in Zuckersirup oder Alkohol, zum Backen (zerrieben), als Beilage für Geflügel- und Wildgerichte, in Obstsalat, in Scheiben geschnitten oder in Longdrinks verarbeiten. Kumquatschalen kann man auch als Würzmittel für warme und kalte Speisen, Saucen, Süßspeisen und Getränke verwenden. In Amerika dienen fruchtbehangene Kumquatzweige als beliebter Weihnachtsschmuck.

Rumaki nennt man mit Pistazien- oder Pinienkernen gespickte Kumquats, die - mit Dörrfleisch umwickelt - in Amerika und auf den Südseeinseln als Grillspezialität gelten.

Lagerung

Leicht gekühlt lässt sich die Kumquat einige Tage lagern.

Tipp

Kumquats, die gefroren in Würfel geschnitten als „Eiswürfel“ in Longdrinks verwendet werden, sind eine Spezialität von erfahrenen Barkeepern. Wegen ihrer Geschmacksintensität sollten sie Getränken jedoch nur in kleinen Mengen zugesetzt werden!

L

Langsat

Lansi

Allgemeines, Herkunft, Geschichtliche Bedeutung
Die Langsat ist die Frucht des in Asien beheimateten wildwachsenden Lansibaums, der zu den Zedrachgewächsen gezählt wird. In Burma, Malaysia, auf den Philippinen und in Thailand zählt die Langsat zu den besten Früchten. Auf dem deutschen Markt ist die exotische Langsat bis heute bedeutungslos.
Aussehen
Die Langsat ist eine länglich-ovale Beerenfrucht mit samtartiger behaarter, gräulich-gelber bis brauner Schale. Das durchscheinende weiße Fruchtfleisch besteht aus 4-5 Segmenten, die jeweils bis zu 3 Samen enthalten.
Geschmack
Die Langsat hat einen wohlschmekkend süßen, manchmal auch einen grapefruitähnlichen Geschmack. Langsat-Samen schmecken stark bitter.
Verwendung, Zubereitung
Die Langsat wird als Frischfrucht, Gelee, Sirup und als Getränkezusatz genutzt. Der milchige Saft dient in den Herkunftsländern als kostbarer Durststiller.
Tipp
Duku nennt man eine kultivierte Langsat, die etwas rundlicher und größer als die Wildwachsende ist.

Lattich

Lactuca sativa

Lattichsalat, Latuk, Laitue: franz., Lattuga: ital.

Allgemeines, Herkunft, Geschichtliche Bedeutung
Der wilde Lattich stammt aus dem südlichen Kaukasusgebiet. Schon im Altertum war er bei den Ägyptern, Griechen, Persern und Römern als sanftes Schlafmittel bekannt. Den besten Lattich des Römischen Reiches sollen die Palastgärten des Kaisers Diokletian in Split hervorgebracht haben. Geschützter Lattich-Anbau wurde erstmals von Ludwig XIV. um 1700 betrieben, da er auch im Winter Salat für die königliche Tafel mochte. Der Lattich gehört zu den Korbblütlern/Asteraceae (Compositae) und ist mit Löwenzahn, Endivie und Chicorée verwandt.
Der Name Lattich wird vom lateinischen „Lactuca“ (Lac = Milch) abgeleitet - also dem milchsaftführenden Gewächs.
Aussehen
Der Lattich hat eine walzenförmige und nur wenig kopfbildende Form. Die robusten, knackigen Außenblätter mit den ausgeprägten milchsaftführenden Blattrippen sind meist tiefgrün. Die zarten Innenblätter sind gelblichgrün. Beim Kauf darf Lattich nicht aufgeschossen, und der Strunk muss kurzgeschnitten sein.
Geschmack
Lattich schmeckt mild und herzhaft mit leichter Säure.
Sorten
Gartenlattich gleicht in Geschmack und Beschaffenheit dem Staudensellerie. Er gilt als Stammpflanze der bekanntesten Lattich-Kulturformen Kopfsalat und Romana.
Giftlattich: Lactuca virosa: latein./ Stinksalat ist giftig und enthält opiatähnlichen Milchsaft, der früher in

geringer Dosis homöopathisch genutzt wurde.

Huflattich gehört trotz der Namens-Verwandtschaft nicht zu den Lattichgewächsen.

Verwendung, Zubereitung

Frischer Lattich wird meist zu Salat verarbeitet, kurz gedämpft wird er aber auch als Gemüse genutzt.

Lagerung

Leicht gekühlt lässt sich Lattich mehrere Tage aufbewahren, da er weniger sensibel ist als Kopfsalat.

Tipp

Die alte Beobachtung, dass Lattich eine schlaffördernde Wirkung hat, ist uns heute verständlich, denn die chemische Analyse des milchigen Lattich-Safts ergab einen Wirkstoff, der dem Opium nahesteht und bis heute in dem französischen Beruhigungsmittel Thridace enthalten ist.

Lauch

Allium porrum

Ail: franz., Leek: engl., Poireau: franz., Porro: ital., Prei: niederl., Puerro: span., Zeytinli Prasa: türk.

Allgemeines, Herkunft, Geschichtliche Bedeutung

Seinen Ursprung hat der Lauch wahrscheinlich im östlichen Mittelmeergebiet und Vorderasien, wo er sich vermutlich aus dem wildwachsenden Akker- oder Sommerknoblauch entwikkelt hat. Im alten Ägypten galt Lauch schon als Kraftnahrung und ‚Muntermacher'. Kaiser Nero, der sich bekanntermaßen auch für einen guten Sänger hielt, gilt als der erste Lauch‚fan': Einmal im Monat legte er einen Lauchtag ein, da er glaubte, dass Lauch seine Stimme noch wohltönender mache. Hildegard von Bingen (1098-1179), aber auch andere Heilkundige behaupten, dass roher Lauch das Blut und die menschlichen Säfte in das Gegenteil verkehre.

Lauch gehört zu den Zwiebelgewächsen (Alliaceae) und wird vornehmlich in Ägypten, Belgien, Deutschland, Frankreich, Italien, den Niederlanden, Spanien und der Türkei angebaut. Während des Wachstums in 20cm tiefen Furchen wird der Schaft der Pflanze mehrmals angehäufelt, um ein Bleichen zu erreichen.

Das Wort „Lauch" stammt aus dem Althochdeutschen „Louh", was „der Gebogene" bedeutet.

Aussehen

Lauchstangen haben im unteren Bereich weiße, zusammengewachsene Blätter; nach oben hin wachsen die Blätter auseinander und färben sich zunehmend ins Dunkelgrüne. Lauchblüten sind kugelrund und ähneln zwar dem Schnittlauch, sie haben jedoch eine weiß-grünliche Färbung.

Geschmack

Lauch schmeckt mild, süßlich, zwiebelig.

Sorten

Bleichlauch/Gelber Lauch ist weiß, da er während des Wachstums natürlich gebleicht wurde. Bei längerer Lagerung im Tageslicht färbt er sich wieder grün.

Meterlauch nennt man eine bis zu 80cm lang werdende Lauch-Sorte aus der Türkei.

Porree/Beisslauch/Borré/Breitlauch/Brisslauch/Cock: engl./Gemüselauch/Küchenlauch/Preisslauch/Spanischer Lauch/Welsch Lauch/Welschzwiebel heißt die mildeste Zuchtform des Lauchs, die bei uns überall kultiviert wird. Er hat hellpurpurne bis grünliche Blüten und runde Nebenzwiebelchen. Umgangssprachlich wird auch Lauch übrigens als „Porree" bezeichnet.

Perllauch/Cipollina: ital./Perlzwiebel /Pearl onion: engl./Essigzwiebel/ Weinlauch nennt man die haselnussgroßen, weißen, runden Nebenzwiebeln des Porrees, die, meist in Essig eingelegt, als Konserve vermarktet werden.

Schaschlikzwiebel nennt man eine etwas größere, abgeplattete milde und leicht süßliche Perlzwiebel, die sich sehr gut für Schaschlikspieße eignet.

Silberzwiebel/Frühzwiebel/Silverskin onion: engl./Petit oignon blanc: franz. nennt man milde, zarte Brutzwiebeln des Lauchs, die vorwiegend als Sauergemüse in Konserven eingelegt Verwendung finden.

Sommerlauch/Bundlauch/Frühlauch/ Junglauch/Suppenlauch nennt man eine zarte, hellgrüne Frühkultur des Lauchs mit dünnem Schaft, die man sogar roh essen kann.

Winterlauch hat einen kurzen Schaft und dunkelgrünes Laub. Da Winterlauch für magenempfindliche schwer verdaulich ist, sollte man ihn vor der weiteren Zubereitung blanchieren.

Zierlauch/Allium sphaerocephalon: latein. heißt eine sonnenhungrige, dekorative Lauch-Sorte, deren dunkelrote Blüten im Juli eine Höhe von 1m erreichen können und ausschließlich der Zierde dienen.

Hauptinhaltsstoffe

Calcium, Eisen, Eiweiß, schwefelhaltiges etherisches Öl, Flavonglykoside, Inulin, Kalium, Natrium, Pektin, Phosphor, Provitamin A, Vitamin B 1, B 2, C, E.

Verwendung, Zubereitung

Lauch wird gedünstet, gedämpft oder gratiniert zu Suppe, in Eintöpfen, zu Gemüse, Salat, Quarkspeisen und Kuchen verarbeitet. Zuvor muss man die äußeren Blätter und das Endstück entfernen, da sie meist durch überdüngte Böden sehr schadstoffhaltig sind. Die gespaltenen Lauchstangen werden danach sorgfältig Blatt für Blatt unter fließendem Wasser abgespült. Keineswegs sollte man Lauch im Wasser liegenlassen, da sonst der Vitaminverlust sehr hoch ist. Geschnittenen Lauch sollte man sofort weiterverarbeiten, da seine Schnittstellen oxidieren und er infolgedessen bitter wird.

Lauchgemüse schmeckt aromatischer, wenn man eine kleingeschnittene Möhre mitgart, außerdem wird das Gericht dadurch farbenfroher. Der weisse Teil des Lauchs lässt sich, in kleine Würfel geschnitten, wie Zwiebeln verwenden. Mit Lauchblüten kann man wunderschön Salatteller dekorieren, fein auseinandergezupft schmecken sie lecker zu Quark.

Lagerung

Kühl gelagert kann man Lauch ca. 1 Woche aufbewahren. Bleich- und Sommerlauch sind dagegen nur ca. 2-3 Tage haltbar. Lauch sollte nicht zusammen mit Ethylen ausscheidenden Früchten oder Gemüsen gelagert werden, da er sonst rasch verdirbt. Empfehlenswert dagegen ist die Lagerung zusammen mit Zwiebel, Knoblauch oder Meerrettich.

Volksmedizinische Bedeutung

Lauchgenuss wirkt schleimlösend, harntreibend, appetitanregend und magenstärkend, regt die Verdauung sowie Nieren-, Leber- und Gallentätigkeit an und beugt Blaseninfektionen vor. Ein zerquetschtes Lauchblatt wirkt entzündungslindernd bei Insektenstichen.

Tipp

Eine Lauchwurzel, die man bei der Zubereitung von der Lauchstange als ‚Abfall' entfernt hat, wächst nochmals nach, wenn man sie möglichst sofort nach dem Abschneiden in einen Topf mit Blumenerde pflanzt und sie ab und zu wie eine Zimmerpflanze gießt. Nach 3 Wochen kann man ernten.

Leinsamen

Linum usitatissimum

Flachs, Flachssamen, Flahs: althochdt., Flax: engl. Graine de lin: franz., Lein, Leinsaat, Linaza: span., Linette: franz., Linnen, Linseed: engl., Saat-Lein, Seme de lino: ital., Semillas de Lino: span., Vlas: niederl.

Allgemeines, Herkunft, Geschichtliche Bedeutung

Das Wort „Lein" wurde wahrscheinlich dem Keltischen „Lin" für „Faden" entnommen. Die Heilkraft von Leinsamen, deren Heimat in Südeuropa sein soll, ist schon seit 4000 v. Chr. bekannt. Versteinerte Leinsamen wurden sogar in der Cheops-Pyramide gefunden, und selbst die Mumiengewänder bestanden aus Leinen. Im Laufe der Zeit wurde Leinen jedoch von der Baumwolle verdrängt.

Leinsamen nennt man die Samen des Flachses, eines Storchschnabelgewächses, das in Asien, Belgien, in den deutschen Alpenländern, Kanada, im Mittelmeergebiet, in den Niederlanden, Nordamerika, Polen und in Russland angebaut wird.

Aussehen

Der Flachs ist eine bis zu 1m hohe Pflanze mit länglichen Blättern. Die blauen Blüten verwandeln sich in eine Fruchtkapsel mit meist zehn bräunlich glänzenden, eiförmigen Samen: den Leinsamen.

Sorten

Brauner Leinsamen wird meist geschrotet.

Goldgelber Leinsamen ist eine besonders wertvolle Extrazüchtung, da sie einen besonders hohen Quellfaktor aufweist. Sie wird mit einem speziellen Aufbrechverfahren bearbeitet.

Hauptinhaltsstoffe

40% Ballaststoffe, ungesättigte Fettsäuren, Glycoside, Lecithin, bis zu 45% Öl, 6% Pflanzenschleime, Vitamine.

Verwendung, Zubereitung

Leinsamen dienen hauptsächlich der Ölherstellung (Leinöl/Deutsches Sesamöl), das auch in Margarine und zur Herstellung von Kitt und Linoleum verarbeitet wird. Eine Spezialität rund um Berlin ist mit Leinöl angemachter Magerquark, wozu man Pellkartoffeln isst.

Volksmedizinische Bedeutung

Geschrotete und gekochte Leinsamen befördern mit 40% Ballaststoffanteil Krebserreger mild abführend aus dem Darm und lindern zugleich Erkrankungen der Atemwege, Entzündungen, Sodbrennen und Heiserkeit - man sollte jedoch viel Flüssigkeit dazu aufnehmen. Auch Leinsamenöl wirkt heilend bei Erkrankungen der Atemwege, Sodbrennen sowie gegen Arteriosklerose, Völlegefühl, Krämpfe, Verstopfung, Gürtelrose, Warzen, Hühneraugen, Schuppenflechte, Hautausschläge und bei der kosmetischen Wärmebehandlung zur Erweichung der Haut. Leinsamen, den man mit Pfefferkuchen vermischt hat, soll eine besonders „anregende" Wirkung besitzen.

Tipp

Harte Ledersohlen werden wieder geschmeidig weich, wenn man sie mit etwas Leinöl bestreicht.

Limette

Citrus aurantifolia

Citron vert: franz., Lemmetje: niederl., Lima: span., Lime: engl., franz., ital., norw., Limetta, Limette: ital., Limette acide: franz., Limón: span., Limone: dt., Limonelle: franz., Limonette: franz., Limon vert: franz., Lumie, Saure Limette, Sour lime: engl., Zitrone der Tropen

Allgemeines, Herkunft, Geschichtliche Bedeutung
In den Himalayatälern Südostasiens liegt das Ursprungsgebiet der Limette. Wegen ihres hohen Vitamin-C-Gehalts wurde sie früher schon von Seefahrern auf ihren Schiffen als Vorbeugungsmittel gegen Skorbut mitgeführt. Limetten gehören zu den Rautengewächsen (Rutaceae) und gelten als die kälteempfindlichsten Zitrusfrüchte. Limetten werden ganzjährig aus Afrika, Brasilien, Kalifornien, Malaysia, Mexiko, den Mittelmeerländern oder West-Indien zu uns importiert.
Aussehen
Limetten sehen zwar der Zitrone sehr ähnlich, sie sind jedoch kleiner und glatter, haben keine endständige Warze und enthalten doppelt soviel Fruchtsaft wie die Zitrone. Die dunkelgrüne bis gelbe Schale einer reifen Limette ist sehr dünn und glänzend. Das gelbe Fruchtfleisch enthält entweder nur wenige oder gar keine Kerne.
Geschmack
Limetten haben einen intensiv würzigen, herb-aromatischen, eigenständischen, angenehm sauren Geschmack, sie sind nicht jeodch so sauer wie Zitronen.
Sorten
Calamondin/Kalamansi/Moschus-Limette/Musk Lime: engl. heißt eine kleine, grüne, kern- und saftreiche sehr saure Limetten-Sorte aus Indonesien, Malysia oder von den Phlippinen, die trotz ihrer Säure ein feines Aroma hat.
Keylimette/Mexikanische Limette/ Westindische Limette. Sie ist klein, rund bis oval und enthält zahlreiche Kerne. Sie wird gelbgrün geerntet.
Persische Limette/Tahitilimette. Sie ist mittelgroß, kernlos, dünnschalig, mit etwas schwächerem Aroma und wird meist noch grün geerntet.
Süße Limetten werden in Ägypten, Asien und Südeuropa angebaut. Sie sind länglich, orangengroß und haben einen speziellen, sehr interessanten Geschmack.
Wild Lime heißt eine in Australien wildwachsende Limettensorte. Diese ist zwar etwas kleiner als gezüchtete Limetten, dafür haben sie den Vorteil, bedeutend saftiger und aromareicher zu sein. Wegen ihres ansonsten scharfen Geschmacks sollten Wild Limes vor der Weiterverarbeitung blanchiert werden.
Hauptinhaltsstoffe
Calcium, Kalium, Phosphor, 27 - 30mg Vitamin C pro 100g Fruchtfleisch.
Verwendung, Zubereitung
Limettensaft oder die herausgelösten einzelnen Segmente der Limette werden in Cocktails, zum Würzen von Salaten und Saucen, für Gelees und Liköre, Marinaden, Süßspeisen und zur Eisbereitung verwendet. Um möglichst viel Limettensaft zu erhalten, sollte man die Frucht erst in Segmente schneiden und danach ausdrücken. Limetten-Schalen werden auch zum Würzen von Süßspeisen, Kuchen oder sonstigem Gebäck genutzt.
Lagerung
Trocken und kühl lässt sich die Limette ca. 2-3 Wochen lagern.
Volksmedizinische Bedeutung
Die Limette ist ein wertvoller Energiespender, der auch die Abwehrkräfte stärkt.
Tipp
Fälschlicherweise werden Limetten bei uns auch wie oben angegeben als „Limonen" bezeichnet. Unter „Limonen" werden jedoch grundsätzlich Zitronen verstanden.

Linse

Lens culinaris

Dal: ind., Erve, Leise: schwäb., Lens, Lenteja: span., Lenticchia: ital., Lentil: engl., Lentille: franz., Linsenerve, Linze: niederl.

Allgemeines, Herkunft, Geschichtliche Bedeutung

Als „Linse" bezeichnet man den getrockneten Samen einer Wickenart, die schon zu Urzeiten vor 8.000 - 10.000 Jahren in Ägypten angebaut wurde. Damit ist die Linse, sie gehört übrigens zu den Schmetterlingsblütlern (Fabacae), eine der ältesten Kulturpflanzen überhaupt. In Ägypten, Äthiopien, Argentinien, Chile, Frankreich, Indien, Jugoslawien, Kanada, den Mittelmeerländern, Pakistan, Rumänien, Russland, Südamerika, Spanien, Syrien, Türkei und den USA (bei Washington!) wird die Linse heute kultiviert. Deutsche Anbaugebiete dieser Hülsenfrucht finden wir in Hessen, Franken und Thüringen.

Aussehen

Die diskusförmigen Linsen kommen in ungeschälter, geschälter und halbierter Form auf den Markt. Frisch geerntet haben sie in der Regel eine hell- bis olivgrüne Farbe, ältere Exemplare sind eher gelbbraun bis braun; es gibt jedoch auch andersfarbene Sorten. (siehe unter „Sorten").

Geschmack

Ungeschälte Linsen sind zwar aromatischer als geschälte, da die Haupt-Geschmacksstoffe in der Schale sitzen, geschälte Linsen sind dafür leichter verdaulich - sie führen also nicht so leicht zu Blähungen und Unpässlichkeiten wie die Ungeschälten.

Sorten

Berglinsen heißt eine Linsensorte aus Umbrien/Italien. Sie hat eine feste, braun-grüne Schale und einen kräftigen Geschmack.

Braune Linsen/Masoor Dal: ind. kommen aus Indien. Beim Kochen zerfallen sie.

Grüne Linsen sind ungeschält und gelten hierzulande als die beliebteste Linsen-Sorte. Da sie beim Kochen ihre feste Form behält, kann sie sogar als Gemüsebeilage dienen.

Hellerlinsen/Tellerlinsen haben einen Durchmesser von 6-7mm. Sie kommen meist aus Chile, Argentinien und dem Mittelmeergebiet.

Mittellinsen nennt man Linsen, deren Durchmesser höchstens 4,5-6mm betragen darf.

Pfenniglinsen heißt eine gelbe und relativ große Linsen-Sorte.

Puy-Linsen müssen nicht eingeweicht werden, sind unterschiedlich groß, dunkelgrün, glänzend, behalten beim Kochen (nach 15-20 Minuten sind sie schon gar) ihre Form und werden ausschließlich in Frankreich angebaut. Sie gelten als die beste Linsen-Sorte, da sie im Gegensatz zu anderen nicht so mehlig schmecken.

Riesenlinsen, deren Durchmesser mindestens 7mm aufweisen muss, sind zwar nicht die beste, aber wohl die dekorativste Linsen-Sorte.

Orangenlinsen/Rote Linsen kommen meist aus Frankreich oder der Türkei. Sie sind etwas kleiner als Mittellinsen. Vor dem Kochen sollte man sie zwar mehrmals in kaltem Wasser waschen und dabei die im Wasser aufsteigenden Hülsen abschöpfen, doch als einzige Hülsenfrucht muss die Rote Linse nicht eingeweicht werden. Geschälte Rote Linsen verkochen völlig; außerdem verlieren sie beim Kochen ihre Farbe. Ungeschält haben sie dagegen ein deutlich kräftigeres Aroma, wesentlich mehr Ballaststoffe und sind schon nach 10 Minuten Kochzeit gar.

Zuckerlinsen nennt man eine besonders wohlschmeckende und preiswerte Linsen-Sorte, deren Durchmesser die 4,5mm-Marke nicht überschreiten darf.

Hauptinhaltsstoffe

Sehr calcium-, eisen- und phosphorhaltig, 24% (!) pflanzliches Eiweiß (Protein), Jod, Selen, reich an Vitaminen der B-Gruppe, Vitamin K, Zink.

Verwendung, Zubereitung

Linsen werden zu Eintöpfen, Suppen, Gemüse, Püree, Salat, Mehl und zur Aufzucht von Linsensprossen verarbeitet. Je älter Linsen sind, umso länger müssen sie eingeweicht werden. Schon ein alter Spruch lautet:

„Linse, wo sin se?" –

„Im Dibbe, se koche schun drei Woche un sin immer noch nit gar!"

Das Einweichwasser von Linsen sollte beim Kochen grundsätzlich nicht mitverwendet werden, da sich die Garzeit dadurch verdoppelt. Erst nach dem Kochvorgang sollte man Linsen würzen, andernfalls sie eine wesentlich längere Garzeit haben. Ein Schuss Essig zum Ende der Garzeit verbessert nicht nur den Linsen-Geschmack, er erleichtert zudem auch die Verdauung. In Indien, wo Linsen zur täglichen Ernährung zählen, werden Linsen sogar zu Gebäck und Brot verarbeitet.

Lentilla nennt man Mehl von getrockneten Linsen, das meist für Kuchen, Waffeln und Pasteten Verwendung findet.

Pappadam nennt man in Indien aus Linsenmehl hergestellte Waffeln, die in Erdnussöl ausgebacken werden.

Lagerung

Getrocknete Linsen sollten höchstens 9 Monate gelagert werden, weil sie danach einen Großteil ihres Geschmacks einbüßen und sich ihre Kochzeit erhöht.

Volksmedizinische Bedeutung

Linsen wirken nicht nur krebsschützend (besonders der Prostata) und fettstoffwechselaktivierend, ihr hoher Eisengehalt fördert auch die Entstehung von roten Blutkörperchen. Es genügt natürlich nicht, bei bestehenden Krankheiten Linsen zu essen, um zu gesunden, als Ergänzung einer Therapie sind sie jedoch in der Ernährung anzuraten.

Tipp

Linsen-Sprossen – sie erhöhen ihr Volumen während des Wachstums um das Sechsfache – sollten vor dem Verzehr blanchiert werden, um sie bekömmlicher zu machen.

Litchi

Litchi sinesis

Cerise de la Chine: franz., Chinesische Haselnuss, Chinesische Kirsche, Chinesische Pflaume, Japanische Haselnuss, Lee Chee: chin., Lichee, Litchee: engl., Litchi: engl., franz., ital., niederl., norw., Litco: span., Litschipflaume, Lychee: engl., Zwillingspflaume

Allgemeines, Herkunft, Geschichtliche Bedeutung

Litschis wurden schon vor 3000 Jahren, damals noch kräftig-rot, im alten China kultiviert, wo sie als die feinsten aller Früchte gelten. Es wird erzählt, dass sich eine mittelchinesische Kaiserin häufig Litschis aus Kanton bringen ließ, und wenn der Bote nicht pünktlich war, wurde er geköpft. Im Raum Südchina, Burma, Vietnam sind Litschis zu Hause und dort so verbreitet und beliebt wie bei uns der Apfel; sie wird dort als „Liebesfrucht" und „Spenderin der Lebensfreude" hoch geschätzt.

1883 wurden Litschis – sie gehören zu den Seifenbaumgewächsen (Sapindaceae) und sind mit der Rambutan verwandt - zum ersten Mal aus China nach Florida exportiert. Heute werden Litschis in Australien, Brasilien, China, Florida, Hawaii, Honduras, Indien, Israel, Japan, Madagaskar, Mauritius, Neuseeland, Südafrika und Südamerika angebaut. Litschis gedeihen zwar auch in den Tropen, bleiben dort aber unfruchtbar.

Aussehen

Litschis wachsen in Rispen mit bis zu 30 Früchten an halbhohen Bäumen. Sie haben eine rundovale, pflaumengroße Form und eine dünne, schuppige, sandige, tiefrosa Schale, die auf ihrer Oberfläche kleine, noppenartige Erhebungen aufweist und sich bei Überreife braun färbt. Das feste, perlmuttartige, glasig-durchscheinende Fruchtfleisch enthält einen großen, harten, dunkelbraun glänzenden, ungenießbaren Kern. Aus Thailand gibt es neuerdings auch eine kernlose Neuzüchtung.

Geschmack

Am besten schmecken Litschis, wenn sie frisch geschält verzehrt werden, weil sie dann saftig, süß-säuerlich, herrlich erfrischend und je nach Reifegrad entweder wie Himbeeren mit Sauerkirschen, Weintrauben mit Muskatgewürz oder Rosenduft mit Ingwer schmecken. Als Konserve haben Litschis einen eher rosinenähnlichen Geschmack.

Hauptinhaltsstoffe

Calcium, Kalium, Magnesium, Phosphor, Provitamin A, viel Vitamin B 1, B 2, 50mg Vitamin C pro 100g Fruchtfleisch, Zucker.

Verwendung, Zubereitung

Litschis dienen dem Frischkonsum, werden zu Kompott, Beilagen, Garnituren, Eis, Sirup, exotischem Fruchtsalat, Desserts, Kaltschalen, Cocktails, Wein, Bowlen, in Pflaumenwein eingelegt oder in chinesischen Gerichten verarbeitet; kochen darf man Litschis jedoch nicht, da sie sonst zäh werden. Frische Litschis kann man wie Kirschen essen, nachdem man zuvor die brüchige Schale wie bei einem gekochten Ei gepellt hat. Einen erfrischenden Apèritif erhält man, indem man eine geschälte Litschi in ein Glas trockenen Champagner gibt und sofort serviert.

Lagerung

Im Kühlschrank lässt sich die Litschi höchstens eine Woche lagern. Einmal geerntet, reift die Litschi nicht mehr nach.

Volksmedizinische Bedeutung

Geschwüre können geheilt werden, wenn man sie mit frischen Litschischeiben belegt.

Tipp

Litschinüsse/Litchi nut: engl. nennt man getrocknete Litschis. Sie schmekken nach Rosinen und Nüssen.

Löwenzahn

Taraxacum officinale

Amargón: span., Apostelkraut, Apostenwurz, Augenmilch, Augenwurz, Bammbusch, Bettnässer, Bettpisser, Bettseicherle: bad., Bettseichersalat: hunsrück., Bimbaum, Bitterblume, Bumbansbüsch, Butterblume, Chettenblume, Chüngelichrut, Dandelion: engl., Dent de lion: franz., Dente di leone: ital., Diente de leôn: span., Eierblume, Eierkraut, Eierpusch, Franzosensalat, Gänseblume, Gänsezunge, Golichter, Herba urinaria, Hundeblume, Hundzahnkraut, Jungeblumenkraut, Kettenblume, Kettenröhrlein, Kettenstock, Klettenährlein-Kraut, Kuckucksblume, Kuhblume: volkstüml., Kuhlattich, Laterne, Laternenblume, Leuchtenkraut, Lichterblume, Liechtli: schweiz., Lions tooth: engl., Märzenbusch, Maiblume, Maienzahn, Marienschöpfl, Maulwurfsalat, Melkdistel, Milchblume, Milchbusch, Milchdistel, Milchgrasblume, Milidistel, Mistfink, Mönchsblatten, Mönchskopf, Mönchsplatte, Molsla: niederl., Pampelkraut, Papenkraut, Pee in the bed: engl., Pfaffenkraut, Pfaffenröhrlein, Pissenlit: franz., Pumperblümchen, Pusteblume,

Rossblume: bad., Saublume, Saurnelken, Seicher: bad., Seichkraut, Sonnenwirbel, Teufelsblume, Wandelion, Wiesenblume, Wilde Zichorie

Allgemeines, Herkunft, Geschichtliche Bedeutung

Schon im Altertum war der Löwenzahn als Heilpflanze bekannt. Erstmals beschrieben wurde er von den arabischen Ärzten Rhazes und Avicenna. Seit dem 17. Jahrhundert ist seine Heilwirkung bei Leberleiden bekannt. Mességué behauptete von ihm, dass er dabei ist, die ganze Welt zu erobern. Heute gehört der Löwenzahn zu den dreizehn ersten, neuerdings vom Bundesgesundheitsamt „amtlich anerkannten" Heilmitteln.

„,Molsla" (Maulwurfsalat) nennt man in den Niederlanden den Löwenzahn-Salat, nachdem ein Holländer beobachtete, dass ein von Maulwurfhaufen zufällig bedeckter Löwenzahn gebleichte Blätter brachte, die besonders zart und bekömmlich waren. Wilden Löwenzahn, der meist als „Unkraut" bezeichnet wird, findet man in Belgien, Deutschland, Frankreich und der Schweiz vornehmlich auf Wiesen, Äkkern und im Garten. Er zählt zu den Korbblütlern/Asteraceae (Compositae) und ist mit Lattich, Zichorie, Endivie, Chicorée und Schwarzwurzel verwandt. Die jungen Löwenzahn-Blättchen werden als Wildgemüse grundsätzlich vor der Blüte geerntet, also von März ab den ganzen Sommer; die Wurzeln sammelt man im Herbst. Wildwachsender Löwenzahn ist leider oft sehr stark schadstoffbelastet, da er meist an Hundepromenaden, an vielbefahrenen Straßen, in Industrienähe oder an frisch gedüngten landwirtschaftlichen Flächen gepflückt wird. Darum sollte man die Fundstelle stets gründlich betrachten.

Aussehen

Die Blätter des etwa 40cm hoch werdenden wildwachsenden Löwenzahns stehen am Grund des blattlosen Blütenstängels in einer Rosette. Am Rand sind sie tief, schrotsägeförmig eingeschnitten - daher sein Name. Löwenzahn hat eine lange Pfahlwurzel, die milchigen Saft enthält, einen milchsafthaltigen Blütenstängel und einen gelben Blütenkopf. Kulturlöwenzahn, der von März bis April vor allem aus Frankreich auf unsere Märkte gelangt, entwickelt größere, staudenartige, mäßig gezähnte, gelbe Blätter mit niedrigerem Bitterstoffgehalt, da sie bei trokkenem Wetter zusammengebunden werden um sie zu bleichen.

Pappus nennt man die reifen fallschirmartigen Löwenzahn-Früchte.

Geschmack

Der wildwachsende Löwenzahn schmeckt knackig, sehr bitter, aromatisch, ähnlich Chicoree. Kultivierter Löwenzahn schmeckt sehr mild und hat nur einen leichten Bittergeschmack. Junge Löwenzahn-Wurzeln schmecken leicht süßlich, alte sehr bitter.

Sorten

Kok-Saghyz: Taraxacum kok-saghyz: lat. heißt eine zentralasiatische Löwenzahnsorte, aus deren Wurzeln in Kasachstan Naturkautschuk/Latex gewonnen wird und dort von gewisser wirtschaftlicher Bedeutung ist.

Refuga-Löwenzahn gedeiht wild im Atlasgebirge von Marokko. Er hat doppelt soviel Heilkraft wie unser wildwachsender Löwenzahn.

Rotfrüchtiger Löwenzahn: Taraxacum erythrospermum: lat. sieht dem wilden Löwenzahn ähnlich, hat jedoch rötliche Samen und einen dunklen Pappus.

Sumpf-Löwenzahn heißt eine sehr seltene Löwenzahn-Sorte, deren Vorkommen heutzutage nur noch im

Spessart und in Unterfranken nachgewiesen ist.

Hauptinhaltsstoffe

Bitterstoffe (Taraxizin), hoher Calcium-, Eisen-, Kalium-, Mangan- und Phosphorgehalt, Gerbstoffe, Harz, Kautschuk, Lutein, Magnesium, etherische Öle, Pektin, Provitamin A (mehr als in Möhren und doppelt soviel wie im Spinat!), Säuren, Saponine, Sterin, Vitamin B, C, D, Wachs, Zucker. Löwenzahn gilt somit als wichtigster Provitamin-A-Lieferant unter den konventionellen Gemüsesorten! Die Löwenzahn-Wurzel enthält im Herbst bis zu 40%, im Frühjahr nur ca. 2% Inulin und Cholin, ein Stoff, der auch in der Leber vorkommt.

Verwendung, Zubereitung

Nur junge Löwenzahn-Blätter werden am besten vor der Blüte zu Salat und Tee verarbeitet. Große, alte Löwenzahn-Blätter und auch die Wurzeln werden, da sie sehr bitter schmecken, in Suppen und zu Gemüse verarbeitet, wobei sich der Bittergeschmack verliert. Löwenzahn-Blüten kann man zu Löwenzahnsirup, Löwenzahnwein, Löwenzahnschnaps und Löwenzahngelee verarbeiten.

Einen sehr anregenden und erfrischenden „Maiblumen-Aperitif" stellt man wie folgt her:

30g Löwenzahnblüten (nur die gelben Blütenteile) werden in eine helle Glasflasche gefüllt und mit einem halben Liter trockenem Weißwein übergossen. Diesen Ansatz lässt man eine Woche auf der Fensterbank ziehen. Danach wird der Wein zweimal über einen Kaffeefilter filtriert und in eine Flasche gefüllt. Dieses Getränk sollte möglichst gut gekühlt, jedoch nicht zu kalt vor dem Essen getrunken werden.

Die jungen, noch geschlossenen Blütenknospen des Löwenzahns werden als Falsche Kapern/Kapernersatz oder, in Butter gedämpft, zur Abrundung eines Frühlingsgerichts verwendet. Aus den getrockneten, gerösteten und pulverisierten Löwenzahn-Wurzeln wurde früher Kaffee-Ersatz und Tee hergestellt. Der Stängel des Löwenzahns dient Kindern und junggebliebenen Erwachsenen als ‚Musikinstrument', indem sie in ihn hineinblasen.

Vorsicht: Auch das Maiglöckchen wird „Maiblume" genannt. „Maiblumen"-Salat aus Maiglöckchen hat jedoch schon zu schwersten Vergiftungen geführt.

Lagerung

Einmal geernteter Löwenzahn ist nur kurze Zeit haltbar, da er sehr rasch verwelkt.

Volksmedizinische Bedeutung

Löwenzahnblätter wirken appetit- und verdauungsanregend, allgemein stärkend, harntreibend, entwässernd, blutreinigend, entschlackend, stoffwechselanregend und cholesterinspiegelsenkend. Auch bei Geschwüren, Akne, Ekzemen, Flechten, Magengeschwüren, Augenentzündungen, Gelbsucht, Blutarmut, Neuralgien, Kopfschmerzen, Menstruationsschmerzen, Frühjahrsmüdigkeit und Hämorrhoiden wird Löwenzahn empfohlen. Frisch gepresster Saft der Löwenzahn-Blüten und -Blätter gilt in der Naturheilkunde als entgiftendes und fettabbauendes Aktivierungs- und Universalmittel für Leber, Galle, Magen, Darm und Niere und hilft, das Immunsystem und die Hautregeneration zu steuern. Löwenzahnsaft aus den jungen Blättern soll sogar gegen Arthrose, Abnutzungs- und Degenerationskrankheiten helfen.

Mit dem giftigen, weißen Milchsaft der Stängel werden Warzen und Hühneraugen behandelt, indem man den Saft eine Woche lang morgens und abends auf die betroffenen Stellen streicht und gut einwirken lässt. Löwenzahn-

Wurzeln dienen auch medizinischen Zwecken, da das in der Wurzel enthaltene Inulin eine positive Wirkung gegen Zuckerkrankheit hat, die Lebertätigkeit anregt und auch bei Gelbsucht, Verstopfung, Entzündungen, Gicht und Rheuma verabreicht wird; die Frühlingswurzel ist wegen der höheren Inulinkonzentration heilkräftiger als die im Herbst. Bei schon vorhandenen Erkrankungen der Gallenwege, Geschwüren oder Verengungen im Magen-Darmbereich sollte Löwenzahn nicht angewendet werden.

Tipp

Um die ‚Lebensgeister' im Frühjahr zu wecken, zerkaue man täglich langsam bis zu zehn gesäuberte rohe Löwenzahnstengel. Eine rasche Belebung ist die Folge.

Lollo Rossa

Lactuca sativa var. crispa

Blattbatavia, Lattughino, Lola Rosé: franz., Lollo Rosso, Ricchi: ital.

Allgemeines, Herkunft, Geschichtliche Bedeutung

Der Lollo Rossa, ein Verwandter der Krausen Endivie, hat seinen Ursprung in Italien. In Deutschland, Frankreich, Italien und den Niederlanden wird er als beliebter Pflücksalat kultiviert.

Aussehen

Lollo Rossa hat eine kompakte, offene Rosette und stark gekrauste, schoßfeste, dickfleischige Blätter, die eine stark rot-violette Färbung aufweisen.

Geschmack

Lollo Rossa schmeckt lieblich-herb, nussartig und leicht bitter.

Sorten

Harlekin/Schnabelsalat/Zipfelsalat nennt man eine Lollo Rossa-Sorte mit sehr stark geschlitzten roten oder grünen Blättern.

Lollo Bionda/Lollo Biondo/Lollo Bianco heißt eine italienische Lollo Rossa-Varietät mit gelbgrünen, stark gekrausten, dickfleischigen Blättern.

Rubin heißt eine Lollo Rossa-Sorte mit dunkelbraun-roten, gekrausten Blatträndern.

Hauptinhaltsstoffe

Calcium, Eisen, Phosphor, Vitamine.

Verwendung, Zubereitung

Lollo Rossa wird meist zur Salat- oder Gemüseherstellung und zum Garnieren verwendet. Nachdem man Lollo Rossa gründlich gewaschen hat (meist ist er stark versandet), sollte man seine Blätter nicht mit dem Messer zerschneiden, sondern sie besser mit den Händen in grobe Stücke zupfen, um das ansprechende Äussere der Blatteile zu erhalten.

Lagerung

Leicht feuchtgehalten lässt sich Lollo Rossa im Kühlschrank ca. 5 Tage aufbewahren.

Tipp

Wenn man Lollo Rossa-Blätter einzeln pflückt, wachsen sie mehrmals nach, schneidet man die ganze Pflanze ab, ist nur eine einzige Ernte möglich.

Longane

Dimocarpus longan

Drachenauge, Dragon's eye: engl., Kirsche Asiens, Longan: engl., span., Longane: ital., niederl., norw., Longane ponceau: franz., Longanpflaume, Mamoncillo de China: span., Oeil de dragon: franz.

Allgemeines, Herkunft, Geschichtliche Bedeutung

Die Longane ist ein Seifenbaumgewächs (Sapindaceae), das mit der Litschi und der Rambutan verwandt ist. In Ostindien ist die Longane zwar zu Hause, sie wird aber auch in Indochina, Südchina, Taiwan, Thailand und Vietnam angebaut. Auf unseren

Märkten sind Longanen ihrer schlechten Lagerungseigenschaften wegen kaum anzutreffen.

Aussehen

Die Longane wächst wie Trauben in Büscheln an Bäumen. Ihre gelblichgrünen, spröden, 2,5cm großen, nussartigen Früchte färben sich im Laufe ihrer Reife bräunlich-beige. Das glasige, weiß-bläuliche Fruchtfleisch enthält einen harten, ungenießbaren Kern. Longanen ähneln zwar glattschaligen Litschis, sind aber nur halb so groß.

Geschmack

Die Longane ist zwar nicht so süß wie die Litschi, dafür aber mindestens genauso aromatisch.

Sorten

Quenepa/Genip: engl./Honey berry: engl./Maco: span./Mamon: span./ Mamoncillo: span./Quenette: französ./Sensiboom: engl./Spanische Limone/Spanish lime: engl. heißt eine kleine, grüne, traubenförmige Verwandte der Longane, deren Ursprung zwar im tropischen Amerika liegt, die mittlerweile aber auch auf den karibischen Inseln kultiviert wird. Quenepen, sie werden meist als Frischfrucht oder zur Herstellung von Saft, Eis, Konfitüre und Shakes verwendet, haben eine dünne, lederartige Schale und creme- bis orangefarbenes, honigsüßes Fruchtfleisch, das einen großen, schwerlöslichen Kern umschließt.

Hauptinhaltsstoffe

Mineralstoffe, Vitamin C.

Verwendung, Zubereitung

Die Longane wird zum Frischkonsum, zu Kompott, Mixgetränken, Likör und zu Konserven verarbeitet. Zuvor muss man die Schale knacken und die Frucht entkernen. Wenn man die Longane als Frischfrucht verzehrt, empfiehlt es sich, die Frucht vorher mit Zucker und Zimt zu würzen.

Lagerung

Da die Longane schnell verdirbt, ist sie bei uns nur sehr selten frisch erhältlich.

Volksmedizinische Bedeutung

Getrocknete Longanescheiben, die man zu Tee bereitet hat, sind ein wirksames Stärkungsmittel.

Tipp

Als Hochgenuss gilt ein Glas Sekt, das man mit einer geschälten Longane verfeinert hat.

Lotoswurzel

Nelumbo nucifera

Hornklee: ugs., Indian lotus root: engl., Indische Lotoswurzel, Indischer Lotus, Lotosnuss, Lotus: engl., Lotus sacré: franz., Lotier: franz., Renkon: jap.

Allgemeines, Herkunft, Geschichtliche Bedeutung

In ihrem Ursprungsland Indien gilt die Lotosblume, von deren Wurzeln hier die Rede ist, nicht nur als heilig, sondern auch als Symbol für Schönheit, Reinheit und ewiges Leben; bei den Indern ruht sogar der Weltenschöpfer auf einer Lotosblüte! In Ägypten, Australien und in Ostasien wird dieses Seerosengewächs, das einer Wasserlilienart angehört, kultiviert. Früher kam sie auch in Griechenland, Italien und der Türkei vor, heute ist sie dort jedoch schon längst ausgerottet.

Aussehen

Die Lotosblume ist eine Sumpfpflanze mit langgestielten, schildähnlichen Blättern und weißen oder rosa Blüten, die nach kurzer Zeit zerflattern und aus denen nach einer Reifezeit 2-3cm lange, ovale, essbare Samen hervorgehen. Die kartoffelähnlichen Wurzeln der Lotosblume sind mit zahlreichen Löchern durchsetzt.

Geschmack

Lotoswurzeln haben einen nahezu neutralen Geschmack.

Hauptinhaltsstoffe

Stärke.

Verwendung, Zubereitung

Frische Lotoswurzeln finden meist als Gemüse in der chinesischen und japanischen Küche Verwendung, nachdem sie geschält und gekocht, gebacken oder geschmort wurden. Lotuswurzeln in Konserven, wie man sie in Deutschland kennt, dienen meist Dekorationszwecken. In den Anbauländern wird auch glutenfreies Stärkemehl aus der Lotoswurzel gewonnen, das in der asiatischen Küche dem Abbinden von Saucen dient. Aus den Blättern und Blüten dieser Sumpfpflanze kann man ausgefallene Salate oder Feingemüse zubereiten.

Lotosnüsse nennt man geschälte Lotos-Samen, die in den Herkunftsländern meist geröstet als beliebte Knabberei Verwendung finden.

Volksmedizinische Bedeutung

Lotossamen sagt man eine herzstärkende Wirkung nach.

Tipp

Australische Wissenschaftler haben festgestellt, dass die Indische Lotosblume ihre Temperatur während der Blütezeit erhöhen kann. Sie hält über mehrere Tage eine Temperatur von 30 bis 35°C, selbst wenn die Lufttemperatur auf 10°C fällt.

Lucuma

Pouteria lucuma

Abiu: engl., Canistel: engl., Eggfruit: engl., Balata jaune d'oeuf: franz., Lucuma: ital., niederl., norw., span.

Allgemeines, Herkunft, Geschichtliche Bedeutung

Die Lucuma ist eine exotische Frucht, die in Chile heimisch ist, wo sie als Nationalfrucht hohes Ansehen genießt. Größere Anbaugebiete dieses Sapotengewächses (Sapotaceae) findet man in Afrika, Australien, Indien, Neuseeland, Südamerika und in Südostasien.

Aussehen

Lucumen ähneln kleinen Äpfeln oder Tomaten. Sie haben eine cellophanähnliche, dunkel-olivgrüne Haut und fetthaltiges, gelborangenes Fruchtfleisch, das 1-5 kastanienähnliche Kerne enthält.

Geschmack

Lucumen haben ein walnussähnliches Aroma, das erst durch seinen feinen Vanille-, Mango-, Kaffee-Beigeschmack so einzigartig wird.

Verwendung, Zubereitung

Die Lucuma wird als Frischfrucht, zu Marmelade, Süßspeisen, Speiseeis und als Kuchenbelag verarbeitet. Vor dem Verzehr einer frischen Lucuma zieht man zuerst ihr Fruchtfleisch in Schichten ab, um es dann mit Speiseeis und Sahne zu bedecken, was ihren Wohlgeschmack zusätzlich erhöht. Begehrt ist auch nur mit Salz gewürztes Lucumen-Fruchtfleisch.

Lagerung

Die Lucuma ist allenfalls noch zwei Tage nach ihrer Ernte verzehrfähig.

Luffa

Luffa cylindrica

Loofa, Angled loofah: engl., Angled gourd: engl., Chinese oker: engl., Courge torchon: franz., Lian torchon des Antilles: franz., Luffa: engl., franz., ital. und span., Papangay: franz., Ridget gourd: engl., Ridget loofah: engl., Silk gourd: engl.

Allgemeines, Herkunft, Geschichtliche Bedeutung

Die Luffa ist ein meist an Holzgerüsten kletterndes Kürbisgewächs (Cucurbitaceae), das in Nordwestindien zu Hause ist. Heute werden Luffas in Japan, Ägypten, Afrika, Indien, Indonesien, Japan, Malaysia, Mexiko, auf den Philippinen, in Thailand und in der

Karibik angebaut. Geerntet wird diese Frucht, wenn ihr Laub abgestorben ist.

Aussehen

Luffas sind bis zu 1m lang werdende, grüne, glatte, gurkenförmige Früchte, die in der weichen Außenhaut 10 deutlich hervortretende Längsrippen aufweisen. Ihr Fruchtfleisch beinhaltet zahlreiche essbare, ölhaltige Samen.

Geschmack

Junge, noch unreife, etwa 300g schwere, kultivierte Luffas schmecken im Gegensatz zu den Wildformen nicht bitter. Alte kultivierte Schwammgurken schmecken jedoch sehr bitter.

Sorten

Gamba heißt eine kleinwüchsige Luffa-Sorte mit harter Schale und deutlichen Längsrippen.

Schwammgurke/Schwammkürbis/Dishcloth gourd: engl./Eponge végétal: franz./Smooth loofah: engl./Sponge gourd: engl./Vegetable sponge: engl. heißt eine Luffa-Sorte mit nur angedeuteten Längsrippen, deren Früchte ausschließlich zur Herstellung von Schwämmen, Einlagen für Tropenhelme, Schuhsohlen, Sattelunterlagen für Frottierlappen u.ä. genutzt werden.

Verwendung, Zubereitung

Junge Luffas werden wie Gurken entweder roh verzehrt, zu Gemüse gekocht oder in Suppen verarbeitet. Zuvor müssen die Längsrippen weggeschält werden; die übrigen Schalen können mitgegessen werden. Auch die Blätter der Luffa-Pflanze lassen sich zur Herstellung wohlschmeckender Gemüse und Suppen verwenden. Aus dem Fasernetz überreifer, alter Luffa-Früchte werden die gleichen Gegenstände gefertigt wie bei der oben angeführten Schwammgurke.

Lulo

Solanum quitoense

Falsche Orange, Kleine Orange, Lulo: engl., ital., norw., Morelle de Quito: franz., Naranjille: franz., Naranjilla: engl., span., Orange von Quito, Quito-Orange: span., Quito-oranje appel: niederl., Solanum Costarense: südam.

Allgemeines, Herkunft, Geschichtliche Bedeutung

In den nördlichen Anden Südamerikas hat die Lulo ihren Ursprung. In Kolumbien gilt der Saft der Lulo als „Köngliches Getränk". 1939 wurde auf der Weltausstellung in New York erstmalig eine Lulo aus Equador vorgeführt. In Costa Rica, Guatemala, Kolumbien, Panama, Peru und Südamerika wird diese Beerenfrucht, die zu den Nachtschattengewächsen (Solanaceae) gehört, heute kultiviert.

Aussehen

Die Lulo ist eine orangen-tomatenähnliche Frucht, die an einem 2m hohen Strauch wächst. Ihre Schale ist anfangs grün, später orangerot. Das geleeartige hellgrüne Fruchtfleisch enthält viele kleine essbare Kerne.

Geschmack

Die Lulo hat ein einzigartiges exotisches Aroma, das zu gleichen Teilen an Cherimoya, Guave, Erdbeere und Ananas erinnert.

Sorten

Cocona: Solanum topiro: lat./Orinocoapfel/Peach-tomato: engl./Tupiro: span./Tupiru: span. Die Cocona stammt aus dem Amazonasgebiet und wird in Bolivien und Peru angebaut. Äußerlich ähnelt sie einer Lulo, hat aber auf der ledrigen Haut feine Härchen, die sich leicht abreiben lassen. Das crèmefarbene, gallertartige Fruchtfleisch ist von vielen Samen durchsetzt und schmeckt angenehm säuerlich, fruchtig, aromatisch. Verwendet wird die Cocona wie die Lulo.

Lulita: Solanum sisymbrifolium: lat. heißt ein recht unscheinbares, sonnenhungriges Nachtschattengewächs mit süßen, leuchtend-roten Früchten, die in einer stachligen Hülle versteckt sind. Verwandt ist diese südamerikanische Frucht mit der Kartoffel und der Birnenmelone.

Hauptinhaltsstoffe

Zitronensäure, Provitamin A, Vitamine der B-Gruppe, Vitamin C, Calcium, Phosphor, Eisen.

Verwendung, Zubereitung

In den Herkunftsländern wird die Lulo als Frischfrucht, zu Nektar, Marmelade, Saft, Mark, Konfitüre, zur Dekoration, für Erfrischungs- und Mixgetränke, zu Cocktails, Speiseeis, Sorbets, Joghurt, Quark und Cremes verarbeitet.

Lagerung

Wegen mangelhafter Lagerfähigkeit sind praktisch keine Frischfruchtexporte der Lulo nach Deutschland möglich.

M

Macadamianuss

Macadamia ternifolia

Australische Haselnuss, Australische Nuss, Australnuss, Kerzennuss, Macadamia Nuts: engl., Queenslandnuss

Allgemeines, Herkunft, Geschichtliche Bedeutung

1848 wanderte Ferdinand Müller, nach seiner Promotion zum Doktor der Pharmazie in Kiel, nach Australien aus. Er avancierte dort zu einem der bedeutendsten botanischen Wissenschaftler seiner Zeit und schrieb mehr als vierzig Bücher über die Flora Australiens sowie der angrenzenden Inseln. Bei seinen wissenschaftlichen Studien entdeckte er in den Regenwäldern Ost-Australiens eine hartschalige Nuss mit insgesamt neun unterschiedlichen Arten. Da er in Melbourne mit dem australischen Naturforscher John Macadam eng befreundet war, taufte er 1857 ihm zu Ehren die Nuss „Macadamia", ein Name, unter dem sie Weltruhm erlangen sollte. Ferdinand Müller starb 1896 hochgeadelt als Sir Ferdinand Baron von Müller in Melbourne.

Mittlerweile kommt diese feinste und teuerste Nussart außer aus Australien auch aus Kalifornien, Kenia, Süd- und Mittelamerika. Seit 1892 wird die „Königin der Nüsse" großflächig auch auf Hawaii angebaut. Erntezeit ist jeweils von Juli bis November. Beim Anbau müssen Macadamianüsse, die zu den Silberbaumgewächsen (Protaceae) zählen, wie Mimosen behandelt werden. Windgeschützt zwischen Bananen- und Passionsstauden trägt der Baum erst nach 7 bis 8 Jahren Früchte. Die Nüsse werden nicht, wie sonst üblich, von den Bäumen geschüttelt oder gar maschinell geerntet, vielmehr muss man warten, bis sie zu Boden fallen; erst dann haben sie jene Reife, die ihren unvergleichlichen Geschmack ausmacht.

Aussehen

Macadamia-Kerne ähneln Kastanien.

Geschmack

Die Macadamianuss schmeckt so unvergleichbar gut, dass sie als die wohlschmeckendste Nussart gilt!

Hauptinhaltsstoffe

Calcium, Eisen, 80% ungesättigte Fettsäuren, Phosphor, besonders hoher Vitamin B- und Eiweissgehalt.

Verwendung, Zubereitung

In frischer Form werden Macadamianüsse bei uns nicht gehandelt; sie kommen vielmehr meist geröstet und gesalzen in Vakuumdosen auf den Markt. Bei der industriellen Röstung wird auf die Zugabe von Öl verzichtet, damit sich der ausgezeichnete Geschmack der Macadamianuss noch besser entfalten kann. Geröstete Macadamianüsse werden meist zur Schokolade-, Keks- oder Karamelherstellung verarbeitet. Als Delikatesse gelten geröstete Macadamianüsse, aber auch auf dem Butterbrot, mit Lachs oder Schinken belegt, machen sich die Nüsse ausgezeichnet.

In Asien werden pürierte Macadamianüsse zum Binden und Andicken von Currys benutzt.

Lagerung

Wegen ihres hohen Fettgehalts werden Macadamianüsse schnell ranzig; in einer gut verschlossenen Vakuumdose sind sie jedoch bis zu zwei Jahre haltbar.

Volksmedizinische Bedeutung

Die Macadamianuss ist cholesterinfrei und gilt wegen ihres hohen Vitamin-B-Gehalts als wertvolle Nervennahrung.

Tipp

ViP-Nüsse nennt eine bekannte Airline Macadamias, die sie sie ihren Fluggästen während der Reise serviert.

Mais

Siehe → „Zuckermais".

Malabar-Spinat

Basella alba

Epinard de Malabar: franz., Indischer Spinat, Malabar spinach: engl.

Allgemeines, Herkunft, Geschichtliche Bedeutung

Die Heimat des Malabar-Spinats liegt in Indien. Stiele und Blätter dieses Basellagewächses (Basellaceae) wachsen laufend nach und können somit in den Tropen durchschnittlich 180 Tage lang im Jahr geerntet werden.

Aussehen

Malabar-Spinat hat rund-ovale, dunkelgrüne Blätter und sukkulente, grüne Stiele.

Geschmack

Malabar-Spinat ist zwar recht mild und angenehm im Geschmack, Europäer empfinden allerdings die schleimige Beschaffenheit dieses Gemüses oft als sehr befremdlich.

Sorten

Ceylon-Spinat/Basella rubra: lat. gelangte erst Anfang dieses Jahrhunderts über Surinam und Java nach Europa. Ceylon-Spinat ist ein ca. 60cm hohes Kraut mit meist rötlichen Stängeln und fleischigen, leicht säuerlich schmeckenden, glänzenden Blättern. Seine grün-gelben Kapselfrüchte enthalten kleine, schwarze Samen. In Afrika, Brasilien, Indonesien, Malaysia und Trinidad wächst Ceylon-Spinat wild; in den Niederlanden wird er mittlerweile auch kultiviert.

Hauptinhaltsstoffe

Calcium, Eisen, Oxalsäure, Phosphor, Vitamin C.

Verwendung, Zubereitung

Malabar-Spinat-Blätter, die Triebspitzen und die Blüten werden meist zu Gemüse gekocht, oder zu Suppe oder in Eintöpfen verarbeitet.

Lagerung

Wegen der leichten Verderblichkeit ist Malabar-Spinat nur selten auf unseren Märkten anzutreffen.

Mammeyapfel

Mammea americana

Abricot d'Amerique: franz., Abricot d'Antilles: franz., Albicoca di Santo Domingo: ital., Amerikaanse abrikoos: niederl., Mamey: engl., span., Mameyapfel, Mammea: norw., Mammee apple: engl., Mammi, Mammiapfel

Allgemeines, Herkunft, Geschichtliche Bedeutung

Der Mammeyapfel zählt zu den Johanniskrautgewächsen (Guttiferae) und ist mit den Mangostanen verwandt. Er wird überall in den Tropen kultiviert, besonders intensiv aber in Florida, Südamerika und in seiner Heimat Westindien.

Aussehen

Der Mammeyapfel hat enteneigroße, apfelähnliche Früchte mit dicker, gelbrötlicher Schale. Das butterweiche, orangerot-leuchtende Fruchtfleisch beinhaltet 1-4 große essbare Samen, die mit einem grauen Häutchen umgeben sind.

Geschmack

Erst nach dem Kochen entwickelt das Fruchtfleisch des Mammeyapfels einen unverkennbar aprikosenähnlichen Geschmack. Die Schale schmeckt bitter.

Verwendung, Zubereitung

Der Mammeyapfel wird als Frischfrucht, in Obstsalat, zu Kompott, Marmelade, Sauce, Wein, Puddings, Mus, Saft, Eis und in Mixgetränken verarbeitet. Um einen Mammiapfel frisch zu verzehren, schneidet man ihn längs auf, löst das Fruchtfleisch aus der Schale und entfernt dann möglichst alle bitteren Fasern. Die Samen des Mammeyapfels sind essbar, wenn man ihr graues Häutchen vor dem Verzehr abzieht. Die Blüten des Mammeyapfels dienen der Herstellung von Parfüm.

Lagerung

Da der Mammeyapfel sehr schnell verdirbt, ist er auf deutschen Märkten kaum anzutreffen.

Tipp

Als Gaumenkitzler gilt zerkleinertes Mammeyapfel-Fruchtfleisch, das man mit Zucker und Wein gemischt und dann mit Schlagsahne verfeinert hat.

Mandarine

Citrus reticulata

Mandarin: engl., norw., Mandarina: span., Mandarijn: niederl., Mandarine: franz., Mandrino: ital., Zwergapfelsine

Allgemeines, Herkunft, Geschichtliche Bedeutung

In Südost-China/Kotschinchina liegt die Heimat der Mandarine. Erst Anfang des 19. Jahrhunderts begann man auch im Mittelmeerraum mit dem Anbau der Mandarine. Heute wird dieses Rautengewächs (Rutaceae) in Ägypten, Algerien, Australien, China, Israel, Italien, Japan, Libanon, Malta, Marokko, Spanien, Südafrika, Türkei und im subtropischen Amerika angebaut.

Das Wort „Mandarine" ist der Sammelbegriff für verschiedene Arten und Zuchtformen der großen Mandarinengruppe (siehe „Sorten").

Ihren Namen erhielt die Mandarine während der chinesischen Kaiserzeit – als die Staatstracht des sogenannten „Mandarins" die gleiche Farbe hatte wie eine Mandarine.

Aussehen

Die Fruchtform der Mandarine ist apfelsinenähnlich, jedoch ist sie kleiner und an den Polen vorwiegend abgeplattet. Je nach Sorte können Mandarinen kernreich bis kernlos und 8- bis 10-fächrig sein. Reife Mandarinen haben meist eine dünne, gelb-orangene, leicht abziehbare Schale, die auch dann schon eine Genussreife anzeigt, wenn sie noch leicht grün oder grünfleckig ist!

Geschmack

Mandarinen haben ein charakteristisches, angenehm süßes Aroma.

Sorten

Beauty heißt eine Tangerinen-Sorte.

Bergamotte nennt man man in Uruguay die Malaquina (s.u.).

Clausellina/Clauselina heißt eine Kreuzung, die vermutliche aus Clementine und Satsuma hervorgegangen ist. Diese platte, hellorange Frucht, die meist schon im Oktober aus Spanien zu uns kommt, ist weniger ansprechend als die Satsuma, jedoch saftiger und aromatischer. Sie lässt sich sehr leicht schälen.

Clementine/Klementine. Diese frühreifende Zufallskreuzung von Mandarine und Pomeranze wurde 1912 per Zufall im Garten des Trappistenmönchs Pierre Clément bei Oran/Algerien entdeckt. Es wird behauptet, dass auch die Tangerine bei der Entstehung eine Rolle gespielt haben soll. Meist kommen Clementinen zwischen Oktober und Februar aus

Ägypten, Algerien, Frankreich, Griechenland, Israel, Italien, Marokko, Nordafrika, Spanien, Südafrika, Türkei, Uruguay oder den USA. Die Clementine enthält mehr Zucker und weniger Säure als die Mandarine, was besonders Kinder mögen. Clementinen müssen gekennzeichnet werden als „Clementinen ohne Kerne" und „Clementinen mit 1 bis 10 Kernen". Dem besonderen Duft des etherischen Öls aus der Clementinen-Schale sagt man nach, dass es die Konzentrationsfähigkeit fördere. Wer eine Duftlampe hat, kann die Probe aufs Exempel machen und das etherische Öl verdampfen lassen.

Clemenvilla heißt eine aus Spanien kommende Kreuzung von Clementine und Orlando.

Cleopatra heißt eine Tangerinen-Sorte.

Cubanique (siehe unter „Ortanique").

Dancy heisst eine Tangerinen-Sorte.

Ellendale heißt eine hellorangefarbene, rundliche, mittel- bis großfallende, dünnschalige, kernlose, sehr aromatische und saftreiche Mandarinen-Sorte aus Florida, die auch in Australien, Argentinien und Uruguay angeboten wird.

Fortuna nennt man eine Kreuzung aus Clementine und Tangerine.

Hugli ist ein anderer Name für die u.a. „Ugli".

Idit heißt eine orangefarbene, zartfleischige, kernlose, saftig-süße Neuzüchtung aus Israel, die aus einer Kreuzung von Michal und Wilking entstanden ist.

Jaffarine nennt man eine in Israel angebaute Tangelo.

Kara heißt eine Kreuzung aus King und Satsuma, die von Februar bis Mai Saison hat. Meist kommt sie aus Kalifornien oder Spanien. Die Kara ist eine mittelgroße, abgeflachte, orangefarbene Frucht mit grobporiger Schale. Das zarte, saftige Fruchtfleisch ist dunkelorange und hat nur wenige Kerne.

King heißt eine Kreuzung, die vermutlich aus Satsuma und Orange oder Mandarine und Orange hervorgegangen ist.

King Orange ist ein anderer Name für die u.a. Temple.

Lee heißt eine Kreuzung aus Clementine und Orlando.

Malaquina. Diese in Uruguay gezüchtete Frucht - sie ist aus einer Kreuzung von Mandarine und Orange entstanden - ist erst seit 1963 auf dem deutschen Markt. In Uruguay nennt man sie Bergamotte. Zur Vermeidung von Verwechslungen mit der gleichnamigen Zitronenart wird sie unter dem Züchternamen Malaquina vertrieben. Meist kommt sie aus Spanien oder Zypern. Sie hat eine abgeflachte, mandarinenähnliche Form, ist jedoch etwas größer und hat eine rauhere Schale. Die Malaquina enthält weniger Kerne als die Mandarine und ist sehr leicht zu schälen.

Mandarin-Orangen/Mikan: jap. nennt man gezuckerte und konservierte Tangerinen aus Japan, China, Florida oder Spanien.

Mapom heißt eine Kreuzung aus Grapefruit und Mandarine.

Michal heißt eine Kreuzung aus Clementine und Tangerine. Sie hat eine attraktive feuerrote Schale.

Min(n)eola nennt man eine Kreuzung aus Dancy-Tangerine und Duncan-Grapefruit, die 1931 an der Universität von Florida durch Züchtung entstanden ist. Meist kommt sie von Juni bis September aus Israel, Kalifornien, Südafrika, Türkei oder Uruguay. Sie hat zwar ein mandarinenähnliches Aussehen, ist jedoch etwas größer, kernarm bis kernlos, extrem saftig und hat ein höckerartiges ‚Näschen' (Blütenansatz). Die Minneola hat eine dünne, lockere, feinporige Schale und lockeres, säuerliches Fruchtfleisch, das zwar intensiver als das der Apfelsine schmeckt, jedoch nicht ganz so süß ist. Das ausgewogene Zucker-Säureverhältnis dieser Frucht macht sie besonders gut verträglich, auch für Menschen, die die Säure anderer Südfrüchte schlecht vertragen.

Monreal nennt man eine aus Spanien oder Nordafrika kommende kernreiche Variante der Clementine, die zwar etwas größer, jedoch nicht so saftreich ist wie diese. Auf Deutschlands Märkten ist sie nur sehr selten anzutreffen.

Murcott/Honey Tangerine: englisch/ Murcott Honey Orange: engl./Smith Tangerine: engl. Der Farmer Charles Murcott aus Florida züchtete diese mittelgroße Zitrusfrucht, die aus Tangerine und Orange entstanden ist. Seit 1957 ist sie auf dem Markt und kommt meist aus Brasilien oder Florida. Die Murcott hat eine dünne tieforangefarbene Schale und angenehm süßes, tiefrotes Fruchtfleisch, das etwa 20 Kerne enthält.

Orlando heißt eine israelische Kreuzung aus Grapefruit und Dancy-Tangerine.

Ortanique/Tambor: südafr./Topaz: israel. Die Ortanique, sie ist aus einer Kreuzung aus Tangerine und Orange hervorgegangen, ist zwar bereits nach dem ersten Weltkrieg marktfähig geworden, aber erst 1957 wurde sie ein Exportschlager; 1975 wurde sie erstmals auch in Deutschland eingeführt. Ihr Name hat sie ihren Vorfahren *Or*-ange, *Tan*-gerine und der erzielten Einheit un-*ique* zu verdanken. Da der Name Ortanique für Jamaica warenzeichenrechtlich geschützt ist, werden solche Früchte aus Uruguay als „Urunique" und solche aus Kuba als „Cubanique" bezeichnet. Die Ortanique ist eine extrem dünnschalige, abgeplattete, gelborange-farbene Frucht, deren ungewöhnlich, sehr saftig-aromatisches Fruchtfleisch bis zu 10 sehr dicke Kerne enthält. Meist kommt sie von Juni bis Oktober aus Jamaika, Südamerika, USA oder Zypern.

Satsuma: Citrus reticulata var. unshiu: lat./Mandarini privi di semi: ital. Manche behaupten, die frühere Provinz Satsuma auf der japanischen Insel Kiuschiu sei der Geburtsort dieser Frühmandarine, andere sind der Meinung, Satsumas seien eine spanische Neuzüchtung. Seit 1952 kommen Satsumas nach Deutschland, z.B. aus Ägypten, Algerien, Griechenland, Italien, Japan, Spanien, Südamerika, Türkei oder den Vereinigten Staaten. Die Satsuma ist eine kernarme oder kernlose, abgeflachte, zartfleischige, tangerineähnliche Frucht mit leicht lösbarer, leuchtend roter, zuweilen auch grünlich schimmernder, glatter Schale. Sie ist säurearm, fruchtig-süß und schmeckt gelegentlich etwas fade. Meist wird sie als Tafelobst, Kompott, Konserve oder in Fruchtsalat verwendet.

Suntina heißt eine süße, kernlose, fruchtig-aromatische, israelische Kreuzung aus Clementine und Orlando, die man erst seit 1987 bei uns kennt.

Tambor ist die südafrikanische Bezeichnung für die Ortanique.

Tangelo ist der Oberbegriff für Kreuzungsprodukte, die im Jahr 1890 in Florida aus Mandarine, (Satsuma oder *Tang*erine) und Grapefruit oder Pom*elo* entstanden sind, aber erst seit 1957 auch in Deutschland erhältlich sind. Tangelos werden auf den Antillen, in Florida, in Israel als „Jaffarine", in Mittelamerika, Sizilien, Südafrika und in Südamerika angebaut; in Neuseeland sind sie mittlerweile sogar die wichtigsten Zitrusfrüchte. Tangelos sind etwa apfelsinengroß und haben eine dünne, grün-gelb-orangefarbene glatte oder rauhe Schale. Ihr erfrischendes Aroma tendiert gelegentlich etwas ins Bitter-Saure.

Tangerine: Citrus reticulata var. Tangerina: bot./Tangerinas: spanisch/ Tangérine: franz./Tangerines: englisch/Tangerini: ital. Vermutlich hat die Tangerine ihren Namen dem Umstand zu verdanken, dass früher die gesamte marokkanische Ernte über Tanger verschifft wurde. Diese kleinste Mandarinensorte hat eine abgeflachte Form mit stark eingedelltem Kelch, ist kernarm und hat eine sehr lose sitzende, intensiv orangerote Schale. Auch das zarte Fruchtfleisch ist orangerot. Die Tangerine ist zwar sehr saftig und säurearm - ein ausgeprägter Zitrusgeschmack fehlt jedoch. Meist wird die Tangerine als Tafelobst, Kompott oder Konserve verarbeitet. Tangerinenschalen bilden den Grundstoff bei der Herstellung des bekannten „Curacao", einem Orangenlikör, der von den niederländischen Antillen kommt. Tangerinen werden heute in Argentinien, Australien, Brasilien, China, Florida, Israel, Japan, Libyen, Marokko, Spanien, Südafrika und in den USA angebaut.

Tangor ist der Oberbegriff für Kreuzungsprodukte aus Mandarine, Tangerine und Orange. Diese Früchte - sie weisen einen besonders stark ausgeprägten wüstenartigen Charakter auf - sind im Obstbau-Versuchsinstitut in Indio (Kalifornien) entstanden. Meist werden sie in Afrika, Australien, Israel, den USA (Arizona, Florida, Kalifornien) und auf den Westindischen Inseln angebaut.

Temple. Die Temple ist entweder eine Zufallskreuzung aus Mandarine und Bitterorange oder aus Mandarine und Grapefruit - hier sind sich die Botaniker noch nicht einig. Erste Temple-Einfuhren nach Deutschland erfolgten 1968. Meist kommt sie von Januar bis Mai aus Florida, Israel, Mexico oder Spanien. Sie ist clementinenähnlich, jedoch etwas größer, leuchtend orangerot und sehr kernreich. Zu Ehren des Königs von Siam wird die Temple auch „King Orange" genannt.

Topaz ist die israelische Bezeichnung für die o.a. Ortanique.

Ugli/Ugly/Hugli: jamaik. heißt eine Züchtung, die 1915/1916 in Jamaika vermutlich durch Kreuzung von Tangerine, Grapefruit und Orange hervorgegangen ist. „Ugly" kommt aus dem Englischen und bedeutet „hässlich" oder „unförmig". Die Ugli hat ca. 16cm Durchmesser, ist entweder rund oder birnenförmig und hat abgeflachte Enden. Die schrumpelige, hässliche, narbige, gelbgrüne oder gelbbraune, 3-4cm dicke Haut ist leicht schälbar. Ihr saftiges, orangegelbes Fruchtfleisch lässt sich leicht in Segmente teilen und enthält nur wenige Kerne. Es schmeckt zwar klementinen-, grapefruit-, orangenähnlich, ist jedoch nicht so süß. Meist wird die Ugli als Frischfrucht verzehrt - zusammen mit Gelierzucker und einem Schuss Cointreau kann man aus ihr aber auch eine sehr wohlschmeckende Konfitüre zaubern.

Urunique (siehe unter „Ortanique").

Wilking heißt eine Abart der Mandarine, die 1938 in Marokko - vermutlich aus einer Kreuzung aus Mandarine und King - entstanden ist. Ihre Abstammung ist freilich sehr umstritten. In Deutschland erschien sie erstmals im Jahre 1959. Meist kommt die Wilking von November bis März aus Algerien, Israel, Marokko oder Spanien. Sie ist fast apfelsinengroß, jedoch abgeflacht in der Form und hat eine gelborangene, großporige, stark duftende und leicht lösbare Schale. Das orangefarbene Fruchtfleisch beinhaltet weniger Kerne als die Mandarine. Der Geschmack ist saftig, kräftig aromatisch. Sie dient fast ausschließlich dem Frischverzehr und Saftpressen.

Hauptinhaltsstoffe

Antioxidantien, Bitter- und Gerbstoff, etherisches Öl, Provitamin A, Rutin, Vitamin C, Zucker.

Verwendung, Zubereitung

Mandarinen werden meist als Tafelobst, zur Herstellung von Eis, Obstsalat, für kalte, warme und gefrorene Süßspeisen, Konserven, Konfitüre, Pulpe, auch kandiert oder als Likör verarbeitet. Die stark aromatische Schale dient der Parfümindustrie.

Lagerung

Mandarinen können bis zu 7 Wochen bei Zimmertemperatur aufbewahrt werden.

Volksmedizinische Bedeutung

Mandarinenverzehr stärkt die Blutgefäße, wirkt krebsvorbeugend, fördert den Blutfluss und tut dem Herz-Kreislauf-System gut.

Eine Abkochung aus Mandarinenschalen wirkt krampflösend und magenstärkend.

Tipp

Easy Peeler nennt man im Fachjargon die verschiedenen Mandarinen-Sorten, da sie leicht zu schälen sind.

Mandel

Prunus amygdalus

Almendra: span., Almond: engl., Amande: franz., Amandel: niederl., Amandula: lat., Mandel: norw., Mandorle: ital.

Allgemeines, Herkunft, Geschichtliche Bedeutung

In Vorder- und Zentralasien waren Mandeln schon vor unserer Zeitrechnung bekannt. Von dort aus verbreiteten sie sich nach Griechenland, Nordafrika und über die ganze westliche Halbkugel. Der Mandelbaum ist ein bis zu 5m hoch werdendes Rosengewächs (Rosaceae), das zwar gegen Frost widerstandsfähig ist, nicht aber seine Blüte. Deshalb wird der Mandelbaum in Deutschlands Gärten nur als Zierpflanze angebaut. Mandelbäume werden u.a. in Frankreich, Griechenland, Iran, Israel, Italien, Kalifornien, Marokko, Nordafrika, Portugal, Spanien (Malaga) und Zypern kultiviert.

Das deutsche Wort „Mandeln" wurde aus dem lateinischen „Amandula" abgeleitet.

Aussehen

Die Mandel ist eine abgeflachteiförmige, spitz zulaufende, feste, weißfleischige Steinfrucht, die von einem glatten, zimtfarbenen Häutchen umgeben wird.

Geschmack

Je nach Sorte schmecken Mandeln von süßlich-edel bis galle-bitter.

Sorten

Bittermandeln: Prunus amygdalus amarum: lat. sind die eigentlichen Ur-Mandeln. Sie sind meistens kleiner, spitzer und weniger flach als süße und stammen meist von rötlich blühenden Mandel-Bäumen Siziliens. Bittermandeln dürfen auf keinen Fall roh gegessen werden, da sie den Giftstoff Amygdalin enthalten, der erst durch Erhitzen (z.B. Kochen oder Backen) zerstört wird. Schon 5-6 Bittermandeln können für Kinder tödlich sein! Der Anteil an Bittermandeln in Süssmandelprodukten darf 1% nicht übersteigen. Bittermandelöl wird heutzutage wegen der billigeren und lohnenderen

Ausbeute meist aus Aprikosenkernen gewonnen.

Süße Mandeln: Prunus amygdalus dulce: lat./Avola: ital. stammen von weißblühenden Bäumen. Sie sollten möglichst ungehäutet verwendet werden, da sie dann noch reichlich Ballaststoffe enthalten.

Einige süße Mandelsorten:

Ambrosia-Mandel heißt eine besonders große und wohlschmeckende süße Mandelsorte aus Florenz/Italien.

Barbarica-Mandeln sind sehr klein und von minderer Qualität.

Fitas nennt man Krachmandeln, wenn sie von den Balearen kommen.

Golden Cartagena nennt man eine spanische Krachmandel-Sorte.

Grüne Mandeln nennt man junge Mandeln mit einer noch grünen, weichen Schale.

Knackmandel: Prunus amygdalus fragilis: lat./Krachmandel/Schalmandel heißt eine Süßmandel-Sorte mit poröser, brüchiger, mürber Schale, die sich leicht aufbrechen lässt. Sie kommt meist aus Spanien, Südfrankreich, Griechenland oder Kleinasien.

Molares nennt man eine spanische Krachmandel-Sorte.

Prinzessmandeln heißt eine Mandelsorte aus der Provence (Frankreich) oder Deutschland (Oberrhein, Pfalz), deren poröse Schale sich schon durch leichten Fingerdruck zerreiben lässt.

Salzmandeln nennt man geschälte und geröstete Süßmandeln, die mit Salz gewürzt wurden.

Steinmandeln nennt man Mandeln mit steinharter Schale.

Weisse Mandeln nennt man enthäutete Mandeln.

Wiener Mandeln nennt man Hartdragées aus Mandeln mit Schokoladenüberzug.

Hauptinhaltsstoffe

Asparagin, Calcium, Cholin, Eisen, 30% Eiweiß, über 70% Fett (mit mehrfach ungesättigten Fettsäuren), Kalium, Magnesium, Phosphor, Vitamin A, B 1, B 2, E, 10%, Zink.

Verwendung, Zubereitung

Der größte Teil der Mandelproduktion wird ganz, gehobelt, gemahlen oder gestiftelt zur Herstellung von Marzipan, Mandelmasse, Mandelbrot und als Dekor von den Backwaren-, Konditor- und Süßwarenherstellern aufgebraucht. Das braune Mandelhäutchen entfernt man, indem man die Mandeln mit kochendem Wasser übergießt, sie danach mit kaltem Wasser abschreckt und sofort mit einem Tuch abrubbelt.

Lagerung

Mandeln sollten kühl, trocken und vor Licht und Geruch geschützt gelagert werden. Am besten in einem geschlossenen Behälter.

Volksmedizinische Bedeutung

Mandelgenuss wirkt deutlich cholesterinspiegelsenkend, immunabwehr-, herz-, kreislauf- und nervenstärkend. Auch auf innere Entzündungen, Verdauungsprobleme, Augen und Schleimhäute wirken sich Mandeln positiv aus.

Leicht gesalzene Mandeln, die man gerne zum Apéritif reicht, haben eine appetitfördernde und verdauungsanregende Wirkung.

Säuglingen dient eine Mandelmilchemulsion als bester Muttermilchersatz.

Mandelöl wirkt schmerzlindernd, kühlend, beruhigend, krampflösend und wird bei Wunden empfohlen, die durch zu langes Sitzen, Liegen oder Reiten entstanden sind.

Tipp

Amaretto heißt ein italienischer Mandellikör, der oft mit Orangensaft oder Kaffee gemischt wird.

Mango

Mangifera indica

Aam: ind., Mango: engl., ital., niederl., norw., span., Mangot: franz., Mangue: franz.

Allgemeines, Herkunft, Geschichtliche Bedeutung

Schon vor 6000 Jahren wurde der Mangobaum - er trägt zweimal pro Jahr Früchte kann bis zu 25m hoch und 100 Jahre alt werden - im indoburmesischen Raum an den Ufern des Ganges kultiviert. Da die Mango heute die wichtigste tropische Obstpflanze ist, gilt sie auch als „Königin der Tropenfrüchte". Die Mango ist ein Terebinthengewächs (Anacardiaceae), das in Ägypten, Australien, Brasilien, Costa Rica, Florida, Indien, Israel, Java, in der Karibik, in Kenia, Mexiko, Pakistan, Südafrika, Süd- und Südostasien und Venezuela angebaut wird. Da reife Mangos sehr druckempfindlich sind und dadurch eine mehrtägige Fahrt mit dem Schiff nicht durchstehen würden, werden sie hauptsächlich mit dem Flugzeug transportiert; unreife, grüne Mangonen kommen jedoch hin und wieder für unsere asiatischen Mitbewohner per Schiff zu uns.

Aussehen

Die Mango ist eine nierenförmige, bis 2kg schwer werdende Frucht mit ungenießbarer, dünner, grün-rot-gelblicher, ledriger und glatter Schale. Das saftige, aprikosenfarbene Fruchtfleisch beinhaltet einen größeren, langen, flachen, festverwachsenen, schwerlöslichen Kern, um den herum das Fruchtfleisch leicht faserig ist. Reif ist eine Mango, wenn ihre Schale auf leichten Daumendruck nachgibt, ihre Schale braun-schwarze Flecken aufweist und ihr ein intensiver Duft entströmt - dann sollte sie baldigst verzehrt werden.

Geschmack

Leicht gekühltes, reifes Mango-Fruchtfleisch hat ein unvergleichlich intensives Pfirsich,- Kürbis,- Ananasaroma und ist so saftig, dass es förmlich auf der Zunge schmilzt. Ungekühlt schmecken Mangonen herb, harzig und terpentinartig - sie machen die Zunge pelzig. Säuerlich schmeckende Mangonen wurden unreif geerntet (siehe unter „Lagerung").

In Deutschland erhältliche gezüchtete Mangonen unterscheiden sich von den in Indien wildwachsenen Sorten, dass sie nicht mehr nach Buttersäure und kaum noch nach Terpentin riechen - doch gerade dieser Geruch wird von der indischen Bevölkerung besonders geschätzt.

Sorten

Gandaria heißt eine pflaumengroße Verwandte der Mango mit einer dünnen weichen Schale, die zuerst grün ist und später gelb wird. Ihr klebriges, saftiges, süß-säuerliches Fruchtfleisch ist orangefarben und enthält einen dikken, mit dem Fruchtfleisch verwachsenden Kern. Sie wird in Indonesien, Malaysia und Thailand angebaut.

Hauptinhaltsstoffe

Biotin, 10mg Calcium pro 100g Fruchtfleisch, Eisen, Folsäure, Jod, Kalium, Magnesium, Phosphor, Provitamin A, Stärke (in den Samen), Vitamin B 1, B 6, 30mg Vitamin C pro 100g Fruchtfleisch, Vitamin E. Die Mango gilt als eine der stärksten Vitamin-A-Quellen unter allen Früchten!

Verwendung, Zubereitung

Die Mango eignet sich zum Rohverzehr, zur Zubereitung von Milchshakes, Marmelade, Bowle, Eis, Saft, als Vorspeise mit Schinken oder Lachs, als Dessert zusammen mit Käse, als Kuchenbelag oder kurz angedünstet als Beilage zu Fleisch- oder Fischgerichten. Wegen des starken Eigenaromas sollte man reife Mangos nicht mit anderen Früchten (z.B. in Obstsalat) mischen.

Zuvor zieht man mit wenigen Schnitten die feste Haut ab, damit das saftprall gewachsene Fleisch freiliegt, das dann in Stücken abgenommen und gekühlt serviert werden muss. Bei vollreifen Mangos kann man das Fruchtfleisch auch auslöffeln, nachdem man die Frucht halbiert und den Kern entfernt hat, indem man ihn gegen den Uhrzeigersinn gedreht hat.

Badewannenfrucht nennt man die Mango, weil sie beim Schälen und Entkernen so viel Saft verliert und dadurch Verunreinigungen hervorruft, dass man sich dazu am Besten gleich in eine Badewanne setzen sollte.

Aus grünen, noch unreifen Mangonen wird in den Anbauländern Mango Chutney und Gemüse hergestellt. Man kann sie aber auch roh, nur mit Salz und Worcestersauce gewürzt, verzehren.

Amchoor/Amchur/Mangopulver nennt man ein scharfes, süßsäuerliches Würz-Pulver, das aus unreifen, getrockneten Mangofrüchten hergestellt wird und hauptsächlich in der asiatischen Küche als Gewürz und Fleisch-Zartmacher Verwendung findet.

In Java und auf den Philippinen werden auch die jungen, zarten Mango-Blätter zu Gemüse verarbeitet.

Lagerung

Wenn die Mango nicht gerade schon überreif ist, lässt sie sich bei Zimmertemperatur problemlos mindestens noch 1 Woche aufbewahren. Reife Mangonen sollte man nicht im Kühlschrank lagern, sondern besser in einem nicht zu kühlen Raum, am besten in einem geschlossenen Gefäß, da sie sehr geruchs- und druckempfindlich sind. Unreife Mangos kann man bei Zimmertemperatur in einer Woche nachreifen lassen; in einen Plastikbeutel oder in Zeitungspapier gewickelt geht es noch schneller. Da Mangos im Lager das reifebeschleunigende Ethylengas produzieren, sollte man sie nicht zusammen mit anderem Obst- oder Gemüse lagern.

Volksmedizinische Bedeutung

Mangogenuss wirkt verdauungsfördernd, erfrischend, stimmungsaufhellend, abführend und beugt Infektionen und Erkältungen vor. Außerdem wirkt die Mango revitalisierend auf Haut und Knochen, beruhigt den Kreislauf, bringt Nervenbotenstoffe auf Trab, lindert Stress und hilft bei Nachtblindheit. Nach dem Mangogenuss sollte man mindestens zwei Stunden kein Wasser, Milch oder Alkohol trinken, sonst gibt es Magendrücken. Dies gilt auch für die Konservenfrucht. Warum das allerdings so ist, hat man bis heute nicht herausgefunden.

Vorsicht: Mangogenuss kann allergische Reaktionen auslösen.

Tipp

Die Farbe „Indischgelb" wird aus dem Harn von Rindern gewonnen, die zuvor überwiegend mit Mangoblättern gefüttert wurden.

Mangold

Beta vulgaris

Acelga: span., Bette: franz., Biet: niederl., Bieta: ital., Bietola: ital., Blette: franz., Blitwa: serbokroat., Bocwina: poln., Chard: engl., Kehl: hess., Piesl: tirol., Rübenkraut, Weiße Beete

Allgemeines, Herkunft, Geschichtliche Bedeutung

Seemangold/Meerstrandrübe heißt die wildwachsende Urpflanze des heutigen kultivierten Mangolds, der schon im 2. Jahrhundert v. Chr. bei den alten Griechen, Babyloniern und Ägyptern als Gemüse sehr begehrt war. In veredelter Form kennt man Mangold seit dem Mittelalter auch bei uns, und um die Jahrhundertwende war er in Deutschland sogar beliebter als Spinat. Da der Mangold zur Familie der Gänsefußgewächse (Chenopodiaceae) gezählt wird, gehören Zuckerrüben, Rote Bete und Spinat zu seiner Verwandtschaft. An der Mittelmeerküste hat Mangold noch heute ein wildwachsendes Vorkommen, in Deutschland, in den Niederlanden, in der Schweiz und in Frankreich wird er kultiviert und von Mai bis Oktober geerntet. Ohne weiteres sind sogar Mehrfachernten möglich, vorausgesetzt man lässt jeweils die Herzblätter stehen und achtet auf die richtige Beschaffenheit des Bodens für die jeweilige Sorte (siehe unter Sorten).

Aussehen

Blatt-Mangold hat große, stark ausgeprägte, gerippte, leicht gekrauste, spinatähnliche gelbe oder grüne Blätter und einen schmalen, leicht faserigen Blattstiel, der zur Wurzel hin kräftiger wird.

Stielmangold hat ausgeprägte, fleischige, bis zu 10cm breite und je nach Sorte weiße oder rote Blattstiele. Mangold-Wurzeln haben eine knollenartige Form.

Geschmack

Mangold-Blätter haben einen herben, leicht erdigen, zwar spinatähnlichen, jedoch noch kräftigeren Geschmack. Besonders große Mangold-Blätter neigen zu leichtem Bittergeschmack. Mangold-Stiele haben ein spargelähnliches Aroma.

Sorten

Blattmangold: Beta vulgaris var. vulgaris: lat. Beisskohl/Poirée: französ./ Römerkohl: süddt./Römische Bete/ Römisch(er) Kohl: süddt./Schnittmangold/Snijbiet: niederl./Spinach beet: engl. Blattmangold gedeiht optimal auf leichtem, durchlässigem Boden bei einem Pflanzabstand von 20cm.

Stielmangold: Beta vulgaris var. flavescens: lat./Côte de bette: franz./Krautstiele: schweizerisch, österreich./Rippenkohl/Rippenmangold/Schweizerkraut/Schweizer Mangold/Stängelmangold. Stielmangold bevorzugt schweren, nährstoffreichen Boden und sollte mit 40cm Abstand gepflanzt werden.

Hauptinhaltsstoffe

Asparagin, Betain, Biotin, Calcium, Coniferin, Eisen, Eiweiß, Jod, Kalium, Magnesium, wenig Oxalsäure, Phosphor, Raphanol, Saponine, Vitamin A, B 1, B 2 und C. Mangold ist ein eiweißhaltiges Frühgemüse, das ein ausgewogenes Verhältnis zwischen Zucker und Fruchtsäure aufweist.

Verwendung, Zubereitung

Blattmangold, seine Blätter sollten nie größer als handgroß sein, wird meist wie Spinat zu Gemüse verarbeitet, indem man ihn von den Stielen streift und ihn erst, nachdem man die geschälten Stiele bissfest gegart hat, mitdünstet.

Stielmangold wird ähnlich wie Spargel geschält und dann alleine oder zusammen mit den nicht sehr stark ausgeprägten Blättern als kohlrabiähnliches Gemüse zubereitet.

Der leicht erdige Geschmack des Mangolds lässt sich mit etwas Milch oder Sahne mildern. Nach dem Garen sollte man Mangoldgemüse mit reichlich Zitronensaft würzen, damit sich keine gefährlichen Nitrosamine bilden, denn wie der Spinat ist auch der Mangold sehr nitratreich! Ganz junge Mangoldblättchen kann man ungekocht als Salat verzehren.

Mangold-Wurzeln dienen medizinischen Zwecken und als Viehfutter.

Lagerung

Mangold ist, da er schnell welkt, selbst im Kühlschrank nur kurze Zeit lagerbar.

Volksmedizinische Bedeutung

Mangoldgenuss empfiehlt sich bei Blutarmut, Nervosität, leichter Erregbarkeit, Darmträgheit und Atemwegs-, Darm- und Magenentzündungen. Außerdem unterstützt Mangold die Fettverdauung, entlastet die Leber und neutralisiert zellschädigende freie Radikale. Das im Mangold gespeicherte Eisen kann besonders gut vom Körper verwendet werden, da das in ihm reichlich enthaltene Vitamin C für eine optimale Eisenausnutzung im Stoffwechsel sorgt. Der Saft von gekochten Mangoldwurzeln hilft bei Ohrenschmerzen, indem man bei Bedarf etwa 2-3 Tropfen noch warm ins Ohr träufelt.

Tipp

Bedauerlicherweise färbt sich rotstieliger Mangold bei der Zubereitung schon nach kurzer Zeit unansehnlich grau.

Mangostane

Garcinia mangostana

Mangis: malay., Mangosta: ital., Mangostan: niederl., norw., Mangostán: span., Mangostanapfel, Mangosteen: engl., Mangosten, Mangostina di Malacca: ital., Mangoustan: franz., Mangu: malay.

Allgemeines, Herkunft, Geschichtliche Bedeutung

Die Mangostane ist die Frucht eines bis zu 12m hoch werdenden Baumes, der zu den Johanniskrautgewächsen (Guttiferae) gezählt wird. In ihrer Heimat Malaysia gehört diese exotische Frucht zu den besonderen Delikatessen des Landes. In Europa sind Mangostanen – sie sind übrigens nicht mit den Mangos verwandt – deshalb so teuer, weil sie nur vollreif geerntet werden können und danach sofort per Luftfracht verschickt werden müssen, um möglichst bald verzehrt zu werden. Mangostanen werden meist aus Brasilien, Indien, Mittelamerika oder Thailand zu uns importiert.

Aussehen

Die pfirsichgroße Mangostane ist oben und unten leicht plattgedrückt. In die dicke, lederartige, rotbraune bis intensiv purpurviolette Schale ist cremigweißes Fruchtfleisch eingebettet, das in 4-5 Segmente eingeteilt ist, die gelbgrüne, harte, essbare Kerne beinhalten. Der Stielansatz ist mit vier kräftigen Kelchblättern ausgestattet, am anderen Fruchtende befindet sich eine blütenförmige Narbe.

Geschmack

Das unvergleichlich köstliche, milde Aroma der Mangostane, das erst gut gekühlt zur vollen Wirkung kommt, gilt als das feinste aller tropischen Früchte. Es erinnert an ein Gemisch von Aprikosen, Trauben, Pfirsichen, Orangen und Ananas.

Hauptinhaltsstoffe

Calcium, Tannin (in der Schale), Vitamin C.

Verwendung, Zubereitung

Mangostanen lassen sich für den Frischkonsum, zu kalten Süßspeisen, Cocktails, Sorbets, Eis, Obstsalat oder in Puddings verwenden. Für den Frischverzehr wird die Mangostane zuerst geviertelt, um danach ihr Fruchtfleisch mitsamt den essbaren Kernen auszulutschen. Wenn man Mangostanen erhitzt, verlieren sie ihr wertvolles Aroma.

Lagerung

Mangostanen lassen sich nicht sehr lange aufbewahren, da sie schon nach kurzer Zeit wässrig werden, sich ihr Fruchtfleisch unansehnlich braun färbt und sie zudem holzig und damit ungenießbar werden.

Volksmedizinische Bedeutung
Abgekochte Mangostane-Schalen nutzt man in den Herkunftsländern als Heilmittel gegen Ruhr.
Tipp
Mangostanen-Schalen sondern einen bitteren Saft ab, der nur schwer entfernbare, purpurfarbene Flecken auf der Kleidung hinterlässt.

Maniok

Manihot esculenta

Cassava: engl., Cassave, Kassavawurzel, Kassave: indian., span., Kassawa, Mandioca: engl., span., Mandioka, Mandioko, Manihor, Manioc: engl., und franz., Manioca: ital., Manioka

Allgemeines, Herkunft, Geschichtliche Bedeutung
Mit „Maniok" sind die Wurzeln des Kassavestrauchs gemeint, die schon vor vier Jahrtausenden in Jamaika und im tropischen Südamerika als Nahrungsmittel genutzt wurden - das wissen wir aus prähistorischen Funden. Indianer stampften als Erste den blausäurehaltigen Saft aus ihren Knollen und bereiteten aus dem Mehl Brei und Fladen. Nach der Entdeckung Amerikas gelangte der 1-3m hohe Maniokstrauch über Spanien auch nach Afrika und Asien. Die Hauptanbaugebiete dieses Wolfsmilchgewächses (Euphorbiaceae) liegen in Afrika, Indien, Jamaika, in der Karibik, in Malaysia, Südamerika und in Thailand. In den meisten Anbauländern gilt Maniok noch heute als wichtigstes Grundnahrungsmittel - pro ha hat er nämlich von allen Knollengewächsen den höchsten Stärkeertrag.
Fälschlicherweise kommen Maniokwurzeln in Deutschland oft als „Yam" auf den Markt.
Aussehen
Maniokwurzeln sind bis 100cm lange, 20cm dicke und bis zu 5kg schwere unregelmäßig geformte Knollen mit korkartiger, rotbrauner Schale, winzigen Saugwurzeln und weißem Fruchtfleisch, das von vielen Milchröhren durchzogen wird.
Geschmack
Maniokwurzeln schmecken mehligneutral und je nach Sorte und Herkunft zuweilen auch süß oder bitter. Die bittere Sorte ist roh giftig, da sie blausäurehaltig ist!
Sorten
Aipim/Süßer Maniok/Yucca/Yuca: span. heißt eine Maniok-Sorte mit länglichen, ca. 5cm dicken, unförmigen, braunen Wurzeln, die sehr hartes, weißes, besonders stärkehaltiges Fruchtfleisch enthalten, das ein merkwürdig süßliches Aroma aufweist.
Hauptinhaltsstoffe
Blausäureglykosid, Calcium, Eisen, Eiweiß, Kalium, 25% - 40% Stärke, Vitamin C.
Verwendung, Zubereitung
Maniokwurzeln können zwar wie Kartoffeln zubereitet werden, zuvor sollte man sie jedoch schälen, längs halbieren und dann die harte Mittelvene herausschneiden. Eventuell vorhandene Giftstoffe werden durch Wässern, Rösten, Backen, Trocknen oder Kochen zerstört.
Brasilianisches Arrowroot/Farinha de mandioca: span./Maniokmehl/Tapioka/Tapioca/Tikemehl/Tikormehl/Tikurmehl nennt man feinkrümeliges Mehl von wachsartiger Struktur, das aus getrockneten Maniokknollen hergestellt wird. Es wird meist für die Zubereitung von Kinder- und Diätkost und zur Herstellung von Brei, Fladen, Kuchen, Suppen oder Gemüse verwendet.
Cassareep nennt man den Saft von frisch geriebenen und ausgepressten

Maniokwurzeln, der in der karibischen Küche zum Andicken und Würzen von Saucen und Suppen verwendet wird.
Japanperlen/Nizamperlen/Perltapioka/Tapiokasago nennt man die bei der Herstellung von Tapioka entstehenden verkleisterten Stärkeklümpchen der Maniokwurzel und der Pfeilwurzel. Sie werden meist zu Sago (Suppeneinlage), Saft und Alkohol verarbeitet.

Lagerung

Leicht gekühlt lässt sich die Maniokwurzel ca 2. Wochen aufbewahren.

Tipp

Aus Maniok-Blättern wird in den Herkunftsländern spinatartiges Gemüse bereitet.

Maracuja

Passiflora edulis var. maracuya

Fruit de la passion: franz., Gelbe Granadilla, Gelbe Passionsfrucht, Maracuyá: span., Parchita: span., Yellow passionfruit: engl.

Allgemeines, Herkunft, Geschichtliche Bedeutung

Die Maracuja stammt aus Brasilien und wird heute in Hawaii, am Mittelmeer, in Sri Lanka, Südafrika und in Südamerika angebaut. Da sie zur Familie der Passionsfrüchte (Passifloraceae) gehört, zählt sie zur Verwandtschaft der Curuben, Purpur-Granadillen und Süßen Granadillen.

Aussehen

Die Maracuja ist eine ovale, hühnereigroße Frucht mit einer 5mm dicken, glatten, grünen bis zitronengelben Schale, die gereift leicht schrumpelig sein darf. Das geleeartige Fruchtfleisch ist mit bis zu 200 braunen, essbaren Kernchen durchsetzt.

Geschmack

Die Maracuja hat ein erfrischendes, weinsäuerliches Erdbeer-Pfirsicharoma.

Hauptinhaltsstoffe

Calcium, Eisen, Eiweiß, Kalium, 21,2g Kohlenhydrate pro 100g Fruchtfleisch, Vitamin B 12, 30mg Vitamin C pro 100g Fruchtfleisch.

Verwendung, Zubereitung

Die Maracuja wird als Frischfrucht, in Obstsalat, Eis, Desserts, Sorbets, Quarkspeisen und als Saft verarbeitet. Zuvor halbiert man sie mit einem scharfen Messer und löffelt sie aus. Die Schale ist ungenießbar.

Lagerung

Leicht gekühlt läßt sich die Maracuja ca. 4–5 Tage aufbewahren.

Volksmedizinische Bedeutung

Maracujasaft wirkt beruhigend und sehr durstlöschend.

Tipp

Besonders wohlschmeckend ist ein Apéritif, der aus 1 Teil frisch gepresstem Maracajasaft und 3 Teilen gut gekühltem Sekt besteht.

Marmelade

Jam = engl.: für süße (meist Brombeer-) Marmelade, Marmalade = engl. für bittere Marmelade, Marmelada: span., franz., Marmellata: ital.

Allgemeines, Herkunft, Geschichtliche Bedeutung

Marmeladen nennt man gezuckerte, streichfähige Fruchtmassen aus Zitrusfrüchten. Man unterscheidet Einfrucht, Mehrfrucht- und gemischte Marmelade mit 45% Fruchtfleisch, 55% Zucker und völlig zerkleinerten Früchten (Fruchtmus), die durch das Pektin der Früchte oder mit Gelatine steif gemacht werden.

Volksmedizinische Bedeutung

Nach den neuesten Erkenntnissen weiß man, dass verschimmelte Marmelade oder Konfitüre nicht vernichtet werden muss, da sich wegen des hohen Zuckergehalts keine giftigen Stoffe (Aflatoxine) bilden können. Es genügt, wenn man den Schimmel etwa 2cm von der Marmelade entfernt. Der Rest kann unbesorgt gegessen werden.

Tipp

Gelee nennt man gallertartigen, erstarrten Fruchtsaft mit Zuckeranteil. Gelee gelingt mit der Hälfte Zucker und wird schön fest, wenn man den Zucker erst nach dem Kochen unterrührt.

Konfitüren nennt man gezuckerte, streichfähige Fruchtmassen aus den übrigen Obstarten mit mindestens 45g Früchten und Fruchtmus zu gleichen Teilen auf 100g. Sie werden mit über 50% Zucker, einem Geliermittel und gelegentlich mit Fruchtsäurezusatz sterilisiert.

Marone

Castanea vesca

Marron: franz., Marrónes: span., Mar(r)oni: ital., schweiz., süddt.

Allgemeines, Herkunft, Geschichtliche Bedeutung

Seit 3000 Jahren wird die Marone zwar rund ums Mittelmeer als Grundnahrungsmittel kultiviert; ihr Ursprungsgebiet soll sich jedoch zwischen Kleinasien und dem Schwarzen Meer befinden. Vor 2000 Jahren brachten Römer die Maronen erstmals auch nach Germanien, wo sie Karl der Große erstmals anpflanzen ließ. Von der besonderen Heilkraft der Marone war Hildegard von Bingen (1098 – 1179) überzeugt; sie empfahl ihren Genuss gegen jede Schwäche, die im Menschen zu finden ist und zur Stärkung von Herz und Nerven.

Maronenbäume sind Buchengewächse (Fagaceae), die bis zu 35m hoch und bis zu 1000 Jahre alt werden können. Erste Fruchterträge werden erst nach 20 Jahren erzielt. Mit der bei uns heimischen ungenießbaren Rosskastanie ist die Marone übrigens nicht verwandt.

Größere Anbauflächen des Maronenbaums findet man in Afrika, China, Frankreich, Italien, Japan, Nordamerika, Portugal und Spanien.

Aussehen

Die Marone ist eine eiförmige bis herzförmige, rötlich-braune, dunkel gestreifte feste Frucht, an deren mattglänzender Schale sich ein kleines, dreieckiges ‚Auge' befindet, das kleiner ist als das der Kastanie. Das gelbliche, glatte Fruchtfleisch ist leicht von der Schale lösbar, und auch die Fruchthaut lässt sich leichter als bei der Kastanie abheben, weil die Marone eine unzerklüftete Oberfläche aufweist.

Geschmack

Rohe Maronen sind hart und haben einen neutralen Geschmack; erst durch Kochen, Rösten und andere Zubereitungsarten wird die Marone leicht süßlich, sahnig-weich und damit genießbar und sättigend. Alte, weiche Ware schmeckt mehlig und ist oft wurmig.

Sorten

Dauermaronen/Ricciaia: ital. werden ab Mitte November gepflückt, da sie nicht vom Baum abfallen. Dauermaronen gleichen den Maronen, können aber, kühle und trockene Lagerung vorausgesetzt, monatelang aufbewahrt werden. Die meisten Dauermaronen werden zwar in Spanien angebaut, Italien ist jedoch das führende Exportland.

Engelsmaronen/Marron des Angles: franz. heißt eine Maronen-Sorte mit weißem, süßem Fruchtfleisch. Sie wachsen nahe der französischen Stadt Tulle, die weltberühmt für ihren Tüll ist.

Kronberger-Taunusmaronen sind die beliebtesten deutschen Maronen.

Longalmaronen schmecken süßlich und sind länglich geformt. Sie sind besonders lange haltbar und kommen aus dem Norden Portugals.

Kastanie: Castanea sativa: latein./ Castagna: ital./Castanas: span./ Châtaigne: franz./Cheschtene: schweizer. /Chestnut: engl./Essbare Kastanie/ Esskastanie/Edelkastanie/Gassdannsche: sächs., Käste: hess., bad./Käst'n: steir./Keschen/ Keschte: pfälz./Köste: tirol./Süßkastanie ist dunkelbraun, im allgemeinen kleiner und rundlicher als die Marone und einseitig abgeflacht mit hellem, großem ovalem Fleck: dem ‚Auge'. Sie lässt sich nur mit Mühe schälen, weil die Haut, die unmittelbar auf dem Fruchtfleisch haftet, teilweise das zerklüftete Fruchtfleisch durchzieht. Ein Zerfallen der Früchte ist infolgedessen oft unvermeidlich. Kastanien sind nur kurze Zeit haltbar. Ihre Saison dauert von Ende September bis Ende Oktober.

Hauptinhaltsstoffe

Calcium, Eisen, Eiweiß (3%), Fett (2%, davon über die Hälfte mehrfach ungesättigt), Gerbstoff, wenig Kalium, Magnesium, Phosphor, hoher Stärkegehalt (24%), Vitamine A, B 1, B 2, B 6, C, E, Zink, Zucker (18%).

Verwendung, Zubereitung

Die Marone, sie ist übrigens die einzige Nuss, die nicht roh gegessen werden kann, wird gewöhnlich wie Gemüse gekocht, geschmort, gedünstet oder karamelisiert zu Wildgerichten, Süßspeisen (Vermicelles), Dosenware, Maronenpüree, Maronen- oder Kastanienmehl und zum Füllen verarbeitet.

Zum Schälen muss die harte Außenhaut an der gewölbten Seite eingeritzt oder rundherum aufgeschnitten werden. Danach ist entweder das Blanchieren in der heißen Friteuse gebräuchlich oder das kurzzeitige Erhitzen (ca. 10 Minuten) auf einem angefeuchteten Backblech im heißen Ofen; aber auch das fünfminütige Kochen in sprudelndem Wasser, damit die Außenhaut sich vom Kern löst. Die samtige Innenhaut muss ebenfalls entfernt werden.

Garzeit und Flüssigkeitsmenge sind von der Maronenart abhängig: Frische Ware ist nach ca. 25 Minuten gar und nimmt relativ wenig Flüssigkeit auf. Getrocknete Maronen müssen vor dem Garen ca. 10 Stunden eingeweicht werden.

Maronen- oder Kastanienmehl wird zum Bleichen und Stärken von Wäsche genutzt. Maronen-Blätter und -schalen liefern eine Shampoo-Komponente. Maronen-Blütenstände („Kätzchen") dienen als Tabakaroma.

Lagerung

Getrocknete Maronen sind monatelang haltbar.

Volksmedizinische Bedeutung

Maronen fördern die Blutzirkulation, helfen bei Krampfadern, Kreislaufschwäche und wirken ausgleichend aufs Nervenkostüm. Dampfbäder mit Maronen-Blättern helfen gegen Reizhusten.

Tipp

Dass die meisten Maronen aus Italien eingeführt werden, obwohl sie auch auf unseren Bäumen wachsen, hat seinen Grund: Je weiter südlich, desto größer und wohlschmeckender sind die Früchte!

Maulbeere

Morus

Mora di gelso: ital., Mulberry: engl., Mûre: franz.

Allgemeines, Herkunft, Geschichtliche Bedeutung

Der Maulbeerbaum kommt ursprünglich aus Asien. Seit dem 12. Jahrhundert wird dieses Wildobst, das zu den Maulbeergewächsen (Moraceaen) gezählt wird, u.a. im Mittelmeerraum, in England, Skandinavien und Südamerika angebaut.

Aussehen

Es gibt rote, gelbweiße, schwarzblaue und je nach Sorte runde und eiförmige Maulbeeren, die allesamt den Brombeeren ähneln.

Geschmack

Der saftig-zarte Geschmack von Maulbeeren erinnert im Allgemeinen an Brombeeren. Schwarzblaue Maulbeeren sind jedoch etwas würziger als gelbweiße und rote.

Sorten

Rote Mehlbeere: Morus rubra: lat. Sie stammt aus Nordamerika, ist länglich, walzenförmig, schmeckt recht sauer und wird meist zu Gelee und Konfitüre verarbeitet.

Schwarze Maulbeere: Morus nigra: lat. Der Schwarze Maulbeerbaum wird bis zu 25m hoch. Er ist im Iran und Kaukasus heimisch und liefert süß-saure, brombeerähnliche Früchte, die als Frischfrucht, aber auch der Herstellung von Sirup, Kompott, Kuchen, Färbemittel und Wein dienen. Seine Blätter haben unterschiedliche Formen.

Weiße Maulbeere: Morus alba: lat./ Sang Shen-tzu: chin. Der Weiße Maulbeerbaum ist in China und dem Himalaya beheimatet, wird bis zu 12m hoch und liefert vornehmlich das Futter (kleine Blätter) für Seidenraupen. Weiße Maulbeeren sind zwar sehr süß, jedoch wenig aromatisch.

Hauptinhaltsstoffe

Pektin, freie Säuren.

Lagerung

Da sich Maulbeeren nur noch kurze Zeit nach dem Pflücken frischhalten, können sie lediglich auf heimischen Märkten verkauft werden. Für Exporte müssen sie tiefgekühlt werden.

Volksmedizinische Bedeutung

Die leicht verdauliche Maulbeere wird in den Anbauländern als Mittel gegen Herz- und Kreislaufschwäche eingesetzt. Die Blätter der Maulbeere finden als Haarwuchsmittel Verwendung.

Meeresalgen

Alga

Algae: engl., Algas: span., Alghe: ital., Algues marines: franz., Benthos, Phylophyta: griech., Plankton, Seaweed: engl., Seetang, Tang: dänisch.

Allgemeines, Herkunft, Geschichtliche Bedeutung

Algen gehören zu den ersten Organismen, die einst unseren Planeten besiedelten. Sie vermehren sich geschlechtlich und ungeschlechtlich und bewohnen als „Benthos" den Grund der Gewässer oder schweben als „Plankton" im Wasser. Unseren Vorfahren dienten sie Jahrtausende lang als Nahrung, und auch die Nahrung der Japaner besteht schon seit vielen Jahren zu 10% aus Algen. Gegenwärtig laufen wissenschaftliche Untersuchungen über die Verwertbarkeit der Algen in der menschlichen Ernährung auch in Deutschland.

Das auf lateinischen Sprachwurzeln fußende Wort „Alga" heißt zu deutsch „Seetang".

Aussehen

Algen haben je nach Sorte bandförmige oder salatblattähnliche Vegetationskörper (Thalluslappen).

Geschmack

Algen schmecken je nach Sorte fleischig oder trocken und leicht salzig.

Sorten

Blasentang/Arame: jap. heißt eine Braunalgen-Sorte, die nur wenige Meter unter der Wasseroberfläche auf Felsengestein wächst. In Japan verfeinert man mit dieser leicht süßlich schmekkenden Alge Suppen, Salate und Gemüse.

Braunalgen/Kunbú: chin. nennt man große Formen der Meeresalgen.

Carrageenmoos/Irisches Moos/Irländisch(es) Moos nennt man eine Rotalgen-Sorte, die getrocknet und zermahlen als Bindemittel für Cremespeisen, Fruchtgelees, Puddings usw. Verwendung findet. In England wird sie gekocht als Brei angeboten, meist aber mit Hafermehl zu kleinen Kuchen geformt und gebacken.

Dulse heißt eine Algensorte von der bretonischen Küste (Frankreich), die auch nach Deutschland geliefert wird. Man kann daraus spinatartiges Gemüse bereiten.

Hijiki heißt eine Algensorte, die gleichzeitig eine der mineralstoffreichsten Pflanzen überhaupt ist. Sie enthält z.B. 14mal soviel Calcium wie Kuhmilch.

Meereseiche nannte Plinius den Blasentang, weil er eine starke Ähnlichkeit mit den Blättern einer Eiche hat.

Meeressalat/Aosa: jap./Laitue de mèr: franz./Sea lettuce: engl./Ulve. Dies ist eine mehrzellige Grünalge aus der Bretagne mit großem blattartigem Wuchs. Sie schmeckt sehr mild. Getrocknet erinnert sie in Geruch und Aussehen an Spinat und frisch, wie der Name andeutet, an Salat.

Meeresspaghetti/Haricots vert de mér: franz./Legume de la mér: franz. heißt eine sehr vitamin- und mineralreiche Algensorte, die für die Gastronomie frisch aus der Bretagne exportiert wird.

Purpurtang/Nori/Laver: wales./Rote Seealge/Sloke: irl. heißt eine grünlichrote Rotalgen-Sorte, die in Japan gerne zum Einwickeln von Sushi-Beilagen verwendet wird.

Riesenalgen aus Kalifornien sind die größten ihrer Art. Sie werden 60 Meter lang und können an einem Tag bis zu 20 Zentimeter wachsen. Gasgefüllte Blasen an den Stielen heben die schweren Blätter an die Wasseroberfläche zum Licht. Die Amerikaner ernten diese Algen und verarbeiten sie zu Dünger und Medizin.

Rotalgen (siehe Carrageenmoos, Purpur- und Zuckerriementang)

Seebohnen nennt man junge, sehr aromatische junge Algentriebe.

Wakame heißt eine lange, gekräuselte, sehr kalorienarme, aber calcium-, vitamin-B-12- und eiweißreiche Braunalgen-Sorte, die in Japan frisch und getrocknet angeboten wird.

Zuckerriementang/Kombu: jap./Kelp: engl. nennt man eine Rotalgen-Sorte mit breiten, glänzenden, fast schwarzen Blättern, die an Japans, Koreas und Sibiriens Küste, aber auch an der Küste der französischen Bretagne wächst. In Japan wird sie schon seit 300 Jahren kultiviert.

Hauptinhaltsstoffe

Aminosäuren, Aosain, Chlorophyll, Eiweiß, Farbstoffe, Jod, Kalium, Magnesium, Provitamin A, Salze, Schleim, Vitamin B 1, B 2, B 12, K. Von allen Lebensmitteln weisen Algen den höchsten Wert an Nährstoffen auf.

Verwendung, Zubereitung

Algen werden, je nach Sorte, frisch oder getrocknet zu Salaten und Suppen verarbeitet. Die Asiaten und die

Walliser bereiten Algen zu Gemüse, in Norwegen macht man Brot daraus, getrocknet dienen sie als Speisenwürze-Zusatz, Geliermittel und als Tiernahrung. Getrocknete Algen quellen beim Einweichen stark auf.

Lagerung

Leicht eingesalzen lassen sich Algen bis zu 6 Monate aufbewahren.

Volksmedizinische Bedeutung

Algenverzehr stärkt, stabilisiert, reinigt und entschlackt den Körper, macht ihn widerstandsfähiger, beugt Darmkrebs vor und vertreibt sogar Muskelkater und schmerzhafte Muskelverkrampfungen. Auch die Haut wird durch Algen dehnbarer und elastischer. Meeresalgen, die man in Verbindung mit Wermut eingenommen hat, sollen Migräne vertreiben. Da Algen kaum Fett enthalten, sind sie auch für die Diäternährung interessant.

Tipp

Agar Agar/Alginat/Carrageen/Ceylontang/Gelose/Japanische Gelatine/Makkassar-Gummi/Pflanzengelatine nennt man pflanzlichen Gelierstoff, der aus getrocknetem Purpurtang gewonnen wird.

Meerkohl

Crambe maritima

Chou marin: franz., Crambé: franz., Crambé maritime: franz., Englischer Kohl, Gemeiner Meerkohl, Gemüsekohl, Kohlgemüse, Sea kale: engl., Seekohl, Silver kale: engl., Strandkohl, Weisser Meerkohl, Wilder Kohl, Wildkohl

Allgemeines, Herkunft, Geschichtliche Bedeutung

Der Meerkohl ist der Urahn aller Kohlarten. Er stammt aus dem Kaukasus und Zypern und zählt zur Familie der Kreuzblütler/Brassicaceae (Cruciferae). Erste Berichte über Kohlkultur stammen aus der griechisch-römischen Zeit. Italienische Kreuzfahrer brachten den Meerkohl vor etwa 400 Jahren mit in ihre Heimat. Von Italien aus verbreiteten sich dann seine zahlreichen, gezüchteten Abkömmlinge über ganz Europa. Meerkohl ist ein ausdauerndes Kraut, das besonders an der Küste Englands wildwächst und dort wegen seiner Beliebtheit seit 1750 sogar kultiviert wird. Auch an den Stränden des Atlantiks, des Mittelmeers, der Nord- und Ostsee, in Flandern, Schweden, Frankreich und am Schwarzen Meer findet man diese widerstandsfähige Pflanze. In Deutschland fällt Meerkohl im Wildvorkommen zwar unter die Bundesartenschutzverordnung, vom Aussterben bedroht ist er jedoch noch nicht.

Aus Samen gezogener Meerkohl ist erst nach drei Jahren erntbar.

Aussehen

Meerkohl ist eine attraktive, weißblühende Pflanze mit großen, dunkelgrünen bis hechtblauen, wachsbedeckten, gelappten Blättern und dicken, fleischigen Stängeln.

Geschmack

Meerkohl hat ein weißkohl-kohlrabiähnliches Aroma.

Sorten

Gewürz-Meerkohl/Russischer Meerkohl/Spitzblättriger Meerkohl/Tatarischer Meerkohl. Diese wild-wachsende Meerkohl-Sorte findet man zwischen West-Sibirien und Osteuropa. Die bulböse, süße Wurzel und die Blätter werden gekocht zu Salat oder Gemüse verarbeitet.

Hauptinhaltsstoffe

Mineralstoffe, Provitamin A, Vitamin B 1, B 2 und viel Vitamin C.

Verwendung, Zubereitung

Meerkohl-Blätter isst man roh, gebraten oder gedünstet. Meerkohl-Blüten, in Bierteig ausgebacken, gelten bei Feinschmeckern als Geheimtipp. Meerkohl-Schösslinge werden zuerst geschält und anschließend wie Spargel zubereitet.

Volksmedizinische Bedeutung

Meerkohl wirkt verdauungsfördernd, magenstärkend, lindert Neuralgien und entgiftet die Leber. Umschläge mit frischen Meerkohl-Blättern haben eine schmerzstillende und heilende Wirkung bei Muskelzerrungen, Kopfschmerzen und offenen Wunden.

Tipp

Besonders lecker schmeckt gebleichter Meerkohl. Dies ist im eigenen Garten ganz einfach zu bewerkstelligen, indem man ihn nach dem Austreiben im 2. Frühjahr ca. 4 Wochen mit einem lichtundurchlässigen Gefäß (z.B. Eimer, Plastikschüssel) abdeckt und dann die fahlgelben Sprossen erntet, indem man sie kurz über der Erdoberfläche abschneidet. Nach der Ernte lässt man die verbleibende Pflanze unabgedeckt austreiben, damit sie in ihren Blättern Kraft für das folgende Jahr sammeln kann.

Meerrettich

Armoracia rusticana

Armoraccio: ital., Barba forte: ital., Bauernkraut, Bauernsenf, Beißwurzel, Englische Wurzel, Grä, Grän, Greinwurzel, Gren, Grien, Grinn, Horse-radish: engl., Kreen, Kren: süddt., ostdt., österr., slaw., Krien, Maressig, Marr-Reddig, Mährrettich, Mähr-Retig, Marak, Märek, Meerch: hess., Meerrettig, Mieriks-wortel: niederl., Mirch, Mirchwurzel, Morrettig, Pfefferwurzel, Pferderadies, Rabano rusticano: span., Rachenputzer, Raifort: franz., Cran: franz., Mérédic: franz., Scharfwurzel, Skorbutkraut, Waldrettich

Allgemeines, Herkunft, Geschichtliche Bedeutung

Meerrettich stammt aus den Steppengebieten der Ukraine, wo er noch heute wildwachsend anzutreffen ist. In Deutschland ist dieser Kreuzblütler/Brassicaceae (Cruciferae) zwar schon seit dem 12. Jahrhundert als Heil- und Gewürzpflanze bekannt, zu einem größeren Anbau kam es aber erst um 1650 durch den Markgrafen Ludwig Wilhelm von Baden („Türken-Louis"), der dieses Wurzelgemüse aus den Türkenkriegen mitbrachte und zunächst in den Hofgärten seiner Rastatter Residenz zog.

Der deutsche Meerrettich-Bedarf wird zum größten Teil mit den Anbaugebieten in Lübbenau (Spreewald /Brandenburg), Forchheim (bei Nürnberg) und der Ortenau gedeckt. Geringe Einfuhren kommen aus Asien, Belgien, den Niederlanden, Nordamerika, Österreich, Schweden und Ungarn. Erntezeit ist von Oktober bis April.

Über die Ableitung der ersten Silbe „Meer" des Wortes „Meerrettich" ist man sich nicht völlig einig - offenbar ist hiermit das angelsächsische Wort für „Mähre", also Pferd, gemeint.

Eine andere Deutung des Wortes: Meerrettich stammt vermutlich aus dem Althochdeutschen „mer ratik" und bedeutet einfach „mehr" oder „größerer Rettich".

Aussehen

Der Meerrettich hat eine pfahlartige, braunhäutige, weißfleischige Wurzel, die bis zu 60cm lang werden kann. Meerrettich-Blätter sind länglich, relativ groß, rauh und haben einen feingewellten, eingekerbten Blattrand.

Bizzi/Fechser nennt man in Mittelfranken die dünnen, meist hölzigen Seitenwurzeln des Meerrettichs, die meist der Anzucht von Neupflanzen dienen.

Geschmack

Die Meerrettich-Wurzel hat einen beißenden Geruch und einen brennend scharfen Senfgeschmack. Je älter Meerrettich wird, umso milder wird er, da die Wurzel das etherische Öl allmählich in sich verzehrt; bei der Rohkonservierung bleibt die Schärfe dagegen erhalten. Meerrettich-Blätter verströmen einen scharfen Geruch.

Sorten

Gemüsemeerrettich nennt man geriebenen Meerrettich, der - mit Salz, Pflanzenöl, Säuerungsmittel, Citronensäure, Aroma und Konservierungsstoffen versetzt - meist in Gläsern gehandelt wird.

Meerrettichsenf nennt man eine scharfe Mischung aus Meerrettich und Senf, die man mehrheitlich als Konserve vorfindet.

Tafelmeerrettich nennt man geriebenen Meerrettich, der - mit Mayonnaise, Salz, Säuerungsmitteln und Süßstoff versetzt - meist in Tuben gehandelt wird.

Hauptinhaltsstoffe

Antibiotische Wirkstoffe, Asparagin, Ballaststoffe, Calcium, Eisen, etherische Öle (Allylsenföl 0,5%), Glykoside, Kalium, Magnesium, Natrium, Phosphor, Provitamin A, Sinigrin, Vitamin B 1, B 2, B 3. Der Vitamin-C-Gehalt des Meerrettichs ist doppelt so hoch wie der einer Zitrone.

Verwendung, Zubereitung

Frisch geraspelten Meerrettich sollte man mit Zitronensaft vermischen, da er sich sonst unansehnlich verfärbt. Danach sollte er zügig verbraucht werden, da sein Aroma schnell verflacht. Augenreizungen beim Reiben kann man verhindern, indem man die Wurzel im tiefgefrorenen Zustand und an der frischen Luft raspelt. Geriebenen Meerrettich verwendet man meist zum Würzen von Saucen, Sahnemeerrettich Braten- und Suppenfleisch.

Geriebener Meerrettich, der zum Würzen von heißer Meerrettichsauce vorgesehen ist, darf erst am Ende der Kochzeit in die Sauce gerührt werden, da er sonst seine Schärfe und Vitamine verliert und zudem einen leicht bitteren Geschmack bekommt. Die Schärfe des Meerrettichs lässt sich mit Schlagsahne oder Butter zähmen.

Die Meerrettich-Wurzel kann auch zu Gemüse bereitet werden. Wie schon erwähnt, verliert die Wurzel dabei ihre Schärfe - sie hat dann einen eher kohlrabiähnlichen Geschmack.

Junge Meerrettich-Blättchen gelten als erfrischende Salatzutat, alte Blätter sind zäh und schmecken sehr streng.

Lagerung

In feuchtem, kühlen Sand und dunkel gelagert hält sich Meerrettich mehrere Monate frisch. Luftdicht in Klarsichtfolie verpackt hält er sich auch im Kühlschrank eine geraume Zeit.

Volksmedizinische Bedeutung

Geriebener Meerrettich, den man mit Honig und Zucker vermischt hat, bekämpft Raucherhusten und Bronchitis. Da Umschläge mit geriebenem Meerrettich die Hautdurchblutung fördern, sind sie wirksam bei Gicht, Rheuma, Ischias und Neuralgien. Meerrettich soll sogar eine dem Penicillin ähnliche Wirkung haben. Bei chronischer Zahnfleischentzündung sollte man des öfteren frisch geriebenen Meerrettich auf die betroffenen Stellen geben und kurze Zeit einwirken lassen. Schon nach wenigen Tagen wird das Zahnfleisch fester und kräftiger. Bei Schilddrüsenunterfunktion oder gleichzeitiger Einnahme von Thyroxin sollte man von Meerrettichverzehr absehen.

Vorsicht: Meerrettich kann auf der bloßen Haut Blasen verursachen.

Tipp

Nach einem alten Volksglauben soll ein Stückchen Meerrettich im Geldbeutel das Geld zusammenhalten.

Melde

Atriplex hortensis

Arroche: franz., Arroche Epinard: franz., Gartenmelde, Melle, Orache: engl., Spanischer Salat, Spanischer Spinat

Allgemeines, Herkunft, Geschichtliche Bedeutung

Schon die alten Griechen und Römer kannten die Melde, deren Ursprung in Asien liegt. Da die Melde sehr schnell wächst (schneller als Spinat!), war sie in der Zeit nach dem Ersten Weltkrieg ein beliebtes Nahrungsmittel, zumal sie überall an Wegen, auf Schutthalden aber auch im Garten wild wuchs. Im Laufe der Jahre wurde dieses Gänsefußgewächs (Chenopodiaceae) von ihrem Verwandten, dem Spinat, verdrängt. Möglicherweise ist die Melde auch deshalb aus der Mode gekommen, weil man die herzförmigen Blättchen bei der Ernte mühevoll einzeln abzupfen muss. Unseren heutigen Melde-Bedarf deckt das Rheinland von Mai bis Oktober - geringe Einfuhren kommen auch aus den Niederlanden. Beim Anbau kann die Melde durch gelegentliches Entspitzen zum Verzweigen angeregt werden.

Der Name „Melde" könnte von ihrem „milden" Geschmack herrühren.

Aussehen

Die bis zu 125cm hoch werdende Melde hat, je nach Sorte, grüne, gelbe oder rote Blätter, die, von unten betrachtet, wie mit Mehl bestäubt aussehen.

Geschmack

Die Melde schmeckt mild, leicht salzig und sauerampferähnlich. Mit Beginn der Blütenbildung nehmen Melden-Blätter einen unangenehmen Bittergeschmack an.

Sorten

Rheinische Gartenmelde/Rote Gartenmelde/Wilder Spinat heißt eine besonders großblättrige rote Melden-Sorte.

Strandmelde/Ufermelde nennt man eine Melden-Sorte, deren Vorkommen sich auf die Nord- und Ostseeküste beschränkt.

Hauptinhaltsstoffe

Calcium, Eisen, Provitamin A, Saponine, Vitamin C (3x-soviel wie Spinat).

Verwendung, Zubereitung

Melden-Blätter und -Stängel werden zur Herstellung von Gemüse, Salat oder Suppe verwendet; vorher sollte man sie jedoch so lange waschen, bis das Blattmehl gänzlich entfernt ist. Blanchiert und gut ausgedrückt, kann man die Blätter wie Spinat zubereiten.

Tipp

Eine Delikatesse, die sich auch als „Amuse geule" (kleine Appetithappen) eignet, sind junge, frische Melden-Blätter, die in Bierteig ausgebacken wurden.

Melone

Melon: engl., Popone: ital., Uri: jap.

Allgemeines, Herkunft, Geschichtliche Bedeutung

Bereits vor 3000 Jahren kultivierten die alten Perser Zuckermelonen, und auch in der Antike dienten Melonen schon als Vorspeise und Beilage zu Fleisch oder Fisch. Wasser- und Zuckermelonen gehören zwar beide zur Familie der Kürbisgewächse (Cucurbitaceen), die Wassermelone stammt jedoch vom Kürbis, die Zuckermelone von der Gurke ab.

Melonen werden u.a. in Afrika, Asien, Florida, Frankreich, Israel, Italien, Jugoslawien und Spanien angebaut.

Melonen zählen genaugenommen nicht zum Obst, sondern zum Gemüse, da sie von einjährigen Pflanzen stammen. In den meisten Ländern werden sie jedoch als Obst gehandelt und gegessen.

Der Name „Melone" leitet sich vom griechischen „Melon" ab und bedeutet soviel wie „großer Apfel".

Aussehen

Melonen sind ballonförmige oder eiförmige Früchte, deren jeweiliges Aussehen sortenabhängig ist.

Wassermelonen haben eine dunkelgrüne, glänzende Schale. Die Schale von Zuckermelonen variiert, je nach Sorte, von grau, grünlich, bräunlich bis zu mehrfarbig.

Geschmack

Reife Melonen schmecken süß und saftig und sind daher sehr erfrischend.

Sorten

Wassermelonen: Citrullus lanatus: lat./Angurie: venez./Arbusen: pers., russ./Cocomeri: ital./Dschamma: arabisch/Karpuz: türk./Melon d'eau: franz./Pasteken/Pastèques: französ./ Sandias: span./Vannmelon: norweg./ Watermeloen: niederl./Water melons: engl./Zitrullen: veralt./Zitrullengurken. Die Heimat der Wassermelonen liegt in Afrika. Sie können bis zu 15kg schwer werden, bestehen zu 95% aus Wasser und wirken, am besten leicht gekühlt, stark durstlöschend und erfrischend - schon allein durch ihr Aussehen und ihre fröhliche Farbe. Ihr tiefrotes Fruchtfleisch ist sehr saftig, leicht süßlich und nur schwach aromatisch. Es ist von zahlreichen braunschwarzen, essbaren Kernen durchwachsen.

Die kleine texanische Stadt Stockdale gilt als die Wassermelonen-Hauptstadt der Welt. Der dort gewonnene Melonensaft dient meist medizinischen Zwecken und wird fast nur an Nierenkranke oder diätabhängige Patienten verabreicht.

Ananasmelone nennt man eine israelische Wassermelonen-Sorte, die zwar oft sehr hart und unreif ist, das sektfarbene Fruchtfleisch schmeckt jedoch honigsüß und ananasähnlich.

Echte Zitrulle/Koloquinthe/Wildgurke heißt eine sehr leichte, orangegroße, grün-gelb-weißliche und hartschalige Wassermelonen-Sorte aus Afrika und Asien, die sehr bitter schmeckt. In Pulverform wirkt diese Giftdroge stark abführend.

Zuckermelonen: Cucumis melo: lat./Melón de olor: span./Kavun: türk./Melónes: span./Melons: französ./Suikermeloen: niederl./Sweet melons: engl. sind asiatischen Ursprungs. Sie sind rund oder walzenförmig mit grüner, gelblicher oder buntgefleckter Haut. Das aromatische Fruchtfleisch besteht zu 87% aus Wasser und ist, unabhängig vom Reifegrad, rötlich, gelblich oder weiß. Es enthält schwarze, zwar essbare, jedoch nicht gerade empfehlenswerte Kerne, die sich in einem Kernhaus konzentrieren.

Cantaloup-Melone/Kantalupen/Warzenmelone wird nach „Cantalupe", einer Ortschaft nahe Roms genannt, wohin sie, von Armenien aus, von römischen Missionaren im 15. Jahrhundert gebracht wurde. Sie ist relativ klein und sehr wohlschmeckend. Diese begehrteste italienische Melonensorte hat ein gelb-grünes Rippennetz auf der Schale und pfirsichfarbenes Fruchtfleisch.

Cavaillon-Melone/Charentais-Melone
Dies ist eine Cantaloup-Sorte mit hellgrüner, glatter, segmentähnlich eingefurchter Schale und orangefarbenen Tupfen. Das lachsfarbene Fruchtfleisch schmeckt süß-aromatisch. Sie ist die umsatzstärkste Melonensorte überhaupt.

Galia-Melone heißt ein israelischer Vertreter der Netzmelone. Sie ist rund und hat eine rauhe, borkige, netzartige, grüngelbe Schale. Das goldgelbe Fruchtfleisch schmeckt würzig und ist sehr zuckerreich.

Honigmelone/Malteser Melone/Tardivi: ital. heißt eine Spät- oder Wintermelone mit footballförmigen kleinen, glatten, gelb-grünen, sehr haltbaren Früchten, die meist aus Costarica oder Spanien zu uns kommen.

Netzmelone/Retati: ital./Melons brodés: franz. heißt eine Melonensorte mit meist gelb-rötlichen, runden oder ovalen Früchten und korkfarbenem, netzähnlichem Überzug. Das gelblich-rötliche Fruchtfleisch schmeckt sehr aromatisch. Netzmelonen sind kürzer haltbar als Cantaloup- und Charentaise-Melonen.

Ogen-Melone heißt eine Kreuzung aus Netz- und Cantaloup-Melone, die aus einem Züchtungsversuch im israelischen Kibbuz entstanden ist. Sie hat eine runde, kleine Form mit leicht eingekerbten Segmenten, eine gelbliche Haut mit grünlichen Streifen und wird meist im Winter angeboten. Wenn sie voll ausgereift ist, schmeckt sie sehr süß und duftet stark. Pro Person rechnet man eine ganze Frucht. Grüne Ogen-Melonen reifen bei Zimmertemperatur nach. Meist kommen Ogen-Melonen aus Spanien, Italien, Israel, Südafrika oder aus niederländischen Treibhäusern zu uns.

Hauptinhaltsstoffe

Biotin, Bitter- und Gerbstoff, Calcium, Eisen, Fluor, Fruchtsäuren, Jod, Kalium, Magnesium, Niacin, Nickel, Phosphor, Provitamin A, Vitamin B 1, B 2, B 6, C, Zink, Zucker. Der Vitamin- und Mineralstoffgehalt von Zuckermelonen liegt deutlich höher als der von Wassermelonen.

Verwendung, Zubereitung

Melonen werden nur im Rohzustand als Erfrischung und Durstlöscher verzehrt. Gut gekühlt werden sie als Frischfrucht, zu Saft gepresst, in Fruchtsuppen, zu Süßspeisen-Zubereitungen, Parfaits, Sorbets und Eis verarbeitet. Das Würzen des Melonenfleisches mit frisch gemahlenem Pfeffer hebt den Eigengeschmack der Frucht hervor.

Der Reifetest beim Kauf einer Melone sollte folgendermaßen aussehen:

1. Beim Beschnuppern des Stielansatzes muss ein intensiver Duft wahrnehmbar sein, denn er garantiert Reife und Wohlgeschmack.
2. Eine reife Melone muss hohl und tief klingen, wenn man mit Daumen und Zeigefinger ‚dagegenschnalzt'– sie muss quasi „singen". Ein heller Klang signalisiert dagegen Unreife.
3. Die Melonenschale darf sich nicht zu leicht eindrücken lassen, ansonsten sie überreif ist.

Die Farbe der Schale hat übrigens nichts mit dem Reifegrad zu tun.

Lagerung

Melonen sollte man je nach Reifegrad in kühleren oder wärmeren Räumen, vor Druck und Schlag geschützt, aufbewahren.

Lagernde Melonen produzieren Ethylen, das die Reifung von anderem Obst und Gemüse fördert. Das heißt: Melonen immer weit weg von anderen Früchten lagern! Ausnahme: man will die Reifung einer Obst- oder Gemüsesorte beschleunigen.

Volksmedizinische Bedeutung

Die kalorienarmen Melonen wirken nicht nur durstlöschend, sondern auch sättigend, entwässernd, erfrischend, belebend, stuhlregulierend, galleanregend, nierenreinigend, fiebersenkend und verhindern Gerinnselbildung.

Sonnenbrand kann man zwar wirkungsvoll mit Melonensaft behandeln

– es ist jedoch eine unangenehme und klebrige Angelegenheit!
Vorsicht: Wenn man Melonenfleisch mit anderen Früchten vermischt verzehrt oder wenn man zuviel Melonenfleisch auf einmal zu sich nimmt, kann das zu starkem Durchfall und schmerzhaften Bauchkrämpfen führen.

Tipp

In Florida zählt das Surfen zwar zu den gängigsten Sportarten, das beliebteste Hobby ist jedoch das „Melonenkernweitspucken" – 7,35m ist die bisher erreichte Rekord-Weite.

Mirabelle

Prunus domestica ssp. syriaca

Amarilla, Cherry plum: engl., Mirabelle: franz., ital., niederl., norw., Mirabris, Wachspflaume, Yellow plum: engl.

Allgemeines, Herkunft, Geschichtliche Bedeutung

Die Heimat der Mirabelle liegt in Kleinasien, von wo aus sie König René im 15. Jahrhundert nach Frankreich verbrachte. Da Mirabellen zu den Rosengewächsen (Rosaceae) gehören, zählen z.B. Pfirsiche, Zwetschen und Pflaumen zu ihrer Verwandtschaft. Mirabellen werden hauptsächlich in Deutschland, Frankreich, Italien, Jugoslawien, Spanien und in den USA angebaut. Geerntet werden sie in der Zeit von August bis September.
Der Name „Mirabelle" wird vom Lateinischen „mirabris" abgeleitet, was „wunderbar" bedeutet.

Aussehen

Die Mirabelle ist eine festfleischige, kugelige und kirschgroße Steinobstart mit länglichem, spitz zulaufendem und leicht löslichem Kern. Sonnenfrüchte sind überwiegend gelbschalig und gelbfleischig; Schattenfrüchte sind mehr grünliche Früchte und haben gelbes Fruchtfleisch.

Geschmack

Reife Mirabellen sind saftig, zuckersüß und entwickeln im Nachhinein einen Hauch von köstlicher Säure.

Sorten

Mirabelle von Metz. Diese kleinfrüchtige Mirabellen-Sorte findet meist in der Konservenherstellung Verwendung. Oft ist sie auch Ausgangsprodukt für edlen Mirabellengeist.
Mirabelle von Nancy heisst eine saftige und große Mirabellen-Sorte. Wegen ihres vorzüglichen Aromas wird sie mehrheitlich als Frisch- und Kompottfrucht geschätzt.
Mirakosa heisst seit 1952 eine im Rheinland entstandene würzig-süße Kreuzung aus „Mirabelle von Nancy" und „Viktoriapflaume", deren gelbe Haut rot gepunktet ist.

Hauptinhaltsstoffe

Kalium (230mg in 100g Frucht), Provitamin A, Vitamin B 1, B 2, C, Zucker.

Verwendung, Zubereitung

Mirabellen dienen dem Frischkonsum und werden nicht selten auch zu Saft, Konfitüre, Kompott, Rumtopf, Pudding, Kuchen und Branntwein verarbeitet.
Dunstmirabellen nennt man ungezukkerten Kompott von entkernten Mirabellen.

Lagerung

Mirabellen sind auch trotz Kühlung nur seher kurze Zeit haltbar.

Volksmedizinische Bedeutung

Mirabellengenuss wirkt entwässernd und entschlackend.

Tipp

„Mirabellengeist" nennt man mit Mirabellen-Aroma angesetzter Branntwein.

Mispel

Mespilus germanica

Aapeneers, Aspele, Asperl: österr., Echte Mispel, Hespel, Medlar: engl., Mespila: althd., Mespilum: lat., Mispel: niederl., norw., Mospel, Muspel, Nèfle: franz., Neflier, Nespel, Nespola: ital., Nespole, Nespolo, Nispero: span., Nispola: span.

Allgemeines, Herkunft, Geschichtliche Bedeutung

Die Mispel ist ein Rosengewächs (Rosaceae) das aus Eurasien stammt. In Brasilien, England, Iran, Italien, Japan, Kalifornien, den Mittelmeerländern, den Niederlanden, Süddeutschland, Türkei und Westeuropa wird sie heute angebaut. Nach dem ersten Frost wird diese Kernobstart geerntet, da sie erst dann - bedingt durch ihre reichlich vorhandene Gerbsäure - weich und genussreif wird. Man kann die Gerbsäure aber auch durch einen 14-tägigen Fermentationsprozess manipulieren.

Aussehen

Die apfelähnliche Frucht des höchstens 3m hoch werdenden dornigen Mispelbäumchens ist walnussgroß, kugelig-flachgedrückt, blassgelb bis bräunlich-rostrot und hat eine harte, am Ende offene Schale. Ihr festes, orange-gelbes Fruchtfleisch enthält 2-5 Kerne.

Geschmack

Mispeln haben einen mehligen, süß-sauren, aprikosenartigen Geschmack. Nach dem ersten Frost riechen Mispeln stark mostartig.

Sorten

Apfelmispel/Azarolapfel nennt man kurzgestielte, apfelförmige Mispeln.
Azarolbirne/Birnenmispel nennt man langstielige, birnenförmige Mispeln.
Oktober-Mispel nennt man eine kernlose Mispelsorte aus Italien.
Welsche Mispel heißt eine große, wohlschmeckende, rot-gelbe Mispelsorte aus Frankreich oder Italien.

Hauptinhaltsstoffe

Alkoholspuren, Apfelsäure, Gerbsäure, Pektin, Tannin.

Verwendung, Zubereitung

Bevor man rohe Mispeln verzehrt, sollte man sie gut waschen, eventuell die Schale abziehen und die Kerne entfernen. Leicht gezuckert und mit etwas Schlagsahne bedeckt oder kurze Zeit in Wein oder Zuckersirup eingelegt, werden sie zu einer Delikatesse. Gegarte Mispeln dienen der Herstellung von Kompott, Wein, Saft, Gelee und Marmelade.

Volksmedizinische Bedeutung

Die leicht verdauliche Mispel wirkt darmregulierend, antiseptisch und harntreibend.

Tipp

Mispel gehören zu den stärksten Kohlehydrat-Lieferanten.

Moosbeere

Vaccinium oxycoccus palustris

Affenbeere, Aubeere, Baya de turbera: span., Berlesbeere, Bräukelbeere, Brochappel, Bult(en)beere, Canneberge: franz., Cranberry: angels., European cranberry: engl., Fenneapfel, Fennebeere, Fennetäke, Filzbeere, Filzkloben, Gichtkraut, Glozbeere, Graffelbeere, Grambeere, Hübelbeere, Karodelbeere, Kaupenbeere, Kesselbeere, Kleine Kranbeere, Klöpfbeere, Knackbeere, Krammbeere, Kramsbeere, Kran(i)kebeere, Krösskes, Kûrbeere, Lutzere(n)beere, Märchenäpfel, Märchenbirnen, Mirtillo europeo: ital., Moosapfel, Moosgranke, Moosgrante, Moospreiselbeere, Mutterkirsche, Pfluderbeere, Prellbeere, Preuselbeere, Rauschgrün, Sauerbeere, Schnallenbeere, Schnapsbeere, Schnellbeere, Schollera, Schwider, Schwindelbeere, Siebeere, Small cranberry: engl., Sumpfbeere, Tietebeere, Tranebär: norw., schwed., Tranbeere, Tütebeere, Turbebeere, Veenbes: niederl., Viehbesinge, Winterbeere

Allgemeines, Herkunft, Geschichtliche Bedeutung

Der Ursprung der Moosbeere, einer wildwachsenden Charakterpflanze der

Hochmoore, liegt in den nördlichen Breitengraden. Sie gehört zu den Erikagewächsen (Ericaceae) und ist eine Verwandte der Cranberry. In Deutschland (Lüneburger Heide), Großbritannien, den Niederlanden, Nordamerika, Nordasien, Polen, Russland und Skandinavien wächst dieses niedrige Heidekrautgewächs zwar wild, seit 1789 wird sie jedoch auch vereinzelt kultiviert.

Aussehen

Moosbeeren sind runde bis birnenförmige, dunkel-blassrote Früchte, die zwar Preiselbeeren ähneln, jedoch etwas größer als diese sind. Die weißrosa Moosbeeren-Blüte hat ein tellerartiges Aussehen.

Geschmack

Der preiselbeerartige Geschmack frischer Moosbeeren entwickelt sich zwar erst durch Frosteinwirkung, sie schmecken jedoch auch danach noch ziemlich sauer.

Hauptinhaltsstoffe

Apfel-, Zitronen- und Chinasäure, Calcium, Eisen, Pektin, Phosphor, Vacciniin, Vitamin A, B 1, 40mg/p 100g Vitamin C.

Verwendung, Zubereitung

Moosbeeren dienen dem Frischverzehr und werden auch zu Kompott, Gelee, Saft, Marmelade, Branntwein und Likör verarbeitet. Ihr penetrant saurer Geschmack lässt sich durch Milchzusatz leicht mildern. Beim Kochen knallen Moosbeeren laut auf, wodurch ihr Wohlgeschmack erst richtig austreten kann.

Lagerung

Da Moosbeeren pilz- und bakterienhemmende Substanzen enthalten, halten sie sich bei etwa 0°C monatelang.

Volksmedizinische Bedeutung

Moosbeerengenuss wirkt entwässernd, stärkend auf die Widerstandskräfte und schmerzlindernd bei Gicht und Rheuma. Moosbeeren-Blätter-Tee lindert Durchfall und Erbrechen.

Tipp

Mesimarja: Rubus arcticus: lat. heißt eine rote Beerenfrucht, die wie die Moosbeere dicht am Boden wächst und ihr auch stark ähnelt. Ihr Vorkommen beschränkt sich nur auf einen schmalen finnischen Landstrich südlich des Polarkreises.

Mosterdspinat

Moutarde épinard: franz., Mustard spinach: amerik., Senfspinat, Tendergreen: engl.

Allgemeines, Herkunft, Geschichtliche Bedeutung

Mosterdspinat wird hauptsächlich in seiner Heimat Asien angebaut, wo er vermutlich aus einer Kreuzung von Chinakohl, Pak-Choi und unserer Speiserübe entstanden ist. Auf asiatischen und amerikanischen Märkten ist dieser Kreuzblütler/Brassicaceae (Cruciferae) ganzjährig anzutreffen.

Aussehen

Mosterdspinat hat glatte, graugrüne, ganzrandige Blätter, die dem Chinakohl und Pak-Choi ähneln.

Seine Wurzeln haben eine rübenartige Form.

Geschmack

Typischer Kohlgeschmack.

Hauptinhaltsstoffe

Sehr nitratreich, Vitamin C.

Verwendung, Zubereitung

Zum Rohverzehr eignen sich nur die jungen Blätter des Mosterdspinats. Ansonsten wird Mosterdspinat wie Spinat oder Wirsing zubereitet, wobei eine Mindestkochzeit von 10 Minuten eingehalten werden muss, um den hohen Nitratgehalt zu mindern. Auch die Wurzeln des Mosterdspinats sind essbar, nachdem man sie mindestens 20 Minuten gegart hat.

Lagerung

Da selbst gekühlter Mosterdspinat nur wenige Tage lagerbar ist, gibt es kaum Importe.

Tipp

Den krebserregenden Wirkstoffen, die durch den hohen Nitratgehalt entstehen, kann man auch entgegenwirken, indem man Mosterdspinat wie normalen Spinat mit reichlich Zitronensaft würzt.

N

Nachtkerze

Rheum rhapontici

Evening Primrose: engl., Rapontika, Rapontikwurzel

Allgemeines, Herkunft, Geschichtliche Bedeutung
Die Nachtkerze stammt ursprünglich aus Nordamerika. In Europa findet man sie seit Beginn des 19. Jahrhunderts zwar meist wildwachsend an Wegrändern, auf Schuttplätzen und auf sandigen, lehmigen Böden, sie wird aber auch oft in Hausgärten kultiviert. Nachtkerzen sind grundsätzlich vor der Blüte zu ernten, da deren Wurzeln nach der Blüte ungenießbar werden.
Den Namen „Nachtkerze" erhielt die Pflanze, weil sich ihre Blüten am späten Abend öffnen und erst morgens wieder schließen.

Aussehen
Die Nachtkerze hat gelbe, selten auch rosa Blüten und sogenannte „Schinkenwurzeln", die so genannt werden, weil sie - leicht gerötet und fleischig - gekochtem Schinken ähneln.

Geschmack
Nachtkerzen-Blätter und -Wurzeln haben eine sättigende Wirkung und schmecken sehr herzhaft, nussig und sellerieähnlich, vorausgesetzt, sie wurden vor der Blüte geerntet; nach der Blüte werden sie ungenießbar!

Hauptinhaltsstoffe
Biotin, ungesättigte Fettsäuren.

Verwendung, Zubereitung
Nachtkerzen-Blätter und -wurzeln können zu Gemüse oder Salat verarbeitet werden. Die Wurzeln müssen vor der Zubereitung wie Schwarzwurzeln geschält und grob zerkleinert werden, bevor man sie mit den Blättern zusammen dünstet oder kocht. Gekochte Nachtkerzen-Wurzeln können auch als Salat zubereitet werden. Aus Nachtkerzen-Blüten fertigen die Engländer Seifen, Schönheitswässerchen und Potpourris (konservierte Mischungen duftender Blüten). Aus den Samen der Nachtkerze wird Öl gewonnen, das der Kosmetikindustrie dient.

Volksmedizinische Bedeutung
Nachtkerzenwurzeln und -samen finden bei der Therapie von Neurodermitis, Juckreiz, trockener Haut, erhöhtem Cholesterinspiegel und Regelstörungen Verwendung. Leicht einmassiertes Nachtkerzenöl hat eine beruhigende Wirkung.

Tipp
Nachtkerzengewächse strömen in Herbst und Winter einen derart betörenden Wohlgeruch aus, dass viele Menschen zum Sammeln verleitet werden.

Nashi

Pyrus serotina

Apfel-Birne, Asian Pear: engl., Asiatische Birne, Chinesische Birne, Japanese Pear: engl., Japanische Birne, Nashi: engl., franz., span., ital., Sandbirne

Allgemeines, Herkunft, Geschichtliche Bedeutung
Die Nashi ist ein Rosengewächs (Rosaceae), dessen Ursprung zwar in der Peripherie um Japan, Korea und Nordchina liegt, die meiste Züchtungsarbeit wurde dabei jedoch in Japan geleistet. Auf den deutschen Markt kam diese Kernfrucht erstmals 1964 aus Japan. Nashis werden mittlerweile auch in Argentinien, Australi-

en, Chile, Kalifornien, Neuseeland und den USA angebaut - seit 1990 auch in Deutschland.

Aussehen

Nashis haben, je nach Herkunft, ein apfel- oder birnenförmiges Aussehen. Ihre dünne, stoß- und druckempfindliche, leicht graue, ockerfarbene, essbare Schale kann rauh oder glatt sein. Das weißliche, knackig-feste Fruchtfleisch beinhaltet ein Kerngehäuse.

Geschmack

Die Nashi hat einen köstlich erfrischenden, leicht süß-sauren, milden Birnengeschmack. Da das Fruchtfleisch älterer Exemplare eine eher sandartige Konsistenz aufweist, erhielt die Nashi den Beinamen „Sandbirne".

Sorten

Japanische 20. Jahrhundert Nashi/ Japanische goldene Nashi heißt die apfelförmige japanische Haupt-Nashisorte.

Shandong-Apfelbirne heißt eine birnenförmige, grüngelbe Nashi-Neuzüchtung aus China, die erst seit 1987 existiert.

Hauptinhaltsstoffe

Calcium, Eisen, Kalium, Phosphor, Vitamin C.

Verwendung, Zubereitung

Die Nashi wird meist solo als Frischfrucht, gelegentlich aber auch zusammen mit Käse oder Schinken kombiniert verzehrt. Vorher sollte sie gut gewaschen und - nachdem sie halbiert wurde - ihr Kerngehäuse entfernt werden. Man kann Nashis aber auch zu Kompott, Konfitüre, Süßspeisen oder kurz gedünstet als Wildbeilage verarbeiten.

Lagerung

Nach der Ernte ist die Nashi gekühlt noch 6-8 Monate haltbar!

Tipp

Nashis müssen zwar nicht geschält werden - geschält schmecken sie jedoch noch saftiger.

Nektarine

Prunus persica var. laevis

Glattpfirsich, Grinon: span., Nacktpfirsich, Nectarine: engl., Nectarine: franz., niederl., Nektarin: norw., Nettarina: ital., Noce pesca: ital., Nusspfirsich, Pfirsichpflaume

Allgemeines, Herkunft, Geschichtliche Bedeutung

Geboren wurde die Nektarine, die zu den Rosengewächsen (Rosaceae) gehört, erst in den Siebziger Jahren in Asien. Ein Elternteil der Nektarine ist ohne jeden Zweifel der Pfirsich - von ihm hat sie den Geschmack geerbt. Von wem die glatte Haut und die festere Konsistenz des Fruchtfleisches stammt, darüber sind sich die Experten nicht ganz einig: sie rätseln, ob Pflaumen, Mandeln oder Aprikosen Partner des Pfirsichs waren.

In Chile, Frankreich, Griechenland, Italien, Japan und in Spanien wird die Nektarine heute hauptsächlich angebaut, von Oktober bis März wird sie auf unseren Märkten angeboten.

Das Wort „Nektarine" soll „Nacktpfirsich" bedeuten, weil die Frucht, im Gegensatz zum Pfirsich, keine Härchen aufweist.

Aussehen

Die Nektarine ist eine pfirsichähnliche Steinobstfrucht mit glatter, unbehaarter dunkelroter Haut und festem, rotem Fruchtfleisch, das einen leicht lösbaren Kern beinhaltet.

Geschmack

Nektarinen schmecken saftig und aromatisch-süß, weinartig, gelegentlich eher pflaumen-, manchmal auch pfirsichähnlich.

Sorten

Brügnolen/Brugnolen/Brugnon: engl., franz./Brygnolen heißt eine Nektarinen-Sorte, die aus einer Kreuzung von Pfirsich und Pflaume entstanden ist. Sie sind schwer steinlöslich, glatthäutig, kleinfrüchtig. Meist kommen sie von Juni bis August aus Südafrika, Kalifornien oder Japan auf den europäischen Markt. In Deutschland sind sie jedoch kaum anzutreffen.

Hauptinhaltsstoffe

Fruchtsäuren, sehr hoher Kalium- und Vitamin-A-Gehalt, Vitamin B und C.

Verwendung, Zubereitung

Nektarinen werden sowohl als Frischfrucht als auch im Obstsalat verzehrt. Sie werden aber auch in Pfannkuchenteig frittiert, in Karamelsauce flambiert, als Kompott gedünstet und als Konserve für Süßspeisen-Zubereitungen verwendet.

Aus den ölhaltigen Nektarinen-Samen werden industriell kosmetische Präparate und Salbengrundlagen hergestellt.

Volksmedizinische Bedeutung

Durch ihren starken Kaliumgehalt wirken Nektarinen besonders blutdruckregulationsfördernd.

Tipp

Geschmorte Nektarinen, die man mit etwas Butter, Honig, Zitronensaft und Muskat gewürzt hat, sind ein wahrer Gaumenkitzel.

Nüsse

Nux

Noci: ital., Noix: franz., Nueces: span., Nuts: engl., Schalenobst, Vegetarisches Fleisch

Allgemeines, Herkunft, Geschichtliche Bedeutung

In der Botanik werden Nüsse als eine Gruppe von trockenen Schließfrüchten definiert, bei denen die Fruchtwand in der Reife zu einem harten, dickwandigen Gehäuse wird, das meist nur einen Samen umschließt (z.B.: Haselnuss, Kastanie, Buchecker und Grasfrüchte, also auch Getreidekörner.). In der Praxis werden unter dem Begriff „Nuss" auch nussähnliche Früchte einbezogen. Im handels- und lebensmittelrechtlichen Sinn sind „Nüsse" nur Haselnüsse. Andere Nussarten müssen stets mit der vollständigen Bezeichnung genannt werden. Die Erd„nuss" gehört z.B. zu den Hülsenfrüchten.

Das deutsche Wort „Nuss" stammt vom lateinischen „nux" ab.

Sorten

Bunya-Nüsse heißen große, stärkehaltige Nüsse, die aus den fußballgroßen Zapfen des australischen Bunya-Baumes entstammen und im Geschmack Maronen ähneln. Damit die schwer zu entfernende Schale leichter aufspringt, empfiehlt es sich, die Nüsse vor dem Verzehr eine Stunde in kochendem Wasser zu garen. Bunya-Nüsse kann man zum Füllen von Fleischgerichten oder als Gemüsebeilage verwenden.

Königsnüsse, die man aus der Werbung kennt, wachsen an keinem Baum - vielmehr ist dies die Bezeichnung für Nüsse (meist Haselnüsse) von besonders hoher Qualität.

Nüsschen nennt man die Früchte der Hagebutte.

Pfeffernüsse nennt man kleine, runde, mit Zuckerglasur überzogene Pfefferkuchen.

Sansibarnüsse/Zanzibarnüsse nennt man geröstete und mit Zuckerglasur und Kakao versehene, dragéeartige Haselnüsse.

Hauptinhaltsstoffe

Calcium, Eisen, Jod, Magnesium, ungesättigte Fettsäuren.

Verwendung, Zubereitung

Manche Nüsse, z.B. Paranüsse und Pekannüsse, lassen sich leichter schälen, wenn man sie 15 bis 20 Minuten in kochendes Wasser legt. Die dünne, innere Haut geschälter Nüsse wie z.B. bei Mandeln, Pistazien oder Walnüssen entfernt man, indem man sie mit kochendem Wasser übergießt und sofort danach mit kaltem Wasser abschreckt.

Lagerung

Nüsse sollten kühl und dunkel aufbewahrt werden, damit ihre Qualität und ihr Geschmack möglichst lange erhalten bleiben.

Volksmedizinische Bedeutung

Nüsse stärken im Allgemeinen die Abwehr und sorgen für erholsamen Schlaf.

Tipp

Nussersatz erhält man, indem man Haferflocken mit Butter und Zucker in einer Pfanne anröstet.

O

Okra

Hibiscus esculentus

Abelmoschus: altdt., Ägyptische Bohne, Bhindi: ind., Gambo, Gombo: franz., span., Gombobohne, Griechenhorn, Griechisches Hörnchen, Grünschnabel, Gumbo: engl., Hibiskusfrucht, Ibisco: ital., Ocra: ital., span., Okolo, Okra: engl., niederl., Pappelrose, Quingombo: afrik., Rosenpappel, Singwa: äthiop.

Allgemeines, Herkunft, Geschichtliche Bedeutung

Die Okra wird zwar schon seit dem zweiten Jahrtausend v. Chr. in Ägypten angebaut, ihren Ursprung hat sie jedoch in Abessinien.

Okras sind die länglichen Fruchtschoten des exotischen, essbaren Gemüseeibischs, einem Strauch, der zu den Malvengewächsen (Malvaceae) zählt und mit Hibiscus, Lavatera, Roseneibisch und Stockrose verwandt ist. Okras werden grün, also noch unreif geerntet, nachdem die Blütenblätter abgefallen sind. In Ägypten, den Balkanländern, Brasilien, Griechenland, Indien, der Karibik, Kenia, Mittelamerika, dem Mittelmeergebiet, den Südstaaten der USA, Thailand und in der Türkei werden Okras heute kultiviert.

Aussehen

Okras sind gelbgrüne bis dunkelgrüne, fingerdicke, sechskantige, schnabelähnliche, ca. 5 bis 12cm lange Schotenfrüchte, die mit einem feinen Flaum überzogen und mit einem nicht zu übersehenden Stielansatz versehen sind. Ihr Fruchtfleisch enthält viele kleine, essbare Samenkörner. Ältere Früchte haben eine ledrige, stoppelige Haut.

Geschmack

Die Okra hat ein wohlschmeckendes, mildes Aroma, das entfernt an junge, grüne Bohnen und Stachelbeeren erinnert.

Sorten

Bame/Bami(j)a: griech./Bamie/Bamiel/Bamiya: arab./Bamy(j)a nennt man eine rundliche Okra-Sorte.

Hauptinhaltsstoffe

Sehr calcium- und eiweißreich, Eisen, 25% Öl, Pflanzenschleim, Provitamin A, Vitamin B 1, B 2 und C.

Verwendung, Zubereitung

Nur unreife grüne Okra-Schoten eignen sich zur Zubereitung von Auflauf, Eintopf, Gemüse, Konserven (meist in Tomatensaft eingelegt) oder Salat.

Nach dem behutsamen Entfernen des harten Stielansatzes am dicken Ende der Schote, des Blütenansatzes und des leichten Flaums lässt man das Gemüse zwei- bis dreimal in kochendem Wasser leicht aufwellen und gießt dann das schleimig gewordene Kochwasser ab. Nach dem Abschrecken mit eiskaltem Wasser werden Okras wie Bohnen zubereitet. In Eintöpfe gibt man grundsätzlich nur rohes, zerkleinertes Okra-Fruchtfleisch, denn hier ist die Schleimbildung zum Binden erwünscht. In Afrika werden Okrasamen getrocknet, geröstet und als Kaffeeersatz verwendet. Wegen ihres hohen Ölgehalts stellt man aus Okrasamen auch Margarine her. Die faserigen Okra-Pflanzenstängel werden in manchen Anbauländern als Juteersatz verarbeitet.

Lagerung

Frische Okrafrüchte sind, auch wenn man sie kühlt, sehr leicht verderblich. Als Tiefkühlgemüse sind sie jedoch ca. 1 Jahr haltbar.

Volksmedizinische Bedeutung

Wegen seines geringen Kohlenhydratanteils ist Okragemüse fabelhaft für Diabetiker geeignet und zudem sehr

magenschonend. Okraschleim wird auch medizinisch bei Magenkrankheiten genutzt.
Umschläge mit Okra-Wurzelextrakt werden bei Krampfadern angewandt.

Tipp

Ladyfinger/Lady's finger wird die Okra auch genannt - unter „Lady Fingers" versteht man dagegen englische Löffelbisquits!

Olive

Olea europaea

Aceituna: span., Azeitona: port., Ölbeere, Ölfeige, Olijve: niederl., Oliva: span., lat., Olive: engl. und franz.

Allgemeines, Herkunft, Geschichtliche Bedeutung

Die Heimat des bis zu 1000 Jahre alt werdenden Olivenbaums liegt in Palästina. Da er schon seit dem 3. Jahrtausend v. Chr. im südlichen Vorderasien kultiviert wird, gehört er zu den ältesten Kulturpflanzen der Erde. Durch phönizische Händler kam der Olivenbaum auch nach Europa. Bei Christen und Juden galten Olivenzweige als Zeichen des Friedens, und mit Kränzen aus Olivenzweigen feierte man früher die Sieger der olympischen Wettkämpfe. Oliven werden heute hauptsächlich in Australien, Griechenland, Italien, Kalifornien, Portugal, am Schwarzen Meer, in Spanien, Südamerika und in Tunesien angebaut. Sie gehören zur Familie der Ölbaumgewächse (Oleaceae) und werden von Juli bis November meist von Hand geerntet.
Das Wort „Olive" wird vom lateinischen „Oliva" abgeleitet.

Aussehen

Oliven sind ovale, haselnussgroße Früchte. Blauschwarze Oliven werden in ausgereiftem Zustand geerntet und sind nahrhafter als Grüne. Grüne Oliven werden unreif geerntet. Oft werden sie mit Mandeln oder Paprika gefüllt oder nur steinlos angeboten. Rote Oliven werden halbreif geerntet.

Geschmack

Frische und eingelegte Oliven haben einen eigentümlichen, leicht herbsäuerlich-bitteren und sehr gewöhnungsbedürftigen Geschmack.

Sorten

Kalamata-Oliven nennt man schwarze, griechische Oliven, die in Essig, Salz und Gewürze eingelegt sind.
Gordales/Königinolive/Picholine/Queen Olive/Sevilla-Olive nennt man sehr große, grüne Oliven.
Mammutoliven nennt man sehr große, braunschwarze, in Essig, Salz und Gewürze eingelegte, meist spanische Oliven.
Manzanilla nennt man eine zwar kleine, jedoch sehr hochwertige, spanische Olivensorte.
Oleaster heißt eine kleinfrüchtige Wildform der Olive, die im gesamten Mittelmeerraum verbreitet ist.
Pimola nennt man große, grüne, mit roten Paprikastreifen gefüllte Oliven.

Hauptinhaltsstoffe

Calcium, Flavone, Glycoside, Linolsäure, bis zu 60% Öl,
Palmitin-, Stearin- und Omega-6-Fettsäuren, Vitamin A, B 1, B 2, stark Vitamin-E-haltig.

Verwendung, Zubereitung

Oliven dienen meist der Ölherstellung, als Aperitif-Einlage, Garnitur oder als Salatzutat. Meist werden sie sterilisiert, mariniert oder in Salzlake eingelegt (natur, mit Gemüse-Paprikastreifen oder Mandeln gefüllt) angeboten, weil sich ihr Bittergeschmack bei dieser Konservierungsart verflüchtigt. Auch getrocknete Oliven sind im Handel.
Pasta d'olive: ital./Tabernat: franz. nennt man Püree von schwarzen Oli-

ven, das meist in der mediterranen Küche zur Anwendung kommt.
Das sehr teure, kalt gepresste Olivenöl wird, damit seine wertvollen Vitamine durch Hitze nicht zerstört werden, nur in der kalten Küche verarbeitet - das preiswertere raffinierte Olivenöl wird in der warmen Küche zum Kochen, Braten und Backen verwendet. Das berühmte, südfranzösische Olivenöl „Huile vierge" (Jungfernöl) stammt aus erster, kalter Pressung und verändert - man staune - nie seinen Geschmack!
Aus dem Holz des Olivenbaums werden Spazierstöcke und feine Holzarbeiten gefertigt.

Lagerung

Frische Oliven sind sehr verderbsanfällig. In einem vakuumverschlossenen Glas lassen sich marinierte Oliven mindestens 18 Monate lagern. Oliven im angebrochenen Glas halten sich länger, wenn man ein wenig Öl oder Zitronensaft dazugießt. Olivenöl sollte nicht zu kalt gelagert werden, da es ab 6°C weißliche Flocken bildet und bei 0°C sogar erstarrt!

Volksmedizinische Bedeutung

Olivenöl ist das am leichtesten verdauliche Öl. Es hilft bei chronischen Katarrhen, Hämorrhoiden und Würmern und unterstützt die Wirkung von Vitaminen in Gemüsen und Salaten. Zur Gallensteinaustreibung empfiehlt sich eine Ölkur, während der man über eine Woche lang täglich 75g Olivenöl trinkt. Bei Schuppen und extrem sprödem Haar empfiehlt sich das Auftragen von 3-4 Essl. warmem Olivenöl, das man nach der Haarwäsche gründlich in die Kopfhaut einmassieren sollte. Nach einer Stunde Einwirkungszeit kann man es mit normalem Haarshampoo ausspülen.
Die Behauptung, dass die einfach ungesättigten und die gesättigten Fettsäuren der Oliven und des Olivenöls positiv auf unseren Fettstoffwechsel wirken, indem sie Ablagerungen von schädlichem Cholesterin in den Blutgefäßen vorbeugen, ist nach neuesten ernährungswissenschaftlichen Untersuchungen ein Märchen. Vielmehr sind diese positiven Eigenschaften dem in der Olive enthaltenen, bestens verfügbaren Vitamin E zu verdanken, das gegen Krebs und Arteriosklerose wirkt und ein weiteres Wachstum von Tumorzellen verhindern kann. In den Mittelmeerländern ist die geringere Krebsrate wohl auf den Verzehr von Olivenöl zurückzuführen.

Tipp

Ca. 2500 Oliven werden benötigt, um durch Pressen 1 Liter Olivenöl zu erhalten.

P

Paksoi

Brassica rapa var. chinensis

Alpiste chino: span., Baak Choi: chin., Chinasalat, Chinesischer Blattsenf, Chinesischer Salat, Chinesischer Senfkohl, Joi Choi, Pak-Choi: engl., franz., ital., Pak-choy, Pak soi: niederl., Senfkohl, Spoon cabbage: engl.

Allgemeines, Herkunft, Geschichtliche Bedeutung

Paksoi ist in Kanton (China) beheimatet und mit dem Chinakohl verwandt. Größere Anbauflächen dieses Kreuzblütlers/Brassicaceae (Cruciferae), findet man außer in China auch noch in Japan, Korea und Taiwan; seit fünf Jahren wird Paksoi auch in den Niederlanden kultiviert.

Aussehen

Paksoi hat bis zu 50cm lange, fleischige, leicht brechende, weiße Stiele, an denen grosse, gerippte, dunkelgrüne, mangoldähnliche Blätter wachsen.

Geschmack

Der leicht erdige Geschmack des Paksoi ähnelt zwar dem des Chinakohls, Paksoi ist jedoch saftiger, aromatischer und milder.

Sorten

Pak-Choi Shanghai heißt eine kleine Paksoi-Sorte mit hellgrünen Blattstielen, die nur in China angebaut wird.

Hauptinhaltsstoffe

Aminosäuren, Provitamin A, reichlich Vitamin B und C.

Verwendung, Zubereitung

Paksoi wird meist kurz gedünstet zu Gemüse verarbeitet. Wenn man Paksoi als Salat zubereitet, sollte man ihn vorher kurz blanchieren, um seinen erdigen Geschmack etwas zu mildern. Die dicken Blattrippen des Paksoi lassen sich, getrennt von den Blättern, wie Spargel zubereiten. Für Gerichte mit langer Garzeit ist Paksoi ungeeignet, da er schon nach kurzer Zeit zerkocht.

Lagerung

Leicht gekühlt lässt sich Paksoi bis zu 5 Tage aufbewahren.

Volksmedizinische Bedeutung

Der Nährwert des kalorienarmen Paksoi ist doppelt so hoch wie der des Weißkohls, besonders der von seinen Blattrippen.

Tipp

Die Erfinder des Sauerkrauts sind nicht, wie man annehmen könnte, die Deutschen, sondern die Chinesen, denn ihr Favorit ist seit Urzeiten der Paksoi, den sie für den Winter in Reiswein konservierten. Als Dschingis Khan 1211-1216 in China einfiel, lernte er das köstliche Weinkraut kennen. Ersatz für den Paksoi fanden seine Horden später auf den Beutezügen durch Europa im Weißkohl.

Palmenherzen

Euterpe edulis

Coeurs de palmier: franz., Hearts of palm: engl., Palmenmark, Palmito

Allgemeines, Herkunft, Geschichtliche Bedeutung

Bei den Palmenherzen handelt es sich um das Innere der noch geschlossenen Gipfelknospen (Sprösslinge) der bis zu 2m hohen Assai-Palme, die ihren Ursprung in Mittelamerika hat. Nach der Ernte der Palmenherzen stirbt die ganze Palme ab. Dies rechtfertigt weitestgehend den hohen Preis dieses Palmengewächses (Palmaceae). Ihr größtes Vorkommen haben Assai-Palmen in Martinique, Mittelamerika und Südamerika.

Aussehen

Palmenherzen sind elfenbeinfarben und mit ungenießbaren, faserigen Blatthüllen umgeben.

Geschmack

Intensiv nussartig.

Hauptinhaltsstoffe

Palmenherzen haben einen sehr hohen Eisengehalt.

Verwendung, Zubereitung

Rohe Palmenherzen kann man zu Salat oder Vorspeisen verarbeiten.

Palmkohl nennt man Palmenherzen, nachdem sie mitsamt den jungen umhüllenden, noch nicht entfalteten Blättern wie Wirsing zubereitet wurden.

Palmkäse nennt man eingelegte, vergorene Palmenherzen.

Palmyra

Flabelliformis

Boraso: span., Borasse: franz., Lontar: engl., Palmira: span., Rondier: franz., Sea apple: engl.

Allgemeines, Herkunft, Geschichtliche Bedeutung

Palmyra nennt man die Früchte der asiatischen Lontarpalme, einem Palmengewächs/Arecaceae (Palmaceae), das in Burma, Indien, Malaysia und Sri Lanka angebaut wird und mit der Kokosnuss verwandt ist.

Aussehen

Die rundlichen Palmyras haben einen Durchmesser von 10-12cm und eine dunkelviolette, leicht lösbare Schale, deren Enden in einem farbenprächtigen Grün bis Goldgelb auslaufen. Das weiße Fruchtfleisch weist in der unteren Hälfte eine graugelbe Aushöhlung auf, die Fruchtwasser und drei Kerne beinhaltet.

Verwendung, Zubereitung

Palmyras dienen in den Anbauländern meist als Frischfrucht.

Lagerung

Wegen ihrer leichten Verderblichkeit sind Palmyras kaum auf unseren Märkten zu finden.

Tipp

Wenn man enthäutetes Palmyra-Fruchtfleisch samt dem Fruchtwasser im Mixer püriert, erhält man ein köstliches Getränk.

Pampelmuse

Citrus maxima

Adamsapfel, Bambolma, Drawid: niederl., Kürbisorange, Melonenorange, Pample mousse: franz., Pompelmoes: niederl, Riesenorangen, Schaddock, Shaddock: engl.

Allgemeines, Herkunft, Geschichtliche Bedeutung

Die in Indonesien beheimatete Pampelmuse ist die Hauptkulturform der breitflügeligen Orange und wird im Allgemeinen auch als Stammpflanze der Grapefruit angesehen. Größere Anbaugebiete der Pampelmuse findet man heute außer auf Barbados auch in Florida und Kalifornien, in Israel, Malaysia, am Mittelmeer, in Thailand und auf den Westindischen Inseln.

Den Zweitnamen „Shaddock" hat diese Zitrusfrucht dem Namen eines schottischen Kapitäns zu verdanken, der dieses Rautengewächs (Rutaceae) Anfang des 17. Jahrhunderts erstmals auf die Karibikinsel Barbados brachte.

Aussehen

Pampelmusen sind wesentlich größer als Grapefruits und haben eine extrem dicke, gelbe Schale. Das Fruchtfleisch ist grün-gelb oder rot und enthält große, gelb-weiße, ungenießbare Kerne. Mit einem Gewicht von bis zu 6kg ist die Pampelmuse die größte Zitrusfrucht!

Geschmack

Die Pampelmuse schmeckt zwar sehr aromatisch, süß-säuerlich und leicht bitter, hat jedoch ein schwächeres Aroma und ist nicht so saftreich wie die Grapefruit.

Hauptinhaltsstoffe

Antioxidantien, Provitamin A, Vitamin C.

Verwendung, Zubereitung

Pampelmusen werden als Frischfrucht verzehrt und zu Saft, Sirup oder Marmelade verarbeitet. Die Pampelmusen-Schale dient der Likör- und Ölherstellung.

Lagerung

Bei Zimmertemperatur ist die Pampelmuse ca. 2 Wochen lagerbar.

Volksmedizinische Bedeutung

Dank ihrer Antioxidantien soll die Pampelmuse Krebs vorbeugen.

Tipp

Die Pampelmuse ist heute kaum noch im Handel, da der Verbraucher eher die Grapefruit bevorzugt, die im deutschen Sprachgebrauch häufig mit der Pomelo verwechselt wird.

Papaya

Carica papaya

Baummelone, Engelsfrucht, Fruta bomba: kuban., Kressenfeige, Lechosa: span., Mammao: kolumb., Melon des Tropiques: franz., Melone der Tropen, Melonenbaum, Papaia: ital., Papaifrucht, Papan, Papaw: ind., Papaya: engl. ital., niederl., norw., span., Papayafrucht, Papaye: franz., Pawpaw: karib., Tropenmelone

Allgemeines, Herkunft, Geschichtliche Bedeutung

Papayas sind im tropischen und subtropischen Südmexiko zu Hause, wo sie an 6-8m hohen krautigen, baumförmigen Pflanzen gedeihen. Spanische Seefahrer brachten diese zu den Feigengewächsen (Caricaceae) zählenden, exotischen Früchte auch in andere Teile Amerikas und nach Asien. Die wichtigsten Anbauländer der Papaya sind heute Brasilien, Costa Rica, die Elfenbeinküste, Florida, Ghana, Hawaii, Indien, Japan, Karibik, Kenia, Kolumbien, Mexiko, Sri Lanka, Thailand und Venezuela.

Aussehen

Die Papaya ist eine ovale, keulenförmige oder runde Beerenfrucht mit lederartiger, gelb-grüner bis orangefarbener, dünner, glatter Schale. Braune Flecken auf der Schale bedeuten keine Qualitätsminderung. Wenn die Papaya-Schale leichtem Fingerdruck nachgibt, ist sie reif. Das blassgelbe bis lachsrote Fruchtfleisch hat eine kürbisähnliche Konsistenz. Es enthält einen Hohlraum, der mit zahlreichen, pfefferkorngroßen, grauschwarzen, glitschigen Kernen gefüllt ist.

In den Ursprungsländern erreichen Papayas ein Gewicht von bis zu 8kg. Die bei uns im Handel angebotenen Früchte sind jedoch nur ca. 500g bis zu 1kg schwer.

Geschmack

Reife Papayen duften nach Aprikosen, sind sehr saftig, süß und schmecken wie eine Mischung aus Himbeere, Birne, Melone und Waldmeister. Papayakerne sind beißendscharf und für den Europäer ungenießbar.

Sorten

Bergpapaya/Mountain papaya: englisch/Papaye de montagne: franz. heißt eine faustgroße, sehr papainreiche, fünffach gerippte Papaya-Sorte aus den Gebirgszonen der südamerikanischen Tropen, die zwar nur sehr gelegentlich und dann nur in geringem Umfang aus Chile exportiert wird, mittlerweile jedoch auch schon in gut sortierten Gartenbaubetrieben als Kübelpflanze erhältlich ist.

Papayote: Papaya silvestre: latein./Chilacuán/Papayuela heißt eine dunkelgrünschalige Papaya-Sorte aus Kolumbien, die im rohen Zustand zwar ungenießbar ist, als Kompott zubereitet jedoch zu einer unvergleichlichen Köstlichkeit wird.

Hauptinhaltsstoffe

Aminosäuren, Biotin, Calcium, Carotinoide, sehr hoher Kaliumgehalt, extrem niedriger Kaloriengehalt, Magnesium, Papain, Provitamin A, Vitamin B 1, B 2, 56mg Vitamin C pro 100g Fruchtfleisch und Vitamin E. Der Vitamingehalt einer unreifen Papaya ist deutlich geringer als der einer Reifen, dafür liegt der Papaingehalt von unreifen Früchten deutlich höher.

Verwendung, Zubereitung

Papayas werden zum Frischkonsum, in Cocktails, in Fruchtsalat, zu Käsedesserts, als Konserve, als Kuchenbelag, zu Pepsinwein, zu Sorbets, für Süßspeisen und zu Vorspeisen mit Schinken oder Bündnerfleisch verarbeitet. Zum Rohgenuss werden die leicht gekühlten Früchte halbiert, die schwarzen Kerne mit einem Esslöffel ausgeschabt und das Fruchtfleisch, bevor man es auslöffelt, zur Geschmacksverbesserung mit Eierlikör, Himbeersaft, Limettensaft, Orangenlikör oder Weinbrand beträufelt.

Papayen können nicht zur Herstellung von Geleespeisen verwendet werden, da ihr Enzym Papain ein Festwerden verhindert! Papain, das im milchigen Schleim des Kerngehäuses und in den Blättern enthalten ist, spaltet Eiweiß und kann zähes Fleisch schnell mürbe machen, indem man es entweder vor dem Braten, Dünsten oder Kochen mit Papayamus einreibt, in Papaya-Blätter einwickelt und einige Stunden einwirken lässt oder man gart zähes Fleisch mit unreifen Papayafrüchten. Erst danach würzt man das Fleisch mit Salz und Pfeffer.

Lagerung

Reife Papayen wollen kühl, aber nicht zu kalt gelagert werden. Unreife Papayen reifen auch bei längerer Lagerung nicht mehr nach.

Volksmedizinische Bedeutung

Da Papayen extrem kalorienarm sind, die Verdauung anregen und eine fettabbauende Wirkung haben, sind sie die idealen Partner für Schlankheitskuren. Papayen regen auch Kreislauf- und Durchblutung an, lindern rheumatische Beschwerden und gelten als nervenstärkend. Außerdem hat diese Frucht bei toxischen Störungen eine entgiftende Wirkung, und sie hilft bei Verstopfung, offenen Wunden, Ekzemen und Hämorrhoiden.

Aus unreifen Papayafrüchten wird in den Anbauländern durch oberflächliche Ritzung ein Milchsaft (Latex) gewonnen, durch dessen Eigenschaften schon so manche Bandscheibenoperation verhindert werden konnte.

Papaya-Kerne werden in den Tropen als wirksames Mittel gegen Darmparasiten geschätzt.

Papaya-Blütentee riecht nach Maiglöckchen. Er hilft bei Katarrhen und sonstigen Erkrankungen der Atmungswege.

Vorsicht: Papayagenuss kann bei anfälligen Menschen allergische Reaktionen auslösen!

Tipp

Gemüsepapaya nennt man zu früh geerntete, noch unreife Papayen, die wie Kohlrabi zu Gemüse verarbeitet werden können. Nicht selten wird auch Chutney oder Kompott daraus zubereitet.

Paprikaschote

Capsicum annuum

Ardei: rumän., Bell pepper: engl., Gemüsepaprika, Kapsikum, Paprica: franz., Paprika: niederl., Peperone: ital., Pfefferoni: österr., Pimento: span., Pimiento: ital., Poivron: franz., Spanischer Pfeffer

Allgemeines, Herkunft, Geschichtliche Bedeutung

Kolumbus brachte die Paprikaschote erstmals 1514 auf seiner Karavelle „Santa Maria“ von deren Heimat Mittelamerika nach Europa und legte sie stolz dem spanischen König zu Füßen. Zuerst galt die Paprikaschote als exotischer Zierstrauch. Erst im 17. Jahrhundert wagte man es, Paprikaschoten auch zu essen. In Deutschland waren Paprikaschoten bis 1945 nahezu unbekannt. Heutzutage wird die Gemüsepaprika, die zu den Nachtschattengewächsen (Solanaceae) gehört, in Afrika, Asien, Italien, den Niederlanden, Spanien, Südamerika, Südfrankreich und Ungarn ganzjährig angebaut. Streng genommen zählen Paprikaschoten vom botanischen Gesichtspunkt her zu den Beerenfrüchten. Sie sind also eigentlich gar keine „Schoten“!

Aussehen

Es gibt grüne (unreife), rote, gelbe, violette, orangefarbene, schwarze, braune und sogar bunte Paprikaschoten. Die Farbe ist vom jeweiligen Reifegrad und der Züchtung abhängig. Gesunde Paprikaschoten sind knackigfeste Vierkanter ohne Risse oder Flekken mit sortentypischen Formen (stumpf, abgerundet oder spitz zulaufend) und Farben. Ein schrumpeliger Stielansatz lässt auf Überlagerung schließen. Im Inneren einer Paprikaschote befinden sich weiß-gelbliche Trennwände und viele, kleine, weiße Kerne.

Geschmack

Frische Paprikaschoten haben ein fruchtiges Aroma. Gelbe und Rote Paprikaschoten sind bekömmlicher und aromatischer als Grüne und außerdem reicher an Inhaltsstoffen.

Sorten

Apfelpaprika nennt man eine beigefarbene, sehr milde ungarische Paprikaschoten-Sorte, die - in Essig, Zucker, Salz und Gewürzen eingelegt - meist in Glas-Konserven erhältlich ist.

Grüne Paprikaschoten sind die Hauptsorte. Sie sind im Allgemeinen am billigsten und am längsten haltbar. Da sie unreif geerntet werden, sind sie sehr schwer verdaulich. Der Vitamin-C-Gehalt der grünen Paprikaschote beträgt pro 100g Fruchtfeisch 107mg.

Kirschpaprika nennt man eine relativ scharfe, fast pflaumengroße Paprikaschote aus Ungarn, die - in Essig, Zukker, Salz und Gewürze eingelegt - meist dem Garnieren von kalten Gerichten dient.

Letscho/Lescó nennt man grobwürfelig geschnittenes Paprikagemüse, das in Schweineschmalz, Tomatenstücken, Zwiebeln und Speck gegart wurde. Diese Gemüsespezialität, die ursprünglich aus Ungarn stammt, ist seit langem auch im Spreewaldgebiet südlich von Berlin, meist als Konserve, eine bekannte Delikatesse.

Orangefarbene Paprikaschoten sind eine süß schmeckende Neuzüchtung, die mehr Beta-Carotin als die anderen Sorten enthält.

Peperoni nennt man in Italien und Deutschland große, milde, grüne oder rote Paprikaschoten; ansonsten handelt es sich korrekterweise bei einer Peperoni grundsätzlich um eine frische oder konservierte Gewürzpaprika; auch Chilischoten werden fälschlicherweise oft als „Peperoni“ bezeichnet.

Rote Paprikaschoten schmecken mild und süß. Sie werden vollreif geerntet. Rote Paprikaschoten sind zwar meist teurer als Grüne und haben eine beschränktere Haltbarkeit, jedoch enthalten sie viermal soviel Karotin wie Grüne! Der Vitamin-C-Gehalt pro 100g Frucht beträgt bei der roten Paprikaschote 250mg – der Vitamin-C-Bedarf des Menschen beträgt jedoch pro Tag nur 75mg.

Tomatenpaprika/Peperone rosso Tippo pomodoro: ital./Süßer Paprika/Süßpaprika/Sweet pepper: engl. Vor über hundert Jahren soll die Tomatenpaprika in Ungarn aus einer Paprikaschote und der gerippten Tomate entstanden sein. Heute wird diese milde, süßaromatische Tomatenpaprika mit ihrem apfelähnlichen Geschmack überwiegend aus Spanien importiert. Meist wird sie roh wie eine Tomate verzehrt, da sie beim Kochen ihr Aroma verliert.

Violette Paprikaschoten. Durch Züchtung wird bei dieser Paprikaschoten-Sorte der violette Farbstoff herausgefiltert; beim Kochen wird sie allerdings grün. Auch der Geschmack gleicht einer Grünen Paprikaschote.

Spitzpaprika/Weißgelbe Paprikaschoten haben eine zugespitzte Form, sind mild und süß und kommen aus den Balkanstaaten. Sie können ohne Zubereitung auch roh gegessen werden.

Hauptinhaltsstoffe

Calcium, wenig Capsaicin, Capsanthin, Capsidiol, Eisen, Eiweiß, Kalium, Magnesium, Phosphor, Provitamin A, Vitamin B 1, B 2, B 6, C, E und P. Paprikaschoten enthalten dreimal soviel Karotin wie Karotten und haben den höchsten Vitamin-C-Gehalt aller bei uns gehandelter Frischgemüse.

Verwendung, Zubereitung

Die Paprikaschote kann als Salat oder Gemüse zubereitet werden. Zuvor sollten der Stielansatz, alle Samenkerne und die inneren Scheidewände sorgfältig entfernt werden.

Paprikagemüse sollte nicht in zu heißes Fett gegeben werden, da sich dabei seine Farbstoffe lösen, die Zuckerstoffe zu stark karamelisieren und folglich dem Gemüse neben dem Farbverlust auch ein Bittergeschmack zukommt.

Um die Haut der Paprikaschote entfernen zu können, taucht man sie entweder zuvor ca. 20 Sekunden in kochendes Wasser und zieht sie dann ab oder man legt sie geviertelt ca. 5 Minuten auf einen Grill, wobei die Haut blasig wird und man sie nach dem Abkühlen problemlos abziehen kann.

Frischer Paprikasalat zieht besser durch, wenn man ihn kurz blanchiert, abgießt und in noch heißem Zustand mit Essig, Öl und Gewürzen anmacht.

Die Kerne industriell geernteter Paprikaschoten werden zum größten Teil für die Neuanzucht verwendet.

Zur Herstellung von Paprikapulver werden ausschließlich Gewürzpaprikas verwendet.

Paprikamark/Paprikapüree nennt man ein beliebtes Konzentrat, das aus Tomatenpaprika hergestellt wird.

Lagerung

Paprikaschoten lassen sich auch gekühlt höchstens 1 Woche aufbewahren, da sie nach der Ernte weiterreifen.

Volksmedizinische Bedeutung

Paprikaschoten wirken kreislauf- und verdauungsfördernd, harntreibend, blutdruckregulierend, fettstoffwechselfördernd und stärken unser Immunsystem. Sie wirken auch desinfizierend auf die Schleimhäute vom Mund bis zum Darm, regen die Funktion der Nebennierenrinde an und hemmen die Entstehung von Krebs, indem sie „Freie Radikale" neutralisieren. Sogar Hautkrankheiten sind endlich tabu, wenn man mindestens 3mal pro Woche rohe oder gekochte Paprikaschoten verzehrt. Magenempfindliche sollten Paprikaschoten vor dem Verzehr blanchieren und enthäuten, da sie sonst zu schwer verdaulich sind.

Da der Wirkstoff Capsaicin die Durchblutung fördert, ist Paprika-Extrakt oft in Sportsalben und in Salben enthalten, die der Rheumabekämpfung dienen. Die Blätter der Paprikapflanze kann man zur Heilung von Geschwüren und Furunkeln einsetzen.

Tipp

Geflügelfutter von Legehühnern wird oft mit Paprikafarbstoff angereichert, wodurch eine tiefgelbe Färbung der Eidotter bewirkt wird.

Paranuss

Bertholletia excelsa

Amazonaskastanie, Amazonasmandel, Amazonenmandel, Brasilianische Kastanie, Brasilianische Nuss, Brasilkastanie, Brasilnuss, Brazil nut: engl., Juvianuss, Marahonkastanie, Noce de Brasile: ital., Noce di Para: ital., Noix de Brésil: franz., Noix Para: franz., Nuéz de brasil: span., Nuéz de Parà: span., Papanuss, Paranött: norw., Paranoot: niederl., Rahmnuss, Steinnuss, Tucannuss, Yuvianuss

Allgemeines, Herkunft, Geschichtliche Bedeutung

Die Heimat der Paranuss liegt in den Urwäldern des brasilianischen Amazonasgebiets, weshalb sie auch als „Königin der brasilianischen Wälder" bezeichnet wird. Im Jahre 1633 kam die Paranuss erstmals auch nach Europa.

Paranüsse wachsen erst nach 30 Jahren auf bis zu 40m hohen, meist wild wachsenden Bäumen. Botanisch gesehen ist die Paranuss keine Nuss, sondern eine Kapselfrucht, die zum Schalenobst gezählt wird. Das Hauptvorkommen der Paranuss, liegt in Brasilien, kleinere Ernten sind auch in Sri Lanka und Trinidad möglich.

Paranüsse sind Tropffruchtbaumgewächse (Lecythidaceae), die ihren Namen der nordostbrasilianischen Stadt „Para" (amtl. „Belem"), dem Ausfuhrhafen der Nüsse, verdanken.

Den Namen „Tucannuss" erhielt sie von einem südamerikanischen Indianerstamm ihres Ursprungsgebiets, den „Tucanos".

Aussehen

Pots/ Qurico nennt man in Südamerika die etwa 2-3kg schweren kugeligen Früchte, aus denen die Paranüsse entstammen. In diese Früchte eingebettet, liegen wie Schnitze 24 bis 40 Paranüsse.

Paranüsse haben eine typisch dreikantige, holzige Fruchtschale und einen mandelartigen 4-5cm langen Kern, der von einer braunen Samenhaut umgeben ist. Im Bruch sollte Paranuss-Fleisch milchigweiß sein.

Geschmack

Die Paranuss hat ein ausgeprägt typisches, wohlschmeckendes, mandelähnliches Aroma.

Hauptinhaltsstoffe

Albumin (kommt sonst nur in tierischen Produkten vor!), Calcium, Eisen, Kalium, Magnesium, Natrium, Nussfett (66%), Phosphor, 14% Protein, viel Vitamin B 1 (mehr als im Schweinefleisch, dem größten tierischen Lieferanten!), Vitamin E.

Verwendung, Zubereitung

Paranüsse werden als Knabberei in Dosen, roh zu Käse und gemahlen zu Gebäck, Mehl und Speiseöl verarbeitet. Zum Entfernen der schwer zu schälenden Paranussschalen gibt es zwei Möglichkeiten: Entweder man legt sie 15 bis 20 Minuten in kochendes Wasser oder man friert sie vor dem Knacken ein, um sie leichter und in einem Stück aus der Schale zu bekommen.

Lagerung

Paranüsse müssen kühl, trocken, dunkel und luftig gelagert werden.

Volksmedizinische Bedeutung

Dank ihrer Inhaltsstoffe hält die Paranuss körperlich und geistig fit und trägt zu einer Aufrechterhaltung eines harmonischen Gleichgewichts bei – sie

ist also wichtig für Stoffwechsel und Nerven.
Paranüsse werden zwar gerne roh gegessen, sie sind allerdings recht anfällig gegen Schimmelpilze.
Vorsicht: Der Paranussbaum ist dafür bekannt, dass er besonders stark radioaktives Radium speichert, das eine krebserregende Wirkung hat.

Tipp

Die Paranuss hat zwar den höchsten Kalorien- und Mineralstoffgehalt unter den Nüssen, dafür jedoch den niedrigsten Kohlenhydratgehalt aller Nüsse.

Pastinak(e)

Pastinaca sativa

Balsternak, Chirivia: span., Gänsewurzel, Gartenpastinak, Hammelmöhre: norddt., Hirschmöhre, Moorwurzel, Panais: franz., Parsnip: engl., Pasterna, Pasternake, Pastinaça: ital. und span.

Allgemeines, Herkunft, Geschichtliche Bedeutung

Die Pastinake oder der Pastinak ist ein Wurzelgemüse, das durch Kreuzung von Petersilienwurzel und Wilder Möhre entstanden ist und schon zur Sammelnahrung unserer steinzeitlichen Vorfahren gehörte. Vermutlich stammt dieser gelbblühende Doldenblütler/Apiaceae (Umbelliferae) aus Ost-Europa; nach Deutschland gelangte er jedoch aus dem Mittelmeergebiet erst in der Römerzeit. Bis zur Verdrängung durch die Kartoffel in der Mitte des 18. Jahrhunderts war die Pastinake ein wichtiges Grundnahrungsmittel, geriet dann in Vergessenheit, wurde bei uns aber durch die moderne Vollwertküche allmählich wiederentdeckt. In Frankreich, England, den Niederlanden und Österreich zählt die Pastinake, die nach etwa 8 Monaten erntereif ist, zu den beliebtesten Wintergemüsen; in Amerika gilt sie als klassisches Weihnachtsgemüse.
Pastinaken werden in Asien, Deutschland (Mecklenburg, Schlesien), England, Frankreich, Niederlande, Österreich, Skandinavien, Ungarn und den USA feldmäßig kultiviert, sie wachsen aber auch überall wild auf Wiesen und an Wegrändern. Gegen Umwelteinflüsse wie Läuseplagen oder Hagelschlag sind Pastinaken übrigens regelrecht immun.

Aussehen

Die Pastinake ist ein bis zu ca. 20cm lang und 6cm breit werdendes, rettichartiges, gelblich-weißes Gemüse, das zwar der Wurzelpetersilie stark ähnelt, jedoch erheblich größer ist.

Geschmack

Am besten schmecken Pastinaken entweder nach mehrwöchiger Lagerung oder im Winter nach dem ersten Frost. Sie haben dann ein leicht süßliches, kräftig-würziges, karottensellerie-maggiähnliches Aroma.

Hauptinhaltsstoffe

Aminosäuren, reich an Calcium, Kalium, Eisen und Phosphor, Eiweiß, Fett, Furocumarine, etherische Öle, Pektin, Provitamin A, Psoralen, Stärke, Vitamin B 1, B 2, B 6, C, Zucker.

Verwendung, Zubereitung

Pastinaken werden zu Gemüse, als Püree, Rohkostsalat, in Salaten, Suppen, paniert und gebacken als Fleischbeilage oder vegetarische Kost, auch gemischt mit Möhren und Petersilie oder in Babynahrung verwendet. Man kann aus Pastinaken auch Chips machen, indem man sie schält, in feine Scheibchen schneidet und, wie Kartoffeln, in heißem Fett oder Öl ausbackt. Pastinaken-Samen werden im Ganzen oder feingehackt als Gewürz für Eintöpfe, Essiggurken, Salate, und Suppen verarbeitet. Pastinaken-Blätter können feingehackt wie Petersilie verwendet werden. Sehr große Pastinaken werden als Viehfutter verwendet, weil sie meist holzig schmecken.

Lagerung

Im Kühlhaus, in einem Kistchen mit Sand eingeschlagen oder in einer Bodenmiete sind Pastinaken mehrere Monate haltbar.

Volksmedizinische Bedeutung

Bei Appetit- und Schlaflosigkeit, Fieber, Magenschmerzen und Verdauungsproblemen helfen die Wirkstoffe der Pastinake. In der Heilkunde dienen Pastinakenwurzel und -saft auch als Mittel gegen Impotenz, Blasen-, Stein-, Leber- und Nierenleiden. Da man nach dem Verzehr von Pastinaken „lustige Gefühle" bekommen soll, durften Nonnen und Mönche diese Delikatesse früher nicht verzehren!

Das wertvolle Karotin, das in der Pastinake reichlich enthalten ist, lässt sich vom Körper leichter aufschließen als das Karotin, das in Möhren vorkommt. Da das in der Pastinake enthaltene Inulin in ihr insulinunabhängig verstoffwechselt wird, ist dieses Gemüse sehr gut auch für Diabetiker geeignet.

Tipp

Wegen der Verwechslungsgefahr mit teilweise hochgiftigen anderen Doldengewächsen sollte man nur im Fachhandel Pastinaken-Samen oder -anzucht kaufen!

Pâtisson

Cucurbita pepo var. patissonina

Abobora, Bischofsmütze, Custard marrow: engl., Kaisermütze, Kurfürstenmütze, Melonenkürbis, Melonensquash, Melonnées: franz., Pastisson: urspr., Patisson: franz., ital., niederl., Pastetenkürbis, Pastorenkappe, Scallop, Summer squash: engl., Spanische Artischocke, Squash, Ufo-Kürbis, Victoria: span.

Allgemeines, Herkunft, Geschichtliche Bedeutung

Schon im vorkolumbianischen Amerika wurde der Pâtisson von den Indianern angebaut. Vermutlich ist er aus einer Kreuzung zwischen Gurke und Kürbis entstanden. In Frankreich, Südafrika, Südamerika und Südeuropa werden Pâtissons heute kultiviert.

Aussehen

Pâtissons sehen aus wie halbmondförmige, handgroße, diskusförmige Kürbisse. Die dekorativen Früchte haben einen Durchmesser von 8 bis 20cm und eine weiße, grünliche, rötliche oder elfenbeinfarbene, oft auch gestreifte Schale.

Geschmack

Der milde, mehlige Geschmack der Pâtisson erinnert an Gurke und Zucchini.

Sorten

Mini-Squash heißt eine sehr kleine, dekorative Pâtisson-Neuzüchtung, die überwiegend in Frankreich und Chile kultiviert wird.

Hauptinhaltsstoffe

Calcium, Magnesium, Provitamin A, Vitamine der B-Gruppe.

Verwendung, Zubereitung

Pâtissons sind nur im gegarten Zustand genießbar. Sie werden mit der Schale entweder gedämpft, gebraten oder gebacken zu Gemüse, Kuchen oder Suppe verarbeitet; Schale und Kerne können mitgegessen werden. Getrocknet können Pâtissons als Zierkürbisse verwendet werden.

Lagerung

Trocken gelagert lassen sich Pâtissons problemlos mehrere Monate aufbewahren.

Volksmedizinische Bedeutung

Pâtissons haben die gleichen gesundheitsfördernden Eigenschaften wie Kürbisse.

Tipp

Erst wenn ihre Haut auf leichten Fingerdruck nachgibt, sollten Pâtissons mit einem scharfen Messer vom Trieb abgeschnitten und geerntet werden.

Pekannuss

Carya illionensis

Amerikanische Walnuss, Hickorynuss, Hickory nut: engl., Illinoisnuss, Krachende Nuss, Noce di Pecan: ital., Noix de Pécan: franz., Nuéz de Pecan: span., Pacana: span., Pacane: franz., Pakan: indian., Pecan: engl., ital., Pecannoot: niederl., Pecannuss, Pekannött: norw.

Allgemeines, Herkunft, Geschichtliche Bedeutung

Ursprünglich waren Pekannüsse ein wichtiges Nahrungsmittel der nordamerikanischen Pecan-Indianer, denen sie ihren Namen zu verdanken haben. Die Indianer nannten die Pekannuss „Geschenk des Himmels", da sie ihretwegen viele harte Winter überleben konnten. Heutzutage werden die zur Familie der Walnussgewächse (Juglandaceae) zählenden Pekannüsse in Australien, Israel, Italien, Kanada, Nordafrika, Spanien, Subtropen, Südafrika, Südchina und in den USA angebaut.

Den Astronauten der NASA diente die Pekannuss im Weltraum als energiespendender Reiseproviant und als einzige frische Nahrung.

Aussehen

Pekannüsse wachsen an bis zu 50m hoch werdenden Bäumen. Die großen, länglichen Nüsse haben eine braune, leicht behaarte, fast glatte und harte, aber dünne, haselnussähnliche Schale.

Pekannusskerne ähneln Walnüssen dermaßen, dass sie bis zum letzten Jahrhundert mit Walnüssen gleichgesetzt wurden.

Geschmack

Pekannusskerne schmecken zwar milder, jedoch wesentlich aromatischer als Walnusskerne.

Sorten

Papershell heißt eine Pekannuss-Neuzüchtung, deren Schale man mit der Hand knacken kann und die zudem einen noch größeren, süßlich aromatischen Kern besitzt. Es gibt noch ca. 100 weitere Pekannuss-Arten, die aber anbaumäßig weniger wichtig sind, da sie fast ausschließlich der Holzverarbeitung dienen.

Hauptinhaltsstoffe

Calcium, Eisen, viel Eiweiß, Fett, Kalium, Magnesium, Phosphor, Pro-Vitamin A, B, C.

Verwendung, Zubereitung

Pekannüsse werden zwar meist zur Gebäck- und Süßspeisenherstellung verarbeitet, sie sind aber auch als Beilage zu Käse oder über Gemüse und Salat gerieben eine Gaumenfreude. In ihrer Heimat wird die Pekannuss gerne zu „Pekan pie", einem speziellen Kuchen verarbeitet.

Pekanüsse lassen sich leichter schälen, wenn man sie 15 bis 20 Minuten in kochendes Wasser legt.

Lagerung

Da Pekannüsse einen höheren Fettanteil als andere Nüsse aufweisen, werden sie bedauerlicherweise auch schneller ranzig.

Tipp

Mit 72% Fettgehalt weist die Pekannuss den höchsten Fettgehalt aller Nüsse und Früchte auf.

Pepino

Solanum muricatum

Birnenmelone, Cachum: engl., Fruit cucumber: engl., Kachuma, Mellowfrucht, Mellowfruit: engl., Meloenpeer: niederl., Melonenbirne, Melon pear: engl., Pear Melon: engl., Pepino: engl., ital., norw., Pepino dulce: span., Pepino morado: span., Poire-melon: franz., Sweet cucumber: engl., Tree melon: engl.

Allgemeines, Herkunft, Geschichtliche Bedeutung
Die Pepino ist ein uraltes indianisches Nachtschattengewächs (Solanaceae), das in den Andengebirgstälern Perus und Kolumbiens zu Hause ist. Durch Neuzüchtungen wurde die Qualität dieser Pflanze ständig verbessert. In Äthiopien, Chile, Kolumbien, Neuseeland, Russland, Spanien und den USA wird die Pepino heute hauptsächlich angebaut.
Pepinos sind biologisch gesehen trotz ihres Namens „Birnenmelone" weder mit Birnen noch mit Melonen verwandt.
Aussehen
Pepinos sind bis zu 20cm lang werdende, melonenähnliche Früchte mit einer gelben Schale, die eine violett gestreifte Maserung aufweist. Eine reife Pepino erkennt man an einer besonders gelben Farbintensität.
Das gelbe bis cremefarbige Fruchtfleisch enthält zahlreiche leicht entfernbare Kerne.
Geschmack
Die Pepino schmeckt sehr delikat, süß und saftig, tatsächlich etwas nach Birne und Melone, zuweilen jedoch etwas fade.
Sorten
Apfelmelonen nennt man apfelähnliche Pepinos.
Korila/Pepino hueco: indian./Wild cucumber: engl./Wilde Gurke. Diese wildwachsende Pepino-Sorte aus der Karibik, Südamerika oder Südostasien hat bis zu 7cm lange, spindelförmige, spitzzulaufende Früchte, die sich sowohl zum Rohverzehr als auch zur Gemüsebereitung eignen.
Hauptinhaltsstoffe
Calcium, Phosphor, Vitamin A und C.
Verwendung, Zubereitung
Pepinos werden entweder roh verzehrt, mit Krabben gefüllt, wie Melone mit Schinken serviert oder zu Desserts, Marmelade, Mousse und Salat verarbeitet. Man kann sie aber auch ganz kurz in Butter braten und gut gewürzt - da das Aroma dabei zum größten Teil verlorengeht - als Beilage zu Fleischgerichten servieren. Als Frischfrucht wird die Pepino zuerst geschält, entkernt und danach wie eine Birne weiterverarbeitet. Pepinos sollte man möglichst erst kurz vor dem Verzehr zerteilen, da sie sich rasch unansehnlich verfärben.
Lagerung
Leicht gekühlt sind Pepinos bis zu 7 Wochen lagerbar.
Tipp
Mit ein paar Spritzern Zitronensaft oder etwas Orangenlikör kann man den faden Geschmack einer frischen Pepino aufpeppen.

Perilla
Perilla ocymoides

Beefsteak plant: engl., Öl-Perilla, Perilla: engl., franz., ital., span., Schwarznessel, Shiso: engl.

Allgemeines, Herkunft, Geschichtliche Bedeutung
In den Ursprungsländern Burma und China/Himalaya wird die Perilla schon seit Jahrhunderten als Heil-, Zier-, Gemüse- und Würzpflanze kultiviert. Anbaugebiete dieses Lippenblütlers/Lamiaceae (Labiatae) gibt es auch in Indien, Iran, Japan, Korea und in Südeuropa.
Aussehen
Die bis zu 1,8m hoch werdende Perilla hat vierkantige Stängel, gewellte, spatenartige, behaarte Blätter und weißrosa Blüten.
Geschmack
Sehr aromatisch.
Sorten
Grüner Shiso/Green cumin: amerik./ Aka-Shiso hat ein pfeffriges Aroma. In

Japan wird er meist zu rohen Fischgerichten verzehrt.
Roter Shiso/Ao-Shiso wird meist zum Färben von eingelegtem Gemüse oder Obst verwertet. Die makrobiotische Küche (besonders gesunde, vollwertige und Lebenskraft schenkende Ernährung) schätzt den roten Shiso besonders, wenn er in Essig eingelegt wurde.
Shiso-Keimlinge von beiden obengenannten Sorten werden von einem niederländischen Produzenten auf den Markt gebracht.

Hauptinhaltsstoffe

Linolensäure, Linolsäure, Ölsäure, Perillaketon.

Verwendung, Zubereitung

Alle Teile der Perilla sind verwendbar: Die Blätter, Blüten und Samen werden zu Gemüse verarbeitet, die Keimlinge werden zu Sprossengemüse verwendet. Aus den Samen wird Öl gewonnen, das man zum Aromatisieren von Fisch benutzt.
Perilla-Knospen gelten als traditionelle „Sushi"-Würze (ein rohes Fischgericht).

Tipp

Aus Perilla-Samen wird auch ein Öl gewonnen, das zur Lack- und Firnisherstellung und zum Wasserdichtmachen von Papier und Stoffen verwendet wird.

Pfeilwurz (Echter)

Maranta arundinacea

Arrowroot: engl., Maranta: engl., ital., span., Marante: franz., Pfeilwurz(el), Westindisches Arrowroot

Allgemeines, Herkunft, Geschichtliche Bedeutung

Echter Pfeilwurz heißt eine im tropischen Amerika beheimatete Wurzelknolle, die zur Familie der Marantengewächse (Marantaceae) gezählt wird und besonders durch ihren hohen Stärkeanteil weltweite Bedeutung erlangt hat: aus 1ha Anbaugebiet werden ca. 15 Tonnen Wurzeln geerntet, aus denen ca. 2,5 Tonnen Stärke gewonnen werden kann. Die Hauptanbaugebiete des Echten Pfeilwurz liegen auf den Westindischen Inseln.
Mit dem englischen Namen „Arrowroot" sind mehrere tropische Pflanzen gemeint, aus deren Wurzelknollen weltweit Stärke gewonnen wird (z.B. Maniok, Kurkuma uvm.).

Aussehen

Der Echte Pfeilwurz ist eine krautige Pflanze, die eine Wuchshöhe von bis zu 3m erreichen kann und mehrere Wurzelknollen besitzt.

Geschmack

Pfeilwurz-Knollen schmecken weitestgehend neutral.

Verwendung, Zubereitung

Die Pfeilwurzel wird meist zu Mehl verarbeitet.
Pfeilwurz(el)mehl/Marantastärke/Tapioca/Tapioka/Tikemehl/Tikormehl/Tikurmehl hat den Vorteil, dass Saucen oder Suppen, die damit gebunden wurden, trotz Bindung klar bleiben und nicht mehlig schmecken; außerdem bilden sich bei gefrorenen Speisen, die man mit diesem Mehl gebunden hat, beim Auftauen keine Klümpchen. Erst nach ca. 20 Min. Kochzeit kommt es beim Pfeilwurzelmehl zur gewünschten Bindung.
Japanperlen/Nizamperlen/Perltapioka/Tapiokasago nennt man die bei der Herstellung von Pfeilwurzelmehl entstehenden, verkleisterten Stärkeklümpchen. Sie werden meist zu Sago (Suppeneinlage), Saft oder Alkohol verarbeitet.

Volksmedizinische Bedeutung

Da das säurefreie Pfeilwurzelmehl besonders fein und daher leichter verdaubar als andere Stärkeformen ist, eignet es sich besonders als Nahrungsmittel für Kleinkinder oder Kranke.

Tipp

In Deutschland ist Pfeilwurzelmehl sehr teuer und nur in Delikatessengeschäften erhältlich.

Pferderettichbaum

Behenölbaum, Horse radish tree: engl., Meerrettichbaum

Allgemeines, Herkunft, Geschichtliche Bedeutung

Der Pferderettichbaum hat seinen Ursprung im tropischen Indien.

Aussehen

Der Pferderettichbaum hat hülsenfruchtähnliche Früchte und farnartige Blätter.

Geschmack

Der Geschmack ähnelt dem Meerrettich.

Hauptinhaltsstoffe

Geruchloses Behenöl, das nicht ranzig wird.

Verwendung, Zubereitung

Die kresseähnlichen Blätter, die Triebspitzen, die unreifen Samen und die jungen Früchte des Pferderettichbaums werden zu Gemüse verarbeitet. Aus der Wurzel wird „Horse radish", ein Gewürz hergestellt, das unserem Meerrettich gleicht. Aus den reifen Samen wird Speiseöl hergestellt.

Tipp

Drumsticks (Trommelstäbe) nennt man in England die Früchte des Pferderettichbaums.

Pfirsich

Persicum

Durazno: südam., Echter Pfirsich, Edelpfirsich, Fersken: norw., Malum persicum: mittelalt., Melocotón: span., Peach: engl., Pêche: franz., Pelzpfirsich, Persische Frucht, Persische Pflaume, Persischer Apfel, Perzik: niederl., Pesca: ital., Pferscher: tirol., Pfirsche, Pfirsing, Prunus persica: bot.

Allgemeines, Herkunft, Geschichtliche Bedeutung

Schon seit 2500 Jahren wird der Pfirsich in seiner Heimat China angebaut. Da Alexander der Große den Pfirsich erstmals von Persien nach Europa brachte, nannten ihn Römer und Griechen „Persische Frucht" - sie wussten nicht, dass China seine eigentliche Heimat war. Pfirsiche werden heute überwiegend in Gegenden mit Weinklima angebaut, denn sie benötigen ein warmes, gemäßigtes Klima ohne späten Frost. Größere Anbaugebiete dieses Rosengewächses (Rosaceae) findet man heute in Argentinien, Australien, China, Deutschland, Frankreich, Griechenland, Italien, Spanien, Südafrika, Südeuropa und in den Vereinigten Staaten.

70% des frischen deutschen Pfirsichbedarfs kommt hauptsächlich im Sommer aus Italien, dem „Pfirsichgarten Europas"; Treibhausfrüchte werden dagegen meist aus Belgien und den Niederlanden zu uns importiert.

Die Redewendung „Sie hat eine Pfirsichhaut" kommt nicht von ungefähr, denn die „Hautvitamine" im Pfirsich bewirken tatsächlich eine weiche Haut!

Aussehen

Die sammetfilzige Haut des Pfirsichs hat eine einseitige Längsfurche und ist an der Sonnenseite rotgeflammt. Das je nach Sorte weiße, gelbe oder rote Fruchtfleisch sollte fest in der Konsistenz und angenehm saftig sein. Der tiefrunzlige, harte Pfirsichkern, der sich gelegentlich schwer vom Fruchtfleisch löst, enthält einen ölreichen Samen.

Pfirsiche werden in verschiedenen Grössen angeboten:

Grösse A und AA sind große Pfirsiche, Grösse B sind mittelgroße Pfirsiche, Grösse C und D sind kleine Pfirsiche, die mehrheitlich in derKonservenindustrie Verwendung finden.

Geschmack

Reife Pfirsiche schmecken saftig-süß, hocharomatisch und haben eine erfrischende Säure. Unreife Pfirsiche sind hart und schmecken aromalos, säuerlich und trocken.

Sorten

Aprikosenpfirsiche nennt man Pfirsiche mit gelbem Fruchtfleisch, *Frühpfirsiche* haben weißes Fruchtfleisch.

Australischer Pfirsich/Quandong heißt eine pfirsichähnliche Frucht, die ausschließlich in Australien angebaut wird. Ihr öliger Kern muss vor der Weiterverarbeitung erst angebraten werden, bis er sich schwarz färbt. Wird er danach gerieben, erhält man eine Speisenzutat mit nussigem Sesam-Geschmack, die sich gut als Zusatz zu asiatischen Gerichten eignet.

Härtling/Nager/Pavies: franz. nennt man eine nicht steinlösende Frühpfirsich-Sorte.

Hameln sagt man zu wilden oder halbwilden Pfirsichen.

Percochen heißt eine italienische Pfirsichart mit gelbem Fruchtfleisch, die überwiegend in der Konservenindustrie verarbeitet wird.

Weinbergpfirsich/Blutpfirsich heißt eine alte, robuste, selten gewordene, rotfleischige Kulturpfirsich-Sorte mit kräftigem, fruchtigem Geschmack, die derzeit an der Mosel einen großen Aufschwung findet. Im 19. Jahrhundert soll diese Pfirsich-Sorte in nahezu jedem Weinberg gestanden haben, damit sich die Winzer während ihrer schweren Arbeit mit den Früchten stärken konnten, und nebenbei galt der Weinbergpfirsich auch als wirksamer Durstlöscher. Heutzutage wird diese Pfirsich-Sorte hauptsächlich zur Branntwein, - Likör- und Marmeladenherstellung genutzt.

Safranpfirsich heißt eine Pfirsichsorte mit rötlichgelbem Fruchtfleisch.

Hauptinhaltsstoffe

Aromastoffe, Calcium, Eisen, Kalium, Natrium, Niacin, Phosphor, Provitamin A, Vitamin B 1, B 2, C, E, 87% Wasser.

Verwendung, Zubereitung

Pfirsiche dienen zwar meist dem Frischkonsum, sie werden aber auch für warme, kalte und gefrorene Süßspeisen, zu Bowle, Branntwein, in Kaltschale, zu Kompott, Konserven und Trockenfrüchten, Kuchen, Marmelade, im Obstsalat, und zu Wein verarbeitet.

Pfirsiche aus dem Ausland sind meist chemisch stark behandelt, weshalb man sie vor dem Verzehr erst heiß und danach noch einmal kalt abspülen sollte.

Aus entbitterten Pfirsich- und/oder Aprikosenkernen wird in der Lebensmittelindustrie „Persipan" (Marzipanersatz) hergestellt, das in orientalischen Ländern als Beilage zu Fleisch sehr beliebt ist. Aber auch Likör (Persico) und Mandelölersatz werden daraus gemacht.

Durch das Auskochen von Pfirsichblättern in Milch oder Wasser erzielt man den bekannten „Bittermandel-Geschmack".

Kullerpfirsich nennt man ein beliebtes und erfrischendes Getränk, das man wie folgt zubereitet: Zuerst enthäutet man einen kleinen Pfirsich, indem man ihn eingeritzt 20 Sekunden in kochendes Wasser taucht und dann abpellt. Danach wird der geschälte Pfirsich mit einer Nadel rundum eingestochen, in ein breites Sektglas gegeben, mit Sekt aufgefüllt und – schon „kullert" der Pfirsich im Glas, bedingt durch die

Einstiche und die Kohlensäure, und kann, nachdem die Flüssigkeit getrunken wurde, verzehrt werden.

Volksmedizinische Bedeutung

Pfirsichgenuss fördert die Verdauung und steigert die Nierentätigkeit, wodurch er sich ausgezeichnet für eine Reduktions-Diät eignet. Pfirsiche gelten auch als strenge „Wächter gegen Stoffwechselgifte".

Tipp

Das berühmte Dessert: „Pfirsich Melba" entstand so:

Der berühmte Meisterkoch Auguste Escoffier (er gilt als der Papst der Köche) überraschte im Jahr 1883 seine Gäste im Londoner „Savoy-Hotel" mit einer kulinarischen Premiere: einem gehäuteten, pochierten Pfirsich, glänzend zwischen die Flügel eines Schwans aus Vanilleeis gebettet und mit einer Sauce aus frischen Himbeeren nappiert. Nellie Melba, seinerzeit eine gefeierte Wagner-Sängerin, wohnte zu jener Zeit im „Savoy"-Hotel und war von dem fruchtigen Dessert so entzückt, dass der neue Nachtisch schließlich vom Küchenchef nach ihr benannt wurde.

Pflaume

Prunus domestica ssp. domestica

Ciruela: span., Plomme: norw., Plum: engl., Plume: norddt., Plumme: mecklenb., Prugna: ital., Pruim: niederl., Prumme: kölsch., Prune: franz., Susina: ital.

Allgemeines, Herkunft, Geschichtliche Bedeutung

Die wilde Ur-Pflaume stammt vom Kaspischen Meer (Kaukasus/Turkestan). Man vermutet, dass sie dort aus einer Kreuzung von Kirschpflaume und Schlehdorn mit zahlreichen kultivierten und verwilderten Sorten entstanden ist. Im 2. Jahrhundert v. Chr. kam die Pflaume nach Italien, und in Griechenland wurde diese Steinfrucht erstmals vor 2500 Jahren angebaut.

Seit der Pflaumenbaum in Europa Wurzeln schlug, ist er immerzu mit fremden Früchten und solchen aus eigener Sippschaft gekreuzt worden, so dass schon der römische Schrifsteller Plinius 23-79 n. Chr. nicht mehr durch diesen Irrgarten fand. Im 18. Jahrhundert versuchte man, durch polizeiliche Verbote, Kreuzungen gewisser Pflaumensorten zu unterbinden.

Pflaumen gehören zur Familie der Rosengewächse (Rosaceae) und sind mit Mirabellen, Renekloden und Zwetschgen verwandt. Pflaumen-Importe kommen meist aus Frankreich, Italien, Jugoslawien und Rumänien zu uns, deutsche Ware gibt es von Juli bis Oktober.

Das deutsche Wort „Pflaume" ist durch Lautverschiebung aus dem griechisch-lateinischen „Damascenus" entstanden. Die Damaszener Pflaume wurde durch Kreuzfahrer aus Damaskus (Syrien), dem Ursprung des Pflaumenhandels, nach Europa gebracht.

Pflaumen reifen normalerweise früher als Zwetschgen.

Aussehen

Pflaumen sind kugelige, glatte, rötlichblaue bis violette Früchte mit rundlichen Enden und einer ausgeprägten Bauchnaht. Je nach Sorte ist das weiche, am runden Kern haftende, Fruchtfleisch grüngelb bis leicht rötlich. Die weißliche Wachsschicht auf der Außenhaut der Pflaume heißt in der Fachsprache „Duftfilm", ist ein Belag von Mutter Natur und schützt die Früchte vor dem Austrocknen.

Geschmack

Rohe Pflaumen schmecken sehr süß und edel, saftiger und weicher als

Zwetschgen. Gekocht schmecken Pflaumen jedoch säuerlich.

Sorten

Agenpflaume heißt eine Halbtrocken-Pflaume aus Agen, einer französischen Stadt an der Garonne.

Armagnac-Pflaumen/Josephinen-Pflaumen nennt man Trockenpflaumen, die in Armagnac (franz. Weinbrand) und Alkohol eingelegt wurden.

Backpflaumen/Dörrpflaumen/Pruneau: französ./Römische Pflaumen/Trockenpflaumen nennt man entkernte, getrocknete Pflaumen, die vor dem Servieren in Wasser oder noch besser in Schwarzem Tee eingeweicht werden sollten. Nebenbei gelten sie als mild abführend.

Bühler Frühzwetschen sind von der äußeren Form her keine Zwetschgen, sondern Pflaumen, da sie rundliche Enden haben. In der eher länglichen Form ähneln sie zwar der gewöhnlichen Hauszwetschge, allerdings ist eine Naht nicht immer vorhanden.

Davidson Plum nennt man die pflaumenähnliche Frucht eines australischen Regenwald-Baumes. Da Davidson Plums sehr sauer schmecken, muss man sie vor dem Verzehr mit Zucker kochen und sie dann anschließend entweder zu Marmelade oder zu einer Fruchtsauce zubereiten.

Eierpflaumen/Ovalpflaumen/Sackpflaumen sind dick, weich und wohlschmeckend. Sie haben eine rote oder grünliche Schale und sind mit einem relativ kleinen Kern versehen. Sie dienen vor allem der Backpflaumenherstellung.

Kirschpflaumen: Prunus cerasifera: lat./Myrobalanen haben kugelige Früchte. Sie dienen meist nicht dem menschlichen Konsum, sondern als Unterlage zu Veredlungszwecken.

Kurpflaumen nennt man besonders große, süße, entsteinte Trockenpflaumen aus Jugoslawien.

Praumen nennt man eine Kreuzung aus Pflaumen und Mirabellen.

Rundpflaume/Marunke/Damaszener Pflaume heißt eine Pflaumen-Sorte, die ‚nur' als Frischfrucht geeignet ist.

Susine: Prunus salicina: lat./Herzpflaume/Japanische Pflaume/Susina: ital. Die Susine ist durch Kreuzungen der Pflaume mit amerikanischen Wildarten entstanden. Susinen sind gelbe oder rotglänzende, große, runde Pflaumen, die bis zu 100g schwer werden können. Ihr gelbes bis dunkelrotes Fruchtfleisch ist mit dem Kern fest verwachsen. Susinen haben einen edlen, süß-säuerlichen und leicht wässrigen Geschmack. Sie finden überwiegend als Frischfrüchte Verwendung; ansonsten können sie wie Pflaumen verarbeitet werden. Da die japanische Urform der Susine herzförmig war, erhielt sie den Zweitnamen „Herzpflaume".

Zibarte/Zipparte heißt eine wildwachsende Pflaumenart mit kleinen, gelbgrünen bis blauen Früchten, die im Schwarzwald, im Elsaß, in Jugoslawien und in der Ostschweiz hauptsächlich der Herstellung von Obstbranntwein oder Likör dient.

Hauptinhaltsstoffe

Ballaststoffe, Calcium, Eisen, Fruchtsäure, Kalium, Pektin, Phosphor, Pro-Vitamin A, Rutin, Vitamin B 1, B 2, C, E.

Verwendung, Zubereitung

Pflaumen sind für den Frischkonsum, für kalte und gefrorene Süßspeisen, Kaltschalen und zur Herstellung von Trockenfrüchten geeignet.

Pflaumen sind zwar auch für Knödel, Kompott, Kuchen, Marmelade, Pflaumenmus/Flaumaschmootsch: schles., Sauce und warme Süßspeisen geeignet,

da sie aber beim Kochen und Backen leicht ihre natürliche Süße und Würze verlieren, sind ihnen Zwetschgen vorzuziehen.
Slibowitz: serbokr./Slivova: bulg./Slivowitz: österr./Sliwowitz: dt. heißt ein trockener und farbloser Branntwein, der in Ost-Bosnien und West-Serbien aus den Früchten der o.a. „Zibarte" und ihren zerquetschten Kernen hergestellt wird.
Zibärtle nennt man einen im Badischen/Schwarzwald hergestellten Pflaumen-Branntwein.

Lagerung

Frische und ungewaschene Pflaumen lassen sich im Kühlschrank noch 3 bis 4 Tage aufbewahren.
Grünliche, nicht ganz reife Pflaumen legt man 2 bis 3 Tage bei Zimmertemperatur auf eine helle Fensterbank.
Späte, festfleischige Pflaumen-Sorten eignen sich am besten zum Einfrieren, indem man sie vorher aufschneidet und entsteint (nicht zuckern!).

Volksmedizinische Bedeutung

Die Pflaume ist ein mildes und verträgliches Abführmittel, das sich auch zur Gewichtsreduktion empfiehlt, denn keine andere Frucht hat eine derartige vergleichbare Wirkung. Die Wirkstoffe der Pflaume unterstützen Leber und Nieren, wirken fiebersenkend, beugen Arterienverkalkung vor, helfen bei Erschöpfungszuständen und gelten als sehr stoffwechselanregende Kost bei Patienten, denen der Arzt eine kalorien- und kochsalzarme Diät verschrieben hat.
Magenempfindliche und vor allem ältere Menschen sollten Zwetschgen den Pflaumen vorziehen, da Pflaumen - nicht gut gekaut oder zuviel davon gegessen - Leibschmerzen verursachen können.

Tipp

„Pflaumenkreide" ist ein anderer Ausdruck für dick eingekochtes Pflaumenmus.

Physalis

Physalis peruviana

Alquequenje: span., Ananaskirsche, Ananaskirsebär: norw., Andenbeere, Boberelle (wobei hierunter eigentlich die „Judenkirsche" (s. dort) verstanden wird und nicht die Physalis!), Camapum: span., Cape gooseberry: engl., Coqueret du Perou: franz., Essbare Judaskirsche, Goldbeere, Golden berry: engl., Groseille du Cap: franz., Inkapflaume, Kap-Gänsebeere, Kapstachelbeere, Korallenkirsche, Lampionfrucht, Peruaanse ananaskers: niederl., Peruanische Judenkirsche, Peruvian cherry: engl., Physalis: engl., ital., Physaliskirsche, Pohe, Uchuva, Uva spina del Capo: ital., Uvilla: span.

Allgemeines, Herkunft, Geschichtliche Bedeutung

Portugiesische Seefahrer brachten die Physalis vor 200 Jahren von ihrem Ursprungsgebiet, den nördlichen Andengebieten Perus und Boliviens, ans Kap der guten Hoffnung in Südafrika, wo sie seitdem in größerem Umfang kultiviert wird. Inzwischen wird dieses Nachtschattengewächs (Solanaceae), das mit der Tomate verwandt ist, auch in Asien, Java, Madagaskar, Südafrika und in Vorderindien angebaut.

Aussehen

Die Physalis ist eine leuchtend-orangefarbene bis gelbe, kirschenähnliche Frucht mit bastartiger, lampionähnlicher Hülle, die ihr als ideale Transportverpackung dient.

Geschmack

Der süß-säuerliche, aromatische Geschmack dieser knackigen Frucht erinnert an Kokos mit leichter Tendenz zu Ananas, Maracuja und Stachelbeere.

Sorten

Erdkirsche: Physalis pruinosa: latein./Erdbeertomate heißt eine Physalis-Sorte aus Nordamerika, die der o.a. Sorte zwar sehr stark ähnelt und auch so verwendet wird, allerdings eine rötliche Schale hat.

Tomatillo: Physalis ixocarpa: lat./ Grüne Mexikanisxche Tomate/Mil-Tomate/Pelados/Tomatillos enteros: span./Tomatitos verdes: span. heißt die etwa walnussgroße, tomatenartige Frucht einer in Mexiko heimischen Physalis-Sorte mit stark ausgeprägtem Aroma, die an einem bis zu 2m hoch werdenden Strauch gedeiht, der seines Aussehens wegen auch „Tomatenbaum" genannt wird. Unreif, wie die Tomatillo gelegentlich auf unseren Märkten vom Spätsommer bis in den Herbst erhältlich ist, hat sie eine blassgrüne Schale, reif, wie sie in Südamerika verspeist wird, hat sie eine orangerote oder gelbe Schale. Meist wird sie zu Eintöpfen, „Pickles" Salaten oder Saucen verarbeitet.

Hauptinhaltsstoffe

Calcium, Eisen, Phosphor, 500g Karotin pro 100g Fruchtfleisch, Vitamin B 3, B 12, sehr Vitamin-C-haltig.

Verwendung, Zubereitung

Physalen werden in Cocktails, zu Desserts, Kompott, Marmelade, Quarkspeisen, als Torten- und Kuchenbelag, im Obstsalat und zur Dekoration verarbeitet. Meist wird sie jedoch gekühlt und leicht gezuckert frisch verzehrt, nachdem man die bastartige Umhüllung entfernt und die Frucht halbiert oder mehrmals eingestochen hat, da ihre Schale keine würzenden Zutaten eindringen lässt. Mit einem Spritzer Cognac oder Zitronensaft zusätzlich wird sie zu einer besonders wohlschmeckenden Delikatesse.

Physalen lassen sich auch zuerst in heiße Schokolade und dann in gehackte Mandeln oder Pistazien tauchen, um sie dann im süßen, erkalteten Mantel mit geschlagener Sahne zu verzehren.

Auch in Pfannkuchenteig fritiert ist die Physalis eine Köstlichkeit.

Lagerung

Kühl, trocken und mitsamt der Hülle sollte die Physalis gelagert werden, da sie sonst schnell zu schrumpfen beginnt.

Volksmedizinische Bedeutung

Physalengenuss soll bei Gicht, Rheuma und Nierenstörungen helfen.

Tipp

Blasenkirsche:Physalis alkekengi: latein./Boberelle/Judenkirsche/Lampionblume/Schlute heißt die ungenießbare Schwester der Physalis, die leicht mit ihr verwechselt werden kann, jedoch nur als Zierpflanze Verwendung findet.

Pinienkerne

Pinus pinea

Indianernüsse, Pignoli: ital., Pignolia, Pignol(i)en: österr., schweiz., süddt., Pignon: franz., Pijnkern: niederl., Pinenut: engl., Piniennüsse, Piniolen, Pinje frukt: norw., Pinon: span., Pinon-Samen, Zirbelnüsse

Allgemeines, Herkunft, Geschichtliche Bedeutung

Pinienkerne sind die Samen (keine Kerne) aus den Zapfen der wildwachsenden Schirmpinie, einer Kiefernart (Pinaceae), die bis zu 30m hoch werden kann und deren Heimat im Süden Europa liegt. Die reifen Pinienzapfen werden dort während des Winters gesammelt, um sie im Folgejahr an der Sonne zu trocknen, damit sich die hartschaligen Samen öffnen und man so an die begehrten Kerne gelangen kann.

Pinienbäume gibt es heute in China, Frankreich, Israel (Karmel), Italien, auf den Kanarischen Inseln, auf Madeira, in Portugal, Spanien, Südamerika, Südfrankreich und in der Türkei.

Aussehen

Pinienkerne sind weiß, ca. 2cm lang, schmal, stiftförmig, leicht gekrümmt und an den Enden abgerundet.

Geschmack

Der Geschmack der Pinienkerne ist ölig und nussig - er erinnert zwar an Mandeln, ist allerdings weniger intensiv. Die beste Pinienkernqualität soll übrigens aus der Toskana (Italien) kommen.

Hauptinhaltsstoffe

Calcium, Eisen (mehr als in Kalbsleber, dem eisenhaltigsten Fleisch!), Eiweiß, etherisches Öl, Harzsäure, Kohlenhydrate, Phosphor, reichlich Provitamin A und Vitamin B 1, Vitamin B 2.

Verwendung, Zubereitung

Pinienkerne werden roh, leicht angeröstet oder gesalzen für Gemüse und Salate, zum Backen, Knabbern, aber auch als Garnitur für vegetarische Gerichte und für Pesto verwendet.

Lagerung

Ungeschält sind Pinienkerne lange haltbar. Geschält dürfen Pinienkerne allerdings nicht länger als 2-3 Monate lagern, da sie ihres hohen Fettgehalts wegen leicht ranzig werden.

Volksmedizinische Bedeutung

Da Pinienkerne den Stoffwechsel und die Abwehrkräfte stärken, schützen sie auch vor Erkältungen.

Tipp

Als Kanarienvogelfutter sind Pinienkerne besonders beliebt, da die Sangeslust dieser Vogelsorte durch die Kerne nachweislich gesteigert wird.

Pistazie

Pistacea vera

Alfónciga: span., Grüne Mandel, Pimpernuss, Pistacchi: ital., Pistache: franz., niederl., Pistachio nut: engl., Pistacho: span., Pistah: pers., Pistake: griech., Pistasie-nött: norw., Pistazienmandel, Pistaziennuss

Allgemeines, Herkunft, Geschichtliche Bedeutung

Die ursprünglich aus dem Iran stammenden Pistazien gelten nach wie vor bei vornehmen orientalischen Harems-Damen als Lieblingsnascherei. Erstmals kultiviert wurden die bis zu 10m hoch und mehrere hundert Jahre alt werdenden Pistazienbäume, die nur alle zwei Jahre fruchten, im Jahr 65 n. Chr. in Italien, nachdem sie der römische Kaiser Vitellius aus Syrien eingeführt hatte.

Pistazien gehören zu den Anakardiengewächsen (Anacardiaceae), sind mit den Cashewnüssen verwandt und zählen zu den teuersten Nüssen.

In Afrika, China, Griechenland, Iran, Italien, Kalifornien, Mexiko, Russland, Spanien, Syrien, in den Südstaaten der USA, in der Türkei und in Tunesien werden Pistazien heute angebaut - aus der Türkei kommt sogar die halbe Weltproduktion.

Aussehen

Die länglichen, dreikantigen, Pistazien-Kerne sind von einer dünnen, lilabraunen Samenhaut umhüllt, die hellgrünes Fruchtfleisch verbirgt.

Geschmack

Pistazien haben einen feinen, angenehm-süßlichen Mandelgeschmack, der sich allerdings erst nach dem Rösten entfaltet.

Sorten

Alepponuss/Syrische Nuss heißt die beste Pistazien-Sorte. Sie kommt aus Syrien und hat gelbes Fruchtfleisch.

Kalifornische Pistazien sind von höchster Qualität, da sie binnen 24 Stunden nach der Ernte verpackt werden. In anderen Herkunftsländern dagegen beträgt der Zeitraum zwischen Ernte und Verpackung oft mehrere Wochen.

Pistakinuss heißt eine Pistazien-Sorte aus dem Mittelmeergebiet mit schwarzen Früchten.

Sizilianische Nuss heißt eine italienische Pistazien-Sorte mit violetter Schale und grünem Fruchtfleisch.

Terebinthe nennt man eine Pistazien-Sorte, aus der Terpentin gewonnen wird.

Tunisnuss heißt eine rotschalige und grünfleischige Pistazien-Sorte aus Tunesien.

Hauptinhaltsstoffe

Calcium, sehr eisenreich (nur Hirse hat mehr!), Eiweiß (22%), Kalium, Magnesium, Öl (60%), Phosphor, Provitamin A, Vitamin B 1, C, P.

Verwendung, Zubereitung

Pistazien werden roh, geröstet und gesalzen entweder als Nascherei verzehrt oder für Gebäck, Fleischfüllungen, Galantinen, Pasteten, Pralinen, Speiseeis, Süßspeisen, in Wild- und Nudelgerichten, Terrinen, zum Garnieren und für Wursterzeugnisse (Mortadella) verwendet.

Das dünne Außenhäutchen entfernt man, indem man die Pistazie mit kochendem Wasser übergießt und sofort danach mit kaltem Wasser abschreckt.

Lagerung

Ungeschälte Pistazien kann man in einer luftdichten Verpackung ca. 2 Monate aufbewahren. Geschälte Pistazien können dagegen schnell ranzig werden und verlieren schon nach ein paar Tagen sowohl ihre dekorative Farbe als auch ihren Geschmack.

Volksmedizinische Bedeutung

Durch Pistaziengenuss werden Enzyme und Hormone aktiviert, die vor Infektionskrankheiten, Konzentrationsschwäche und Abgeschlagenheit schützen.

Tipp

Besonders in Pistazien aus dem Iran steckt bis zu 20 mal mehr Gift als unser Gesetz erlaubt; außerdem sind sie meist mit krebserregenden Schimmelpilzen, sogenannten Aflatoxinen, behaftet, die man nicht sieht und auch nicht entfernen kann. Also: Hände weg davon!

Pitahaya

Hylocereus undulata

Pitaha, Pitahaya: engl., franz., span. und ital., Pitaya

Allgemeines, Herkunft, Geschichtliche Bedeutung

Die Pitahaya ist die Frucht einer Kakteenart, die ihren Ursprung in den Tropen und Subtropen Südamerikas (Kolumbien) hat. In Japan und Kolumbien liegen die Hauptanbaugebiete der Pitahaya, deren Stacheln schon im Herkunftsland sofort nach der Ernte entfernt werden.

Aussehen

Die Pitahaya ist oval und hat eine goldgelbe Schale, die mit kleinen, warzenartigen Auswüchsen und Wülsten versehen ist. Das gallertartige, weiße bis karminrote Fruchtfleisch enthält zahlreiche dunkle, essbare Samen. Es gibt auch eine attraktive, rote, glatthäutige Pitahaya-Sorte mit lila Fruchtfleisch, die jedoch weniger schmackhaft ist.

Geschmack

Die Pitahaya hat ein einzigartiges, süßsäuerliches Birnen-Kiwi-Mangostane-Aroma, das durch Erhitzung (backen, braten, kochen) allerdings verlorengeht.

Hauptinhaltsstoffe

Calcium, Vitamin B und C, 90% Wasser.

Verwendung, Zubereitung

Pitahayas werden in Cremespeisen, im Eisbecher, als Frischfrucht, Tortenbelag, im Obstsalat und zu Vanilleeis mit Himbeersauce verarbeitet.

Meist wird die Pitahaya längs halbiert und ausgelöffelt, sie lässt sich aber auch sehr leicht schälen. Die zahlreichen schwarzen Kernchen im Fruchtfleisch kann man zwar mitessen, man sollte sie jedoch nicht zerkauen, da sie dann Durchfall verursachen.

Lagerung

Ohne besondere Kühlung können Pitahayas fast 2 Wochen gelagert werden.

Volksmedizinische Bedeutung

In größeren Mengen genossen wirken Pitahayas verdauungsfördernd.

Tipp

In Japan werden Pitahaya-Kernchen als Heilmittel bei Magenbeschwerden verkauft.

Pitanga

Eugenia uniflora

Brazilian cherry: engl., Cayenne Kers: niederl., Cayennekirsche, Cerise de Cayenne: franz., Cerise de Surinam: franz., Cerise carrée: franz., Cereza de Cayena: span., Capuli: span., Ciliega del Surnamm: ital., Kirschmyrte, Pendanga: span., Pitanga: engl., ital., span., norw., Surinam cherry: engl., Surinamkirsche

Allgemeines, Herkunft, Geschichtliche Bedeutung

Die Heimat der zu den Myrtengewächsen (Myrtaceae) zählenden Pitanga liegt in Brasilien, von wo aus sie durch portugiesiche Seefahrer auch in tropische und suptropische Länder verbreitet wurde. Heutzutage werden Pitangas in Florida, Hawaii, Sri Lanka und Südchina angebaut. Auf den deutschen Märkten sind Pitangas bislang noch sehr selten anzutreffen.

Aussehen

Die Pitanga ist eine 2-3cm große Frucht mit einer roten, achtfach gerippten, dünnen Haut. Das weiche, saftige, hellrote bis schwarze Fruchtfleisch enthält einen runden und zwei halbrunde ungenießbare Kerne.

Geschmack

Die Pitanga schmeckt angenehm bittersüß-säuerlich und leicht harzig.

Hauptinhaltsstoffe

Calcium, Eisen, Provitamin A, 30mg Vitamin C pro 100g Fruchtfleisch.

Verwendung, Zubereitung

Die Pitanga wird als Frischfrucht oder zur Cocktail-, Marmeladen-, Saft-, Wein- oder auch zur Chutney-Herstellung verwendet.

Pomelo

Citrus maxima

Pomelo: engl., ital. und span., Pomélo: franz., Pummelo

Allgemeines, Herkunft, Geschichtliche Bedeutung

Die Pomelo ist das Ergebnis einer intensiv betriebenen israelischen Zitrusforschung. In der Talsohle von Jericho, 300m unter dem Meeresspiegel, ist diese Baumfrucht aus einer Kreuzung von Pampelmuse und Grapefruit entstanden und wird von dort aus seit 1974 von November bis März u.a. auch nach Deutschland exportiert. Mittlerweile wird die zu den Rautengewächsen (Rutaceae) zählende Pomelo auch in der Karibik und in Südafrika angebaut.

Aussehen

Pomelos sind etwas größer als Grapefruits, jedoch kleiner als Pampelmusen. Sie sind von spitz-rundlicher bis birnenförmiger Form und werden bis zu 2,5kg schwer. Unter der gelblichgrünen, sehr dickwandigen, großporigen, schwammigen Schale verbirgt sich saftiges, hellgelbes oder rosa (neue Sorte) Fruchtfleisch, das in feste Fruchtkammern eingeschlossen ist und nur wenige gelb-weiße Samen enthält.

Geschmack

Die Pomelo schmeckt angenehm süßsäuerlich, entfernt brombeerartig und hinterlässt keinen bitteren Nachgeschmack. Ihre optimale Genussreife hat die Pomelo erst erreicht, wenn die Schale stark schrumplig ist und sie auf leichten Fingerdruck nachgibt.

Hauptinhaltsstoffe

Calcium, Eisen, Kalium, Phosphor, Vitamin C.

Verwendung, Zubereitung

Die Pomelo eignet sich zum Frischverzehr, für Desserts, Eis, Obstsalat, Saft, und zur Likörherstellung. Ausgehöhlt und gefüllt wirkt sie hervorragend als Vorspeise oder auf Kalten Buffets.

Vor dem Verzehr wird die Pomelo entweder geschält und die feste Haut der Segmente abgezogen oder man halbiert die Frucht einfach waagerecht und löffelt sie wie eine Grapefruit aus.

Unbehandelte Pomelo-Schalen lassen sich sehr gut kandieren oder zu Marmelade verarbeiten.

Lagerung

Bei Zimmertemperatur lässt sich die Pomelo ca. 2 Wochen aufbewahren.

Tipp

In den angelsächsischen und romanischen Ländern ist „Pomelo" auch die Bezeichnung für Grapefruits und Pampelmusen.

Pomeranze

Citrus bigaradia

Arancia amaro: ital., Bittere Orange, Bitterorange, Bitter orange: engl., Kuskash: arab., Melangolo, Melarancia: ital., Naranja agria: span., Naranja amarga: span., Orange amère: franz., Pomerancia: ital., Pomerans: niederl., norw., Sauerorange, Sour orange: engl., Starke Orange

Allgemeines, Herkunft, Geschichtliche Bedeutung

Die in China beheimatete Pomeranze gilt als Urform aller Zitrusfrüchte. Um das Jahr 1000 n. Chr. brachten Araber die unveredelte Pomeranze erstmals nach Europa, wo sie bis ins Jahr 1500 die einzige bekannte Zitrusfrucht war. Heute wird dieses Rautengewächs (Rutaceae) in Indien, Spanien, Südostasien, Süd- und Ostafrika, Süd- und Mittelamerika und den USA angebaut.

Der Name „Pomeranze" wird abgeleitet von „Pomo" = Apfel und „Arancia" = Orange.

Aussehen

Pomeranzen sind dickschalige, orangefarbene, mandarinenähnliche Früchte mit tiefeingesenkten Öldrüsen.

Geschmack

Das Fruchtfleisch der Pomeranze schmeckt sauer-bitter-aromatisch, die Schale stark bitterwürzig.

Sorten

Bigarade: span./Bigarudia: französ./ Bigaradia: ital./Bigaradie/Sevilla-Orange/Sevilla orange: engl. nennt man Pomeranzen, die aus Sevilla (Spanien) kommen. Angeblich sind es die besten Pomeranzen der Welt!

Hauptinhaltsstoffe

Bitterstoffe, Fruchtsäuren, Gerbstoffe, etherische Öle.

Verwendung, Zubereitung

Pomeranzen sind nur für Verarbeitungsprodukte, also nicht zum Frischverzehr geeignet. Meist werden sie industriell zu Likör (Curaçao, Grand Marnier und Cointreau), Limonade und Orangeat verarbeitet, sie sind aber auch die Hauptzutat der berühmten englischen Orangenmarmelade.

Getrocknete und eingesalzene Pomeranzen-Blüten dienen der Herstellung von Orangenblütenwasser, das meist in Parfüms Verwendung findet.

Volksmedizinische Bedeutung

Pomeranzen-Schalen und -Blätter haben zwar eine magenstärkende, cholesterinsenkende und appetitanregende Wirkung, bei Übergenuss kann es allerdings zu Magenstörungen kommen.

Das aus den Pomeranzen-Blüten gewonnene Neroli-Öl wird in Form einer Aromatherapie bei Beklemmungen und nervöser Depression eingesetzt.

Tipp

Bittere Pomeränzchen nennt man unreife Pomeranzen, die meist in der Parfüm- und Genussmittel-Industrie verarbeitet werden.

Orangeletten heißen unreif getrocknete Pomeranzen.

Portulak

Portulaca sativa

Bürzelkohl, Bürzelkraut, Burzelkraut, Donduri: russ., Kitchen garden purslane: engl., Kohl-Portulak, Kreusel, Portulaca: ital., Postelein: niederl., Pourpier: franz., Purslane: engl., Purzelkraut, Quellkraut, Sauburtzel, Sommerportulak, Schweinskraut, Verdolaga grande: span.

Allgemeines, Herkunft, Geschichtliche Bedeutung

Sowohl im alten Ägypten als auch im Mittelalter war der Portulak schon bekannt. In Mexiko galt der Portulak früher als Hauptnahrungsmittel der Indianer, und in den Südstaaten der USA aßen schon die Goldgräber Portulak, um der Vitamin-C-Mangelkrankheit Skorbut vorzubeugen. Seinen Ursprung hat er jedoch im nordamerikanischen Pazifikraum. Wildwachsenden Portulak findet man in der Natur fast überall, meist aber in Gärten und in Weinbergen. Aus Belgien, England, Frankreich und den Niederlanden kommt der wärmeliebende, kultivierte Portulak von März bis Oktober meist aus Gewächshäusern zu uns. Portulak kann bis in den Winter ausgesät werden, und schon nach ca. 7 Wochen können die gesunden Horste erstmals geschnitten werden. Sogar mehrfache Ernten sind über den ganzen Winter möglich – vorausgesetzt er ist mild –, da Portulak-Blätter bis zu viermal nachwachsen. Geerntet wird grundsätzlich vor der Blüte, da die Blätter danach hart und bitter werden.

Seinen Namen hat der Portulak vom lateinischen „Portulaca", was zu deutsch „Pförtchen" heißt (nach dem Deckelchen der Samenkapsel benannt).

Aussehen

Portulak ist eine bis zu 30cm hoch werdende Pflanze mit gelbgrünen, fleischigen, eiförmigen Blättern, kahlen, leicht rötlichen Stängeln und deckelförmigen Samenkapseln.

Geschmack

Portulak schmeckt angenehm erfrischend, leicht scharf-salzig mit feinsäuerlicher Note.

Sorten

Kalifornische Auferstehungspflanze: Lewisia rediviva: lat. heißt ein Portulakgewächs aus Nordamerika. Man isst sowohl das Grün als auch die fleischigen, saftigen und nahrhaften Wurzeln.

Surinam-Portulak: Talinum triangulare: bot./Surinam-Spinat/Ceylon-Spinat heißt ein säuerlich schmeckendes Portulakgewächs, dessen Heimat in Amerika oder Afrika vermutet wird. Er ähnelt einer Malabar-Spinat-Sorte und wird auch so zubereitet.

Winterportulak/Claytone de Cuba: franz./Claytonia perfoliata: latein./Kleines Postelein/Kuba-Spinat/Miner's Lettuce: engl./Pourpier d'hiver: franz./Winter purslane: engl./Winterpostelein heißt eine einjährige winterharte Portulak-Sorte aus Nordamerika mit einem milden, angenehmen und leicht säuerlichen Geschmack. Die zartfleischigen, sehr Vitamin-C-haltigen, jungen Blätter und die Stiele dienen von November bis April der Salat- und Gemüsezubereitung. Die gekochten Wurzeln schmecken wie Wasserkastanien.

Hauptinhaltsstoffe

Calcium, Eisen, reichlich Omega-3-Fettsäuren, Gerbstoff, Magnesium, Natrium, etherisches Öl, Phosphor, Vitamin A, sehr Vitamin-C-haltig.

Verwendung, Zubereitung

Portulak gilt heute nur noch bei Kennern als Delikatesse.

Junge Portulak-Blätter und die fleischigen Stängel werden als Salat, in Suppen, Würzkraut, Rohkost, Brotbelag und in Kräuterquark verwendet. Man kann sie aber auch wie Spinat zubereiten. Dabei ist auf eine besonders kurze Garzeit und den Verzicht auf Salz zu achten.

Falsche Kapern/Kapernersatz wurde früher aus den Blütenknospen des Portulaks hergestellt, indem man sie in Salz oder Essig einlegte.

Lagerung

Da Portulak schnell verdirbt, sollte er möglichst sofort nach der Ernte zubereitet und verzehrt werden.

Volksmedizinische Bedeutung

Durch den hohen Anteil an Omega-3-Fettsäuren, die sich sonst nur in Fischöl befinden, ist Portulak gut für Herz und Arterien. Portulak wird innerlich angewandt bei Blasen- und Nierenleiden, Skorbut, Sodbrennen, zur Blutreinigung, Magensaftproduktion und als Abführmittel. Äußerlich wird Portulak bei Wundverbänden genutzt. Portulaksaft soll wackelige Zähne wieder fest werden lassen.

Tipp

Tellerkraut nennt man alte Winterportulak-Pflanzen, die schon einen Blütenansatz und tellerartige Blätter aufweisen.

Preiselbeere

Vaccinium vitis-idaea

Airelle rouge: franz., Arándano encarnado: span., Baroken, Beckbeere, Bernitschke, Bockskraut, Boiwacken, Borowski, Bowken, Braunschnitzer, Breuchelbeere, Brezelbeere, Browinkeln, Bruinschlize, Brunschnetz, Buchsbeere, Budlergrifle, Bückebeere, Burrowe, Burrufke, Buschapfel, Buschbeere, Buschmyrte, Buschnitze, Cowberry: engl., Droppeln, Drübbel(ke)n, Druffelken, Drunkelbeere, Duttenbeere, Ferkelprum, Fliegenbeere, Fluhbuchs, Fuchsbeere, Gickelbeer, Glane: tirol., Glauben, Grandelbeere, Grange, Grankelbeere, Granke(rl)n, Granten, Grantenbeere, Grantl, Grantelbeere, Graslatzbeere, Gras(liz)beere, Grestling, Griffelbeere, Grifle, Grippli, Grübli, Habutze, Häberten, Hammerbesien, Haubeere, Heideapfel, Heilebeere, Hinkelsfüsschen, Hipperle, Hölperchen, Hölperle, Holperbeere, Hümpelich, Jägerbeere, Jökesere, Judenheidelbeere, Kardaunegrischeln, Klusterbeere, Kräuselbeere, Kranichbeere, Kranskraut, Krasslätzbeere, Krau(n)sbeere, Krausenitzbeere, Krautbeere, Krentenbeere, Krestling, Krösskes, Kronsbeere: norddt., Krosse(l)n, Kuikelen, Kutheke, Kwinkete, Liebfrauenbirn, Liebfrauenstrauch, Lingon: finn. und schwed., Lingonbeere, Lingonberry: engl., Linjungs, Luppbeere, Mägdepalm, Mardaune, Mariapalm, Mirtillo rosso: ital., Moosgöckerlich, Moosguckerchen, Mosjöken, Mostjöckle, Musjocken, Mutterkirsche, Nappelbeere, Palmkirsche, Peterwalbeere, Prätzel, Prauss(el)beere, Preisselbeere, Preisslitz, Prentebeere, Preus(s)elbeere, Profinkeln, Prowen(g)kelte, Prozelbeere, Prünzel, Prum, Pumbeln, Quinkelte, Rausch, Red whortleberry: angels., Reisselbeere, Rêndelen, Reusch, Riffelbeere, Riffeli, Rotbeere, Rote Bullgrawen, Rote Heidelbeere, Rote Welpern, Rothendeli, Sau(er)beere, Schlotterkelle, Schmalzbeere, Schnellbeere, Schnökelbeere, Schweinsbeere, Skarla, Skriffle, Speckbeere, Spleissbeere, Spluderbeere, Spreissel, Spreisselsbeere, Spriesselbeere, Stäudlein, Steinbikkel, Sträuselbeere, Straussbeere, Streffelbeere, Strickbeere, Striffelbeere, Tadernbobbacken, Taubenschühlein, Tietebeere, Totenkraut, Tran(tje)beere, Tütebeere, Tyttebär: finn., norw., Vossenbes: niederl., Waldbuchs, Winteräpfelchen, Winterbeere, Winterkirsche, Winterzecke, Zuckerbeere, Zwangerl, Zwengerling

Allgemeines, Herkunft, Geschichtliche Bedeutung

Preiselbeeren nennt man die Beerenfrüchte eines wildwachsenden, niedrigen, immergrünen, halbstrauchigen Heidekrautgewächses, das zwar ursprünglich in Eurasien zu Hause ist, heutzutage jedoch auch in Japan, Kanada, Rumänien, Sibirien, Skandinavien und in den USA wildwachsend zu finden ist. Nur in der Lüneburger Heide und in Finnland, dem Hauptanbauland, wurden neuerdings auch Erwerbspflanzungen angelegt. Die Preiselbeere, sie ist eine Verwandte der Heidelbeere, wird von August bis Oktober gesammelt. Bei der Ernte sollte sie zwar hartreif, jedoch nicht mehr unreif sein.

Der Name „Preiselbeere" kommt von „Breuchelbeere" („breuch" heißt brüchig). Die Bezeichnung „Kronsbeere" wird von „Kranich" abgeleitet, weil die Preiselbeere besonders von Kranichen bevorzugt wird. Im angelsächsischen Sprachgebrauch versteht man unter einer „Cranberry" (= übersetzt: „Kranichbeere") jedoch nicht die Preiselbeere, sondern die Moosbeere.

Aussehen

Preiselbeeren wachsen an einem bis zu 30cm hoch werdenden, kriechenden, buchsbaumartigen Halbstrauch. Sie haben scharlachrote, erbsengroße Beeren und saftig-rotes Fruchtfleisch, das viele kleine Kerne enthält.

Geschmack

Rohe Preiselbeeren sind zwar durchaus essbar, wegen ihres penetrant-säuerlichen Geschmacks sind sie jedoch im Allgemeinen ungenießbar (Ausnahmen: siehe unter „Sorten").

Der charakteristische, herb-säuerliche, delikate und angenehme Geschmack von Preiselbeeren entwickelt sich erst beim Kochen.

Sorten

Seit 1969 gibt es folgende, auch roh genießbare Preiselbeer-Neuzüchtungen: „Erntedank", „Erntekrone" und „Koralle".

Lilly Pilly/Riberry heißt eine preiselbeerähnliche Beere aus Australien, wo sie an Bäumen wächst und häufig in Gärten und Parks zu sehen ist. Lilly Pillies werden meist wie Preiselbeeren zu Kompott, Fruchtsaucen oder Marmelade verarbeitet. Einwanderer bekommen in manchen australischen Regionen eine kleine Riberry-Pflanze im Rahmen der Einbürgerungszeremonie überreicht.

Zwerg-Preiselbeere: Vaccinium vitis-idaea minus: lat. heißt eine Neuzüchtung mit kleinem Laub, hübschen Blüten und erbsengroßen Früchten, die sich am besten in Privatgärten als Bodendecker eignet.

Hauptinhaltsstoffe

Apfel-, Benzoe-, Zitronen- und Chinasäure, Arbutin, Bakterizide, Benzoesäure, Calcium, Eisen, Flavonglykosid, Gerbstoff, hoher Pektingehalt, Phosphor, Provitamin A, Vitamin B 1 und C.

Verwendung, Zubereitung

Preiselbeeren dienen meist als Kompottbeilage zu Wild, Pfannkuchen oder gebackenem Camembert. Sie werden aber auch zu Branntwein, Likör, Säften, in Gebäck, für Fruchtsuppen, Gelee, Mus, Sauce, warmen und kalten Süßspeisen usw. verarbeitet. Bei der Zubereitung zu Kompott oder Mus sollte man Preiselbeeren nur so lange kochen, bis die Häute platzen, da längeres Kochen sie bitter macht.

Lagerung

Dem hohen Benzoesäuregehalt verdanken frische Preiselbeeren, aber auch Preiselbeer-Kompott, eine erstaunlich lange Haltbarkeit. Bei allzu langer Lagerung werden jedoch auch frische Preiselbeeren schrumpelig und gummiartig.

Volksmedizinische Bedeutung

Preiselbeeren lindern und heilen Nierenerkrankungen und lösen sogar Nierensteine auf.

Frischer Preiselbeersaft wirkt appetitanregend und magen- und darmstärkend. Bei Fieber empfiehlt sich ein Trunk aus frisch zerquetschten und dann durchgesiebten Preiselbeeren. Getrocknete Preiselbeeren helfen bei Durchfall, Blasen- und Harnwegsinfektionen und Lungen- und Gebärmutterblutungen. Tee aus Preiselbeer-Blättern bekämpft Gicht, Grippe, Husten und Rheumatismus.

Tipp

Ein Überkochen und Schaumbilden der Preiselbeeren im Kochtopf verhindert man mit einem Teelöffel Butter pro Pfund Früchte.

Purpur-Granadilla

Passiflora edulis var. edulis

Frutti della passione: ital., Granadilla: afrik., span., Maracuyá púrpura: span., Passiflore: franz., Passionsfrucht, Purple granadilla: engl., Purple passionfruit: engl., Rote Passionsfrucht

Allgemeines, Herkunft, Geschichtliche Bedeutung

Die Heimat der Purpur-Granadilla liegt in Brasilien. Sie gehört zu den schnellwachsenden tropischen Lianenarten, die wir als Passionsblume (Zierpflanze) kennen.

Purpur-Granadillen gibt es in Australien, wo sie meist zu Fruchtkonzentraten verarbeitet werden, in Brasilien, Florida, Hawaii, Kalifornien, Kenia, Kolumbien, Mittel- und Südamerika, Neuguinea, Neuseeland, Taiwan, Westindien und neuerdings versuchsweise auch am Mittelmeer. Von allen Passionsfrüchte-Sorten wird die Purpur-Granadilla bei uns am häufigsten angeboten. Mit ihr verwandt sind Curuba, Maracuja und Süße Granadilla.

Ihren botanischen Namen „Passiflora“ verdanken die Passionsfrüchte spanischen Missionaren („Passi“ = Leiden; „Flora“ = „Blüte“), die in der Form der Blüte, den Staubgefäßen und dem Stempel die Leidenswerkzeuge Christi zu erkennen glaubten.

Aussehen

Reife Purpur-Granadillen sind hühnereigroß, jedoch fast rund und haben eine lederartige, violette bis dunkelbraune, schrumplige Haut. Das hellgrün-gelbe Fruchtfleisch enthält bis zu 200 kleine, essbare, schwärzliche Kerne, die in eine geleeartige Masse gebettet sind.

Geschmack

Das Fruchtfleisch schmeckt saftig, vollaromatisch, tropisch-exotisch, angenehm erfrischend, intensiv weinsäuerlich, himbeerartig, oder auch – je nach Herkunft – erdbeer- oder pfirsichartig. Die Schale ist ungenießbar.

Hauptinhaltsstoffe

Calcium, Eisen, Kalium, üppiger Vitamin B 1-, B 2-, B 12- und C- Gehalt.

Verwendung, Zubereitung

Purpur-Granadillen dienen zwar hauptsächlich dem Frischkonsum, sie werden aber auch zu Eis, Garnituren, Obstsalat, Quark, Saft, Sorbets, Süßspeisen und zur Likörherstellung verarbeitet.

Um eine Purpur-Granadille frisch verzehren zu können, wird sie zuerst waagerecht halbiert und dann ausgelöffelt – was allerdings Geschmacksache ist, da die Kerne, die man mitisst, das pikante Aroma ein wenig stören. Empfehlenswerter ist es, die Frucht auf der Tischplatte vorsichtig mit der flachen Hand hin und her zu walken, um sie danach auszutrinken, indem man beherzt einen Strohhalm durch die

Haut sticht. Falls die Frucht zu sauer schmecken sollte, kann man sie mit Puderzucker bestreuen.
Purpur-Granadillen-Saft wird zu einer besonders köstlichen Erfrischung, wenn man ihn gekühlt mit Milch, Orangensaft, Sekt, weißem Rum oder Orangenlikör mischt.

Lagerung

Kühl, aber nicht im Kühlschrank, ist die druckempfindliche Frucht etwa 1 Woche haltbar.

Volksmedizinische Bedeutung

Passionsfrüchte wirken blutdrucksenkend und beruhigend.
Passiflora incarnata heißt eine Passionsblumen-Sorte, aus deren Blättern man einen Tee zubereiten kann, der eine besonders heilende und kräftigende Wirkung haben soll.

Tipp

Als Schutz vor Schädlingen hält sich die Passionsfruchtpflanze Ameisen als ‚Haustiere'. Sie stellt ihnen Nektar in ausreichender Menge zur Verfügung – als ‚Gegenleistung' halten die Ameisen die Pflanze von Schädlingen frei. Nur die nützlichen Bienen dürfen sich der Pflanze nähern, um sie zu bestäuben.

Q

Quinoa

Chenopodium quinoa

Bergreis, Chilenischer Gänsefuss, Inkareis, Peru-Spinat, Pigweed: engl., Quinoamelde, Quinoareis, Quinua, Reismelde, Reisspinat

Allgemeines, Herkunft, Geschichtliche Bedeutung

Die Heimat der Quinoa (sprich Kinwa) liegt in den Anden Perus, wo sie in bis zu 4500 m Höhe wächst, wo sonst kein anderes Getreide gedeihen würde. Erste europäische Anbauversuche laufen momentan in der Schweiz.

Weil die alten Inkas und Azteken dieser Körnerfrucht besondere Kräfte zuschrieben, verboten die spanischen Eroberer den Anbau des Getreides unter Androhung der Todesstrafe. Heute gibt es dieses wertvolle Gänsefußgewächs (Chenopodiaceae) gefahrlos in unseren Reformhäusern zu kaufen.

Aussehen

Die Quinoa hat spinatähnliche, dreiekkige, grüne Blätter und kleine gelbe, orangene, braune oder schwarze Samen.

Geschmack

Das Korn schmeckt leicht bitter, die Blätter dagegen angenehm mild.

Hauptinhaltsstoffe

Calcium, Eisen, 18% hochwertiges Eiweiß, Fett, Kohlenhydrate, Magnesium, Saponin, Zink.

Verwendung, Zubereitung

Frische Quinoa-Blätter werden zu Gemüse, Maisgerichten, Salat und in Suppen verwendet.

Das ungemahlene Korn wird zu Brei, Süßspeisen und Suppen verarbeitet. Zur Breiherstellung wird 1 Teil Körner mit 2 Teilen Wasser aufgekocht und 15 Minuten bei geschlossenem Deckel gegart. Vor der Zubereitung sollte man die Körner gründlich in Wasser einweichen, damit sich das giftige Saponin zum größten Teil im Wasser löst.

Das gemahlene Korn wird zur Herstellung von Mehl für Brot und Backwaren verarbeitet, wobei der Anteil an Quinoamehl, wegen des giftigen Inhaltsstoffes Saponin, 10% nicht übersteigen darf. Man sollte also unbedingt mit anderen Mehlsorten mischen, da die Quinoa zudem sehr glutenarm ist und somit wenig Kleberanteile hat.

Volksmedizinische Bedeutung

Die nährstoffhemmenden Substanzen und natürlichen Schadstoffe der Quinoa können bei einem Baby zu Problemen mit der Verdauung führen, weshalb man diese Körnerfrucht bei der Kleinkinderernährung unbedingt meiden sollte. Erwachsene sind davon nicht betroffen!

Tipp

In Europa steigt der Verzehr der Quinoa stetig – in Lima beispielsweise gilt sie dagegen eher als „Arme-Leute-Essen"!

Quitte

Cydonia oblonga

Apfel aus Kydonia, Baumwollapfel, Cido, Cognassier: franz., Coing: franz., Cotogna: ital., Gemeine Quitte, Kido: österr., Kretischer Apfel, Kütten(e): schweiz., Kvede: norw., Kweepeer: niederl., Malum cidonium: lat., Mele cotogne: ital., Melon kydonion: griech., Membrillo: span., Quince: engl., Schabaöpfel, Schmeckbirä

Allgemeines, Herkunft, Geschichtliche Bedeutung

Die Quitte ist in Transkaukasien und am Kaspischen Meer zu Hause. Die alten Römer entdeckten die Quitte in der altkretischen Stadt „Kydonia" (heute Kanea), verpflanzten sie in ihre nördlichen Provinzen und nannten sie „Baumwollapfel" - wegen des leichten weißen Flaumes an der ausgereiften Frucht. Die alten Griechen kochten die Quitten (melon) mit Honig (meli) ein und nannten diesen dicken Saft „melimelon" oder Quittenmus. Daraus entstand über das portugiesische „marmelo" (Quitte) unser Wort „Marmelade". Etwa seit dem 9. Jahrhundert sind Quitten auch nördlich der Alpen bekannt und werden mittlerweile weltweit angebaut. In Deutschland ist dieses Rosengewächs (Rosaceae) eine beliebte Hausgartenfrucht und gilt als letzte Frucht des Sommers.

Aussehen

Quitten sind gelbe, apfel- oder birnenförmige Früchte mit grünlichem, filzähnlichem Flaum, die an einem sommergrünen, bis zu 8m hoch werdenden Baum wachsen. Das weißliche Fruchtfleisch der Quitte enthält bis zu 16 rotbraune Samen.

Geschmack

Das beste Aroma haben Quitten, wenn sie gelbfarben nach dem ersten Frost geerntet und sofort zubereitet wurden. Das harte, gerbstoffhaltige Fruchtfleisch roher Quitten schmeckt normalerweise sehr säuerlich-herb und ist somit kaum genießbar. Neuerdings gibt es jedoch auch Quitten-Sorten aus südlichen Ländern, die man wie einen Apfel aus der Hand essen kann.

Sorten

Apfelquitte: Cydonia oblonga var. maliformis: lat./ Quittenapfel heißt eine rundliche bis apfelförmige und wenig aromatische Quitten-Sorte. Sie hat rötliches, festes, trockenes Fleisch mit grießlichen Steinchen. Beim Kochen färbt sich der Saft der Apfelquitte rot und klar.

Birnenquitte: Cydonia oblonga var. pyriformis: lat./Quittenbirne nennt man eine längliche, birnenförmige, sehr aromareiche Quitten-Sorte mit goldgelbem, weichem, zartem Fruchtfleisch, deren Saft sich beim Kochen gelb färbt. Birnenquitten aus der Türkei gelten bei Kennern als die beste Quittensorte.

Japanische Quitte: Chaenomeles japonica: latein./Scheinquitte/Zierquitte. nennt man eine quittenähnliche Zierpflanze, die zwar nicht zur Quitten-Familie gezählt wird, deren Früchte sich jedoch wie Quitten verarbeiten lassen.

Riesenquitte von Leskovac heißt eine ungewöhnlich große, wohlschmeckende Quitten-Sorte, die sich weiß kocht. Sie erreicht ein Gewicht von 1,5kg.

Hauptinhaltsstoffe

Calcium, Eisen, Folsäure, Fruchtsäuren, Gerbsäuren, Kalium, hoher Pektingehalt, Phosphor, Schleimstoffe, Vitamin A, C. Quitten sind Vitamin-C-haltiger als die meisten Apfelsorten!

Verwendung Zubereitung

Quitten werden zur Herstellung von Chutney, Gelee, Kompott, Konfitüre, Kuchen, Likör, Marmelade, Quittenbrot, Saft, Süßspeisen oder süß-sauer eingelegt als Beilage zu Wildgerichten verarbeitet.

Hausfrauen legen reife Quitten gerne zwischen Wäschestücke oder auf den Kleiderschrank, da die Früchte einen angenehmen, intensiven, zitronenähnlichen Geruch verströmen.

Zum Einkochen werden Quitten nicht geschält, sondern nur mit einem Tuch vom „Pelz" befreit. Gelee von gereiften Quitten kann man, dank des hohen Pektingehalts, ohne Gelierhilfe herstellen.

In Wasser eingeweichte Quitten-Samen bilden ein zähes Gel (Quittenschleim), das meist in Haarfestigern und Schminke Verwendung findet.

Quittenbrot nennt man in Stücke geschnittene, steife Quittenmarmelade.

Quittenkäse ist der österreichische Ausdruck für Quittenmarmelade.

Lagerung

Da Quitten bei der Lagerung einen intensiven Geruch abgeben, der sich leicht auf andere Früchte und sonstige Lebensmittel überträgt, sollten sie getrennt aufbewahrt werden. Bei langer Lagerung verfärbt sich das Fruchtfleisch der Quitte braun.

Volksmedizinische Bedeutung

Quittenverzehr wirkt hustenlösend, darmregulierend, blutbildend und vertreibt störenden Mundgeruch.

Tipp

Da rohe Quittenkerne hochgiftige Blausäure enthalten, muss bei der Verarbeitung von Quitten sorgfältig darauf geachtet werden, dass das Samengehäuse schnell im Abfall landet, damit Kinder keinen Zugang mehr dazu finden!

R

Radicchio

Cichorium intybus var. foliosum

Chicorée rouge: franz., Cicorino Rosso: ital., Radicchio: engl., ital., niederl., Red (leaved) chicory: engl., Rood lof: niederl., Rote Endivie, Roter Chicoree, Zichoriensalat

Allgemeines, Herkunft, Geschichtliche Bedeutung

Das älteste Zentrum des Freiland-Radicchio-Anbaus befindet sich in Italien in der Umgebung des Lagunenorts Chioggia an der Adriaküste. Größere Anzuchtgebiete dieser dekorativen roten Zuchtform der Endivie findet man auch in Frankreich und Spanien. Radicchio gehört zu den Korbblütlern/Asteraceae (Compositae) und ist mit Chicorée, Endivie und Zuckerhut verwandt.

Aussehen

Radicchio hat festanliegende, weinrote, kugelrunde, rotkohlartige Blätter mit leuchtend-weißen Blattrippen von relativ knackiger Struktur. Der Wurzelstummel sollte noch etwa 3,5cm lang sein.

Geschmack

Radicchio schmeckt fein-herb, leicht bitter und hat ein sehr herzhaftes Aroma. Radicchio-Wurzeln haben einen angenehm bitteren Geschmack.

Sorten

Castelfranco heißt eine weißgestreifte, rot-grüne Radicchio-Sorte.

Cicorino verde/Grüner Radicchio nennt man eine sehr seltene Radicchio-Sorte mit grünen Blättern.

Gelbe von Triest nennt man eine Radicchio-Sorte mit zarten, gelbgrünen, rundovalen Blättern.

Grumolo nennt man eine rundliche Radicchio-Sorte mit schönen rot-weiß gezeichneten Blattrosetten.

Palla rossa heißt eine dunkelrote Radicchio-Sorte mit festen, faustgroßen Köpfen und weißen Blattrippen – die bei uns beliebteste Sorte.

Radicchio di Treviso (bzw. Trevisiano): Dies ist eine ziemlich bitter schmeckende Kreuzung von rotem Radicchio und weißgelbem Chicorée, die erst seit Mitte der achziger Jahre in Italien vermarktet wird. Er wird wie Chicorée in Erd- oder Wasserkultur zum Treiben gebracht und ist von Februar bis März auf dem Markt. Dunkelroter von Treviso hat längliche, schmale, rot-weiße, offene Blattschöpfe mit einer dicken, weißen Mittelrippe und eine walzenförmige Wurzel.

Hauptinhaltsstoffe

Bitterstoff (Intybin), sehr calcium-, kalium- und phosphorreich, Folsäure, Spurenelemente, Vitamin B 1, B 2 und C. Rötliche Sorten enthalten mehr Bitterstoffe als Grüne.

Verwendung, Zubereitung

Radicchio wird hauptsächlich roh für Salat und als Garnitur verwendet. Man kann Radicchio auch zu Gemüse bereiten, er sollte dabei jedoch keinesfalls gekocht, sondern nur leicht in Olivenöl gedünstet werden, da er sonst seine attraktive Farbe verliert.

Schadhafte Blätter und die sehr bitteren Umblätter müssen zuvor entfernt werden. Den Bittergeschmack des restlichen Radicchios kann man lindern, indem man die Blätter für kurze Zeit in warmes Wasser legt oder den hellen Stielansatz am Inneren des Kopfansatzes herausschneidet.

Die relativ dicke Radicchio-Wurzel kann mitgegessen werden, wenn man sie geschält und feinblättrig geschnitten oder fein gehackt dem Salat zufügt.

Lagerung

Leicht gekühlt ist Radicchio recht lange haltbar.

Volksmedizinische Bedeutung

Dank des Wirkstoffs „Intybin" wird dem Radicchio eine stoffwechsel- und verdauungsfördernde Wirkung zugesprochen. Man schätzt ihn auch als Magenmittel.

Tipp

Radicchios mit großen, festen Köpfen sollte man den kleineren Sorten vorziehen, weil sie milder und ertragreicher sind.

Radieschen

Raphanus sativus var. sativus

Kleiner Rettich, Monatsrettich, Petit radis: franz., Rabanito: span., Radies, Radieserl: bayr., Radijs: niederl., Ravanello: ital., Small radish: engl.

Allgemeines, Herkunft, Geschichtliche Bedeutung

Radieschen sind die Variante einer eigenständischen Rettichart und nicht, wie oft behauptet wird, die Zwergform des Rettichs. Die Heimat des Radieschens, das übrigens im eigentlichen Sinne nicht zu den Wurzelgemüsen gezählt werden darf, da es oberirdische Sprossknollen bildet, liegt in China und Japan. In Europa kennt man Radieschen seit dem 16. Jahrhundert, als sie noch länglich und weiß waren. Die heutigen roten, runden Radieschen sind erst Ende des 18. Jahrhunderts durch Züchtungen in Frankreich und Italien entstanden. Mittlerweile werden Radieschen, die zu den Kreuzblütlern/Brassicaceae (Cruciferae) gehören, ganzjährig in ganz Europa und in den USA angebaut. Geerntet werden Radieschen bereits schon nach vier Wochen, bevor die attraktiven rotweißen Blüten erscheinen.

Der Name „Radieschen" leitet sich vom lateinischen „Radix" für „Wurzel" ab.

Aussehen

Radieschen sind im Allgemeinen kleine, zarte, runde Knöllchen mit leuchtend roter Außenhaut. Es gibt jedoch auch ovale, längliche, auch rosa, gelbe, gelbbraune, violette und rot-weiße Sorten. Das Fruchtfleisch ist bei allen Sorten – vorausgesetzt, sie sind gesund – weiß, fest und saftig. Ein leichter Fingerdruck beim Einkauf genügt schon, um die Qualität eines Radieschens festzustellen: Es sollte jung, prall, sauber gewaschen und mit frischem Kraut verwachsen sein. Radieschen, deren Wachstum mit Kunstdünger forciert wurde, sind weich, gespalten und hohl und somit von mangelhafter Qualität.

Geschmack

Frühjahrssorten, die meist aus dem Treibhaus kommen, schmecken zwar mild, zart und saftig, sie werden aber schnell pelzig und schwammig. Sommerknollen aus dem Freiland sind dagegen würzig und scharf und werden nicht so schnell pelzig wie jene aus dem Unterglasanbau.

Sorten

Radieschenkohl nennt man eine russische Kreuzung aus Radieschen und Weißkohl. Diese Neuzüchtung hat eine schnellwüchsige Wurzel mit Kohlblättern. Der Vitamin-C-Gehalt übertrifft sogar den der Zitrone.

Hauptinhaltsstoffe

Calcium, Eisen, Eiweiß, Fett, Jod, Kalium, Natrium, Phosphor, Provitamin A, etherisches Senföl, Vitamin B 1, B 2, C, 94% Wasser, Zucker.

Verwendung, Zubereitung

Meist werden Radieschen als Garnitur und zu Salat verarbeitet. Man kann Radieschen aber auch wie Kohlrabi zu Gemüse kochen oder sie im Backteig

ausbacken; dabei verlieren sie allerdings ihre Schärfe und die rote Farbe.
Welk gewordene Radieschen werden wieder knackig, wenn man sie wenige Minuten in kaltes Wasser legt.
Wenn man Radieschen zu lange in der Salatsauce belässt, löst sich die rote Farbe ihrer Außenhaut auf und färbt das Fruchtfleisch unansehnlich graurosa. Radieschenblätter kann man zum Herrichten von Gemüse und Salat verwenden - kleingehackt verfeinern sie Saucen und Suppen.
Ein Geheimtipp für Feinschmecker ist Radieschen-Cremesuppe:
½ l kochender Geflügelfond wird mit weißer Mehlschwitze leicht gebunden, dann gibt man einen Esslöffel Crème fraîche und zwei Esslöffel gehackte Radieschenblätter dazu - jetzt darf die Suppe nicht mehr kochen -, verrührt das Ganze sorgfältig, schmeckt mit Salz, frisch geriebener Muskatnuss und etwas Zitronensaft ab und gibt vor dem Servieren feine Radieschenstreifchen obenauf.

Lagerung

Kühl und feucht lassen sich Radieschen ca. 8 Tage aufbewahren. Vorher sollte man die Blätter kürzen, um unnötige Wasserverluste während der Lagerung zu vermeiden. Noch länger bleiben Radieschen frisch, wenn man sie mit dem kurzgeschnittenen Kraut nach unten in Wasser stellt.

Volksmedizinische Bedeutung

Radieschengenuss verbessert die Laune in Minuten und regt die Tätigkeit von Galle und Leber an. Radieschensamen wirkt sogar schwach antibiotisch.

Tipp

Bedauerlicherweise werden die positiven Eigenschaften des Radieschens durch einen sehr hohen Nitratgehalt geschmälert - sie zählen in der Tat zu den nitratreichsten Gemüsen überhaupt!

Rambutan

Nephelium lappaceum

Behaarte Litschi, Falsche Litschi, Französische Litschi, Haarige Litschi, Hairy litchi: engl., Litschi cevelu: franz., Nefelio: ital., Ngo: thail., Rambouetan: niederl., Rambootan: engl., Ramboutan: franz., Rambutan: engl., norw., span.

Allgemeines, Herkunft, Geschichtliche Bedeutung

Die Rambutan gehört zur Familie der Seifenbaumgewächse (Sapindaceae) und ist mit den Litschis und Longanen verwandt. In den Herkunftsländern Australien, Costa Rica, Ecuador, Indonesien, Madagaskar, Malaysia, Siam, Südafrika, Thailand und Vietnam wächst sie an büschelartigen, langen Stielen von bis zu 15m hoch werdenden Bäumen, die man an Straßenrändern, in Gärten und in Kultur vorfindet.
Ihren Namen verdankt die Rambutan den haarartigen Auswüchsen auf ihrer Schale, denn in ihrer Heimat Malaysia heißt „rambut" „Haare".

Aussehen

Die Rambutan ist kastaniengroß und sieht aus, wie eine Litschi mit grünen, weichen Haaren. Im Fruchtinneren findet man einen schmalen, weißen, ungenießbaren mandelähnlichen, ca. 2cm großen Kern, der fest mit dem glasig-weißen Fruchtfleisch verwachsen ist. Sobald die Rambutan reif ist, platzt die nicht essbare, leuchtendrote, warzige Schale auf. Eine Rambutan mit welken, schwarzen ‚Haaren' lässt auf Überlagerung schließen.

Geschmack

Der erfrischende und leicht süßsäuerliche Geschmack dieser exotischen Frucht erinnert an Weintrauben und Litschis.

Sorten

Pulasan/Kapulasan: franz. heißt eine bei uns unbekannte Frucht, die auf den Philippinen, in Indonesien und in Malaysia angebaut wird und dort hauptsächlich dem Frischverzehr dient. Sie sieht zwar aus wie eine Rambutan, hat jedoch anstatt der weichen Haare dikke, kurze Stachelhaare.

Hauptinhaltsstoffe

Mineralstoffe, Vitamin C. Der Kern ist sehr fettreich (35-55%).

Verwendung, Zubereitung

Die Rambutan dient meist dem Frischkonsum, wird aber auch für Fruchtsaucen, Mixgetränke, Salate, in Sekt, zu Desserts, Kompott, Marmelade oder als Konserve verarbeitet.

Rambutan-Samen werden industriell zu Öl gepresst, das dann zu Nahrungsfett, Seife und Kerzen verarbeitet wird.

Lagerung

Dass die Rambutan hochverderblich ist, merkt man schon nach kürzester Lagerung: Das Fruchtfleisch verfärbt sich unappetitlich braun, und das Aroma bekommt einen unangenehmen Beigeschmack.

Tipp

Eine besondere Delikatesse ist kleingeschnittenes Rambutan-Fruchtfleisch, das man zusammen mit Mokkaeis und Schlagsahne verzehrt.

Raps

Brassica napus

Colza: engl., franz., ital. und span., Kohlraps, Kohlsaat, Rape seed: engl., Reps

Allgemeines, Herkunft, Geschichtliche Bedeutung

Schon 2000 v. Chr. wurde der Raps im Mittelmeerraum, seinem vermutlichen Ursprungsgebiet, angebaut. Seit dem Mittelalter ist er die wichtigste einheimische Ölpflanze. Leider fand dieses Öl früher überwiegend nur als Lampenöl Verwendung. Raps gehört zu den Kreuzblütlern/Brassicaceae (Cruciferae) und ist mit dem Kohlgemüse verwandt. Mittlerweile wird er weltweit angebaut. In Deutschland erfuhr der Raps durch Neuzüchtungen in den 70er Jahren einen derart ungeahnten Siegeszug, dass mittlerweile 1/3 des deutschen Tafelöl-Bedarfs aus Raps-Öl besteht.

Das Wort „Raps“ stammt vom Niederdeutschen „rapsäd“ ab.

Aussehen

Raps ist eine bis zu 2m hoch werdende, satt gelbblühende, krautige Ackerpflanze mit kleinen, runden schwarzbraunen Saatkörnern.

Geschmack

Rapssamen schmecken nussig bis neutral.

Sorten

Rübsen/Rübenraps/Rübenreps/Rübsaat/Rübsamen/Rapsäd: niederl. nennt man eine rapsähnliche Nutzpflanze (für Öl und Viehfutter), die meist im Baltikum, in China, Indien, Kanada, Polen und Skandinavien angebaut wird.

Hauptinhaltsstoffe

Eiweiß, ungesättigte Fettsäuren, Vitamin E. 40% Ölgehalt in den Samen.

Verwendung, Zubereitung

Junge Raps-Blätter kann man als Gemüse oder Salat verwenden. Vor der Gemüsezubereitung werden die Blätter zuerst in einer Schüssel mit Salz bestreut, nach einer Stunde ausgedrückt und anschließend in einer süßsauren holländischen Sauce gegart.

Aus den Raps-Saatkörnern wird meist raffiniertes Raps-Speiseöl oder kaltgepresstes Öl hergestellt, das häufig auch bei der Margarine-Herstellung Verwendung findet. Alle dabei anfallenden Pressrückstände (Rapsschrot) dienen als hochwertiges Tierfutter in verschiedenen Mischfutterkomponenten.

Raps-Öl - auf dem Markt erscheint es meist als „Reines Pflanzenöl" - hat den großen Vorteil, dass es sehr hitzestabil ist und geruchsneutral leicht bis auf 200°C erhitzt werden kann.

Lagerung

Raps-Blätter kann man nur kurze Zeit aufbewahren.

Volksmedizinische Bedeutung

Ernährungsexperten empfehlen, wegen der günstigen Fettsäurezusammensetzung, Rapsöl, das auch „Olivenöl der Deutschen" genannt wird, täglich zu sich zu nehmen, da es die Arterien vor Ablagerungen (Cholesterin) schützt und schädliche Substanzen (freie Radikale) zerstört.

Tipp

Wird kaltgepresstes Rapsöl mit reinem Wasserdampf auf 100°C gedämpft, ist es doppelt so lange haltbar. Im Handel wird es unter der Bezeichnung „Rapsöl 1. Pressung" angeboten.

Rapunzel

Campanula rapunculus

Echte Rapunzel, Essbare Glockenblume

Allgemeines, Herkunft, Geschichtliche Bedeutung

Die Rapunzel ist ein wildwachsendes Glockenblumengewächs (Campanulaceae), das hauptsächlich in gebirgigen Gebieten der nördlichen Halbkugel und im Mittelmeergebiet anzutreffen ist.

Aussehen

Die Rapunzel wird 30 bis 100cm hoch, hat lange, traubenförmige, hellblaue bis violette Glockenblüten und Blätter, die zwar dem Feldsalat ähneln, jedoch viel größer sind.

Die weißfleischige Rapunzel-Wurzel wird ca. 8cm lang.

Geschmack

Blätter und Wurzeln der Rapunzel sind sehr wohlschmeckend.

Verwendung, Zubereitung

Die Blätter und Wurzeln können roh zu Salat und gedünstet zu Gemüse verarbeitet werden.

Lagerung

Gekühlt lässt sich die Rapunzel ca. 3 Tage aufbewahren.

Tipp

Die Rapunzel ist nicht mit dem regional auch als „Rapunzel" bezeichneten Feldsalat verwandt.

Rauke

Sisymbrium

Arugala, Eruca sativa: bot., Jamba-Raps, Ölrauke, Persischer Senf, Raukenkohl: altdt., Rocket: engl., Roman rocket: engl., Roquette: franz., Rougette, Ruca, Ruccula, Ruchetta: ital., Rucola: ital., lat., Rucolasalat, Rugetta, Rugola, Ruke, Rukola: neudt., Runke, Salad rocket: engl., Salatrauke, Senfkohl, Senfrauke, Suppenlust

Allgemeines, Herkunft, Geschichtliche Bedeutung

Die Rauke stammt aus Italien. Schon vor Christi Geburt war sie den alten Römern als Suppen- und Eierspeisengewürz und Heilpflanze bei Mattigkeit und Nervosität bekannt.

Die Rauke ist eine einjährige, winterharte, kultivierte Art des Kohls und gehört folglich zu den Kreuzblütlern/Brassicaceae (Cruciferae). Mit der Knoblauchsrauke ist sie nicht verwandt, wohl aber mit dem Raps und Gewürzsenf. Auf Deutschlands Schuttplätzen, an Wegrändern und in Gärten wuchs die Rauke früher zwar wie Unkraut und war deshalb sehr unbeliebt, mittlerweile wird sie jedoch wieder in unseren Gärten und in Gewächshäu-

sern ganzjährig kultiviert, wo sie schon nach drei Wochen geerntet werden kann.
In Ägypten, Brasilien, Frankreich, Indien und im Sudan wird die Rauke schon lange angebaut und auch in Italien ist die Rauke eine hochgeschätzte, jedoch sehr teure Salatpflanze.

Aussehen

Die Rauke ist eine bis zu 1m hoch werdende, krautige Pflanze mit stark gezähnten, dunkelgrünen Blättern, die kontinuierlich nach jedem Schnitt wieder nachwachsen, kleinen Schotenfrüchten und crèmeweißen, löwenzahnähnlichen Blüten, die eine purpurfarbene Äderung aufweisen.

Geschmack

Junge Rauke-Blätter haben einen faden Geschmack. Die streng riechenden, reifen Raukenblätter haben indes einen charakteristischen, angenehm bitteren, scharfwürzigen, erdnussartigen, an Fleischbrühe und Schweinebraten erinnernden Geschmack, der in Frühling und Herbst jeweils seinen Höhepunkt erlangt. Alte Rauken-Blätter schmekken stark bitter, scharf und sind zäh.

Sorten

Besenrauke/Sophienkraut heißt eine ca. 70cm hohe Rauken-Sorte, die in den Kräuterbüchern des 16. Jahrhunderts „Weisheit der Wundärzte“ genannt wurde, weil sie angeblich die Wundheilung fördere. Entsprechende Wirkstoffe wurden allerdings bis dato nicht gefunden.

Europäischer Meersenf/Strandrauke nennt man eine bitter-würzige Rauken-Sorte, die sich einschließlich ihrer Blüten als Salatzutat eignet.

Orientalische Zackenschote/Türkische Rauke heißt eine kräftige Rauken-Sorte mit angenehmem Rettichgeschmack, die in Polen, der Türkei und Russland sehr präsent ist.

Wegrauke/Wilde Rauke/Wildrauke nennt man die wildwachsende, mehrjährige Rauke, die heutzutage rarer als die Kulturrauke ist. Zu erkennen ist sie an besonders schmalen, länglichen Blättern

Hauptinhaltsstoffe

Bitterstoffe, Glykoside, Senföle, Vitamine der B-Gruppe (auch in den Stängeln).

Verwendung, Zubereitung

Die Rauke wird, nachdem man sie behutsam gewaschen hat, einschließlich ihrer Stängel als Salat, in Wildsalatmischungen, kurz gedünstet als Gemüse, kleingehackt in Saucen oder zu Spaghettigerichten verwendet. Beim Erhitzen verliert die Rauke jedoch ein Großteil ihres charackteristischen Geschmacks.

Raukensalat sollte man erst kurz vor dem Verzehr mit Salat-Dressing anmachen, da er sehr schnell zusammenfällt.
Aus gemahlenen Raukesamen werden hautreizende Pflaster, Öl und Senf hergestellt.

Lagerung

Raukesalat lässt sich gekühlt und in einem leicht angefeuchteten Tuch eingeschlagen ca. 3 Tage aufbewahren.

Volksmedizinische Bedeutung

Durch Raukenverzehr werden Bakterien im Rachenraum getötet, das Immunsystem gestärkt und der gesamte Organismus belebt. Auch bei Harnverhalten, Magenverstimmung, Nervosität und Verdauungsproblemen haben sich die Blätter bewährt.

Raukeblätter, auf der Wange verrieben, färben diese rot.

Tipp

Wenn man die Rauke in kühlen, feuchten Lagen anpflanzt, bildet sie während ihres Wachstums weniger Bitterstoffe.

Reis

Oryza sativa

Arroz: span., port., Kome: jap., Rice: engl., Riso: ital., Riz: franz., Rys: schweiz., Vrihi: ind.

Allgemeines, Herkunft, Geschichtliche Bedeutung

Reis ist wohl die älteste Kulturpflanze, denn er wurde schon vor mehr als 7000 Jahren in Ostasien kultiviert; außerdem gilt er als das wichtigste Nahrungsmittel der Welt, weil für die Hälfte der Menschheit Reis das Hauptnahrungsmittel ist.
Eine Legende aus früheren Zeiten berichtet vom indischen Gott „Schiwa", der die wunderschöne Retna Dumilla zur Frau begehrte. Diese forderte eine Speise, die ihren Hunger zu jeder Zeit stillen könne. Mit diesem Wunsch war selbst der Gott überfordert. Er fand nichts - und Retna musste sterben. Auf ihrem Grab aber wuchs eine Reis-Pflanze, die nie jemand zuvor gesehen hatte.
Über Indonesien und Malaysia gelangte der Reis durch Kaufleute auf die Philippinen, weiter über Indien und Persien (Iran) nach Afrika. Die Mauren brachten ihn schließlich nach Spanien. Seit etwa 500 Jahren wird auch in der norditalienischen Po-Ebene Reis angebaut, und 1646 begann man auch im amerikanischen Virginia mit der Pflanzung, nachdem ein schiffsbrüchiger Kapitän - so die Legende - seinen Gastfreunden Reis zur Aussaat geschenkt haben soll. Inzwischen sind die Vereinigten Staaten der größte Reis-Exporteur der Welt geworden. Dort werden Reissamen per Hubschrauber in die unter Wasser stehenden Anbaugebiete gestreut, wo sie später mit riesigen Mähdreschern geerntet werden.
Reis ist ein Süßgrasgewächs, das außer in Amerika und Indien auch in China, Indonesien, Japan, auf den Philippinen und in Thailand angebaut wird.
Das Wort „Reis" leitet sich vom altindischen „Vrihi" und dem lateinischen „Oryza" ab.

Aussehen

Je nach Sorte ist Reis rund, mittel oder länglich und entweder weiß, grün, gelb, rot, schwarz oder braun.

Geschmack

Reis kann körnig, weich, aromatisch, süßlich oder parfümähnlich schmekken.

Sorten

Apati/Grüner Reis heißt die edelste Reissorte. Leicht abgeflacht und zartgrün sind die Körner dieser raren Spezialität aus Vietnam, wo Frauen diesen Reis noch vor der Reife ernten. Da sie die weichen Körnchen einzeln aus der Rispe drücken, ist es kein Wunder, dass Apati zu den teuersten Köstlichkeiten gehört, sowohl bei uns als auch seit jeher in seiner Heimat Vietnam.
Arborio nennt sich eine vielgekaufte italienische, große, rundkörnige „Parboiled-Reis-Variante", von der es braune und weisse Sorten gibt. Meist wird er zu Risotto verarbeitet. In Deutschland firmiert er zuweilen fälschlicherweise unter der Bezeichnung „Avorio".
Basmatireis heißt ein besonders edler und aromatischer Langkornreis, der ausschließlich in den Vorgebirgen des Himalaya angebaut wird und am besten zu indischen Gerichten passt. Basmatireis verströmt den natürlichen Aromastoff „Acetylpyrolin", bleibt bei richtiger Zubereitung (8 Min. kochen und dann 5-10 Min. ziehenlassen) schön körnig und absorbiert weniger Wasser als Patna- oder Karolinareis. Vor dem Kochen sollte er gut gewaschen werden, damit man eventuelle

Fremdkörper aussortieren kann. „Basmati" kommt aus dem Indischen und bedeutet „Duft".

Bergreis nennt man Reis, der in trokkenen Bergländern angebaut wurde.

Braunreis/Naturreis/Vollkornreis ist entspelzter Reis mit Silberhäutchen und Keim; der fetthaltige Keim verringert jedoch die Haltbarkeit. Braunreis eignet sich für alle Reisgerichte. Er bedarf mehr Wasser zum Kochen und die doppelte Kochzeit wie Parboiled Reis. Braunreis ist hauptsächlich bei deutschen Vegetariern beliebt - in Japan findet man ihn kaum.

Bruchreis ist zwar die billigste Reissorte, da er aus gebrochenen Reiskörnern besteht, er hat jedoch den gleichen Nährwert wie Weißreis.

Camarque-Reis/Roter Reis verdankt seine Färbung den tonhaltigen Böden, auf denen er gedeiht. Mit seinem feinen Aroma und den mittelgroßen Körnern kommt er als Naturreis meist aus Indien, Thailand und der französischen Camarque wo er überwiegend von Öko-Bauern angepflanzt wird.

Carnaroli/Vialone heißt teurer, geschliffener, italienischer Rundkornreis, dessen Konsistenz nach dem Kochen sehr pappig ist.

Carolinareis/Karolinareis/Karolinenreis nennt man eine gelbliche, polierte, halbhart kochende Langkorn-Reissorte aus Nordamerika.

Comune, Fino, Semifino und Superfino heißen die vier Qualitätsstufen der 40 italienischen Reissorten. Auf den Pakkungen finden sich diese Hinweise allerdings nicht immer.

Ganzkornreis nennt man abgesiebten Weißreis, also Weißreis ohne die beim Schleifen und Enthülsen entstehenden Bruchkörner.

Haushaltsreis kann bis zu 25% Bruchreis enthalten.

Indianerreis/Mississippi-Reis/Wildreis /Wilder Reis/Zizania aquatica: bot. nennt man die schwarzen, tannennadelähnlichen, glutenfreien Samen eines wildwachsenden, graubraunen Wassergrases, das schon seit Jahrhunderten nur von Indianern in Minnesota/Nordamerika, an den Quellgebieten des Mississippis, geerntet wird, denn nur die Indianer haben dort das alleinige Anbau- und Ernterecht. Wildreis schmeckt intensiv, leicht grasig, süßlich, nussartig und dient entweder als Beilage oder wird zum Backen und zur Bier- und Süsswarenherstellung genutzt. Das Sammeln des Wildreises ist sehr aufwendig, weshalb er das teuerste Getreide der Welt ist.

Jasminreis/Thailändischer Duftreis. Diese Langkorn-Reissorte verströmt zwar wie Basmatireis ein zartes Parfüm, klebt jedoch nach dem Kochen aneinander. Kenner halten ihn für weniger erlesen als Basmati.

Kochbeutelreis kann Lang- oder Rundkornreis sein. Er wird portioniert und in Kochbeutel abgepackt gekocht.

Kreolenreis nennt man Langkornreis, der in Wasser gargedünstet und mit Pfefferschoten, Tomatenwürfeln und Butterflocken abgeschmeckt wurde.

Langkornreis/Patnareis/Tafelreis heißt die 7mm lange, geschälte und polierte, glasige, bei uns beliebteste Reissorte, die sich sowohl als Beilage für Fleisch und Fisch, als auch für Eiergerichte eignet. Nach dem Kochen (ca. 20 Minuten), bei dem er das Anderthalbfache seines Volumens an Flüssigkeit aufnimmt, ist Langkornreis trocken und luftig, er klebt also nicht. Seinen Namen „Patnareis" hat er seiner indischen Heimatstadt „Patna" zu verdanken.

Milchreis/Klebreis/Reiskoch: österr. /Rundkornreis nennt man polierten

Reis, der beim Kochen (ca. 25 Min.) weich und breiig wird und häufig zu Süßspeisen verwendet wird. Meist kommt er aus der italienischen Po-Ebene, Spanien oder Afrika.

Minutenreis/Quickreis/Schnellkochreis ist ein erst vorgegarter und dann wieder getrockneter Weißreis, den man vor dem Verzehr nur kurze Zeit in heißem Wasser ziehen lassen muss.

Nassreis/Wasserreis nennt man Reis, der in den Niederungen tropischer und subtropischer Länder unter Ausnutzung des Monsunregens oder mit Hilfe künstlicher Bewässerung im Terassenfeld angebaut wird. Nassreis ist die einzige Ackerfrucht, die in Monokulturen angebaut werden kann, ohne dass dabei der Boden geschädigt wird.

Ostigliato heißt ein halbgeschälter italienischer Langkornreis mit rötlicher Schale.

Paddy nennt man von schützenden Spelzen umgebene Reiskörner, die nach der Ernte aus den reifen Rispen herausfallen, nachdem Reisbauern sie mit speziellen Stöcken zerschlagen haben. Dieser Rohreis lässt sich gut lagern.

Parboiled Reis ist keine Reissorte, sondern ein besonders vorbehandelter, gelblicher, kochfester Langkornreis. Durch ein besonderes Verfahren werden die Vitamine aus den Randpartien in den Reiskern verlagert. Das macht ihn vitamin- und mineralstoffreicher als Weißreis, außerdem ist er schneller gar (12 Min.).

Pilawreis/Pelaureis/Pilafreis/Pilaureis/Pilav: türk./Pulaw/Pullao: ind. nennt man Langkornreis, der in dem Fond des entsprechenden Gerichts im Verhältnis 1:3 solange gegart wird, bis er die ganze Flüssigkeit aufgesogen hat.

Puffreis ist Reis, der unter Druck mit Dampf behandelt wurde. Die aufgeblähten Körner werden geröstet. Puffreis findet sich in Frühstücks-Getreideprodukten und mit Schokolade überzogen in Tafelform.

Risotto-Reis/Mittelkornreis. Für ihr Lieblingsgericht, das saftig-cremige Risotto, bauen die Italiener ovale, mittelgroße Reiskörner an, die beim Kochen den Vorteil haben, nicht aneinanderzukleben und ihren Biss zu behalten.

Rundkornreis ist eine ca. 5mm lange, rundliche Reissorte mit einem weichkalkigem Kern. Er kocht sehr weich und klebrig und eignet sich darum für die chinesische, japanische und thailändische Küche, aber auch zu Süßspeisen u.ä. Beim Kochen absorbiert er das Vierfache seines Volumens an Flüssigkeit.

Schwarzer Reis nennt man eine würzige, dunkelfarbene, ungeschliffene Mittelkorn-Reissorte aus Thailand und Japan.

Spitzenreis darf bis zu 5% Bruch enthalten.

Standardreis darf bis zu 15% Bruchreis enthalten.

Steckreis nennt man Reis, wenn er wie in China aus Stecklingen angebaut wird.

Süßer Reis. Dieser in der chinesischen Küche oft verwendete kurzkörnige Reis, den es schwarz oder weiß (geschält oder poliert) gibt, enthält kein Gluten. Gekocht wird er süß und klebrig und hauptsächlich für Back- und Süßwaren und zur Herstellung von Bier verwendet.

Sushireis/Uruchireis ist ein spezieller japanischer Klebreis mit oval-runden Körnern. Er wird hauptsächlich für Sushi, aber auch für japanische Gemüsegerichte verwendet.

Tri-Colo-Reis nennt man einen bissfesten Mix aus Langkorn-, Wild- und rotem Reis.
Vollreis nennt man Weißreis ohne Bruchkörner.
Wehani ist die indische Handelsbezeichnung für Roten Reis.
Weissreis/Geschliffener Reis/Polierter Reis heißt der enthülste und geschliffene Reis. Beim Polieren büßt er zwar etwa 20% seines Proteingehalts, den fetthaltigen Keimling und fast alle Vitamine ein, dafür ist er aber problemlos lagerfähig.

Hauptinhaltsstoffe

Eisen, Fluor, Kalium, Kupfer, Mangan, Natrium, Phosphor, Stärke, Vitamin B 1, B 2, B 3, B 6, E, Zink.

Verwendung, Zubereitung

Meist wird Reis als Beilage zu warmen Gerichten serviert, wobei man im Allgemeinen von 60g Rohgewicht pro Person ausgehen kann. Aber auch gesüßt zum Dessert, zu glutenfreiem Mehl oder Stärke gemahlen, für die Pudding-Herstellung und als Reiswein (Sake) oder als Reisbranntwein (Arrak) findet Reis Verwendung.
Wan-Tan-Blätter nennt man in Japan viereckige, dünn ausgerollte Blätter aus Reismehl-Teig, die gefüllt, gekocht oder fritiert als Beilage dienen.
Reis sollte vor dem Kochen unter fließend heißem Wasser gründlich gewaschen werden, um noch anhaftenden Schmutz und die Schutzglasur aus Talkum abzuspülen. Ausnahmen sind Kochbeutelreis, Risotto-Reis und speziell vorbehandelter Reis, der laut Gebrauchsanweisung zwar nicht mehr gewaschen werden muss, jedoch mit einem trockenen Tuch abgerieben werden sollte, um ihn von Talkumresten zu befreien.
Ein besonderes Aroma bekommt Reis beim Kochen, wenn man dem Kochwasser eine gespickte Zwiebel beifügt.
Aus Reisstärke wird meist Kleister, Puder oder Wäschestärke hergestellt.
Risi-Pisi nennt man ein Reisgericht, das aus Erbsen und Reis besteht. Der Name kommt aus dem italienischen „Riso con piselli", was übersetzt „Reis mit Erbsen" bedeutet.

Lagerung

Wenn man Reis trocken, dunkel und luftdicht lagert, kann man ihn normalerweise mehrere Jahre aufbewahren. Eine Ausnahme ist der fetthaltige Naturreis, der innerhalb eines Jahres verbraucht werden sollte.

Volksmedizinische Bedeutung

Reis ist leicht verdaulich und hat eine stark entwässernde Wirkung. Seine Inhaltsstoffe sind auch für Wachstum, Zellerneuerung und wichtige Regulationsmechanismen im Blut und in den Nieren verantwortlich.

Tipp

In Ostasien darf nur unpolierter Reis gehandelt werden, denn die Ursache der früher dort weitverbreiteten Vitaminmangel-Krankheit „Beri-Beri" war der Verzehr von poliertem Reis, denn dieser Reissorte fehlen die lebenswichtigen Inhaltsstoffe!

Reneklode

Prunus domestica ssp. italica

Edelpflaume, Ciruela Claudia: span., Greengage: engl., Regina Claudia: ital., Reine-Claude: franz., norw., Reine-Claude Plomme: niederl., Ringlo: bayr., Ringlotte: österr.

Allgemeines, Herkunft, Geschichtliche Bedeutung

Die Reneklode ist ein aus Armenien stammendes Rosengewächs (Rosaceae), das mit der Pflaume verwandt ist und erst im 16. Jahrhundert zu uns gelangte.
Im August kommt sie meist aus den Mittelmeerländern auf unsere Märkte.

Ihren Namen hat die Reneklode der französischen Königin Claudia, Gemahlin von König Franz I. (1494-1547) zu verdanken, da sie diese Früchte besonders liebte. Eigentlich müsste die Frucht deshalb „Reine-Claude" („reine" = franz. für „Königin") heißen; Reneklode ist nur der eingedeutschte Ausdruck aus der Umgangssprache.

Aussehen

Die kugelige, aprikosengroße Reneklode hat eine grün-, knallgelbe- oder blau-rote Schale, die vernarbte Hautrisse aufweisen darf, da sie zu den natürlichen Merkmalen einer Reneklode zählen. Das feste, grünlich-weiße Fruchtfleisch enthält einen meist verwachsenen Kern.

Geschmack

Renekloden haben eine erfrischende Säure, eine feine Süße und ein mehr oder weniger starkes Aroma.

Hauptinhaltsstoffe

Eisen, Kalium (243mg in 100g Frucht), Provitamin A, Vitamin B 1, B 2, C Zukker.

Verwendung, Zubereitung

Renekloden werden frisch verzehrt, zu Kompott, Konfitüre und Süßspeisen verarbeitet und dienen auch der Likör- und Schnapsherstellung.

Volksmedizinische Bedeutung

Renekloden wirken darmregulierend, entwässernd und entschlackend, auch die getrockneten Früchte.

Tipp

Brünellen/Brinellen/Prünellen/Prunellen nennt man Renekloden, die entkernt, blanchiert, enthäutet und luftgetrocknet ursprünglich nur in Frankreich zu Dörrobst, Branntwein und Likör verarbeitet wurden. Heute kennt man diese Verarbeitungsweise der Reneklode auch in den französischen Nachbarländern.

Rettich

Raphanus sativus

Bierwurz, Rabano: span., Radi: bayr., Radish: engl., Radis rave: franz., Ramenas: niederl., Ravano: ital., Rettig

Allgemeines, Herkunft, Geschichtliche Bedeutung

Man nimmt an, dass der Gartenrettich, der zu den Kreuzblütlern/Brassicaceae (Cruciferae) gezählt wird, von dem in Vorderasien beheimateten wilden Akkerrettich abstammt. Von Asien aus gelangte er spätestens im 3. Jahrtausend v. Chr. nach Ägypten, wo er auch zur Ölgewinnung kultiviert wurde. Möglicherweise wäre eines der sieben Weltwunder, die ägyptische Cheops-Pyramide, nie gebaut worden, hätte es zu dieser Zeit (2530 v. Chr.) keinen Rettich gegeben, denn die Bauarbeiter stärkten sich stets mit einer würzigen Mischung aus Rettich, Zwiebeln und Knoblauch, bevor sie die Quadersteine stapelten.

Ein weiteres Entstehungsgebiet der Rettichkultur dürfte China gewesen sein, denn dort hat man die Pflanze bereits um 1100 v. Chr. angebaut. Griechische Tempelpriesterinnen sollen zur Erhaltung der Jungfräulichkeit einmal pro Monat bei Vollmond ein Glas Rettichsaft getrunken haben. Nach Deutschland gelangte der Rettich im 13. Jahrhundert, und zwar zuerst nach Weichs bei Regensburg, wo heute noch der Rettichanbau floriert. Weitere Anbaugebiete des Rettichs liegen in Belgien, China, Frankreich, Italien, Japan, Korea, im Mittelmeergebiet, in den Niederlanden, Österreich, Ostasien und in Ungarn.

In Schifferstadt in der Pfalz hat man dem Rettich sogar einen Festtag geweiht: jeweils im Mai findet dort schon seit Jahren das traditionelle Rettichfest statt.

Das Wort „Rettich" stammt übrigens vom lateinischen „Radix" für „Wurzel" ab.

Aussehen

Rettich hat sortenbedingt ein spindelförmiges, ovales, walzenförmiges oder rundes Aussehen und eine straffe, glatte und je nach Sorte weiße, rosa, rote, braune, violette oder schwarze Außenhaut.

Geschmack

Rettich weist einen angenehm scharfen Geschmack auf, der umso milder wird, je jünger das jeweilige Exemplar ist.

Sorten

Bundrettich/Bündelrettich nennt man meist kleine Rettiche, die mitsamt den Blättern gebündelt zum Verkauf angeboten werden.

Bierrettich/Frühjahrsrettich/Sommerrettich/Gartenrettich/Mairettich/Speiserettich/Staudenrettich: österr./Weißer Rettich/Wienerrettich heißt eine milde, weiße oder rosafarbene Rettichsorte von gedrungener Form, die von April bis Juni angeboten wird.

Eiszapfenrettich heißt eine fast in Vergessenheit geratene, eiszapfenähnliche bis zu 25cm lange, chinesische Rettich-Sorte mit 5-10cm Durchmesser, weißer Außenhaut und kurzlaubigem Stamm, die durch Trockenperioden während der Anzucht leicht zum Pelzigwerden neigt. Von April bis Mai ist sie sehr gelegentlich auf unseren Märkten anzutreffen.

Herbstrettich nennt man eine weiße, sehr scharfe Rettich-Sorte, die von Juli bis September auf den Märkten erhältlich ist.

Japanrettich/Japanischer Rettich/Chinesischer Rettich/Chinese-, Japanese- und Oriental radish oder Mooli: engl./Daikon: jap./Daikonrettich/Orient-Rettich/Radis japonais: franz. Diese japanische Rettichsorte ist weiß und mild, wird bis zu 60cm lang und mehrere Kilogramm schwer. Bei uns wird er inzwischen im Spätsommer am Markt überall angeboten. In Japan wird er, in Zucker und Sojasauce eingelegt, als Beilage zu Fisch gegessen.

Ölrettich heißt eine stark ölhaltige Rettichsorte, die ausschließlich der Ölherstellung dient.

Frühlingsgruß/Ostergruß/Roter Rettich hat eine rote bis dunkelrosa Außenhaut und wird von Frühling bis Sommer meist pur als Brotbelag oder Salat verzehrt. Unausgewachsen schmeckt er am besten. Beim Erhitzen verliert er seine Farbe.

Winterrettich/Raphanus sativus var. niger: bot./Schwarzer Rettich/Schwarzrettich/Black radish: englisch/Winter radish: engl. ist meist rundlich oder zapfenförmig und hat eine violettblaue bis grauschwarze Außenhaut. Der weiße Kern ist festfleischig und sehr scharf. Schwarzer Rettich hat den höchsten Basenüberschuss aller Gemüse. Er wird ab Ende Oktober geerntet und ist bis Februar - meist ohne Laub - im Handel.

Hauptinhaltsstoffe

Calcium, Eisen, Kalium, Natrium, Phosphor, Provitamin A, schwefelhaltige etherische Senföle (z.B. Raphanol), Vitamin B 1, B 2, B 3, C. Junger Rettich enthält doppelt soviel Vitamin C wie eine Zitrone.

Verwendung, Zubereitung

Rettich findet meist als Garnitur, Salat oder als Biergartengemüse und Brotbelag Verwendung. Selten wird er zu Auflauf, Suppe oder als Gemüsebeilage verarbeitet, weil sich durch Erhitzung die etherischen Öle und ein Großteil seiner wertvollen Inhaltsstoffe verflüchtigen und er nach dieser Pro-

zedur nur noch einen faden und langweiligen Geschmack hinterlässt.
Nur Schwarzer Rettich sollte geschält werden, alle anderen Sorten werden nur unter fließendem Wasser sauber gebürstet und dann mit der Schale zerkleinert. Die (eigentlich gesunde) Schärfe des Rettichs verliert sich auch, wenn man ihn gesalzen längere Zeit aufbewahrt.

Lagerung

Kühl und nicht zu trocken gelagert, kann man Rettich bis zu 8 Tage aufbewahren.

Volksmedizinische Bedeutung

Dank der zahlreichen Inhaltsstoffe kommt dem Rettich eine enorm hohe ernährungsphysiologische Bedeutung zu. Rettichgenuss beeinflusst z.B. den Stoffwechsel positiv, wirkt anregend, cholesterinspiegelsenkend, desinfizierend, harntreibend, schleimlösend, verdaungsfördernd, hemmt die Entwicklung von Krebs, stärkt das Immunsystem und fördert den Auswurf. Frisch verzehrt (ohne Zusätze) oder frisch zu Saft gepresst getrunken, macht er die Galle dünnflüssig, löst Grieß- und Steinbildungen und beseitigt Stauungen. Frischer Rettichsaft gilt in der Kosmetik auch als Mittel zur Behandlung von Sommersprossen.
Süßen Hustensaft erhält man, indem man einen großen Rettich aushöhlt und mit braunem Zucker füllt.

Tipp

Raphanus-Sprossen nennt man Keimlinge, die aus Rettichsamen gewachsen sind.

Rhabarber

Rheum rhabarbarum

Blaschbeer: rheingau., Rabarbaro: ital., Rabarber: niederl., Rhapontik, Rhubarb: engl., Rhubarbe: franz., Ruibarbo: span.

Allgemeines, Herkunft, Geschichtliche Bedeutung

Bereits vor 5000 Jahren nutzten Chinesen erstmals in Tibet den medizinischen oder echten Rhabarber als Pülverchen gegen Darmträgheit und Pest. Unser heutiger Gemüserhabarber stammt von diesem medizinischen Rhabarber (Rheum palmatum/Rheum officinalis) ab. Es dauerte bis in die zweite Hälfte des 18. Jahrhunderts, bis Rhabarber über Russland und Persien in die Mittelmeerländer gelangte und von dort aus zuerst in England und danach über ganz Europa verbreitet wurde. Im Himalaya, in Südrussland und Tibet wächst der Rhabarber noch heute wild. In Deutschland wurde Rhabarber erstmals 1840 von einem Händler aus Kirchwerder in den Vierlanden bei Hamburg angebaut, der die attraktive Pflanze von einem Englandbesuch mitbrachte.
Inzwischen wird der Rhabarber, der zur Familie der Knöterichgewächse (Polygoaceae) gehört, in Belgien, Deutschland, England, den Niederlanden und Nordamerika angebaut und von April bis Juni geerntet. Um die Pflanze für die nächste Blüte und zur Entwicklung der Blätter nicht zu sehr zu schwächen, darf man ihr stets nur einige Stiele nehmen, indem man sie direkt über dem Wurzelstock abdreht - nicht abschneidet! Der 24. Juni, der „Johanni", ist generell letzter Erntetag des winterharten Rhabarbers! Danach nimmt sein Oxalsäuregehalt stark zu. Außerdem braucht die Pflanze eine Ruhezeit zur Regeneration für das nächste Jahr. Eine leichte Düngung ist nun angebracht.
In England ist das Bleichen des Rhabarbers sehr beliebt und die langen, blattlosen Stiele werden dort als Delikatesse hochgeschätzt, da sie weniger bitter und sehr zart schmecken. Ge-

bleicht wird mit Bleichglocken aus Ton, auch „Forcer" genannt, die über den gerade ausgetriebenen Rhabarber gestülpt werden.

Botanisch gesehen handelt es sich beim Rhabarber, obwohl die Pflanze mehrjährig ist, um ein Gemüse, da es sich beim Rhabarber um die Blattstiele und nicht wie beim Obst um die Früchte einer Staude handelt. Allerdings wird er in aller Regel wie Obst zubereitet.

Der Name „Rhabarber" ist aus dem griechischen „rha barbarum" gebildet worden. „Rha" ist der Fluss Wolga, an dem die Pflanze wuchs. „Barbarum" bedeutet svw. „fremdländisch". Sie war für die Griechen also eine ausländische Pflanze, ein „barbarisch Rha".

Aussehen

Frischer Rhabarber hat je nach Sorte dicke, fleischige, helle bis dunkelrote oder grüne, bis zu 60cm lange, feste, dicke Stiele. Die riesigen, am Rand gekräuselten Blätter werden nach der Ernte abgeschnitten.

Grünstieliger und grünfleischiger Rhabarber liefert die stärksten Stangen. Rotstieliger und grünfleischiger Himbeerrhabarber hat eine hellrote Haut und grünes Fleisch.

Rotstieliger und rotfleischiger Blutrhabarber ist die beliebteste und qualitativ beste, allerdings weniger ertragreiche Sorte. Rotfleischige Rhabarber-Sorten sind zwar schwächer im Wuchs und deshalb teurer als Grünfleischige, aber empfehlenswerter, da ihr Oxalsäuregehalt wesentlich geringer ist.

Geschmack

Rhabarber schmeckt im Allgemeinen angenehm bis stark-säuerlich und sehr erfrischend.

Grünstieliger und grünfleischiger Rhabarber weist den höchsten Oxalsäuregehalt aller Rhabarber-Sorten auf. Rotstieliger und grünfleischiger Himbeerrhabarber verfügt über eine herbe Säure. Rotstieliger und rotfleischiger Blutrhabarber ist die mildeste Rhabarber-Sorte.

Hauptinhaltsstoffe

Apfel-, Oxal- und Zitronensäure, Calcium, reichlich Eisen, Eiweiß, Fluor, Fruchtzucker, Gerbstoffe, Jod, Kalium, Magnesium, Natrium, etherische Öle, Pektin, Phosphor, wenig Provitamin A, Stärke, Vitamin B 1, B 2, B 6 und C.

Verwendung, Zubereitung

Rhabarber wird zu Eis, Gemüse, Kompott, Sorbet, Suppe (in England), für Kaltschale, Kuchen, Likör, Marmelade, Most, Saft und zur Obstweinherstellung verarbeitet. Rhabarber darf wegen seines hohen Oxalsäuregehalts nie roh gegessen werden, da dies zu starken Magenschmerzen führt und der Zahnschmelz angegriffen wird.

Vor der Zubereitung zu Kompott muss die dünne Haut des Rhabarbers sorgfältig abgezogen werden, da sie faserig schmeckt und extrem oxalsäurehaltig ist. In grobe Stücke zerkleinert und leicht gezuckert lässt man ihn etwa 30 Minuten im eigenen Saft ziehen, kocht ihn dann kurz auf und lässt ihn bei milder Hitze noch 5 Minuten ziehen. Empfehlenswert ist, mit Zitronensaft, Engelwurzstengeln, Muskat, Nelken, Zimt oder Lorbeer zu würzen, weil dadurch – so unlogisch dies auch klingt – die Säure des Rhabarbers beim Kochen neutralisiert wird, folglich auch nur noch wenig Zucker zugesetzt werden muss; außerdem würde zuviel Zucker dem Rhabarber seine Frische nehmen.

Den hohen Oxalsäuregehalt kann man auch mindern, indem man die geputzten Stängel erst blanchiert, das Wasser weggießt und den Rhabarber erst dann wie oben zubereitet.

Grundsätzlich sollte man Rhabarber nicht in Aluminiumtöpfen kochen, da dabei Aluminium freigesetzt und mit der Nahrung aufgenommen wird. Zwar ist noch nicht sicher bewiesen, dass größere Mengen Aluminium vor allem dem Gehirn schaden (u.a. soll es möglicher Mitauslöser der Alzheimerschen Krankheit sein), doch Vorsicht kann ja nicht schaden. Am besten verwendet man zum Rhabarberkochen feuerfeste Glaskochtöpfe, sogenanntes „Jenaer Glas".

Rhabarber-Blätter sind zwar giftig; man kann sie jedoch unter Bäumen oder Sträuchern ausbreiten, da sie so genutzt erfolgreich Ameisen, Schnekken und sonstige Schädlinge fernhalten.

Die gelb-rötlichen Blütenansätze des Rhabarbers kann man wie Broccoli zu Gemüse bereiten. Aus Rhabarber-Wurzeln werden Abführmittel hergestellt. Frischer Rhabarbersaft reinigt Messing und entfernt Tinten- und Rostflecken aus Tischtüchern, auch wenn die Flecken schon älter sind!

Lagerung

Rhabarber hält sich kühl gelagert und in ein feuchtes Tuch gewickelt einige Tage. Ethylenhaltige Lebensmittel sollten währenddessen nicht in seiner Nachbarschaft lagern, da er sonst schnell verdirbt. Rhabarber darf während der Lagerung keinen Kontakt zu Alufolie, Metall und Zinn bekommen, da die Oxalsäure im Rhabarber Metalle angreift! Wegen des hohen Oxalsäuregehalts darf Rhabarber keinesfalls in Blechdosen, sondern nur in Gläsern eingemacht werden.

Volksmedizinische Bedeutung

Rhabarber wirkt anregend auf die Drüsen des Darmkanals und das Galle-, Leber-, Milz- und Magensystem und kann sehr wahrscheinlich Krebswachstum hemmen. Auch zur Blutreinigung und -bildung und um Gifte aus dem Körper zu leiten, gibt es kaum ein besseres Mittel als Rhabarber, weshalb er auch als „Generalreiniger des Körpers" bezeichnet wird.

Die Oxalsäure des Rhabarbers bindet im Körper Calcium, was leider die Bildung von Nierensteinen begünstigt – gleichzeitig kommt es zu einem Calciummangel. Darum sollte man grundsätzlich oxalreiche Lebensmittel nur zusammen mit calciumreichen Lebensmitteln essen – z.B. Rhabarberkompott mit Milchreis, Pudding, Sahne oder Vanillesauce.

Gicht-, Harnwegs-, Nieren-, Rheuma- und Gallekranke, Diabetiker, stillende Mütter, Schwangere, aber auch Kleinkinder sollten auf Rhabarbergenuss gänzlich verzichten, da schon wenige Rhabarberstiele zu Nierenversagen, Steinleiden und Stoffwechselerkrankungen führen können.

Bei längerer Anwendung von Rhabarber-Wurzeln als Abführmittel kann es sogar zu Verstopfung und Abhängigkeit kommen.

Tipp

Da Rhabarber zum Gemüse zählt, darf Rhabarberkuchen folglich nicht als „Obstkuchen" bezeichnet werden!

Römischer Salat

Lactuca sativa var. longifolia

Bindesalat, Bindsla: niederl., Bundsalat, Florentiner Salat, Kochsalat: österr., Laitue romaine: franz., Lattuga romana: ital., Lechuga romano: niederl., Römersalat, Romaine lettuce: engl., Romana, Romanasalat, Romeinse sla: niederl., Sommerendivie, Spargelsalat

Allgemeines, Herkunft, Geschichtliche Bedeutung

Römischer Salat ist eine Salatsorte, die im Laufe der Zeit durch Züchtung aus dem Kopfsalat entstanden ist. Größere Anbaugebiete dieses Korbblütlers (Asteraceae) findet man in Deutschland (bei Kassel), Frankreich, Israel,

Italien, den Niederlanden, Österreich und in Spanien.
Früher band man die Blätter des Römischen Salats während des Wachstums zusammen, damit sie zart und hell bleiben; daher auch der alte Name „Binde- oder Bundsalat". Neuere Sorten sind selbstschließend.

Aussehen

Römischer Salat hat einen länglichen oder rundlichen, lockeren, derben Salatkopf mit breiten, abgerundeten, außen tiefgrünen und innen gelblichen Blättern.

Geschmack

Römischer Salat hat einen herzhaften, knackig-saftigen und sehr aromatischen Geschmack.

Sorten

Cosbergsalat/Cos: israel/Cos lettuce: engl./Cos-Salat heißt eine israelische Salat-Neuzüchtung, die aus einer Kreuzung von Kopfsalat und Römischem Salat entstanden ist.
Forellenschluss heißt eine steirische (österr.) Varietät des Römischen Salats mit rötlich-violetter Blattzeichnung – ähnlich einer Forelle. Auf dem deutschen Markt ist diese Salat-Sorte bislang noch nicht erhältlich.

Hauptinhaltsstoffe

Calcium, Eiweiß, Kalium, Provitamin A, Vitamin B 1, B 2, C.

Verwendung, Zubereitung

Römischer Salat wird sowohl als Gemüse, als auch als Salat sehr geschätzt. Als Salat angemacht, fällt er nicht so leicht zusammen wie Kopfsalat.

Lagerung

Römischer Salat hält sich länger frisch als Kopfsalat.

Tipp

Kasseler Strünkchen/Strünkchen nennt man die dicken Stiele des Römischen Salats, nachdem man sie wie Spargel in holländischer Sauce zubereitet hat.

Roggen

Secale cereale

Centeno: span., Regge: hess., Rye: engl., Segale: ital., Seigle: franz.

Allgemeines, Herkunft, Geschichtliche Bedeutung

Roggen kennt man im Kaukasus, seinem Ursprungsgebiet, bereits seit der Bronze- und Eisenzeit. Um 1000 v. Chr. ist diese zu den Süßgräsern (Poaceae) zählende Brotgetreidefrucht auch nach Europa gelangt, wo sie fälschlicherweise lange Zeit als „Unkraut" in Weizenfeldern angesehen wurde.
Der Name „Roggen" entstammt vom althochdeutschen „Rocko" ab.

Aussehen

Roggen ist eine bis zu 2m hoch werdende Körnerfrucht mit kurzen Borsten (Grannen) und schmalen, blaugrünen Samenkörnern.

Geschmack

Roggen hat einen kräftigen und körnigen Geschmack.

Sorten

Futterroggen/ Winterroggen ist bereits im April als Grünfutter verfügbar.

Hauptinhaltsstoffe

Calcium, 11,6% Eiweiß, Lysin, Magnesium.

Verwendung, Zubereitung

Roggen wird meist zu Mehl gemahlen, das der Herstellung von Schwarz-, Knäcke- oder Graubrot dient. Auch Branntwein, Tierfutter, Whiskey (in Amerika), Gin (in Holland), Bier und Wodka (in Russland) werden aus Roggen hergestellt.

Lagerung

Roggenkörner sollten kühl, dunkel und luftdicht gelagert werden.

Volksmedizinische Bedeutung

Roggen hat eine verdauungsfördernde Wirkung, verhindert Karies und schützt vor Zahnverfall. Gesäuertes Roggenbrot tötet Bakterien ab, dies hat ein Labortest bewiesen. Sogar das

Wachstum von Brust- und Prostata-Tumoren kann durch Roggenverzehr gehemmt werden, dies beweist eine neuere schwedische Studie.

Tipp

Roggenmehl ist wesentlich nahrhafter als Weizenmehl und enthält kein Klebereiweiß, weshalb es auch in glutenfreier Nahrung eingesetzt werden kann.

Rohrkolben

Typha latifolia

Bumskeule, Kolbenrohr, Kolbenschilf, Lieschkolben, Reed mace: engl., Teichkolben

Allgemeines, Herkunft, Geschichtliche Bedeutung

Schon bei den nordamerikanischen Indianern und den ersten europäischen Einwanderern war der Rohrkolben ein wichtiges Nahrungsmittel. Rohrkolbengewächse (Typhaceae) findet man meist in Sümpfen und an Ufern Australiens, Nordamerikas und Polynesiens. In Europa sind Rohrkolben heutzutage nur von lokaler Bedeutung und dienen meist der Zierde.

Aussehen

Der Rohrkolben ist ein schilfartiges Gewächs mit langen, linearen Blättern, ausdauernden, kriechenden, spitzen Wurzelstöcken und länglichen, gelb- oder schwarzbraunen, samtigen, bis zu 15cm langen Kolben, die aus walzigen, zusammengesetzten Blütenständen bestehen, an denen sich bis zu 100.000 Blüten befinden können.

Hauptinhaltsstoffe

Rohrkolben haben einen hohen Kalium- und Calciumgehalt.

Verwendung, Zubereitung

Rohrkolben-Sprossen, sie werden im Frühjahr geerntet, werden wie Spargel zubereitet. Die eigentlichen Rohrkolben werden im Sommer geerntet, in kochendem Wasser gegart und danach wie Mais verzehrt.

Romanesco

Brassica oleracea var.

Sternchen-Blumenkohl, Türmchenkohl, Türmchen-Blumenkohl

Allgemeines, Herkunft, Geschichtliche Bedeutung

Romanesco wurde vor etwa 400 Jahren in Italien aus dem Wilden Kohl gezüchtet. Nach der Botanik müsste der Romanesco zwar dem Broccoli zugeordnet werden, im Handel gilt er jedoch als Blumenkohl!

Aussehen

Die eng aneinandergepressten, muschelförmigen Röschen bilden einen spitz zulaufenden, gelbgrünen Kopf mit zahlreichen ‚Türmchen'.

Geschmack

Romanesco schmeckt weniger kohlig als Blumenkohl.

Sorten

Minarettkohl heißt ein durch Züchtung verbesserter, vollgrüner Romanesco mit ausgezeichnetem Geschmack.

Hauptinhaltsstoffe

Calciumreich, Folsäure, Kalium und Phosphor, Kupfer, Nikotin, Pantothensäure, Provitamin A, Senföle, Vitamin B 1, B 2, B 3, B 6, K, hoher Vitamin-C-Gehalt, Zellfasern, Zink.

Verwendung, Zubereitung

Romanesco lässt sich ausnahmslos wie Blumenkohl zubereiten mit dem schönen Nebeneffekt, dass er wesentlich dekorativer wirkt.

Lagerung

Im Kühlschrank lässt sich Romanesco ca. 4 bis 5 Tage aufbewahren.

Volksmedizinische Bedeutung

Romanesco ist wie der Blumenkohl leicht verdaulich und gut bekömmlich.

Rosella

Hibiscus sabdariffa var. altissima

Flor de Jamaica, Iuta giavanese: ital., Jamaican sorrel: engl., Javajute, Käsepappel, Käslikraut, Malve, Rama, Rosella-Eibisch, Roselle: franz., Rosspappel

Allgemeines, Herkunft, Geschichtliche Bedeutung

Die Rosella ist eine tropische Hibiscusgattung, die zu den Malvengewächsen gehört. Ihre Heimat liegt zwar in Jamaika, angebaut wird sie jedoch seit etwa 300 Jahren schon in Asien und gelangte im 17. Jahrhundert von dort auch nach Brasilien. In Afrika, Indien, in der Karibik und in Thailand wird die Rosella heute kultiviert.

Der Name „Käsepappel" wird mit den käselaibähnlichen Früchten und mit Pappe (dicker Brei) in Verbindung gebracht, denn Rosella-Blätter werden seit altersher zu Breiumschlägen genutzt.

Aussehen

Die Rosella hat einen kurzen Stängel und einen fleischigen, mehrzähligen Blütenkelch mit spitz-ovalen, leuchtend-roten, samenreichen Kapselfrüchten.

Geschmack

Sie hat ein säuerliches Aroma.

Hauptinhaltsstoffe

Apfelsäure, Calcium, Eisen, Eiweiß, Provitamin A, Schleim, Vitamin C.

Verwendung, Zubereitung

Junge Rosella-Blätter und -Triebe werden roh und gekocht als Gemüse oder Obst verarbeitet. Aus den unreifen Blütenknospen wird Gelee, Marmelade und Saft für Erfrischungsgetränke hergestellt. Aus den Stängeln werden Bastfasern zur Herstellung von Säcken und Seilen gefertigt. Rosella-Samen werden geröstet und dann wie Nüsse verzehrt.

Lagerung

Die Rosella lässt sich höchstens 1 Tag aufbewahren.

Volksmedizinische Bedeutung

Die kleingehackten Rosella-Blätter werden zu Breiumschlägen bei Abszessen, Furunkeln und Nagelgeschwüren verwendet. Bei entzündeten Augen legt man die ganzen Blätter auf.

Tipp

„Malven-Tee" wird aus den getrockneten Blütenkelchen der Rosella hergestellt.

Rosenkohl

Brassica oleracea var. gemmifera

Brabanter Kohl, Brabanter Sprossen, Brüsseler Kohl, Brüsseler Sprossen, Brussels sprouts: engl., Cavolo di Bruxelles: ital., Choux de Bruxelles: franz., Col de Bruselas: span., Kohlsprossen, Repollita: span., Röslikohl: schweiz., Rosenwirsing, Rose unter den Kohlpflanzen, Spargelkohl, Sprossen, Sprossenkohl, Sprosserl: österr., Spruitkool: niederl.

Allgemeines, Herkunft, Geschichtliche Bedeutung

Da Rosenkohl eine Abart des Kopfkohls ist, gehört er zur Familie der Kreuzblütler/Brassicaceae (Cruciferae).

Die Gegend um Brüssel war vor etwa 150 Jahren sein Entstehungsgebiet, weshalb er auch „Brüsseler Kohl" oder „Brüsseler Sprossen" genannt wird. Ab Ende September bis März kommt der winterharte Rosenkohl frisch auf unsere Märkte, ganzjährig können wir ihn aus der Kühltruhe verwenden.

Da Kälte Rosenkohl bekömmlicher, leichter verdaulich und aromatischer macht, sollte man ihn, falls er schon vor dem ersten Frost geerntet wurde, kurz tiefkühlen.

Rosenkohl kann maschinell gepflückt und daher preiswert angeboten werden. Hierzulande wird Rosenkohl bisweilen noch handgepflückt, weshalb er meist teurer als ausländischer ist.

Professioneller Rosenkohlanbau wird in Belgien, Deutschland, England, Frankreich, Italien, den Niederlanden und in Polen betrieben.
Zu seinem Namen gelangte dieser Mini-Kohlkopf, weil das Aussehen seiner Blattachselknospen an Rosen erinnert.

Aussehen

Die walnussgroßen, krautig-kugeligen Kohlschößlinge, die traubenartig an bis zu 1m hoch werdenden Pflanzenstängeln herauswachsen, müssen fest, mattgrün und geschlossen sein. Rosenkohl mit Flecken oder welken Stellen schmeckt muffig und enthält nur noch wenig Nährstoffe.
Rosenkohl wird in die beiden folgenden Qualitätsstufen eingeteilt:
Die „1. Qualität" hat einen Durchmesser von 1,5-3,5cm und weist geschlossene Köpfe auf.
Die „2. Qualität" hat einen Durchmesser von über 3,5cm und besitzt leicht geöffnete Köpfe.

Geschmack

Rosenkohl hat zwar einen typischen Kohlgeschmack, sein mildes Aroma ist jedoch eher nussartig.

Sorten

Roter Rosenkohl/Rosenkohl Rubine. Nach 26 Jahren mühevoller Arbeit ist es einem holländischen Züchter 1953 gelungen, diese dekorative Rosenkohl-Sorte vorzustellen. Obwohl sie sehr winterhart ist und auch über hohe Nährwerte verfügt, hat sie bislang noch wenig Freunde gefunden. Roter Rosenkohl hat rot-violette Außen- und grüne Innenblätter. Beim Kochen geht die Rotfärbung jedoch verloren.

Hauptinhaltsstoffe

Calcium, Eisen, Eiweiß, Folsäure, Kalium, Magnesium, Mangan, Natrium, Phosphor, Vitamin A, B 1, B 2, B 6, C, E, K. Rosenkohl besitzt gegenüber anderen Kohlsorten einen geringeren Wassergehalt und jeweils einen höheren Fett-, Protein- und Zuckergehalt. Außerdem enthält er doppelt so viel Vitamin C wie eine Orange und das 15fache von Schnittlauch.

Verwendung, Zubereitung

Rosenkohl wird meist zu Gemüse, in Suppen oder als Auflauf zubereitet. Blanchiert kann man ihn auch zu Salat verarbeiten; zum Rohverzehr ist er ungeeignet.
Vor der Zubereitung werden verdorbene, gelbe Außenblätter entfernt und die Strünke gekürzt und kreuzweise eingeschnitten, womit ein gleichmäßiges Garen erreicht wird. Störenden Kohlgeschmack und -geruch kann man durch Zugabe von Milch oder einem Stückchen Sellerie im Kochwasser lindern. Nach dem Blanchieren sollte man Rosenkohl mit kaltem Wasser oder noch besser mit Eiswürfeln abkühlen, damit er seine appetitliche Farbe behält.

Lagerung

Leicht gekühlt und nicht zu trocken lässt sich Rosenkohl etwa 1 Woche lagern. Bei zuviel Feuchtigkeitsentzug werden die Rosetten gelb und unansehnlich. Auch sinken Vitamin- und Geschmackspegel rapide.
Wie alle Kohlsorten darf auch Rosenkohl nicht zusammen mit Obst gelagert werden, da er sonst schneller reift, rascher fault und die Blätter schneller vergilben.

Volksmedizinische Bedeutung

Angesichts des hohen Vitamin B-Gehalts ist Rosenkohl ein ideales Essen für Nervenbündel; das Vitamin C schützt vor Grippe und baut Schwächezustände ab. Rosenkohl unterstützt Reduktions-Diäten, hilft bei Verstopfung und Übersäuerung des Magens, senkt Blutdruck und Cholesterinwerte und beugt sowohl Arteriosklerose als auch Krebs vor. Rosenkohlgenuss sorgt auch für besseres Ausschleusen von Schlackestoffen aus Leber, Darm und Nieren.

Tipp

Blanchierten Rosenkohl kann man entweder in Butter mit Speck- und Schalottenwürfelchen schwenken und mit Salz, Pfeffer und einem Hauch Muskat würzen, oder man serviert ihn in einer Béchamelsauce, die mit Zitronensaft, Muskat und Salbei oder Basilikum gewürzt wurde.

Rosine

Vitis vinifera

Raisin: engl., Raisin sec: franz., Rosin: norw., Rozijn: niederl., Siene: norddt., Uva secca: ital., Uva passa: span., Weinbeere: österr., bayr., Wybeeri: schweiz., Zibebe: böhm., österr.

Allgemeines, Herkunft, Geschichtliche Bedeutung

Vor 200 Jahren brachten spanische Missionare den Weinstock als Erinnerung an ihre Heimat in ein kalifornisches Weingut. Während eines besonders trockenen Sommers brach die Wasserversorgung zusammen. Man musste hilflos zusehen, wie die Trauben an den Rebstöcken vertrockneten: die Rosine war geboren. Der Weingutsbesitzer schickte diese Rosinen einem befreundeten Lebensmittelhändler nach San Francisco, der sie als „Peruanische Leckerbissen" verkaufte.
„Rosinen" ist der Sammelbegriff für alle Arten getrockneter Weinbeeren von den verschiedensten Rebsorten, die bis zur Überreife am Weinstock bleiben und danach sonnengetrocknet werden. Sie kommen meist aus Afrika, Australien, Griechenland, Iran, Kalifornien, Spanien, der Türkei und aus Zypern.

Aussehen

Gebleichte Rosinen sind mit anzeigepflichtiger, schwefeliger Säure behandelt worden, um eine Verfärbung zu vermeiden und die Haltbarkeit zu erhöhen. Naturbelassene/Ungebleichte Rosinen tragen die Bezeichnung „naturell" und kommen vornehmlich aus Kalifornien.

Sorten

Cibeben: südostdt./Elemes/Zibeben: arab. nennt man bis zu 2cm große, braunschwarze, plattgedrückte Rosinen mit vielen Kernen und harter Schale. Meist kommen sie aus Kreta oder der Türkei.

Cypro-Rosinen/Zypro-Rosinen kommen aus Zypern.

Impériaux nennt man Traubenrosinen aus Malaga.

Korinthen/Krents: niederl., benannt nach dem gleichnamigen griechischen Ausfuhrhafen Korinth, kannte man schon im Mittelalter. Sie sind ungeschwefelt, erbsengroß, meist kernlos, fleischig, zarthäutig, stiellos, aromatisch-süß, besonders eisenhaltig und – da von blauen Trauben – violettschwarz. Sie werden im Schatten getrocknet. Beim Backen behält die Korinthe ihren Biss.

Sultaninen/Sultanas/Türkische Rosinen stammen von den Trauben des Sultana-Rebstocks. Sie sind süß, aromatisch, weichfleischig und relativ saftig. Die großen, länglichen Beeren sind goldgelb bis braun, kernlos und entstielt. Sultaninen sind stets ungeschwefelt, luftgetrocknet und dünnschalig. Meist kommen sie aus Griechenland, Kalifornien oder der Türkei.

Traubenrosinen/Muskatelrosine nennt man große, fleischige Trauben, oft auch nur Beeren mit Kernen und Stielen von blauen und hellen, spanischen Muskattrauben. Sie sind eine beliebte Naschware.

Zante Currants (engl. Currant = Korinthe) heßt eine kalifornische Korinthensorte.

Hauptinhaltsstoffe

Calcium, Eisen, Frucht- und Traubenzucker, Kalium, Magnesium, Phosphor, organische Säuren. Rosinen enthalten mehr Kalium und Eisen als Kiwis und Bananen! Die Inhaltsstoffe der Traube sind in der Rosine um das 5fache konzentriert!

Verwendung, Zubereitung

Rosinen finden Verwendung als Süßigkeitenersatz, in Apfelstrudel, Brötchen, Christstollen, Obstsalat, Puddings, Reisbrei, Rosinenbrot, Sauerbratensauce, Süßspeisen, und als Basis für Süßweine und Raki (Branntwein aus Rosinen und Anissamen).

Rosinen sinken beim Backen im Teig nicht, wenn man sie vorher in Mehl wälzt.

Lagerung

Rosinen müssen trocken, luftig und kühl gelagert werden. Die Verpackung sollte durchsichtig sein, damit eventueller Milbenbefall erkennbar ist.

Volksmedizinische Bedeutung

Rosinen wirken belebend, nervenstärkend, stresskillend, regen die Drüsenfunktion an (gut zum Abnehmen) und gelten als rascher Energiespender. Durch den Verzehr von ungebleichten Rosinen kann man krebserregenden Stoffen entgegenwirken - gebleichte Rosinen enthalten dagegen Schwefeldioxid das zu schweren gesundheitlichen Beschwerden führen kann.

Tipp

Schaler Sekt prickelt und schmeckt wieder, wenn man eine Rosine in die Sektflasche gibt.

Rote Bete

Beta vulgaris var. conditiva

Barbabietola: ital., Beete: norddt., Beetroot: engl., Bete, Betterave rouge: franz., Búrak: russ., Kroot: niederl., Rahne: bad., Rande: schweiz., Randig, Ranne: bayr., Red beet: engl., Remolachas: span., Rode biet: niederl., Rödbeder: dän., Rohne: österr., Rote Beete, Rote Biete, Rote Rohne, Rote Rübe, Rotrübe: hess., Salatbete, Salatrübe, Salatrunkel

Allgemeines, Herkunft, Geschichtliche Bedeutung

Die Rote Bete ist durch eine Zuchtvarietät der Runkelrübe entstanden, die ursprünglich von der Meerstrandrübe/Seemangold, einer mediterranen Küstenpflanze, abstammt. Seit man in Griechenland vor mehr als 2000 Jahren entdeckte, dass die Rote Bete bei verschiedenen Beschwerden Linderung bringt, gehörte sie in den Heilmittelschatz der Ärzte und der Volksmedizin. In Deutschland wurde die Rote Bete, die zu den Gänsefußgewächsen (Chenopodiaceae) gehört, zwar erstmals schon im 13. Jahrhundert angebaut, die heutige zweijährige Zuchtform ist jedoch erst im 19. Jahrhundert entstanden.

In Belgien, Deutschland, England, Frankreich, Italien, Niederlande, Polen und Skandinavien wird Rote Bete heute großflächig angebaut. Von September bis April wird die Winterernte angeboten, ab Mai gibt es frische Ware. Rote Bete sollte nicht in der Nachbarschaft von Spinat angepflanzt werden, da sich die beiden gegenseitig die Nahrung wegnehmen. Während des Anbaus wird die Rote Bete ab und zu mit leicht gesalzenem Wasser gegossen, damit die Knollen schön rot und weniger holzig werden – bei Stickstoff-Überdüngung (Stallmist) kann es jedoch zu überhöhten Nitratwerten kommen.

Aussehen

Die Rote Bete ist eine runde, im Boden wachsende Wurzelknolle mit tiefrotem Fleisch und meist unauffälliger, dunkel-braunroter Schale; es gibt auch Züchtungen mit weißer und gelber Knolle. Beim Kauf sollte die Rote Bete sauber gewaschen, fest, unbeschädigt, ohne Flecken sein, saftiges Fruchtfleisch besitzen und nicht schwerer als 500g sein, da größere Knollen faserig sind. Rote Bete-Blätter sind meist sattgrün, zuweilen auch leicht rötlich gefärbt.

Geschmack

Rote Bete schmeckt leicht süßlich und angenehm säuerlich.

Sorten

Baby Beets/Minibeets heißt mit ca. 4cm Durchmessern die bei uns kleinste Rote Bete-Sorte. Sie eignet sich zum Garnieren und Dekorieren von kalten Platten.

Basano/Chioggia heißt eine italienische Rote Bete-Sorte mit glatter Schale, die außen leuchtend rot ist und innen ein Farbenspiel aus roten und weißen Ringen aufweist.

Burpees Golden heißt eine gelbfleischige Rote Bete-Sorte aus England, die dort überwiegend von Hobbygärtnern angepflanzt wird.

Formanova heißt eine halblange, zylindrische Rote Bete-Sorte aus Skandinavien.

Yale beets nennt man in Amerika superkleine Rote Bete-Rübchen, die man dort in Orangensaft serviert.

Hauptinhaltsstoffe

Allantoin, Aminosäuren, Anthozyan, Betanin, Calcium, Cholin, stark eisenhaltig, Eiweiß, Farnesol, Fett, Folsäure, Jod, Kalium, Kieselsäure, Kupfer, Magnesium, Mangan, hoher Natrium- und Nitritgehalt, Phosphor, Provitamin A (reichlich), Rutin, Saponin, Schwefel, Vitamin B 1, B 2, B 6, C, Zink, Zucker. Der Oxalsäuregehalt des Fruchtfleischs beträgt 300mg pro 100g. Der Oxalsäuregehalt der Blätter erreicht sogar 900mg pro 100g.

Verwendung, Zubereitung

Bevor man die Rote Bete etwa 1 Stunde in Salzwasser kocht, werden die Blätter vorsichtig abgedreht - nicht abgeschnitten, da die Rübe vor dem Garen nicht durch Einschnitte verletzt werden darf, ansonsten blutet sie aus und verliert ihre Farbe und Wirkstoffe. Fertig gegart wird sie zu Salat, Suppe (z.B. in der russischen Borschtsch) und als Gemüse verarbeitet, nachdem man ihre Schale mit den Fingern vorsichtig abgestreift hat.

Gewürzfavorit für Rote Bete-Salat ist frisch gemahlener Meerrettich. Wenn man die Knolle zu Gemüse bereitet, sollte man mit Rotwein, Salz und Zukker würzen. Roh dient die Rote Bete dem Saftpressen. Frischer Rote Bete-Saft - er gilt als nur wenig hitzebeständig - darf vom Gesetzgeber aus zum Färben von Lebensmitteln verwendet werden.

Auch die jungen Blättchen - aber wirklich nur die jungen - der Roten Bete, die viel vitamin- und chlorophyllreicher sind als die Knolle, lassen sich zu schmackhaftem Gemüse oder Salat bereiten. Alte und große Rote Bete-Blätter finden als Tierfutter Verwendung.

Lagerung

Kühl oder in Sand gelagert, hält sich die Rote Bete wochenlang.

Volksmedizinische Bedeutung

Rote Bete fördert die Arbeit der Verdauungsorgane, normalisiert, kräftigt, entgiftet und unterstützt Bauchspeicheldrüse, Darm, Galle, Harnorgane, Leber, Magen, und stärkt die Abwehrkräfte. Das in ihr enthaltene Cholin bewirkt, dass die Fette im Organismus flüssig bleiben und sich nicht an den Wänden der Arterien ablagern.

Besserungen, die auf Rote Bete-Verzehr zurückzuführen waren, wurden festgestellt bei Appetitlosigkeit, Erkältung, Geschwülsten, Stoffwechselerkrankungen, Tumoren, Virusgrippe, in der Rekonvaleszenz und nach Operationen. Unterstützend wirkt die Rote Bete vermutlich auch bei der Erneuerung der roten und weißen Blutkörperchen, bei Leukämie und als tumorfeindliche Unterstützung bei der Krebstherapie. Rote Bete hat auch die Eigenschaft, radioaktive Strahlungsschäden zu neutralisieren.

Frisch gepresster Rote-Bete-Saft - man kann ihn mit etwas Zitronensaft und Honig verfeinern - wirkt vorbeugend gegen Erkältungskrankheiten.

Tipp

Der in der Roten Bete enthaltene rote Farbstoff „Anthozyan" wird über Harn und Stuhl ausgeschieden, wodurch Blut in Harn und Stuhl vorgetäuscht werden kann.

Rotkohl

Brassica oleraceae convar. capitata var. rubra

Blauchabis oder Blaukabis: schweiz., Blaukohl, Blaukraut: bayr. und österr., Cavolo cappuccio rossi: ital., Chou rouge: franz., Parforcekohl, Red cabbage: engl., Repolla morado: span., Rode kool: niederl., Rödkaal: dän., Roter Kappes: rhein., Roter Rude, Rotkabis: schweiz., Rotkraut: süddt., Zuckerkopf

Allgemeines, Herkunft, Geschichtliche Bedeutung

Der Rotkohl ist wie alle anderen Kohlarten aus dem Meerkohl (Crambe Maritima) entstanden, der noch heute an den Mittelmeerküsten und am europäischen Atlantik gedeiht. Im 11. Jahrhundert unterschied erstmals die Hl. Hildegard von Bingen den Rotkohl vom Weißkohl - sie nannte ihn „Rubeae caules". Später erschien der Rotkohl in Kräuterbüchern, wo seine Wirksamkeit gegen Geschwüre und sogar gegen die Pest beschrieben wird.

Rotkohl ist ein Kreuzblütler/Brassicaceae (Cruciferae), der hauptsächlich in Belgien, Deutschland, Frankreich, Italien, in den Niederlanden, Österreich, Polen und in Skandinavien kultiviert wird. Man unterscheidet frühe, mittelfrühe, Herbst- und Dauerrotkohl-Sorten. Der deutsche Bedarf wird überwiegend aus inländischer Produktion gedeckt.

Aussehen

Qualitativ hochwertiger Rotkohl sollte unbeschädigte, dunkelrot- oder violettglänzende und straffe Deckblätter aufweisen, der Strunk sollte kurzgeschnitten sein und das Gewicht sollte mindestens 0,5kg und höchstens 2kg betragen. Im aufgeschnittenen Zustand haben Rotkohl-Köpfe bizarr gefaltete Blattlagen. Kleinköpfiger Rotkohl lässt auf eine nachlässige Düngung schließen.

Geschmack

Rotkohl hat einen kräftigen, leicht süßlichen und typischen Kohlgeschmack.

Hauptinhaltsstoffe

Anthocyane (sogenannte Rubrobrassicine), Calcium, Eisen, Folsäure, Kalium (besonders viel in den Außenblättern), Phosphor, Provitamin A, Vitamin B 1, B 2, B 3, K, hoher Vitamin-C-Gehalt. Rotkohl hat im Vergleich zu Wirsing und Weißkraut zwar den geringsten Carotingehalt, dafür enthält er aber am meisten Vitamin C und große Mengen des für den Menschen wichtigen Vitamin-B-Komplexes. Auch an Mineralstoffen hat er 20% mehr zu bieten als Weißkraut.

Verwendung, Zubereitung

Rotkohl wird zu Gemüse, Salat, Rohkost, Rouladen, Konserven und Saft bereitet.

Damit man beim Rotkohlschneiden keine roten Hände bekommt, sollte man zuvor die Hände leicht mit Speiseöl einreiben oder mit Wasser anfeuchten. Eine besonders appetitliche Farbe bekommt Rotkohl, wenn man ihm während des Kochens etwas Essig oder Zitronensaft beifügt. Rotkohl wird bekömmlicher, wenn man ihn mit Koriander, Kümmel und/oder Fenchel würzt.

Lagerung

Leicht gekühlt lässt sich Rotkohl zwar den ganzen Winter lagern, doch sollte man ihn vor Verletzungen schützen, weil dadurch Infektionsherde gebildet werden, die den Verderb beschleunigen. Wie alle Kohlsorten darf auch Rotkohl nicht zusammen mit Obst gelagert werden, da er sonst schneller reift, rascher fault und die Blätter schneller vergilben.

Volksmedizinische Bedeutung

Rotkohl hat eine blutbildende, cholesterinsenkende, entwässernde, knochenstärkende, nierenstärkende und stressabbbauende Wirkung. Das Besondere am Rotkohl ist, dass sein Vitamin-C-Gehalt - wie bei allen anderen Kopfkohlarten auch - erst beim Kochen freigesetzt wird.

Tipp

Rotkohl hat zwar einen hohen Ballaststoffanteil, der die Verdauung in Schwung bringt, da Rotkohl jedoch sehr schwer verdaulich ist, kann es nach dem Verzehr zu unangenehmen Blähungen kommen.

S

Sago

Metroxylon sagu

Sago: engl. und ital., Sagó: span., Sagou: franz.

Allgemeines, Herkunft, Geschichtliche Bedeutung
Die Heimat der Sagopalme, einer Sumpfpflanze, die über 12m hoch wird, liegt zwar in Papua/Neuguinea, überwiegend angebaut wird sie heute jedoch in Malaysia. Echtes Sago- oder Palmmehl wird nur aus dem Stamminhalt der hier beschriebenen Sagopalme gewonnen. Erst nach 13 Jahren entstehen bei der Sagopalme Blüten und Früchte, danach stirbt die Pflanze ab. Hochwertige Sago-Industriestärke wird gewonnen, indem der Stamm der Sagopalme zuerst entrindet, das Stamminnere dann zunächst geraspelt, dann ausgewaschen, getrocknet und schließlich gesiebt wird.
Aussehen
Weißlich, mehlig, perlig.
Geschmack
Sago schmeckt neutral.
Sorten
Deutscher Sago/Kartoffelsago nennt man Sago, der aus Kartoffeln hergestellt wurde.
Echter Sago/Palmsago/Perlsago wird aus dem Mark der oben beschriebenen Sagopalme hergestellt.
Falscher Sago nennt man Sago, der aus Bataten, Kartoffeln, Maniok usw. hergestellt wurde.
Tapiokasago wird aus den Wurzeln des Maniokstrauchs und des Pfeilwurz gewonnen.
Hauptinhaltsstoffe
Sehr Kohlenhydratreich (81%).
Verwendung, Zubereitung
Sago wird überwiegend zu Stärke oder Reisersatz verarbeitet. Meist dient Sago bei uns dem Andicken von Rote Grütze, Puddings und Süßspeisen. Die dekorativen Sagopalmen-Blätter werden in den Anbauländern als Hausschmuck bei Festen verwendet.
Tipp
Eine Spezialität in Malaysia sind Sagobrei und Sagobällchen mit lebenden Sagowürmern, die dementsprechend reichlich tierisches Eiweiß enthalten. Guten Appetit!

Salak

Croton: thail.

Allgemeines, Herkunft, Geschichtliche Bedeutung
Die Salak ist eine südostasiatische Palmenfrucht, die in Indonesien, Malaysia und Thailand angebaut wird und nur sehr gelegentlich zwischen Februar und April auf unseren Märkten angeboten wird.
Aussehen
Die Salak hat eine feigengroße, spitzovale Form und eine schuppenartige, schlangenhautähnliche, rotbraune oder weißliche, dünne, aber harte Schale. Das gelbweiße, durchsichtige Fruchtfleisch ist dreiteilig. In jedem Teil befindet sich ein nicht essbarer Kern.
Geschmack
Die Frucht schmeckt süß-sauer, saftig, köstlich, herb-frisch und apfelähnlich. Unreife Salaks riechen unangenehm.
Verwendung, Zubereitung
Die Salak wird als Frischfrucht, in Obstsalat, zu Desserts und als Konserve verwendet. Zuvor werden die Früchte von der Spitze her eingerissen oder eingeschnitten. Dann kann man die Schale entfernen. Die drei Teile des Fruchtfleisches werden herausge-

nommen und von den Häutchen befreit. Unreife Früchte werden in Zukkerwasser gegart, zuweilen auch in Essig eingelegt.

Lagerung

Im Kühlschrank ist die Salak ein paar Tage haltbar.

Tipp

In zuckerhaltigem Salzwasser lässt sich die Salak problemlos wochenlang aufbewahren.

Salat

Ensalada: span., Insalata: ital., Salada: port., Salade: franz., Salat: dän., engl., Saláta: ungar., Schat: köln.

Allgemeines, Herkunft, Geschichtliche Bedeutung

Das Wort „Salat" kommt ursprünglich von Salz oder salzen, was etwas über die ursprüngliche Behandlung dieses Grünzeugs in der Küche aussagt. Als „Salat" bezeichnet man aber auch die Zubereitung von Blattsalaten und Gemüsen, Fisch, Fleisch oder Wurst, Käse, Nudeln, Obst, Reis u.a. mit Öl und Essig (Zitrone) oder Mayonnaise, Gewürzen, Kräutern, Quark, Sahne, Yoghurt oder fertigen Dressings.

Sorten

Blumensalat nennt man ein Gemisch aus den Blüten von Kapuzinerkresse, Dill und Borretsch, das behutsam mit Essig, Öl, Salz und Pfeffer angemacht wurde. Blumensalat schmeckt nicht nur angenehm pikant, er dient auch der Verschönerung einer festlichen Tafel.

Mesclun/Misticanza: ital. nennt man in der Provence (Frankreich) ein Salatbouquet, das heute aus einer Mischung von Eichblatt, Endivie, Kopfsalat, Löwenzahn, Kerbel, Kresse und Rauke besteht. In früheren Zeiten bestand die Mischung des Mesclun, dessen Ursprung in Nizza liegt, nur aus wildwüchsigen Pflanzen.

Mischsalat, geschnitten und in Plastikbeutel verpackt, ist leider oft bakterienverseucht: Die Keime im Beutel machen daraus giftiges Nitrit, das im Körper zu krebserregenden Nitrosaminen umgewandelt werden kann.

Mix-Salat nennt man im Großhandel eine Mischung von verschiedenen Blattsalat-Sorten in der Gemüsesteige. Meist besteht diese Mischung aus Lollo Rossa, Lollo Bianco und Eichblattsalat zu gleichen Teilen.

Pflücksalat nennt man Salatsorten, die keine festen Köpfe bilden; die einzelnen Blätter werden nach und nach von außen nach innen abgepflückt. Das Herz der Pflanze bleibt stehen und entwickelt sich über Monate hinweg immer weiter. Rotblättriger Pflücksalat wie z.B. der „Lollo Rossa" verträgt allgemein mehr Frost als grün- oder gelbblättrige Sorten.

Rohkostsalat/Crudité: franz. nennt man rohen, unangemachten Salat, der meist als Vorspeise gereicht wird.

Salat der Königinnen: Der große Heiler Nostradamus überreichte Maria von Medici persönlich das Rezept zu diesem Salat, der sowohl gegen Depression und Traurigkeit, als auch zur Verjüngung dienen sollte: 6 Eisenkrautstengel, ½ Weinstockblatt, ½ Apfel, ½ Gurke. Alles vermischen und täglich essen.

Walldorf-Salat nennt man eine Mischung aus feinen Sellerieknollen- und Apfelstreifen, die - mit Mayonnaise, Schlagsahne, gehackten Walnüssen, Honig, Salz, Pfeffer und Zitronensaft angemacht - meist als Beilage zu Pasteten, Wild oder kaltem Geflügel gereicht wird. Zu seinem Namen gelangte der Walldorf-Salat durch den deutschstämmigen Besitzer des noblen

New Yorker „Walldorf-Astoria-Hotels", der aus Walldorf bei Heidelberg stammte.

Verwendung, Zubereitung

Salat isst man normalerweise immer nur mit der Gabel. Im Notfall kann man auch das Messer benutzen, zum Beispiel, um eine zu große Tomatenscheibe zu zerteilen, oder um zu große Salatblätter mittels Messer und Gabel locker zu falten, um sie dann möglichst unzerdrückt mit der Gabel zum Mund zu führen.

Die wertvollen Inhaltsstoffe des Salats haben nur Wirkung auf unsere Gesundheit, wenn sie zusammen mit Fett (Butter, Fett, Margarine, Milch, Öl, Sahne oder Joghurt) zubereitet werden.

Tipp

Winter-Blattsalate - sie stammen meist aus dem Treibhaus - sind, besonders in den Strünken und in den dicken Rippen, extrem nitratreich, weshalb man sie, nachdem man Strünke und dicke Rippen entfernt hat, mit Rohkost von Möhren, Sellerie usw. mischen sollte.

Salatchrysantheme

Chrysanthemum

Chrysanthéme des jardins: franz., Chrysanthéme-salade: franz., Garland: engl., Kronen-Wucherblume, Shungiku: chin., Speisechrysantheme

Allgemeines, Herkunft, Geschichtliche Bedeutung

Die Heimat der Salatchrysantheme liegt vermutlich in Portugal, eventuell auch in Südchina. In China, Japan, Kalifornien, Portugal, Taiwan und im Mittelmeergebiet werden diese Pflanzen, die zur Familie der Korbblütler/Asteraceae (Compositae) zählen, kultiviert.

Die Vorsilbe „Chrys" kommt vom Griechischen „Chrysos" = „Gold" - sie soll also eine Gelb- oder Goldfärbung der Pflanze betonen.

Aussehen

Salatchrysanthemen haben krautige, feingeschlitzte, dunkelgrüne Blätter und gelbe, margeritenähnliche Blüten.

Geschmack

Die Salatchrysantheme schmeckt aromatisch, leicht bitter, ausgeprägt scharf, blumig-kressig.

Hauptinhaltsstoffe

Calcium, Eisen, Phosphor, Vitamin C.

Verwendung, Zubereitung

Die jungen Blätter und die Triebspitzen der Salatchrysantheme werden roh für Salat oder zum Garnieren verwendet und gekocht in Suppen oder als Gemüse wie Spinat zubereitet. Chrysanthemen-Blüten werden in Japan kurz gekocht, gewürzt und zu Reis, „Chop Suey" und anderen Gerichten verwendet.

Lagerung

Gekühlt ist eine Lagerung der Salatchrysantheme für einige Tage möglich.

Tipp

Der leicht bittere Geschmack der Chrysantheme kann durch Honig oder Zucker gemildert werden.

Sanddorn

Hippophaé rhamnnides

Amelitze, Amritscherl, Argoussier: franz., Audorn, Besing, Blauer Dorn, Common sea buckthorn: engl., Deutscher Stechdorn, Dörner, Dorn, Dünendorn, Durn, Espino amarillo: span., Fasanbeere, Finnische Beere, Griessbeere, Haffdorn, Kauwel, Korallenbeerdorn, Kreuzbeere, Kreuzdorn, Mamelistendorn, Meerdorn, Meerkreuzdorn, Olivello spinosa: ital., Pferdedorn, R(h)eindorn, R(h)einweide, Rote Schlehen, Sandbeere, Sandkreuzdorn, Sea buckthorn: engl., Seedorn, Seedornbeere, Seekreuzdorn, Sprengbeere, Stachlige Weide, Stechdorn, Stranddorn, Stranddornbeere, Streitbesie, Tabakröhrlistaude, Vitamin C-

Strauch, Wehdorn, Weidenblättriger Stechdorn, Weidendorn, Weisseldorn, Werdendorn

Allgemeines, Herkunft, Geschichtliche Bedeutung

Der Sanddorn ist in Asien beheimatet. Mönche aus dem Mittelalter beschrieben ihn erstmals als Heilpflanze. Seit dem letzten Weltkrieg (1940) findet der Sanddorn auch bei uns zunehmende Beachtung, nachdem man bei ihm einen bemerkenswert hohen Gehalt an Vitamin C festgestellt hat.

Der Sanddorn ist ein Ölweidengewächs (Elaeagnaceae), das von der Botanik her zu den „Nüssen" gezählt werden müsste. Meist wächst der Sanddorn wild an Bahndämmen, Böschungen, an Flusstälern und im Gebirge, kultiviert dient er aber auch als Zierstrauch in Parkanlagen, an Meeresküsten und zur Befestigung von Dünen. In verschiedenen Bundesländern steht der Sanddorn sogar unter Naturschutz!

Größere Sanddorn-Vorkommen findet man in Asien, England, Frankreich, Italien, an Nord- und Ostsee, in Polen und in Russland. Von Ende August bis Anfang Oktober kann man Sanddorn-Beeren ernten, indem man die Beeren mitsamt den Stielen abschneidet und sie dann auf eine weiche Unterlage fallen lässt.

Der botanische Name „Hippophaé" wird von den griechischen Wörtern „hippos" = Pferd und „phaes" = ‚leuchtend' abgeleitet; Pferde sollen nämlich durch das Laub des Sanddorns ein glänzendes Fell erhalten.

Aussehen

Der Sanddornstrauch ist ein silbergraugrüner, gedornter, bis zu 5m hoher Busch mit lanzettförmigen, spitzen, oberseitig dunkelgrün, unterseitig jedoch weiß-filzigen Blättern.

Sanddornbeeren sind erbsengroß, rotorange oder gelb.

Sanddornbeeren aus dem Gebirge sind etwas kleiner als Beeren, die an der Küste wachsen und haben einen höheren Vitamin-C-Gehalt. Auch sind rote Beeren wesentlich Vitamin-C-reicher als gelbe.

Geschmack

Rohe Sanddornbeeren schmecken sehr sauer.

Sorten

Büffelbeere: Shepherdia argentea: lat. heißt eine nordamerikanische Verwandte des Sanddorns, die meist getrocknet in Müslis, aber auch in Marmeladen, Säften usw. Verwendung findet. Sie ähnelt einer roten Johannisbeere und enthält nur einen Samen.

Hauptinhaltsstoffe

Anthozyane, überdurchschnittlich viel Calcium und Magnesium, 7% Fett, Flavonoide, Fruchtsäuren, hoher Provitamin-A-Gehalt, beachtliche Vitamin B 1, B 2, B 6, 400 - 1330mg Vitamin C pro 100g Fruchtfleisch, Vitamin E.

Verwendung, Zubereitung

Sanddorn-Beeren werden zu Eis, Gelee, Joghurt, Likör, Marmelade, Mus, Saft, Sirup, diätetischen Lebensmitteln und zum Einkochen und Tieffrieren verarbeitet. Auch zur Vitaminisierung von Arzneimitteln, Kosmetika, Kräftigungsmitteln, Suppenwürzen und Zahnpasta werden die Beeren verwendet. Meist werden diese nur kurz gekocht und dann mit Honig oder Zukker gesüßt, wobei man behutsam umgehen sollte, da die Beeren beim Kochen leicht platzen und der austretende Saft aggressive Flecken auf der Kleidung verursachen kann.

Lagerung

Sanddornbeeren sollten sofort nach der Ernte verarbeitet werden, alleine schon wegen des Vitaminverlusts.

Volksmedizinische Bedeutung

Sanddornsaft, am wirksamsten ist er aus frischen Beeren, wird eingesetzt bei Abgeschlagenheit, Appetitlosigkeit, Erschöpfungszuständen, Grippe, Lungenentzündung, Vitamin C-Mangel, Zahnfleischbluten, in der Rekonvaleszenz und bei verzögerter Wundheilung. Sanddorn enthält auch einen Wirkstoff, der Cholesterinansammlungen an den Wandungen der Blutgefäße, die Sklerose verursachen, vorbeugt bzw. allmählich abbaut. Unreife Sanddorn-Beeren wirken blutstillend und lindern Durchfall und Ruhr. Aus Sanddorn-Früchten gewonnenes Sanddorn-Öl wird zum Schutz und zur Heilung von Röntgen- und Radiumgeschädigter Haut und dergleichen verwendet.

Tipp

Angesichts der zahlreichen Begleitstoffe ist das natürliche Vitamin C in der Sanddorn-Frucht im physiologischen Wert den synthetischen Vitamin C-Präparaten weit überlegen. Bei später Ernte ist der Vitamin C-Gehalt sogar extrem hoch.

Sapote

Pouteria sapota

Abricot des Antilles: franz., Grosse Sapote, Mamey Zapote: span., Mammee Sapote: engl., Mammei, Mammey-Apfel, Mammey Sapote: engl., Marmeladenpflaume, Sapota: ital., Sapote: niederl., norw., Zapote, Zapote colorado: span., Zapote de carne: span., Zapotl: mexik.

Allgemeines, Herkunft, Geschichtliche Bedeutung

Die Sapote ist die Frucht des bis zu 30m hoch werdenden Sapotenbaums, einem Sapotengewächs (Sapotaceae), das seinen Ursprung im tropischen und subtropischen Zentral- und Südamerika hat. Größere Anbaugebiete der Sapote findet man in Florida, Kalifornien, auf den Karibischen und Westindischen Inseln, in Malaysia, Thailand und auf den Philippinen.

Aussehen

Sapoten werden bis zu 20cm lang und haben eine rauhe, staubige, zimtbraune bis schwarze Schale. Darunter befindet sich kräftig purpur gefärbtes, von Milchsaftsträngen stark durchzogenes Fruchtfleisch von melonenartiger Konsistenz, das einen spitzovalen Kern enthält.

Geschmack

Sapoten schmecken eigentlich nur süß, ohne jeglichen Beigeschmack. Der Kern schmeckt bitter.

Sorten

Butterbaum/Karité: franz./Vitelaria paradoxa: bot. nennt man einen zu den Sapotengewächsen/Sapotaceae zählenden Baum, der ausschließlich in der afrikanischen Sahelzone gedeiht. Seine fetthaltigen Nüsse werden meist unter primitivsten Bedingungen zu einem Butterfett gemahlen, das in der sahelesischen Küche zum Backen, Braten und Fritieren verwendet wird.

Hauptinhaltsstoffe

Magnesium, Vitamin C.

Verwendung, Zubereitung

Sapoten sind zwar für die Zubereitung von Konserven, Marmelade, Obstsalat, Saft, Sorbets usw. geeignet, meist werden sie jedoch frisch verzehrt, indem man sie zuvor gut abwäscht, dann halbiert und entkernt, um sie schließlich auszulöffeln. Wie bei der Sapodilla sollte man auch das Fruchtfleisch der Sapote zur Geschmacksverbesserung vor dem Verzehr mit etwas Zitronensaft beträufeln.

Die ölhaltigen Sapoten-Kerne kann man, nachdem sie kurz angeröstet wurden, wie Mandeln weiterverarbeiten. In den Anbauländern werden die Kerne zu einem erfrischenden Getränk verarbeitet, indem sie zusammen mit

Mais vermahlen und dann mit Kakao vermischt werden.

Lagerung

Im Gemüsefach des Kühlschranks lassen sich Sapoten etwa 10 Tage aufbewahren.

Volksmedizinische Bedeutung

Sapoten haben eine sehr verdauungsanregende und allgemein stärkende Wirkung.

Tipp

In Puerto Rico ist es üblich, Sapoten-Fruchtfleisch leicht gesalzen zu verzehren.

Sapotillapfel

Manilkara Zapota

Breiapfel, Chico: engl., Nèfle d'Amérique: franz., Sapodilla: engl., span., Sapodilla pruim: niederl., Sapodilleepler: norw., Sapotilla: ital., Sapotille: franz., Westindische Mispel, Zapotillo: span.

Allgemeines, Herkunft, Geschichtliche Bedeutung

Die Heimat des Sapotillapfels - es ist die Frucht des bis zu 20m hoch werdenden Kaugummibaums - liegt in Zentralamerika, wo er auch heute noch angebaut wird. Weitere Anbaugebiete dieses exotischen Seifenbaumgewächses (Sapotaceae) findet man in Florida, Indien, Südamerika, Thailand und auf den Westindischen Inseln. In Amerika zählt der Sapotillapfel zu den begehrtesten Tropenfrüchten.

Aussehen

Der Sapotillapfel ist eine etwa apfelgroße, kartoffelähnliche Frucht von eiförmiger oder kugeliger Form, die am oberen Teil eine leichte Einkerbung und am unteren Teil eine kelchartige Verwachsung aufweist. Die hellbraune, sehr dünne Schale umschließt geleeartiges, beigefarbenes Fruchtfleisch, das von vielen Milchsaftsträngen durchzogen wird und fächerartig angelegt bis zu zwölf, 2cm lange, schwarze, glänzende, ungenießbare Kerne enthält.

Geschmack

Der vollreife Sapotillapfel hat zwar ein Aroma, das an Birnen und Aprikosen erinnert, sie schmeckt jedoch penetrant süß. Unreife Sapotilläpfel haben einen herb-säuerlichen Geschmack.

Hauptinhaltsstoffe

Gerbsäure, Milchsaft.

Verwendung, Zubereitung

Nachdem man den Sapotillapfel gewaschen, halbiert und entkernt hat, kann man ihn auslöffeln. Sein penetrant süßer Geschmack lässt sich mindern, indem man das Fruchtfleisch mit Limettensaft beträufelt. Der Sapotillapfel eignet sich auch zur Herstellung von Crèmes, Marmelade, Obstsalat oder Saft.

Chicle nennt man den durch Anzapfen der Kaugummibaumrinde gewonnenen Milchsaft, der für die Kaugummi-Herstellung Verwendung findet.

Lagerung

Da der Sapotillapfel in den Anbaugebieten unreif geerntet wird, ist er, nachdem er die europäischen Märkte erreicht hat, leicht gekühlt noch etwa 2 bis 3 Wochen lagerbar.

Volksmedizinische Bedeutung

Sapotilläpfel haben im Allgemeinen eine sehr sättigende, abführende und verdauungsanregende Wirkung.

Sauerampfer

Rumex patienta

Acedera: span., Ampfer, Buchampfer, Englischer Spinat, Gartenampfer, Gartensauerampfer, Garden sorrel: engl., Gemüseampfer, Grosser Ampfer, Haderlump, Kuckuckskraut, Oseille: franz., Patience: franz., Romice: ital., Roter Heinrich, Sättling, Säuerling, Salatampfer, Sauerblätter, Sauergras, Sauerklee, Sauerknöterich, Sauerlump, Sauersenf, Sorrel: engl., Zauzompfer.

Allgemeines, Herkunft, Geschichtliche Bedeutung

Der ursprünglich in Südeuropa beheimatete Sauerampfer war schon bei den alten Ägyptern und Römern Bestandteil des Speisezettels. Noch heute findet man wildwachsenden Sauerampfer in ganz Europa auf feuchten Wiesen, auf Weiden, an Ufern und an Wegen. Geerntet wird dieses Knöterichgewächs (Polygonaceae), das auch kultiviert in unseren Gärten wächst und mit dem Rhabarber verwandt ist, von April bis November, und zwar am besten, wenn er etwa 7cm Wuchshöhe erreicht hat, dann treibt er nämlich noch einmal aus.

Ewiger Spinat wird Sauerampfer auch genannt, weil man ihn nach einem milden Winter das ganze Jahr über ernten kann.

Aussehen

Sauerampfer ist ein Wildgemüse mit spießförmigen, sattgrünen, spinatähnliches Blättern, das bis zu 2m hoch werden kann. Wenn Sauerampfer bei der Verarbeitung mit Eisen oder Kupfer in Berührung kommt, bekommt er im Nu ein sehr unansehnliches Aussehen.

Geschmack

Junge Sauerampfer-Blätter haben einen angenehm erfrischenden, zitronenähnlichen und leicht bitteren Geschmack; von einem Verzehr von alten Sauerampfer-Blättern ist jedoch dringendst abzuraten, da sie unangenehm bitter und sehr sauer schmecken und einen extrem hohen Oxalsäuregehalt aufweisen.

Sorten

Römischer Ampfer: Rumex scutatus: lat./Römischer Spinat/Französischer Spinat/French sorrel: engl./Kleiner Sauerampfer/Oseille petite: franz./Oseille ronde: französ./Schildampfer heißt eine kleinwüchsige und glattblättrige Sauerampfer-Sorte mit leicht sukkulenten Blättern, die intensiv zitronig schmecken. Er wird hauptsächlich in Süd-, West- und Mitteleuropa kultiviert.

Hauptinhaltsstoffe

Calcium, Eisen, Emodin, Gerbstoffe, Kaliumoxalat, hoher Oxalsäuregehalt, Provitamin A, Quercitrin, Tannin, Vitamin C.

Verwendung, Zubereitung

Junge Sauerampfer-Blätter werden zu Gemüse, in Frankfurter Grüner Sauce, Kräutersauce, Omelette fines herbes, Quarkspeisen, Salat, in Suppe usw. verarbeitet. Zuvor sollte man sie gut waschen und ausdrücken. Als Gemüse zubereitet, sollte man die Blätter nur kurz in einer hellen Sauce mit geriebenem Zwieback dünsten, wobei sich der saure Geschmack zum größten Teil verflüchtigt. Die fingerdicken Sauerampfer-Stängel sollte man von den Blättern getrennt zu Gemüse bereiten, da sie einer längeren Garzeit bedürfen.

Rassolnik heißt eine berühmte, russische Sauerampfer-Suppe, die meist auch gekochte Nierenwürfelchen enthält.

Volksmedizinische Bedeutung

Sauerampfergenuss hat eine lindernde Wirkung bei Leber- und Nierenschmerzen, wirkt appetitanregend, blutbildend, durststillend, entgiftend, fiebersenkend, harntreibend und äußerst blutreinigend. Man sollte Sauerampfer jedoch nicht im Übermaß genießen, da er aufgrund des hohen Oxalatgehalts auch Nierenschmerzen, Nierenschädigungen und Stoffwechselstörungen verursachen kann. Bei Neigung zu Nierensteinen und bei Arthritis ist von Sauerampfer-Genuss sogar strikt abzuraten!

Umschläge mit dem Saft von Sauerampfer-Blättern oder den ganzen Blättern werden bei unreiner Haut und Geschwüren empfohlen. Pfarrer Sebastian Kneipp (1821-1897) empfahl gegen Unterleibsschmerzen in Wein gekochten Sauerampfer.

Tipp

Frischer Sauerampfersaft entfernt Tintenflecke aus der Wäsche und reinigt fleckiges Silber.

Sauerkleeknolle

Oxalis acetosella

Acederilla: span., Acetosella: ital., Buchampfer, Buchklee, Cuiba: lateinamerikan., Gauchampfer, Knollensauerklee, Oca: indian., Oka: indian., Oxalide: franz., Oseille de bûcheron: franz., Oxalis, Oxalisrübe, Roter Sauerklee, Sauerkleerübe

Allgemeines, Herkunft, Geschichtliche Bedeutung

Schon in prähistorischer Zeit war die ausdauernde Sauerkleeknolle ein wichtiges Nahrungsmittel (z.B. als Essigersatz) der in Südamerika lebenden indianischen Bevölkerung. Im Mittelalter diente die Sauerkleeknolle häufig auch als Saucenwürze. Anbaugebiete dieses Kleegewächses (Oxalidaceae) findet man heute in England, Frankreich, Neuseeland und in Südamerika. Fälschlicherweise kommen Sauerkleeknollen bei uns oft als „Yam" auf den Markt; Sauerkleeknollen dürfen jedoch nur in Neuseeland als „Yam" bezeichnet werden.

Der botanische Name „Oxalis" leitet sich vom Griechischen für „Sauer" ab.

Aussehen

Die unterirdisch wachsende, gelblich, rotorange bis purpurfarbene Sauerkleeknolle hat weißes, mehliges Fruchtfleisch und kleeblattähnliche Blätter, die an glasig durchscheinenden *Stängeln* wachsen.

Ibia ist der Fachausdruck für die dunkelroten, verdickten Wurzelsprossen des Knollensauerklees, die mit unzähligen Vertiefungen durchsetzt sind.

Geschmack

Knolle und Blätter schmecken zwar feigenähnlich, jedoch sehr scharf und extrem säuerlich.

Sorten

Waldsauerklee/Alléluja: französ./Hasenklee/Himmelsbrot/Kuckucksbrot/Kuckuckskost/Kuckucksklee/Shamrock: engl./Wood sorrel: engl./Surette: franz./ Waldklee nennt man dieses bei uns heimische Waldgewächs mit weißen Blüten und lichtempfindlichen, mit purpurroten Adern durchwachsenen, kleeblattartigen Blättern, die sich bei starker Sonneneinwirkung und bei Dunkelheit zusammenfalten. Waldsauerklee wird schwach dosiert und kleingehackt zum Würzen von Saucen, Salaten und Suppen verwendet.

Hauptinhaltsstoffe

Die Blätter enthalten Calcium, Vitamin C und sind stark kaliumoxalat- und oxalsäurehaltig. Die Knollen sind sehr stärke-, schleim- und zuckerhaltig.

Verwendung, Zubereitung

Sauerkleeknollen werden, nachdem man ihre Haut abgeschabt hat, meist gebraten, gedünstet oder gekocht als Gemüse oder im Eintopf verwendet, da sie wegen ihres sauren Geschmacks im frischen Zustand nicht gerade ein Genuss sind. Beim Schaben sollte man darauf achten, dass die Auswüchse der Wurzelsprossen nicht verletzt werden, da die Knolle sonst beim Kochen zu stark auslaugt. Sauerkleeknollen schmecken milder und werden auch bekömmlicher, wenn man sie nach der Ernte ein paar Tage in der Sonne nachreift.

Volksmedizinische Bedeutung

Die Sauerkleeknolle stärkt Leber und Verdauungsorgane. Menschen, die an Gicht, Nierensteinen oder Rheuma leiden, sollten diese Pflanze wegen ihres Oxalsäuregehalts gänzlich meiden.
Vorsicht: In großen Mengen ist die Sauerkleeknolle sogar giftig!

Tipp

Luzerne-Keimlinge/Alfalfa: arab., span. nennt man die Sprossen der u.a. Klee-Sorte, die überwiegend auf ungedüngten Böden herangezogen werden und schon nach etwa zwei Wochen geerntet werden können. Luzerne-Keimlinge haben einen leicht herben, nussigen und erfrischenden Geschmack und sind besonders vitamin- und eiweißhaltig. Besonders hervorzuheben ist ihr Vitamin-C-Gehalt: schon eine Hand voll dieser Keimlinge entspricht dem Vitamin-C-Gehalt von sechs Gläsern Orangensaft! Reiche Araber führen dem Futter ihrer Hengste sogar Luzerne-Keimlinge zu, damit sie ein besonders seidig-glänzendes Fell bekommen, was wohl auf den hohen Vitamin-B-Gehalt der Keimlinge zurückzuführen ist.
Blaue Luzerne: Medicago sativa: lat./Echte Luzerne/Erba medica: ital./ Lucerne: engl./Luzerne: französ./ Schneckenklee heißt die Klee-Sorte, aus deren Samen die o.a. Keimlinge heranwachsen.

Sauerkraut

Cavoli acidi: ital., Choucroute: franz., Col fermentada: span., Crauti: ital., Eingemachter Kappes: rhein., Kraut: bayr., Kumst, Sauerkohl: österr. und berlin., Sauerkraut: auch engl., Saurer Kumst: ostpreuss., Suermoos: münsterl., Zettlkraut: tirol.

Allgemeines, Herkunft, Geschichtliche Bedeutung

Sauerkraut entsteht durch Umwandlung des natürlichen Zuckergehalts in feingeschnittenem und eingesalzenem Weißkraut in Milchsäure, ohne chemische Zusätze. Diese Milchsäuregärung ist es, die das Vitamin C dann im Sauerkraut selbst bei langer Lagerung ‚konserviert'.
Die Erfinder des Sauerkrauts sind nicht die Deutschen – weit gefehlt –, sondern die Chinesen! Ihr Sauerkraut-Favorit war seit Urzeiten der Paksoi, den sie für den Winter in Reiswein konservierten. Als Dschingis Khan 1211-1216 in China einfiel, lernte er das köstliche Weinkraut kennen. Ersatz für den Paksoi fanden seine Horden später auf den Beutezügen durch Europa im Weißkohl. Diesen salzten sie ein und ließen ihn zu Sauerkraut gären. Der Seefahrer James Cook, der im 18. Jahrhundert weite Schiffsreisen um die ganze Welt unternahm, führte stets ein großes Sauerkrautreservoir mit sich, das ihn und seine Mannen vor Skorbut, einer Vitamin-C-Mangelkrankheit, bewahrte, denn Tausende von Seefahrern vor seiner Zeit starben an dieser Krankheit.
Die Ursache des Sauerkohlruhms ist weniger rühmlich: Deutsche Fürsten erfanden, da sie immer mehr Geld verbrauchten, als sie hatten, das Salzmonopol. So musste jeder Haushalt über den Salzverbrauch Buch führen. Wer zu wenig Salz verbrauchte, sollte schwer bestraft werden. Auf diese Weise mussten die Hausfrauen sich etwas einfallen lassen, um möglichst viel Salz zu verbrauchen: es wurden Gurken, Bohnen und Weißkohl von Hand eingesalzen.
Die Deutschen werden im Ausland „Krauts" genannt, ein guter Rest kulinarischen Neids, denn nirgendwo auf

der Welt wird Kohl besser zubereitet als in „Old Germany"! Ca. 60% der deutschen Weißkohlernte wird zu Sauerkraut verarbeitet. Der pro-Kopf-Verbrauch an Sauerkraut im Jahr ist im Elsaß jedoch wesentlich höher als in Deutschland.

Sorten

Ananaskraut nennt man Sauerkraut, das mit Ananassaft und Ananasstückchen verfeinert wurde.

Beutelsauerkraut wird meist vom Gärbehälter direkt in den Beutel gefüllt. Dieses „gärfrische" Sauerkraut sollte abgefüllt nicht älter als 8 Tage sein, denn es verdirbt rasch. Der Verbraucher sollte es daher nur dort kaufen, wo großer Umsatz ist.

Delikatess-Sauerkraut ist keine besondere Qualitätsbezeichnung, die bestimmte Gütemerkmale verlangt; folglich kann jeder Hersteller seine Ware als Delikatess-Sauerkraut anpreisen. Es ist daher kaum einen Mehrpreis wert.

Fasskraut nennt man ganz normales Sauerkraut, das meist in fassähnlichen Behältnissen angeboten wird.

Rieslingkraut erhält man, indem man auf 50kg Sauerkraut 1l Riesling während oder nach der Gärung zusetzt.

Schlachtekohl nennt man Sauerkraut, das in der beim Schlachtfest entstehenden Wurstbrühe/Worschtsupp: pfälz. gegart wurde.

Sterilisiertes Sauerkraut wird sofort nach der Milchsäuregärung in Dosen gefüllt und durch leichte Pasteurisierung (Erhitzung unter 100° C) unter möglicher Schonung der Inhaltsstoffe haltbar gemacht. Da sich danach der Säuregrad nicht mehr ändert, schmeckt es meistens etwas milder. Es ist von gleichbleibender Qualität.

Weinkraut/Weinsauerkraut erhält man, indem man auf 50kg Sauerkraut 1l Weißwein während oder nach der Gärung zusetzt.

Hauptinhaltsstoffe

Betakarotinoide, Butter-, Essig- und Milchsäure, Calcium, Cholin, Folsäure, Vitamin B 1, B 12, K, sehr Vitamin-C-haltig. Die meisten Vitamine enthält zwar rohes Sauerkraut, aber auch gekocht ist es immer noch ein Vitamin-Lieferant besonderer Güte.

Verwendung, Zubereitung

Sauerkraut wird zur Herstellung von Eintopf, Gemüse, Rohkost, Salat, Saft, Suppe und Szegediner Gulasch verwendet. Es sollte nie mit Wasser abgespült werden, denn mit dem Wasser werden eine Menge wasserlöslicher Vitamine weggespült. Man kann es allenfalls vorsichtig abbrausen, wenn es vom Hersteller zu salzig oder zu sauer eingelegt wurde.

Sauerkraut kann man auch selbst einlegen: Auf 10kg geschnittenes Weißkraut gibt man 80g Salz, etwas Zucker und zwischen die Lagen einige saure Äpfel. Dann wird es gestampft, in ein Fass gegeben, mit sauberen Kohlblättern abgedeckt und im Keller bei ca 18°C ungefähr 5 Wochen gären gelassen.

Lagerung

Rohes Sauerkraut lässt sich etwa 1 Woche im Kühlschrank aufbewahren. Sauerkrautkonserven sind 3 bis 4 Jahre haltbar.

Volksmedizinische Bedeutung

Sauerkraut ist das gesündeste, saure Nahrungsmittel überhaupt. Es gilt als Volksheilmittel bei Asthma, Darmträgheit, Depression, Ischias, Konzentrationsschwäche, Magenübersäuerung, Rheuma, Stress, Verstopfung, fördert den Blutumlauf und schafft giftige Schlacken aus dem Körper. Es enthält auch Anti- Krebsstoffe, wirkt beruhigend auf das vegetative Nervensystem und ist sehr leicht verdaulich.

Verbrennungen behandelt man mit Tüchern, die in Sauerkraut getränkt wurden.
Sauerkrautsaft ist auch ein vielfach bestätigtes Mittel gegen Magengeschwüre und ein wertvolles Getränk, das Diätzwecken dient und auch bei Diabetes empfohlen wird. Gegen die berüchtigte Frühjahrs-Erkältung wappnet man sich am besten, indem man täglich drei Gabeln rohes Sauerkraut isst. Allerdings können die im Sauerkraut enthaltenen Milchsäurebakterien bei besonders empfindlichen Menschen Spannungskopfschmerzen auslösen.

Tipp

Székely-Gulasch/Székelygulyás: ungar./Szegediner-Gulasch: irrtüml./Ungarisches Krautfleisch nennt man paprizierten Schweinegulasch, der zu gleichen Teilen mit Sauerkraut gekocht und zum Schluss mit saurer Sahne vollendet wird. „Székely" ist nämlich der Name eines ungarischen Rechtsanwalt, dem dieses international bekannte Gericht seinen Namen zu verdanken hat.
„Szegedin" ist dagegen ein ungarischer Städtename, der oft mit „Szekely" verwechselt wird.
Übrigens: Mit Sauerkrautsaft läßt sich mühelos Kupfer reinigen.

Schalotte

Allium cepa var. aggregatum

Allium ascalonium: bot., Aschlauch, Ascolonia: span., Askalonzwiebel, Chalote: span., Charlotte, Échalote: franz., Eschlauch, Kartoffelzwiebel, Levantinischer Lauch, Scalogno: ital., Shallot: engl., Sjalot: niederl., Syrische Zwiebel

Allgemeines, Herkunft, Geschichtliche Bedeutung

Früher wurde die Schalotte, die aus einer Kulturvariante des Lauchs entstanden ist, botanisch als selbständige Art anerkannt. Heute zählt sie zu den Zwiebelgewächsen - man bezeichnet sie sogar als die Edelste aller Zwiebeln. In Deutschland, Frankreich, Italien, Japan, Mexiko, in den Niederlanden und im Orient werden Schalotten u.a. angebaut. In Mischkulturen stehen Schalotten gut neben Gurken, Mangold, Möhren, Rote Bete, Schwarzwurzeln, Spinat oder Dill und Petersilie. Ungünstig ist eine Nachbarschaft zu Kohlgewächsen und Stangenbohnen.
Vergilbtes Laub zeigt ab August an, dass das Wachstum der Schalotte beendet ist.
Ihren Namen hat die Schalotte von der palästinensischen Stadt „Ascalom", ihrem Ursprungsort, von wo aus sie durch Kreuzfahrer zu uns gebracht wurde.

Aussehen

Schalotten sind kastaniengroße, weiße, graue, rosa, rote, violette, längliche, rundliche oder birnenförmige, in Büscheln wachsende Zwiebeln mit trokkenhäutiger gelbbrauner Schale und oft steckzwiebelähnlichen Einzelbulben.

Geschmack

Schalotten schmecken zwar intensiv würzig, jedoch wesentlich milder als Küchenzwiebeln. Rundliche oder birnenförmige Schalotten schmecken im Allgemeinen etwas kräftiger als längliche.

Sorten

Grise de Bagnolet: franz. heißt eine graue französische Schalotten-Sorte.
Lange Bretonin/Bretonne Longue: franz. heißt eine halblange Schalotten-Sorte aus Frankreich.

Hauptinhaltsstoffe

Ajoene, Allicin, Calcium, Diallylsulfid, wertvolle Eiweißstoffe, Fermente, Spiraeosid, Eisen, Fermente, Fluor, Fructosane, Glucose, Kalium, Natrium, Pektin, Phosphor, Provitamin A, Quercetin, Schwefel, Selen, Thiopropional, Vitamin B 1, B 2, B 5, B 6, C, E, Zink, Zucker.

Verwendung, Zubereitung

Die Schalotte wird zwar wie eine normale Zwiebel verarbeitet, wegen ihrer starken Würze braucht man jedoch jeweils nur die halbe Menge zu verwenden. Weil das Schälen von Schalotten mühsamer als bei Zwiebeln ist, führt sie bei uns offensichtlich ein Schattendasein.

Lagerung

Gut gekühlt sind Schalotten monatelang haltbar, da ihre Bulben im Gegensatz zu Zwiebeln nicht ins Kraut schießen.

Tipp

Bulben/Bulbus: lat. nennt man knollige, zwiebelähnliche Pflanzenorgane.

Bulbillen nennt man sehr kleine Bulben, z.B. beim Scharbockskraut.

Bulbös bedeutet knollig, zwiebelförmig.

Schlangenhaargurke

Trichosanthes cucumeriana

Chichinda: ind., Club gourd: engl., Courge-serpent: franz., Long tomato: engl., Schlangengurke, Schlangenkürbis, Serpent végétal: franz., Snake gourd: engl.

Allgemeines, Herkunft, Geschichtliche Bedeutung

Die vermutlich in Vorderindien oder Australien heimische Schlangenhaargurke ist mit unserer Salatgurke nur entfernt verwandt. Angebaut wird sie in Afrika, Asien, Australien, China, Indien, in der Karibik und in Südamerika.

Aussehen

Die Schlangenhaargurke ist eine gebogene und verdrehte, grünweiße, selten gestreifte bis zu 1,80m lange Frucht, deren Durchmesser nur 5-10cm beträgt. Das rötliche Fruchtfleisch beinhaltet zahlreiche Samenkerne.

Geschmack

Die Schlangenhaargurke hat ein fruchtiges, leicht süßliches Aroma.

Hauptinhaltsstoffe

Sehr eiweißhaltig.

Verwendung, Zubereitung

Die Schlangenhaargurke wird meist in Scheiben geschnitten und gedünstet oder gedämpft zu Gemüse verarbeitet. Aus den jungen Trieben und Blättern der Schlangenhaargurke kann man frischen Salat zubereiten.

Lagerung

Kühl gelagert ca. 14 Tage haltbar.

Tipp

Auf dem deutschen Markt ist die Schlangenhaargurke bis heute kaum von Bedeutung.

Schlehe

Prunus spinosa

Abschblüten, Ackerpflaume, Belsprümche, Bienendorn, Bockbeer, Bocksbeere, Bulloog, Christusdorn, Ciruelas silvestres: span., Deutsche Akazie, Dorn(bollen), Dornschlehe, Effken, Eisbeere, Enarina: span., Frauenschlehe, Haagpflaume, Haberschlehe, Hagdorn, Hageldorn, Heckenbettcher, Heck(en)dorn, Heckenkirsche, Heckenpräumchen, Heckenschlehe, Himmelblüten, Hofschlehe, Hunsrücker Traube, Judendorn, Kandisblüten, Kaulbutsch, Kertsche, Kesseldorn, Kietschke, Kitschkenpflaume, Krieke, Krietschpflaume, Krischel, Maulrîters, Maultreckers, Pâssla, Permollja, Pflaume des Winters, Pinserling, Poass(e), Prugnola: ital., Prunelle: franz., Reifziwerln, Sauerbutzen, Sau(er)dorn, Scharkenstrauch, Schlehenapfel, Schlehenbilse, Schleh(en)dorn, Schlehenkrieche, Schlehenpflaume, Schlehenpraume, Schliche, Schliehe, Schliene, Schliere, Schlinge(l), Schlinke, Schluckfärze, Schneiderblume, Schwarzdorn, Släierte, Slapetorn:

norw., Sleepruim: niederl., Slien, Sloe: engl., Spinling, Stechdorn, Susine selvatiche: ital., Tanten, Ternickel, Weinkirsche, Weisse Apfelbüten, Wiepeldorn, Wilder Zwetsche, Wurstkrippenholt, Wurstspinndorn, Zoanken

Allgemeines, Herkunft, Geschichtliche Bedeutung

Im Volksglauben früherer Zeiten spielte der aus Eurasien stammende wildwachsende Schlehenbaum eine große Rolle in Hexenabwehr und Heilzauber.

Am häufigsten findet man Schlehen an Kalkbergen, auf Feldwegen und an Waldrändern Asiens, Europas und Nordafrikas. Die Schlehe gehört zu den Rosengewächsen (Rosaceae) und ist mit der Kirsche und der Zwetschge verwandt. Nach mehreren Frösten sind Schlehen zwar genießbar, man lässt sie jedoch meist noch etwas am Baum nachreifen.

Dass der Name „Schlehe" aus dem Althochdeutschen kommen soll, ist ungewiss. Möglich ist auch, dass er sich aus dem altslawischen „Sliva" = Zwetschge ableitet.

Aussehen

Der Schlehdorn ist ein bis 4m hoher, weißblühender Strauch, dessen schwarzblaue, pflaumenähnliche Wildfrüchte sehr stark bereift sind. Sie enthalten einen Kern, der mit dem Fruchtfleisch fest verwachsen ist. Schlehdorn-Blätter haben eine elliptische Form, sind kurz gestielt und am Rand scharf gesägt.

Geschmack

Schlehen schmecken sehr sauer und herb, gelegentlich auch gallig-bitter, weshalb sie im Rohzustand kaum genießbar sind. Erst durch Frosteinwirkung schrumpfen sie etwas und werden dabei süßer und wesentlich schmackhafter.

Sorten

Haferpflaume: Prunus insititia: lat./ Haferschlehe/Kriechenpflaume/Spilling/Damson: engl. heißt eine kugelige, gelblichgrüne oder blauschwarze, schwer steinlösliche, kleine Schlehenart die zwar aus dem Orient stammt, gelegentlich aber auch in Europa und Nordamerika verwildert vorkommt. Meist wird sie zu Kompott verarbeitet.

Katharine/Katharinenpflaume nennt man eine gedörrt Haferpflaume.

Hauptinhaltsstoffe

Aminosäuren, Bitterstoffe, Flavone, Gerbstoffe, Kämpferol, Karotin, reichlich Mineralien, Pektin, organische Säuren, Vitamin B 1, C, Zucker. Schlehen-Blüten, die übrigens früher als die Blätter erscheinen, sind stark blausäurehaltig.

Verwendung, Zubereitung

Schlehen werden zur Herstellung von Kompott, Likör, Marmelade, Mus, Saft, Schnaps, oder Wein verwendet. Schlehensaft wird auch als Zusatz zu diversen Obstweinen benutzt, um deren Haltbarkeit zu erhöhen. Den herbsauren Geschmack des Schlehensafts kann man mit etwas Apfelsaft, Zimt und einer Orangenscheibe lindern. Getrocknete Schlehdorn-Blätter und -Blüten dienen der Teeherstellung.

Schlehenholz wird für Spazierstöcke verwendet.

Lagerung

Schlehen lassen sich höchstens 2 Tage lagern, da sie sehr schnell verderben.

Volksmedizinische Bedeutung

Schlehenmus wird bei Harnleiden, Magenschwäche und Verstopfung eingesetzt. Schlehensaft stärkt das Immunsystem. Schlehenwein wirkt nervenerfrischend. Schlehenblüten wirken als Tee mild abführend, blut-, blasen und nierenreinigend, entgiftend, kräftigend, krampflösend, schmerzstillend und helfen abwehrend bei Erkältungen. Eine Überdosierung sollte allerdings vermieden werden.

Tipp

Mit Schlehenzweigen werden normalerweise auch Salinen bestückt.

Schnittkohl

Brassica napus var. pabularia

Blätterkohl, Blattkohl, Bremer Scherkohl, Butterkohl, Cavolo da foglie: ital., Chou-vert á faucher: franz., Federkohl, Leaf rape: engl., Repollo de corte: span., Snijmoes: niederl., Spring greens: engl.

Allgemeines, Herkunft, Geschichtliche Bedeutung

Die Heimat des Schnittkohls ist das Mittelmeergebiet, wo er aus dem Grünkohl gezüchtet wurde. In Deutschland (Westfalen), in Italien und in den Niederlanden liegen seine heutigen Hauptanbaugebiete. Schnittkohl wird nicht gepflanzt, sondern gesät. Bei der Ernte im Mai ist darauf zu achten, dass die jungen Blätter vor der Blüte am Wurzelhals abgeschnitten werden, ohne das Herz der Pflanze zu verletzen, um eine spätere zweite Ernte zu ermöglichen.

Aussehen

Der blattreiche Schnittkohl ist nicht kopfbildend; er hat vielmehr etwa 20cm lange, wirsingähnliche und je nach Sorte gelbe, grüne oder violette, leicht blasige Blätter.

Geschmack

Junge Schnittkohl-Blätter schmecken angenehm grünkohlähnlich, alte Blätter sind dagegen zäh.

Hauptinhaltsstoffe

Calcium, Eisen, Kalium, Magnesium, Natrium, Niacin, Phosphor, Provitamin A, Vitamin B 1, B 2, B 3, B 6, C, E.

Verwendung, Zubereitung

Junge Schnittkohl-Blätter und -Stiele werden wie Spinat oder Wirsing zu Gemüse bereitet. Auch das Einsalzen ist möglich.

Lagerung

Gut gekühlt lässt sich Schnittkohl einige Tage im Kühlschrank oder im kühlen Keller aufbewahren.

Tipp

In den Küchen Hamburgs, Ostfrieslands und Westfalens gilt der Schnittkohl als populäre Spezialität.

Schwarzwurzel

Scorzonera hispanica

Black salsify: engl., Escorzonera: span., Garten-Schwarzwurzel, Salsifi negro: span., Salsifis noir: franz., Schötzenmiere, Schorseneer: niederl., Schtorzenärla: fränk., Scorsonère: franz., Scorzonera: engl., ital., Scorzo nera: ital., Skorzener Wurzel, Skorzonere, Spanische Schwarzwurzel, Spargel des Winters, Spargel für arme Leute, Storzemiere: hess., Viperaria: ital., Winterspargel

Allgemeines, Herkunft, Geschichtliche Bedeutung

Schon im Altertum war die aus dem Mittelmeergebiet stammende Schwarzwurzel in weiten Teilen Europas als Heilmittel bei Wundfieber und Knochenbrüchen bekannt. Die erste uns überlieferte wissenschaftliche Beschreibung stammt allerdings erst aus dem Jahre 1544. Der italienische Botaniker Pier Andrea Mattioli, der spätere Leibarzt der Kaiser Ferdinand I. und Maximillian II., pries ihren Wohlgeschmack und schrieb ihr sogar eine Wirkung bei Pest und als Gegengift bei Schlangenbissen zu. Er nannte sie Scorzonera hispanica. („Scorzone" nennt man in Italien eine schwarze, giftige Schlange!) Mitte des 17. Jahrhunderts wurde die Schwarzwurzel erstmals in Spanien als Gemüse kultiviert; über Frankreich und Flandern gelangte sie schließlich auch nach Deutschland. Heutzutage wird dieses

Wurzelgemüse, das zu den Korbblütlern/Asteraceae (Compositae) gezählt wird und mit der Zichorie verwandt ist, hauptsächlich in Belgien, Deutschland, Frankreich in den Niederlanden und in Amerika angebaut.
Schwarzwurzeln wachsen unter der Erde und können, da sie frostresistent sind, bis zum Frühjahr im Boden bleiben. Die Schwarzwurzel-Saison dauert von Oktober bis April.

Aussehen

Schwarzwurzeln sind längliche braunschwarze, bis zu 50cm lang werdende, fleischige Wurzeln mit markigem, weißem Fleisch, das einen klebrigen, milchigen Saft enthält. Bei verletzten Wurzeln tritt dieser Milchsaft aus, was zu einem erheblichen Qualitäts- und Aromaverlust führt. Auch die breiten und länglichen Schwarzwurzel-Blätter, die nach der Ernte abgeschnitten werden sollten, um ein Austrocknen der Wurzel zu vermeiden, sind essbar.

Geschmack

Schwarzwurzel-Geschmack ähnelt Spargel, den man mit Nüssen vermischt hat. Ein besonders kräftiges und intensives Aroma erhält die Schwarzwurzel erst durch entsprechende Bodenkälte, also in der Zeit zwischen Herbst und Winter.

Sorten

Bocksbart: Tragopogon porrifolius: lat./Haferwurzel/Haferwurz/Barba di becco: ital./Haverwortel: niederländ./ Oyster plant: engl./Salsifi blanco: span./Salsifis blanc: franz./Salsify: engl./Vegetable oyster: engl./Weiße Schwarzwurzel/Weißwurzel. Von der Antike bis ins 17. Jahrhundert war der pfirsichfarbene bis violett-blühende Bocksbart ein weitverbreitetes Gemüse. Er wurde dann aber durch eine Verwandte, die schwarzhäutige Schwarzwurzel mit stärkerer Wurzelbildung verdrängt. Schuld daran war oft der holzige Kern im ersten Jahr des Anbaus, der die etwa 20cm lang werdende Wurzel wertlos machte. Heutzutage findet man den Bocksbart gelegentlich in unseren Blumen- und Gemüsegärten, auch in England und in Süd-Europa ist er relativ beliebt. Der Bocksbart hat eine wesentlich kürzere, verzweigtere Wurzel als die Schwarzwurzel, die beim Kochen leicht klebrig und glänzend wird, und porreeähnliche, schmale Blätter. Der würzige Geschmack ähnelt dem der Schwarzwurzel.

Hauptinhaltsstoffe

Allantoin, Asparagin, Calcium, Cholin, Eisen, stark eiweißhaltig, Inulin, Kalium, leichtverdauliche Kohlenhydrate, Magnesium, Natrium, Phosphor, Provitamin A, Vitamin B, C und E.

Verwendung, Zubereitung

Geschälte Schwarzwurzeln werden meist zu Gemüse oder Konserven verarbeitet. Sie können aber auch zu Rohkost verwendet werden, wobei sie gleich in Sahnesauce geraspelt werden sollten, damit sie nicht oxydieren. Der milchige Saft, der beim Schälen aus den Schwarzwurzeln tritt, verfärbt die Hände derart schlimm, dass es sich empfiehlt, währenddessen entweder Handschuhe zu tragen, oder die Wurzeln unter fließendem Wasser zu schälen. Geschälte Schwarzwurzeln müssen sofort in einen „blanc de légumes" (Fond aus Wasser, Mehl und Essig) gelegt werden und danach entweder gesiedet, sautiert, fritiert oder gratiniert werden, um einer Verfärbung vorzubeugen.
Dem Kochwasser von Schwarzwurzeln fügt man etwas Zitronensaft und Milch zu, damit die Farbe der Wurzel schön weiß bleibt. Schwarzwurzel-Blättchen, -Stiele, -Knospen und die -Blüten eignen sich sehr gut als Würzkraut für Salate.

Lagerung

Kühl, dunkel und feucht lassen sich Schwarzwurzeln einige Tage im Gemüsefach des Kühlschranks lagern.

Volksmedizinische Bedeutung

Der hohe Gesamtnährwert der zwar kalorienarmen, doch sehr sättigenden Schwarzwurzel wird nur noch von Erbsen und Bohnen übertroffen. Durch ihren Inulingehalt sind Schwarzwurzeln auch als Schonkost für Diabetiker geeignet. Abkochungen aus der Schwarzwurzel verwendet man zur Behandlung eitriger Wunden.

Tipp

Lästige Verschmutzungen, die beim Schälen roher Schwarzwurzeln entstehen, lassen sich vermeiden, indem man die Wurzeln erst nach dem Kochen schält.

Sellerie

Apium graveolens var. rapaceum

Apio de bulbo: span., Apio nabo: span., Appich, Celeriac: engl., Céleri: franz., Céleri-rave: franz., Echter Eppich, Epf, Eppich, Epple, Geilwurz: volksmd., Gemeiner Eppich, Knollensellerie, Knolselderij: niederl., Mark, Merk, Mitsuba: jap., Sedano rapa: ital., Selinon: griech., Selleri: österr., Stehbibbel: sächs., Sumpfsilge, Wurzelsellerie, Zella, Zeller: österr., Zellerie

Allgemeines, Herkunft, Geschichtliche Bedeutung

Die Ursprungspflanze des heutigen Kultur-Selleries ist der Sumpfsellerie, der im salzigen Marschland in ganz Europa wild anzutreffen ist. „Der" oder „die" Sellerie wurde schon in der Antike als Gewürz, entwässernde Heilpflanze und Gemüse geschätzt. Homer erwähnte ihn in der Odyssee als Lieblingspflanze der Nymphe Kalypso, auf deren Wiesen er gewachsen sein soll. Im antiken Griechenland wurden die Sieger bei Sportkämpfen mit Sellerielaub umkränzt. Da der Sellerie früher auch als Symbol der Trauer galt, schmückte man die Gräber mit Sellerieblättern. Im frühen Mittelalter kam dieses Wurzelgemüse, das zu den Doldengewächsen/Apiaceae (Umbelliferae) gehört, über Italien auch nach Deutschland, wo er seither als Aphrodisiakum gepriesen wird.

Ganzjährig erhalten wir, ausser unserem eigenen Anbau, Importe aus Belgien, Frankreich und den Niederlanden. Strenggenommen wächst der Sellerie zweijährig, er wird aber nur im ersten Jahr genutzt, da er im nächsten Frühling in Samen schießt und dadurch ungenießbar wird.

Das Wort „Sellerie" wird vom Griechischen „Selinon" abgeleitet.

Aussehen

Guter Knollensellerie hat eine faustgroße, kugelige Wurzelknolle ohne Nebenwurzeln. Die gelblich-braune Schale sollte keine Risse aufweisen und weißes, festes Fruchtfleisch haben. Sehr großknolliger Sellerie ist oft hohl und holzig, was meistens auf Überdüngung während des Wachstums zurückzuführen ist.

Geschmack

Den intensiven, aromatischen, erdhaft würzigen, süßlichen Geschmack verdankt Sellerie seinen etherischen Ölen. Kleine Sellerieknollen schmecken milder als die großen.

Sorten

Bleichsellerie (siehe Staudensellerie).

Bundsellerie/Suppensellerie nennt man Knollensellerie mit verwendbarem Laub, der von April bis September meist aus dem Unterglas- oder Folienanbau kommt.

Schnittsellerie: Apium graveolens var. secalinum: lat./Apio da cortar: spanisch/Bladselderij: niederl./Blattsellerie/Céleri á couper: französ./Cutting celery: englisch/Krautsellerie/Küchen-

sellerie/Mark/Schoppenkraut/Sedano da taglio: spanisch/Snijselderij: niederl./Soup celery: engl. nennt man die Urform des Selleries, die im Frühjahr ohne Knollenbildung heranwächst. Blattsellerie hat gefiedertes, dunkelgrünes, petersilienartiges Kraut und ein besonders starkes Sellerieаroma. Er wird zum Würzen von Suppen und Saucen verwendet. Aber auch zum Trocknen eignet er sich hervorragend.

Wilder Sellerie wächst auf feuchten Plätzen und an Bachläufen und ist ein prima Gewürz für Suppen und Eintöpfe. Vorsicht: Die Wurzeln des wilden Selleries können wegen des ähnlichen Geruchs leicht mit denen des giftigen „Wasser-Schierlings" und der „Gelben Rebendolde" verwechselt werden!

Hauptinhaltsstoffe

Aminosäure, Apiin, Asparagin, Calcium, Cholin, Cumarin, Eisen, insulinähnliche Hormone, Kalium, Magnesium, Natrium, etherische Öle, Oxalsäure, Phosphor, Provitamin A, Psoralen, Schleim, Spurenelemente, Stickstoff, Vitamin B 1, B 2, B 6, B 12, C, E.

Verwendung, Zubereitung

Sellerie wird roh als Salat, gekocht oder gebacken als Gemüse und Salat verzehrt. Auch bei der Zubereitung von Muscheln darf Sellerie im Kochsud nicht fehlen. Geraspelt verfeinert er Feldsalat, in feine Streifen geschnitten den Waldorfsalat. Sellerie- und Apfelstreifen im Walldorfsalat bleiben auch über längere Zeit schön weiß, wenn man sie mit frischem Ananas- oder Zitronensaft mischt, außerdem schmeckt der Salat infolgedessen noch besser. Die Garzeit pro Sellerie-Knollenviertel beträgt ca. 15 Min. Es gibt Knollensellerie-Sorten, die beim Kochen schön weiß bleiben, andere Sorten verfärben sich dabei hässlich braun. Dem kann man entgegenwirken, indem man dem Kochwasser etwas Zitronensaft beifügt. Eine Prise Zucker im Kochwasser erhöht schließlich das Aroma, ein Schuss Milch macht das Fruchtfleisch besonders weich. Sellerieblätter sollte man auf keinen Fall wegwerfen, da sie voller Vitamine und Mineralien stecken. Für Gemüsesuppen sind sie sehr gut geeignet. Aus Selleriesamen und Kraut wird Sellerieöl gewonnen. Aus fein zerkleinerten Selleriesamen, vermischt mit Speisesalz, erhält man würziges Selleriesalz.

Lagerung

Schnitt- und Suppensellerie halten sich bei kühler Lagerung einige Tage frisch. Knollensellerie ist ca. 2 Wochen haltbar.

Volksmedizinische Bedeutung

Roher und gekochter Sellerie wirken heilend bei Arthritis, Blasenentzündung, Gicht, Rheuma und Steinleiden. Außerdem hat Sellerie eine beruhigende, blutdrucksenkende, blutreinigende, entgiftende, entschlackende, entwässernde und hustenmildernde Wirkung, die noch stärker als beim Spargel ist. Durch die wassertreibende Wirkung des Selleries werden gleichzeitig Säuren aus dem Körper ausgeschieden, die Ursache für Asthma, Depressionen, Harnverhalten, Nervenstörungen und Sodbrennen sein können. Schon Paracelsus empfahl Sellerie alle zwei Tage bei Depressionen und Angstzuständen. Wissenschaftler stellten jetzt fest, dass die in Sellerie enthaltene Substanz „Psoralen" Störungen wie Gleichgewichtsverlust oder Gehschwäche, die bei MulTippler Sklerose auftreten, positiv beeinflusst werden können. Selleriesaft hilft, einen Sonnenbrand zu behandeln.

Vorsicht: Selleriegenuss kann auch Gichtallergien verursachen! Besonders betroffen davon sind Beifuß- und Birkenpollen-Allergiker.

Tipp

Es gibt auch eine sogenannte Selleriestadt, die durch ihren Sellerieanbau bekannt ist. Sie heißt Selinunt und wurde 626 v. Chr. als westlichste griechische Kolonie an der Südwest-Küste Siziliens gegründet.

Sesam

Sesamum indicum

Goma: jap., Sesame: engl., Sésame: franz., Sesamo: ital., Sésamo: span.

Allgemeines, Herkunft, Geschichtliche Bedeutung

Sesam ist eine wärmebedürftige Samenfrucht, die zwar in Afrika beheimatet ist, jedoch auch in Asien und Indien kultiviert wird. Vermutlich ist Sesam die älteste Ölpflanze überhaupt.

Aussehen

Sesam hat fingerhutartige, beige oder weiße Blüten und schwarzbraune oder hellrote Fruchtkapseln.

Geschmack

Sesam-Fruchtkapseln schmecken intensiv nussig.

Sorten

Indischer Sesam hat schwarze oder gelbe Samen. Er ist die wichtigste Sesamsorte, da er bis zu 57% Öl enthalten kann.

Hauptinhaltsstoffe

Glycerinsäureester, Lezithin, stark ölhaltig, organische Säuren und deren Verbindungen.

Verwendung, Zubereitung

Geröstete Sesamsamen dienen dem Würzen von Brot und Kuchen, besonders in den Anbauländern; ansonsten dienen die Kerne ausschließlich der Ölherstellung.

Kalt gepresstes Sesamöl, das hellgelb, mild und geruchsfrei ist, hat als vollwertiges, wohlschmeckendes, würziges, leicht verdauliches Speiseöl in der Küche einen hohen Stellenwert. Warm gepresstes Sesamöl ist dagegen dunkel, scharf im Geschmack und infolgedessen weniger beliebt. Presskuchen, der bei der Sesamöl-Herstellung anfällt, dient meist als Viehfutter.

Lagerung

Wegen des starken Ölgehalts können Sesamsamen nur kurze Zeit aufbewahrt werden.

Volksmedizinische Bedeutung

Sesamöl wird zu Klistieren bei Hämorrhoiden sowie bei Gallenleiden und Harnbeschwerden angewandt.

Tipp

Gomasio nennt man eine japanische Gewürzsalzmischung, die aus schwarzem Sesam, Meersalz und Glutamat besteht.

Sharon

Diospyros

Saronfrucht, Scharonfrucht

Allgemeines, Herkunft, Geschichtliche Bedeutung

Die Sharon ist eine israelische Weiterentwicklung der Kaki. Sharonfrüchte gehören zu den Ebenholzgewächsen (Ebenaceae), die in Israel und Spanien angebaut werden. Benannt wurde diese Frucht nach der fruchtbaren Küstenebene zwischen dem Karmelgebirge und Tel Aviv.

Aussehen

Die Sharon sieht zwar aus wie eine Tomate und ähnelt auch einer Kaki, allerdings ist sie im Gegensatz zur Kaki leicht quadratisch, kernlos und hat eine dünne, essbare, gelb-orange bis tiefrote, knackige Schale. Quer aufgeschnitten zeigt sich ein sehr dekorativer Stern. Reif ist die Sharon, wenn ihr glasig glänzendes Fruchtfleisch durch die Haut schimmert.

Geschmack

Reife Sharon-Früchte schmecken köstlich aprikosen-, birnen-, pfirsich-, quittenähnlich und haben im Gegensatz zur Kaki keinen bitteren Nachgeschmack.

Hauptinhaltsstoffe

4mg Calcium pro 100g Fruchtfleisch, Carotinoide, Gerbsäure, Glucose, Kalium, Mangan, 85mg Vitamin C pro 100g Fruchtfleisch, Zucker. Wie die Kaki gehört auch die Sharon zu den Früchten mit dem höchsten Vitamin-A-Gehalt.

Verwendung, Zubereitung

Die Sharon wird als Frischfrucht, als Zutat für gemischte Salate, in Eis oder Sorbets, im Obstsalat, in Quark oder Joghurtspeisen und auf oder in Torten verwendet. Man kann sie aber auch, nachdem man ihre Schale abgewaschen hat, wie einen Apfel essen. Sharon-Früchte gelten auch als hübsche Anregung für die kreative Küche.

Lagerung

Im Kühlschrank lässt sich die Sharon 2-3 Wochen aufbewahren.

Volksmedizinische Bedeutung

Sharon-Früchte sind leicht verdaulich und ihr Verzehr wirkt Erkältung und Grippe entgegen.

Tipp

Von der Botanik her gehört die Sharon zu den Beeren.

Sojabohne

Glycine max syn. soja hispida

Daizu, Féves de soya: franz., Glycine soja, Habas de sojas: span., Japanische Bohne, Ölbohne, Soja: ital., Soya: franz., Soybean: engl.

Allgemeines, Herkunft, Geschichtliche Bedeutung

Sojabohnen sollen schon um 2700 v. Chr. in China angebaut worden sein, wo sie wahrscheinlich aus der Wilden Sojabohne hervorgegangen sind. Ende des 18. Jahrhunderts gelangte die Sojabohne nach Europa und 1804 erstmals auch nach Amerika.

Die Sojabohne ist die bedeutendste Leguminosenfrucht und eine der wichtigsten Weltwirtschaftspflanzen und Ölfrüchte der Erde. Da die europäische Witterungslage für die Sojabohne ungeeignet ist, kommt diese Hülsenfrucht hier nicht zur vollständigen Reife. Größere Anbauflächen findet man deshalb nur in Afrika, China, Haiti, Indien, Indonesien, Java, Korea, Nordamerika (größter Exporteur der Welt), auf den Philippinen und in Zentral- und Südamerika.

Aussehen

Die Sojabohne hat gelbe, rote, grüne (unreife), weiße oder schwarze Samen, die in einer behaarten, gelben, grauen oder schwarzen Hülse sitzen, die der der Buschbohne ähnelt.

Geschmack

Bitter.

Sorten

Beansprouts/Taoge: indon. nennt man Sojabohnenkeimlinge, die mit chinesischem Gemüse vermischt als Konserve auf dem Markt erscheinen.

Sojasprossen werden nicht aus Sojabohnen, sondern aus ungeschälten Mungbohnen gekeimt! (siehe unter Mungbohnen)

Hauptinhaltsstoffe

Calcium, Eisen, besonders hoher fleischähnlicher Eiweißgehalt (ca. 40%), Genistein, 15-30% Kohlenhydrate, Lezithine, Linolsäure, Magnesium, Nicotinsäure, bis 20% fettes Öl, Pantothensäure, Phosphor, Stärke, Vitamine A, B 1, B 2, B 6, C, E, K.

Verwendung, Zubereitung

Wichtigster Rohstoff der Magarine- und Pflanzenölindustrie sind reife, trockene Sojabohnen. Aus dem Presskuchen, der bei der Gewinnung von

Sojaöl anfällt, wird in Amerika und Japan Sojamilch hergestellt, woraus fermentierter Bohnenkäse/Daufu: vietn./Miso/Sojakäse/Sojaquark/Tofu gewonnen wird. Auch die älteste Würzsauce der Welt, die Sojasauce, wird aus Sojabohnen hergestellt. In Amerika und Asien werden frische Sojabohnen wie bei uns zu frischen Bohnen zubereitet. Der bittere Geschmack der Sojabohne verliert sich beim Kochen. Aus Sojamehl und Sojaeiweiß wird künstliches Fleisch/Fleischersatz hergestellt, das sehr mannigfaltig zu vegetarischen Gerichten verarbeitet werden kann.

Lagerung

Ausgereifte, getrocknete Sojabohnen sind unbegrenzt haltbar. Grünreife Hülsen lassen sich gekühlt dagegen nur wenige Tage lagern.

Volksmedizinische Bedeutung

Sojabohnen enthalten wertvollen Genistein, der das Wachstum neuer Blutgefäße und so auch von Tumoren verhindert. Da die Sojabohne nur wenig Cholesterin enthält, gilt sie auch als ideale Kost für Diabetiker und herzinfarktgefährdete Menschen.

Vorsicht: Sojaprodukte können bei Allergikern Kopfweh und sogar Asthmaanfälle auslösen.

Tipp

Die Mehrzahl von Soja heißt übrigens „Sojen".

Sonnenblume

Helianthus annuus

Chimalati, Girasol: span., Girasole: ital., Sunflower: engl., Tournesol: franz.

Allgemeines, Herkunft, Geschichtliche Bedeutung

Die Heimat der Sonnenblume liegt in Mexiko. Schon indianische Krieger verspeisten Sonnenblumen als ‚eiserne Reserve' vor kriegerischen Auseinandersetzungen. Im 16. Jahrhundert kamen die ersten Sonnenblumen aus Mittelamerika auch zu uns. Größere Anbaugebiete dieses Korbblütlers/Asteraceae, der mit dem Topinambur verwandt ist, findet man in China, Europa (besonders Rumänien und Russland), Indien und in den USA.

Das Wachstum und die Ausrichtung der Sonnenblume, sind abhängig von der Intensität des Sonnenlichts, da sich erst durch diese Energie Prozesse auslösen, die ihr Wachstum fördern. Am Abend verharren die Blüten auf der Stelle, um sich am nächsten Morgen wieder auf die Sonne zu konzentrieren. Bei Abkühlung schließen sich die Blüten. Von all diesen Umständen her rührt ihr Name.

Aussehen

Die hochwüchsige Sonnenblume hat einen kräftig behaarten Stängel, herzförmige Blätter und große, gelbe Blütenköpfe mit geometrisch angeordneten Kernen.

Geschmack

Sonnenblumenkerne schmecken nussig-fruchtig. Sonnenblumen-Blätter haben ein säuerliches und blumiges Aroma. Sonnenblumenöl schmeckt relativ neutral und ist auch geruchlos.

Hauptinhaltsstoffe

Eiweiß, Kalium, Linolsäure, Phosphor, Vitamine.

Verwendung, Zubereitung

Die jungen und noch geschlossenen Blütenstände der Sonnenblume kann man im Ganzen wie Artischocken zu Gemüse bereiten.

Sonnenblumen-Blätter kann man zum Verzieren oder zum Bestreuen von Salaten verwenden. Sonnenblumenkerne verzehrt man roh oder geröstet. Industriell werden die Kerne zu Farben, Lacken, Margarine, Speiseöl und Seife verarbeitet. Sonnenblumenöl kann problemlos auch stark erhitzt werden. Sonnenblumen-Stängel werden zu Papier, Pottasche und Textilien verarbeitet.

Lagerung

Trocken und kühl lassen sich Sonnenblumenkerne monatelang aufbewahren. Die Blütenstände sollte man jedoch möglichst sofort nach der Ernte verarbeiten.

Volksmedizinische Bedeutung

Sonnenblumenkerne wirken harntreibend und schleimlösend, sind ein gutes Mittel gegen Husten, Nierenentzündungen, Ruhr und sogar gegen Malaria. Mäßig, aber regelmäßig genossen, haben Sonnenblumenkerne auch eine cholesterinspiegelsenkende Wirkung. Sonnenblumenöl nimmt über die Schleimhaut Giftstoffe und Körperschlacken auf und ‚putzt' so den Organismus. Der positive Nebeneffekt dabei: Je mehr schädliche Ablagerungen entfernt werden, desto besser arbeitet die Fettverbrennungsmaschinerie und die Pfunde purzeln.

Man sollte sogar ab und zu eine vierwöchige, den Fettstoffwechsel anregende Sonnenblumenöl-Kur machen, bei der jeden Morgen ein Teelöffel Sonnenblumenöl vier Minuten lang im Mund gut hin- und herbewegt und danach ausgespuckt wird.

Tipp

Die Bezeichnung „Sonnenblumenöl" darf lebensmittelrechtlich nur dann geführt werden, wenn ausschließlich Sonnenblumenkerne zur Herstellung des Öls verwendet wurden. Es ist also ein reines 100%iges Fett und enthält, im Gegensatz zu Margarine und Butter, kein Wasser. Sonnenblumenöl eignet sich nicht nur zum Backen, Braten, Dünsten, Grillen und Frittieren, sondern auch zum Anmachen frischer Salate.

Spargel

Asparagus officinalis

Asparago: ital., Asparagus: griech., engl., Aspars, Asperge: franz., niederl., Braunschweiger Gold: niedersächs., Elfenbein der Küche, Esparrago: span., Gemüse der Könige, König der Gemüse, Korallenkraut, Schwammwurz, Sparagio: ital., Spargen

Allgemeines, Herkunft, Geschichtliche Bedeutung

Spargel war den Chinesen schon vor über 5000 Jahren bekannt. In der Antike galt Spargel nicht nur als Delikatesse, sondern auch als Arzneimittel. Den im alten Ägypten legte man sogar ein Bündel dieses edlen Gemüses als „Reiseproviant" mit ins Grab, als Wegzehrung auf ihrer Reise in die Unsterblichkeit. Der griechische Arzt Hippokrates empfahl seinen Patienten vor 2500 Jahren Spargel bei Übergewicht und Hautproblemen. Kaiser und Könige entdeckten später seinen Wohlgeschmack und ließen ihn in ihren Lustgärten anpflanzen. Während die Römer den Spargel im kochenden Salzwasser garten, grillten ihn die Wüstenvölker Arabiens aus Wassermangel über Feuer.

In Deutschland wurde Spargel erstmals 1567 von Johann Casimir, dem Leibarzt des Grafen vom Rhein, im „Stuttgarter Lustgarten" kultiviert und kam vornehmlich den Privilegierten zugute. Aber der Spargel wuchs auch wild (grüner Spargel) – für jedermann.

Heute wird dieses Liliengewächs (Liliaceae) hauptsächlich in Asien, Belgien, Deutschland, Frankreich, Griechenland, Italien, den Niederlanden, sowie in Nordafrika (wild), Spanien, Ungarn und den USA meist auf sandigem Boden angebaut. Nachdem man drei Jahre für das Anlegen des Spargelbeets geopfert hat, kann man dieses Edelgemüse als Belohnung 20 Jahre lang täglich zweimal ernten, am besten frühmorgens, wenn Risse auf dem Erdwall andeuten, dass die Köpfe die Erdkruste durchstossen wollen. Um eine violette Verfärbung der Spargelspitzen durch Sonnenlicht zu verhindern und um zugleich die Ernte zu beschleunigen, decken viele Spargelbauern ihre Beete mit schwarzer Folie ab. Mit einer weißen Folie dagegen wird das Wachstum verzögert, da weiße Planen das Sonnenlicht reflektieren. Bei feuchtwarmem Wetter kann Spargel täglich bis zu 6cm wachsen! Anbau, Ernte und Aufbereitung sind sehr arbeitsaufwendig, und die Saison von Mitte April bis Ende Juni ist kurz, so dass Qualitätsspargel seinen Preis hat.

Am „Johannistag", dem 24. Juni, wird traditionell der letzte deutsche Spargel gestochen, weil die Pflanzen sich erholen und wieder Kraft schöpfen müssen, um im nächsten Frühjahr erntefähig zu werden. Dazu verhilft das reich verzweigte Spargelkraut, das Reservestoffe für die nächste Saison bildet.

Der Name „Spargel" leitet sich aus dem griechischen „spargan" („Sprossen") ab. Spargel ist also der Spross aus dem Wurzelstollen einer Pflanze.

Aussehen

Frischer Spargel hat eine glänzende Schale, ist knackig-saftig, hat geschlossene, weiße (oder gelegentlich zart blau-rötliche) Köpfe und eine pralle, saftige, nicht verholzte Schnittfläche. Verholzte oder gar verschimmelte Spargelenden deuten auf einen längere Transportzeit oder Überlagerung hin. Zudem hat man bei einer solch mangelhaften Qualität deutlich mehr Abfall beim Schälen. Spargelstangen, die sich zum Ende hin verjüngen, sind holzig. Wenn man frische Stangen aneinanderreibt, sollten sie „knistern" oder „klingeln", wie der Fachmann sagt, und es sollte kein Saft austreten.

Geschmack

Spargel hat einen unvergleichlichen, typischen, leicht bitteren Eigengeschmack. Besonders zart und aromatisch ist dieses Stängelgemüse nach oder während warmer Tage, und wenn er morgens gestochen und schon mittags gegessen wird. Dies verdeutlicht, dass importierter Spargel oft bitter, muffig und säuerlich schmeckt, schimmelig ist und nicht selten Schädlingsbekämpfungsmittel enthält, die die Grenze des bei uns Erlaubten oft überschreiten.

Sorten

Brechspargel/Bruchspargel/Suppenspargel nennt man weißen Spargel, der entweder bei der Ernte oder beim Schälen bricht; oder zu dünnen Spargel, den man nur noch für Suppe oder in Mischgemüse verwenden kann. Meist wird Brechspargel, der übrigens oftmals von älteren Pflanzen stammt, mit oder ohne Kopf als Konserve angeboten.

Grüner Spargel/Grünspargel/Moosspargel kommt erst seit 1970 zwar meist aus Italien oder den USA zu uns, seinen Ursprung hat er jedoch in Frankreich. Grüner Spargel, der übrigens in jedem Gartenboden wächst, ist grün, weil er über der Erde wächst und nicht angehäufelt werden muss, wie der Weiße. Er schmeckt zartwürzig, brokkoli-erbsen-ähnlich, aromatisch und ist dank seines Chlorophyll-Gehalts (Farbstoff in Pflanzen) viel Vitamin-C-haltiger und mineralstoffreicher als weißer Spargel. Geschält wird er nur am unteren Drittel, wenn er besonders dick ist, ansonsten sollte man nur das Stangenende großzügig abschneiden. Dadurch entsteht weniger Abfall, und die Einkaufsmenge ist somit beim grünen Spargel erheblich geringer. Die Garzeit ist im Vergleich zum weißen Spargel wesentlich kürzer (etwa 6-8 Minuten). Wenn Grüner Spargel sehr dünn ist, deutet dies darauf hin, dass er zu spät geerntet wurde.

Mini-Grünspargel/Wildspargel hat ein leicht herbes Aroma. Er kommt aus französischen Spezialkulturen und wird nur gewaschen, nicht geschält.

Sprue nennt man eine in England geläufige, eher unkrautartige Version des Grünen Spargels.

Purpurspargel heißt eine interessante Spargel-Neuzüchtung mit purpurfarbenen Stangen, die wie Grüner Spargel angebaut wird.

Schwetzinger Meisterschuss heißt der Samen der edelsten deutschen Spargelsorte.

Stangenspargel/Spargelstangen nennt man weiße Spargelstangen, die in folgende Handelsklassen eingeteilt werden:

„Handelsklasse I" hat gerade gewachsene, unbeschädigte Stangen mit weißen, festen, geschlossenen Köpfen, die einen Durchmesser von 12 - 26mm und eine Länge von 17 - 22cm haben sollten. Die Schnittflächen müssen glatt und rechtwinklig zur Längsachse der Stange sein. Rostspuren sind soweit zulässig, wie der Verbraucher sie beim normalen Schälen entfernen kann.

„Handelsklasse II" hat weniger gut gewachsene, allerdings unbeschädigte Stangen mit einem Durchmesser ab 12mm und einer Länge von 12 - 22cm. Eine leichte Biegung und eine rosa Färbung ist zulässig. Der Kopf kann weniger fest geschlossen sein und eine Färbung aufweisen, die nicht grün sein darf. Rostspuren sind zulässig, soweit sie sich beim Schälen durch den Verbraucher entfernen lassen.

„Handelsklasse III" hat weniger gut gewachsene Stangen mit einem Durchmesser ab 10mm. Eine stärkere und unregelmäßige Biegung ist erlaubt. Der Kopf kann leicht geöffnet sein, auch ist eine blassgrüne Färbung zulässig. In dieser Klasse darf Spargel der Farbgruppen weiß und violett gemischt aufbereitet sein. Stärkere Rostspuren sind zulässig.

Violetter Spargel kommt meist aus Frankreich, wo er sich großer Beliebtheit erfreut. Diese spezielle Spargelsorte wächst zwar unter der Erde, jedoch haben sich die Spargelspitzen durch Lichteinfluss schon violettbläulich gefärbt. Französischer Spargel schmeckt kräftig würzig und herzhafter als Weißer Spargel und ist sogar noch preiswerter.

Weißer Spargel/Bleichspargel/Gemüsespargel wächst in aufgeworfenen Erddämmen ohne Einwirkung von Tageslicht. Er wird geerntet, sobald sein Kopf die Erdkruste anhebt. Durchstößt er die Erde und kommt mit Sauerstoff in Berührung, dann verfärben sich die Stangen rosa bis violett und bekommen einen kräftigen bis würzigen Geschmack.

Hauptinhaltsstoffe

Apfelsäure, Asparaginsäure, Calcium, Eisen, Eiweiß, Flavonoide, sehr hoher Folsäureanteil, Gerbstoff, Glucosid, Kalium, Magnesium, Natrium, Niacin, Nicotinsäure, schwefelhaltige etherische Öle, Oxalsäure, Pantothensäure, Phosphor, reich an Provitamin A, Saponin, Vanillin, Vitamin B 1, B 2 und B 6, C, E, K, 95% Wasser, Zitronensäure.

Verwendung, Zubereitung

Spargel wird roh oder gekocht als Auflauf, Dessert, Gemüse, mit Gouda gratiniert, als Salat, Suppe oder als Konserve verwendet. Für 1 Portion

ungeschälten Spargel rechnet man 500g Rohgewicht.
Spargelstangen werden immer vom Kopf zum Schnittende geschält, da sich die Bitterstoffe, die sich hauptsächlich am Spargelende befinden, so besser verlieren. Die holzigen Enden werden danach abgebrochen. Dann kocht man den Spargel in einem Cromargantopf in einem Sud aus Wasser, Salz, Zucker, Butter, frisch geriebener Muskatnuss, Lorbeerblatt und etwas Zitronensaft ca. 12 Minuten ganz sachte, da Spargel bei zu starker Hitze bitter wird. Ein Stück Weißbrot im Kochwasser saugt eventuelle Bitterstoffe auf.
Spargelfond und Spargelcremesuppe färben sich, bedingt durch die verschiedenen Säuren, nach einer Weile unappetitlich grau-bräunlich; dem kann man entgegenwirken, indem man den Spargel nur in Cromargan- oder Glastöpfen gart und möglichst sofort verzehrt.
Spargel friert man ein, indem man die Stangen zuerst schält, die Enden wegschneidet, den Spargel wäscht, trokkentupft und in Alufolie oder Folienbeutel gepackt einfriert oder man füllt den vorbereiteten Spargel in Gefrierdosen, bedeckt ihn mit Wasser, schließt die Dosen und stellt sie ins Gefriergerät. Den eingefrorenen Spargel gart man wie frischen, indem man ihn unaufgetaut in den kochenden Sud gibt.
Spargelschalen werden zwar oft zur Suppenherstellung verwendet, doch ist davon abzuraten, da sich die meisten Bitter- und Gerbstoffe in der Schale befinden, was zur Folge hat, dass man mit unproportinalen Mengen von Zukker und Gewürzen diesen Negativgeschmack übertönen muss; außerdem können Spargelschalen schädliche Rückstände aus dem Boden enthalten. Besser ist es folglich, nur den Fond des gekochten Spargels zu verwenden, denn der schmeckt viel milder, kräftiger und feiner.
Spargel darf zwar mit den Fingern gegessen werden, moderne Tischsitten erlauben jedoch, Spargel auch mit Messer und Gabel zu essen. Ein Gourmet würzt sich den Spargel vor dem Essen selbst mit einem Hauch von Muskatnuss, frisch gerieben mit der Muskatreibe.

Lagerung

In ein feuchtes Tuch eingeschlagen, hält sich frischer, ungeschälter Spargel im Kühlschrank etwa 4 Tage. Auf keinen Fall sollte Spargel länger gelagert werden, da sich sonst seine edlen Duft- und Geschmacksstoffe verflüchtigen. Tiefgekühlten Spargel kann man 4-6 Monate lagern und so auf angenehme Weise die Spargel-Saison verlängern.

Volksmedizinische Bedeutung

Spargel gilt als Schlankmacher, denn er hat „Minuskalorien", das heißt: Der Körper braucht beim Verdauen mehr Kalorien, als ihm der Spargel gibt! Durch Spargelgenuss werden Leber, Lunge und Nieren zu vermehrter Tätigkeit angeregt; Abbaustoffe (Schlakken) des Stoffwechsels werden dadurch ausgeschwemmt, der Körper entwässert und entgiftet. Das gilt auch für ungesalzenes Spargelwasser, das man trinken sollte! Außerdem stärkt frischer Spargelgenuss die Abwehrkräfte, er schützt, so wird behauptet, vor Krebs und Herzinfarkt, wirkt belebend, und anregend, strafft das Gewebe, wirkt abführend, reinigt das Blut und fördert die Bildung roter Blutkörperchen.
Menschen mit Neigung zu Nierensteinen, Gicht und hohen Blut-Harnsäurewerten wird von Spargelgenuss abgeraten, da schon 100g Spargel 25mg Harnsäure enthalten. Diabetikern dagegen wird Spargelgenuss von

Ärzten sogar zweimal pro Woche empfohlen.

Tipp

Das bayrische Städtchen Schrobenhausen (nördlich von München) beherbergt seit 1990 das sehenswerte Europäische Spargelmuseum. Dort kann man z.B. sehen, dass noch vor hundert Jahren statt Erde Holzröhren auf dem Feld über jede einzelne Spargelstange gestülpt wurden, um die weiße Farbe zu erhalten. Am ersten Juni-Samstag findet jährlich in Schrobenhausen ein Spargelmarkt statt, wo man, neben Spargel, alles erhält, was mit Spargel zu tun hat: Spargelbücher, Spargelgeschirr, Spargelschnaps, Spargelschokolade usw. In Schrobenhausen befindet sich auch ein Spargel-Wanderweg, auf dem man viel Wissenswertes über das schlanke Edelgemüse erfahren kann.

Spargelbohne

Vigna unguiculata ssp. sesquipedalis

Dolique asperge: franz., Haricot kilomêtre: franz., Kilometer-Bohne, Langbohne, Riesenspargelbohne, Schlangenbohne, Schoten-Hornklee, Spaghettibohne, Spargelfisole, Stricknadelbohne, Strumpfbandbohne, Yardlong bean: engl., Asparagus bean: engl.

Allgemeines, Herkunft, Geschichtliche Bedeutung

Die in Asien beheimatete Spargelbohne wurde schon von den alten Ägyptern, den Römern und Griechen angebaut. Heute wird die Spargelbohne, sie ist eine Verwandte unserer Gartenbohne, in Afrika, China, Indien, Indonesien, Kalifornien, auf den Philippinen und im tropischen Amerika kultiviert.

Aussehen

Die schnürbandartigen Hülsen der bis zu 90cm lang werdenden Spargelbohnen sind grau-grün und enthalten 10 bis 30 essbare Samen.

Geschmack

Der Geschmack junger Spargelbohnen ähnelt zwar unseren Gartenbohnen, er ist jedoch etwas süßlicher und kerniger. Alte Spargelbohnen sind zäh und faserig und daher ungenießbar.

Hauptinhaltsstoffe

24% Eiweiß, 55% Kohlenhydrate, 2% Öl, Vitamin C.

Verwendung, Zubereitung

Junge Spargelbohnen werden zu Salat oder Gemüse verarbeitet, indem man sie zuerst halbiert und dann ca. 15 Minuten kocht oder dünstet.

Spargelbohnen-Samen finden auch als Trockenbohnen Verwendung. Selbst die Blätter der Spargelbohne lassen sich wie Spinat zu Gemüse bereiten.

Lagerung

Kühl gelagert können Spargelbohnen ca. 2-3 Tage gelagert werden.

Tipp

Als „Spargelbohnen“ bezeichnet man in Österreich auch die Wachsbohnen.

Spargelerbse

Tetragonolobus purpureus

Asparagus pea: engl., Flügelerbse, Kaffee-Erbse, Pois asperge: franz., Pois café: franz., Lotier kultivé: franz., Lotier rouge: franz., Lotier tetragone: franz., Winged pea: engl.

Allgemeines, Herkunft, Geschichtliche Bedeutung

Die Spargelerbse ist eine Hülsenfrucht, die aus den Mittelmeerländern und Transkaukasien stammt. Besonders beliebt ist sie bei englischen und deutschen Hobbygärtnern, von denen sie zwischen Juni und Oktober geerntet wird.

Aussehen

Spargelerbsen sind viereckige, hellgrüne 5 bis 6cm lange, gekrümmte

Hülsen, die an den Rändern flüchtige Ausbuchtungen aufweisen.

Geschmack

Der Geschmack junger Spargelerbsen erinnert stark an Spargel. Die Samen von alten Spargelerbsen sind hart und geschmacksneutral.

Verwendung, Zubereitung

Junge Spargelerbsen-Hülsen dienen, nachdem sie im Ganzen gedünstet wurden, als Gemüsebeilage, Suppeneinlage, Auflauf oder als Salat verarbeitet. Auch die jungen Spargelerbsen-Blätter kann man zu Salat bereiten. Früher hat man getrocknete und geröstete Spargelerbsen-Samen zu Kaffee-Ersatz verarbeitet.

Lagerung

Spargelerbsen sind nur kurze Zeit gekühlt haltbar, da die Hülsen rasch welken und infolgedessen zäh werden.

Spargelsalat

Lactuca sativa var. asparagina

Asparagus lettuce: engl., Celtuce: amerik., Laitue asperge: franz., Stem lettuce: engl.

Allgemeines, Herkunft, Geschichtliche Bedeutung

Die Heimat des Spargelsalats liegt in China und Taiwan. Eine amerikanische Saatgutfirma brachte diese Salat-Varietät 1942 unter dem Namen „Celtuce" (eine Wortzusammensetzung aus „Celery" = „Sellerie" und „Lettuce"= „Kopfsalat") auf den Markt. Seit den siebziger Jahren wird Spargelsalat auch von deutschen Hobbygärtnern – mehr aus Liebhaberei – angebaut.

Spargelsalat hat folglich mit dem herkömmlichen Spargel, den man zu Salat oder Gemüse bereitet, nichts zu tun. Vielmehr ist er eine Varietät des wilden Lattichs, die keinen festen Kopf, aber eine verdickte Sprossachse bildet, die im Sommer und Herbst ein spargelartiges Stängelgemüse liefert. Bei der Ernte werden nur die jungen Sprossachsen am Boden abgeschnitten.

Aussehen

Spargelsalat hat leicht gezähnte, unterseits behaarte, stachelige Blätter und bis 1.20m lange und 2 bis 3cm dicke, spargelähnliche Stängel.

Geschmack

Spargelsalat hat ein kräftiges und charakteristisches Aroma, das dem Bleichsellerie stark ähnelt.

Hauptinhaltsstoffe

Apfelsäure, Ballaststoffe, Calcium, Eisen, Eiweiß, Kalium, Phosphor, Provitamin A, Spurenelemente, Vitamin B 1, B 2, B 6, C, Zitronensäure.

Verwendung, Zubereitung

Spargelsalat-Stängel können, nachdem sie geschält wurden, roh oder gekocht wie Spargel zu Salat oder Gemüse verarbeitet werden. Auch die jungen Spargelsalat-Blätter können roh als Salat verzehrt werden. Alte Spargelsalat-Blätter sind dagegen ungenießbar.

Tipp

Als „Spargelsalat" bezeichnet man auch den Romana.

Spinat

Spinacia oleracea

Binätsch: schweiz., Echter Spinat, Epinard: franz., Espinaca: span., Gemüsespinat, Palak: ind., Pinaat: finn., Spennat: ostdt., Spinach: engl., Spinacio: ital., Spinadel, Spinazie: niederl., Spinetsch: altschweiz., Spinez

Allgemeines, Herkunft, Geschichtliche Bedeutung

Der Spinat soll seinen Weg nach Deutschland im 16. Jahrhundert über Persien, Spanien und Italien gefunden haben. Angebaut wird dieses Gänsefußgewächs (Chenopodiaceae) weltweit, außer in den Tropen. Da Spinat zu den „Langtagspflanzen" gehört, sollte man ihn möglichst an einem schattigen Platz anbauen, möglichst nicht in der Nachbarschaft von Rote Bete, da sich die beiden gegenseitig die Nahrung stehlen. Verwandte des Spinats sind die Rote Bete, die Runkelrübe und die Melde.

Die Araber gaben dem Spinat seinen Namen: „isfinatsch", woraus mit der Zeit das Wort „Spinat" entstand. Auch vom Lateinischen bekam das Wort etwas ab: „Spina" = „Dorn", wegen der spitzen Samenkörner des Spinats.

Aussehen

Junger Spinat hat zarte, vollgrüne, gezähnte, spießartige, meist löchrige Blätter. Alte Spinat-Blätter sind meist welk und gelb.

Geschmack

Junger Spinat ist wohlschmeckend und mild. Ältere und aufgeschossene Blätter schmecken dagegen erdig und sehr bitter.

Sorten

In Deutschland wird Spinat nicht nach Sorten unterschieden, sondern nach Aussaattermin und Ernteverfahren.

Blattspinat nennt man Spinat mit losen Blättern und Stielen, die per Hand oberhalb des Wurzelhalses abgeschnitten werden.

Freiland-Spinat enthält dank der natürlichen Sonneneinstrahlung weniger Nitrat als solcher aus dem Treibhaus.

Frühjahrsspinat hat kräftige, hellgrüne, milde Blätter. Er ist ab März auf dem Markt.

Karibischer Spinat nennt man Amarant-, Tannia- und Taroblätter, nachdem sie wie Spinat als Gemüse zubereitet wurden.

Rahmspinat/Entengrütze: brandenb. nennt man kleingehackten Spinat, der in gebundener Sahnesauce gegart wurde.

Sommerspinat ist von September bis November auf dem Markt.

Spinatersatz lässt sich aus Brennnesseln, jungen Blättern der Roten Rübe oder der Zuckerrübe herstellen.

Winterspinat nennt man winterharten Spinat mit groben, krausen, bitterherben, herzhaften und widerstandsfähigen Blättern, der ab Ende September ausgesät wird und vom Spätjahr bis Mai den Markt beherrscht.

Würzspinat nennt man tischfertigen, kleingehackten, gewürzten Spinat, der meist als Tiefkühlware angeboten wird.

Wurzelspinat nennt man Spinat-Pflanzen, die mit Spezialmaschinen unterhalb des Wurzelhalses abgeschnitten werden. Wurzelspinat ist wesentlich preiswerter als Blattspinat und auch länger lagerbar. Er wird meist für die Tiefkühlindustrie geerntet.

Horenso heißt eine japanische Spinatvariante mit leicht süßlichem und mildem Geschmack und spitz zulaufenden, pfeilförmigen Blättern. Er wird meist nur kurz gedünstet.

Neuseeländer Spinat: Tetragonia tetragonoides: lat./Epinard de la Nouvelle Zélande: franz./Espinaca de Nueva Zelandia: span./Neuseeländischer Buschspinat/Neuseelandspinat/New Seelandse spinacie: niederl./New Zealand spinach: engl./Pflückspinat/Rankender Spinat/Sommerspinat/Spinacio della Nuova Zelande: ital./Tetragon/Tetragon cornue: französ./Tetragonia: ital. Diese frostempfindliche und hitzeresistente, spinatähnliche Rankpflanze, die Weltumsegler im Jahre 1770 erstmals von Neuseeland nach England gebracht haben, wird in Australien, Europa, Japan und Polynesien kultiviert. Da Neuseeländer Spinat zu den Aizoaceae/Eiskrautgewächsen zählt, ist er zwar nicht mit unserem Spinat verwandt, wird aber genauso zubereitet. Neuseeländer Spinat hat kleine, dickfleischige, rautenförmige, zarte Blätter, die sich stark verzweigen und nach dem Abschneiden immer wieder nachwachsen, jedoch oxalsäurehaltiger als die des Spinats sind.

Hauptinhaltsstoffe

Aminosäuren, Apfelsäure, Arsen, Biotin, Calcium, Chlorophyll, 4,1mg Eisen pro 100g Fruchtfleisch, hochwertiges Eiweiß, Enzyme, Folsäure, Histamin, Jod, Kalium, Kobalt, Kupfer, Lutein, Magnesium, Natrium, reichlich Nitrat, Oxalsäure (je nach Alter 0,6-1,6g), Phosphor, Provitamin A, Schwefel, Sekretin, Spurenelemente, Vitamin B 1, B 2, B 6, C, D, K, Zeaxanthin, Zitronensäure.

Der angeblich so eisenreiche Spinat enthält gar nicht wesentlich mehr Eisen als anderes Gemüse. Ein Tippfehler in einer Nährwerttabelle hat ihm vor Jahrzehnten fälschlicherweise eine Zehnerpotenz dieses Metalls zuviel zuerkannt. In den älteren, größeren Spinat-Blättern sind die Aminosäuren zwar besser aufgebaut, da die Eiweißsäuren essentieller sind - dafür haben sie einen stärkeren Oxalsäuregehalt. Junge Blätter weisen dagegen einen höheren Gesamteiweißgehalt auf als alte.

Verwendung, Zubereitung

Spinat wird zu Suppe, Gemüse, Tiefkühlkost, gefüllten Teigwaren, aber auch roh als Salat verzehrt. Zur Gemüsebereitung rechnet man pro Person 500g rohen, ungeputzten Spinat. Wenn man Blattspinat gleich nach dem Blanchieren mit kaltem Wasser oder Eiswürfeln abschreckt, behält er seine appetitliche, grüne Farbe. Durch das Blanchieren wird der hohe Nitratgehalt des Spinats um 70% gesenkt. Den krebserregenden Wirkstoffen, die durch den noch verbleibenden Nitratgehalt entstehen können, wirkt man entgegen, indem man den Spinat vor der Zubereitung seiner Stängel und dicken Blattrippen entledigt und nach dem Garen mit reichlich Zitronensaft würzt, da dieser das Nitrat neutralisiert.

Früher hat man Spinat in Kupferkesseln gekocht, um seine attraktive, grüne Farbe zu erhalten; heute weiß man, dass sich Kupfer mit den Gemüsebestandteilen verbindet, wodurch die Vitamine zerstört werden - besser sind Edelstahltöpfe!

Lagerung

Kühl und luftig lässt sich Spinat zwar ca. eine Woche aufbewahren, er erleidet dabei allerdings starke Wertverluste und Schwund. Zum Tiefkühlen eignet sich blanchierter Spinat sehr gut.

Volksmedizinische Bedeutung

Frischer Spinat hat eine blut- und blutfarbstoffbildende Wirkung, und sogar die Bildung von Krebsabwehrzellen des Immunsystems wird durch Spinatverzehr verstärkt - das haben medizinische Untersuchungen gezeigt; auch die Magenschleimhaut, Galle und Verdauung und der Cholesterinspiegel werden durch Spinatgenuss positiv beeinflusst.

Die Oxalsäure im Spinat hat die Eigenschaft, lösliche Calciumsalze der Nahrung in unlösliche Verbindungen (Calciumoxalat) zu überführen. So sind z.B. 100g Spinat in der Lage, das Calcium aus 200g Milch unwirksam zu machen. Übermäßiger Spinatgenuss kann deshalb zu Störungen im Mineralstoffwechsel führen. Die calciumschmälernde Wirkung kann jedoch durch Ergänzung der Nahrung mit Milch oder Quark weitgehend aufgehoben werden.

Vorsicht: Nach der Zubereitung sollte Spinat bald verzehrt und möglichst nicht mehr aufgewärmt werden, da

sich durch die zwischenzeitliche Lagerung bis zum neuerlichen Aufwärmen das im Spinat enthaltene Nitrat in krebserregendes Nitrit umwandelt, was schwere gesundheitliche Schäden hervorrufen kann: Spinat kann in seiner kurzen Vegetationsperiode die Stickstoff-Düngemengen nicht ausreichend zu Aminosäuren und Eiweiß verarbeiten und speichert daher den Nitratstickstoff. Innerhalb der ersten ein bis zwei Stunden nach dem ersten Erhitzen kann Spinat allerdings bedenkenlos wieder aufgewärmt und verzehrt werden.
Wenn man die Vorteile des ernährungsphysiologisch hochwertigen Spinats voll ausnutzen möchte, sollte man regel‚mäßig' rohen Spinatsaft trinken, der sich positiv bei Blutarmut, Bleichsucht, Hautausschlägen, Verstopfung und Durchfall auswirkt.
Säuglingen sollte man Spinat wegen seines Oxalsäuregehalts nicht vor dem 5. Lebensmonat geben!
Besen des Magens nennen die Franzosen den Spinat seiner verdauungsfördernden Eigenschaften wegen.

Tipp

Sollten sie auf Speisenkarten oder in Fachbüchern Garniturennamen finden, die „à la Florenz" oder „Florentiner Art" heißen, wird die so benannte Speise mit Spinat zubereitet. (z.B. auf Spinat oder mit Spinat)

Spitzwegerich

Plantago lanceolata

Ackerkraut, Aderblatt, Aderkrut, Heilwegerich, Heufresser, Hirschhornwegerich, Katzenschwanz, Katzenstühlchen, Lämmerzunge, Lungenblatt, Minutina o erba stella: ital., Plantain: engl., Rippenkraut, Ripplichrut, Rossrippe, Sauohr, Schafzunge, Schlangenzunge, Schmalblättriger Wegerich, Siebenrippe, Spitzfederich, Strassenbraut, Wegblätter, Wegbreit, Wegerich, Wegtritt, Wundwegerichblätter

Allgemeines, Herkunft, Geschichtliche Bedeutung

Die Samen des Wegerichs bleiben an den Schuhen haften und werden so weltweit verschleppt. Die weißen Kolonisten brachten das Wegerichgewächs (Plantaginaceae) so auch mit nach Nordamerika. „Fußstapfen des weißen Mannes" nannten ihn deshalb die Indianer, da er überall dort keimte, wo die weißen Siedler auf die Erde traten. Ohne Schaden zu nehmen, erträgt der Wegerich nämlich Misshandlungen durch Fußtritte, Hufe und Wagenräder, die andere Pflanzen zerstören würden. Im Mittelalter diente der Wegerich als Sympathiemittel gegen Liebeszauber. Man kann ihn überall von März bis Oktober ernten.
Der Name „Wegerich" (Plantago) leitet sich vom lateinischen „Planta" = „Fußsohle" ab. Die Endsilbe „rich" kommt vom lateinischen „rex" = „König", er beherrscht also Straßen und Wege.

Aussehen

Spitzwegerich hat einen relativ langen, bis zu 50cm hohen, unbeblätterten Stängel, rosettenförmige, krautige, längliche Blätter, die mit Rinnen für den Wasserablauf versehen sind und sehr kleine, unauffällige Blüten mit braunen Samen.

Geschmack

Kurz nach dem Austrieb im Frühjahr schmeckt Spitzwegerich zart und saftig mit einem leichten Pilzaroma. Alte Wegerich-Pflanzen sind bitter, zäh und faserig.

Sorten

Bergwegerich: Plantago montana: lat. heißt die Wegrichsorte mit der größten medizinischen Wirkung. Sie kommt nur selten und nur in großen Höhen vor.

Breitwegerich: Plantago major: lat./ Breitblättriger Wegerich/Grosser Wegerich hat eirunde Blätter.

Hauptinhaltsstoffe

Aucubin, Bitterstoffe, Calcium, Eisen, Gerbstoffe, Glykoside, Kalium, Kieselsäure, Natron, etherische Öle, Schleimstoffe, Schwefel, Vitamin C, Xanthophyll.

Verwendung, Zubereitung

Junger, frischer Spitzwegerich wird in Quark, Salaten, Suppen, als Wild-Gemüse, als Wegerichsaft und für die Sirup- und Bonbonherstellung genutzt. Getrocknete Spitzwegerich-Blätter werden zu Tee verarbeitet.

Eine durstlöschende, erfrischende und gesunde Bowle erhält man, indem man über Nacht in Apfelsaft eingelegte Wegerichblätter ziehen lässt.

Lagerung

Eine Lagerung im Kühlschrank ist höchstens für 2 Tage möglich, da Spitzwegerich-Laub sehr schnell welkt.

Volksmedizinische Bedeutung

Spitzwegerich-Tee oder -Extrakt, der mit kaltem Wasser zubereitet wird, hilft bei Asthma, Bronchitis, Erkältungen, Fieber, hartnäckigem Reizhusten, Katarrhen der Atmungsorgane, Kopfschmerzen, Sodbrennen, wirkt blutreinigend, cholesterinspiegelsenkend, entgiftend, wassertreibend und ist ein mildes Abführmittel. Außerdem stimuliert Spitzwegerich die körpereigene Produktion von Interferon, einem Bakterien- und Viruskiller, sodass die angegriffene Schleimhaut der Atemwege rasch wieder abheilt. Umschläge mit den frischen Blättern oder einem Extrakt der Wegerich-Pflanze wirken desinfizierend, blutstillend, wundheilend und infektionsbekämpfend z.B bei Wespenstichen, Hunde- und Schlangenbissen.

Pollenallergiker sollten mit einer Wegerichanwendung jedoch sehr zurückhaltend sein.

Tipp

Wer Spitzwegerich- Tee oder -Essenz über längere Zeit einnimmt, soll angeblich einen Widerwillen gegen Tabak entwickeln. So kann man sich das Rauchen abgewöhnen!

Stachelbeere

Ribes uva-crispa var. sativum

Agräsch, Agras, Agrasel: österr., Agristbeere, Aischlitzen, Angrischl, Annefäz, Beberl, Beseken, Bettlerkirsche, Bräkenbeere, Brumbeerenfässli, Brummenfürzli, Christusbeere, Chrosle: schweiz., Donnerfürz, Dornapfel, Dro(n)schel, Drusselbeere, Dumefürzli, Egräschel: österr., Eibeere, Eiterbatzen, Essenkehrer, Fässli, Fleischbeere, Frauenbirne, Gagazbeere, Girbsen, Glasbeere, Gluggere, Gooseberry: engl., Grachel, Grespel, Grinschele, Grosseille à maguerau: franz., Grosella Espinosa: span., Grossel, Grosselbeere, Grünbeere, Grünschel, Grunzbeere, Grunzel, Grus(ch)el: hunsr., Gruselbeere, Gutterbeere, Hahnäppelchen, Harchelbeere, Heckenbeere, Heckenbettcher, Hegschnalle, Hendrischke, Herrenbeere, Hundsfarze, Immenguttere, Jakobbeere, Kadrüschel, Kakelatschen, Kasperte, Klopinka, Kloster(apfel), Klosterbeere, Klupatschka, Kluster, Klusterbeere, Knallbeere, Knorschel, Knotschen, Knübel, Knurschapfel, Kosmatztche, Kotze(n), Kotzebeere, Krachelbeere, Krausbeere, Kreuselbeere, Kreuzbeere, Krickel, Krisselbeere, Kritschbeere, Kronzel, Krosselhecke, Krünzel, Krüpel, Kruse(l)beere, Kruisbes: niederl., Kruserl, Krustapfel, Kuchelbeere, Laus, Lausbeere, Lennefarze, Lunzelenbeere, Mäuserling, Magrêten, Makrutten, Marusen, Meigatschen, Meischlitzen, Meitzen, Molberte, Moruseln, Mugatzerl, Muliforze, Naunetzen, Nullefatscher, Ogrose: österr., Patschgroschl, Pfrusel, Pickgruschel, Pikebeere, Rampelbeere, Rauchbeere, Rauchling, Rauchpitter, Raudelbeere, Rauern, Rauze, Reidlinger, Rindsfarz, Rotgroschel, Rubutze, Ruchbeere, Runzelforze, Ruserlbeere, Saubeere, Schuhäpfel, Schweinchen, Schweizer Kuttle, Spinellen, Spunzger, Stachelhanse, Stachellizchen, Stachelribisel, Stachle, Staunsker,

Stechbeere, Stechdorn, Stibbern, Stichelte, Stickbeere, Stickelatsch, Stikkelsbär: norw., Strappelbeere, Strullbeere, Stupfelbeere, Sommerguttere, Sunnenfürzele, Tregel, Triumphbeere, Trutzelbeere, Turnefürz, Ungützli, Uva crespa: span., Uva espina (de San Pedro): span., Uva spina: ital., Wandlaus, Wegdorn, Wisberte, Wunderförzli, Wundergütterli, Zekken, Zeitebeere, Zitzerl

Allgemeines, Herkunft, Geschichtliche Bedeutung

In Eurasien und Nordafrika ist die Stachelbeere beheimatet, und erst im 15. Jahrhundert hielt die Stachelbeere Einzug in unsere mitteleuropäischen Gärten. Heute findet man die zu den Steinbrechgewächsen (Saxifragaceae) zählende Stachelbeere wildwachsend oder als Kulturpflanze in vielen Hausgärten wo sie von Mai bis August geerntet werden kann. Die meisten Stachelbeer-Sorten haben die Engländer, deren Lieblingsfrucht sie auch ist.

Aussehen

Stachelbeeren sind kirschengroße, kugelige oder eiförmige Früchte, deren Fruchtfleisch zahlreiche, essbare Kerne enthält. Es gibt weiße, gelbe, grüne und rote, glatte und behaarte Sorten.

Geschmack

Je nach Reife schmecken Stachelbeeren von sehr sauer bis köstlich süß.

Sorten

Star Gooseberry/Malay Gooseberry: engl./Otaheite Gooseberry: engl. heißt eine stachelbeerartige, sauerschmekkende Frucht, die ihren Ursprung in Nord-Malaysia hat und in den gesamten Tropen angebaut wird. Die kirschrunden, grünen bis blassgelben Früchte haben eine längsgefurchte Schale und wachsen büschelweise an einem ganzjährig blühenden Baum. Meist werden diese Früchte von den Einheimischen zu Pickles, Konfitüre oder Süßspeisen verarbeitet.

Worcesterbeere heißt eine kleine, schwarze amerikanische Variante der Stachelbeere, die erstmals in Worcester/Massachusetts/USA verkauft wurde. Sie wird wie Stachelbeeren verarbeitet.

Hauptinhaltsstoffe

Apfelsäure, Calcium, Elektrolyte, Kalium, Natrium, Oxalsäure, hoher Pektingehalt, Phosphor, Vitamin C, Weinsäure, Zitronensäure. Nach den Tafeltrauben weisen reife Stachelbeeren den höchsten Zuckergehalt aller einheimischer Beerenobstarten auf.

Verwendung, Zubereitung

Reife Stachelbeeren werden als Tafelobst, zu Kaltschalen, Likör, Most, Saft, Stachelbeergeist, Süßspeisen und Wein verwendet, da sie bekömmlicher sind als unreife. Grüne Stachelbeeren werden deshalb noch unreif geerntet, um schwer tragende Sträucher zu entlasten und um das Ausreifen der übrigen Beeren zu fördern. Sie eignen sich zur Gelee-, Kompott-, Konfitüren- Konserven-, Kuchen-, und Marmeladenbereitung, da ihre Schale beim Kochen nicht platzt.

Lagerung

Stachelbeeren können im Kühlschrank ca. 3 bis 4 Tage aufbewahrt werden.

Volksmedizinische Bedeutung

Stachelbeeren wirken appetitanregend, blutfettabbauend, verdauungsfördernd und sind die idealen Fitmacher im Sommer und beim Sport. Auch bei unreiner Haut, Gicht, Rheuma und Stoffwechselstörungen hat sich der Verzehr von Stachelbeeren bewährt.

Nach dem Genuss von frischen Stachelbeeren sollte man kein Wasser trinken, da dies erhebliche Darmbeschwerden hervorrufen kann. Auf den Rohverzehr von grünen Stachelbeeren sollte man gänzlich verzichten, denn sie führen zu Gasentwicklungen im Darm, die mitunter zu schweren gesundheitlichen Schäden führen können.

Tipp

Die Stachelbeere ist die einzige heimische Beerenobstart, bei der es eine sogenannte „Grünpflücke" gibt. Die grün geernteten Früchte haben zwar nur ein Drittel ihrer endgültigen Größe erreicht, sind aber für die Weiterverarbeitung als Konserve bestens geeignet.

Stachys

Stachys sieboldii

Bétoine: franz., Betony: engl., Chinese artichoke: engl., Chinesische Artischocke, Crapaudine: franz., Epiaire: franz., Hedgenettel: engl., Japanische Artischocke, Japanische Kartoffel, Japanknolle, Japanziest, Knollenziest, Stachide: ital., Woudwort: engl., Ziest: slaw., Ziestknolle

Allgemeines, Herkunft, Geschichtliche Bedeutung

Von ihrem Ursprungsgebiet Japan gelangten Stachys vor etwa 200 Jahren nach Westeuropa. Stachys sind ausdauernde, knöllchenbildende Staudengewächse, die zur Familie der Lippenblütler/Lamiaceae (Labiatae) gehören und überwiegend in Belgien, China, England, am Mittelmeer, in Neuseeland und in der Schweiz angebaut werden.

Aussehen

Stachys sind 2g schwere, raupenförmige Wurzelknöllchen von rund 1cm Durchmesser und 2-4cm Länge. Unter dem dünnen Knollenhäutchen befindet sich saftiges und festes, perlmuttfarbenes Fruchtfleisch.

Geschmack

Der Geschmack dieses feinen Wurzelgemüses liegt zwischen Schwarzwurzel, Blumenkohl und Artischocke.

Sorten

Crosnes du japon: franz. heißt eine französische Stachy-Sorte, die aus der Gegend um Crosnes kommt, wo vor 200 Jahren erstmals europäischer Stachy-Anbau betrieben wurde.

Heilziest/Zehrkraut heißt eine etwa 60cm hohe, auf Wiesen und Wäldern häufig vorkommende Stachy-Sorte mit rosa Blütenähren, die schon im Altertum als Arzneimittel gegen Katharre, Epilepsie und Fieber eingesetzt wurde.

Hauptinhaltsstoffe

Gerbstoffe, Stachyose.

Verwendung, Zubereitung

Stachys kann man gekocht zu Gemüse und roh zu Salat verarbeiten. Die Knöllchen braucht man zwar nicht unbedingt zu schälen, oft werden sie jedoch nach dem Entfernen von Fäden und Enden blanchiert oder in einem Tuch mit Salz abgerieben, bis sie sauber sind, um anschließend abgespült und wie Spargel weiterverarbeitet zu werden. Stachys sollte man behutsam kochen, dünsten oder sautieren, da sie bei zu starker Hitze zerfallen.

Lagerung

Stachys können selbst in einem feuchten Einschlag nur kurze Zeit gelagert werden, da sie schnell an der Luft oxydieren und vertrocknen.

Tipp

Wegen ihrer leichten Verderblichkeit werden Stachys nur für den jeweiligen Marktbedarf geerntet.

Stängelkohl

Brassica rapa var. cymosa

Broccoletto, Cima di rapa: ital. und franz., Rapa, Rappa, Rübenkohl

Allgemeines, Herkunft, Geschichtliche Bedeutung

In Süditalien liegt die Heimat des Stängelkohls, dessen Urahn das Unkraut Brassica campestris ist. Er gehört zu den Kreuzblütlern/Brassicaceae (Cruciferae) und wird zwischen August und Oktober kurz vor der Blüte geerntet, wenn die Stängel am dicksten sind.

Aussehen

Stängelkohl hat kräftige, bis 80cm lang werdende, grüngelbe Stängel mit grasgrünen Blättern und kleinen Blütenständen, die dem Broccoli ähneln.

Geschmack

Die Blütenstände des Stängelkohls schmecken sehr mild. Die Blätter entfalten dagegen beim Kochen einen kräftigen Kohlgeschmack und -geruch.

Sorten

Cimone heißt eine sehr großblättrige Stängelkohl-Sorte.

Komatsuna/Spinatsenf/Brassica rapa var. Komatsuna: lat. heißt eine erst kürzlich entstandene asiatische Variation des unten genannten „Mitsuna". Sie hat kräftige, keilförmige Blätter, die dem Mangold stark ähneln. Im jungen Zustand können die Blätter zu Salat verarbeitet werden, später eignen sie sich für diverse Gemüserezepte.

Mitsuna/Brassica rapa var. Nipposinica: lat. heißt eine asiatische Neuzüchtung mit Frisée-/Endivien-ähnlichen, stark gebuchteten Blättern, die in allen Entwicklungsstadien geerntet werden können.

Hauptinhaltsstoffe

Calciumreich, Folsäure, reich an Kalium, Kupfer, Nikotin, Pantothensäure, Phosphor, Provitamin A, Senföle, Vitamin B 1, B 2, B 3, B 6, C, K, Zellfasern, Zink.

Verwendung, Zubereitung

Stängelkohl kann im Ganzen, am besten nur kurz gedünstet, verarbeitet werden, übrigens mitsamt seinen Blütenständen, denn die mildern den strengen Kohlgeschmack der Blätter.

Lagerung

Im Gemüsefach oder im lichtgeschützten Keller kann Stängelkohl mehrere Tage lagern.

Man sollte ihn jedoch nicht zusammen mit Ethylen ausscheidenden Obst- und Gemüsesorten (Tomaten, Äpfeln, Zitrusfrüchten) lagern, da er dann schnell vergilbt und verdirbt.

Staudensellerie

Apium graveolens var. dulce

Apio blanco: span., Bleekselderij: niederl., Bleichsellerie, Célerie à côtes: franz., Céleri en branche: franz., Celery: engl., Englischer Sellerie, Groenselderij: niederl., Sedano da coste: ital., Stangensellerie, Stengelsellerie, Stielsellerie

Allgemeines, Herkunft, Geschichtliche Bedeutung

Staudensellerie wurde im 16. Jahrhundert von italienischen Gärtnern aus dem wilden Sellerie zu dem uns heute bekannten Gemüse gezüchtet. Früher nannte man Staudensellerie „Bleichsellerie", weil er in aufgeschütteten Sandwällen, also unterirdisch wuchs, um seine Stängel möglichst zart und bleich zu halten. Heute wächst er zwar überirdisch, jedoch gegen das Sonnenlicht abgeschirmt und schmeckt infolgedessen würziger, saftiger und ist reicher an Vitaminen und Mineralstoffen als früher.

Bis vor 10 Jahren war Staudensellerie noch eine Spezialität angelsächsischer Länder, inzwischen hat er auch hierzulande eine größere Bedeutung erlangt. Amerika, Belgien, England, Frankreich, Israel, Italien, Spanien, Slowakei und Ungarn sind die Hauptanbauländer dieses Stängelgemüses, das zur Familie der Doldenblütler/Apiaceae (Umbelliferae) gezählt wird.

Aussehen

Staudensellerie hat je nach Sorte fleischige, hellgrün-weiße oder grüne, büschelartige Blattstiele, die bis zu 70cm lang werden können und gelbe oder grüne Blätter. Laut EWG-Verordnung muss das Durchschnittsgewicht von Staudensellerie zwischen 500-1000g liegen.

Geschmack

Staudensellerie schmeckt knackig, mild-würzig und nussartig und hat ein angenehmes, unaufdringliches Sellerieаroma.

Sellerieherz nennt man den besonders zarten, inneren Teil des Staudenselleries.

Hauptinhaltsstoffe

Appiin, Calcium, insulinähnliche Hormone, Niacin, etherische Öle, Vitamin A, B, C, E.

Verwendung, Zubereitung

Staudensellerie ist zum Dünsten, Gratinieren, Schmoren und zur Herstellung von Eintöpfen, Mischgemüsen oder Suppen geeignet. Im Rohzustand dient er Salat- oder Rohkost-Zubereitungen, aber auch zum Dippen in pikanten Saucen ist er eine Delikatesse. Zuvor wird er von den Wurzelenden getrennt, gereinigt, wie Rhabarber abgezogen, das obere Drittel wird ganz entfernt. (Man kann es noch zum Verfeinern von Suppen oder Saucen verwenden!)

Lagerung

Bei Kühlschrank-Temperatur lässt sich Staudensellerie etwa 2 Wochen lang aufbewahren. Er sollte jedoch nicht zusammen mit Äpfeln, Birnen, Avocados und anderen Obst- und Gemüsesorten aufbewahrt werden, da diese Ethylengase absondern, die zum vorzeitigen Verderb des Stangenselleries führen.

Volksmedizinische Bedeutung

Die etherischen Öle des bekömmlichen Staudenselleries haben eine appetitanregende, belebende, entwässernde, stoffwechsel- und kreislaufanregende Wirkung. Außerdem wird die Säurebildung des Magens angeregt. Bei Leistungstiefs sollte man Staudensellerie zerkauen, da durch das Kauen die Durchblutung im Kopf gesteigert wird und somit auch das Gehirn mit mehr Sauerstoff versorgt wird. Im Vergleich zur Sellerieknolle hat Staudensellerie sogar einen noch höheren Vitamin-C-Gehalt.

Tipp

Sedanini (dt.: Selleriechen) nennt man eine rote (mit Tomaten gefärbte) oder grüne (mit Spinat gefärbte) Nudelsorte, die von ihrem Aussehen her jungen Selleriestangen nachempfunden ist. Am besten reicht man sie zu Tomaten-, Kräuter- oder Sahnesauce.

Steckrübe

Brassica napus var. napobrassica

Bodenknöpfe, Bodenkohlrabi, Bodenrübe, Cavolo navone: ital., Chou-navet: franz., Colinabo grando: span., Dorsche, Dotsch'n: bayr., Erdkohlrabi, Erdrübe, Gelbe Kohlrabi, Goldrübchen, Kabisrübe, Kohlrübe, Koolraap: niederl., Krautrübe, Kulloche, Raap: niederl., Rüb(en)kohl: schweiz., Rutabaga: engl., franz., Schmalzrübe, Schwedische Rübe, Speckrübe, Swedish turnip: engl., Turnip: engl., Unterbodenkohlrabi, Unterkohlrabi, Wruke: mecklenb.-vorpomm., niederdt., österr., ostpreuss., Wurzelrübe

Allgemeines, Herkunft, Geschichtliche Bedeutung

Die Steckrübe ist eine nahe verwandte Kulturform des Raps. Ihren Zweitnamen „Kohlrübe" hat die Steckrübe dem Umstand zu verdanken, dass sie aus einer Kreuzung von *Kohl*rabi und Herbst*rübe* entstanden ist, und zwar im Mittelmeerraum. Im „Steckrübenwinter" des Ersten Weltkrieges 1917/1918 diente die zu den Kreuzblütlern/Brassicaceae (Cruciferae) zählende Steckrübe als Brotersatz, was sie von da an zum Not- und Arme-Leute-Gemüse machte. Die Steckrübe ist zwar mit dem Kohl verwandt, man isst bei ihr jedoch nur die Wurzel, die zum größten Teil über der Erde wächst – beim Kohl werden nur die oberirdisch wachsenden Blätter verspeist. Meist kommen Steckrüben zwischen Oktober und November aus den Niederlanden oder Norddeutschland.

Dreimonatspflanze wird die Steckrübe auch genannt, weil sie schon drei Monate nach der Aussaat erntereif ist.

Aussehen

Die Steckrübe ist eine gelb- oder weißfleischige, ovale, oder rundliche, spitz zulaufende, bis zu 1,5kg schwer werdende Wurzelrübe mit dicker, rauher Wurzelschale, blau-rotem Hals und blaugrünen Blättern.

Beim Steckrüben-Kauf ist darauf zu achten, dass weder Schimmelstellen noch grüne Auswüchse zu erkennen sind, da sie auf mindere Qualität hindeuten.

Geschmack

Steckrüben haben einen pikanten, kräftigen, erdigen, möhrenähnlichen Geschmack. Gelbfleischige Sorten schmecken im Allgemeinen besser als Weißfleischige.

Sorten

Herbstrüben: Brassica rapa var. rapa subvar esculenta: lat./Jettinger Rüben/Ochsenhörner/Räben: schweizer. /Sellrainer Rüben/Speiserüben/Stoppelrüben/Tellerrüben/Wasserrüben/ Weiße Rüben/Weißrüben. Im Mittelalter, vor der Einführung der Kartoffel, spielte die grün- oder rotköpfige Herbstrübe mit ihren grasgrünen, streifhaarigen Blättern und dem weißen oder gelblichen Fruchtfleisch, zusammen mit der Kohlrübe eine große Rolle in der Ernährung. Heute wird sie meist als Viehfutter, selten auch als Gemüse verwendet. Zum Rohessen ist sie ungeeignet. Man pflanzt die schnellwachsende Herbstrübe meist als Nachfrucht (z.B. nach Weizen), um sie im Oktober/November zu ernten.

Japanische Rüben/Kabu: jap. sind kaum von unserer Mairübe zu unterscheiden. Nur im Geschmack ist die Japanische Rübe deutlich schärfer als die Mairübe. Sie ist nur sehr gelegentlich auf unseren Märkten zu sehen.

Kerbelrübe/Kälberkropf/Erdkastanie/ Knollenkerbel/Knonnelknobel/Rüben-Kälberkropf/Rübenkerbel/Turniprooted chervil: englisch/Cerfeuil tubéreux: franz. heißt eine eiförmig-längliche, braunhäutige Rüben-Sorte mit weißlich-gelbem Fruchtfleisch, die in Mitteleuropa (Deutschland, Frankreich, Italien) und Kleinasien heimisch ist. In Deutschland wächst sie wild an Flussufern und in feuchten Wäldern, professioneller Anbau wird nirgendwo betrieben. Ab Oktober wird diese Rübensorte, die einen mehligen, kastanienähnlichen Geschmack hat, entweder mit der Schale gebraten oder wie Pellkartoffeln gekocht und zu Suppen, Ragouts oder als Beilage verwendet. Im Kühlhaus hält sich die Kerbelrübe monatelang frisch.

Mairübe: Brassica rapa var. rapifera, subvar. majalis: lat./Meiraap: niederl./Nabo: span./Navet: franz./Rapa di primavera: ital./Turnip early varieties: engl. nennt man ein kugeliges oder längliches Rübchen mit weißem oder gelbem Fruchtfleisch, kohlrabiähnlichem, leicht säuerlichem Geschmack und einer weißen, roten oder gelben Schale. Mairüben werden ab Mai ausgesetzt und bis Oktober geerntet. Die Blätter der Mairübe werden in Norddeutschland, Nordrhein-Westfalen, am Niederrhein und in den Niederlanden meist zu „Stielmus" verarbeitet (siehe dort).

Saure Rüben/Sauerrüben: schweiz. nennt man grob geraspelte in Salzlake eingelegte Herbstrüben (meist mit einem geringen Karotten-Anteil), nachdem sie wie Sauerkraut zubereitet wurden.

Teltower Rübchen: Brassica rapa var. rapifera. pygmae: latein./Kleine Speiserübe/Märkisches Rübchen/Pariser Weißrüben/Rübchen/Teltower Weißrüben/Weiße Rübchen. Diese besonders zarte und würzige Zwergform der Herbstrübe, die man von Oktober bis mindestens Dezember auf den Märkten antreffen kann, wurde ursprünglich nur auf dem sandigen Boden in Teltow bei Potsdam angebaut; mittlerweile wird sie aber auch in Norddeutschland kultiviert. Schon Johann Wolfgang von Goethe und Heinrich Heine schwärmten von diesem plattrunden, kugeligen Gemüse, dessen blass-weißes oder goldgelbes Fruchtfleisch würzig-süß und etwas erdig schmeckt und meist zu Eintopf, Gemüse, Suppe, Püree oder Salat verarbeitet wird. Leicht karamelisiert schmecken Teltower Rübchen am besten als Beilage zu Gänse- und Entenbraten. Das Grün der Teltower Rübchen kann zu einem spinatähnlichen Gemüse zubereitet werden.

Hauptinhaltsstoffe

Asparagin, Betain, Calcium, Coniferin, Eisen, Eiweiß, Kalium, Kohlenhydrate, Natrium, Nikotinsäureamid, etherische Öle, Phosphor, Provitamin A, Raphanol, Saponine, Traubenzucker, Vitamin B 1, B 2, B 6, C.

Verwendung, Zubereitung

Zum Rohverzehr eignen sich Rüben wegen ihrer schweren Verdaulichkeit grundsätzlich nicht, weshalb man sie im Allgemeinen gekocht, gedünstet oder gebraten zu Eintopf, Gemüse, Suppe, sauer eingelegt oder zu Püree bereitet. Zuvor muss man die dicken Wurzeln, den Blattansatz und die Schale großzügig entfernen. In Würfel geschnitten werden die Rüben ca. 40 Minuten in Wasser gegart, das man mit Salz, Pfeffer und Zucker gewürzt hat. Herber, erdiger Geschmack der Rübe wird gemindert, indem man das Kochwasser nach dem Kochen wegschüttet, eine fein geschnittene Zwiebel in Fett andünstet, die Rübenwürfel hinzufügt und mit Bouillon übergießt. Die blähende Wirkung von Steckrüben kann durch Zugabe von Kümmel heruntergesetzt werden

Lagerung

Kühl und trocken sind Rüben bis zu 6 Monate haltbar.

Bei unsachgemäßer oder zu langer Lagerung werden Rüben morsch, holzig und pelzig.

Volksmedizinische Bedeutung

Die Steckrübe ist unser kalorienärmstes Wurzelgemüse und Dank der Zusammensetzung ihrer Inhaltsstoffe auch ernährungsphysiologisch sehr wertvoll. Rüben enthalten die wertvolle Substanz „Betain", die eine Entgiftung der Leber bewirkt und zudem vor schädlichen Einflüssen von Umweltgiften oder Alkohol schützt. Da Rüben im Allgemeinen schwer verdaulich sind, sollten sie von Menschen mit sehr empfindlichem Magen gemieden werden.

Tipp

In Bremen versteht man unter dem Wort „Steckrübe" auch ein dickes Käsestück, das meist mit Bier oder Wein verzehrt wird.

Sternapfel

Chrysopyllum cainito

Caimite: franz., Caimito: engl., span., Cainito: ital., Pomme étoilée: franz., Starapple: engl., Sterapple: niederl., Stjerneaple: norw.

Allgemeines, Herkunft, Geschichtliche Bedeutung
Der Sternapfel ist ein Sapotengewächs (Sapotaceae), das nur in seiner Heimat Mittelamerika und auf den Westindischen Inseln bekannt ist. Den Namen verdankt der Sternapfel seinem Aussehen: wenn er halbiert wird, erkennt man einen neunstrahligen Stern.
Aussehen
Der Sternapfel ist apfelgroß, leicht oval und hat gallertartiges Fruchtfleisch, das 4 bis 6 Samen enthält, die halbkugelförmig angeordnet sind. Sternäpfel haben entweder eine grüne Schale und weißes Fruchtfleisch oder eine purpurfarbene Außenhaut und purpurfarbenes Fruchtfleisch.
Geschmack
Der Sternapfel schmeckt angenehm süßlich, birnenähnlich, leicht zusammenziehend, ohne ausgeprägtes Aroma.
Verwendung, Zubereitung
Der Sternapfel wird überwiegend als Frischfrucht verzehrt, zur Dekoration in der Kalten Küche verwendet oder zu Marmelade und in Cocktails verarbeitet.
Lagerung
Auf den europäischen Märkten spielt der Sternapfel eine untergeordnete Rolle, da er rasch verdirbt.
Tipp
Auf den Westindischen Inseln bietet man Sternäpfel gerne Hotelgästen zur Begrüßung an.

Stielmus

Brassica rapa var. rapifera subvar. pabularia

Brocoli de raves: franz., Raapstelen: niederl., Röbstill, Rübstiel, Rübstielchen, Stengelmus, Stippmus, Streifmus, Streifrüben, Turnip tops: engl.

Allgemeines, Herkunft, Geschichtliche Bedeutung
Stielmus nennt man die Stielchen und Blättchen des Mangolds und der jungen Speise- oder Mairübe nach der Zubereitung, die eigens zu diesem Zweck besonders dicht nebeneinander angebaut wurden, damit die Kraft in das Kraut und nicht in die Rübe geht. Stielmus wird ab dem zeitigen Frühjahr bis Ende Mai aus dem Acker- oder Unterglasanbau überwiegend in Norddeutschland, Nordrhein-Westfalen, am Niederrhein und in den Niederlanden angeboten, da er meist nur von regionaler Bedeutung ist.
Aussehen
Stielmus hat große, gerippte, leicht gekrauste, dunkelgrüne Blätter und einen leicht faserigen, weißen oder roten Blattstiel, der zur Wurzel hin kräftiger wird: er sieht aus wie zu groß geratener Spinat.
Geschmack
Fein-säuerlich, zart, würzig, knackig.
Hauptinhaltsstoffe
Aminosäuren, Calcium, Eisen, Kalium, Natrium, Phosphor, Provitamin A, Senföle, sehr Vitamin-C-reich.
Verwendung, Zubereitung
Die jungen Stielchen und Blättchen (pro Person rechnet man ca. 180g) werden gründlich gewaschen, in feine Streifen geschnitten, mit Speck- und Schalottenwürfelchen kurz gedämpft und dann entweder mit einer durch die Presse getriebenen gekochten Kartoffel sparsam gebunden oder in einer weißen Tunke gegart.
Lagerung
Stielmus lässt sich im Kühlschrank 3 bis 4 Tage lagern.
Tipp
Man kann die frischen Stielchen und Blättchen auch zu Salat verarbeiten.

Strandaster

Aster tripolium

Salzaster, Sea aster: engl., Sumpfaster

Allgemeines, Herkunft, Geschichtliche Bedeutung
Strandastern wachsen meist wild an den Stränden Afrikas, Asiens und Mitteleuropas, vereinzelt kommen sie aber auch schon kultiviert im Binnenland vor. Geerntet werden die zu den Korbblütlern/Asteraceae (Compositae) zählenden Strandastern vor der Blüte zwischen Juni und September.
Aussehen
Strandastern sind 20 - 100cm hohe Pflanzen mit schmalen, länglichen, hellgrünen, fleischigen Blättern und einer strahlenförmigen Blüte.
Geschmack
Junge Blätter schmecken mild, alte Blätter sind nach der Blüte zäh und geschmacklos.
Verwendung, Zubereitung
Junge Strandaster-Blätter werden nur kurz gedünstet zu Gemüse bereitet.
Lagerung
Gut gekühlt ist die Strandaster fast zwei Wochen haltbar.
Volksmedizinische Bedeutung
Früher wurde das Kraut der Strandaster bei Augenkrankheiten genutzt.
Tipp
Besonders gut passt Strandastern-Gemüse zu Muscheln oder Austern.

Stranddreizack

Röhlk, Röhr, Röhrkohl, Sea arrowgras: engl., Troscart: franz.

Allgemeines, Herkunft, Geschichtliche Bedeutung
Der Stranddreizack ist ein winterhartes Blumenbinsengewächs, das auf Salzwiesen und an Meeresstränden wild wächst und grundsätzlich vor der Blüte geerntet wird. Die dünnen Blätter und die relativ derbe Außenschicht dieser Pflanze bedingen eine verminderte Verdunstung, so dass die Pflanze in der salzhaltigen Umgebung überleben kann.
Aussehen
Der Stranddreizack ist eine bis zu 75cm hoch werdende Pflanze mit fleischigen Stängeln und schmalen, grasartigen Blättern.
Geschmack
Vor der Blüte geernteter Stranddreizack hat einen milden und standortbedingt leicht salzigen Geschmack. Nach der Blüte wird die Pflanze faserig und bekommt einen bitteren Geschmack
Verwendung, Zubereitung
Kleingehackten Stranddreizack kann man wie Petersilie oder als einheimischen Cilantroersatz zum Würzen von Suppen und Salaten verwenden.
Tipp
In den Küstengebieten gilt ein Eintopfgericht, das aus Stranddreizack, Speck, Graupen und Schweinefleisch besteht, als eine ganz besondere Spezialität.

Straucherbse

Cajanus cajan

Angolaerbse, Catjangbohne, Erbsenbohne, Gandules: span., Indischer Bohnenstrauch, Kongoerbse, Strauchbohne, Taubenerbse, Toor dal: ind.

Allgemeines, Herkunft, Geschichtliche Bedeutung
Die Straucherbse ist in ihrer Heimat, dem tropischen Afrika, schon seit über 4000 Jahren bekannt. Wichtige Anbaugebiete dieser Hülsenfrucht, die eigentlich zu den Bohnen gezählt wird, sind u.a. in Indien, Indonesien, auf den karibischen Inseln, in Malaysia, auf den Philippinen und in Puerto Rico zu finden.

Ihren Namen „Straucherbse" erhielt diese Leguminose, weil ihre Samen in Form und Farbe den Erbsen stark ähneln.

Aussehen

Die Straucherbse hat dicht behaarte, spiralförmige, grüne Hülsen mit erbsengroßen, gelben, rotbraunen oder schwarzen Samen.

Geschmack

Süßlich.

Sorten

Arhar heißt eine große, indische Straucherbsen-Sorte mit rot-braunen Hülsen, die jeweils vier bis fünf Samen enthalten.

Tur heißt eine mäßig hohe, indische Straucherbsen-Sorte mit einer grünen Hülse, die drei Samen beinhaltet.

Verwendung, Zubereitung

Straucherbsen-Samen werden meist zur Herstellung von Suppen, Eintopfgerichten, Sprossengemüse, Mehl oder Konserven verwendet. Aus jungen Strauerbsen-Hülsen kann man Salat zubereiten. Straucherbsen-Blätter können gekocht als Gemüse zubereitet werden.

Lagerung

Kühl gelagert sind Straucherbsen sehr lange haltbar.

T

Tamarinde

Tamarindus indica

Asem, Indische Dattel, Sauerdattel, Tamarin: franz., Tamarina: engl., Tamarind: norw., Tamarinde: niederl., Tamarindo: ital., Tamarindo: span.

Allgemeines, Herkunft, Geschichtliche Bedeutung

Der etwa 20m hohe Tamarindenbaum ist ein gelbblütiger Hülsenfrüchtler, der bis zu 150 Jahre alt werden kann. In seiner Heimat, den Tropen Afrikas und Indiens, dient er als Schattenspender und Viehfutter. Er wird aber auch noch in Asien, Brasilien und Thailand angebaut.

Das Wort „Tamarinde" kommt aus dem arabischen „Tamar hindi", was „Indische Dattel" heißt.

Aussehen

Die Tamarinde ist eine bis zu 20cm lange und 3cm breite zimtfarbene, erbsenschotenartige, spröde, ledrige Frucht, die braun-schwarzes, breiigfaseriges Fruchtfleisch enthält, das vier bis zwölf Samen beinhaltet.

Geschmack

Tamarindenmark schmeckt extrem säuerlich-saftig.

Hauptinhaltsstoffe

Wenig Calcium, Fruchtsäuren, Gummi, viel Kalium, Pektin, Phosphor, Provitamin A, etwas Vitamin C, Weinsäure, Zucker.

Verwendung, Zubereitung

Die reife Tamarinden-Hülse liefert eine Fruchtpulpe, die sich u.a. auch in Worcestersauce und in Angostura befindet. Auch Erfrischungsgetränke, die man im Orient während des Fastenmonats „Ramadan" trinkt, sowie Süßwaren werden damit verfeinert.

Getrocknetes Tamarinden-Hülsenfleisch ist als Gewürz und zum Marinieren für viele exotische, vor allem indische Gerichte und zur Sorbetherstellung gut geeignet. Unreife Tamarinden-Hülsen, die jungen Blätter und Blüten kann man zu einem wohlschmeckenden Gemüse bereiten. Tamarinden-Samen schmecken am besten, nachdem sie leicht angeröstet wurden.

Lagerung

Wegen ihres starken Säuregehalts ist die Tamarinde sehr lange haltbar.

Volksmedizinische Bedeutung

Tamarindenmus hat eine fiebersenkende, verdauungsfördernde und leicht abführende Wirkung.

Tannia

Xanthosoma sagittifolium

New Cocoyam: engl., Okumo: venezuel., Tania: engl., Tanier: franz., Yautia: lateinamerik.

Allgemeines, Herkunft, Geschichtliche Bedeutung

Die Tannia hat ihren Ursprung in der Karibik und in Südamerika, wo sie schon lange bevor die Eroberer nach Südamerika kamen, von den Ureinwohnern angepflanzt wurde. 1840 kam diese großblättrige Pflanze, die bis zu 2,5m hoch werden kann, auch nach Afrika, von wo aus sie vermutlich durch Spanier oder Portugiesen nach Europa und Asien gelangte. Die Tannia gehört zur Familie der Aronstabgewächse (Araceae) und ist mit der Taro verwandt. In Indonesien, in der Karibik, in Kuba, Malaysia, Puerto Rico, Südamerika und Westafrika wird sie heute kultiviert.

Aussehen

Die Tannia besteht aus einer Riesenknolle (Mutterknolle), an der mehrere 10 bis 25cm lange weiße, rosa oder gelbe Tochterknollen haften.

Geschmack

Tannia-Knollen haben einen leicht erdigen Geschmack.

Hauptinhaltsstoffe

Calciumoxalat-Kristalle, Provitamin A, Raphiden, sehr hoher Stärkegehalt, Vitamin C.

Verwendung, Zubereitung

Nur die Tochterknollen der Tannia werden gekocht, gebacken oder fritiert zu Gemüse, oder getrocknet und gemahlen zu Mehl verarbeitet. Die Mutterknolle dient hauptsächlich als Viehfutter.

Callaloo/Calalou: franz./Chou caribe: franz./Karibenkohl/Karibischer Kohl /Karibischer Spinat nennt man junge Tanniablätter und -Triebe in den Anbauländern, nachdem sie wie Wirsing oder Spinat zu Gemüse verarbeitet wurden.

Lagerung

Da die Tanniaknolle nach der Ernte schnell verdirbt, wird sie in den Anbauländern nur bei Bedarf geerntet.

Volksmedizinische Bedeutung

Die Inhaltsstoffe der Tannia wirken sich positiv auf Haut, Haare, Wachstum und Verdauung aus. Eine unangenehme Nebenwirkung haben die in der Tanniaknolle enthaltenen Calciumoxalat-Kristalle, da sie während des Verzehrs ein starkes Brennen im Mund verursachen. Auch bei der Ernte bewirken diese Kristalle schmerzhaften Brennreiz auf der Haut.

Tipp

Fälschlicherweise kommen „Tannias" oft als „Yam" auf unsere Märkte. Die Yam ist jedoch eine eigenständige Knolle.

Taro

Colocasia esculenta

Cocoyam: afrik. und engl., Colcacia, Kalo, Kolokasie, Lotoswurzel, Taioba, Taro: engl., franz., ital., span., Wasserbrotwurzel

Allgemeines, Herkunft, Geschichtliche Bedeutung

Die Taro ist eine uralte indische Sumpfpflanze, die vor über 2000 Jahren erstmals nach Europa gelangte. Bei den Südseeinsulanern gehört dieses Aronstabgewächs (Araceae) zu den wichtigsten Nutzpflanzen. Größere Anbaugebiete der Taro findet man in Ägypten, Afrika, Assam, Burma, Hawaii, Japan, Spanien, USA und auf Zypern.

Aussehen

Die Taro ist ein dickes, braunes, bis zu 4kg schwer werdendes Knollengewächs mit weißem, grünem, grauem oder violettem Fruchtfleisch. Die grünen, herzförmigen Taro-Blätter können bis zu 1m lang werden.

Geschmack

Taro-Fruchtfleisch schmeckt nussartig, würzig. Taro-Blätter haben einen leicht bitteren, spinatähnlichen Geschmack.

Sorten

Dasheen heißt eine japanische Taro-Sorte mit einer großen Hauptknolle und nur wenigen Nebenknollen, die weniger Calciumoxalat-Kristalle enthalten als die Knollen der Eddo.

Eddo/Eddoe/Eddro heißt eine afrikanische Taro-Sorte mit einer relativ kleinen Hauptknolle und vielen kleinen, ovalen Knollen an der Stammbasis.

Hauptinhaltsstoffe

Calcium, Eisen, Eiweiß, Fett, Kalium, Phosphor, Provitamin A, Raphiden, Saponine, Schleimstoffe, Stärke, Vitamin B und C. Die Blätter sind stark calciumoxalatsäurehaltig.

Verwendung, Zubereitung
Taroknollen und junge Taroblätter werden von den Einwohnern der Anbauländer schon zum Frühstück gekocht, frittiert oder gebraten verspeist. Auch alkoholische Getränke und Mehl wird aus den Knollen hergestellt. Beim Kochen von Taro-Knollen sollte man das Kochwasser zweimal wechseln, da die Calciumoxalat-Kristalle die Schleimhäute zu stark reizen.
Callaloo/Calalou: franz./Chou caribe: franz./Karibenkohl/Karibischer Kohl /Karibischer Spinat nennt man junge Taro-Blätter und -Stiele in den Anbauländern, nachdem sie zu wirsing- oder spinatähnlichem Gemüse bereitet wurden.
Tipp
Fälschlicherweise kommen bei uns oft auch Taros als „Yam" auf den Markt. Die Yam ist jedoch eine eigenständige Knolle.

Taubnessel

Lamium album

Bienensaug, Falsche Brennessel, Löffelblume, Nessel, Todnessel, Weiße Taubnessel, Wurmnessel, Zauberkraut

Allgemeines, Herkunft, Geschichtliche Bedeutung
Die Taubnessel ist eine Wildpflanze, die zur Familie der Lippenblütler/Lamiaceae (Labiatae) gehört. In Asien, Europa und Nordafrika findet man die wildwachsende Taubnessel im Frühjahr auf nährstoffreichen, feuchten Böden, an Bahndämmen, Flussufern, Hecken, Wegrändern und an Zäunen, und zwar meist dort, wo ihre Verwandte, die Brennnessel, wächst. Ihren Namen verdankt die „Taubnessel" ihren - im Unterschied zur „Brenn"-Nessel - nicht brennenden, also „tauben" Blättern.
Aussehen
Die bis zu 50cm hoch werdende Taubnessel hat eine weiße, nach Honig duftende Blüte. Sie ähnelt zwar stark der Brennnessel, hat aber weichere Formen, da ihre behaarten, nicht brennenden Blätter quirlartig um den Stängel wachsen.
Geschmack
Junge Taubnessel-Blätter schmecken zwar erfrischend, entwickeln allerdings kein besonderes Aroma. Taubnessel-Blüten schmecken dagegen süßlich-honigartig. Alte Taubnessel-Blätter schmecken bitter und faserig.
Sorten
Gelbe Taubnessel/Goldnessel. Sie unterscheidet sich von der Weißen Taubnessel nur in der gelben Blüte und duch den Umstand, dass sie nur im Schatten gedeiht. Früher wurde sie bei gelblichem Ausfluss und bleichsüchtigen Patientinnen angewandt.
Rote Taubnessel. Sie kam früher bei zu starker Regel und blutigen Ausflüssen zum Einsatz.
Hauptinhaltsstoffe
Gerbstoffe, etherische Öle, Saponine.
Verwendung, Zubereitung
Junge Taubnessel-Blätter werden vor der Blüte mitsamt den grob zerkleinerten Zweigen als Zutat zu Mischgemüse oder Mischsalat verwendet; man kann sie aber auch wie Spinat zu Gemüse bereiten.
Volksmedizinische Bedeutung
Taubnesseltee wird allgemein bei Entzündungen, Frauenleiden, Hämorrhoiden und Krämpfen bei angewandt. Auch bei Männern, die Schwierigkeiten mit dem Wasserlassen haben, hat sich Taubnesseltee bewährt.
Tipp
Im Mittelalter wurden Taubnessel-Blüten zum Färben der Haare verwendet.

Taybeere

Tayberry: engl.

Allgemeines, Herkunft, Geschichtliche Bedeutung
Im Jahr 1962 ist die Taybeere im „Scottish Research Institute" in Dundee/Schottland durch eine Kreuzung aus Himbeere und Brombeere entstanden. Seit 1977 kommt die bis zu 20 Jahre alt werdende, frostempfindliche Taybeere jeweils im Juli auch auf unsere Märkte, meist aus niederländischen Treibhäusern.
Die Taybeere wurde nach dem Fluss „Tay" benannt, der bei Dundee ins Meer fließt.
Aussehen
Die Taybeere hat brombeerähnliche, längliche purpurrote, sehr weiche Früchte von der Größe einer Loganbeere.
Geschmack
Erst vollreife Taybeeren erreichen ein himbeer- brombeerähnliches Aroma, sie schmecken jedoch selbst vollreif noch sehr sauer.
Verwendung, Zubereitung
Wegen des stark sauren Geschmacks sind Taybeeren für den Frischverzehr ungeeignet. Deshalb werden sie meist zu Marmelade, Gelee, als Kuchenbelag oder zu Fruchtsauce verarbeitet.
Lagerung
Taybeeren lassen sich höchstens 1 Tag im Kühlschrank aufbewahren; zum Einfrieren sind sie jedoch bestens geeignet.
Tipp
Da der Taybeeren-Strauch sehr ausladende Ruten besitzt, braucht er sehr viel Platz im Garten.

Tomate

Lycopersicon esculentum: neue lat. Bez. Solanum lycopersicum: früh. lat. Bez. Goldapfel, Liebesapfel: lyr., veraltet, Love apple: engl., Paradajs: jugosl., Paradeis(er): österr., Paradiesapfel: ugs., Pomme d'amour: franz., Pomodoro: ital., Tomaat: niederl., Tomate: franz., span., Tomatle: mexik., Tomato: engl.

Allgemeines, Herkunft, Geschichtliche Bedeutung
Schon vor Christi Geburt gab es an den Küsten des alten Perus wildwachsende Tomaten, die ursprünglich sehr kleinfrüchtig waren und eine goldgelbe Außenhaut aufwiesen. Die Ureinwohner Mexikos schätzten sie sehr und gaben ihr den Namen „Tomatle" = „Schwellpflanze". Als Christoph Columbus 1498 die Tomate von seiner zweiten Amerikareise als Zierpflanze mitbrachte, beäugten die Europäer dieses Nachtschattengewächs (Solanaceae) sehr skeptisch, denn die Tomate galt damals als giftig und als Auslöser für „Liebeswahnsinn".
1554 unternahmen Italiener einen Anbauversuch der Tomate, doch erst 1820 wurde sie dort als Salat und Gemüse genutzt. 1890 begann man vereinzelt auch in Deutschland mit dem Tomatenanbau, doch bis zum Jahre 1905 wurde sie in der Warenstatistik überhaupt nicht erwähnt, da sich der Irrglaube, sie sei nur eine giftige Zierpflanze, bis nach dem ersten Weltkrieg (1914-1918) hielt. Heute steht die Tomate, die zu den Beeren zählt und eine Verwandte der Kartoffel ist, im deutschen Gemüseverbrauch an allererster Stelle. Tomaten werden heute überwiegend in Bulgarien, Frankreich, Griechenland, Israel, Italien, auf den Kanarischen Inseln, in Marokko, in den Niederlanden, Spanien, der Türkei und in den USA angebaut. Auf der englischen Insel Guernsey gibt es ein Tomatenmuseum, und sogar auf dem Hartgeld dieser Insel sind Tomaten abgebildet.

Die meisten Tomaten-Importe erhalten wir von den Kanarischen Inseln, die über die Niederlande zu uns gelangen. Da sie wegen des langen Transportweges (ca. 5-6 Tage) unreif geerntet werden, leidet ihr Geschmack beträchtlich gegenüber den Tomaten, die reif geerntet werden und am nächsten Tag schon den Verbraucher erreichen.

„Tomatenpüree" nennt man zweifach konzentriertes Tomatenmark.

„Tomatenpaste" nennt man in Italien und Spanien sechsfach konzentriertes Tomatenmark. In Kalifornien bezeichnet man alle Tomatenmarksorten als „Tomatenpaste".

„Tomatenmark" nennt man sterilisierte und geschleuderte (passierte), meist konzentrierte Tomatenpulpe, die weder Haut noch Samen beinhalten darf. Tomatenmark aus Süditalien ist meist dunkelbraun und kann schon leicht gärig sein, da Tomaten, die dort in den Sommermonaten für die Konservierung bestimmt sind, zu lange im Freien gelagert werden und dadurch anfaulen. Schuld daran ist die hohe Hitze und das riesige Erntevolumen. Tomatenmark aus Norditalien hingegen wird sofort nach der Ernte verarbeitet. Es sieht schön rot aus und schmeckt besser als das Süditalienische. Man sollte es also auf jeden Fall dem Süditalienischen vorziehen!

Aussehen

Es gibt weiße, gelbe und rote Tomaten.

„Güteklasse I" hat in Form, Farbe und Reife einheitliche, fehlerfreie, schnittfeste Früchte ohne Spritzbelag, mit grünem Stielansatz und einem Mindestdurchmesser von 45mm.

„Güteklasse II" ist vollwertige Konsumware, unter 45mm Durchmesser, zuweilen mit bis zu 3cm langen vernarbten Rissen.

Angefaulte Tomaten sollte man sofort aussortieren, und zwar immer mit der gleichen Hand, damit eine Ansteckungsgefahr gemindert wird.

Geschmack

Tomaten schmecken angenehm mildwürzig und frischfruchtig. Besonders wohlschmeckende Tomaten erkennt man an einem herb-aromatischen Duft. Tomatenblätter sind giftig!

Sorten

Antipasto heißen sonnengereifte, hocharomatische Tomaten, die in Italien zum Trocknen aufgehängt werden. Bei uns sind sie in Öl eingelegt erhältlich.

Birnentomaten/Ovale Tomaten/Pomodori pera: ital./Tomates de pera: span. sind birnenförmige bis längliche, gelbe oder rote Tomaten mit intensivem Aroma. Sie werden für Saucen, zum Grillen oder für die Konservenindustrie verarbeitet. Meist sind es Freilandpflanzen aus Sizilien.

Buschtomaten/Topftomaten. Das ist die kleinste Kirschtomatensorte. Sie wird meist stablos, in feldmäßigem Großanbau kultiviert, sie eignet sich aber auch für die Kultur auf dem Balkon. Buschtomaten erfordern kein Ausgeizen.

Beefsteaktomaten/Fleischtomaten/Gerippte Tomaten/Ochsenherzen/Rindfleischtomaten/Vierländer nennt man eine nicht sehr ansehnliche und nicht gerade saftige, mehrkammrige, große, dunkelrote, sehr aromatische und fleischige Tomatensorte mit wenigen Kernen und einer Außenhaut, die mehrere längliche gerippte Wölbungen aufweist und sehr gut zum Füllen und Schmoren geeignet ist. Meist kommt sie zwar aus Neapel zu uns, ihren Ursprung hat sie jedoch in Südamerika, wo sie von den Zapoteken-Indianern erstmals kultiviert wurde.

Eiertomaten/Flaschentomaten/Ovale Tomaten/Peretti/Tomates allongées: franz./Pomodori a fiaschetto: ital./ Pomodori oblunghi: ital./Roma-

Tomaten sind oval-längliche Tomaten mit sehr intensivem Aroma. Sie werden zum Grillen, für Saucen oder für die Konservenindustrie verarbeitet. Meist sind es Freilandpflanzen aus Sizilien.

Flugtomaten nennt man von der Sonne gereifte Tomaten (meist aus Tenneriffa oder Fuerteventura), die per Flugzeug schon 48 Stunden nach der Ernte superfrisch auf unseren Märkten landen. Sie haben also keine langen Rütteltouren per Bahn oder LKW hinter sich, stammen nicht aus dem Unterglasanbau, und ihr Vitaminverlust ist kaum erwähnenswert; allerdings sind sie etwas teurer als ihre Konkurrenz.

Freilandtomaten wachsen auf dem Freiland. Man erkennt sie an ihrem zartgrünen ‚Kragen' am Stielansatz. Freilandtomaten, die an der Pflanze ausreifen konnten, schmecken am besten.

Gelbe Tomaten sind mild, zart, süß-aromatisch, schnittfest und haben eine dicke Schale.

Grünkragen/Dos verts: französ./ Greenbacks: engl./Harte Kappen: ostdt. nennt man Tomaten, die am Stielende eine scharf abgegrenzte grüne, gelbe oder rötliche Verhärtung des Fruchtfleisches aufweisen, die durch Augenschein oder leichten Fingerdruck feststellbar ist. Sie dürfen nur in den Güteklassen II und III vermarktet werden.

Kirschtomaten/Cherrytomaten/Partytomaten/Tomatenkirschen/Cocktailtomaten/Cherry tomato: englisch/ Pomodoro ciliegia: ital./Tomate cerise: franz./Zuckertomaten/Zwergtomaten sind rund, klein, süß, gelblich oder rot. Sie werden zum Garnieren verwendet oder im Backteig ausgebacken. Meist kommen sie aus Italien, Israel, den Niederlanden oder Spanien. Es gibt auch birnen- und pflaumenförmige Kirschtomaten.

Maxi-Tomaten kommen aus den USA. Sie können ein Gewicht von 400g erreichen. *Pelaten/Pelati: ital.* nennt man längliche Tomaten-Sorten (z.B. Birnen- oder Flaschentomaten), die geschält und im eigenen Saft konserviert im Handel erhältlich sind.

Runde Tomaten/Rundtomaten/Kugeltomaten/Glatte Tomaten/Holländer sind zwei- bis dreikammrig, saftig-säuerlich, sehr saftig, haben jedoch wenig Geschmack.

Sommertomaten nennt man geschmacklich nicht sehr hochwertige Tomaten, die im Sommer in Treibhäusern gezogen werden.

Spaliertomaten werden im Freien oder im Gewächshaus an Schnüren gezogen. Sie sind kirschen- bis pflaumengroß, traubenförmig und haben einen gewaltigen Flächenertrag.

Stabtomaten nennt man eine sehr ertragreiche, gemüsepaprika-ähnliche Tomatensorte, die mit einem Stab gezogen werden muss, da ihr Stängel sonst durch das Gewicht ihrer Früchte brechen würde. Stabtomaten, die man auf dem Balkon oder nahe der Terrasse anpflanzt, vertreiben garantiert Mükken und Schaben!

Strauchtomaten/Pomodoro grappolo: ital./Rispentomaten nennt man eine traubenförmig wachsende, wohlschmeckende, kleine, runde Tomatensorte.

Tiger-Tomate nennt man eine süßlich schmeckende, seit 1963 existierende englische Neuzüchtung, deren Schale goldgelbe Streifen in vertikaler Richtung zeigt.

Tomatenbaum nennt man einen bis zu 2m hoch werdenden Strauch, an dem die tomatenähnlichen Tomatillos gedeihen (siehe „Physalis").

Hauptinhaltsstoffe
Apfelsäure, Calcium, Chlorogensäuren, Fluor, Jod, Kalium, Kobalt, Kotinin, Kumarin, Lycopen, Natrium, Nikkel, Oxalsäure, Provitamin A, Rutin, Saponin, Serotin, Solanin, Vitamin B-Komplex, 25mg Vitamin C pro 100g, Vitamin E, P, 94% Wasser, Zitronensäure, Zucker.

Verwendung, Zubereitung
Tomaten werden u.a. als Beilage, zu Gemüse, Püree, Rohkost, Saft, Salat, Saucen, Suppen und zum Garnieren verarbeitet.

Tomaten lassen sich zwar problemlos enthäuten, wenn man sie zuvor an Ober- und Unterseite eingeritzt und etwa 20 Sekunden in kochendes Wasser getaucht hat, besser ist es jedoch, Tomaten mitsamt der Schale zu essen, da - wie beim Obst - die wertvollen Inhaltsstoffe direkt unter der Haut sitzen. Den Stielansatz der Tomate sollte man erst kurz vor dem Verzehr entfernen, da er das Aroma schützt. Tomaten sollten nicht ausgehöhlt und entkernt werden, da sich die meisten Vitamine zwischen den Kernen befinden.

Tomatensauce oder -suppe verfeinert man mit einer Prise Zucker.

Tomaten-Concassée nennt man enthäutetes, entkerntes und dann gewürfeltes Tomatenfleisch.

Frisch gepresster Tomatensaft, vor dem Essen getrunken, zügelt den Appetit.

Lagerung
Kühl, jedoch nicht kalt und dunkel kann man Tomaten ca. 1 Woche aufbewahren. Bei kühlschrankähnlichen Temperaturen verliert die Tomate ihr Aroma und wird wässrig.

Tomaten sollten nicht mit Ethylen ausscheidenden Gurken, Zucchinis oder Blumenkohl aufbewahrt werden, da dies zu einem schnellen Verderb führt.

Unreife Tomaten reifen schneller nach, wenn man sie entweder über Nacht zusammen mit Äpfeln oder Apfelsinen aufbewahrt oder sie 2-3 Tage auf eine sonnige Fensterbank legt.

Tomatenmark aus Dosen hält sich viel länger frisch, wenn man es in Glas- oder Porzellanschüsseln umfüllt und soviel Öl angießt, bis es bedeckt ist.

Volksmedizinische Bedeutung
Tomaten wirken abführend, appetitanregend, cholesterinsenkend, entgiftend, entwässernd, schützen Herz und Kreislauf, stärken das Immunsystem, sind die ideale Diät bei Gicht,- Leber- und Nierenleiden und haben, da sie im Allgemeinen als ‚Krebskiller Nummer 1' gelten, die Fähigkeit, krebserregende Nitrosamine im Magen zu neutralisieren. Tomaten schützen auch vor frühzeitigem körperlichem und geistigem Alterungsprozess und regen die Tätigkeit von Bauchspeicheldrüse, Leber und Magen an.

Das giftige Alkaloid Solanin, das bislang nur unreife Früchte enthielten, ist mittlerweile dank neuer Züchtungen, völlig aus Tomaten entfernt worden - im Stielansatz bleibt es allerdings! Solanin führt zu Kopfweh, trockener Haut und ist entzündungserregend.

Der rote Farbstoff Lycopen, der besonders in der Tomatenschale zu finden ist, senkt das Tumor- und Prostata-Krebsrisiko um 50%, vorausgesetzt, das Tomatenfleisch wurde als Gemüse, Saft, Sauce, oder Suppe mit fetthaltigen Zutaten wie Butter, Margarine, Öl oder Sahne angereichert und erhitzt; aus rohen Tomaten nimmt der Organismus praktisch überhaupt kein Lycopen auf.

Auch der wertvolle Pro-Vitamin-A-Gehalt der Tomate kann nur dann restlos vom Körper verwertet werden, wenn er in Fett gelöst wird; folglich sollte man auch zu rohen Tomaten immer etwas Fetthaltiges essen.

Tipp

Besonders schmackhaft werden Tomaten, wenn man sie während des Wachstums mehrmals mit „Knoblauchjauche", also Regenwasser, in dem man feingehackten Knoblauch mehrere Tage ziehen läßt, begießt.

Topinambur

Helianthus tuberosus

Aardpeer: niederl., Aguaturma: span., Artichaut de Jerusalem: franz., Borbel, Erdapfel, Erdartischocke, Erdbirne, Erdschocke: hess., Erdsonnenblume, Ewigkeitskartoffel, Helianthi, Indianerknolle, Jerusalem artichoke: engl., Jerusalemer Artischocke, Kleine Sonnenblume, Knollen-Sonnenblume, Pataca: span., Rosskartoffel, Rossler, Sonnling, Tippituambo: span., Topi, Topinambour: franz., niederl., Topinambur: ital., Tupinambo: span., Wildkartoffel, Zuckerkartoffel

Allgemeines, Herkunft, Geschichtliche Bedeutung

Ursprünglich war die oder der Topinambur Hauptnahrungsmittel der brasilianischen Indianer, die schon zu frühen Zeiten die heilenden Kräfte dieser Pflanze zu schätzen wussten. Anfang des 17. Jahrhunderts wurde die Topinambur von französischen Seefahrern von Amerika aus auch nach Europa gebracht. Als „Modemahlzeit" machte sie zuerst in Frankreich schnell Karriere und kam bei Adel und Armen in ganz Mitteleuropa auf den Tisch; in der Mitte des 18. Jahrhunderts wurde sie jedoch von der Kartoffel verdrängt.

Angebaut wird die Topinambur, die eng mit der Sonnenblume verwandt ist und zur Familie der Korbblütler/Asteraceae (Compositae) gezählt wird, in Asien, Australien, Deutschland (Rastatt, Müden, Dabendorf/Brandenburg), den Niederlanden, Nordamerika, Südfrankreich und in Russland. Die o.a. Topinambur-Saatzucht in Müden/Niedersachsen versendet Topinambur-Züchtungen sogar in die ganze Welt.

Erntezeit dieser Erdfrucht ist von Oktober bis Mai, wenn das Kraut abgestanden ist; vergessene Knollen und abgetretene Wurzelstücke treiben, wie beim Meerrettich, willig wieder nach.

Die Topinambur ist kein Ersatz für Kartoffeln, sondern ein Fruchtgemüse wie etwa die Melone oder die Tomate, also eher als Delikatesse und als Diätgemüse anzusehen.

Ihren Namen hat die Topinambur einem südamerikanischen Indianerstamm, den „Tupinambas" zu verdanken.

Fälschlicherweise wird die Topinambur auf Märkten oft als „Batate" bezeichnet; die Batate ist jedoch eine eigenständige Frucht.

Aussehen

Die gelbblühende Topinambur sieht aus wie eine stark belaubte Sonnenblume und kann bis zu 4m hoch werden. Sie hat Dutzende unterirdische, faustgroße, skurille Knollenfrüchte mit einer dünnen und festen, beigen bis rotbraunen, oft stark warzigen, aber essbaren Schale, die der Ingwerwurzel ähnelt. Je nach Anbaugebiet und Sorte können Topinambur-Knollen auch weiß, gelb, rot, rosa oder violett sein – ihr Fruchtfleisch ist grundsätzlich weiß bis cremefarben.

Geschmack

Im rohen Zustand hat die Topinambur einen faden, leicht nussartigen, zarterdigen Geschmack, der der Artischocke ähnelt. Erst gekocht schmeckt dieses Knollengemüse schwachsüßlich.

Sorten

Bianka heißt eine deutsche Topinambur-Sorte.

Gute Gelbe heißt eine gelbschalige deutsche Speise-Topinambur-Sorte.

Rote Zonenkugel heißt eine essbare Topinambur-Sorte aus Brandenburg mit spitz zulaufenden, violetten Knollen.

Violettes Rennes heißt eine französische Topinambur-Sorte mit einer rosafarbenen Schale, die stark der Batate ähnelt.

Hauptinhaltsstoffe

Calcium, Eisen, wertvolles Roheiweiß, 16% Inulin das zu 55 - 85% aus Fructose besteht, Kalium, Natrium, Phosphor, Provitamin A, Silicium, Spurenelemente, Vitamin B 1, B 2, B 6, D, C, 80% Wasser. Die Topinambur enthält sogar mehr Eisen, Kalium und Phosphor als die Kartoffel.

Verwendung, Zubereitung

Man kann die rohe Topinambur wie einen Apfel aus der Hand oder geraspelt als Rohkost-Salat essen, nachdem man sie nur sauber abgebürstet und gewaschen hat. Wer die Topinambur dennoch schälen möchte, blanchiert sie kurz, schreckt sie mit kaltem Wasser ab und enthäutet sie dann wie eine Pellkartoffel. Da die geschälte Wurzel sehr rasch bräunt, muss sie bis zu ihrer Weiterverwendung in Wasser gelegt werden oder mit Zitronensaft beziehungsweise mit Pflanzenöl abgerieben werden. Vor dem Verzehr muss die Topinambur gut gewürzt werden, um ihren faden Geschmack zu kompensieren.

Gebraten, gebacken, gedünstet oder püriert dient sie als schmackhafte Gemüsebeilage.

Die Topinambur wird auch zu Benzin, Kaffee-Ersatz, Mehl, Saft, in Süddeutschland und in Frankreich sogar zu Branntwein verarbeitet: „Topi"-Branntwein ist ein beliebtes badenwürtembergisches Getränk, das gerne nach dem Essen als Digestif konsumiert wird.

Topinambur-Kraut findet meist als Viehfutter oder Häckselmaterial Verwendung.

Lagerung

Die Topinambur lässt sich nur sehr kurze Zeit lagern, da sie naturgemäß außerhalb der Erde stark schrumpft. Damit sie knackig bleibt, sollte man sie nach der Ernte in eine Plastiktüte oder in ein feuchtes Tuch einschlagen und in den Kühlschrank legen. Topinambur-Knollen, die trotzdem ein leicht angewelktes Aussehen haben, werden wieder schön fest, wenn man sie einige Zeit in kaltes Wasser legt.

Volksmedizinische Bedeutung

Die Topinambur ist - in Maßen genossen - wohltuend für den Magen und lindert Leber- und Gallenbeschwerden. In großen Mengen gegessen, kann sie zu Blähungen und Durchfall führen.

Diabetikerkartoffel wird die Topinambur auch genannt, weil sie statt Stärke das für Zuckerkranke verträgliche Kohlenhydrat Inulin (ist von der Bauchspeicheldrüse verdaubar) enthält. Dieses Inulin ist auch in der Lage, im Gehirn ein starkes Sättigungsgefühl zu simulieren, um Heißhungerattacken zu vertreiben!

Tipp

Der Saft der rohen Topinambur-Knolle gilt als hochwirksamer Entschlakkungs- und Fastentrank, der zudem noch prima schmeckt!

Trauben

Vitis vinifera

Druer: norw., Druif: niederl., Grapes: engl., Grappes de raisin: franz., Grappoli d'uva: ital., Rosinen: süddt, österr., schweiz., Trübeli: schweizerdt., Weinbeeren, Uva de mesa: span.

Allgemeines, Herkunft, Geschichtliche Bedeutung

In einem alten Krug, der 1968 im Iran gefunden wurde, analysierten Wissenschaftler erst kürzlich den Bodensatz. Er enthielt Weinstein, der ausschließlich in Weintrauben vorkommt und Harze der Terpentinpistazie, die Jahrtausende hindurch als Konservierungsmittel für Wein verwendet wurden. Die Experten datieren die Entstehungszeit des Kruges auf die Zeit zwischen 5400 und 5000 v. Chr. Bei den Winzern handelte es sich also um Sumerer, die mithin den Wein bereits zu einer Zeit herstellten, als Landwirtschaft gerade entstanden war. Die Phönizier übernahmen die Kultur des Weinstocks und übertrugen sie den Griechen, Römern und Spaniern. Die Römer brachten die Weinrebe, sie gehört zu den Weinrebengewächsen (Vitidaceae), im 1. Jahrhundert auch nach Deutschland, zuerst ins Bodenseegebiet.

Umgangssprachlich redet man von Weintrauben - im biologischen Sinn sind es allerdings Weinbeeren.

Aussehen

Weinbeeren sind rund, grünlich, gelb, bernsteinfarben, rot, blau oder schwarzblau.

Geschmack

Reife Weintrauben schmecken süßlich, würzig, erfrischend. Unreif schmecken sie sauer.

Sorten

Tafeltrauben/Raisins de table: französ./Uva da tavola: ital. sind in Trauben angeordnete Beerenfrüchte der Weinrebe, die eigens mit dicker Schale gezüchtet werden, damit sich ihr Saft lange in der Frucht halten kann. Tafeltrauben werden meist aus Australien, Afrika oder Chile importiert, nach dem sie unreif geerntet wurden. Dadurch kann sich ihr Aroma wie bei unseren heimischen Früchten nicht ganz entfalten, und auch die Vitamine, besonders Vitamin C und die der B-Gruppe, leiden durch die lange Anreise.

Weintrauben nennt man dünnschalige Trauben, die nur der Weinbereitung dienen.

Hauptinhaltsstoffe

20 verschiedene Antioxidanten, Apfelsäure, Ballaststoffe, Calcium, Eisen, Eiweiß, Ellagsäure, Enzyme, Fluor, Kalium, Kupfer, Magnesium, Natrium, Phosphor, Provitamin A, in der Haut Resveratol (Antikrebsstoff), Tannine, Terpene, sehr hoher Traubenzuckergehalt, Vitamine B 1, B 2, B 6, C, E, Weinsäure. Gerbstoffe und Vanillin sind in den Kernen enthalten. Rote Trauben enthalten zusätzlich noch Anthocyane. Da Trauben Nährwerte und Heilkräfte wie kaum eine andere Frucht enthalten, stellen sie ein vollwertiges Nahrungsmittel dar.

Verwendung, Zubereitung

Trauben werden frisch verzehrt, zu Saft gepresst, zu Käse gereicht oder zu einer Trauben-Kur verwendet. Enthäutet und entkernt dienen sie als Garnitur zu warmen Gerichten, im Obstsalat oder auf Traubenkuchen. Vor dem Verzehr sollten sie unbedingt gründlichst gewaschen werden, da sich meist noch Spritzmittel-Rückstände auf ihrer Haut befinden.

Verwendung der Weintrauben-Blätter: siehe „Weinblätter".

Aus den Blüten der Weinrebe kann man eine köstliche „Weinblüten-Bowle" zubereiten, die man wie folgt zubereitet: Etwa 10 Weinblüten mit 1l Kabinettwein begießen, ca. 3 Stunden ziehen lassen und mit einer Flasche Rieslingsekt auffüllen.

Lagerung

Gekühlt lassen sich Weintrauben einige Tage aufbewahren.

Volksmedizinische Bedeutung

Trauben entgiften, entwässern, stabilisieren die Zellwände, schützen vor Arteriosklerose, sind wirksam gegen Harnsäureablagerungen, Gicht, Nieren- und Blasensteine und enthalten keimtötende Substanzen. Trauben versorgen auch das Immunsystem mit dem für Sonnenfans wichtigen Krebsschutzstoff Resveratol.
Wer abnehmen will, sollte weiße Trauben essen, denn die wirken besonders entschlackend - rote Weintrauben senken einen erhöhten Cholesterinspiegel.
Weil Trauben Viren vernichten, heilen sie selbst Pickel und Stressbläschen (Herpes), indem man die betroffenen Hautstellen bzw. die Lippen desöfteren mit einer halbierten Traube betupft. Weintrauben schützen auch die Zähne vor Karies, da sie Substanzen enthalten, die aktiv Kariesbakterien zerstören.

Wein absorbiert rasch die Wirkstoffe vieler Heilkräuter und wirkt so als medizinischer Trägerstoff.
Eine Traubenkur zur Entschlackung, bei der man täglich nur 1,5 l frisch gepressten, weißen Traubensaft, 3 Pfd frische, weiße Trauben oder 1,5 l weißen Traubensüßmost zu sich nimmt, sollte nicht länger als drei Tage dauern - ansonsten ist eine Rücksprache mit dem Arzt anzuraten. Die Trauben sollten während dieser Zeit gut gekaut werden, damit sie gut eingespeichelt und dadurch gut verdaut werden können. Der Traubensaft sollte über den ganzen Tag verteilt und nur in kleinen Schlückchen getrunken werden.

Tipp

Agresto: ital./Verjus: franz. nennt man den grünen Saft unreifer Weintrauben, den man wie Zitronensaft zum Würzen kalter und warmer Speisen verwenden kann.

V

Vogelbeere

Sorbus aucuparia

Ebereschenbeere, Elsbeere, Judenkirsche, Mountain-ash: engl., Oxel: schwed., Rowan: engl., Schwedische Hagebutte, Serbal de cazadores: span., Serbo selvatico: ital., Sorbier: franz., Vogelkirsche

Allgemeines, Herkunft, Geschichtliche Bedeutung

Der Vogelbeerbaum ist ein in Nord-Europa heimischer, weißblühender Alleen- und Parkbaum, der bis zu 80 Jahre alt und ca. 15m hoch werden kann. Auch in Nordamerika und Westasien wird dieser zu den Rosengewächsen (Rosaceae) zählende Baum angebaut, dessen Beeren erst nach frostigen Nächten geerntet werden, weil sie dann milder und weniger bitter schmecken. Da dieser Baum bei Vögeln sehr beliebt ist und früher auch dem Anlocken und Fangen von Federvieh diente, erhielt er den volkstümlichen Namen „Vogelbeerbaum".

Nordische Zitrone/Zitrone des Nordens nannte man die Vogelbeere im zweiten Weltkrieg wegen ihres hohen Vitamin-C-Gehalts.

Aussehen

Der Vogelbeerbaum hat fein gefiederte, gesägte Blätter und Schirmtrauben mit korallenroten, erbsengroßen Beeren.

Geschmack

Frische Vogelbeeren schmecken sehr sauer, herb und extrem bitter. Die Blüten duften unangenehm.

Sorten

Drosselbeeren nennt man gelbfrüchtige Vogelbeeren.

Mährische Eberesche: Sorbus aucuparia var. edulis: lat./Haus-Vogelbeere/ Speierling/Sperberbaum/Süße Eberesche/Zahme Eberesche. Dies ist eine seit 1810 im Altvatergebirge kultivierte, wärmeliebende Vogelbeerbaum-Sorte mit großen, rotgelben, birnen- oder apfelähnlichen Früchten, gefiederten Blättern und einer rissigen Borke. Sie schmeckt angenehm mild, himbeerartig und weniger bitter als die o.a. wilde Sorte. Außerdem wächst sie schmaler, gemächlicher und gleichmäßiger als die wilde Vogelbeere. Sie wird bis zu 20 m hoch, kann bis zu 600 Jahre alt werden und liefert das härteste Holz in Mitteleuropa.

Schmerbirne nennt man die Frucht der Mährischen Eberesche, wenn sie birnenförmig aussieht.

Spierapfel nennt man die Frucht der Mährischen Eberesche, wenn sie apfelförmig aussieht.

Hauptinhaltsstoffe

Bernsteinsäure, Catechin-Gerbstoffe, Fruchtsäure, 13% Gesamtzucker, etherische Öle, Parasorbinsäure, Pektin, Provitamin A, Sorbinsäure, Sorbit (Zuckerersatz für Diabetiker), Vitamin C (60-300 mg%).

Verwendung, Zubereitung

Vogelbeeren sollten wegen des Blausäuregehalts ihrer Samen grundsätzlich nicht roh verzehrt werden! Sie werden deshalb meist, nachdem sie von den Rispen gezupft wurden, zu Fruchtmark, Gelee, Kompott oder Marmelade verarbeitet, wobei sich auch ihre Bitterstoffe verflüchtigen. Vogelbeer-Fruchtmark kann man auch zur Anreicherung anderer Fruchtzubereitungen verwenden (z.B. Äpfel-, Birnen-, Hagebutten-, Kürbis- und Quittenmarmelade).

Lagerung

Wegen des schnellen Vitaminverlusts sollten Vogelbeeren sofort nach der Ernte verarbeitet werden.

Volksmedizinische Bedeutung

Zubereitungen von getrockneten Vogelbeeren wirken bakterien- und entzündungshemmend, blutreinigend, harntreibend, hustenstillend und werden deshalb auch arzneilich verordnet. In hoher Dosierung kommt es jedoch zu einer Reizung der Schleimhaut und des Verdauungstraktes. Gekochte Vogelbeeren haben eine stopfende Wirkung bei Durchfall. Tee aus den Vogelbeer-Blüten hilft bei Darmproblemen. Ein Likör aus Vogelbeeren empfiehlt sich bei Magengrummeln.

Tipp

Alisier heißt ein 40%iger französischer Ebereschen-Brand aus den Vogesen.

Rubinowaja heißt eine russische Wodka-Sorte, die mit Ebereschenbeeren aromatisiert wird.

W

Walnuss

Juglans regia

Baumnuss: schweiz., Escuerno: span., Gheriglio: ital., Noce: ital., Noix: franz., Noyer, Nuéz: span., Nuss, Segensnuss, Valnött: norw., Walnoot: niederl., Walnut: engl., Welsche Nuss, Welschnuss

Allgemeines, Herkunft, Geschichtliche Bedeutung

Angesichts archäologischer Funde weiß man zwar, dass Walnüsse schon seit mehreren tausend Jahren in Europa und Asien verbreitet sind, ihre eigentliche Herkunft soll jedoch in Persien liegen. Römische Legionäre brachten die Walnuss nach Deutschland, wo ihr heilende und magische Kräfte zugeschrieben wurden. Die alten Griechen sahen in der Walnuss sogar eine göttliche Speise, die in allen Liebesdingen erfolgversprechend eingesetzt werden konnte.

Der Walnussbaum wird bis zu 30 m hoch und über 300 Jahre alt; er mag jedoch keine direkte Nachbarschaft. Früher stand fast auf jedem Bauernhof ein Walnussbaum, weil die scharfen Gerbstoffe seiner stark duftenden Blätter angeblich das Vieh gegen Stechmücken schützten.

Anbaugebiete dieses Walnussgewächses (Juglandceae), findet man in China, Frankreich, Indien, Italien, Kalifornien (größter Walnussproduzent der Welt), in den Mittelmeerländern, in Südamerika und in der Türkei.

Nach der Ernte im Herbst müssen Walnüsse sofort gut getrocknet werden, da sie sonst schnell schimmelig werden. Beim Trocknen verlieren Walnüsse etwa die Hälfte ihres Gewichts. Importierte Walnüsse sind gewöhnlich chemisch geduscht, gebleicht und geschwefelt. Deutsche und italienische Nüsse sind dagegen unbehandelt. Unbehandelte, also ungeschwefelte Ware wird als „naturell" bezeichnet.

Walnüsse erhielten ihren Namen durch die Veränderung des alten Wortes „Welsch" - sie kommen aus dem „Welschland", also z.B Frankreich und Italien.

Aussehen

Die Walnuss besteht aus drei Teilen: Der grünen Schale, der harten, zweiteiligen, holzigen Schale und dem Kern, der von einem bitter schmekkenden Häutchen umgeben ist. Den Blütenstand der Walnuss nennt man „Kätzchen".

Geschmack

Walnüsse schmecken mild, nussartig und leicht süßlich.

Sorten

Butternuss: Juglans cinerea: lat. heißt eine zwar wohlschmeckende, allerdings sehr stark mit der Schale verwachsene Walnuss-Sorte.

Frischnüsse/Grüne Walnüsse/Schälnüsse nennt man frische, unreif geerntete Walnüsse, die man in manchen Weinbaugebieten als Spezialität zum Wein und Brotgebäck anbietet. Vor dem Verzehr muss man allerdings noch das helle, bittere Häutchen entfernen.

Grenobler heißt eine mittelgroße, französische Walnuss-Sorte von begehrter Qualität.

Japanische Walnuss: Juglans ailantifolia: lat. heißt eine japanische Walnuss-Sorte, die meist nur auf exotischen Märkten vertreten ist.

Kalifornien heißt eine dünnschalige, große, preiswerte amerikanische Walnuss-Sorte von guter Qualität.

Kriebelnuss nennt man eine Walnuss-Sorte von geringer Größe.

Papiernüsse/Meisennüsse nennt man eine Walnuss-Sorte mit papier-dünner Schale.

Schwarze Nüsse sind eine Spezialität im Saarland. Es handelt sich dabei um unreife Walnüsse, mit einer noch weichen grünen Schale, die zuerst gedämpft und dann in eine Marinade aus Essig, schwarzem Pfeffer und Karamel eingelegt werden, wobei sie sich dunkel färben. In Scheiben geschnitten werden sie zu Wein, Käse oder zu kaltem Fleisch gegessen.

Sorrento-Nuss nennt man eine italienische Walnuss-Sorte. Sie ist eher klein, aber vollkernig und von edelster Qualität.

Walnusskerne werden wie folgt gehandelt:

Als *Arlequins* mit dunklen Kernen,
als *Cerneaux* mit hellen Kernen und
als *Invalides* mit zerbrochenen Kernen.

Hauptinhaltsstoffe

Ballaststoffe, Bitterstoff, Calcium, kein Cholesterin, Cholin, Eisen, 62% Fett, davon 40,9% mehrfach ungesättigt (so viel hat ansonsten nur noch besonders hochwertiges Olivenöl!), Fluor, Folsäure, Gerbstoff, Inosit, Jod, Kalium, Kupfer, Lecithin, Linol- und Linolensäure, Magnesium, Mangan, wenig Natrium, etherische Öle, Phosphor, wertvolle Proteine, Provitamin A, Vitamin B 1, B 2, B 5, B 6, Vitamin C (nur in frischen Nüssen) und E (Spitzenwert), Vitamin K, Zink.

Verwendung, Zubereitung

Walnusskerne werden im Ganzen oder gemahlen verwendet z.B. für Süßspeisen, in der Patisserie, als Garnitur in der kalten Küche, für exclusive Salate, als Beilage zu Käse, zu Vollwertkost (Müsli), für die Herstellung von Walnussöl (eine der besten und teuersten Würzen für Salate), gebrüht und gezuckert als Dessert oder mit Vanillestange gekocht als Kompott.

Walnüsse bekommt man ganz leicht aus der Schale, wenn man sie vor dem Knacken kurz in eine Schüssel mit Wasser legt und dann 24 Stunden auf die Heizung stellt.

Kratzer in dunklem Holz können durch Einreiben mit einer Walnuss eingefärbt werden - anschließend polieren.

Wenn man das frische Laub von Walnuss-Blättern in den Kleiderschrank legt, so hält dies Motten fern, ohne dass die Kleidung den Geruch annimmt.

Lagerung

Getrocknete Walnüsse sind normalerweise bis zu einem Jahr haltbar. Da Walnüsse sehr geruchsempfindlich sind, sollten sie von anderen aromatischen Lebensmitteln getrennt aufbewahrt werden.

Volksmedizinische Bedeutung

Walnüsse gehören zu den Lebensmitteln mit besonders hohem Gesundheitswert und einer beachtlichen Heilmittelwirkung. Wegen ihres geringen Natriumgehalts sind sie auch diätetisch sehr wertvoll. Die kalorienreichen Walnüsse haben auch eine cholesterinsenkende und nervenstärkende Wirkung, da sie beruhigende Bio-Stoffe enthalten. Das in den Walnüssen enthaltene Vitamin E schützt die roten Blutkörperchen und ist ein guter Schutz gegen Umweltgifte (insbesondere für Raucher).

Eine Studie an der Cleveland-Universität (USA) beweist, dass Walnüsse dank ihres hohen Vitamin-B-6-Gehalts auch vor Herzinfarkt und Schlaganfall schützen. Dieses Herzschutz-Vitamin kommt zwar auch in Vollkornprodukten und Leber vor, diese Lebensmittel sind jedoch im Gegensatz zu den Nüssen roh nicht ge-

nießbar. Beim Braten, Kochen oder Rösten gehen 45% dieses hochwertigen Vitamins verloren.
Dem deutschen Chemiker Dr. H. Muxfeldt gelang es an der amerikanischen Cornell-Universität, mit Hilfe des in grünen Walnussschalen vorhandenen Glykosids Junglon, das Antibiotikum Terramycin synthetisch herzustellen, das eine weit größere Zahl von Krankheitskeimen bekämpft als Penicillin.
Walnussblätter-Tee ist ein wirksames Heilmittel bei Akne, Augeninfektionen, Ekzemen, Gicht, Hals- und Zahnfleischentzündungen, Hämorrhoiden, Magen- und Darmbeschwerden, Rachitis, Stoffwechselerkrankungen und Würmern.

Tipp

Von 3kg Walnüssen mit Schale bleiben nach dem Schälen definitiv nur noch 1kg Kerne übrig.

Wasserkastanie

Eleocharis dulcis

Chinesische Kastanie, Liseron d'eau: franz., Water Chestnut: engl.

Allgemeines, Herkunft, Geschichtliche Bedeutung

Wasserkastanien nennt man die unterirdischen Knollen eines einkeimblättrigen, tropischen Cypergrasgewächses (Cyperaceae), das u.a. in Afrika, China, Hawaii, Hongkong, Japan, Madagaskar, Ostindien und Südamerika in Sümpfen kultiviert wird. Erst wenn die oberirdischen Teile dieser Wasserpflanze abgestorben sind, werden die Knollen geerntet.

Aussehen

Wasserkastanien sind dunkelbraune bis schwarze, rübenartige Knollen mit dünner, harter Schale und knackigem, weißem Fruchtfleisch.

Geschmack

Das angenehm süße Fruchtfleisch der Wasserkastanie hat ein ausgeprägtes, delikates Nussaroma.

Sorten

Chinesische Wassernuss: Trapa natans var. bicornis: lat./Chinesische Wasserkastanie heißt eine Sorte mit zwei gekrümmten Hörnchen, die hauptsächlich in China, Java und Thailand angebaut wird. Die Chinesische Wassernuss wird zwar verwirrenderweise auch als „Wasserkastanie" bezeichnet, sie sollte jedoch nicht mit der o.a. Wasserkastanie verwechselt werden.
Singharanuss: Trapa natans var. bispinosa: lat. heißt eine Wasserkastanien-Sorte mit zwei gekrümmten Hörnchen, die überwiegend in Indien und Ceylon angebaut wird und dort zu den wichtigsten Nahrungsmitteln zählt.
Wassernuss: Trapa natans: latein./ Hornnuss/Waternut: engl. heißt ein dünnschaliges, kastanienähnliches Wassernussgewächs (Trapaceae) mit vier gekrümmten Hörnchen, das in China, Japan und Korea angebaut wird. Wassernüsse werden, da sie giftige Stoffe enthalten, nur gekocht (mindestens 1 Stunde) verzehrt, konserviert oder zur Mehlherstellung verwendet.

Hauptinhaltsstoffe

Hoher Stärkegehalt.

Verwendung, Zubereitung

Wasserkastanien dürfen zwar roh verzehrt werden, meist werden sie jedoch geschält, vom Stielansatz befreit, in Salzwasser gekocht und - in dünne Scheiben geschnitten - als Salat oder zur Dekoration in der Thai- und Chinaküche verwendet.

Tipp

Wasserkastanien in offenen Konserven sollten sofort nach dem Öffnen in Glasgefäße umgefüllt und täglich mit frischem Wasser bedacht werden, weil sie sehr leicht verderblich sind.

Wasserspinat

Kang kong: chin., Patate aquatique: franz., Swamp cabbage: engl., Water spinach: engl.

Allgemeines, Herkunft, Geschichtliche Bedeutung

Schon 300 v. Chr. wurde Wasserspinat in der altchinesischen Literatur erwähnt. Wasserspinat ist eine Sumpfpflanze, die vorwiegend in Teichen, Wassergräben und in nassen Gebieten gedeiht. Größerer Anbau wird in Afrika, Australien, China, Indonesien, Japan, Malaysia, Taiwan, Thailand und Vietnam betrieben.

Aussehen

Es gibt eine Art des Wasserspinats, die nur im Wasser wächst, mit spitzen, länglichen, dunkelgrünen Blättern, und eine andere, die nur auf feuchten Böden gedeiht, mit spitzovalen, hellgrünen, spinatähnlichen Blättern. Beide Sorten haben rosa Blüten.

Geschmack

Wasserspinat schmeckt angenehm mild, spinatähnlich.

Hauptinhaltsstoffe

Besonders hoher Vitamin-C-Gehalt.

Verwendung, Zubereitung

Junge Wasserspinat-Blätter und zarte - Triebe können roh als Salat verzehrt werden; sie werden aber auch zu Suppe und wie Spinat als Gemüse verarbeitet. In den Herkunftsländern wird Wasserspinat auch als Viehfutter verwendet.

Lagerung

Selbst gekühlt lässt sich Wasserspinat nur sehr kurze Zeit lagern.

Volksmedizinische Bedeutung

Wasserspinatgenuss hat eine verdauungsfördernde Wirkung.

Weinblätter

Vitis vinifera

Asma yapragi: türk., Traubenblätter, Grape leaves: engl., Weinlaub

Allgemeines, Herkunft, Geschichtliche Bedeutung

Weinblätter bekommt man frisch im Sommer aus unseren Weinbergen, oder im Supermarkt als Konserve aus Griechenland oder der Türkei.

Aussehen

Weinblätter haben mehrzackige, relativ große, dunkelgrüne Blätter.

Geschmack

Sie schmecken leicht säuerlich.

Hauptinhaltsstoffe

Flavonoide, Gerbstoff, Mineralsalze, organische Säuren, Zucker.

Verwendung, Zubereitung

Junge, frische Weinblätter werden meist in der mittelöstlichen Küche zu Rouladen mit Lamm-Hackfleisch- oder Reisfüllung (als Dolmades) oder mit sonstigen Zutaten gefüllt verarbeitet. Zuvor werden sie entstielt; dann gibt man sie in kaltes Wasser und bringt sie allmählich zum Kochen. Nach ca. 3 Minuten Kochzeit gibt man sie in eiskaltes Wasser und lässt sie auf Papiertüchern abtrocknen.

Weinblätter aus der Dose überbrüht man nur kurz mit kochendheißem Wasser und lässt sie danach gut abtropfen.

Lagerung

Weinblätter lassen sich nur kurze Zeit lagern, da sie leicht vertrocknen.

Volksmedizinische Bedeutung

Ein Extrakt aus rotem Weinlaub (in jeder Apotheke erhältlich) schwemmt Wasser aus dem Körpergewebe, schützt und stärkt die Gefässwände, fördert die Durchblutung und hemmt Entzündungen.

Tipp

Weinblätter gelten auch als beliebtes Dekorationsmaterial und Viehfutter.

Weißkraut

Brassica oleraceae convar. capitata var. alba

Cavolo cappuccio bianco: ital., Chabis: schweiz., Chou blanc: franz., Head cabbage: engl., Kabis: schweiz., Káposzta: ungar., Kappes: rhein., Kappus, Kapusta: poln., russ., tschech., Kölch, Kohl: norddt., Kopfkohl, Kraut: mitteldt., Krauthäuptel: österr., Profosskohl: nieders., Repollo blanco: span., Weisser Kappes: westdt., Weisskabis: schweiz., Weisskohl: norddt., White cabbage: engl., Witte kool: niederl., Zuckerkopf

Allgemeines, Herkunft, Geschichtliche Bedeutung

Der Weißkohl ist, wie alle anderen Kohlsorten, aus dem Meerkohl/Crambe maritima: bot. entstanden, der noch heute wildwachsend an den Mittelmeerküsten und am europäischen Atlantik gedeiht. Er gehört zur Kreuzblütler-Familie (Brassicaceae) Cruciferae und sein Kopf ist botanisch gesehen nur der gestauchte Spross der Pflanze.

Weißkohl war schon bei den Griechen und Römern als Nutz- und Heilpflanze bekannt. Laut Plinius vertreibt ein großes Weißkrautblatt, auf den Kopf gelegt, Kopfschmerz und Katerstimmung. Die Hl. Hildegard von Bingen behauptete, dass rohes Weißkraut schwache Gedärme verwunde und ausgesprochen schädlich sei.

Im Jahr 1891 kam ein Dithmarscher Gutsherr namens Schröder dank seiner Vorliebe für junges Gemüse auf die Idee, aus Weißkraut professionell ein Lieblingsgemüse für jedermann anzubauen. Mit großem Erfolg, denn mittlerweile ist die Gegend rund um Dithmarschen (Schleswig-Holstein), mit über 120 Millionen angebauten Kohlköpfen aller Arten, das größte Kohlanbaugebiet Europas. Jedes Jahr im September wird hier „König Kohl" gefeiert: lukullisch, kohlinarisch, deftig und volkstümlich.

Weißkohl wird in China, Dänemark, Deutschland, England, Frankreich, Griechenland, Japan, Jugoslawien, in den Niederlanden, Polen und in Russland kultiviert. Da es bei maschineller Ernte zu Verletzungen des Kohlkopfes kommen kann, wird Weißkraut bis heute von Hand geerntet.

Wie alle Kohl- und Rübensorten zählt auch der Weißkohl zu den „Starkzehrern", womit Gemüse gemeint sind, die sehr hohe Ansprüche an die Bodenqualität stellen. Da sie dem Boden während ihres Wachstums die ganze Kraft nehmen, muss dieser nach jeder Ernte kräftig gedüngt werden, was sich wiederum durch die damit verbundene Nitratbelastung negativ auf die Pflanze auswirkt. Folglich sollte man beim Einkauf Kohl- oder Rübengemüse vom Bio-Bauern vorziehen.

Aussehen

Frisches Weißkraut hat sehr feste, schwere Köpfe mit zusammengeschlossenen, feingerippten, weißgelbgrünlichen Blättern. „Gummiblätter", also weiche, biegsame Weisskohlblätter sind alt und enthalten kaum noch Nährstoffe. Das Höchstgewicht eines Weißkrautkopfes beträgt 2,5kg. Kleinköpfiger Weißkohl läßt auf eine nachlässige Düngung schließen.

Geschmack

Weißkohl schmeckt knackig, erfrischend und hat einen ausgeprägten, typischen Krautgeschmack.

Sorten

Adventskohl heißt eine frostharte Spitzkohl-Sorte, die im Herbst gepflanzt wird und auf dem Feld überwintert. Adventskohl wird von April bis Juni zum Verkauf angeboten.

Bayerisches Kraut/Bayerischkraut/Bayrischkraut nennt man feingeschnittenen Spitzkohl, der mit Schweineschmalz, Speck-, Apfel- und Zwiebelwürfeln gegart und mit Essig, Salz, Pfeffer und Zucker abgeschmeckt wird.

Filderkraut, nach seinem Anbaugebiet, der fruchtbaren „Filder"- Ebene südöstlich von Stuttgart benannt, ist eine Sommer-Spitzkohlsorte, die zur Sauerkrautherstellung und auch für das berühmte o.a. „Bayrischkraut" verwendet wird.

Futterkohl/Markstammkohl nennt man eine Kohl-Sorte mit viel Blattmasse und einem eiweißhaltigen Stamm, die ausschließlich zu Futterzwecken angebaut wird.

Holsteiner Platter/Platter Dänenkohl/ Flat cabbage: engl. heißt eine plattrunde Weißkraut-Sorte, die vorwiegend in Dänemark und Norddeutschland angebaut wird.

Schlappkraut nennt man in der Pfalz ein Regional-Gericht, das Weißkraut und Schweinebauch beinhaltet.

Spitzkohl: Brassica oleraceae convar. capitata: lat./Herbstweißkohl/Spitzkabis/Spitskool: niederl./Chou pointu: franz./Pointed cabbage: engl. heißt die früheste aller Weißkohl-Sorten. Sie kommt meist aus den Niederlanden oder als „Filderkraut" aus der Gegend um Stuttgart. Es gibt Frühjahrs- und Sommersorten mit spitzer, kegeliger Form, nicht zu festem Kopf und wenig Strunkanteil. Spitzkohl hat eine kürzere Garzeit ist leichter verdaulich, dezenter und wohlschmeckender und feinrippiger als normales Weißkraut. Meist wird er zur Sauerkrautherstellung verwendet. Da sich seine Blätter sehr leicht lösen lassen, eignet er sich auch besonders gut für die Kohlrouladen-/Krautrouladen/Krautwickel: bayr., österr.-Herstellung.

White cabbage sprouts nennt man kleine, dem Rosenkohl ähnliche Weißkrautköpfchen mit einer gerade beginnenden, losen Kopfbildung, die in den Tropen angebaut werden.

Zierkohl: Die Idee, Kohl als Zierpflanze anzubauen, hatten zuerst die Japaner. Es gibt eine Vielzahl von Zierkohl-Sorten mit glatten, gekrausten oder gewellten Blättern und in zahllosen Farbvarianten. Die schönen Farben, die mit zunehmendem Alter intensiver werden, kommen zustande, weil die Blätter neben dem grünen Chlorophyll auch den Farbstoff „Anthocyan" enthalten. Je tiefer die Temperaturen fallen, um so farbenprächtiger wird der Zierkohl, der übrigens auch essbar ist, wenig Dünger braucht, jedoch sehr ‚durstig' ist.

Hauptinhaltsstoffe

Ascorbigen, Ballaststoffe Calcium, Eisen, Folsäure, Jod, Kalium (vor allem in den Außenblättern), Magnesium, Methyl - Methioninsulfoniumbromid, Natrium, Phosphor, Provitamin A, Senföle, Vitamin B 1, B 2, B 3, C, K, Zink, Zucker. Weißkraut hat den höchsten Vitamin-C-Gehalt aller Kohlsorten.

Verwendung, Zubereitung

Weißkohl wird gekocht oder geschmort zu Eintopf, Gemüse, Rouladen, Salat, Sauerkraut oder Suppe verarbeitet (ca. 60% der Weißkohlernte werden zu Sauerkraut verarbeitet).

Wenn man dem Weißkraut beim Kochen eine Brotrinde beifügt und nach dem Garen wieder entfernt, wird das Gemüse bekömmlicher, und außerdem wird der strenge Kohlgeruch gemindert. Leichter verträglich wird Weißkohl auch durch Kümmelzusatz.

Weißkraut weist in den Strünken, Außenblättern und großen Blattrippen hohe Nitratwerte auf, die sich im Körper in gefährliche krebserregende Nitrite umwandeln können. Deshalb sollten vor der Zubereitung Strünke,

Außenblätter und große Blattrippen unbedingt entfernt werden!
Eine Besonderheit aller Kohlkopfarten ist, dass erst beim Kochen ihr wertvolles Vitamin C freigesetzt wird.

Lagerung

Gekühlt ist Weißkraut bis zu zwei Wochen lagerbar. Weißkraut sollte sorgfältig behandelt werden, denn jeder Schlag verursacht Wunden, die Infektionsherde bilden und den Verderb beschleunigen. Wie alle Kohlsorten darf auch Weißkohl nicht zusammen mit Obst gelagert werden, da er sonst schneller reift, rascher fault und die Blätter schneller vergilben.

Volksmedizinische Bedeutung

Weißkraut hat eine blutbildende, cholesterinsenkende, entwässernde, entzündungshemmende und stoffwechselanregende Wirkung.
Weißkraut enthält auch einen Stoff, der eine brustkrebsauslösende Form von Östrogen abbaut.
Die im Weißkraut enthaltenen Ballaststoffe sorgen für ein angenehmes, lange anhaltendes Sättigungsgefühl. Da Weißkraut eine stark blähende Wirkung hat, ist es für Magen- und Darmkranke ungeeignet.
Senföle, die besonders in rohem Weißkraut enthalten sind, haben eine entgiftende Wirkung bei Leber-, Lungen- und Nierenleiden und töten krebsauslösende Nitrosamine ab.
Bei Verlust der Stimme hilft ein Kohlblatt, das man im Mund behält und kaut und von dem man nur den Saft hinunterschluckt. Entzündungen, Wunden, Geschwüre und Blutergüsse werden mit warmen Auflagen von zerquetschten Weißkohlblättern behandelt – die dicken Rippen der Blätter entfernt man zuvor.

Tipp

Einem alten Volksglauben zufolge soll Weißkohl besser gedeihen, wenn Frauen, die nur mit einem langen Hemd bekleidet sind, am 24. Juni auf dem Weißkohl-Acker umherlaufen.

Weizen

Triticum aestivum

Blé: franz., Brotweizen, Grano: ital., Trigo: span., Weichweizen, Weiten, Wetten, Wheat: engl., Woatz

Allgemeines, Herkunft, Geschichtliche Bedeutung

Der Weizen ist eine Süßgrasart (Poaceae), die schon 9000 v. Chr. in Mesopotamien bekannt war. Er ist aus Kreuzungen der Urformen Einkorn/Blicken/Triticum monococcum: bot., Emmer/Sommerspelt/Triticum dicoccum: bot./Zweikorn und Dinkel entstanden ist. Heute ist der Weizen die glutenreichste und wichtigste Getreidesorte der Welt.
Das Wort „Weizen" stammt vom Mittelhochdeutschen „weize" (der Weiße) ab.

Aussehen

Weizen wird bis zu 1,50 m hoch.

Geschmack

Körnig, nussig.

Sorten

Ägyptischer Urweizen/Kamut. Schon vor 6000 Jahren war der Kamut in Ägypten bekannt. Kamut (ägyptisch: „goldenes Korn") ist eine unempfindliche Weizensorte, die auch gegen Krankheitserreger resistent ist. Lange Grannen und eine doppel-S-förmige Biegung vor der Ähre charakterisieren diese leicht bekömmliche Weizensorte, die herzhaft mild schmeckt und über einen sehr hohen Proteingehalt verfügt. Nudeln, die mit Kamutmehl zubereitet werden, benötigen keinen Eizusatz, da die Qualität des Klebereiweißes sehr hochwertig ist. Der wichtigste Vorteil des Kamut ist, dass ihn auch Weizenallergiker (Menschen, die an der Krankheit „Zölliakie" bzw. „Sprue"' leiden) verzehren dürfen.

Durumweizen: Triticum durum: lat./ Hartweizen heißt eine wertvolle Körnerfrucht, die meist in Italien und Spanien angebaut wird und 30% mehr Carotin enthält als der normale Weichweizen. Ein Drittel der Ernte wird zu bernsteinfarbenem Grieß, zwei Drittel zur Nudelherstellung verwendet. Diese Nudeln können ohne Eierzusatz bereitet werden, da der Klebergehalt von Hartweizengrieß sehr hoch ist.

Triticale heißt eine neue Getreidezuchtform, die aus einer Kreuzung von Weizen und Roggen entstanden ist. Mit dieser Neuzüchtung will man eine höhere Frostresistenz als beim Weizen, eine höhere Krankheitsresistenz und einen höheren Eiweißgehalt erreichen.

Hauptinhaltsstoffe

Beta-Karotin, Calcium, Eiweiß, Mangnesium, Panthotensäure, B-Vitamine, Vitamin E.

Verwendung, Zubereitung

Aus Weizen wird das hochwertigste Brot- und Backmehl: das Weizenmehl/Weißmehl gefertigt. Aber auch zur Graupen-, Stärke-, Weizenkleie- und Schrotherstellung wird er verwendet.

Weizenstärke nennt man Weizenmehl, dem der Kleber entzogen wurde.

Aus Weizenkeimen wird hochwertiges Weizenkeimöl gewonnen.

Einbrenne/Einmach/Mehlschwitze/Roux: franz./Schwitzmehl nennt man eine heiß angerührte Mischung aus Weizenmehl und Butter oder Margarine im Verhältnis 1:1.

Klares Mehl nennt man Weizenmehl, das mit kaltem Wasser angerührt, dem Andicken von Suppen oder Saucen dient.

Kleie nennt man die Hüllen von Weizenkörnern, die beim Mahlen entstehen.

Mehlbutter/Beurre manié: franz. nennt man eine kalt vermengte Mischung aus Weizenmehl und halbfester Butter.

Musmehl nennt man grob gemahlenes Mehl.

Mutschelmehl/Weckmehl sagt man in Süddeutschland zu Paniermehl.

Roux blond: franz. nennt man im Fachjargon eine Mehlschwitze, die so lange erhitzt und gerührt wird, bis sie blond wird.

Roux brun: franz. nennt man im Fachjargon eine Mehlschwitze, die so lange erhitzt und gerührt wird, bis sie braun wird.

Volksmedizinische Bedeutung

Weizen liefert die meisten Nerven-Vitamine, ist die beste Stressbremse und stärkt das Immunsystem. Weizenkeimöl hilft bei trockener, faltiger Haut.

Tipp

Tapeten reinigt man mit warm angerührter Weizenkleie, indem man diese auf ein Tuch aufträgt und die Tapete strichweise damit abreibt.

Wirsing

Brassica oleraceae convar. capitata var. sabauda

Börschkohl, Börskohl, Cavolo di Milano: ital., Cavolo verza: ital., Chou de Milan: franz., Chou de Savoie: franz., Chou frisé: franz., Herzkohl, Kapuste: böhm., österr., Kohl: süddt., österr., Kraut: süddt., österr., Kurumb: arab., Lahana: türk., Mailänder Kohl, Pörschkohl, Repollo blanco crespo: span., Savoy cabbage: engl., Savoye kool: niederl., Savoyerkohl, Sommerkohl, Wärsching: pfälz., Welschkohl, Welschkraut, Wersich, Wirsching, Wirsingkohl, Wirsingkraut, Wirz: schweiz.

Allgemeines, Herkunft, Geschichtliche Bedeutung

Wie der Weißkohl ist auch der Wirsing aus dem Meerkohl/Crambe maritima: bot. entstanden, der noch heute an den Mittelmeerküsten und am europäischen Atlantik gedeiht. Erster Wirsinganbau war dann auch in Oberitalien – daher auch sein Name „Welschkohl"/„Welschkraut", denn das sogenannte „Welschland" befand sich in Frankreich und Italien. In Deutschland ist der Wirsing erst seit dem 18. Jahrhundert bekannt.

Große Wirsing-Anbaugebiete findet man in Deutschland, England, Frankreich, Italien, in den Niederlanden, Österreich, Polen und in Russland.

Aussehen

Je nach Sorte hat der Wirsing mehr oder weniger gekrauste, grün-gelbe, sich zu einem lockeren Kopf zusammenschließende Blätter. Wirsing hat den Frischetest nur dann bestanden, wenn die Blätter knackig sind und sich brechen lassen; gummiartige Blätter sind zu alt. Eine alte Regel besagt, dass Wirsing beim Schütteln „rasseln" muss - folglich sollte Wirsing immer mit dem Ohr und nicht mit dem Auge gekauft werden!

Grünvioletter Wirsing ist eine seltene Wirsingart, die nur um Verona/Italien angebaut wird. Kleinköpfiger Wirsing läßt auf eine nachlässige Düngung schließen.

Geschmack

Wirsing hat einen kräftigen, würzigen, milden und angenehmen Kohlgeschmack.

Sorten

Adventswirsing heißt eine besonders winterharte Wirsing-Sorte, die im Herbst gepflanzt und von Mai - Juni geerntet wird. Der Name „Advent" deutet auf den Sortennamen hin und nicht, wie man annehmen könnte, auf die Jahreszeit, in der er geerntet oder gepflanzt wird.

Frühjahrswirsing/Sommerwirsing ist mild und zart, mit lockeren, grünen, mäßig krausen, geöffneten Köpfen und zartem Herz. Er ist nicht lange lagerfähig und benötigt nur eine kurze Garzeit. Ab Mai ist er im Handel.

Herbstwirsing/Dauerwirsing/ Lagerwirsing hat einen schweren, geschlossenen Kopf mit großen, abstehenden, gelbgrünen Umblättern und einem starken Kohlgeschmack. Er ist längere Zeit lagerfähig und ab Spätsommer auf dem Markt.

Maiwirsing nennt man eine winterharte Wirsing-Sorte aus dem Überwinterungsanbau, der im Mai geerntet wird.

Marcellinerkohl/Winterwirsing heißt eine gelbblättrige, kleinköpfige Wirsing-Sorte mit kernigem, kräftigem Aroma, die erst nach dem ersten Frost geerntet wird.

Hauptinhaltsstoffe

Calcium, viel Eisen, Enzyme, Folsäure, kaliumreich (besonders in den Außenblättern), Magnesium, natriumarm, Phosphor, Provitamin A, Senföle, Vitamin B 1, B 2, B 3, B 6, C und E, Zink. Schon 100g Wirsing decken den Tagesbedarf an Vitamin C.

Verwendung, Zubereitung

Blanchiert, gedünstet oder geschmort wird Wirsing meist zu Gemüse, Suppe oder gefüllt als Roulade verarbeitet. Wirsing sollte schonend gegart werden, da seine Blätter sehr hitzeempfindlich und viel schneller gar sind, als die von Rot- oder Weißkohl.

Aufdringlichen Kohlgeruch, der beim Wirsing-Kochen entsteht, kann man lindern, indem man dem Kochwasser einen Schuss Essig oder eine Scheibe Graubrot zugibt. Jungen, leichtköpfigen Wirsing kann man auch roh zu Salat bereiten.

Lagerung
Im Kühlschrank lässt sich Wirsing ca. 1 Woche aufbewahren. Wie alle Kohlsorten darf auch Wirsing nicht zusammen mit Obst gelagert werden, da er sonst schneller reift, rascher fault und die Blätter schneller vergilben.

Volksmedizinische Bedeutung
Wirsing entwässert und schleust Gift- und Schlackestoffe aus dem Darm. Er hemmt auch die Entstehung von Krebs, stärkt Herz und Immunsystem und schützt vor Arteriosklerose und Infektionen.

Psychische Störungen wie Hysterie und nervöse Spannungen behandelt man mit Wirsing-Wadenwickeln. Bei Kopfschmerzen und „Katerstimmung" empfiehlt es sich, Wirsing-Wasserdampf zu inhalieren.

Mit warmen Wirsingwickeln kann man giftige Substanzen aus dem Körper ziehen: Zuerst erwärmt man glattgewalzte Wirsingblätter auf der Herdplatte, nachdem man die Strünke und Rispen entfernt hat. Danach legt man diese Blätter – am besten über Nacht – auf die erkrankte Hautpartie. Ein Zeichen der Heilung ist die Verfärbung der Blätter. Anzuwenden ist dies bei Blässe, Blutergüssen, Ekzemen, Epilepsie, Erkältungen, Hirnhautentzündung, Masern, Migräne, Rheuma, Röteln, Tumoren, Verbrennungen, Verletzungen u.v.m. Auch innere Entzündungen wie Blasen- und Nierenentzündungen, Magenschleimhaut- und Leberentzündungen erfahren so eine rasche Linderung.

Tipp
Der Wirsing gilt als bester Magnesiumspender des Winters.

Y

Yam

Dioscorea sp.

Brotwurzel, Bulbenyam, Igname: franz. und ital., Ignamenbatate, Jams, Jamswurzel, Name: span., Yame: span., Yams: engl., Yamswurz, Yamswurzel

Allgemeines, Herkunft, Geschichtliche Bedeutung

Die Yam ist eine knollenbildende, bis zu 100kg schwer werdende Kletterpflanze, deren Heimat in Afrika liegt, wo sie - wie bei uns die Kartoffel - zu den wichtigsten Grundnahrungsmitteln gezählt wird. Yamswurzelgewächse (Dioscoreaceae) werden außer in Afrika (95%), auch noch in Amerika, Asien, Brasilien, Guatemala, Indien, in der Karibik und in Mexiko angebaut.

Der Name „Yam" leitet sich vom senegalesischen „Nyami" ab, was „essen" bedeutet.

Aussehen

Yams sind batateähnliche Knollen, die sehr unterschiedlich in Form, Farbe und Größe sein können. Die rauhe und poröse Schale kann rötlich grau-braun, hell- oder dunkelfarben sein. Ihr Fruchtfleisch ist meist weiß bis gelblich, seltener rötlich.

Die Yam ist nicht mit Bataten, Maniok, Sauerkleeknollen, Tannias und Taros zu verwechseln, die fälschlicherweise oft bei uns auch als „Yam" verkauft werden.

Geschmack

Die Yam hat einen kartoffelähnlichen, mehligen Geschmack, der je nach Sorte leicht süßlich oder bitter sein kann.

Sorten

Asiatischer Yam/Bitterer Yam/Chinesische Kartoffel/Chinesischer Yam/Gelber Yam/Weisser Yam kommt aus Ostasien und hat ganz weißes Fruchtfleisch. Er hat eine besonders kleine, wohlschmeckende, dunkelbraune, batatenähnliche Knolle mit rindenähnlicher Schale und wird wie Kartoffeln zubereitet.

Cush-Cush-Yam heißt eine Yam-Sorte mit spindelförmigen, dunkelgrauen, wohlschmeckenden Knollen, die in Südamerika und auf den karibischen Inseln kultiviert wird.

Elefantenfuss/Hottentottenbrot/Schildkrötenpflanze heißt eine südafrikanische Yam-Sorte mit sehr stärkereichen, essbaren Knollen, die bis zu 100kg schwer werden können.

Japanischer Yam/Yamatoimo: jap. heißt eine weißfleischige und glatthäutige Yam-Sorte aus Japan, die meist gerieben verarbeitet wird.

Kartoffelyam nennt man eine Yam-Sorte mit bis zu 40cm lang werdenden Knollen, die zwar in den Tropen Afrikas, Chinas, Japans, Koreas und Taiwans kultiviert wird, gelegentlich aber auch unseren europäischen Hobbygärtnern zum Anbau angeboten wird. Ihr Fruchtfleisch verfärbt sich beim Kochen unansehnlich, hat eine pappige Konsistenz und schmeckt zudem auch noch bitter.

Wasseryam/Grosser Yam heißt die am weitesten verbreitete Yam-Sorte aus Südostasien. Sie wird bis 60kg schwer und hat weißes bis gelbliches, selten rötliches Fleisch.

Hauptinhaltsstoffe

Alkaloide, Calcium, Eisen, relativ hoher Kaliumgehalt, 24% Kohlenhydratgehalt, viel Provitamin A, Saponine, 22% Stärke- und Klebergehalt, Tannine, sehr Vitamin-C-reich.

Verwendung, Zubereitung

Yamsknollen werden meist wie Kartoffeln geschält und gekocht. Sie werden aber auch, nachdem man sie mit Salz, Pfeffer und Zitronensaft gewürzt hat, wie Bratkartoffeln gebraten, in Alufolie gebacken oder zu Aufläufen verwendet.

Lagerung

Yams lassen sich bis zu 4 Monate aufbewahren.

Volksmedizinische Bedeutung

Schon seit altersher wird die Yam-Wurzel in den Anbauländern bei Menstruationskrämpfen, schmerzhaften Erkrankungen der Harnwege und zur Verhütung von Fehlgeburten eingesetzt. Auch bei Blähungen, Katarrhen, Koliken, Neuralgien und mangelhafter Durchblutung wird die krampflösende und entwässernde Wurzel eingesetzt.

Tipp

Die allerersten hormonellen Substanzen für die Anti-Baby-Pille wurden übrigens aus der Yam isoliert.

Z

Zichorie

Cichorium intybus var. foliosum

Achicoria: span., Armersünderblume, Blaue Sonnenwende, Blauer Sommerwirbel, Chicorée: franz., Chicorie: engl., Cicorino: ital., Gemeine Wegwarte, Hans am Weg, Kaffeewurzen, Kichorion: griech., Schlempekraut, Sonnenbraut, Sonnenkraut, Sonnenwedel, Sonnenwende, Wegleuchte, Wegwarte, Wilde Zichorie

Allgemeines, Herkunft, Geschichtliche Bedeutung

Die Zichorie stammt ursprünglich aus Ostindien. Schon im Altertum war die Zichorie den alten Griechen, Ägyptern, Persern und Römern als Heil- und Gemüsepflanze bekannt; bei uns kennt man sie erst seit dem Mittelalter. Plinius behauptete sogar, dass man die Liebe jeder Person, die man mit der Wegwarte berührte, erlange. Der Sage nach ist die Zichorie eine verwunschene Braut, die auf die Rückkehr ihres Liebsten aus dem Krieg wartet und am Wegesrand vergeblich nach ihm Ausschau hält. Die vermeintlichen Wunderkräfte der Zichorie können jedoch angeblich nur wirksam werden, wenn man sie ehrfurchtsvoll und schweigend am Peterstag, dem 29.6., mit einem Geldstück oder Hirschgeweih ausgräbt, ohne sie mit der Hand zu berühren.

Die Zichorie wächst in Europa, Nordafrika, im Orient, in Sibirien und Vorderasien. Sie gehört zur Familie der Korbblütler/Asteraceae (Compositae) und ist mit Lattich, Endivie, Chicorée, Radicchio, Schwarzwurzel und Löwenzahn verwandt.

Faule Gretel wird die Zichorie auch genannt, weil sich ihre Blüten bei Sonnenschein um 6.00 Uhr morgens öffnen, sich um 12.00 Uhr mittags schon wieder schließen und bei wolkenverhangenem Himmel ganz geschlossen bleiben.

Aussehen

Die Zichorie ist eine kleine Pflanze mit strahlenförmigen, himmelblauen Blüten, stark verästelten, hohlen Stängeln, kleinen, rauhhaarigen Blättchen und einer tiefreichenden, kräftigen Pfahlwurzel.

Geschmack

Bitter.

Sorten

Bart eines Kapuzinermönchs/Kapuzinerbart/Barbe de capucine: französ./Capuchin's beard: engl. Bei dieser italienischen Zuchtform der Zichorie sind die Blattränder rot-violett und gehen zur Spitze hin in ein helles Grün über. Sie schmecken zwar ziemlich bitter, aber dennoch erfrischend.

Blattzichorie/Catalogna/Chicorée á feuilles: franz./Chicorée italienne: franz./Large leaved chicory: engl. heißt diese besonders widerstandsfähige, 60cm lange, schmale italienische Zichorienart mit eingeschnittenen, dunkelgrünen, bitter schmeckenden Blättern, die einer großen Löwenzahnpflanze ähnelt und mittlerweile auch in Frankreich und Spanien angebaut wird. Blattzichorien werden meist zu Mischsalat und Gemüse verarbeitet, nachdem man sie zuvor blanchiert, in Streifen geschnitten und dann in heißem Öl mit etwas Knoblauch gedämpft hat, weil sich dadurch ihre extrem starken Bitterstoffe verflüchtigen.

Catalogna di Galatina heißt eine Blattzichorienart mit bizarren, sehr stark eingekerbten Sprossen, die im Winter heranwachsen und roh oder gekocht verzehrt werden können.

Wurzelzichorie/Kaffeezichorie nennt man seit dem 17. Jahrhundert eine Weiterentwicklung der wilden Zichorie mit verdickter, graubrauner Wurzel, die früher getrocknet und gemahlen der Herstellung von Kaffee-Ersatzkaffee/Zusatzkaffee/Blümchenkaffee/Muckefuck/Preussenkaffee/Lindes diente. Friedrich der Große ließ rund um Berlin, Breslau und Magdeburg „Preussenkaffee" anbauen, weil der echte Türkentrank zu teuer war, und bereits 1790 betrieben Braunschweiger und Magdeburger Kaufleute damit einen schwungvollen Handel.
Der Name „Muckefuck" geht übrigens auf die hugenottischen Einwanderer zurück: sie prägten damals den Begriff „mocca faux" (falscher Kaffee), mit dessen verballhornter Version „Muckefuck" man noch heute einen sehr dünnen Kaffee bezeichnet.

Hauptinhaltsstoffe

In der Wurzel sind Calcium, Cholin, Eisen, Gerbstoffe, Intybin, Inulin, Kalium, Kupfer, Lactucerol enthalten. Die Blüte enthält Zichoriin.

Verwendung, Zubereitung

Frische, junge Zichorien-Blätter kann man zu Salat oder Gemüse verarbeiten. Auch in der bekannten „Neunkräutersuppe", die traditionell am Gründonnerstag gegessen wird, um Kraft für kommende Zeiten zu holen, und im geweihten Kräuterbüschel an Maria Himmelfahrt darf die Wegwarte nicht fehlen.
Falsche Kapern/Kapernersatz kann man aus den Blütenknospen der Zichorie herstellen, indem man sie in Essig und Salz mariniert.

Lagerung

Da die Zichorie schnell verdirbt, sollte man sie sofort nach der Ernte verarbeiten.

Volksmedizinische Bedeutung

Zichoriengenuss wirkt anregend, antibakteriell, blutreinigend, entzündungshemmend, heilend, und kräftigend. Die Wegwarte soll auch Herzjagen, Herzrhythmusstörungen und Herzflimmern lindern. Muckefuck regt extrem die Leberzellen an.

Tipp

Wenn man das Mehl der Zichorienwurzel mit koffeinhaltigem Kaffeepulver vermischt und daraus Kaffee kocht, wird die Wirksamkeit des Koffeins neutralisiert.

Zitronatzitrone

Citrus medica var. ethrog

Cedra: span., Cedrat: engl., Cédrat: franz., Cedratzitrone, Cedro: ital., span., Cidra: span., Citronatcitrone, Citron: engl., Essrich, Ethrog-Zitrone, Sukratsitron: norw., Surade: niederl., Zeder, Zedratzitrone

Allgemeines, Herkunft, Geschichtliche Bedeutung

Die Zitronatzitrone kommt ursprünglich aus China und gilt als die Stammfrucht aller Zitrusfrüchte. Als erste Zitrusfrucht wurde sie um 300 v. Chr. von Alexander dem Großen nach Europa gebracht. Der römische Schriftsteller Plinius empfahl die Zitronatzitrone als Medikament gegen allgemeine Mattigkeit.
Die größten Anbaugebiete des Cedratbaumes, einem Rautengewächs (Rutaceae), das man dreimal jährlich beernten kann, liegen in Griechenland, Indien, Italien, Kalifornien, Nordafrika, Spanien und Nord- und Südamerika.

Aussehen

Zitronatzitronen sind bis zu 25cm lange und bis zu 2kg schwere, kopfgroße, zitronenartige Früchte mit dicker, warzig-runzliger, duftender, schwammiger Schale und wenig Fruchtfleisch.

Geschmack

Die Frucht schmeckt süß-sauer, jedoch nicht so sauer wie die Zitrone.

Sorten

Buddha's Hand: engl./Gefingerte Zitrone heißt eine stark gefurchte Zitronatzitrone-Varietät aus Indien, deren Schale sich nicht lösen lässt.

Hauptinhaltsstoffe

Provitamin A, Vitamin B, C, P.

Verwendung, Zubereitung

Zitronatzitronen werden meist gekocht zu Pulpe und Marmelade verarbeitet; für den Frischverzehr sind sie ungeeignet!

Aus der grünen sehr dicken Fruchtschale der unreifen Zitronatzitrone entsteht nach Einlegen in Kochsalzlösung, Blanchieren und Eintauchen in Zuckerlösung mit stetig steigender Konzentration und anschließender Trocknung gelbes oder grünes *Citronat/Candied lemon peel: englisch/ Cederat-citronat/Cedri canditi: ital./ Cidra confitada: span./Citronat: franz /Succade: norddt./Sukkade/Zedrat/ Zitronat: süddt.,* das meist als Gewürz von Süßspeisen und in der Feinbäckerei verwendet wird (z.B. im Christstollen).

Lagerung

Zitronatzitronen lassen sich leicht gekühlt problemlos über 2 Wochen aufbewahren.

Tipp

Wenn man Zitronat erst kurz vor der Verwendung kleinhackt, ist es besonders aromatisch.

Zitrone

Citrus limon

Citrico: span., Citroen: niederl., Citron: franz., Citrone, Lemon: engl., Lemonie, Limao: port., Limón: span., Limone: ital., Sauerzitrone, Sitron: norw.

Allgemeines, Herkunft, Geschichtliche Bedeutung

Schon vor unserer Zeitrechnung war die Zitrone in China und Indien bekannt. Nach Europa gelangte sie durch die Araber, die sie zuerst nach Spanien schafften.

Zitronen sind Rautengewächse (Rutaceae), die u.a. in Florida und Kalifornien, in Indien, Iran, in den Mittelmeerländern und Nordamerika kultiviert werden. Für den Export werden Zitronen meist grün gepflückt und später in speziellen Fermentierhäusern nachgereift.

Zitronenbäume können gleichzeitig Blüten und sowohl unreife als auch reife Früchte tragen. Aus nur zwei Blütezeiten ein und desselben Baumes können somit drei Jahreszeiternten hervorgehen. In Italien sieht das z.B. so aus, dass die Früchte des gleichen Baumes nach der Jahreserntezeit bezeichnet werden:

Primofiori (ital.: erste Blüte) hat die erste Blüte im Februar/März, Ernte im Oktober bis Mitte April. Die Früchte sind schwach grün glänzend, wenig saftig und dickschalig.

Limoni stammt ebenfalls aus der ersten Blüte. Die Ernte ist von Dezember bis Juni. Sie ist die beste Zitronensorte: gelb, dünnschalig, sehr saftig und gut haltbar.

Verdelli/Grünlinge nennt man eine vorzeitig geerntete, grünschalige Zitrone mit wenig Saftanteil. Ernte: Juni-September. Um auch in dieser Zeit ernten zu können, zwingt man die Bäume zu einer zweiten Blüte, indem man sie ab August 40 Tage nicht mehr gießt.

Wie die Zitrone wird auch die Limette fälschlicherweise oft als „Limone" bezeichnet. Limonen sind jedoch grundsätzlich Zitronen.

Aussehen

Zitronen haben eine länglich-runde Form und einen mehr oder weniger ausgeprägten Nabel am einen Ende. Je nach Herkunft sind sie unterschiedlich gelb oder grünlich - die Schalenfarbe ist jedoch kein Reifemerkmal. Das blassgelbe Fruchtfleisch der Zitrone enthält bei einigen Sorten mehrere eiförmige Kerne. Besonders saft- und säureintensive Zitronen erkennt man an einer feinporigen, dünnen, glatten und glänzenden Schale, grobporige haben meist nur ein „dickes Fell" und wenig Saft. Zitronenblätter haben eine spitz zulaufende Form und tiefgrüne, glänzende, ledrige, zähe Blätter.

Geschmack

Zitronen schmecken fruchtig und sehr sauer.

Sorten

In den wenigsten Fällen werden beim Verkauf Zitronensorten beim Namen genannt. Dies ist nach der EG-Qualitätsnorm auch nicht vorgeschrieben.

Citran/Citrange/Zitrange nennt man eine Zitronenart, die aus einer Kreuzung von „Citrus trifoliata" und Orange entstanden ist. Citrus trifoliata ist bei uns nur als Zierpflanze mit walnussgroßen, ungenießbaren und behaarten Früchten bekannt, die ihrer dreiteiligen, kleeblattähnlich angeordneten Blätter wegen ihren Namen erhielt.

Eureka heißt eine ursprünglich bei Los Angeles gezüchtete, kernlose, saftreiche Zitronensorte, die hauptsächlich in Ägypten, Chile, Griechenland, im Libanon, in Marokko, Südafrika und den USA angebaut wird.

Interdonato heißt eine türkische Zitronen-Sorte.

Lamas heißt eine türkische Zitronen-Sorte.

Lawalu nennt man eine südosteuropäische, zitronenähnliche und zitronengroße, schwachsäuerliche, olivgrüne Frucht mit mehligem Fleisch und einem braunen, ungenießbaren, leicht löslichen Kern in der Fruchtmitte. Meist wird sie für Eis oder Crèmes verwendet. Wegen der schwachen Säure sollte man bei der Zubereitung die jeweiligen Gerichte mit Zitronen- oder Limettensaft nachwürzen.

Lisbon heißt eine sehr saure portugiesische Zitronen-Sorte ähnlich der Eureka, die in Portugal jedoch nicht unter diesem Namen bekannt ist. Meist kommt sie aus Ägypten, Griechenland, Marokko, den USA oder Zypern.

Madronofrucht/Madrone: engl. und franz./Jorco: südam. nennt man eine zitronenähnliche Frucht aus Kolumbien mit rauher, runzliger Schale und schneeweißem Fruchtfleisch. Sie schmeckt saftig, säuerlich, erfrischend und erinnert an Mangostane.

Verna heißt die in Deutschland wichtigste Zitronen-Sorte. Sie kommt aus Spanien oder Italien und ist mit der o.a. „Eureka" identisch.

Hauptinhaltsstoffe

Antioxidantien, Bitterstoffe, Calcium, Fruchtsäure, Gerbstoffe, Kalium, Karotin, Limonin (etherisches Öl), Phosphor, Schleimstoffe, Vitamin C, Zitronensäure.

Verwendung, Zubereitung

Zitronensaft wird zwar meist zum Verfeinern von kalten und warmen Saucen verwendet, er lockert aber auch die Muskelfasern von zähem Fleisch auf, indem man es mit dem Saft beträufelt und über Nacht in den Kühlschrank stellt.

Bevor man Zitronen auspresst, sollte man sie kräftig kneten oder 15 Minuten in heißes Wasser legen, um das Doppelte an Saft zu fördern; braucht man nur ein paar Tropfen Saft, sticht man das Fruchtende mit einer Nadel ein und drückt den Saft aus. Danach

legt man die Zitrone - quasi unbenutzt - in den Kühlschrank.
Fliegen in der Speisekammer verschwinden, wenn man das Fensterbrett mit Zitronensaft bestreicht und Zitronenhälften zwischen den Speisen verteilt. Zitronensaft kann man auch als Reinigungsmittel verwenden.
Unbehandelte Zitronenschalen dienen als Gewürz für Süßspeisen, Gebäck, Spirituosen und die Limonadenindustrie.
Verseuchtes Trinkwasser kann man mühelos mit zwei Esslöffeln Zitronensaft pro Liter Wasser desinfizieren, da die Zitronensäure vorhandene Krankheitserreger außer Gefecht setzt.
Flavedo/Zitronengelb nennt man die äußere, gelbe Schale der Zitrone.
Die tiefgrün glänzenden, zähen Blätter des Zitronenbaums kann man, sehr kleingeschnitten und ohne die dicken Blattrippen, Salaten oder Saucen beifügen oder wie Lorbeerblätter verwenden. Die Zitrone als solche wird meist als Garnitur verwendet.

Lagerung

Gesunde Zitronen lassen sich leicht gekühlt mehrere Wochen aufheben.

Volksmedizinische Bedeutung

Zitronensaft befreit von schädlichen Stoffen und Keimen, stärkt das Herz, senkt Bluthochdruck und Fieber, wirkt appetit- und verdauungsanregend und bekämpft die krebsauslösenden „Freien Radikale"; vermutlich senkt die Zitrone auch das Speiseröhrenkrebs-Risiko.
Mit Wasser verdünnter Zitronensaft vertreibt Kopfweh, Müdigkeit und Mundgeruch und wirkt schnell aufbauend bei Leistungsabfall. Depressionen und Migräne kann man lindern, indem man morgens nüchtern starken Kaffee trinkt, der mit reichlich Zitronensaft vermischt wurde.
Der Saft einer Zitrone mit 2 Esslöffeln Honig und etwas lauwarmem Wasser verrührt und dann in kleinen Schlukken getrunken, regt am Morgen den Stoffwechsel sofort an und beeinflusst Verdauung und Kreislauf positiv (hilft beim Abnehmen!).
Brüchige Fingernägel sollte man zur Besserung öfters mit der Innenseite einer ausgepressten Zitronenschale einreiben. Verdünnter Zitronensaft wirkt gegen Hautunreinheiten, pur aufgetragen ist Zitronensaft das beste Naturmittel gegen Pickel. Zitronensaft macht die Haut feinporiger und zarter (insbesondere am Knie und am Ellbogen), da er eine porenverengende Wirkung hat.
Wenn man sich beim Essen oder Trinken die Zunge verbrannt hat, sollte man sich diese Stelle mit Zitronensaft einreiben - der Schmerz bzw. das Brennen lässt dann schon nach kurzer Zeit nach.
Albedo nennt man die weißliche, innere Schicht der Zitronenschale, die grundsätzlich mitsamt dem Fruchtfleisch mitgegessen werden sollte, da sie Pflanzenschutzstoffe enthält, die das Vitamin C vor dem vorzeitigen Verfall schützen und es zwanzigfach wirkungsvoller machen! Auch bei der Reduktions-Diät hat sich der Verzehr der Albedo bewährt.
Zitronenbaumblätter enthalten virushemmende, etherische Öle, die die Durchblutung steigern und außerdem die Gallensäurebildung anregen.

Tipp

Manche Fleisch- und Fischgerichte werden nicht nur des besseren Geschmacks wegen mit Zitronensaft beträufelt: Das in der Zitrone enthaltene ernährungsphysiologisch sehr hochwertige Vitamin C begünstigt zugleich auch die Eisenaufnahme im Körper.

Zitrusfrüchte

Citrus sp.

Agrios: span., Agrumes: franz., Agrumi: ital., Citricos: span., Citrusfruit: niederl., Citrus fruits: engl., Goldene Äpfel: hist., Sitrus frukt: norw.

Allgemeines, Herkunft, Geschichtliche Bedeutung

Die Heimat der Zitrusfrüchte liegt in Südostasien, wo sie schon vor 4000 Jahren kultiviert wurden. „Zitrusfrucht" ist die Sammelbezeichnung für Rautengewächse (Rutaceae) wie Apfelsinen, Grapefruits, Mandarinen, Kumquats, Pomelo, Pomeranze, Zitronen sowie alle anderen Früchte der an Gewächsen zahlreichen botanischen Gattung „Citrus".

Zitrusfrüchte werden während ihres Wachstums bis zu 20mal mit Chemikalien behandelt. Die meisten Spritzmittel-Reste befinden sich zwar in der Schale - auf vielen Plantagen werden Pflanzenschutzgifte jedoch auch der Bewässerung beigemengt. Verbraucherschützer raten deshalb, ökologisches oder zumindest ungespritztes Obst zu kaufen, selbst wenn die Schale nicht mitgegessen wird, da beim Schälen ein Großteil der Gifte über die Hände ans Fruchtfleisch gelangt.

Sorten

Woodapple/Pomme de bois: franz. /Pomme d'éléphant: franz. heißt eine ausgefallene Zitrusfrucht, die hauptsächlich in Sri Lanka vorkommt. Sie hat dunkel gefleckte, orangengroße Früchte mit schokoladebraunem Fruchtfleisch, das erst dann reif ist, wenn es sich durch Schütteln von der Schale trennt. Das angenehm erfrischende, säuerliche Fruchtfleisch, dessen Aroma erst durch Zuckerzusatz voll zur Entfaltung kommt, wird meist in Crèmes, Eis, Puddings oder Sorbets verarbeitet.

Verwendung, Zubereitung

Zitrusfrüchte werden zu Salaten, Eis, Sorbets, zur Dekoration, für Crèmes, Kuchen, Torten, Konserven, Fruchtsuppen und -saucen uvm. verarbeitet.

Zitrusfrüchte geben mehr Saft, wenn man sie vor dem Schälen kurze Zeit im Mikrowellengerät anwärmt.

Volksmedizinische Bedeutung

Zitrusfrüchte regen die Produktion von Speichel an. Die vermehrte Speichelproduktion sorgt für eine natürliche Reinigung des Rachenraums, was Mundgeruch entgegenwirkt.

Tipp

Agrumen ist die veraltete, hauptsächlich in der Essenzindustrie gebräuchliche, deutsche Bezeichnung für Früchte verschiedener Zitrusarten, deren Schalen ausschließlich der Gewinnung etherischer Öle dienen. Das Wort „Agrumen" kommt aus dem italienischen „Agro", was „sauer" oder „bitter" bedeutet.

Zucchini

Cucurbita pepo var. giromontina

Cocozelle, Courgette: engl., franz., niederl., Gurkenkürbis, Zucchina: ital., Kleinfrüchtiger Gartenkürbis, Kleinkürbis, Kürbischen, Kürbisgurke, Succini, Zucchina: ital.(Ez.), Zucchini: span., ital.(Mz.), Zucchino: venez.

Allgemeines, Herkunft, Geschichtliche Bedeutung

Zucchinis wurden im 15. Jahrhundert erstmals durch Spanier von ihrer Heimat Mexiko nach Europa gebracht. Erst seit den 70er Jahren sind Zucchinis auch bei uns bekannt. Genaugenommen sind Zucchinis unreif geerntete Marktkürbisse. Größere Anbaugebiete dieses Kürbisgewächses (Cucurbitaceae) findet man u.a. in Afrika, Deutschland, Frankreich, Indien, Isra-

el, Italien, in den Niederlanden, Spanien, Türkei und in den USA.
Das Wort „Zucchini" ist das Verkleinerungswort vom italienischen „Zucca" = „Kürbis", bedeutet also „kleiner Kürbis" oder „Minikürbis".

Aussehen

Zucchinis haben normalerweise eine zartgrüne, gesprenkelte Schale mit Stielansatz und ähneln zwar einer Gurke, im Schnitt sind sie jedoch sechseckig; Freilandware erkennt man an weißen Hautflecken. Das Fruchtfleisch der Zucchini, das mittig mit weichen, weißen, essbaren Kernchen verwachsen ist, hat eine relativ feste Konsistenz. Zucchinis mit schwammigem Fruchtfleisch und schrumpliger Haut weisen auf eine Überlagerung hin. Das Gewicht einer Zucchini sollte die 250g-Marke nicht überschreiten, und ihre Länge darf allenfalls 25cm betragen.
Zucchetti nennt man Zucchinis, deren Länge 25cm überschreitet.
Es gibt auch hellgrüne Zucchinis, die meist aus der Türkei kommen, weiße italienische und kugelrunde, die zwar ausssehen wie dunkelgrüne Rondinis, im Gegensatz zu diesen jedoch auch roh essbar sind.

Geschmack

Zucchinis schmecken nussig, zurückhaltend, neutral und den Gurken zwar ähnlich, allerdings mit festerem Biss. Je kleiner eine Zucchini ist, desto schmackhafter ist sie. Ältere Zucchinis schmecken leicht bitter.

Sorten

Baby-Zucchinis nennt man kleine, halbreife Zucchinis, die sehr mild und nussig schmecken - sogar ihre Schale. Mit ihren kleinen gelbgrünen Blüten und den orangefarbenen Spitzen gelten Baby-Zucchinis als hübsche Farbtupfer für Salate.
Gold Rush heißt eine goldgelbe Zucchini-Sorte aus Amerika.
Gemüsekürbis/Marktkürbis/Marrow: engl. nennt man eine übergroße Zucchini, die mindestens 30cm Länge aufweisen sollte. Ihre dunkelgrüne oder grün-weiß gestreifte Schale sollte entfernt werden, da sie bitter schmeckt. Ansonsten wird sie wie Zucchinis zubereitet.
Rondini: Mz.: Cucurbita pepo var. oleifera: lat./Rondino: Ez. heißt eine Kürbis-Sorte, die im subtropischen Afrika und Amerika zu den Hauptgemüsen zählt. Sie ist sehr vitamin- und mineralstoffreich und sieht aus wie eine tennisballgroße, runde Zucchini, mit der sie auch verwandt ist. Bei Vollreife verfärbt sich die Rondini-Schale orangerot. Die Rondini ist eine leicht bekömmliche Frucht mit herbem, kräftigem Geschmack, die vor dem Verzehr (man löffelt sie aus) gekocht werden muss, da sie roh ungenießbar ist.

Hauptinhaltsstoffe

Calciumreich, Eisen, Eiweiß, Jod, Kalium, Kupfer, Magnesium, Phosphor, Provitamin A, Selen, Vitamin B 1, B 2, C.

Verwendung, Zubereitung

Zucchinis werden zu Gemüse, Rohkost, Salat oder Suppe verarbeitet. Man kann sie kochen, füllen, im Bierteig ausbacken oder gratinieren. Zucchinis kann man mit der Schale zubereiten, nachdem man diese gut abgewaschen hat; geschälte Früchte zerfallen leicht.
Zucchinis sollten nur in pflanzlichen Fetten gegart werden, da bei der Zubereitung mit tierischen Fetten ein herber Beigeschmack aufkommt.
Damit Zucchinis beim Kurzbraten nicht soviel Öl aufsaugen, sollte man sie vorher ‚entwässern': leicht einsalzen, mit Zitronensaft beträufeln, eine Stunde ziehen lassen und danach mit Krepp abtupfen.

Zucchinis sind auch unerlässlicher Bestandteil der berühmten „Ratatouille" aus Nizza, einem französischen Mischgemüse, das neben Zucchinis auch Paprikaschoten, Auberginen, Tomaten, Zwiebeln und Knoblauch beinhaltet.

Lagerung

Zucchinis lassen sich ca. 1 Woche im Kühlschrank aufbewahren, jedoch nicht zusammen mit Obst, da sie durch das den Früchten entströmende Ethylengas rasch verderben. Zum Tiefkühlen eignen sich Zucchinis nicht, da sich ihr Fruchtfleisch - bedingt durch seinen hohen Wasseranteil - bei Kälte ausdehnt und danach beim Auftauen eine schwammige Konsistenz bekommt.

Volksmedizinische Bedeutung

Zucchinis sind leicht verdaulich, wirken harntreibend, stärken das Immunsystem und sind ein sehr bekömmliches Diätetikum bei Nieren- und Herzerkrankungen. Der hohe Eisengehalt der Zucchini wird vom Organismus besser aufgenommen, wenn man sie mit Fleisch kombiniert.

Tipp

Eine Spezialität sind in Bierteig gebakkene, kleine, männliche Zucchini-Blüten. Auch die etwas größeren weiblichen Blüten gelten bei Feinschmeckern als besonderer Gaumenkitzel, nachdem sie mit Fleisch- oder Fischfarce gefüllt und in Backteig getaucht in heißem Fett ausgebacken wurden.

Zuckermais

Zea mays convar. saccharata

Gemüsemais, Granturco: ital., Mahiz: aztek., Mais sucré: franz., Mazorca: span., Suikermais: niederl., Süssmais, Sweetcorn: engl., Tavent corn: engl., Zuckerkorn

Allgemeines, Herkunft, Geschichtliche Bedeutung

Der Mais ist wahrscheinlich aus einer südamerikanischen Grasart entstanden. Wie man aus archäologischen Funden schließen kann, wurde er bereits 5000 v. Chr. in Peru und Mexiko von den Inkas und Azteken angebaut. Mais ist somit die einzige aus Amerika stammende Getreideart.

Als Roberto Brancaleone und Christoph Kolumbus zusammen im Jahr 1492 mit dem Segelschiff einen neuen Seeweg nach Indien suchten, gerieten die beiden nach Südamerika, genauer nach Kuba, wo sie den Mais entdeckten. Da die beiden der Ansicht waren, in Indien gelandet zu sein, gaben sie den Einheimischen den Namen „Indianer". Als „Indianerkorn" verbreiteten die Eroberer den Mais danach in der ganzen Welt. Mittlerweile wird Mais in Amerika, dem Balkan, Deutschland, England, Frankreich, Israel, Italien, in den Niederlanden und in Spanien angebaut. Geerntet wird Mais noch unreif, im Stadium der „Milchreife", in dem der Zuckergehalt besonders hoch ist und dem Mais ein angenehm süßes Aroma verleiht.

Aussehen

Maiskolben sollten zwar voll ausgebildet, die Körner dürfen aber noch nicht hart sein. Frischen, reifen Mais erkennt man daran, dass die Deckblätter nicht vertrocknet sind und die Körner an der Kolbenspitze weißlich, die übrigen dagegen goldgelb aussehen.

Zuckermaiskörner schrumpfen bei voller Reife, Futtermaiskörner bleiben prall und glatt.

Geschmack

Frische Maiskolben schmecken angenehm zart und milchig süß.

Sorten

Babymais/Fingermais/Mini-Corn: engl. /Minimais nennt man eine feine und milde Zuckermaissorte, die höchstens

10cm lang ist. Unreif geerntet, wird sie zwar auch gedünstet oder gebraten als Gemüsebeilage, meist wird sie aber zu Mixed-Pickles verarbeitet.

Futtermais/Corn: amerik./Feldmais/ Formentone: ital./Indian corn: engl./ Indianerkorn/Körnermais/Kukuruz: österr./Mahiz: indian./Maiz: span./ Mais: dt., franz., ital./ Maize: engl./ Taino: karib./Türgge: schweiz./ Türggen: tirol./Türken: kärntn., steierm./Türkenkorn/Türkischer Weizen /Welschkorn/Zea: bot. Aus dem bis zu 3m hoch werdenden Futtermais, dem größten Korn unter allen Getreidearten, entstand der Zuckermais. Es gibt harte, weiche und wachsartige Kornsorten. Futtermais hat größere Kolben und nicht so süße, kleine, zarte Körner wie der Zuckermais. Er dient vornehmlich als Viehfutter, zur Herstellung von Stärke, Salatöl, in Amerika zur Herstellung von Bourbon-Whiskey (- in Schottland wird Scotch Whisky aus Gerste hergestellt! -). Aus den verschiedenen Futtermaissorten wird Maisgrieß, Maismehl (daraus wird Traubenzucker/Dextrose und Alkohol gewonnen) gemacht. In Amerika werden aus Maismehl Cornflakes, Cornfritters und Maiskrusteln hergestellt. Das abgetrennte Maiseiweiß (Maisgluten) des Futtermais ist ein wichtiger Rohstoff für die Herstellung von Speisewürze (Maggi). Der Schweizer Julius Maggi hat dieses Produkt 1888 entwickelt und in den Handel gebracht. Um Speisewürze herzustellen, wird Maiseiweiß schonend aufgeschlossen und anschließend mit Gemüse-, Kräuter-, Pilzauszügen, Salz und Glutaminsäure aromatisiert.

Goldmais nennt man jungen, zarten, goldfarbenen Gemüsemais, der meist in Konserven gehandelt wird.

Hominy nennt man Maiskörner, deren Schalen entfernt worden sind, indem man sie in Natrium-Bicarbonat oder Lauge eingeweicht und danach getrocknet hat. In Nordamerika wird daraus Maisgrieß gemahlen, den man dort zu einem Brei verkocht und mit heißer Butter und kalter Sahne verzehrt.

Perlmais/Flockenmais/Knallmais heißt eine besonders wasserhaltige Maissorte, aus der meist Puffmais/Popcorn gemacht wird.

Waxymais heißt eine Zuchtform des Futtermais' mit erhöhtem Stärkegehalt.

Zahnmais heißt die mehlige Ursprungsform des Mais.

Zuckermais, der aus dem Futtermais entstanden ist, gibt es erst seit der Mitte des vorigen Jahrhunderts. Nach Deutschland gelangte er erst nach dem Zweiten Weltkrieg. Unterschieden werden normalsüße und extrasüße („super sweet") Zuckermais-Sorten. Eine Zwischenstellung nehmen die im angelsächsischen Sprachraum „,sweet gere" genannten Sorten ein.

Hauptinhaltsstoffe

Alkaloide, Allantoin, Bitterstoff, Calcium, Eisen, Eiweiß, Fett, Gerbstoff, Glykoside, Gummi, Harz, Kalium, Magnesium, Natrium, etherisches Öl, Phosphor, Provitamin A, Saponine, Tannin, Vitamin B 1, B 2, B 3, B 6, C, K, Zeatin, Zein, Zucker.

Verwendung, Zubereitung

Zuckermais wird gekocht, gegrillt, gebraten oder gebacken zu Gemüse und roh als Garnitur, Salat oder zu Knabbergemüse verwendet. Beim Eindrükken eines reifen Maiskorns mit dem Fingernagel sollte weißer Milchsaft aus den Körnern spritzen. Die Fäden der Maiskolben entfernt man am einfachsten, indem man eine saubere Zahnbürste anfeuchtet und damit den Kolben abwärts bürstet. Das einfachste

Mittel, die Maiskörner vom Kolben abzulösen, ist ein einfacher Schuhlöffel.

Maiskolben, die zu Gemüse verarbeitet werden sollen, salzt man erst nach dem Kochen, weil sonst die Schalen hart werden - man sollte jedoch etwas Zucker und Milch ins Kochwasser geben. Die weißen Innenblätter bleiben dabei an den Kolben oder man legt den Topf vor dem Kochen mit den grünen Blättern des Kolbens aus. Maiskolben sind gar, wenn sich ein spitzes Messer am Stielende leicht einstechen lässt.

Lieschen nennt man junge, gedünstete Maishüllblätter.

Tamales nennt man in Lateinamerika junge Maishüll- oder Bananenblätter, nachdem man sie mit Fleisch gefüllt oder mit Teig aus Maismehl gebacken hat.

Funchi: südam./Plenten: südtirol./Polenta: ital., österr./Kaschamak: bulg. nennt man einen Brei aus gekochtem Maisgrieß.

Maisstärke/Maizena/Mondamin nennt man Maismehl.

Lagerung

Mais sollte im Allgemeinen kühl und vor Licht geschützt gelagert werden. Futtermais sollte spätestens fünf Tage nach der Ernte verbraucht sein, weil seine Körner durch Nachreifung hart und mehlig werden. Beim Zuckermais wird der Zucker während des Reifeprozesses, im Gegensatz zu seinem Bruder, dem Futtermais, nur allmählich in Stärke umgewandelt.

Volksmedizinische Bedeutung

Maiswurzeln, Maisblätter und die seidigen Maisfäden/Maisbart/Maisgriffel, dienen der Heilung von Blasen- und Galleleiden, Harnbeschwerden, Nierensteinen, Wassersucht, wirken blutzuckersenkend und schmerzlindernd.

Bei einseitiger Maisernährung kann es, da dem Maiseiweiß die essentiellen Aminosäuren „Lysin", „Tryptophan" und „Nicotinsäureamid" fehlen, zu einer Mangelerkrankung (Pellagra) kommen, die zu Darmstörungen und Schädigungen des Nervensystems führen kann!

Tipp

Jedes Jahr im September findet in dem italienischen Städtchen Piobbico (südlich von Rimini) ein Maisfest statt.

Zuckerrohr

Saccharum officinarum

Cana de Azúcar: span., Canne à sucre: franz., Rohrzucker, Sugar cane: engl.

Allgemeines, Herkunft, Geschichtliche Bedeutung

Vermutlich hat das Zuckerrohr in Neuguinea und Polynesien seinen Ursprung. Schon 6000 Jahre v. Chr. war das Zuckerrohr in China und Indien bekannt, doch erst 1096 n. Chr. kam auch das Abendland mit dem Zucker in Berührung. Im 18. Jahrhundert kam ungereinigter Rohrzucker aus Übersee als braune Rohware nach Europa, wo er in Raffinerien gereinigt und zu dem begehrten weißen Zucker verarbeitet wurde. Noch bis Anfang des 19. Jahrhunderts blieb Zuckergenuss ein Privileg der Reichen, bis der Rübenzucker entdeckt wurde (siehe „Zuckerrübe").

Zuckerrohr ist eine Süßgrasart (Poaceae), die heutzutage in Australien, Brasilien, China, Hawaii, Indien, Indonesien, Japan, Java, Kuba, auf den Philippinen, in Puerto Rico und in Südafrika angebaut wird. Der Anteil der Weltzuckerproduktion liegt beim Zuckerrohr immerhin bei 55%!

Aussehen

Zuckerrohr ist ein schilfartiges, hartschaliges, bambusähnliches, grüngelbes Rispengras mit langen, dicken Schäften, die bis zu 4m hoch werden können.

Pilézucker nennt man unförmige Rohrzuckerstücke.

Geschmack

Das saftige Fruchtmark ist wohlschmeckend süß.

Hauptinhaltsstoffe

18 - 22% Fruchtzucker im Mark, Magnesium, Phosphor.

Verwendung, Zubereitung

Zuckerrohr-Mark wird zu Arrak, Konservierungsmitteln, Rum (Branntwein), Saft und zu Natur-Kaugummi verarbeitet. Zuvor wird die harte Schale mit dem Messer entfernt oder man klopft den Stängel auf.

Frischer Stängelsaft des Zuckerrohrs kann zwar getrunken werden, wegen seiner penetranten Süße ist er jedoch nicht jedermanns Sache.

Jagrezucker/Gur: ind. nennt man groben Rohzucker, der aus Zuckerrohrsaft hergestellt wird.

Lagerung

Zuckerrohr ist sehr lange lagerfähig.

Volksmedizinische Bedeutung

Rohrzucker hilft bei Asthma, Verschleimung, ist wundheilend (auch bei Furunkeln) und hat eine harntreibende Wirkung.

Tipp

Um das ‚Grauwerden' des Bräts von Fleischkäse, Galantine, Leberkäse, Pasteten, Wurst usw. zu verhindern, gibt man der Fleischmasse anstatt Pökelsalz etwas Rohrzucker bei, was eine wesentlich gesündere und genauso wirkungsvolle Alternative ist.

Zuckerrübe

Beta vulgaris saccharifera

Betterave sucrière: franz., Sugar beet: engl.

Allgemeines, Herkunft, Geschichtliche Bedeutung

Die Zuckerrübe ist ein zweijähriges Gänsefußgewächs (Chenopodiaceae), das durch Weiterzüchtung der *Gemeinen Rübe: Beta vulgaris var. crassa: lat./Runkelrübe/Rummel: platt-dt./ Futterrübe/Dickrübe/Dickwurz* entstanden ist. Im Jahr 1747 entdeckte Andreas Sigismund Markgraf, Direktor der Königlichen Akademie der Wissenschaft in Berlin, dass in der heimischen Runkelrübe der chemisch gleiche Zucker enthalten war, den man aus dem Zuckerrohr kannte. Sein Schüler und Amtsnachfolger Carl Achard konnte nach langjähriger Forschung über die Erzeugung von Pflanzenzucker 1799 dem Preussenkönig Wilhelm III. eine Probe seines aus Runkelrüben bereiteten Zuckers überreichen. Von den 50.000 Talern königlicher Belohnung kaufte er das Gut Kunern in Schlesien und errichtete dort 1801 die erste Rübenzuckerfabrik der Welt. Als man um das Jahr 1850 mit der Veredelung der Gemeinen Rübe begann, betrug ihr Zuckergehalt nur 5-6%, während er heute durchschnittlich bei 20% liegt.

Zuckerrüben werden in Europa, in der Ukraine und in den USA angebaut.

Aussehen

Zuckerrüben können eine weiße, gelbe oder rote Außenfarbe haben.

Geschmack

Süßlich.

Hauptinhaltsstoffe

Asparagin, Betain, Coniferin, Mineralstoffe (insbesondere Eisen) Raphanol, Rübenzucker, Saponine.

Verwendung, Zubereitung

Die Zuckerrübe dient der Herstellung von allen Zuckersorten und von Zukkerrübensirup.

Lagerung

Zuckerrüben lassen sich wochenlang lagern, in Erdmieten sogar monatelang.

Volksmedizinische Bedeutung

Produkte aus Zuckerrüben wirken auswurffördernd. Gekochte Zuckerrübenschnitze helfen gegen erfrorene Füße.

Tipp

Rübenkraut/Rübenkreude sind die Synonyme für Zuckerrübensirup (Saft).

Zuckerwurzel

Sium sisarum

Merk, Süßwurzel

Allgemeines, Herkunft, Geschichtliche Bedeutung

Die Zuckerwurzel ist eine alte, frostharte Gemüseart, die schon im 15. Jahrhundert in Mitteleuropa sehr beliebt war. Heute gibt es in Deutschland nur noch vereinzelt Hobbygärtner, die Zuckerwurzeln mehr aus Liebhaberei anbauen. Erwähnenswerte Anbaugebiete der Zuckerwurzel existieren nur in Korea und in der Mongolei.

Aussehen

Die Zuckerwurzel ist eine wurzelbündel-bildende (bis 15 Stück) Pflanze mit gefiederten Blättern und weißen Blüten. Die leicht gekrümmten Wurzeln, in deren Mitte sich eine holzige Ader befindet, weisen Einschnürungen auf, an denen sie leicht durchbrechen.

Geschmack

Die Zuckerwurzel schmeckt angenehm süß, würzig, gelegentlich etwas mehlig.

Hauptinhaltsstoffe

Mineralstoffe Pektine, Stärke, Zucker.

Verwendung, Zubereitung

Die Zuckerwurzel wird roh oder gekocht wie Karotten verarbeitet. Vor dem Kochen sollte man die holzige Wurzelmitte entfernen.

Tipp

Besonders lecker schmecken gekochte Zuckerwurzeln, wenn man sie, mit Salz und Pfeffer gewürzt, in Pfannkuchenteig taucht und danach in Butter brät.

Zwetschen

Prunus domestica ssp. domestica

Ciruelas: span., Hauspflaume, Kwetsen: niederl., Prune: engl., Pruneau: westschweiz., Quatsche: hessisch, Quetsche: franz., Quetschen, Susina damaschina: ital., Svedsker: dän., Sviskeplomme: norw., Zwetschgen süddt., schweiz., Zwetschken: österr.

Allgemeines, Herkunft, Geschichtliche Bedeutung

Zwetschen nennt man eine Pflaumenart, die sich durch geringfügige Abweichungen in Aussehen, Geschmack und Verarbeitung von der Pflaume unterscheidet. Zwetschenzeit ist von August bis Oktober. Zwetschen zählen wie die Pflaumen zu den Rosengewächsen (Rosaceae) und werden hauptsächlich in Asien, Europa und am Schwarzen Meer angebaut.

Aussehen

Zwetschen sind blauviolette, stark bereifte, längliche bis ovale Früchte mit spitzen Enden, die kleiner als Pflaumen und ohne Fruchtnaht sind. Das feste und grünlich-gelbe Fruchtfleisch ist im Vergleich zur Pflaume sehr leicht steinlösend und der Kern hat eine längliche, zugespitzte Form.

Die weiße Wachsschicht auf einigen Zwetschensorten, in der Fachsprache „Duftfilm“ genannt, ist ein Belag von ‚Mutter Natur‘ und schützt die Früchte vor dem Austrocknen.

Geschmack

Zwetschen schmecken saftig und süßsäuerlich.

Sorten

Hauszwetschen haben ein Mindestgewicht von 25g je Frucht und festes, aromatisches Fruchtfleisch, dessen fruchtige Süße erst beim Kochen und Backen voll erschlossen wird.

Hauptinhaltsstoffe

Ballaststoffe, Calcium, Eisen, Fruchtsäure, Kalium, Pektin, Phosphor, Pro-Vitamin A, Rutin, Vitamin B 1, B 2, C, E.

Verwendung, Zubereitung

Die Zwetsche dient dem Frischkonsum, wird zu Kompott, Kuchen, Marmelade, Mus, Süßspeisen und als Trockenfrucht verarbeitet.

Tiefgefrorene Zwetschen, die zu Zwetschenkuchen verarbeitet werden sollen, legt man auf den fertig ausgerollten Hefeteig und bestreut sie erst nach dem Backen mit Zucker.

Wenn man Zwetschen für Kompott, Marmelade oder Mus verwendet, sollte man die Früchte vorher mit Zukker bestreuen (etwa 50-100g Zucker auf 500g Früchte), damit sie Eigensaft ziehen können. Dadurch erübrigt sich eine Zugabe von Wasser.

Lagerung

Frische Zwetschen lassen sich gekühlt höchstens 1 Woche lagern. Zum Tiefkühlen eignen sich Zwetschen dagegen sehr gut - zuvor sollten sie jedoch entkernt werden.

Volksmedizinische Bedeutung

Zwetschengenuss wirkt darmregulierend, verdauungsfördernd und sogar fiebersenkend. Magenempfindliche und vor allem ältere Menschen sollten Zwetschen den Pflaumen vorziehen, da Pflaumen, die nicht gut gekaut wurden, starke Leibschmerzen verursachen können.

Tipp

Latschmier nennt man Zwetschenmus in der Pfalz.

Latwerg(e) nennt man im Hunsrück Zwetschenmus.

Powid(e)l = böhm. und österr. für ungezuckertes Zwetschenmus.

Zwetschenkraut ist ein anderer Ausdruck für Zwetschenmarmelade.

Zwetschenpfeffer ist ein anderer Name für Zwetschenmus.

Zwetschkendatschi nennt man in Österreich Zwetschenkuchen.

Zwetschkenröster sagt man in Österreich zu Zwetschenkompott.

Zwetschge ist übrigens die süddeutsche, schweizerische und fachsprachliche Bezeichnung für „Zwetsche".

Zwiebel

Allium cepa

Basal: arab., Bölle: schweiz., Bolle: berlin., Cebola: port., Cebolla: span., Cipolla: ital., Dr. h.c. Bolle, Jungfrau mit den sieben Häuten, Kepalök: norw., Knolle, Luk: russ., Öllich: rheinisch, Oellig, Oignon: franz., Oje, Onion: engl., Rödlök: schwed., Sipel, Ui: niederl., Tamanegi: jap., Ünne: westdt., Unio: röm., Yang-Ts'ung: chin., Zibele: berndt., Zipolle: norddt., Zippel: sächs., Zwibolle: mittelhochdt., Zwiebelhäuptel: österr., Zwiefel, Zwiwwel: hess.

Allgemeines, Herkunft, Geschichtliche Bedeutung

Man schätzt, dass vor etwa 6000 Jahren - wahrscheinlich in Zentralasien - zum erstenmal Zwiebeln angebaut wurden, womit sie zu den ältesten Würzmitteln gehören, die die Menschheit kennt.

Schon die Erbauer der ägyptischen Pyramiden wurden mit Zwiebeln bei Kondition gehalten. Erst im frühen Mittelalter (5.-15. Jahrhundert) gelangte die Zwiebel auch zu uns.

Botanisch gehört die Zwiebel zu den Lauchgewächsen (Liliaceae), die zur großen Familie der Liliengewächse gezählt werden. Zwiebeln werden u.a. in Ägypten, Australien, Chile, Frank-

reich, Griechenland, Italien, Neuseeland, in den Niederlanden, Ostasien, Polen, Russland, Spanien und Tasmanien angebaut.
Bei der Anpflanzung von Zwiebeln macht es übrigens keinen Unterschied, in welcher Richtung die Zwiebeln in die Erde gelegt werden - sie finden ihren Weg immer nach oben, weil sie von zwei Einflüssen geleitet werden: Die Wärme der Sonne sowie der geringe Druck weisen ihnen den Weg zum Licht. Nur dauert es bei ‚falsch herum' in den Boden gelegten Zwiebeln etwas länger, bis die Keime das Licht erreichen.
Beim Zwiebel-Anbau ist darauf zu achten, dass sich keine Kartoffeln in der Nachbarschaft befinden, da diese sonst rasch welken. Geerntet wird von Juni bis Oktober, und zwar erst, wenn die Schlotten, also die Zwiebelblätter, vergilbt sind. Dadurch kann das Blattgrün in die Bulbe einziehen, wo die wertvollen Inhaltsstoffe eingelagert werden. Da Zwiebeln hervorragend zu lagern sind, haben sie das ganze Jahr über Saison. Nur in verregneten Jahren kann das Angebot schon mal knapp werden, weil Zwiebeln sehr sensibel auf schlechtes Wetter reagieren.
Die Zwiebel trägt den lateinischen Namen „Allium cepa". „Allium" ist dabei der Familienname. Aus dem Wort „cepa" und dem mittelhochdeutschen „Zwibolle" entwickelte sich das deutsche Wort „Zwiebel". Die Bauern im alten Rom nannten die Zwiebel „Unio", eine Bezeichnung, die heute noch im französischen „oignon" und im rheinischen „Öllich" erhalten ist.

Aussehen

Je nach Sorte sind Zwiebel-Bulben flach, oval, birnenförmig, länglich oder kugelrund. Die Zwiebelschale kann je nach Sorte weiß, gelb-braun, bronze oder dunkelrot sein.

Geschmack

Zwiebeln riechen stechend und schmecken würzig, zuweilen etwas süßlich.

Sorten

Ägyptische Zwiebel/Baumzwiebel/Bulbenzwiebel/Catawissazwiebel/Egyptian onion: englisch/Etagenzwiebel/Luftzwiebel/Oignon d'Egypte: franz./Top onion: engl./Tree onion: engl. heißt eine skurill aussehende Kreuzung aus Winter- und Speisezwiebel, die nicht nur unterirdisch kleine Brutzwiebeln bildet, die austreiben können, sondern auch oberirdisch in den Blütenständen und zwischen den Blüten. Ägyptische Zwiebeln werden im Allgemeinen nur von Hausgärtnern angebaut und roh, gebraten oder gekocht mitsamt dem Laub und den kleinen Brutzwiebelchen verzehrt.
Dauerzwiebeln nennt man schoßfeste Zwiebeln, die sich für eine längere Lagerung eignen.
Frühlingszwiebel/Babylauch/Bollenpiepen: berlin./Bündelzwiebel/Bundzwiebel/Cibulka: tschech./Grünzwiebel /Lauchzwiebel/Schalottenzwiebel/Schlotten/Stängelzwiebel/Zibulka: böhm. nennt man eine saftige, junge, bis 4cm dicke, flachrunde, weiße Küchenzwiebel, bei der auch das grüne, röhrenförmige, bis zu 50cm lang werdende Laub wie Schnittlauch mitgegessen werden kann. Die Frühlingszwiebel ist eine der ältesten und mildesten Zwiebelsorten und trotz ihres Namens das ganze Jahr über zwar erhältlich, jedoch nicht lange lagerbar. Sie wird unreif, also vor der Bulbenbildung geerntet und ist sowohl zum Rohessen als auch zum Dünsten geeignet. Es gibt auch eine rote Frühlingszwiebel-Sorte, die im Gegensatz zu ihrer Schwester feurig scharf schmeckt.

Gemüsezwiebel/Bermudazwiebel/Fleischerzwiebel/Madeirazwiebel/Metzgerzwiebel/Oportozwiebel/Spanische Gemüsezwiebel/Spanische Zwiebel heißt die mildeste und süßeste Schwester der Küchenzwiebel. Sie ist über 200g schwer, ohne Laub und hat eine gelbbraune Schale. Im Sommer und Frühherbst wird sie geerntet und hat sehr gute Lagerungseigenschaften. Sie wird u.a. zum Anmachen von Hackfleisch, in Ringe geschnitten und in Bierteig gebacken oder zum Füllen verwendet.

Japanische Zwiebel/Japanischer Porree nennt man eine ostasiatische Winterheckzwiebel-Sorte mit langem Schaft.

Neapler/Weisse Zwiebel heißt eine mild-süßliche, weiße Zwiebel-Sorte aus Italien, deren Ursprung jedoch in Ägypten liegen soll. Sie ist ovalzwiebelförmig und gedrungen-knoblauchförmig erhältlich.

Rokambole/Echte Rokkenbolle/Feinschmecker-Knoblauch/Garden rocambole: engl./Italienischer Knoblauch/Knoblauchartiger Lauch/Rocambole: französ./Rockenbolle/Schlangenknoblauch/Schlangenlauch heißt eine aus Italien stammende, bis zu 1m hoch werdende, schmächtige, lauchähnliche Gemüsepflanze mit knoblauchähnlichen, milden, wohlschmeckenden Brutzwiebeln und kleinen Blüten, die als Gewürz verwendet werden können.

Rote Zwiebeln haben eine längliche Form, wenn sie aus Italien kommen, und eine runde, wenn sie aus Spanien oder den Balkanländern importiert wurden. Rote Zwiebeln sind aufgeschnitten sehr dekorativ und auf den ersten Biss zwar sehr scharf, beim Kauen werden sie jedoch süßlich und entwickeln ein würziges Aroma. Man verwendet rote Zwiebeln, die übrigens sehr dünnschalig sind und bei der Zubereitung färben, zum roh essen, für Salate und gedünstet als Gemüsebeilage. Rote Zwiebeln haben sehr gute Lagereigenschaften.

Semianzwiebeln heißt eine Kulturform der roten Zwiebel. Sie sind sehr schwer und können bis zu 30cm lang werden.

Speisezwiebel/Haushaltszwiebel/Gelbe Zwiebel/Gewürzzwiebel/Küchenzwiebel/Pickling onion: engl. nennt man eine mittelgroße, runde, feste Zwiebelsorte mit hellbraun glänzender Haut, kräftigem Geruch und Geschmack. Speisezwiebeln sind zum Dünsten, Würzen und Einlegen geeignet.

Spickzwiebel/Gespickte Zwiebel nennt man eine geschälte Zwiebel, die man mit einem Lorbeerblatt und 3-4 Gewürznelken ‚spickt', indem man sie mit einem Messer leicht einschneidet und die genannten Gewürze in die entstandene Ritze steckt. Spickzwiebeln dienen der Geschmacksverfeinerung von Fonds, z.B. beim Kochen von Blanquet, Fleischklößen, Königsberger Klopsen, Leberknödeln usw.

Steckzwiebeln nennt man kleine runde, längliche oder birnförmige Zwiebelchen, aus denen durch Einpflanzen (Einstecken) in den Gartenboden große Zwiebeln entstehen.

Thaizwiebeln ähneln in Geschmack und Geruch dem Knoblauch. Sie sind meist nur in Asiengeschäften erhältlich. Da Thaizwiebeln, wie ihr Name verrät, aus Thailand importiert werden müssen, liegt ihr momentaner Preis bei 20,00 DM pro kg.

Tropea-Zwiebel nennt man eine blaurote Zwiebelsorte aus Kalabrien/Italien, benannt nach der dortigen Ortschaft Tropea.

Wildzwiebeln/Lampagioni: italien./ Schopf-Traubenhyazinthe kommen aus Italien oder Spanien und werden meist zu Gemüse verarbeitet. In Deutschland gehören Wildzwiebeln laut Bundesverordnung zu den besonders geschützten Arten.

Winterheck(en)zwiebel/Allium fistulosum: lat./Ail fistuleux: französ./ Ciboule: franz./Ewige Zwiebel/ Fleischzwiebel/Grober Schnittlauch/ Hackzwiebel/Hohllauch/Jakobszwiebel/Johannislauch/Johanneszwiebel/ Klöwen/Lange Bolle/Oignon d'hiver: französ./Röhrenlauch/Röhrenschnittlauch/Röhrenzwiebel/Schnittzwiebel/ Sibirische Zwiebel/Welsche Zwiebel/ Welsh onion: engl./Winterlauch/Winterzwiebel heißt eine winterharte Zwiebel-Sorte mit geringer Bulbenbildung und bauchig aufgeblasenem, lauchähnlichem Laub, das eine Höhe von 60cm erreichen kann. Sie ist aus einer sibirischen Züchtung hervorgegangen und wird oft mit der Rocambole verwechselt. Ganzjährig dient sie der Lauchnutzung und als Schnittlauchersatz.

Zwiebellaub/Zwiebelrohr/Zwiebelschlotten nennt man die beim Zwiebelanbau über der Erde wachsenden, langgetreckten, röhrigen, hohlen Laubblätter von Zwiebeln, die sich problemlos im Winter auch auf der Fensterbank ziehen lassen. Gelegentlich treibt das vitaminreiche Zwiebellaub auch aus überlagerten Zwiebeln. Zwiebellaub schmeckt streng-zwieblig und ist sogar noch leichter verdaulich als die eigentliche Zwiebel. In feine Rädchen geschnitten, gilt Zwiebellaub als würzende Zutat von Hackfleisch, Kräuterquark, Salat, Salatsaucen, Saucen, Suppen usw.

Hauptinhaltsstoffe

Ajoene, Allicin (schwefelhaltiges etherisches Öl), Calcium, Diallylsulfid, Eisen, wertvolle Eiweißstoffe, Fermente, Flavonglykoside, Fluor, Fructosane, Glucose, Inulin, Kalium, Natrium, Pektin, Phosphor, Provitamin A, Quercetin, Saccharose, Schwefel, Selen, Sulfide, Thiopropional (der Stoff, aus dem die Tränen sind!), Vitamin B 1, B 2, B 5, B 6, C (30 mg), E, Zink, Zucker.

Verwendung, Zubereitung

Zwiebeln sollten grundsätzlich erst kurz vor dem Verbrauch geschält werden, da sie, wenn sie zu lange der Luft ausgesetzt sind, an Geschmack und Bekömmlichkeit verlieren.

Röstzwiebeln - meist sind sie eine Beilage zu Rumpsteaks - werden in Hotelküchen wegen des schnelleren Geschäftsablaufs gerne in größeren Mengen vorbereitet. Ein echter Feinschmecker bemerkt jedoch sofort, wenn die Röstzwiebeln aufgewärmt wurden, denn die empfindlichen etherischen Öle der Zwiebel, die für den guten Geschmack verantwortlich sind, verflüchtigen sich schon kurze Zeit nach der Zubereitung.

Zwiebel und Knoblauch im gleichen Essen vertragen sich nicht gut, denn gemeinsam können sie bei magenempfindlichen Personen schmerzhafte Gärungsprozesse im Darm verursachen – jedes für sich genossen beseitigt dagegen Fäulnisprozesse.

Zwiebeln dürfen nicht im Elektrogerät zerkleinert werden, da sie dabei einen bitteren Geschmack annehmen - schuld daran sind die etherischen Öle.

Einen zu süßen Zwiebelgeschmack kann man wirkungsvoll bekämpfen, indem man die kleingeschnittene Zwiebel möglichst lange dünstet oder brät.

Eine übermäßige Reizung der Schleimhäute (Tränen) beim Zwiebelschälen kann man unterbinden, indem man:

1. Zwiebeln unter fließendem Wasser häutet,
2. ein Schluck kaltes Wasser beim Schälen im Mund behält,
3. beim Schälen nur durch den Mund atmet oder
4. das untere Ende der Zwiebel erst zum Schluss entfernt.

Braune Zwiebelschalen sollten nicht weggeworfen werden, da man damit auf natürliche Weise helle Saucen oder helle Fonds auffärben kann.

Lagerung

Zwiebeln sollten trocken und dunkel gelagert werden, da sie sonst keimen. Bei vorschriftsmäßiger Lagerung lassen sich Zwiebeln bis zu 3 Monate lang lagern.

Volksmedizinische Bedeutung

In rohen Zwiebeln wurden antibiotische Stoffe nachgewiesen, die das Magenkrebs-Risiko mindern sollen, die Abwehrbereitschaft des Organismus verstärken und die Immunkraft gegen Allergien aufbauen. Die etherischen Öle regen den Kreislauf an, wirken entspannend, lassen den Tagesstress vergessen und kurbeln die Verdauung an.

Insektenstiche können schmerzlindernd mit einer frisch aufgeschnittenen Zwiebel behandelt werden. Eine halbierte Zwiebel unter die Nase gehalten hilft gegen Nasenbluten. Zwiebelsaft heilt Furunkel, Frostbeulen und Angina.

Tipp

Zum Abschluss der Zwiebelernte freuen sich die Coburger im September auf ihren Zwiebelmarkt. In fast allen Bäkkereien gibt es an den Markttagen den begehrten Zwiebelkuchen. Dazu werden frischer Federweißer oder Bier ausgeschenkt. Daneben sind auf dem Marktplatz allerlei Stände aufgebaut.

Seit es möglich ist, Zwiebeln das ganze Jahr über zu kaufen, hat der Handel damit auf dem Markt nur noch eine geringe Bedeutung; früher jedoch wurden tausende von Zentnern umgesetzt.

Kalorientabelle

Nahrungsmittel	[kcal/100g]	[kJ/100g]
Acerola	39	163
Affenbrotfrucht	104	436
Amarant	364	1524
Ananas	56	235
Annone	62	260
Apfel	55	230
Apfelsine	54	226
Aprikose	54	226
Artischocke	50	209
Aubergine	21	88
Avocado	241	1009
Babaco	23	96
Bambussprossen	18	75
Bananen	90	377
Batate	117	490
Bataviasalat	12	50
Baumtomate	56	235
Bergamotte	32	134
Birne	56	235
Blumenkohl	22	92
Bohnen weiß/getr.	349	1462
Bohnen grün/fr.	31	130
Bohne dicke	22	92
Boysenbeere	34	142
Brennessel	49	205
Brokkoli	25	105
Brombeere	48	201
Brotfrucht	113	473
Buchweizen	340	1424
Champignon	22	92
Chayote	24	101
Chicorée	14	59
Chinakohl	12	50
Cranberry	48	201
Curuba	25	104
Datteln/getr.	305	1277
Dinkel	303	1269
Eichblattsalat	11	46
Eisbergsalat	13	54
Endivie	13	54
Erbse/fr.	79	331
Erdbeere	37	155

Nahrungsmittel	[kcal/100g]	[kJ/100g]
Erdnuss/getr.	631	2643
Feige	49	205
Feldsalat	18	75
Gemüsefenchel	41	172
Gemüsepaprika	23	96
Gerste	320	1340
Granatapfel	63	264
Grapefruit	32	134
Grünkern	324	1357
Grünkohl	36	151
Guave	242	1013
Gurken	8	34
Hafer	353	1478
Hagebutte	102	427
Haselnuss/o. Sch.	694	2906
Heidelbeere	62	260
Himbeere	40	168
Hirse	380	1591
Holunderbeere	46	193
Jackfrucht	98	410
Japanische Mispel	48	201
Japanische Weinbeere	35	147
Johannisbeere/rote	45	188
Jostabeere	45	188
Jujube	250	1047
Kaki	44	168
Kaktusfeige	36	151
Kapuzinerkresse	46	193
Karambole	25	107
Karotte	29	121
Kartoffeln o. Sch.	85	356
Kaschunuss	604	2530
Kichererbsen	153	641
Kirschen	57	239
Kiwi	56	235
Kohlrabi	21	88
Kokosnuss/o. Sch.	399	1671
Kopfsalat	13	54
Kraussalat	11	46
Kresse	46	193
Kürbis	23	96
Kumquat	65	272
Lattich	13	54
Lauch	31	130
Leinsamen	421	1763

Nahrungsmittel	[kcal/100g]	[kJ/100g]
Limette	28	117
Linsen/getr.	322	1349
Litschi	71	297
Löwenzahn	36	151
Lollo Rossa	52	218
Longane	61	255
Macadamianuss	687	2877
Mandarinen	48	201
Mandeln/o.Sch.	651	2726
Mango	63	263
Mangold	18	75
Mangostane	77	322
Maniok	132	553
Maracuja	67	281
Maronen	194	812
Meeresalgen	37	155
Meerkohl	22	92
Meerrettich	40	168
Melde	25	105
Melonen	21	88
Mirabelle	67	281
Mispel	95	398
Nashi	55	230
Nektarinen	64	268
Okra	33	138
Oliven/marin.	138	578
Paksoi	20	84
Palmenherzen	36	151
Pampelmuse	46	193
Papaya	56	235
Paranuss	714	2990
Pastinake	64	268
Pâtisson	25	105
Pekannuss	687	2877
Pepinos	35	147
Pfirsich	46	193
Pflaumen	62	260
Physalis	58	243
Pinienkerne	575	2408
Pistazien	642	2689
Pitahaya	36	151
Pomelo	21	88
Portulak	19	80
Preiselbeere	46	193
Purpur-Granadilla	47	197

Nahrungsmittel	[kcal/100g]	[kJ/100g]
Quinoa	343	1436
Quitte	68	285
Radicchio	13	54
Radieschen	18	75
Rambutan	74	310
Reis	368	1541
Reneklode	72	302
Rettich	19	80
Rhabarber	14	59
Roggen	346	1449
Romana	16	67
Romanesco	30	126
Rosenkohl	41	172
Rosinen	271	1135
Rote Bete	34	142
Rotkohl	22	92
Sago	336	1407
Sanddorn	103	431
Sapote	125	524
Sapotille	89	373
Sauerampfer	22	92
Sauerkraut	26	109
Schalotte	22	92
Schnittkohl	20	84
Schwarzwurzel	70	293
Sellerie	28	117
Sesam	559	2341
Sharon	40	168
Sojabohne	389	1629
Sonnenblumenkerne	525	2199
Spargel	18	75
Spargelbohne	34	142
Spinat	21	88
Stachelbeere	44	184
Staudensellerie	17	71
Steckrübe	29	121
Stengelkohl	30	126
Stielmus	18	75
Straucherbse	270	1131
Süße Granadilla	70	293
Susine	52	218
Tamarinde	207	852
Tannia	104	436
Taro	104	436
Taubnessel	49	205

Nahrungsmittel	[kcal/100g]	[kJ/100g]
Taybeere	35	147
Tomaten	16	67
Topinambur	74	310
Trauben	72	302
Vogelbeere	98	410
Walnuß/o. Sch.	705	2953
Weißkraut	20	84
Weizen	313	1311
Wirsing	26	109
Yam	96	402
Zitrone	28	117
Zucchinis	19	100
Zuckermais	97	406
Zwetschen	62	260
Zwiebel	42	176

Literaturverzeichnis

- AID – Broschüren. Bonn. 1996
- AOK – Broschüre: Medizin aus der Natur. 1986
- Arnold Zabert, Kochen, Carl Ueberreuter Druckerei GmbH, Österreich. 1990
- Auguste Escoffier, Kochkunstführer, Pfannenberg Verlag, 1968
- Das Beste: Reader´s Digest, Obst und Gemüse von A-Z. 1996
- Das Leibgericht, Deutsche Buchgemeinschaft, Koch´s Verlag, Berlin, 1955
- Die kleine Speisekammer/Gondrom Verlag/Bindlach. 1996
- Die neuzeitliche Küche, Verlagsbuchhandlung Rudolf Ehlers, Schweiz, ca. 1920
- Dieter Podlech, Naturführer Heilpflanzen. Gräfe/Unzer-Verlag. 1987
- Gärtner Pötschke Garten-Katalog. Neuss. 1970+1999
- Großes Universallexikon, Verlag: Honus AG, Zug/Schweiz 1988
- Günther Liebster, Warenkunde Obst & Gemüse, Band 1, Obst, Morion-Verlag. 1995
- Günther Liebster, Warenkunde Obst & Gemüse, Band 2, Gemüse, Morion-Verlag. 1995
- Henriette Davidis, Praktisches Kochbuch, 1898
- Karl Duch, Handlexikon der Kochkunst, Rudolf Taubner Verlag, 1969
- Koch Lexikon, Frankfurter Neue Presse, Verlag Sebastian Lux, München, 1953
- Kübler, Das Hauswesen, Verlag von J. Engelhorn,, Stuttgart, 1883
- Lutz Bernau, Urgroßmutter´s Naturapotheke. Mohndruck Gütersloh 1990
- Meyers Grosses Standardlexikon, Mannheim 1983
- Obst und Gemüse als Medizin. Klaus Oberbeil, Christiane Lentz. Südwest-Verlag München. 1996
- Richard Hering, Lexikon der Küche, Pfannenberg Verlag, Giessen, 1957
- Sitha Werdin, Gemüse – Apotheke. Mohndruck Gütersloh 1995
- Susanne Poth, Die Heilkraft der Pflanzen. Falken-Verlag. 1996
- Teubner Edition, Das Große Buch der Gemüse. 1996
- Teubner Edition, Das Große Buch der Exoten. 1996
- Time Life Serie International, Nederland, N.V. 1970
- Udo Pollmer, Prost Mahlzeit. Verlag Kiepenheuer + Witsch. 1994

- Informationen aus Tageszeitungen, Illustrierten, Fernsehen, Radio.

Glossar

Aalbeere	→ Johannisbeere
Aam	→ Mango
Aapeneers	→ Mispel
Aardappel	→ Kartoffel
Aardbei	→ Erdbeere
Aardelboom	→ Erdbeerbaumfrucht
Aardnoot	→ Erdnuss
Aardpeer	→ Topinambur
Abacate	→ Avocado
Abaschu	→ Kaschunuss
Abelmoschus	→ Okra
Abern	→ Kartoffel
Abessinbanane	→ Banane
Abessinische Banane	→ Banane
Abfangsbeere	→ Brombeere
Abiu	→ Lucuma
Abobora	→ Pâtisson
Abricot d'Amerique	→ Mammeyapfel
Abricot d'Antilles	→ Mammeyapfel
Abricot des Antilles	→ Sapote
Abricot	→ Aprikose
Abrikoos	→ Aprikose
Abschblüten	→ Schlehe
Acajou	→ Kaschunss
Acajouapfel	→ Kaschunuss
Acajounuss	→ Kaschunuss
Acca sellowiana	→ Feijoa
Acedera	→ Sauerampfer
Acederilla	→ Sauerkleeknolle
Aceitunas	→ Olive
Acerola cherry	→ Acerola
Acerolier	→ Acerola
Acetosella	→ Sauerkleeknolle
Achantinuss	→ Erdnuss
Achard	→ Gemüse
Achia	→ Bambussprossen
Achicorias	→ Zichorie
Ackerbohnen	→ Bohne
Ackerbrombeer	→ Brombeere
Ackerbrommer	→ Brombeere
Ackererbse	→ Erbse
Ackerholder	→ Holunderbeere
Ackerkraut	→ Spitzwegerich
Ackerkürbis	→ Kürbis
Ackerlattich	→ Feldsalat
Ackerpflaume	→ Schlehe
Ackersalat	→ Feldsalat
Acorn squash	→ Kürbis
Actinidia arguta	→ Kiwi
Actinidia sinsensis	→ Kiwi
Adach	→ Holunderbeere
Adamsapfel	→ Pampelmuse
Adamsfeige	→ Banane
Adansonia digit.	→ Affenbrotfrucht
Adansonie	→ Affenbrotfrucht
Ädäppel	→ Kartoffel
Adebarskaspern	→ Johannisbeere
Aderblatt	→ Spitzwegerich
Aderkrut	→ Spitzwegerich
Adriatische Feige	→ Feige
Adventskohl	→ Weißkraut
Adventswirsing	→ Wirsing
Advokatenbirne	→ Avocado
Adzuki bean	→ Bohne
Adzukibohnen	→ Bohne
Aebler	→ Apfel
Aeckerling	→ Champignon
Affenbeere	→ Moosbeere
Affennuss	→ Erdnuss
Affenpfirsich	→ Kiwi
Afrikanische Horngurke	→ Kiwano
Agaricus	→ Champignon
Agaricus arvensis	→ Champignon
Agaricus bisporus	→ Champignon
Agaricus bitorquis	→ Champignon
Agaricus campestris	→ Champignon
Agaricus lanipes	→ Champignon
Agaricus silvaticus	→ Champignon

Agavanzas → Hagebutten
Agendorn → Berberitze
Agenpflaume → Pflaume
Ägertling → Champignon
Äggebeere → Johannisbeere
Agras → Stachelbeere
Agräsch → Stachelbeere
Agrasel → Stachelbeere
Ägresch → Berberitze
Agrios → Zitrusfrüchte
Agristbeere → Stachelbeere
Agrumes → Zitrusfrüchte
Agrumi → Zitrusfrüchte
Aguacate → Avocado
Aguacate → Avocado
Aguaturma → Topinambur
Agurets → Gurke
Agurke → Gurke
Ägyptische Bohne → Okra
Ägyptische Zwiebel → Zwiebel
Ägyptischer Urweizen → Weizen
Ahlbeere → Johannisbeere
Ahornkirsche → Acerola
Ährengetreide → Getreide
Ahua Quatl → Avocado
Ähze → Erbse
Aigelbeere → Heidelbeere
Ail fistuleux → Zwiebel
Ail → Lauch
Aipim → Maniok
Airelle rouge → Cranberry
Airelle → Heidelbeere
Airellee rouge → Preiselbeere
Aischlitzen → Stachelbeere
Aizoaceae → Eiskraut
Aizoon → Eiskraut
Akajou → Kaschunuss
Aka-Shiso → Perilla
Akee d'Afrique → Aki
Akee → Aki
Akerbeere → Brombeere
Akinuss → Aki
Akipflaume → Aki
Aktinidie → Kiwi
Albaricoque → Aprikose
Albergen → Aprikose
Albergine → Aubergine
Albesing → Johannisbeere
Albessen → Berberitze
Albicoca di S. D. → Mammeyapfel
Albicocca → Aprikose
Album → Kichererbse
Alcachofa → Artischocke
Alcharsof → Artischocke
Alemannisches Getreide → Dinkel
Alepponuss → Pistazie
Alexandrina-Senna → Kassie
Alexandriner Dattel → Dattel
Alfalfa → Sauerkleeknolle
Alfóncigos → Pistazie
Alforfón → Buchweizen
Alga → Meeresalgen
Algae → Meeresalgen
Algarroba → Johannisbrot
Algas → Meeresalgen
Alghe → Meeresalgen
Algues marines → Meeresalgen
Alhern → Holunderbeere
Alhorn → Holunderbeere
Allate → Holunderbeere
Alléluja → Sauerkleeknolle
Allerte → Holunderbeere
Alligator pear → Avocado
Alligatorbirne → Avocado
Allium ascalonium → Schalotte
Allium cepa → Zwiebel
Allium cepa v. aggre. → Schalotte
Allium fistulosum → Zwiebel
Allium porrum → Lauch
Allörden → Holunderbeere
Almendras → Mandel
Almond → Mandel
Alpenerdbeere → Erdbeere
Alpen-Johannis-beeren → Johannisbeere
Alpiste chino → Paksoi
Alquequenje → Physalis
Alte Weiber → Erbse
Altholler → Holunderbeere
Älü → Kartoffel
Alverda → Blumenkohl
Alverja → Erbse

Amande de terre	→ Erdmandel	**Ananaskirsebär**	→ Physalis
Amande	→ Mandel	**Ananaskraut**	→ Sauerkraut
Amandel	→ Mandel	**Ananasmelone**	→ Melone
Amandula	→ Mandel	**Ananasso**	→ Ananas
Amarante	→ Amarant	**Ananaz**	→ Ananas
Amaranth	→ Amarant	**Anarcadium occidentale**	→ Kaschunuss
Amaranthus caudatus	→ Kiwicha	**Anarcadium-Nuss**	→ Kaschunuss
Amaranthus dubius	→ Amarant	**Andean mountainberry**	→ Brombeere
Amaranto	→ Amarant	**Andenbeere**	→ Physalis
Amáranton	→ Amarant	**Andievche**	→ Endivie
Amarellen	→ Kirsche	**Andijvie**	→ Endivie
Amarena-Kirschen	→ Kirsche	**Angelbeere**	→ Heidelbeere
Amargón	→ Löwenzahn	**Angerling**	→ Champignon
Amarilla	→ Mirabelle	**Anginara**	→ Artischocke
Amazonaskastanie	→ Paranuss	**Angled gourd**	→ Luffa
Amazonasmandel	→ Paranuss	**Angled loofah**	→ Luffa
Amazonenmandel	→ Paranuss	**Angolaerbse**	→ Straucherbse
Ambeer	→ Himbeere	**Angrischl**	→ Stachelbeere
Ambrosia-Mandel	→ Mandel	**Angurie**	→ Melone
Ambus	→ Himbeere	**Anischampignon**	→ Champignon
Amelitze	→ Sanddorn	**Annefäz**	→ Stachelbeere
Amerikaanse abrikoos	→ Mammeyapfel	**Annekenbutte**	→ Hagebutte
Amerikanische Blueberry	→ Heidelbeere	**Annona cherimola**	→ Annone
Amerikanische Kermesbeere	→ Kermesbeere	**Annona muricata**	→ Annone
Amerikanische Moorbeere	→ Cranberry	**Annona reticulata**	→ Annone
Amerikanische Moosbeere	→ Cranberry	**Annona squamosa**	→ Annone
Amerikanische Preiselbeere	→ Cranberry	**Anona**	→ Annone
Amerikanische Walnuss	→ Pekannuss	**Annone écailleuse**	→ Annone
Amerikanischer Hanf	→ Hanf	**Anome**	→ Annone
Amerikanischer Pflücksalat	→ Eichblattsalat	**Anona blanca**	→ Annone
Ammern	→ Kirsche	**Anona colorada**	→ Annone
Amorellen	→ Kirsche	**Anone**	→ Annone
Ampfer	→ Sauerampfer	**Anquito**	→ Kürbis
Amritscherl	→ Sanddorn	**Antillenkirsche**	→ Acerola
Anacardi	→ Kaschunuss	**Antipasto**	→ Tomate
Anacardius	→ Kaschunuss	**Antroewa**	→ Aubergine
Ananas comosus	→ Ananas	**Anu**	→ Kapuzinerkresse
Ananas	→ Erdbeere	**Aosa**	→ Meeresalgen
Ananaserdbeere	→ Erdbeere	**Ao-Shiso**	→ Perilla
Ananas-Guave	→ Feijoa	**Apati**	→ Reis
Ananaskirsche	→ Physalis	**Apelsin**	→ Apfelsine
		Apfel aus Kydonia	→ Quitte
		Apfel von Goa	→ Karambole
		Apfelbanane	→ Banane
		Apfelbirne	→ Birne
		Apfel-Birne	→ Nashi

Apfel-Jambusen → Jambolan
Apfelkraut → Apfel
Apfelmango → Balsampflaume
Apfelmelonen → Pepino
Apfelmispel → Mispel
Apfelpaprika → Paprikaschote
Apfelquitte → Quitte
Apio blanco → Staudensellerie
Apio da cortar → Sellerie
Apio → Sellerie
Apium graveolens var. dulce → Staudensellerie
Apium graveolens var. rapaceum → Sellerie
Apium graveolens var. secalinum → Sellerie
Äplern → Holunderbeere
Apostelkraut → Löwenzahn
Apostenwurz → Löwenzahn
Appel → Apfel
Appelsina → Apfelsine
Appich → Sellerie
Apricot du Japon → Kaki
Apricot → Aprikose
Aprikos → Aprikose
Aprikosen-Jambusen → Jambolan
Aprikosen-pfirsich → Pfirsich
Arachide → Erdnuss
Arachis hypogaea → Erdnuss
Arachisnuss → Erdnuss
Arame → Meeresalgen
Arancia → Apfelsine
Arancio amara → Pomeranze
Arandano encarnado → Preiselbeere
Arandano Encarnado → Cranberry
Arandano → Heidelbeere
Araschisnuss → Erdnuss
Arbouse → Erdbeerbaumfr.
Arbusen → Melone
Arbute → Erdbeerbaumfr.
Arbuto → Kirsche
Arbutus unedo → Erdbeerbaumfr.
Arbutus-Beere → Erdbeerbaumfr.
Arch → Holunderbeere
Arctium lappa → Klette
Ardbeere → Erdbeere
Ardei → Paprikaschote
Areca → Betelnuss
Areka → Betelnuss
Areka catechu → Betelnuss
Arfen → Erbse
Arften → Erbse
Argoussier → Sanddorn
Arhar → Straucherbse
Arktische Brombeere → Brombeere
Arlequins → Walnuss
Armagnac-Pflaumen → Pflaume
Armellino → Aprikose
Armenillo → Aprikose
Armenische Frucht → Aprikose
Armenischer Apfel → Aprikose
Armersünderblume → Zichorie
Armoraccio → Meerrettich
Armoracia rusticana → Meerrettich
Aromachampignon → Champignon
Aromahopfen → Hopfen
Arracacia → Arracacha
Arracacia xanthorrhiza → Arracacha
Arroche Epinard → Melde
Arroche → Melde
Arroz → Reis
Ärter → Erbse
Artichaut de Jerusalem → Topinambur
Artichaut des Indes → Batate
Artichaut → Artischocke
Artichoke → Artischocke
Artocarpus communis → Brotfrucht
Artocarpus heterophylla → Jackfrucht
Artocarpus incisa → Brotfrucht
Artocarpus integrifolia → Brotfrucht
Arugala → Rauke
Arzan → Hirse
Aschantinuss → Erdnuss
Aschlauch → Schalotte
Ascolonia → Schalotte
Ash gourd → Kürbis
Asian Pear → Nashi

Asiatische Birne → Nashi
Asiatische Hirse → Hirse
Asiatische Kermesbeere → Kermesbeere
Asiatischer Yam → Yam
Askalonzwiebel → Schalotte
Asma yapragi → Weinblätter
Asparago → Spargel
Asparagus bean → Spargelbohne
Asparagus lettuce → Spargelsalat
Asparagus officinales → Spargel
Asparagus pea → Spargelerbse
Asparagus → Spargel
Aspars → Spargel
Aspele → Mispel
Asperge → Spargel
Asperl → Mispel
Aster tripolium → Strandaster
Asukibohnen → Bohne
Atchia → Bambussprossen
Atemoya → Annone
Aterbeere → Heidelbeere
Atriplex hortensis → Melde
Atropa bella-donna → Kirsche
Attich → Holunderbeere
Aubeere → Moosbeere
Audorn → Sanddorn
Augenbeere → Heidelbeere
Augenbohnen → Bohne
Augenmilch → Löwenzahn
Augenwurz → Löwenzahn
Äuglbeer → Heidelbeere
Augurk → Gurke
Auskernbohnen → Bohne
Auskernerbse → Erbse
Australische Haselnuss → Macadamianuss
Australische Nuss → Macadamianuss
Australischer Pfirsich → Pfirsich
Australnuss → Macadamianuss
Aveline → Haselnuss
Avellanas → Haselnuss
Avena sativa → Hafer
Averrhoa carambola → Karambole
Avocadobirne → Avocado
Avocat → Avocado
Avoine → Hafer
Avokato → Avocado
Avola → Mandel
Avorio → Reis
Azarolapfel → Mispel
Azarolbirne → Mispel
Azeitona → Olive
Äzen → Erbse
Azerola → Acerola
Aztekenbirne → Avocado
Azufaifa → Jujube
Azuki → Bohne

Baak Choi → Paksoi
Baby salad → Kopfsalat
Babyananas → Ananas
Baby-Apfel → Apfel
Babyartischocken → Artischocke
Babybanane → Banane
Baby-beet → Rote Bete
Baby-Blumenkohl → Blumenkohl
Babylauch → Zwiebel
Babymais → Zuckermais
Baby-Salat → Kopfsalat
Baby-Zucchinis → Zucchini
Bachbeere → Brombeere
Bachholder → Holunderbeere
Bachkresse → Kresse
Bachsalat → Kresse
Backerbsen → Erbse
Backholer → Holunderbeere
Backobst → Obst
Backpflaumen → Pflaume
Badea → Granadilla
Baderli → Hagebutte
Badewannenfrucht → Mango
Badischer Reis → Grünkern
Bael fruit → Baelfrucht
Baglamafeigen → Feige
Bagola → Heidelbeere
Báicài → Chinakohl
Báiguo → Ginkgopflaume
Balata jaune d'oeuf → Lucuma
Ballerbüchsen flieder → Holunderbeere
Balsam pear → Bittergurke
Balsamapfel → Kürbis

Balsambirne	→	Bittergurke
Balsamgurke	→	Bittergurke
Balsternak	→	Pastinake
Bambergernuss	→	Haselnuss
Bambolma	→	Pampelmuse
Bamboo shoots	→	Bambussprossen
Bamboo sprouts	→	Bambussprossen
Bambusa vulgaris	→	Bambussprossen
Bambusspitzen	→	Bambussprossen
Bame	→	Okra
Bamia	→	Okra
Bamie	→	Okra
Bamiel	→	Okra
Bamiya	→	Okra
Bammbusch	→	Löwenzahn
Bamy(j)a	→	Okra
Banaan	→	Banane
Banam	→	Banane
Banan	→	Banane
Banana passionfruit	→	Curuba
Bananas	→	Banane
Bananenapfel	→	Apfel
Bananen-Passions-frucht	→	Curuba
Bananito	→	Banane
Baobab	→	Affenbrotfrucht
Barba di becco	→	Schwarzwurzel
Barbabietola rossa	→	Rote Bete
Barbadine	→	Granadilla
Barbados cherry	→	Acerola
Barbados Kersen	→	Acerola
Barbadoskirsche	→	Acerola
Barbaforte	→	Meerrettich
Barbarakraut	→	Kresse
Barbarea vulgaris	→	Kresse
Barbarée	→	Kresse
Barbareifeige	→	Kaktusfeige
Barbarica-Mandeln	→	Mandel
Barbe de capucine	→	Zichorie
Barbelkraut	→	Kresse
Barbenkraut	→	Kresse
Barbuschke	→	Hagebutte
Barcelones-Nuss	→	Haselnuss
Bardana	→	Klette
Bardane	→	Klette
Bärendreck	→	Brombeere
Barhi	→	Dattel
Bari-Feigen	→	Feige
Barille	→	Aprikose
Barley	→	Gerste
Baroken	→	Preiselbeere
Bart ei. Kapuziner.	→	Zichorie
Basal	→	Zwiebel
Basano	→	Rote Bete
Baschine	→	Heidelbeere
Bäseke	→	Heidelbeere
Basella alba	→	Malabar-Spinat
Basmatireis	→	Reis
Basselbeere	→	Berberitze
Bastardkirschen	→	Kirsche
Bataat	→	Batate
Batata	→	Batate
Batatas	→	Kartoffel
Batavia-sla	→	Bataviasalat
Batemjan	→	Aubergine
Bâtonnet	→	Gemüse
Bätschke	→	Holunderbeere
Battavian lettuce	→	Bataviasalat
Bauchstecherl	→	Hagebutte
Bäuckbeere	→	Heidelbeere
Bauernkraut	→	Meerrettich
Bauernsenf	→	Meerrettich
Bäumchenbeere	→	Himbeere
Baumhasel	→	Haselnuss
Baumkäse	→	Durian
Baummelone	→	Papaya
Baumnuss	→	Walnuss
Baumstachelbeere	→	Karambole
Baumstammkirsche	→	Jaboticaba
Baumweichseln	→	Kirsche
Baumwollapfel	→	Quitte
Baumzwiebel	→	Zwiebel
Baune	→	Bohne
Baya de turbera	→	Moosbeere
Bayas bel mirtilo	→	Heidelbeere
Bayas del arándano	→	Heidelbeere
Bayerisches Kraut	→	Weißkraut
Bayerischkraut	→	Weißkraut
Bayernfeige	→	Feige
Bayern-Kiwi	→	Kiwi
Bayrischkraut	→	Weißkraut
Bayselbeere	→	Berberitze

Bean → Bohne
Beansprouts → Sojabohne
Beauty → Mandarine
Beberl → Stachelbeere
Beberlstaude → Stachelbeere
Bebern → Heidelbeere
Bebitte → Heidelbeere
Beckbeere → Preiselbeere
Beechnut → Bucheckern
Beefsteak plant → Perilla
Beefsteaktomaten → Tomate
Beerdorn → Berberitze
Beerenfrüchte → Früchte
Beerenobst → Obst
Beerschkerne → Heidelbeere
Beersökne → Heidelbeere
Beet roots → Rote Bete
Beete → Rote Bete
Beg armudy → Birne
Behaarte Litschi → Rambutan
Behenölbaum → Pferderettichbaum
Beiberen → Heidelbeere
Beikbeere → Heidelbeere
Beiss(l)beere → Berberitze
Beisserle → Hagebutte
Beisskohl → Mangold
Beisslauch → Lauch
Beisswurzel → Meerrettich
Bel indien → Baelfrucht
Belegfrüchte → Früchte
Belegobst → Obst
Belgische Endivie → Chicorée
Belgischer Chicorée → Chicorée
Beli → Baelfrucht
Belifrucht → Baelfrucht
Bell pepper → Paprikaschote
Belladonna → Kirsche
Belsprümche → Schlehe
Bengal quince → Baelfrucht
Bengalische Quitte → Baelfrucht
Benita → Birne
Benthos → Meeresalgen
Ber → Jujube
Berbaris → Berberitze
Berbeissen → Berberitze
Berberdatteln → Dattel
Berberis vulgaris → Berberitze
Berberisse → Berberitze
Berbesbeere → Berberitze
Berbis → Berberitze
Berbisbeere → Berberitze
Berenjena → Aubergine
Bergamot → Bergamotte
Bergamot → Bergamotte
Bergamota → Bergamotte
Bergamote → Bergamotte
Bergamott → Bergamotte
Bergamotta → Bergamotte
Bergamott-Birne → Birne
Bergamotte → s.a.Mandarine
Berghimbeere → Brombeere
Bergholunder → Holunderbeere
Berglinsen → Linse
Bergmännl → Heidelbeere
Bergmyrte → Heidelbeere
Bergpapaya → Papaya
Bergreis → Quinoa
Bergwegerich → Spitzwegerich
Beringène → Aubergine
Berlesbeere → Moosbeere
Bermudazwiebel → Zwiebel
Bernitzke → Preiselbeere
Berro → Kresse
Bersisch → Berberitze
Bertholettia excelsa → Paranuss
Berwitzen → Berberitze
Berza col → Grünkohl
Beseken → Stachelbeere
Besenbeere → Berberitze
Besenrauke → Rauke
Besinge → Heidelbeere
Best → Holunderbeere
Beta vul. saccha. → Zuckerrübe
Beta vul. var. cicla → Mangold
Beta vul. var. cond. → Rote Bete
Beta vul. var. crassa → Zuckerrübe
Beta vul. var. flaves → Mangold
Beta-Alpha-Gurken → Gurke
Bete → Rote Bete
Betel nut → Betelnuss
Bétoine → Stachys
Betony → Stachys

Betschele → Holunderbeere
Bette → Mangold
Betterave rouge → Rote Bete
Betterave sucrière → Zuckerrübe
Bettlerkirsche → Stachelbeere
Bettlersalat → Berberitze
Bettnässer → Löwenzahn
Bettpisser → Löwenzahn
Bettseicherle → Löwenzahn
Bettseichersalat → Löwenzahn
Beukeren → Heidelbeere
Beutelsauerkraut → Sauerkraut
Beuwern → Heidelbeere
Bhindi → Okra
Bianka → Topinambur
Bibace → Japanische Mispel
Bibken → Heidelbeere
Bickbeere → Heidelbeere
Bienendorn → Schlehe
Bienensaug → Taubnessel
Bierrettich → Rettich
Bierwurz → Rettich
Biet → Mangold
Bieta → Mangold
Bietola → Mangold
Bigarade → Pomeranze
Bigaradia → Pomeranze
Bigaradie → Pomeranze
Biggebitten → Heidelbeere
Bilberry → Heidelbeere
Bilebeer → Heidelbeere
Biliger → Hagebutte
Bilimbi → Karambole
Bilimbing → Karambole
Bilimbing Averrhoa → Karambole
Bilsenbeere → Berberitze
Bimbaum → Löwenzahn
Binätsch → Spinat
Bindenendivie → Endivie
Bindesalat → Römischer Salat
Bindsla → Römischer Salat
Bire → Birne
Birmabohnen → Bohne
Birnenmelone → Pepino
Birnenmispel → Mispel
Birnenquitte → Quitte
Birnentomaten → Tomate
Birre → Birne
Bisamklee → Bockshornklee
Bischofskirschen → Kirsche
Bischofsmütze → Pâtisson
Bissarà → Bohne
Bitter cucumber → Bittergurke
Bitter gourd → Bittergurke
Bitter melon → Kürbis
Bitter Orange → Pomeranze
Bitterblume → Löwenzahn
Bittere Mandarine → Bergamotte
Bittere Orange → Pomeranze
Bittere Pomeränzchen → Pomeranze
Bitterer Yam → Yam
Bitterhopfen → Hopfen
Bittermandeln → Mandel
Bittermelone → Kürbis
Bitterorange → Pomeranze
Bitzelbeere → Berberitze
Biwen → Hafer
Biwerken → Heidelbeere
Bixbeere → Heidelbeere
Bizzi → Meerrettich
Blabär → Heidelbeere
Black Currant → Johannisbeere
Black gram → Bohne
Black radish → Rettich
Black salsify → Schwarzwurzel
Blackbeere → Brombeere
Blackberry → Brombeere
Black-eyed pea → Bohne
Bladselderij → Sellerie
Blambeere → Brombeere
Blaschbeer → Rhabarber
Blasentang → Meeresalgen
Blattbatavia → Lollo Rossa
Blätterkohl → Chinakohl+Grünkohl+Schnittkohl
Blattgemüse → Gemüse
Blattkohl → Grünkohl+Schnittkohl
Blattmangold → Mangold
Blattpflanzen → Pflanzen
Blattsalat → Kopfsalat
Blattsellerie → Sellerie
Blattspinat → Spinat
Blattzichorie → Ziochorie
Blaubeere → Heidelbeere
Blauchabis → Rotkohl
Blaue Beere → Brombeere
Blaue Bohnen → Bohne

Blaue Erbsen → Erbse
Blaue Granten → Heidelbeere
Blaue Luzerne → Sauerkleeknolle
Blaue Sonnenwende → Zichorie
Bläueli → Brombeere
Blauer Dorn → Sanddorn
Blauer Sommerwirbel → Zichorie
Blauer Steinklee → Bockshornklee
Blaukabis → Rotkohl
Blaukohl → Rotkohl
Blaukraut → Rotkohl
Blauwe Bosbes → Heidelbeere
Blauwschokkers → Erbse
Blé noir → Buchweizen
Blé → Weizen
Bleekselderij → Staudensellerie
Bleichlauch → Lauch
Bleichsellerie → Staudensellerie
Bleichspargel → Spargel
Bleichzichorie → Chicorée
Blette → Mangold
Blighia sapida → Aki
Blitum virgatum → Erdbeerspinat
Blitwa → Mangold
Blochine → Heidelbeere
Bloemkool → Blumenkohl
Blondfrüchte → Apfelsine
Blondorangen → Apfelsine
Blubberbeere → Heidelbeere
Bluder(t)sch → Heidelbeere
Bluderbeere → Heidelbeere
Bludere → Heidelbeere
Blueberry → Heidelbeere
Blühdorn → Hagebutte
Blumenkresse → Kapuzinerkresse
Blumensalat → Salat
Blumenwirsing → Blumenkohl
Blütengemüse → Gemüse
Blütenkohl → Blumenkohl
Blütenpflanzen → Pflanzen
Blutfrüchte → Apfelsine
Bluthasel → Haselnuss
Blutorangen → Apfelsine
Blutpfirsiche → Pfirsich
Boassel(i)beere → Berberitze
Bobbybohnen → Bohne
Boberelle → Physalis
Bocadillo-Banane → Banane
Bockbeer → Schlehe
Bocksbart → Schwarzwurzel
Bocksbeere → Heidelbeere+Johannisbeere+Schlehe
Bocksfeige → Feige
Bocksholler → Holunderbeere
Bockshörndl → Johannisbrot
Bockskraut → Preiselbeere
Bocwina → Mangold
Bodenknöpfe → Steckrübe
Bodenkohlrabi → Steckrübe
Bodenrübe → Steckrübe
Boerenkool → Grünkohl
Boeweln → Heidelbeere
Bogbilberry → Heidelbeere
Boiwacken → Preiselbeere
Bokwaiten → Buchweizen
Bolle → Zwiebel
Bölle → Zwiebel
Bollenpiepen → Zwiebel
Boniato → Batate
Bönor → Bohne
Bookwe(e)ten → Buchweizen
Boomtomaat → Baumtomate
Boon → Bohne
Bor → Jujube
Bor(u)fkenm → Heidelbeere
Boraso → Palmyra
Borasse → Palmyra
Borbel → Topinambur
Borecole → Grünkohl
Borlotti-Bohne → Bohne
Bornkassen → Kresse
Bornkresse → Kresse
Borowski → Preiselbeere
Borré → Lauch
Börschkohl → Wirsing
Börskohl → Wirsing
Borstenhirse → Hirse
Bortscheschken → Johannisbeere
Bostonbohne → Bohne
Boston-Salat → Eisbergsalat
Botersla → Kopfsalat
Botschüle → Hagebutte
Bottelhecke → Hagebutte
Bottelknopf → Hagebutte
Bottelter → Hagebutte
Botten → Hagebutte
Boukha → Feige
Bouquet garni → Gemüse
Bourcette → Feldsalat
Bowerli → Erbse

Bowken → Preiselbeere
Boysenberry → Boysenbeere
Braam → Brombeere
Brabanter Kohl → Rosenkohl
Brabanter Sprossen → Rosenkohl
Braber → Brombeeren
Brachpilz → Champignon
Bräge → Brombeere
Bräkebeere → Brombeere
Bräkenbeere → Stachelbeere
Brambeere → Brombeere
Bramberi → Brombeere
Bramble fruits → Brombeere
Brambles → Brombeere
Brambor → Kartoffel
Bramburie → Kartoffel
Bramburk → Kartoffel
Brame → Brombeere
Brämelbeere → Brombeere
Brammerte → Brombeere
Bramranke → Brombeere
Brandbeere → Brombeere
Brasil. Guave → Feijoa
Brasil. Kastanie → Paranuss
Brasil. Nuss → Paranuss
Brasil. Arrowroot → Maniok
Brasilkastanie → Paranuss
Brasilnuss → Paranuss
Brassica campestris var. parachinensis → Choisum
Brassica napus → Raps
Brassica napus var. napobrassica → Steckrübe
Brassica napus var. pabularia → Schnittkohl
Brassica oleracea convar. acephala var. gongylodes → Kohlrabi
Brassica oleracea convar. acephala var. sabellica → Grünkohl
Brassica oleracea convar. botrytis var. botrytis → Blumenkohl
Brassica oleracea convar. botrytis var. italica → Brokkoli
Brassica pekinensis → Chinakohl
Brassica rapa var. cymosa → Stängelkohl
Brassica oleracea convar. capitata var. alba → Weißkraut
Brassica oleracea var. capitata rubra → Rotkohl
Brassica oleracea var. gemmifera → Rosenkohl
Brassica oleracea var. sabauda → Wirsing
Brassica rapa ssp. chinensis → Paksoi
Brassica rapa var komatsuna → Stängelkohl
Brassica rapa var. rapifera. pygmae → Steckrübe
Brassica rapa var. rapa subvar esculenta → Steckrübe
Brassica rapa var. rapifera subvar majalis → Steckrübe
Brassica rapa var. rapifera subvar. pabularia → Stielmus
Bratapfel → Apfel
Braugerste → Gerste
Bräukelbeere → Moosbeere
Braunalge → Meeresalgen
Braunbeeren → Brombeere
Braunbere → Brombeere
Braunkohl → Grünkohl
Braunreis → Reis
Braunschnitzer → Preiselbeere
Braunschweiger Gold → Spargel
Brazil nut → Paranuss
Brazilian cherry → Pitanga
Brazilian guave → Guave
Breadfruit → Brotfrucht
Brechbohne → Bohne
Brechspargel → Spargel
Breiapfel → Sapotillapfel
Breitblattkresse → Kresse
Breite Bohne → Bohne
Breitlauch → Lauch
Breitwegerich → Spitzwegerich
Bremer Scherkohl → Schnittkohl
Bremere → Brombeere
Brenkeldorn → Brombeere
Brennbeere → Brombeere
Brenndorn → Brombeere
Brennkirsche → Kirsche
Bresling → Erdbeere
Brestlinge → Erdbeere
Bretonne Longue → Schalotte
Breuchelbeere → Preiselbeere
Brezelbeere → Preiselbeere
Brimbeere → Brombeere

Brimme → Brombeere
Brinellen → Reneklode
Brinjal → Aubergine
Brisslauch → Lauch
Broad bean → Bohne
Broad leaved endive → Endivie
Broccoletti → Brokkoli
Broccoletto → Stängelkohl
Brochappel → Moosbeere
Brockelbohnen → Bohne
Brockelerbse → Erbse
Bröckelkohl → Brokkoli
Brocolis de raves → Stielmus
Brokkerl → Brokkoli
Bromamosch → Berberitze
Brombaschine → Brombeere
Brombesinge → Brombeere
Brome → Brombeere
Bromel(t)e → Brombeere
Bromelbeere → Berberitze
Bromerbeere → Brombeere
Brońna-Kressig → Kresse
Broselbeere → Hagebutte
Brot der trockenen Gegenden → Kaktusfeige
Brotbüwwecken → Johannisbeere
Brotfrucht des kleinen Mannes → Jackfrucht
Brotgetreide → Getreide
Brotklee → Bockshornklee
Brotweizen → Weizen
Brotwurzel → Yam
Browinkeln → Preiselbeere
Brozelbeere → Brombeere
Bru(mmel)beere → Brombeere
Bruchreis → Reis
Bruchspargel → Spargel
Brugnolen → Nektarine
Brügnolen → Nektarine
Brugnon → Nektarine
Brühbohne → Bohne
Bruinschlize → Preiselbeere
Brumbeerenfässli → Stachelbeere
Brümeln → Brombeere
Brummbäre → Brombeere
Brumme(lke) → Brombeere
Brummenfürzli → Stachelbeere
Brummesken → Brombeere
Brumsterten → Brombeere
Brumuster → Brombeere
Brünellen → Reneklode
Brunkle → Brombeere
Brunnenbeere → Brombeere
Brunnenkresse → Kresse
Brunoise → Gemüse
Brunschnetz → Preiselbeere
Brünsebücken → Brombeere
Brusebeere → Brombeere
Brüsseler Endivie → Chicorée
Brüsseler Kohl → Rosenkohl
Brüsseler Salat → Chicorée
Brüsseler Sprossen → Rosenkohl
Brussels chicory → Chicorée
Brussels Lof → Chicorée
Brussels sprouts → Rosenkohl
Brustbeere → Jujube
Bruttel → Hagebutte
Brygnolen → Nektarine
Brystbaer → Jujube
Bübberken → Heidelbeere
Bubenbeere → Berberitze
Bubenblätter → Berberitze
Bubenkraut → Berberitze
Bubenlaub → Berberitze
Bubenschenkel → Berberitze
Bubikopf → Endivie
Buchampfer → Sauerampfer
Bucheln → Buchecker
Buchnüsse → Buchecker
Buchsbeere → Preiselbeere
Büchsenholz → Holunderbeere
Bückebeere → Preiselbeere
Buckel → Hagebutte
Buckelbeere → Johannisbeere
Buckwheat → Buchweizen
Büddels → Heidelbeere
Buddha's Hand → Zitronatzitrone
Buderi → Heidelbeere
Budlergrifle → Preiselbeere
Budretsche → Heidelbeere
Büffelbeere → Sanddorn
Buffenholz → Holunderbeere
Buggele → Hagebutte
Buhlblagen → Heidelbeere
Bühler Frühzwetschen → Pflaume
Buhlgraden → Heidelbeere
Bukos → Kokosnuss

Bulbenyam	→	Yam
Bulbenzwiebel	→	Zwiebel
Bulbuli rasi	→	Erdmandel
Bullbeere	→	Heidelbeere
Bullendorn	→	Hagebutte
Bullenpischer	→	Hagebutte
Bullensack	→	Hagebutte
Bullert	→	Hagebutte
Bullgnagen	→	Heidelbeere
Bullgrafen	→	Heidelbeere
Bullgrawen	→	Heidelbeere
Bullock's heart	→	Annone
Bulloog	→	Schlehe
Bult(en)beere	→	Moosbeere
Bumbansbüsch	→	Löwenzahn
Bumskeule	→	Rohrkolben
Bündelrettich	→	Rettich
Bündelzwiebel	→	Zwiebel
Bundkarotten	→	Karotte
Bundlauch	→	Lauch
Bundmöhren	→	Karotte
Bundrettich	→	Rettich
Bundsalat	→	Römischer Salat
Bundsellerie	→	Sellerie
Bundzwiebel	→	Zwiebel
Bunne	→	Bohne
Buntfrüchte	→	Früchte
Bunya-Nuss	→	Nüsse
Bunzigel	→	Hagebutte
Búrak	→	Rote Bete
Burdock	→	Klette
Burgonya	→	Kartoffel
Burpees Golden	→	Rote Bete
Burrowe	→	Preiselbeere
Burrufke	→	Preiselbeere
Bürzelkohl	→	Portulak
Burzelkraut	→	Portulak
Bürzelkraut	→	Portulak
Buschapfel	→	Preiselbeere
Buschbeere	→	Heidelbeere+Preiselbeere
Buschbohnen	→	Bohne
Büschelrose	→	Hagebutte
Buscherbsen	→	Erbse
Buschmyrte	→	Preiselbeere
Buschnitze	→	Preiselbeere
Buschrose	→	Hagebutte
Buschtomaten	→	Tomate
Buttanischen	→	Hagebutte
Buttelapfel	→	Hagebutte
Butteldinger	→	Hagebutte
Buttelhiefe	→	Hagebutte
Buttelte	→	Hagebutte
Buttenbeere	→	Hagebutte
Buttenrose	→	Hagebutte
Butter des Waldes	→	Avocado
Butterball	→	Kürbis
Butterbaum	→	Sapote
Butterbirne	→	Avocado
Butterblume	→	Löwenzahn
Butterbohnen	→	Bohne
Butterfässlein	→	Hagebutte
Butterfrucht	→	Avocado
Butterhäuptel	→	Kopfsalat
Butterkohl	→	Schnittkohl
Butterkopfsalat	→	Kopfsalat
Butternuss	→	Walnuss
Butternusskürbis	→	Kürbis
Butternut Squash	→	Kürbis
Cabbage lettuce	→	Kopfsalat
Cacah(o)uète	→	Erdnuss
Cacahuetes	→	Erdnuss
Cachi	→	Kaki
Cachiman	→	Annone
Cachou-Nuss	→	Kaschunuss
Cachum	→	Pepino
Caimite	→	Sternapfel
Caimito	→	Sternapfel
Cajanus cajan	→	Straucherbse
Cajou	→	Kaschunuss
Cajú	→	Kaschunuss
Calabassier	→	Kürbis
Calabaza	→	Kürbis
Calabrese	→	Brokkoli
Calalou	→	Tannia+Taro
Calamondin	→	Limette
Callaloo	→	Tannia+Taro
Camapum	→	Physalis
Camarque-Reis	→	Reis
Camote	→	Batate
Campanula rapunculus	→	Rapunzel
Camus de Bretagne	→	Artischocke
Cana de Azúcar	→	Zuckerrohr
Cânamo	→	Hanf
Canapa	→	Hanf
Caneel-Apfel	→	Annone

Canellino	→	Bohne
Canistel	→	Lucuma
Cannabis indica	→	Hanf
Cannabis sativa	→	Hanf
Canne à sucre	→	Zuckerrohr
Canneberge	→	Moosbeere
Cannellini	→	Bohne
Cantaloup-Melone	→	Melone
Cape gooseberry	→	Physalis
Cappucci bianchi	→	Weißkraut
Cappucci rossi	→	Rotkohl
Capuchin's beard	→	Zichorie
Capucijners	→	Erbse
Capucine	→	Kapuzinerkresse
Capuli	→	Pitanga
Caqui	→	Kaki
Carambola	→	Karambole
Carambole	→	Karambole
Carciofo	→	Artischocke
Carde	→	Kardone
Cardi	→	Kardone
Cardo	→	Kardone
Cardons	→	Kardone
Cardoon	→	Kardone
Cardy	→	Kardone
Carella	→	Bittergurke
Carica papaya	→	Papaya
Carica pentagona	→	Babaco
Carnaroli	→	Reis
Carobe	→	Johannisbrot
Carolinareis	→	Reis
Carote	→	Karotte
Carottes	→	Karotte
Caroube	→	Johannisbrot
Carrageenmoos	→	Meeresalgen
Carrots	→	Karotte
Carubo	→	Johannisbrot
Carya illio-nensis	→	Pekannuss
Cas	→	Guave
Cashew	→	Kaschunuss
Cashewnuss	→	Kaschunuss
Casimiroa edulis	→	Casimiroa
Casis	→	Johannisbeere
Cassareep	→	Maniok
Cassava	→	Maniok
Cassave	→	Maniok
Casse	→	Kassie
Cassia	→	Kassie
Cassia angustifolia	→	Kassie
Cassia	→	Kassie
Cassis	→	Johannisbeere
Castagna	→	Marone
Castanas	→	Marone
Castanea sativa	→	Marone
Castanea vesca	→	Marone
Castelfranco	→	Radicchio
Catalogna	→	Zichorie
Catalogna di Galatina	→	Zichorie
Catanese	→	Artischocke
Catawissazwiebel	→	Zwiebel
Catjangbohne	→	Straucherbse
Caulicab	→	Blumenkohl
Cauliflower	→	Blumenkohl
Caulorapa	→	Kohlrabi
Cavaillon-Melone	→	Melone
Cavendishbananen	→	Banane
Cavolfiore	→	Blumenkohl
Cavoli acidi	→	Sauerkraut
Cavolo a foglie	→	Schnittkohl
Cavolo a penna	→	Grünkohl
Cavolo della Cina	→	Chinakohl
Cavolo di Bruxelles	→	Rosenkohl
Cavolo di Milano	→	Wirsing
Cavolo navone	→	Steckrübe
Cavolo nero	→	Grünkohl
Cavolo rapa	→	Kohlrabi
Cavolo riccio	→	Grünkohl
Cavolo verze	→	Wirsing
Cayenne Kers	→	Pitanga
Cayenne lisse	→	Ananas
Cayennekirsche	→	Pitanga
Cebada	→	Gerste
Cebola	→	Zwiebel
Cebolla	→	Zwiebel
Ceci	→	Kichererbse
Cedra	→	Zitronatzitrone
Cedrat	→	Zitronatzitrone
Cedratzitrone	→	Zitronatzitrone
Cedro	→	Zitronatzitrone
Céleri rave	→	Sellerie
Céleri	→	Sellerie
Celeriac	→	Sellerie
Célerie à côtes	→	Staudensellerie
Célerie á couper	→	Sellerie
Célerie branche	→	Staudensellerie
Celery	→	Staudensellerie
Celtuce	→	Spargelsalat
Centeno	→	Roggen

Ceratonia siliqua → Johannisbrot
Céréales → Getreide
Cereales → Getreide
Cereali → Getreide
Cerealien → Getreide
Cereals → Getreide
Cereza de Cayena → Pitanga
Cerezas → Kirsche
Cerfeuil tubéreux → Steckrübe
Cerise carrée → Pitanga
Cerise de Cayenne → Pitanga
Cerise de la Chine → Litschi
Cerise de Surinam → Pitanga
Cerises → Kirsche
Cerneaux → Walnuss
Cescioni → Kresse
Cetriolo → Gurke
Ceylon-Spinat → Malabar-Spinat+Portulak
Cha → Erdmandel
Chabis → Weißkraut
Chaenomeles japon. → Quitte
Chalote → Schalotte
Champignons de Paris → Champignon
Chanvre → Hanf
Chard → Mangold
Charentais-Melone → Melone
Charlotte → Schalotte
Charrûb → Johannisbrot
Châtaigne → Marone
Chayotl → Chayote
Chayotte → Chayote
Chenopodium capit. → Erdbeerspinat
Chenopodium quinoa → Quinoa
Chérimole → Annone
Cherimoya → Annone
Cherries → Kirsche
Cherry appel → Apfel
Cherry plum → Mirabelle
Cherry tomato → Tomate
Cherrytomaten → Tomate
Cheschtene → Marone
Chestnut → Marone
Chettenblume → Löwenzahn
Chichinda → Schlangenhaargurke
Chickpea → Kichererbse
Chico → Sapotillapfel
Chicorée á feuilles → Zichorie
Chicorée de Bruxelles → Chicorée
Chicorée escariol → Endivie
Chicorée frisée → Endivie
Chicorée italienne → Zichorie
Chicorée rouge → Radicchio
Chicorée sauvage a. → Fleischkraut
Chicorée → Endivie+Zichorie
Chicorie → Zichorie
Chicory → Chicorée
Chikoree → Chicorée
Chilacuán → Papaya
Chile-Erdbeere → Erdbeere
Chilenischer Gänsefuß → Quinoa
Chilibohnen → Bohne
Chimalati → Sonnenblume
Chinaapfel → Apfelsine
Chinasalat → Paksoi
Chinese artichoke → Stachys
Chinese broccoli → Brokkoli
Chinese cabbage → Chinakohl
Chinese date → Jujube
Chinese fig → Jujube
Chinese flowering cabbage → Choisum
Chinese gooseberry → Kiwi
Chinese kale → Brokkoli
Chinese kool → Chinakohl
Chinese leaf → Chinakohl
Chinese oker → Luffa
Chinese persimmon → Kaki
Chinese preserving melon → Kürbis
Chinese spinach → Amarant
Chin. Dattelpflaume → Kaki
Chin. Artischocke → Stachys

Chin. Baumerdbeere → Erdbeerbaumfrucht
Chin. Birne → Nashi
Chin. Bohne → Bohne
Chin. Brustbeere → Jujube
Chin. Dattel → Kaki
Chin. Dattelfeige → Kaki
Chin. Datteln → Jujube
Chin. Haselnuss → Litschi
Chin. Jujuben → Jujube
Chin. Kartoffel → Yam
Chin. Kastanie → Wasserkastanie
Chin. Kirsche → Litschi
Chin. Persimmon → Kaki
Chin. Pflaume → Litschi
Chin. Quitte → Kaki
Chin. Stachelbeere → Kiwi
Chin. Wasserkastanie → Wasserkastanie
Chin. Wassernuss → Wasserkastanie
Chin. Wintermelone → Kürbis
Chin. Apfel → Apfelsine
Chin. Blattsenf → Paksoi
Chin. Brokkoli → Brokkoli
Chin. Kohl → Chinakohl
Chin. Rettich → Rettich
Chin. Salat → Paksoi
Chin. Senfkohl → Paksoi
Chin. Spinat → Amarant
Chin. Squash → Kürbis
Chin. Yam → Yam
Chin-Kon → Kumquat
Chinois → Bergamotte
Chinotte → Bergamotte
Chinotto → Bergamotte
Chioggia → Rote Bete
Chirimoya → Annone
Chirivia → Pastinake
Chironja → Grapefruit
Chirounkha → Grapefruit
Chocho → Chayote
Cho-cho → Chayote
Choco → Chayote
Choi sum → Choisum
Choko → Chayote
Cholupa → Granadilla
Chou blanc → Weißkraut
Chou caribe → Tannia+Taro
Chou cavalie → Grünkohl
Chou chinois → Chinakohl
Chou de Bruxelles → Rosenkohl
Chou de Lorient → Wirsing
Chou de Milan → Wirsing
Chou frisé → Grünkohl
Chou marin → Meerkohl
Chou navet → Steckrübe
Chou pointu → Weißkraut
Chou rouge → Rotkohl
Chou vert → Grünkohl
Chouchon → Chayote
Choucroute → Sauerkraut
Chou-fleur → Blumenkohl
Chou-rave → Kohlrabi
Chou-vert á faucher → Schnittkohl
Choy sum → Choisum
Choyote → Chayote
Chriesi → Kirsche
Christofine → Chayote
Christophene → Chayote
Christophine → Chayote
Christusbeere → Stachelbeere
Christusdorn → Hagebutte+Schlehe
Chrosle → Stachelbeere
Chrysanthéme des jardins → Salatchrysantheme
Chrysanthéme-salade → Salatchrysantheme
Chrysanthemum → Salatchrysantheme
Chrysobalanus icaco → Ikakopflaume
Chrysopyllum cainito → Sternapfel
Chuchu → Chayote
Chufa → Erdmandel
Chufanuss → Erdmandel
Chugauas → Kartoffel
Chulupa → Granadilla
Chüngelichrut → Löwenzahn
Chunks → Ananas
Cibeben → Rosine
Ciboule → Zwiebel
Cibulka → Zwiebel
Cichorium endivia var. crispum → Endivie
Cichorium endivia var. endivia → Endivia

Cichorium endivia var. latifolium → Endivie
Cichorium intybus var. foliosum → Chicorée
Cicoria → Chicorée
Cicorino verde → Radicchio
Cicorino → Radicchio
Cicorino → Zichorie
Cider → Apfel
Cido → Quitte
Cidra → Zitronatzitrone
Cigliegie → Kirsche
Ciliega del Surnamm → Pitanga
Ciliegia dell' India occidentale → Acerola
Ciliegia → Kirsche
Cima di rapa → Stängelkohl
Cimaruoli → Feige
Cimone → Stängelkohl
Cipolle → Zwiebel
Cipollina → Lauch
Cironja → Grapefruit
Ciruela Claudia → Reneklode
Ciruela roja → Baelfrucht
Ciruelas silvestres → Schlehe
Ciruelas → Pflaume+Zwetsche
Citran → Zitrone
Citrange → Zitrone
Citrangequats → Kumquat
Citrico → Zitrone
Citricos → Zitrusfrüchte
Citroen → Zitrone
Citromelon → Kiwano
Citron → Limette
Citron → Zitronatzitrone
Citron → Zitrone
Citronatcitrone → Zitronatzitrone
Citrone → Zitrone
Citronille → Kürbis
Citrullus lanatus → Melone
Citrus aurantifolia → Limette
Citrus aurantium var. bergamia → Bergamotte
Citrus aurantium var. myrtifolia → Bergamotte
Citrus bigaradia → Pomeranze
Citrus fruits → Zitrusfrüchte
Citrus limon → Zitrone
Citrus maxima → Pampelmuse+Pomelo
Citrus medica var. cedro → Zitronatzitrone
Citrus paradisi → Grapefruit
Citrus reticulata → Mandarine
Citrus reticulata var. tangerina → Mandarine
Citrus reticulata var. unshiu → Mandarine
Citrus sinsensis → Apfelsine
Citrus sp. → Zitrusfrüchte
Citrus var. → Kaffir-Limette
Citrusfruit → Zitrusfrüchte
Civet cat fruit → Durian
Clauselina → Mandarine
Clausellina → Mandarine
Claytone de Cuba → Portulak
Claytonia perfoliata → Portulak
Clementine → Mandarine
Clemenvilla → Mandarine
Cleopatra → Mandarine
Cloudberry → Brombeere
Club gourd → Schlangenhaargurke
Cluster bean → Bohne
Coccole della rosa canina → Hagebutte
Cochilsapote → Casimiroa
Cock → Lauch
Cocktailavocado → Avocado
Cocktailkirschen → Kirsche
Cocktailtomaten → Tomate
Cocktailtomaten → Tomate
Coco de mèr → Kokosnuss
Coco plum → Ikakopflaume
Cocoa plum → Ikakopflaume
Coco-Bohnen → Bohne
Cocomeri → Gurke
Cocona → Lulo
Coconut → Kokosnuss
Cocos nucifera → Kokosnuss
Cocotier → Kokosnuss
Cocoyam → Taro
Cocozelle → Zucchini
Coeur de boeuf → Annone
Coeur de palmier → Palmenherz
Cognassier → Quitte
Coing de Chine → Kaki
Coing → Quitte

Col de Bruselas → Rosenkohl
Col de china de boja crespa → Chinakohl
Col fermentada → Sauerkraut
Colcacia → Taro
Coliflor → Blumenkohl
Colinabo grando → Steckrübe
Colinabo → Kohlrabi
Colocasia esculenta → Taro
Colrábano → Kohlrabi
Colrave → Kohlrabi
Colza → Raps
Combavas → Kaffir-Limette
Common nasturtium → Kapuzinerkresse
Common sea buckthorn → Sanddorn
Common wintercress → Kresse
Comune → Reis
Concombre africaine → Kiwano
Concombre cornu → Kiwano
Concombre → Gurke
Coqueret du Perou → Physalis
Corazón → Annone
Corbezzolo → Erdbeerbaumfrucht
Corn salad → Feldsalat
Corn → Zuckermais
Cornelkirschen → Kirsche
Cornichons → Gurke
Cornus mas → Kirsche
Coronilla → Guave
Corossol → Annone
Corossol épineux → Annone
Corylus avellana → Haselnuss
Corylus maxima → Haselnuss
Cos lettuce → Römischer Salat
Cos → Römischer Salat
Cosbergsalat → Römischer Salat
Cos-Salat → Römischer Salat
Cote de bettes → Mangold
Cotogne → Quitte
Courge bouteille → Kürbis
Courge cireuse → Kürbis
Courge torchon → Luffa
Courge → Kürbis
Courge-serpent → Schlangenhaargurke
Courgette → Zucchini
Cowberry → Preiselbeere
Cowpea → Bohne
Crambe maritima → Meerkohl
Crambé maritime → Meerkohl
Crambé → Meerkohl
Cran → Meerrettich
Cranberrie → Cranberry
Crapaudine → Stachys
Crauti → Sauerkraut
Cremefrucht → Annone
Cress → Kresse
Cresson alénois → Kresse
Cresson Daikon → Kresse
Cresson de fontaine → Kresse
Cresson de jardin → Kresse
Cresson du Pérou → Kapuzinerkresse
Crisphead lettuce → Bataviasalat
Crispsalat → Eisbergsalat
Crosne → Stachys
Croton → Salak
Crudité → Salat
Crystalline → Eiskraut
Cucumber tree fruit → Karambole
Cucumber → Gurke
Cucumis melo → Melone
Cucumis metuliferus → Kiwano
Cucumis sativus → Gurke
Cucumis → Kürbis
Cucurbita → Kürbis
Cucurbita maxima → Kürbis
Cucurbita pepo convar. pepo → Zucchini
Cucurbita pepo var. oleifera → Zucchini
Cucurbita pepo var. Patissonia → Zucchini
Cucurbita pepo varietas Styriaca → Kürbis
Cuiba → Sauerkleeknolle
Cumquat → Kumquat
Curled endive → Endivie
Curly kale → Grünkohl
Currant → Johannisbeere
Cushaw → Kürbis
Cush-Cush-Yam → Yam
Custard marrow → Pâtisson

Donnerrose → Hagebutte
Doppelbeere → Heidelbeere
Doppelblut → Apfelsine
Dorn → Sanddorn
Dorn(apfel) → Hagebutte
Dorn(bollen) → Schlehe
Dornapfel → Stachelbeere
Dornbeere → Brombeere+Hagebutte
Dörner → Sanddorn
Dornfiselchen → Hagebutte
Dornholz → Berberitze
Dornhüttchen → Hagebutte
Dornjujube → Jujube
Dornkuchel → Hagebutte
Dornkühlein → Hagebutte
Dornlaub → Brombeere
Dornmännchen → Hagebutte
Dornmure → Brombeere
Dornrose → Hagebutte
Dornschlehe → Schlehe
Dornstaude → Berberitze+Hagebutte
Dornstrauch → Berberitze
Dörrbohnen → Bohne
Dörrgemüse → Gemüse
Dörrobst → Obst
Dörrpflaumen → Pflaume
Dorsche → Steckrübe
Dos verts → Tomate
Dosenfrüchte → Früchte
Dosengemüse → Gemüse
Dostrose → Hagebutte
Dotsch'n: bayr. → Steckrübe
Double coconut → Kokosnuss
Doucette → Feldsalat
Dourian → Durian
Dr. h.c. Bolle → Zwiebel
Drachenauge → Longane
Dragon's eye → Longane
Drawid → Pampelmuse
Dreidorn → Berberitze
Dreifaltigkeits-dorn → Berberitze
Drescherbsen → Erbse
Drillinge → Kartoffel
Dro(n)schel → Stachelbeere
Drombel → Brombeere
Dröppelkes → Heidelbeere
Droppeln → Preiselbeere
Drosselbeere → Vogelbeere
Drübbel(ke)n → Preiselbeere
Drudenbeere → Heidelbeere
Druer → Traube
Druffelken → Preiselbeere
Druidenbeere → Heidelbeere
Drumbeere → Brombeere
Drump(f)elbeere → Heidelbeere
Drumpelbeere → Heidelbeere
Drunkelbeere → Preiselbeere
Drunkele → Heidelbeere
Drusselbeere → Stachelbeere
Dschamma → Melone
Duchesnea indica → Erdbeere
Dudhi → Kürbis
Duffinbohnen → Bohne
Duhat → Jambolan
Duku → Langsat
Dulcinia → Erdmandel
Dulse → Meeresalgen
Dumefürzli → Stachelbeere
Dummelsbeere → Heidelbeere
Dunbeere → Heidelbeere
Dünendorn → Sanddorn
Dunstäpfel → Apfel
Dunstfrüchte → Früchte
Dunstobst → Obst
Durazno → Pfirsich
Durio zibethinus → Durian
Durio → Durian
Durion → Durian
Durn → Sanddorn
Durr(h)a → Hirse
Durragras → Hirse
Dürrlitze → Kirsche
Durumweizen → Weizen
Dutteldorn → Hagebutte
Duttelknopf → Hagebutte
Duttelstrupp → Hagebutte
Duttenbeere → Preiselbeere
Düwelsschmer → Brombeere
Dwarf bean → Bohne

Early kailaan → Brokkoli
Earth almond → Erdmandel
Easy peeler → Mandarine
Ebbel → Apfel
Ebereschenbeere → Vogelbeere
Echalote → Schalotte
Echte Luzerne → Sauerkleeknolle

Eckern → Bucheckern
Eddo → Taro
Eddoe → Taro
Eddro → Taro
Edelpflaume → Reneklode
Edelpilz → Champignon
Effken → Schlehe
Egeltiere → Hagebutte
Egerling → Champignon
Eggfruit → Lucuma
Eggplant → Aubergine
Egräschel → Stachelbeere
Egyptian bean → Bohne
Egyptian onion → Zwiebel
Eibeere → Stachelbeere
Eichelkürbis → Kürbis
Eichenlaubsalat → Eichblattsalat
Eieräpfel → Aubergine
Eierblume → Löwenzahn
Eiercremeapfel → Annone
Eierfrucht → Aubergine
Eierkraut → Löwenzahn
Eierpflanze → Aubergine
Eierpflaumen → Pflaume
Eierplant → Aubergine
Eierpusch → Löwenzahn
Eiertomaten → Tomate
Eigelbeere → Heidelbeere
Eikebladsla → Eichblattsalat
Eingemachter Kappes → Sauerkraut
Einlegegurken → Gurke
Eisbeere → Schlehe
Eisblume → Eiskraut
Eiselbeere → Heidelbeere
Eisenbeere → Brombeere
Eisgewächs → Eiskraut
Eisperbeere → Johannisbeere
Eispflanze → Eiskraut
Eissalat → Eisbergsalat
Eiszapfen → Rettich
Eiterbatzen → Stachelbeere
Eklenter → Hagebutte
Elbarquq → Aprikose
Elderbaum → Holunderbeere
Elderberry → Holunderbeere
Elefantenfuss → Yam
Flefantennuss → Kaschunuss
Elemes → Rosine
Eleocharis dulcis → Wasserkastanie
Elexe → Kirsche
Elfenbein der Küche → Spargel
Ellbeere → Johannisbeere
Ellendale → Mandarine
Eller → Holunderbeere
Ellhorn → Holunderbeere
Elsbeere → Vogelbeere
Else → Kirsche
Embeere → Himbeere
Endibia → Endivie
Endive → Endivie
Endive → Chicorée
Endrina → Schlehe
Engelsfrucht → Papaya
Engelsmaronen → Marone
Englische Wurzel → Meerrettich
Englischer Kohl → Meerkohl
Englischer Sellerie → Staudensellerie
Englischer Spinat → Sauerampfer
Ensalada → Salat
Ensete ventricosum → Banane
Entenbeere → Himbeere
Epf → Sellerie
Epiaire → Stachys
Epinard de la Nouvelle Zélande → Spinat
Epinard de Malabar → Malabar-Spinat
Epinard(s) → Spinat
Epinard-fraise → Erdbeerspinat
Eple → Apfel
Eponge végétal → Luffa
Eppich → Sellerie
Epple → Sellerie
Erba medica → Sauerkleeknolle
Erbel → Heidelbeere
Erbenseele → Berberitze
Erber → Heidelbeere
Erbisch → Berberitze
Erbischöflein → Berberitze
Erbselbeere → Berberitze
Erbseldorn → Berberitze
Erbsele → Berberitze
Erbsenbohne → Straucherbse
Erbshofen → Berberitze
Erdapfel → Topinambur
Erdapfel → Kartoffel

Erdartischocke → Topinambur
Erdbeerdistel → Ananas
Erdbeerguave → Guave
Erdbeertomate → Physalis
Erdbirne → Topinambur
Erdbirnen → Kartoffel
Erdbohne → Erdnuss
Erddorn → Artischocke
Erdeichel → Erdnuss
Erdkastanie → Steckrübe
Erdling → Kartoffel
Erdkirsche → Physalis
Erdkohlrabi → Steckrübe
Erdpistazie → Erdnuss
Erdrübe → Steckrübe
Erdschocke → Topinambur
Erdsonnenblume → Topinambur
Erdteufel → Kartoffel
Erdtoffel → Kartoffel
Erlstaude → Hagebutte
Ersidl → Berberitze
Ertberi → Erdbeere
Erterlenk → Holunderbeere
Eruca sativa → Rauke
Eruca sativa → Rauke
Erve → Linse
Erwe → Erbse
Erwt → Erbse
Eryobotrya japonica → Jap. Mispel
Erzäfla → Berberitze
Escaramujos → Hagebutte
Escariol → Endivie
Escarol → Endivie
Eschkete → Hagebutte
Eschlauch → Schalotte
Eschrose → Hagebutte
Escorzonera → Schwarzwurzel
Escuerno → Walnuss
Eselsfeige → Feige
Eskariol-Endivie → Endivie
Espárrago → Spargel
Espinaca de Nueva Zelandia → Spinat
Espinaca → Spinat
Espino amarillo → Sanddorn
Essbare Glockenblume → Rapunzel
Essbare Judaskirsche → Physalis
Essdistel → Artischocke
Essenkehrer → Stachelbeere
Essfeige → Feige
Essigbeere → Berberitze
Essigblätter → Berberitze
Essigdorn → Berberitze
Essigflaschl → Berberitze
Essigfrüchte → Früchte
Essiggemüse → Gemüse
Essiggurken → Gurke
Essigkrüglein → Berberitze
Essigkübelein → Berberitze
Essigpanzeler → Berberitze
Essigplützerl → Berberitze
Essigscharl → Berberitze
Essigträuble(in) → Berberitze
Essigzapfen → Berberitze
Essigzwiebel → Lauch
Esskastanie → Marone
Essrich → Zitronatzitrone
Essröschen → Hagebutte
Etagenzwiebel → Zwiebel
Ethrog-Zitrone → Zitronatzitrone
Ettinger → Avocado
Eugenia → Jambolan
Eugenia uniflora → Pitanga
Eugenie → Jambolan
Eureka → Zitrone
Europäischer Meersenf → Rauke
European cranberry → Moosbeere
Euterpe edulis → Palmenherz
Evening Primrose → Nachtkerze
Ewige Zwiebel → Zwiebel
Ewigkeitskartoffel → Topinambur

Fabales → Hülsenfrüchte
Fabuco → Bucheckern
Fagelbeere → Heidelbeere
Faggina → Bucheckern
Fagioli → Bohne
Fagiolini → Bohne
Fagiolo nano → Bohne
Fagopyrum esculentum → Buchweizen
Fagus silvatica → Bucheckern
Fäiberte → Heidelbeere
Fairy Queen → Ananas

Falsche Brennnessel	→	Taubnessel
Falsche Litschi	→	Rambutan
Falsche Orange	→	Lulo
Falscher Sago	→	Sago
Farbholz	→	Berberitze
Farinha de mandioca	→	Maniok
Farzknottel	→	Brombeere
Fasanbeere	→	Sanddorn
Faseerlich	→	Bohne
Faselbohnen	→	Bohne
Faserbanane	→	Banane
Fäsölchen	→	Bohne
Fasoli	→	Bohne
Fasskraut	→	Sauerkraut
Fässli	→	Stachelbeere
Fässlistrauch	→	Berberitze
Fasulija	→	Bohne
Faulbaum	→	Holunderbeere
Fave	→	Bohne
Fechser	→	Meerrettich
Federkohl	→	Grünkohl+Schnittkohl
Fehlbanane	→	Banane
Fehnkol	→	Fenchel
Feibeten	→	Heidelbeere
Feigenbanane	→	Banane
Feigendistel	→	Kaktusfeige
Feigenkaktus	→	Kaktusfeige
Feigen-Opuntie	→	Kaktusfeige
Feijao	→	Bohne
Feijova	→	Feijoa
Feinschmecker-Knoblauch	→	Zwiebel
Feiwerte	→	Heidelbeere
Feldbohnen	→	Bohne
Feldchampignon	→	Champignon
Feldedelpilz	→	Champignon
Feldegerling	→	Champignon
Feldflieder	→	Holunderbeere
Feldholder	→	Holunderbeere
Feldkresse	→	Kresse
Feldkürbis	→	Kürbis
Feldling	→	Champignon
Feldmais	→	Zuckermais
Feldrübli	→	Karotte
Feldschwarzbeere	→	Brombeere
Felsenchampignon	→	Champignon
Felsenerdbeere	→	Erdbeere
Felsen-Johannisbeere	→	Johannisbeere
Femis	→	Fenchel
Femmelten	→	Heidelbeere
Femmerten	→	Heidelbeere
Fenchel	→	Fenchel
Fenikel	→	Fenchel
Fenneapfel	→	Brombeere+Moosbeere
Fennebeere	→	Moosbeere
Fennel	→	Fenchel
Fennetäke	→	Moosbeere
Fennich	→	Hirse
Fenouil de florence	→	Fenchel
Fenouil	→	Fenchel
Fenugreek	→	Bockshornklee
Ferkelprum	→	Preiselbeere
Ferresbeere	→	Berberitze
Fersken	→	Pfirsich
Fesen	→	Dinkel
Fettochse	→	Hagebutte
Feuerbohne	→	Bohne
Fêve	→	Bohne
Féves de soya	→	Sojabohne
Fichi	→	Feige
Fichi d'India	→	Kaktusfeige
Fico	→	Feige
Ficoide cristalline	→	Eiskraut
Ficoide glaciale	→	Eiskraut
Ficus carica	→	Feige
Fieberbeere	→	Brombeere
Fig	→	Feige
Figue d'Inde	→	Kaktusfeige
Figue	→	Feige
Fike	→	Feige
Fikenkaktus	→	Kaktusfeige
Filbert-Nuss	→	Haselnuss
Filderkraut	→	Weißkraut
Filetbohnen	→	Bohne
Filzbeere	→	Moosbeere
Filzblättrige Jujuben	→	Jujube
Filzkloben	→	Moosbeere
Filzklobern	→	Heidelbeere
Filzstrauch	→	Hagebutte
Finebeere	→	Himbeere
Fingerbanane	→	Banane
Fingermais	→	Zuckermais
Fingermöhren	→	Karotte

Finke(l) → Fenchel
Finnische Beere → Sanddorn
Fino → Reis
Finocchio → Fenchel
Fisolen → Bohne
Flabelliformis → Palmyra
Flachs → Leinsamen
Flachssamen → Leinsamen
Fläder → Holunderbeere
Flageolets verts → Bohne
Flahs → Leinsamen
Flambales → Früchte
Flamere → Brombeere
Flaschenkürbis → Kürbis
Flaschentomaten → Tomate
Flaske → Kürbis
Flat cabbage → Weißkraut
Flatterrose → Hagebutte
Flavedo → Zitrone
Flax → Leinsamen
Fledder(busk) → Holunderbeere
Fleeder → Holunderbeere
Fleiren → Holunderbeere
Fleisch → Kürbis
Fleischbeere → Stachelbeere
Fleischerzwiebel → Zwiebel
Fleischtomaten → Tomate
Fleischzwiebel → Zwiebel
Flemmbeere → Brombeere
Flesembeere → Brombeere
Fliederbeer-(baum) → Holunderbeere
Fliegenbeere → Preiselbeere
Flockenmais → Zuckermais
Flöckrose → Hagebutte
Flöder → Hafer
Flohbeere → Erdbeere
Flor de Jamaica → Rosella
Florentiner Fenchel → Fenchel
Florentiner Salat → Römischer Salat
Flori di fico → Feige
Florida → Grapefruit
Fluehwidli → Kirsche
Flügelbohnen → Bohne
Flügelerbse → Spargelerbse
Flügelhülsen → Bohne
Flugtomaten → Tomate
Fluhbuchs → Preiselbeere
Foeniculum var. dulce → Fenchel
Fontanellerbse → Kichererbse
Fool → Bohne
Forellenschluss → Römischer Salat
Formanova → Rote Bete
Formentone → Zuckermais
Fortuna → Mandarine
Fortunella japonica → Kumquat
Four-angled bean → Bohne
Fragaria → Erdbeere
Fragaria ananassa → Erdbeere
Fragaria chiloensis → Erdbeere
Fragaria vesca → Erdbeere
Fragaria virginiana → Erdbeere
Fragole → Erdbeere
Fraise → Erdbeere
Fraise en arbre → Erdbeerbaumfrucht
Fraise → Erdbeere
Fraises des bois → Erdbeere
Frambeere → Brombeere
Framboise → Himbeere
Framboos → Himbeere
Frambose → Himbeere
Frambuesa → Himbeere
Franzosensalat → Löwenzahn
Französische Jujuben → Jujube
Französische Litschi → Rambutan
Französischer Spinat → Sauerampfer
Frauenbeere → Himbeere
Frauenbirne → Stachelbeere
Frauenrose → Hagebutte
Frauenschlehe → Schlehe
Frecken → Himbeere
Freiland-Kopfsalat → Kopfsalat
Freilandkohlrabi → Kohlrabi
Freiland-Spinat → Spinat
Freilandtomaten → Tomate
Fremde Kapuzinerbl. → Kapuzinerkresse
French bean → Bohne
French endive → Chicorée
French sorrel → Sauerampfer

Fresas → Erdbeere
Frijol → Bohne
Frijole negro → Bohne
Frillice → Eisbergsalat
Frischnüsse → Walnuss
Frisée → Endivie
Frönwunder → Johannisbeere
Frucht des Teufels → Aki
Fruchtgelee → Früchte
Fruchtgemüse → Gemüse
Fruchtpflanzen → Pflanzen
Frühjahrs-Grünkohl → Grünkohl
Frühjahrskopfsalat → Kopfsalat
Frühjahrsrettich → Rettich
Frühjahrsspinat → Spinat
Frühjahrswirsing → Wirsing
Frühkartoffeln → Kartoffel
Frühlauch → Lauch
Frühlingsbarbenkraut → Kresse
Frühlingsgruss → Rettich
Frühlingszwiebel → Zwiebel
Frühpfirsich → Aprikose+Pfirsich
Frühzwiebel → Lauch
Fruit à pain → Brotfrucht
Fruit cucumber → Pepino
Fruit de Jacques → Jackfrucht
Fruit de la passion → Maracuja
Fruit of Hawthorn → Hagebutte
Fruit → Früchte
Fruits confits → Früchte
Fruits d'églantier → Hagebutte
Fruits → Früchte
Frukt ar jordbärtre → Erdbeerbaumfrucht
Frukte → Früchte
Fruta bomba → Papaya
Fruta de pan → Brotfrucht
Fruta del pobre → Jackfrucht
Frutta di loti → Dattelpflaume
Frutta → Früchte
Frutti della passione → Purpur-Granadilla
Frutti di loti → Kaki
Frutto Jack → Jackfrucht
Fuchsbeere → Brombeere+Preisselbeere
Fuchsschwanz → Amarant
Fuerte → Avocado
Ful medames → Bohne
Funchi → Zuckermais
Fürwurzel → Johannisbeere
Furzbeere → Brombeere
Futtererbse → Erbse
Futtergetreide → Getreide
Futterkohl → Weißkraut
Futtermais → Zuckermais
Futtermöhren → Karotte
Futterroggen → Roggen
Futterrübe → Zuckerrübe

G(e)schwoderbeerlein → Brombeere
Ga(n)delbeere → Heidelbeere
Gäälsuchtsdorn → Berberitze
Gäbelshaber → Hafer
Gagazbeere → Stachelbeere
Gaissenlaub → Berberitze
Gälhageldorn → Berberitze
Gälholz → Berberitze
Galia-Melone → Melone
Galläpfel → Apfel
Gallen → Apfel
Galmeipflanzen → Pflanzen
Gamba → Luffa
Gambo → Okra
Gandaria → Mango
Gandules → Straucherbse
Ganges-Amarant → Amarant
Gänseblume → Löwenzahn
Gänsewurzel → Pastinake
Gänsezunge → Löwenzahn
Ganzkornreis → Reis
Garbanzo → Kichererbse
Garbanzo-Bohne → Kichererbse
Garcinia mangostane → Mangostane
Garden cress → Kresse
Garden rocambole → Zwiebel
Garden sorrel → Sauerampfer
Gärgemüse → Gemüse
Garland chrysanthemum → Salatchrysantheme
Garlandsfeige → Feige

Garste → Gerste
Gartenampfer → Sauerampfer
Gartenbohne → Bohne
Gartenerbse → Erbse
Gartenfuchs-schwanz → Amarant
Gartenheidel-beere → Heidelbeere
Gartenkresse → Kresse
Gartenkürbis → Kürbis
Gartenlattich → Lattich
Gartenmelde → Melde
Gartenmöhren → Karotte
Gartenpastinak → Pastinake
Gartenpreisel-beere → Cranberry
Gartenrapunzel → Feldsalat
Gartenrettich → Rettich
Gartensalat → Kopfsalat
Gartensauer-ampfer → Sauerampfer
Garten-Schwarz-wurzel → Schwarzwurzel
Gassdannsche → Marone
Gasten → Gerste
Gauchampfer → Sauerkleeknolle
Gaulhäuflein → Brombeere
Gaulhimbeere → Brombeere
Gaulklösse → Brombeere
Gaulknödel → Hagebutte
Gaulpollen → Brombeere
Gebirgsbeere der Anden → Brombeere
Gebirgsbeere → Himbeere
Gefingerte Zitrone → Zitronatzitrone
Gehagelsbeere → Heidelbeere
Geilwurz → Sellerie
Geissbeere → Berberitze+Heidelbeere
Geissblatt → Berberitze
Geissfeige → Feige
Geisshirtle → Birne
Gelbe Balsam-pflaume → Balsampflaume
Gelbe Bohnen → Bohne
Gelbe Erbsen → Erbse
Gelbe Kohlrabi → Steckrübe
Gelbe Mombin-pflaume → Balsampflaume
Gelbe Passions-frucht → Maracuja
Gelbe Pfennig-linsen → Linse
Gelbe Rüben → Karotte
Gelbe Taubnessel → Taubnessel
Gelbe Tomaten → Tomate
Gelbe von Triest → Radicchio
Gelbe Zucker-banane → Banane
Gelbe Zwiebel → Zwiebel
Gelbeere → Berberitze
Gelber Blumen-kohl → Blumenkohl
Gelber Hartriegel → Kirsche
Gelber Lauch → Lauch
Gelber Yam → Yam
Gelbes Vögerl → Kapuzinerkresse
Gelbholz → Berberitze
Gelbpflaume → Balsampflaume
Geleefrüchte → Früchte
Geleemelone → Kiwan
Gelleriewe → Karotte
Gemeine Quitte → Quitte
Gemeine Wegwarte → Zichorie
Gemeine Rübe → Zuckerrübe
Gemeiner Eppich → Sellerie
Gemeiner Hopfen → Hopfen
Gemeiner Kürbis → Kürbis
Gemeiner Meerkohl → Meerkohl
Gemeiner Queller → Glasschmalz
Gemüse der Könige → Spargel
Gemüseampfer → Sauerampfer
Gemüsearti-schocke → Kardone
Gemüsebanane → Banane
Gemüsebohnen → Bohne
Gemüseerbse → Erbse
Gemüsekohl → Meerkohl
Gemüsekürbis → Kürbis
Gemüselauch → Lauch
Gemüsemais → Zuckermais
Gemüsemeer-rettich → Meerrettich
Gemüsepaprika → Paprikaschote
Gemüsespargel → Spargel
Gemüsespinat → Spinat
Gemüsesprossen → Gemüse
Gemüsezwiebel → Zwiebel
Gendelbeere → Heidelbeere

Genip	→	Longane
Gerippte Tomaten	→	Tomate
Gerstenkorn	→	Gerste
Geschliffener Reis	→	Reis
Gespickte Zwiebel	→	Zwiebel
Gewerzel	→	Gemüse
Gewürzgurken	→	Gurke
Gewürz-Meerkohl	→	Meerkohl
Gewürzpflanzen	→	Pflanzen
Gewürzzwiebel	→	Zwiebe
Gheriglio	→	Walnuss
Gherkins	→	Gurke
Giaboticaba	→	Jaboticaba
Giant Granadilla	→	Granadilla
Giant Kiwi Berry	→	Kiwi
Gichtbeere	→	Johannisbeere
Gichtkirsche	→	Johannisbeere
Gichtkraut	→	Moosbeere
Gichttraube	→	Johannisbeere
Gickelbeere	→	Preiselbeere
Giftholunder	→	Holunderbeere
Giftlattich	→	Lattich
Gimbern	→	Himbeere
Gînebeere	→	Himbeere
Ginga	→	Jujube
Ginkgo biloba	→	Ginkgopflaume
Ginkgo bilobé	→	Ginkgopflaume
Ginkgo	→	Ginkgopflaume
Ginkgo-Nuss	→	Ginkgopflaume
Ginko	→	Ginkgopflaume
Ginkonuss	→	Ginkgopflaume
Ginnan	→	Ginkgopflaume
Giovanni-Nuss	→	Haselnuss
Girasol	→	Sonnenblume
Girasole	→	Sonnenblume
Girbsen	→	Stachelbeere
Girigitz	→	Heidelbeere
Gischgerlitzen	→	Berberitze
Giuggiola	→	Jujube
Glane	→	Preiselbeere
Glasbeere	→	Stachelbeere
Glaskirschen	→	Kirsche
Glaskraut	→	Glasschmalz
Glassalat	→	Kopfsalat
Glasworth	→	Glasschmalz
Glatte Endivie	→	Endivie
Glatte Erbse	→	Erbse
Glatte Tomaten	→	Tomate
Glattpfirsisch	→	Nektarine
Glauben	→	Preiselbeere
Globe artichoke	→	Artischocke
Glogitzer	→	Heidelbeere
Glozbeere	→	Moosbeere
Glücksbeere	→	Heidelbeere
Glückser	→	Heidelbeere
Gluggere	→	Stachelbeere
Glumbeere	→	Brombeere
Glycine max syn. soja hispida	→	Sojabohne
Glycine soja	→	Sojabohne
Goa bean	→	Bohne
Goabohne	→	Bohne
Gobo	→	Klette
Goijaba	→	Guave
Gold der Inkas	→	Kartoffel
Gold Rush	→	Zucchini
Goldapfel	→	Apfelsine+Tomate
Goldbeere	→	Physalis
Golddorn	→	Berberitze
Golden apple	→	Balsampflaume
Golden berry	→	Physalis
Golden Cartagena	→	Mandel
Golden gram	→	Bohne
Golden passion-fruit	→	Granadilla
Goldene Äpfel	→	Zitrusfrüchte
Goldfrucht	→	Ginkgopflaume
Goldgelber Leinsamen	→	Leinsamen
Goldmais	→	Zuckermais
Goldnessel	→	Taubnessel
Goldorange	→	Kumquat
Goldpflaume	→	Ikakopflaume
Goldrübchen	→	Steckrübe
Goldrübe	→	Karotte
Golichter	→	Löwenzahn
Goma	→	Sesam
Gombo	→	Okra
Gombobohne	→	Okra
Gooseberry	→	Stachelbeere
Gordales	→	Olive
Götterpflaume	→	Kaki
Götterspeise	→	Früchte
Göttliche Frucht	→	Kaki
Göttliches Feuer	→	Sharon
Goyava du brésil	→	Guave
Goyave ananas	→	Feijoa
Goyave	→	Guave
Grä	→	Meerrettich
Grachel	→	Stachelbeere

Graffelbeere → Moosbeere
Grain → Getreide
Graine de lin → Leinsamen
Gram pea → Kichererbse
Gram(belle) → Brombeere
Grambeere → Moosbeere
Gramille → Holunderbeere
Grän → Meerrettich
Granaatappel → Granatapfel
Granada → Granatapfel
Granadilla → Maracuja
Granateple → Granatapfel
Grand Rapids → Kraussalat
Grandelbeere → Preiselbeere
Grandilla → Granadilla
Grange → Preiselbeere
Granke(rl)n → Preiselbeere
Grankelbeere → Preiselbeere
Grano saraceno → Buchweizen
Grano → Getreide+Weizen
Granos → Getreide
Granten → Heidelbeere+Preiselbeere
Grantenbeere → Preiselbeere
Grantl → Preiselbeere
Grantlbeere → Preiselbeere
Granturco → Zuckermais
Grape fruit → Grapefruit
Grapefrukt → Grapefruit
Grapes → Trauben
Grappes de raisin → Trauben
Grappoli d'uva → Trauben
Gras(liz)beere → Preiselbeere
Grasbeere → Brombeere
Graslatzbeere → Preiselbeere
Graue Erbse → Erbse
Graute Baune → Bohne
Green cabbage → Grünkohl
Green cumin → Perilla
Green gram → Bohne
Greenbacks → Tomate
Greengage → Reneklode
Greinwurzel → Meerrettich
Greiserbeere → Heidelbeere
Grembeere → Brombeere
Gren → Meerrettich
Grenade → Granatapfel
Grenadilla → Granadilla
Grenadille douce → Granadilla
Grenadille → Granadilla
Grenobler → Walnuss
Grespel → Stachelbeere
Grestling → Preiselbeere
Griechenhorn → Okra
Griechisch Heu → Bockshornklee
Griechisches Hörnchen → Okra
Grien → Meerrettich
Griessbeere → Sanddorn
Griffelbeere → Heidelbeere+Preiselbeere
Grifle → Preiselbeere
Grindwurz → Klette
Grinn → Meerrettich
Grinon → Nektarine
Grinschele → Stachelbeere
Grippli → Preiselbeere
Grise de Bagnolet → Schalotte
Grober Schnittlauch → Zwiebel
Groenselderij → Staudensellerie
Groseille à maquereau → Stachelbeere
Groseille de Chine → Kiwi
Groseille du Cap → Physalis
Groseille rouge → Johannisbeere
Groseille → Johannisbeere
Grosella Espinosa → Stachelbeere
Grosellas → Johannisbeere
Große Bohnen → Bohne
Große Heidelbeere → Heidelbeere
Große Igelgurke → Kiwano
Große Kapuzinerkresse → Kapuzinerkresse
Große Moosbeeren → Cranberry
Große Sapote → Sapote
Großel → Stachelbeere
Großelbeere → Stachelbeere
Großer Ampfer → Sauerampfer
Großer Wegerich → Spitzwegerich
Großer Yam → Yam
Großfrüchtige Actinidia → Kiwi
Großfrüchtige Gartenerdbeeren → Erdbeere
Großfrüchtige Moosbeeren → Cranberry
Grote Bohnen → Bohne

Groundnut → Erdnuss
Grübli → Preiselbeere
Grue Arfte → Erbse
Grufel → Brombeere
Grumbe → Kartoffel
Grumbeere → Kartoffel
Grumbeln → Kartoffel
Grumbiere → Kartoffel
Grummetbeere → Brombeere
Grumolo → Radicchio
Grünbeere → Stachelbeere
Grundbirne → Kartoffel
Grundkorn → Grünkern
Grüne Walnüsse → Walnuss
Grüner Blumenkohl → Brokkoli
Grüner Radicchio → Radicchio
Grüner Salat → Kopfsalat
Grüner Shiso → Perilla
Grüner Spargel → Spargel
Grünes Gold → Hopfen
Grünkorn → Grünkern
Grünkragen → Tomate
Grünlinge → Zitrone
Grünschel → Stachelbeere
Grünschnabel → Okra
Grünspargel → Spargel
Grunzbeere → Stachelbeere
Grunzel → Stachelbeere
Grünzwiebel → Zwiebel
Gruosebeere → Brombeere
Grus(ch)el → Stachelbeere
Gruselbeere → Stachelbeere
Guajava → Guave
Guajave → Guave
Guar → Bohne
Guarbohnen → Bohne
Guava → Guave
Guayaba → Guave
Guayaba del pail → Feijoa
Guayabe → Guave
Guayava → Guave
Guayave → Guave
Guckgauch → Berberitze
Gugazerbeere → Heidelbeere
Gugge(n) → Heidelbeere
Guggenbeere → Heidelbeere
Guggerbrot → Berberitze
Guggerkraut → Berberitze
Guggerlaub → Berberitze
Guggumere → Gurke
Gugitzer → Heidelbeere
Guisantes → Erbse
Gujava → Guave
Gukummern → Gurke
Gulupa → Granadilla
Gumbo → Okra
Gummeli → Kartoffel
Günnefürzli → Johannisbeere
Gur → Zuckerrohr
Gürbseleholz → Berberitze
Gurkenkürbis → Zucchini
Gurkerln → Gurke
Gute Gelbe → Topinambur
Gutterbeere → Stachelbeere
Guyaba → Guave

Ha(ber)butze → Hagebutte
Haagpflaume → Schlehe
Haarballe → Klette
Haarbeere → Himbeere
Haarbutte → Hagebutte
Haarige Litschi → Rambutan
Habas de sojas → Sojabohne
Haber → Hafer
Haberbeere → Brombeere
Haberschlehe → Schlehe
Habichuelas → Bohne
Häberten → Preiselbeere
Habrodel → Hagebutte
Habutze → Preiselbeere
Hachelbutze → Hagebutte
Hackentepfel → Heidelbeere
Hackfrüchte → Früchte
Hackzwiebel → Zwiebel
Haderlump → Sauerampfer
Hafelesbeere → Himbeere
Haferbutze → Hagebutte
Haferpflaume → Schlehe
Haferschlehe → Schlehe
Haferwurz → Schwarzwurzel
Haferwurzel → Schwarzwurzel
Haffdorn → Sanddorn
Haffere → Heidelbeere
Hag(e)rose → Hagebutte
Hag(el)dorn → Hagebutte
Hagapfel → Erdbeerbaumfrucht
Hagdorn → Schlehe
Hagdornbeere → Berberitze
Häge → Hagebutte

Hage(l)butte	→	Hagebutte
Hage(l)butze	→	Hagebutte
Hageldische	→	Hagebutte
Hageldorn	→	Berberitze+Schlehe
Hageldotsch	→	Hagebutte
Hägen	→	Hagebutte
Hagenapfel	→	Hagebutte
Hagesurische	→	Berberitze
Hagewüppkes	→	Hagebutte
Hagipken	→	Hagebutte
Hagsauerampfer	→	Berberitze
Hagspitzbuschen	→	Hagebutte
Hahnäppelchen	→	Stachelbeere
Hahnbeere	→	Hagebutte
Hahnbusch	→	Hagebutte
Hahndorn	→	Hagebutte
Hahnebutte	→	Hagebutte
Hahnenkamm	→	Celosie
Hahnhödlein	→	Berberitze
Hahnhöldlein	→	Hagebutte
Hahnhöttle	→	Hagebutte
Hahnklösschen	→	Hagebutte
Hahnklöten	→	Hagebutte
Hahnpfautschen	→	Hagebutte
Hahnpink	→	Hagebutte
Hahnwiepen	→	Hagebutte
Haiberten	→	Heidelbeere
Hainbutte	→	Hagebutte
Haingitsche	→	Hagebutte
Hainhiffe	→	Hagebutte
Hainhoken	→	Hagebutte
Hainrose	→	Hagebutte
Hainrosenbeere	→	Hagebutte
Hairy litchi	→	Rambutan
Hakelbeere	→	Brombeere
Häkelgurken	→	Gurke
Haketiuken	→	Hagebutte
Hakusai	→	Chinakohl
Halbblut	→	Apfelsine
Halern	→	Holunderbeere
Halfe	→	Hagebutte
Hällebeere	→	Heidelbeere
Halollern	→	Holunderbeere
Halskitzele	→	Hagebutte
Hameln	→	Pfirsich
Hammbutte	→	Hagebutte
Hammelmöhre	→	Pastinake
Hammerbesien	→	Preiselbeere
Han(e)butten	→	Hagebutte
Hanaugen	→	Heidelbeere

Hanbir	→	Heidelbeere
Handrunke	→	Johannisbeere
Hanfbananen	→	Banane
Hangbeere	→	Brombeere
Hängebitten	→	Himbeere
Hängele	→	Himbeere
Hangelrose	→	Hagebutte
Hanódl	→	Hagebutte
Hans am Weg	→	Zichorie
Hansmardaune	→	Johannisbeere
Hanstraube	→	Johannisbeere
Hapûtchen	→	Hagebutte
Harchelbeere	→	Stachelbeere
Härdöpfel	→	Kartoffel
Hardy Kiwi	→	Kiwi
Haricot d'Espagne	→	Bohne
Haricot de Lima	→	Bohne
Haricot dolique	→	Bohne
Haricot doré	→	Bohne
Haricot dragon	→	Bohne
Haricot kilomêtre	→	Spargelbohne
Haricot mange tout	→	Bohne
Haricot mung	→	Bohne
Haricot nain	→	Bohne
Haricot riz	→	Bohne
Haricot sec	→	Bohne
Haricot vert	→	Bohne
Haricot	→	Bohne
Haricots vert de mèr	→	Meeresalgen
Harillekes	→	Johannisbeere
Harlekin	→	Lollo-Rossa
Harpelsalat	→	Kopfsalat
Hartbeere	→	Heidelbeere
Harte Kappen	→	Tomate
Härtling	→	Pfirsich
Hartweizen	→	Weizen
Harwuzel	→	Hagebutte
Hase(n)brot	→	Berberitze
Hasel	→	Haselnuss
Haselbeere	→	Heidelbeere
Häselbeere	→	Heidelbeere
Haselstrauch	→	Haselnuss
Hasenbeere	→	Heidelbeere
Hasenklee	→	Sauerkleeknolle
Hass	→	Avocado
Hasselnött	→	Haselnuss
Hatscherrose	→	Hagebutte

Haubeere → Preiselbeere
Hauler(t) → Holunderbeere
Haulunder → Holunderbeere
Häuptelsalat → Kopfsalat
Haushaltsreis → Reis
Haushaltszwiebel → Zwiebel
Hausholder → Holunderbeere
Hauspflaume → Zwetsche
Haus-Vogelbeere → Vogelbeere
Hauszwetschen → Zwetsche
Haver → Hafer
Haverwortel → Schwarzwurzel
Hâweike → Hagebutte
Hawohde → Hagebutte
Hazelnoot → Haselnuss
Hazelnut → Haselnuss
He(e)delbeere → Heidelbeere
Head cabbage → Weißkraut
Head lettuce → Kopfsalat
Heart of palm → Palmenherz
Hebetschen → Hagebutte
Heck(en)dorn → Schlehe
Heckenapfel → Hagebutte
Heckenbecken → Hagebutte
Heckenbeere → Brombeere+Stachelbeere
Heckenbettcher → Brombeere+Schlehe+Stachelbeere
Heckenbutze → Hagebutte
Heckengatzerle → Hagebutte
Heckenkirsche → Hagebutte+Schlehe
Heckenpikker → Hagebutte
Heckenpräumchen → Schlehe
Heckenröschen → Hagebutte
Heckenschlehe → Schlehe
Hedelbesinge → Heidelbeere
Hedelesch → Buchweizen
Hedgenettel → Stachys
Hefakölli → Hagebutte
Hegen → Hagebutte
Hegschnalle → Stachelbeere
Heibelte → Heidelbeere
Heiber → Heidelbeere
Heideapfel → Preiselbeere
Heidebeere → Heidelbeere
Heidekorn → Buchweizen
Heidel → Heidelbeere
Heidelene → Himbeere
Heiderose → Hagebutte
Heija → Brombeere
Heilebeere → Heidelbeere+Preiselbeere
Heilpflanzen → Pflanzen
Heilwegerich → Spitzwegerich
Heilziest → Stachys
Heimbutte → Hagebutte
Heinzerlein → Hagebutte
Heiti → Heidelbeere
Helder → Holunderbeere
Helfen → Hagebutte
Helfestude → Hagebutte
Helianthi → Topinambur
Helianthus annuus → Sonnenblume
Helianthus tuberosus → Topinambur
Hellerlinsen → Linse
Helmbohnen → Bohne
Helpern → Heidelbeere
Hember → Himbeere
Hemdbohnen → Bohne
Hemp → Hanf
Henderschkens → Johannisbeere
Hendrischke → Stachelbeere
Henkbeere → Himbeere
Hennefetzel → Hagebutte
Hennefüsslein → Hagebutte
Hennenbeere → Brombeere+Himbeere
Hennewickel → Berberitze
Heno griego → Bockshornklee
Hepelepepel → Hagebutte
Heps → Holunderbeere
Herba urinaria → Löwenzahn
Herbstchicorée → Fleischkraut
Herbstele → Berberitze
Herbstzichorie → Fleischkraut
Hérisson d'arbre → Durian
Herlitze → Kirsche
Herrenapfel → Hagebutte
Herrenbeere → Stachelbeere
Herrenbirne → Birne
Herrenquaste → Hagebutte
Herzkirschen → Kirsche
Herzkohl → Wirsing
Herzpflaume → Pflaume
Heselbeere → Heidelbeere
Hespel → Mispel
Hetsche(rl)n → Hagebutte
Hetschenbeere → Hagebutte

Hetschepetsch(en) → Hagebutte
Heubeere → Heidelbeere
Heuetrösli → Hagebutte
Heufresser → Spitzwegerich
Heulwaken → Heidelbeere
Heurige → Kartoffel
Heuwern → Heidelbeere
Hexendorn → Hagebutte
Hexennudel → Berberitze
Hexenschmer → Brombeere
Hibiscus esculentus → Okra
Hibiscus sabdariffa var. altissima → Rosella
Hibiskusfrucht → Okra
Hicaco → Ikakopflaume
Hicaco → Ikakopflaume
Hicke → Hagebutte
Hickorynuss → Pekannuss
Hickory-Nuss → Pekannuss
Hiefalter → Hagebutte
Hifbeere → Himbeere
Hiften → Hagebutte
Higo → Feige
Higos chumbos → Kaktusfeige
Hijiki → Meeresalgen
Hilda-Beere → Boysenbeere
Hillerten → Holunderbeere
Himbeererdbeere → Erdbeere
Himbele → Brombeere
Himbesing → Himbeere
Himbremen → Brombeere
Himerte → Brombeere+Heidelbeere
Himkes → Himbeere
Himmchen → Brombeere
Himmelblüten → Schlehe
Himmelsbrot → Sauerkleeknolle
Himmere → Himbeere
Himpelbeere → Himbeere
Hindbeere → Himbeere
Hindel → Heidelbeere
Hindi → Kaki
Hinfen → Hagebutte
Hinkbeere → Himbeere+Johannisbeere
Hinkele → Himbeere
Hinkelsfüsschen → Preiselbeere
Hinojo → Fenchel
Hintbeere → Himbeere
Hinte → Himbeere
Hintperi → Himbeere
Hinzelbeere → Himbeere
Hipperle → Preiselbeere
Hippophaé rhammnides → Sanddorn
Hirgenrose → Hagebutte
Hirpsele → Berberitze
Hirschbeere → Brombeere
Hirschbollen → Brombeere
Hirschholunder → Holunderbeere
Hirschhornwegerich → Spitzwegerich
Hirschmöhre → Pastinake
Hirschwundenkraut → Bockshornklee
Hissen → Hagebutte
Hitschel(n) → Holunderbeere
Hitschipitsch → Hagebutte
Hochbohnen → Bohne
Höckerli → Bohne
Höckermelone → Kiwano
Höfeskölli → Hagebutte
Hofschlehe → Schlehe
Hog-plum → Balsampflaume
Hohlbeere → Himbeere
Hohllauch → Zwiebel
Hokkaido-Kürbis → Kürbis
Holder → Holunderbeere
Hölder(tött) → Holunderbeere
Holderbeere → Holunderbeere
Holderknopf → Holunderbeere
Holhölter → Holunderbeere
Holländer → Tomate
Holländ. Breitblättriger → Feldsalat
Hollbeere → Himbeere
Holler → Holunderbeere
Hollerbeere → Holunderbeere
Höllerte(n) → Holunderbeere
Hollrunken → Holunderbeere
Holperbeere → Preiselbeere
Hölperchen → Preiselbeere
Hölperle → Preiselbeere
Holsteiner Platter → Weißkraut
Holuntar → Holunderbeere
Holzapfel → Apfel
Holzbeere → Kirsche
Holzbirne → Birne
Holzfeige → Feige

Holzrose → Hagebutte
Hombeere → Himbeere
Hominy → Zuckermais
Honey berry → Longane
Honey Tangerine → Mandarine
Honiefte → Hagebutte
Honigbeere → Himbeere
Honigmelone → Melone
Hontert → Holunderbeere
Hopfenklette → Klette
Hopfenranke → Brombeere
Hopfenspargel → Hopfen
Hoppen → Hopfen
Höpperle → Heidelbeere
Hops → Hopfen
Horbeere → Himbeere
Hordeum vulgare → Gerste
Horenso → Spinat
Hornbutte → Hagebutte
Horned cucumber → Kiwano
Horned melon → Kiwano
Horngurke → Kiwano
Hornklee → Bockshornklee+Lotusfrucht
Hornmelone → Kiwano
Hornnuss → Wasserkastanie
Horse radish tree → Pferderettichbaum
Horseradish → Meerrettich
Hortalica → Gemüse
Hottentottenbrot → Yam
Houblon → Hopfen
Hözöfa → Berberitze
Hübelbeere → Moosbeere
Hüffen → Hagebutte
Hügelerdbeere → Erdbeere
Hugli → Mandarine
Huheichel → Hagebutte
Huhicke → Hagebutte
Hühnerbeere → Brombeere
Huiba → Himbeere
Huibabeere → Himbeere
Huimaken → Himbeere
Hulandr → Holunderbeere
Hulanner → Holunderbeere
Hulbeere → Himbeere
Hulertrauben → Holunderbeere
Hüllern → Holunderbeere
Hülster → Holunderbeere
Humbeere → Himbeere
Hummelbeer → Himbeere
Hummelbeere → Brombeere
Hummele → Himbeere
Hummus → Kichererbse
Humpele → Himbeere
Hümpelich → Preiselbeere
Humulus lupulus → Hopfen
Hun(n)beere → Hagebutte
Hunäferle → Hagebutte
Hundeblume → Löwenzahn
Hundel → Holunderbeere
Hundsbaschine → Brombeere
Hundsbeere → Brombeere+Heidelbeere+Himbeere+Holunderbeere
Hundsdorn → Hagebutte
Hundsfarze → Stachelbeere
Hundsflieder → Holunderbeere
Hundsklösse → Hagebutte
Hundwimelte → Johannisbeere
Hundzahnkraut → Löwenzahn
Hünke → Himbeere
Hünnel → Holunderbeere
Hunsrücker Traube → Schlehe
Hüntebeere → Himbeere
Hupfen → Hopfen
Hurelbus → Holunderbeere
Husholder → Holunderbeere
Hussefackeli → Hagebutten
Hüteni → Heidelbeere
Hutzeln → Birne
Hyazinth bean → Bohne
Hylocereus undulata → Pitahaya

Ibbesbiercher → Hagebutte
Ibisco → Okra
Ibsele → Berberitze
Icacopflaume → Ikakopflaume
Icaque → Ikakopflaume
Ice plant → Eiskraut
Iceberg lettuce → Eisbergsalat
Iceberg → Eisbergsalat
Idit → Mandarine
Igname → Yam
Ignamenbatate → Yam
Ihrbeere → Erdbeere
Illinois-Nuss → Pekannuss
Imaken → Himbeere
Imbeere → Himbeere

Imbu → Balsampflaume
Immele → Himbeere
Immenguttere → Stachelbeere
Immerte → Himbeere
Impériaux → Rosine
Imra → Balsampflaume
Inca Gold Tamarillo → Baumtomate
Indian corn → Zuckermais
Indian fig → Kaktusfeige
Indian lotus root → Lotoswurzel
Indianerbohnen → Bohne
Indianer-Feigen → Kaki
Indianerknolle → Topinambur
Indianerkorn → Zuckermais
Indianerkresse → Kapuzinerkresse
Indianernüsse → Pinienkerne
Indianerreis → Reis
Indianerwurzel → Kartoffel
Indikatorpflanzen → Pflanzen
Indische Brustbeere → Jujube
Indische Dattel → Tamarinde
Indische Erdbeere → Erdbeere
Indische Jujuben → Jujube
Indische Kresse → Kapuzinerkresse
Indische Lotoswurzel → Lotoswurzel
Indische Mango → Balsampflaume
Indische Zibetbaumfrucht → Durian
Indischer Bohnenstrauch → Straucherbse
Indischer Brotfruchtbaum → Jackfrucht
Indischer Goldregen → Kassie
Indischer Hanf → Hanf
Indischer Lotus → Lotoswurzel
Indischer Sesam → Sesam
Indischer Spinat → Malabar-Spinat
Industriegurken → Gurke
Inkapflaume → Physalis
Inkareis → Quinoa
Inkatrüffel → Kartoffel
Inkaweizen → Inkaweizen
Insalata → Salat
Insbeere → Himbeere
Interdonato → Zitrone
Invalides → Walnuss
Ipomoea batatas → Batate
Irländisch(es) Moos → Meeresalgen
Irrbeere → Kirsche
Italienische Jujuben → Jujube
Italienische Nuss → Haselnuss
Italienischer Feldsalat → Feldsalat
Italienischer Knoblauch → Zwiebel
Italienischer Kohl → Blumenkohl
Italienischer Reis → Reis
Iuta giavanese → Rosella

Jabuticaba → Jaboticaba
Jáca → Jackfrucht
Jacca → Jackfrucht
Jackbaumfrucht → Jackfrucht
Jackfruit → Jackfrucht
Jackjebeere → Heidelbeere
Jacote → Balsampflaume
Jaffa → Grapefruit
Jaffarine → Mandarine
Jaffa-Sweeties → Grapefruit
Jaffi(a)m(a) → Heidelbeere
Jagelbeere → Heidelbeere
Jägerbeere → Heidelbeere+Preiselbeere
Jaggon → Brombeere
Jagrezucker → Zuckerrohr
Jaka → Jackfrucht
Jakktfrukt → Jackfrucht
Jakobbeere → Stachelbeere
Jakobsbeere → Heidelbeere
Jam → Marmelade
Jamaican apple → Annone
Jamaican sorrel → Rosella
Jamaika-Apfel → Annone
Jamaika-Banane → Banane
Jamaika-Kirsche → Acerola
Jamaikapflaume → Balsampflaume
Jamba-Raps → Rauke
Jambo amarillo → Jambolan
Jambolanpflaume → Jambolan
Jamboo → Jambolan

Jambopflaume → Jambolan
Jambos → Jambolan
Jambul → Jambolan
Jambuse → Jambolan
Jams → Yam
Jamswurzel → Yam
Jannsbeere → Johannisbeere
Jannsdruwe → Johannisbeere
Japanese medlar → Japanische Mispel
Japanese Pear → Nashi
Japanese Persimmon → Kaki
Japanese plum → Japanische Mispel
Japanese radish → Rettich
Japangurken → Gurke
Japan. 20. Jahrhundert Nashi → Nashi
Japan. Aprikose → Kaki
Japan. Artischocken → Stachys
Japan. Birne → Nashi
Japan. Bohne → Sojabohne
Japan. Dattel → Kaki
Japan. Dattelfeige → Kaki
Japan. Dattelpflaume → Kaki
Japan. goldene Nashi → Nashi
Japan. Haselnuss → Litschi
Japan. Kaki → Kaki
Japan. Kartoffel → Stachys
Japan. Klettenwurzel → Klette
Japan. Orange → Kumquat
Japan. Persimone → Kaki
Japan. Pflaume → Susine
Japan. Quitte → Quitte
Japan. Rüben → Steckrübe
Japan. Scheinquitte → Quitte
Japan. Stachelbeere → Kiwi
Japan. Walnuss → Walnuss
Japan. Weinbeere → Brombeere
Japan. Zwiebel → Zwiebel
Japan. Porree → Zwiebel
Japan. Rettich → Rettich
Japan. Yam → Yam
Japanknollen → Stachys
Japanperlen → Maniok+Pfeilwurz
Japanrettich → Rettich
Japanse mispel → Japanische Mispel
Japansk mispel → Japanische Mispel
Japanziest → Stachys
Jaqueira → Jackfrucht
Jaquier → Jackfrucht
Jasminreis → Reis
Java apple → Apfel
Javaapfel → Apfel
Javabohnen → Bohne
Javajute → Rosella
Javapflaume → Jambolan
Jêbke → Hagebutte
Jelly melon → Kiwano
Jelly-Melone → Kiwano
Jepkes → Hagebutte
Jerusalem artichoke → Topinambur
Jerusalem-Artischocke → Topinambur
Jerusalembohne → Bohne
Jettinger Rüben → Steckrübe
Jibern → Johannisbeere
Jicacillo → Ikakopflaume
Jicaco → Ikakopflaume
Jobke → Hagebutte
Jochelbeere → Jostabeere
Johanneszwiebel → Zwiebel
Johannisflieder → Holunderbeere
Johannisgrischel → Johannisbeere
Johannisknürschel → Johannisbeere
Johannislauch → Zwiebel
Joi Choi → Paksoi
Jökesere → Preiselbeere
Joksbeere → Heidelbeere
Jorco → Zitrone
Jordbär → Erdbeere
Josephinen-Pflaumen → Pflaume
Juckapfel → Hagebutte
Juckbeere → Hagebutte
Juckbirnchen → Hagebutte
Juckbohne → Hagebutten
Juckkörner → Hagebutte
Juckpulver → Hagebutte
Juckrose → Hagebutte
Judasbeere → Hagebutte

Judastrauben → Holunderbeere
Judenbeere → Johannisbeere
Judenböwern → Heidelbeere
Judenbrot → Hagebutte
Judenbutz(e) → Hagebutte
Judendorn → Jujube+Schlehe
Judenheidelbeere → Preiselbeere
Judenheppe → Hagebutte
Judenkirsche → Vogelbeere
Judia enana → Bohne
Jugelbeere → Heidelbeere
Juglans ailantifolia → Walnuss
Juglans cinerea → Walnuss
Juglans regia → Walnuss
Jujubes → Jujube
Julienne → Gemüse
Jumbul → Jambolan
Jungbeeren → Brombeere
Junge Wurzeln → Karotte
Jungeblumenkraut → Löwenzahn
Jungferntutten → Hagebutte
Jungfrau mit den sieben Häuten → Zwiebel
Junglauch → Lauch
Jurke → Gurke
Juvianuss → Paranuss

K(o)rallen → Hagebutte
Kabis → Weißkraut
Kabisrübe → Steckrübe
Kabu → Steckrübe
Kachuma → Pepino
Kadrüschel → Stachelbeere
Käferbohne → Bohne
Kaffee-Erbse → Kichererbse+Spargelerbse
Kaffeewurzen → Zichorie
Kaffeezichorie → Zichorie
Kaffernkorn → Hirse
Kaffir-Limone → Kaffir-Limette
Kahkipflaume → Kaki
Kaiapois → Baumtomate
Kaigelken → Holunderbeere
Kaisererbse → Erbse
Kaiserkirschen → Kirsche
Kaisermütze → Pâtisson
Kaiserschote → Erbse
Kaitzken → Holunderbeere
Kaju → Kaschunuss
Kakadér → Hagebutte
Kakelatschen → Stachelbeere
Kakelbeere → Johannisbeere
Kakiapfel → Kaki
Kakidattel → Kaki
Kakifeigen → Kaki
Kakifrucht → Kaki
Kakollerke → Holunderbeere
Kaktusbirne → Kaktusfeige
Kaktusfrucht → Kaktusfeige
Kalamansi → Limette
Kalamata-Oliven → Olive
Kalarábé → Kohlrabi
Kälberkropf → Steckrübe
Kalberze → Johannisbeere
Kalebasse → Kürbis
Kalifornien → Grapefruit+Walnuss
Kalifornische Auferstehungspflanze → Portulak
Kalo → Taro
Kamerunnuss → Erdnuss
Kamut → Weizen
Kanarienvögelchen → Kapuzinerkresse
Kandierte Früchte → Früchte
Kandisblüten → Schlehe
Kanditen → Früchte
Kang kong → Wasserspinat
Kantalupen → Melone
Kaoliang → Hirse
Kapernass → Hagebutte
Kap-Gänsebeere → Physalis
Káposzta → Weißkraut
Kappes → Weißkraut
Kappus → Weißkraut
Kapsikum → Paprikaschote
Kapstachelbeere → Physalis
Kapulasan → Rambutan
Kapusta → Weißkraut
Kapuste → Wirsing
Kapuzinerbart → Zichorie
Kapuzinerbohnen → Bohne
Kapuzinerchen → Kapuzinerkresse
Kapuzinererbse → Erbse
Kara → Mandarine
Karambola → Karambole
Kardaunegrischeln → Johannisbeere+Preiselbeere

Karde → Kardone
Kardi → Kardone
Kardonenartischocke → Kardone
Kardy → Kardone
Karela → Bittergurke
Karella → Bittergurke
Karfiol → Blumenkohl
Karibenkohl → Tannia+Taro
Karibischer Kohl → Tannia+Taro
Karibischer Spinat → Amarant+Tannia+Taro
Karité → Sapote
Karobbe → Johannisbrot
Karobe → Johannisbrot
Karodelbeere → Moosbeere
Karolinareis → Reis
Karolinenreis → Reis
Karote → Karotte
Karoton → Karotte
Karpuz → Melone
Karshurma → Dattelpflaume
Kartoffeläpfel → Äpfel
Kartoffelsago → Sago
Kartoffelyam → Yam
Kartoffelzwiebel → Schalotte
Kartoffli → Kartoffel
Kartofler → Kartoffel
Karube → Johannisbrot
Karviol → Blumenkohl
Kasamango → Balsampflaume
Kascha-mak → Zuckermais
Kaschuapfel → Kaschunuss
Käseholz → Holunderbeere
Käseklee → Bockshornklee
Käsekohl → Blumenkohl
Käsepappel → Rosella
Käslikraut → Rosella
Kasperte → Stachelbeere
Kassavawurzel → Maniok
Kassave → Maniok
Kassawa → Maniok
Kasse → Kresse
Kassis → Johannisbeere
Käst'n → Marone
Kastanie → Marone
Kastanien-Champignon → Champignon
Kastanje-Champignon → Champignon
Käste → Marone
Katelbeere → Holunderbeere
Kateraugen → Brombeere
Katzenbeere → Brombeere+Johannisbeere
Katzendreckeler → Johannisbeere
Katzenflieder → Holunderbeere
Katzenohr → Berberitze
Katzenöhrlein → Berberitze
Katzenschwanz → Spitzwegerich
Katzenstühlchen → Spitzwegerich
Kaulbutsch → Hagebutte+Schlehe
Kaulian(g) → Hirse
Kaupenbeere → Moosbeere
Kauwel → Sanddorn
Kavun → Melone
Kefe → Erbse
Kehl → Mangold
Keisken → Holunderbeere
Kekererwt → Kichererbse
Kel(e)ken → Holunderbeere
Kelp → Meeresalgen
Keniabohnen → Bohne
Kepalök → Zwiebel
Kerbelrübe → Steckrübe
Kerbes → Kürbis
Kermes → Kermesbeere
Kernel → Kaschunuss
Kernen → Grünkern
Kernobst → Obst
Kers → Kirsche
Kersche → Kresse
Kertsche → Schlehe
Kerzennuss → Macadamianuss
Keschen → Marone
Keschte → Marone
Kespari → Kichererbse
Kesselbeere → Moosbeere
Kesseldorn → Schlehe
Kettenblume → Löwenzahn
Kettenröhrlein → Löwenzahn
Kettenstock → Löwenzahn
Keylimette → Limette
Khaki → Kaki
Kicherling → Kichererbse
Kichorion → Zichorie
Kickerlinge → Kichererbse
Kidneybohnen → Bohne
Kido → Quitte
Kiefelerbse → Erbse
Kiepenkirsche → Hagebutte

Kiepenstrauch → Hagebutte
Kietschke → Schlehe
Kilometerbohne → Spargelbohne
Kindelbeere → Himbeere
King → Mandarine
King Coconut → Kokosnuss
King Orange → Mandarine
Kinkan → Kumquat
Kinko → Ginkgopflaume
Kippendorn → Hagebutte
Kippenrose → Hagebutte
Kirbes → Kürbis
Kirschapfel → Apfel
Kirsche Asiens → Longane
Kirsche der Antillen → Acerola
Kirschjohannisbeere → Johannisbeere
Kirschmyrte → Pitanga
Kirschpaprika → Paprikaschote
Kirschpflaumen → Pflaume
Kirschrosinen → Kirsche
Kirschtomaten → Tomate
Kirsebär → Kirsche
Kitchen garden purslane → Portulak
Kitschkenpflaume → Schlehe
Kivi → Kiwi
Kiwais → Kiwi
Kiwifruit → Kiwi
Kiwifrukt → Kiwi
Kiwimelone → Kiwano
Kladde → Klette
Kläggedorn → Hagebutte
Klapp(büssen)-holt → Holunderbeere
Klappohren → Hagebutte
Klebreis → Reis
Kleine Grischel → Johannisbeere
Kleine Orange → Lulo
Kleine Rapunzel → Feldsalat
Kleine Sonnenblume → Topinambur
Kleine Speiserübe → Steckrübe
Kleiner Juwel → Eisbergsalat
Kleiner Rettich → Radieschen
Kleiner Sauerampfer → Sauerampfer
Kleines Postelein → Portulak
Kleinfrüchtiger Gartenkürbis → Zucchini
Kleinkürbis → Zucchini
Klementine → Mandarine
Klettenährlein-Kraut → Löwenzahn
Klettenwurz(el → Klette
Kletterbohne → Bohne
Kletzen → Birne
Klingelcher → Johannisbeere
Kloatze → Birne
Klöpfbeere → Moosbeere
Klopinka → Stachelbeere
Klöppelbeere → Brombeere
Kloster(apfel) → Stachelbeere
Klosterbeere → Stachelbeere
Klöwen → Zwiebel
Klunderbeere → Heidelbeere
Klüngelchesgroscheln → Johannisbeere
Klunzhenne → Hagebutte
Klupatschka → Stachelbeere
Klusen → Klette
Kluster → Stachelbeere
Klusterbeere → Preiselbeere+Stachelbeere
Knackbeere → Erdbeere+Moosbeere
Knackelbeere → Erdbeere
Knackerbsen → Erbse
Knackmandel → Mandel
Knacksalat → Eisbergsalat
Knallbeere → Stachelbeere
Knallmais → Zuckermais
Knappbutte → Hagebutte
Knasper → Brombeere
Kneifelerbse → Erbse
Knickbeere → Erdbeere
Knoblauchartiger Lauch → Zwiebel
Knolle → Zwiebel
Knollenbohne → Bohne
Knollenfenchel → Fenchel
Knollengemüse → Gemüse
Knollenkerbel → Steckrübe
Knollen-Sauerklee → Sauerkleeknolle
Knollensellerie → Sellerie
Knollen-Sonnenblume → Topinambur
Knollenziest → Stachys

Knollige Kapuziner-kresse → Kapuzinerkresse
Knolselderij → Sellerie
Knonnelknobel → Steckrübe
Knorpelkirschen → Kirsche
Knorschel → Stachelbeere
Knotschen → Stachelbeere
Knübel → Stachelbeere
Knudelgurken → Gurke
Knupper → Kirsche
Knurschapfel → Stachelbeere
Kochbanane → Banane
Kochbeutelreis → Reis
Kochholder → Holunderbeere
Kochsalat → Chinakohl
Kochsalat → Römischer Salat
Kodelbeere → Holunderbeere
Köhl → Grünkohl
Kohl → Weißkraut+Wirsing
Kohleke → Heidelbeere
Kohlgemüse → Gemüse
Kohlkeimchen → Grünkohl
Kohl-Portulak → Portulak
Kohlrabe → Kohlrabi
Kohlraps → Raps
Kohlrübe → Steckrübe
Kohlsaat → Raps
Kohlsprossen → Rosenkohl
Kokosnoot → Kokosnuss
Kokosnött → Kokosnuss
Kok-Saghyz → Löwenzahn
Kokuwa → Kiwi
Kolbenhirse → Hirse
Kolbenrohr → Rohrkolben
Kolbenschilf → Rohrkolben
Kölch → Weißkraut
Köleken → Holunderbeere
Kolokasie → Taro
Koloquinthe → Melone
Kombu → Meeresalgen
Kome → Reis
Komkommer → Gurke
Kompottfrüchte → Früchte
Kompottobst → Obst
Konasu → Aubergine
Koneliuskirsche → Kirsche
Konfitfrüchte → Früchte
Konfitkirschen → Kirsche
Kongoerbse → Straucherbse
König der Gemüse → Spargel
König unter den Südfrüchten → Durian
Königin Hortense → Kirsche
Königinolive → Olive
Königsapfel → Ananas
Königs-Artischocke → Artischocke
Königsdatteln → Dattel
Königsnüsse → Nüsse
Konservengemüse → Gemüse
Konservenobst → Obst
Koolraap → Steckrübe
Kopfkohl → Weißkraut
Kopfsalatherz → Kopfsalat
Korällekes → Johannisbeere
Korallenbeerdorn → Sanddorn
Korallenkirsche → Physalis
Korallenkraut → Spargel
Korila → Pepino
Korinthen → Rosine
Korlesbeere → Kirsche
Korn der Inkagötter → Kiwicha
Kornbeer → Himbeere
Körndeln → Getreide
Kornelkirsche → Kirsche
Kornelle → Kirsche
Körner-Amaranten → Amarant
Körnerfrüchte → Getreide
Körnermais → Zuckermais
Kornsalat → Feldsalat
Korriane → Johannisbeere
Körwitz → Kürbis
Kos(t)beere → Heidelbeere
Kosmatztche → Stachelbeere
Köste → Marone
Kotze(n) → Stachelbeere
Kotzebeere → Stachelbeere
Koupou-Bohne → Kudzu-Bohne
Kra(c)kbeere → Heidelbeere
Krääléscher → Johannisbeere
Krachelbeere → Stachelbeere
Krachende Nuss → Pekannuss
Kracher → Kirsche
Krachmandel → Mandel
Krachsalat → Eisbergsalat
Kragelbeere → Brombeere
Krähenauge → Heidelbeere
Krähenbeere → Heidelbeere
Krakebeere → Kirsche
Krakelbeere → Himbeere

Krällekes → Hagebutte
Krammbeere → Moosbeere
Krampete → Brombeere
Kramsbeere → Moosbeere
Kran(i)kebeere → Moosbeere
Kranach → Hagebutte
Kranbeere → Cranberry
Kranichbeere → Cranberry+Preiselbeere
Krankebeere → Himbeere
Krankeln → Heidelbeere
Krankenflieder → Holunderbeere
Kranskraut → Preiselbeere
Krasselbeere → Brombeere
Krasslätzbeere → Preiselbeere
Kratokbohne → Bohne
Kratzbeere → Brombeere
Krätzbeere → Brombeere
Kratzdorn → Hagebutte
Kratzeln → Brombeere
Kratzer → Brombeere+Hagebutte
Kratzrame → Brombeere
Kratzranke → Brombeere
Krau(n)sbeere → Preiselbeere
Kräuel → Heidelbeere
Krausbeere → Stachelbeere
Krause Endivie → Endivie
Kräuselbeere → Preiselbeere
Krausenitzbeere → Preiselbeere
Krauskohl → Grünkohl
Kraut → Sauerkraut+Weißkrau+Wirsing
Krautbeere → Preiselbeere
Krauthäuptel → Weißkraut
Krautrübe → Steckrübe
Krautsellerie → Sellerie
Krautstiele → Mangold
Krawuddele → Hagebutte
Kreen → Meerrettich
Kren → Meerrettich
Krentenbeere → Preiselbeere
Kreolenreis → Reis
Kressen → Kresse
Kressenfeige → Papaya
Kressig → Kresse
Krestling → Preiselbeere
Kretischer Apfel → Quitte
Kreusel → Portulak
Kreuselbeere → Stachelbeere
Kreutzdorn → Berberitze
Kreuzbeere → Berberitze+Sanddorn+Stachelbeere
Kreuzdorn → Sanddorn
Krickel → Stachelbeere
Kriebelnuss → Walnuss
Kriechenpflaume → Schlehe
Krieke(nbaum) → Schlehe
Krien → Meerrettich
Krietschpflaume → Schlehe
Krimmelrose → Hagebutte
Krischel → Schlehe
Krisselbeere → Stachelbeere
Kristallkraut → Eiskraut
Kritschbeere → Stachelbeere
Krizet → Eichblattsalat
Kro(m)beere → Brombeere
Kroatzbeeren → Brombeere
Krögedorn → Hagebutte
Krombeere → Heidelbeere
Kron(s)beere → Heidelbeere
Kronberger-Taunus-maronen → Marone
Kronen-Wucherbl. → Salatchrysantheme
Kronsbeere → Preiselbeere
Kronzel → Stachelbeere
Kroot → Rote Bete
Kropsla → Kopfsalat
Krosse(l)n → Preiselbeere
Krosselhecke → Stachelbeere
Krösskes → Moosbeere+Preiselbeere
Krötenbeere → Brombeere
Krotzbeeren → Brombeere
Krückfuss → Glasschmalz
Kruisbes → Stachelbeere
Krukbeere → Hagebutte
Krulandijvie → Endivie
Krüllbohnen → Bohne
Krulsla → Kraussalat
Krummbeere → Kartoffel
Krumpli → Kartoffel
Krünzel → Stachelbeere
Krüpel → Stachelbeere
Kruperbsen → Erbse
Kruppbohne → Bohne
Krüppelgurken → Gurke
Kruse(l)beere → Stachelbeere
Kruserl → Stachelbeere
Krustapfel → Stachelbeere
Krutt → Weißkraut

Kuba-Spinat → Portulak
Kuchbeere → Brombeere
Kuchelbeere → Stachelbeere
Küchenlauch → Lauch
Küchensellerie → Sellerie
Küchenzwiebel → Zwiebel
Küchleinholder → Holunderbeere
Kuckucksampfer → Berberitze
Kuckucksbeere → Berberitze
Kuckucksblume → Löwenzahn
Kuckucksbrot → Berberitze
Kuckucksklee → Sauerkleeknolle
Kuckuckskost → Sauerkleeknolle
Kuckuckskraut → Sauerampfer
Kudbeere → Heidelbeere
Küddel → Birne
Kudzu → Kudzu-Bohne
Kugeltomaten → Tomate
Kuhblume → Löwenzahn
Kuhbohnen → Bohne
Kuherbse → Bohne
Kuhhorn → Bockshornklee
Kuhhornklee → Bockshornklee
Kuhlattich → Löwenzahn
Kuhleke → Heidelbeere
Kuhteke → Heidelbeere
Kuikelen → Preiselbeere
Kujave → Guave
Kukum(b)ern → Gurke
Kukuruz → Zuckermais
Kullerpfirsich → Pfirsich
Kulloche → Steckrübe
Kummere → Gurke
Kumst → Sauerkraut
Kunbú → Meeresalgen
Kundebohne → Bohne
Kupschebeere → Heidelbeere
Kuquam → Kumquat
Kürbchen → Kürbis
Kûrbeere → Moosbeere
Kürbischen → Zucchini
Kürbisgurke → Zucchini
Kürbisorange → Pampelmuse
Kurfürstenmütze → Pâtisson
Kurpflaumen → Pflaume
Kurumb → Wirsing
Kurze Strumpfband-bohne → Bohne
Kuskash → Pomeranze
Kussa → Kürbis
Kutheke → Heidelbeere+Preiselbeere
Kütten(e) → Quitte
Kuzu → Kudzu-Bohne
Kvede → Quitte
Kweepeer → Quitte
Kwetsen → Zwetsche
Kwinkete → Preiselbeere

La ratte-Kartoffeln → Kartoffel
Labbelsbeere → Johannisbeere
Lacto-Vegetarier → Vegetarier
Lactuca sativa → Lattich
Lactuca sativa var crispa → Eichblattsalat+Lollo Rossa
Lactuca sativa var. → Bataviasalat
Lactuca sativa var. acaphala → Kraussalat
Lactuca sativa var. asparagina → Spargelsalat
Lactuca sativa var capitata. → Eisbergsalat+Kopfsalat
Lactuca sativa var. longifolia → Römischer Salat
Lactuca sativa var. secalina → Kopfsalat
Lactuca virosa → Lattich
Lagerwirsing → Wirsing
Lahana → Wirsing
Laibacher Eis → Eisbergsalat
Laitue → Lattich
Laitue asperge → Spargelsalat
Laitue Batavia → Bataviasalat
Laitue de mèr → Meeresalgen
Laitue Iceberg → Eisbergsalat
Laitue pommée → Kopfsalat
Laitue romaine → Römischer Salat
Lakkabeere → Brombeere
Lamas → Zitrone
Lamb's lettuce → Feldsalat
Lambertshasel → Haselnuss
Lambertsnuss → Haselnuss
Lamium → Taubnessel
Lämmersalat → Feldsalat
Lämmerzunge → Spitzwegerich
Lampagioni → Zwiebel

Lampionfrucht → Physalis
Lamponi → Himbeere
Land cress → Kresse
Langbohne → Spargelbohne
Lange Bretonin → Schalotte
Langkornreis → Reis
Langtagspflanzen → Pflanzen
Lansi → Langsat
Lappa → Klette
Large leaved chicory → Zichorie
Laterne → Löwenzahn
Laternenblume → Löwenzahn
Lathyrus cicera → Kichererbse
Lattich → Kopfsalat+Lattich
Lattichsalat → Lattich
Lattuga cappuccio a foglie lisce → Bataviasalat
Lattuga cappuccio a foglie ricce → Eichblattsalat
Lattuga incappuciata → Eisbergsalat
Lattuga romana → Römischer Salat
Lattuga → Lattich
Lattughino → Lollo Rossa
Latuk → Lattich
Latwergen -schwärzer → Holunderbeere
Lauchzwiebel → Zwiebel
Laus → Stachelbeere
Laus(busch) → Hagebutte
Lausbeere → Hagebutte+Stachelbeere
Lausholler → Holunderbeere
Lauspeke → Hagebutte
Lavata → Endivie
Laver → Meeresalgen
Lawalu → Zitrone
Lawerte → Johannisbeere
Leaf rape → Schnittkohl
Lechosa → Papaya
Lechuga baby → Kopfsalat
Lechuga crespa → Eichblattsalat
Lechuga glacial → Eisbergsalat
Lechuga Iceberg → Eisbergsalat
Lechuga romano → Römischer Salat
Lechuga → Lattich
Lee → Mandarine
Lee Chee → Litschi
Leek → Lauch
Legumbres → Gemüse
Legume de la mér → Meeresalgen
Legumes → Gemüse+Hülsenfrüchte
Légumes → Gemüse
Legumi → Gemüse
Legumineuses → Hülsenfrüchte
Leguminosae → Hülsenfrüchte
Leguminosas → Hülsenfrüchte
Leguminose → Hülsenfrüchte
Leguminosen → Hülsenfrüchte
Lein → Leinsamen
Leinsaat → Leinsamen
Leipziger Allerlei → Gemüse
Leise → Linse
Lemmetje → Limette
Lemon → Zitrone
Lemonbana → Kiwano
Lemonie → Zitrone
Lennefarze → Stachelbeere
Lens → Linse
Lens culinaris → Linse
Lenteja → Linse
Lenticchie → Linse
Lentil → Linse
Lentilla → Linse
Lentille → Linse
Lepidios → Kresse
Lepidium sativum → Kresse
Lerchenzungen → Grünkohl
Lescó → Paprikaschote
Letscho → Paprikaschote
Lettuce → Kopfsalat
Leuchtenkraut → Löwenzahn
Levantiner Nuss → Haselnuss
Levantinischer Lauch → Schalotte
Lewisia rediviva → Portulak
Lian torchon des Antilles → Luffa
Lichee → Litschi
Lichterblume → Löwenzahn
Liebesäpfel → Tomate
Liebesfrucht → Ananas
Liebfrauenbirn → Preiselbeere
Liebfrauen-strauch → Preiselbeere
Liechtli → Löwenzahn
Lieschen → Zuckermais
Lieschkolben → Rohrkolben
Lilikoi → Granadilla

Lilly Pilly → Preiselbeere
Lima bean → Bohne
Lima → Limette
Limabohnen → Bohne
Limao → Zitrone
Lime → Limette
Limequat → Kumquat
Limetta → Limette
Limette → Limette
Limon → Limette
Limon vert → Limette
Limón → Zitrone
Limone → Limette+Zitrone
Limonelle → Limette
Limonette acide → Limette
Limonette → Limette
Limoni → Zitrone
Linaza → Leinsamen
Linette → Leinsamen
Lingon → Preiselbeere
Lingonbeere → Preiselbeere
Lingonberry → Preiselbeere
Linjungs → Preiselbeere
Linnen → Leinsamen
Linseed → Leinsamen
Linsenbohne → Bohne
Linsenerve → Linse
Linum usitattissimum → Leinsamen
Lions tooth → Löwenzahn
Lisbon → Zitrone
Liseron d'eau → Wasserkastanie
Litchee → Litschi
Litchi Chevelu → Rambutan
Litchi chinensis → Litschi
Litchi nut → Litschi
Litchi → Litschi
Litschinüsse → Litschi
Litschipflaume → Litschi
Little Gem → Eisbergsalat
Lockenkopf → Endivie
Löffelerbsen → Erbse
Loganbeere → Brombeere
Loganberry → Brombeere
Lola Rosé → Lollo Rossa
Lollo Bianco → Lollo Rossa
Lollo Bionda → Lollo Rossa
Lollo Biondo → Lollo Rossa
Lollo Rosso → Lollo Rossa
Long tomato → Schlangenhaargurke
Longalmaronen → Marone
Longan → Longane
Longane ponceau → Longane
Longanpflaume → Longane
Lontar → Palmyra
Loofa → Luffa
Loquat → Japanische Mispel
Lotier kultivé → Spargelerbse
Lotier rouge → Spargelerbse
Lotier tetragone → Spargelerbse
Lotier → Lotoswurzel
Lotosfrucht → Dattelpflaume
Lotosnuss → Lotoswurzel
Lotosnuss → Lotoswurzel
Lotospflaume → Dattelpflaume
Lotoswurze → Lotoswurzel+Taro
Lotus sacré → Lotoswurzel
Lotus → Lotoswurzel
Love apple → Tomate
Lucerne → Sauerkleeknolle
Lüchtebohnen → Bohne
Lucumo → Lucuma
Lüdtebohnen → Bohne
Luffa cylindrica → Luffa
Luftzwiebel → Zwiebel
Luk → Zwiebel
Lumie → Limette
Lung Nga Paak → Chinakohl
Lungenblatt → Spitzwegerich
Lunjabohnen → Bohne
Lunzelé(n)beere → Himbeere
Lunzelenbeere → Stachelbeere
Luppbeere → Preiselbeere
Luppolo → Hopfen
Lupulo → Hopfen
Lutzere(n)beere → Moosbeere
Luzerne → Sauerkleeknolle
Luzerne-Keimlinge → Sauerkleeknolle
Lychee → Litschi
Lycopersicon esculentum → Tomate

Macadamia Nuts → Macadamianuss
Macadamia ternifolia → Macadamianuss
Macédoine → Früchte

Mâche → Feldsalat
Mäckeslüs → Hagebutte
Maco → Longane
Madagaskarbohnen → Bohne
Madapple → Aubergine
Madeirabanane → Banane
Madeirazwiebel → Zwiebel
Madenbeere → Himbeere
Madlennen → Brombeere
Madrone → Zitrone
Madronjo → Erdbeerbaumfrucht
Madronofrucht → Zitrone
Mägdepalm → Preiselbeere
Magenputzerli → Hagebutte
Magrêten → Stachelbeere
Mahiz → Zuckermais
Mährische Eberesche → Vogelbeere
Mähr-Retig → Meerrettich
Mährrettich → Meerrettich
Maiblume → Löwenzahn
Maienzahn → Löwenzahn
Maikirsche → Kirsche
Mailänder Kohl → Wirsing
Mairettich → Rettich
Mairübe → Steckrübe
Mais sucré → Zuckermais
Mais → Zuckermais
Maisstärke → Zuckermais
Maiwirsing → Wirsing
Maiz → Zuckermais
Maize → Zuckermais
Maizena → Zuckermais
Makrut lime → Kaffir-Limette
Makrutten → Stachelbeere
Malabar spinach → Malabar-Spinat
Malabar-Spinat → Malabar-Spinat
Malaienapfel → Jambolan
Malaquina → Mandarine
Malaun → Himbeere
Malay Gooseberry → Stachelbeere
Maleten → Aprikose
Malimbeere → Brombeere
Maline → Himbeere
Malinebeere → Himbeere
Malling-Sonnenbeere → Brombeere
Malpighia emarginata → Acerola
Malpighia punicifolia → Acerola
Malteser Melone → Melone
Malum cidonium → Quitte
Malum granatum → Granatapfel
Malum persicum → Pfirsich
Malus domestica → Apfel
Malve → Rosella
Mamber → Heidelbeere
Mamelistendorn → Sanddorn
Mamey Zapote → Sapote
Mamey → Mammeyapfel
Mammao → Papaya
Mamme → Feige
Mammea americana → Mammeyapfel
Mammea → Mammeyapfel
Mammee apple → Mammeyapfel
Mammee Sapote → Sapote
Mammei → Sapote
Mammeiapfel → Mammeyapfel
Mammey Sapote → Sapote
Mammey-Apfel → Sapote
Mammi → Mammeyapfel
Mammiapfel → Mammeyapfel
Mammilate → Annone
Mammutoliven → Olive
Mamon → Longane
Mamoncillo de China → Longane
Mamoncillo → Longane
Mamurabeere → Brombeere
Mandarijn → Mandarine
Mandarin → Mandarine
Mandarina → Mandarine
Mandarini privi di semi → Mandarine
Mandarin-Orangen → Mandarine
Mandelaprikosen → Aprikose
Mandelkürbis → Kürbis
Mandioca → Maniok
Mandioka → Maniok
Mandioko → Maniok
Mandorle → Mandel
Mandrino → Mandarine
Mandubibohne → Erdnuss
Mandubi-Nuss → Erdnuss
Mangifera indica → Mango
Mangis → Mangostane
Mangopflaume → Balsampflaume
Mangostan → Mangostane
Mangostán → Mangostane
Mangostanapfel → Mangostane
Mangostani → Mangostane

Mangosteen → Mangostane
Mangosten → Mangostane
Mangostina di Malacca → Mangostane
Mangot → Mango
Mangoustan → Mangostane
Mangu → Mangostane
Mangue → Mango
Manies → Erdnuss
Manihor → Maniok
Manihot escule → Maniok
Manilkara Zapota → Sapotillapfel
Manioc → Maniok
Manioca → Maniok
Manioka → Maniok
Maniokmehl → Maniok
Manzana → Apfel
Manzanilla → Olive
Mapom → Mandarine
Maracuyá púrpura → Purpur-Granadilla
Maracuyá → Maracuja
Marahonkastanie → Paranuss
Marak → Meerrettich
Maranta arundinacea → Pfeilwurz
Maranta → Maniok
Marante → Maniok
Maraschino -kirschen → Kirsche
Maraschken → Kirsche
Maraskakirschen → Kirsche
Marcellinerkohl → Wirsing
Märchenäpfel → Moosbeere
Märchenbirnen → Moosbeere
Mardaune → Preiselbeere
Märek → Meerrettich
Marellen → Kirsche
Maressig → Meerrettich
Margaretenbeere → Heidelbeere
Margose → Bittergurke
Mariabirnchen → Hagebutte
Mariapalm → Preiselbeere
Marienschöpfl → Löwenzahn
Marille → Aprikose
Marinebeere → Himbeere
Marionbeere → Brombeere
Mark → Sellerie
Markerbse → Erbse
Märkische Rüben → Steckrübe
Marknuss → Kaschunuss
Markstammkohl → Weißkraut
Marktkürbis → Kürbis+Zucchini
Marmelada → Marmelade
Marmeladen-pflaume → Sapote
Marmellata → Marmelade
Marron des Angles → Marone
Marron → Marone
Marrónes → Marone
Marrow → Kürbis+Zucchini
Marr-Reddig → Meerrettich
Marter(blume) → Holunderbeere
Marterbeere → Hagebutte
Martinsbeere → Hagebutte
Marumi-Kumquat → Kumquat
Marunken → Pflaume
Marusen → Stachelbeere
Märzenbusch → Löwenzahn
Masoor Dal → Linse
Masselbeere → Berberitze
Massholder → Holunderbeere
Mastuerzo → Kresse
Mat bean → Bohne
Maté → Kürbis
Matignon → Gemüse
Matok-Banane → Banane
Mattenbohne → Bohne
Mauebeere → Heidelbeere
Maulbeerfeige → Feige
Maulholz → Berberitze
Maulrîters → Schlehe
Maulstängel → Holunderbeere
Maultreckers → Schlehe
Mäuserling → Stachelbeere
Mausohr → Feldsalat
Maxi-Tomaten → Tomate
Mayenne → Aubergine
Mazorca → Zuckermais
Medicago sativa → Sauerkleeknolle
Medlar → Mispel
Meerdorn → Sanddorn
Meeresbohne → Glasschmalz
Meereseiche → Meeresalgen
Meereskokosnuss → Kokosnuss
Meeressalat → Meeresalgen
Meeresspaghetti → Meeresalgen
Meerkirsche → Erdbeerbaumfrucht
Meerkreuzdorn → Sanddorn
Meerrettichbaum → Pferderettichbaum
Meerrettichsenf → Meerettich
Meerrettig → Meerrettich

Meerträublein	→	Johannisbeere
Meertrübeli	→	Johannisbeere
Meggy	→	Kirsche
Mehlbanane	→	Banane
Mehlbeere	→	Hagebutte
Mehlkirsche	→	Hagebutte
Mehlklettchen	→	Hagebutte
Mehlsack	→	Hagebutte
Meigatschen	→	Stachelbeere
Meiraap	→	Steckrübe
Meischgl	→	Hagebutte
Meischlitzen	→	Stachelbeere
Meisennüsse	→	Walnuss
Meitzen	→	Stachelbeere
Mela	→	Apfel
Melangolo	→	Pomeranze
Melano	→	Kiwano
Melanzana	→	Aubergine
Melanzane	→	Aubergine
Melanzanenapfel	→	Aubergine
Melanzani	→	Aubergine
Melarancia	→	Pomeranze
Mele cotogne	→	Quitte
Meliagrana	→	Granatapfel
Melidsana	→	Aubergine
Melkdistel	→	Löwenzahn
Melle	→	Melde
Mellowfrucht	→	Pepino
Mellowfruit	→	Pepino
Melo cotón	→	Pfirsich
Meloenpeer	→	Pepino
Melon d'eau	→	Melone
Melón de olor	→	Melone
Melon des Tropiques	→	Papaya
Melon kydonion	→	Quitte
Melon pear	→	Pepino
Melon	→	Melone
Melone der Tropen	→	Papaya
Melonenbaum	→	Papaya
Melonenbirne	→	Pepino
Melonenkürbis	→	Kürbis+Pâtisson
Melonenorange	→	Pampelmuse
Melonensquash	→	Pâtisson
Melónes	→	Melone
Melongène	→	Aubergine
Melonnées	→	Pâtisson
Melons brodés	→	Melone
Melons	→	Melone
Membrillo	→	Quitte
Mérédic	→	Meerrettich
Merey del diablo	→	Aki
Merk	→	Sellerie+Zuckerwurzel
Mesclun	→	Salat
Mesembryanthemum cryst.	→	Eiskraut
Mespila	→	Mispel
Mespilum	→	Mispel
Mespilus germanica	→	Mispel
Metasano	→	Casimiroa
Meterlauch	→	Zwiebel
Metroxyllon sago	→	Sago
Metroxylon sagu	→	Sago
Métulon	→	Kiwano
Metzgerzwiebel	→	Zwiebel
Mexican apple	→	Casimiroa
Mexican Fruit	→	Kiwano
Mexicoapfel	→	Casimiroa
Mexikanische Limette	→	Limette
Michal	→	Mandarine
Miglio	→	Hirse
Mijo	→	Hirse
Mikan	→	Mandarine
Milchblume	→	Löwenzahn
Milchbusch	→	Löwenzahn
Milchdistel	→	Löwenzahn
Milchgrasblume	→	Löwenzahn
Milchreis	→	Reis
Milchrose	→	Hagebutte
Milidistel	→	Löwenzahn
Millet	→	Hirse
Milocorn	→	Hirse
Mil-Tomate	→	Tomate
Mimel	→	Johannisbeere
Min(n)eola	→	Mandarine
Minarettkohl	→	Romanesco
Miner's Lettuce	→	Portulak
Miniartischocken	→	Artischocke
Mini-Auberginen	→	Aubergine
Miniavocado	→	Avocado
Minibeets	→	Rote Bete
Mini-Blumenkohl -köpfe	→	Blumenkohl
Mini-Corn	→	Zuckermais
Mini-Eisberg	→	Eisbergsalat
Minigurke	→	Gurke
Mini-Grünspargel	→	Spargel
Mini-Lattich	→	Eisbergsalat

Minimais → Zuckermais
Miniorange → Kumquat
Mini-Squash → Pâtisson
Minizitrone → Kumquat
Minutenreis → Reis
Minutina o erba stella → Spitzwegerich
Mirabelle von Metz → Mirabelle
Mirabelle von Nancy → Mirabelle
Mirabris → Mirabelle
Mirakosa → Mirabelle
Mirch → Meerrettich
Mirchwurzel → Meerrettich
Mirepoix → Gemüse
Mirliton → Chayote
Mirtilli → Heidelbeere
Mirtillo europeo → Moosbeere
Mirtillo rosso → Preiselbeere
Mischfrüchte → Früchte
Mischgemüse → Gemüse
Mischmisch → Aprikose
Mischobst → Obst
Mischsalat → Salat
Mississippi-Reis → Reis
Mistfink → Löwenzahn
Misticanza → Salat
Mitsuba → Sellerie
Mittagsblume → Eiskraut
Mittelkornreis → Reis
Mittellinsen → Linse
Mix-Salat → Salat
Mo Kwa → Kürbis
Möhren → Karotte
Mohrenhirse → Hirse
Mohrrettich → Karotte
Mohrrüben → Karotte
Molares → Mandel
Môlbeere → Heidelbeere+Himbeere
Molberte → Stachelbeere
Moleitken → Himbeere
Mollifruit → Curuba
Molsla → Löwenzahn
Molt(e)beere → Brombeere
Molterbeere → Brombeere
Mombeere → Brombeere+Heidelbeere
Mompe → Balsampflaume
Monatserdbeeren → Erdbeere
Monatsrettich → Radieschen
Mönchsblatten → Löwenzahn
Mönchskopf → Löwenzahn
Mönchsplatte → Löwenzahn
Mondamin → Zuckermais
Mondbohne → Bohne
Monguete → Bohne
Monkey Head → Annone
Monkey Nut → Erdnuss
Monreal → Mandarine
Montia perfoliata → Portulak
Mooli → Rettich
Moorbeere → Heidelbeere
Moorheidelbeere → Heidelbeere
Moorhirse → Hirse
Moorwurzel → Pastinake
Moosapfel → Moosbeere
Moosfacken → Heidelbeere
Moosgöckerlich → Preiselbeere
Moosgranke → Moosbeere
Moosgrante → Moosbeere
Moosgucker → Heidelbeere
Moosguckerchen → Preiselbeere
Moospreiselbeere → Moosbeere
Moosrose → Hagebutte
Moosspargel → Spargel
Mopé → Balsampflaume
Mora de castilla → Brombeere
Mora di gelso → Maulbeere
Morbel → Brombeere
Morde → Karotte
More → Brombeere
Morelle de Quito → Lulo
Morellen → Kirsche
Moren → Brombeere
Morpel → Heidelbeere
Morrettig → Meerrettich
Mors de Cochon → Apfel
Morus → Maulbeere
Morus alba → Maulbeere
Morus nigra → Maulbeere
Morus rubra → Maulbeere
Moruseln → Stachelbeere
Mosch → Holunderbeere
Moschbeere → Heidelbeere
Moschkulle → Hagebutte
Moschuserdbeeren → Erdbeere
Moschuskürbis → Kürbis
Moschus-Limette → Limette
Mosjöken → Preiselbeere

Mospel → Mispel
Mostbeere → Heidelbeere
Mostjöckle → Preiselbeere
Moth bean → Bohne
Motten → Karotte
Mottenblume → Berberitze
Mottenbohnen → Bohne
Mountain papaya → Papaya
Mountain-ash → Vogelbeere
Moutarde épinard → Mosterdspinat
Muckelholz → Holunderbeere
Mückenbohnen → Bohne
Mufeln → Hagebutte
Mugatzerl → Stachelbeere
Mulberry → Maulbeere
Muliforze → Stachelbeere
Mulinkes → Brombeere
Müllerkes → Hagebutte
Multbeere → Brombeere
Multer → Brombeere
Mulwer → Himbeere
Mung bean → Bohne
Mungbohnen → Bohne
Murbeere → Brombeere
Murcott → Mandarine
Murcott Honey Orange → Mandarine
Mûre → Maulbeere
Mûren → Brombeere
Mûres → Brombeere
Musa → Banane
Musa nana → Banane
Musa paradisiaca → Banane
Musa textilis → Banane
Musflieder → Holunderbeere
Mushroom → Champignon
Musjocken → Preiselbeere
Musk Lime → Limette
Muskatellererd -beeren → Erdbeere
Muskatelrosine → Rosine
Muspel → Mispel
Mustard spinach → Mosterdspinat
Mutterbeerchen → Himbeere
Mutterkirsche → Moosbeere+Preiselbeere
Mutterkraut → Berberitze
Mützke → Heidelbeere+Himbeere
Myrciaria cauliflora → Jaboticaba
Myrobalanen → Kirsche
Myrtebeere → Heidelbeere
Myrtille → Heidelbeere

Nabal → Avocado
Nabelbeere → Heidelbeere
Nabo → Steckrübe
Nachtnebel → Brombeere
Nacktpfirsich → Nektarine
Nagami → Kumquat
Nageldearnoch → Berberitze
Nageldorn → Berberitze
Nagelrose → Hagebutte
Nager → Pfirsich
Name → Yam
Nana meant → Ananas
Nangka → Jackfrucht
Nappelbeere → Preiselbeere
Narangille → Lulo
Naranja agria → Pomeranze
Naranja dulce → Apfelsine
Naranjilla → Lulo
Nasenschinder → Kresse
Nasi tortium → Kresse
Nassreis → Reis
Nasturcio aquatico → Kresse
Nasturtium officinale → Kresse
Nasturtium → Kapuzinerkresse
Nasturz → Kapuzinerkresse
Natten → Kirsche
Natterbeer → Holunderbeere
Naturalfeigen → Feige
Naturreis → Reis
Naunetzen → Hagebutte+Stachelbeere
Naunitzen → Hagebutte
Navarra → Eisbergsalat
Navet → Steckrübe
Nawasi → Kokosnuss
Neapler → Zwiebel
Neapolitaner Nuss → Haselnuss
Nebelbeere → Brombeere
Nectarin → Nektarine
Nectarine → Nektarine
Nefelio → Rambutan

Nèfle d'Amérique → Sapotillapfel
Nèfle du Japon → Japanische Mispel
Nèfle → Mispel
Neflier → Mispel
Negerhirse → Hirse
Negra de la cruz → Avocado
Nektar-Himbeere → Brombeere
Nektarin → Nektarine
Nelumbo → Lotoswurzel
Nephelium lappacea → Rambutan
Nephelium longanum → Longane
Nespel → Mispel
Nespola del Giappone → Japanische Mispel
Nespola → Mispel
Nespole → Mispel
Nespolo → Mispel
Nessel → Taubnessel
Nettarine → Nektarine
Netzannone → Annone
Netzmelone → Melone
Neuseeländer Spinat → Spinat
Neuseeländischer Buschspinat → Spinat
Neuseelandspinat → Spinat
New Cocoyam → Tannia
New Sealand spinach → Spinat
New Seelandse spinacie → Spinat
Ngo → Rambutan
Nidelbeere → Himbeere
Niederholder → Holunderbeere
Nipenappe → Hagebutte
Nipenbirne → Hagebutte
Nipetäre → Hagebutte
Nispero del Japón → Japanische Mispel
Nispero → Mispel
Nispola → Mispel
Nispola de Japon → Japanische Mispel
Nisslsalat → Feldsalat
Nizamperlen → Maniok+Pfeilwurzel
Noccioline americane → Erdnuss
Noce de Brasile → Paranuss
Noce di cocco → Kokosnuss
Noce pesca → Nektarine
Noce → Walnuss
Noci betel → Betelnuss
Noci de pecan → Pekannuss
Noci del Para → Paranuss
Noci di acagiù → Kaschunuss
Noci → Nüsse
Noisette → Haselnuss
Noix → Nüsse
Noix d'arec → Betelnuss
Noix de Brésil → Paranuss
Noix de cajou → Kaschunuss
Noix de coco → Kokosnuss
Noix de Para → Paranuss
Noix de Pécan → Pekannuss
Noix de Seychelles → Pekannuss
Nokhodchi → Kichererbse
Nopal → Kaktusfeige
Nordamerikanische Heidelbeere → Heidelbeere
Nordische Himbeere → Brombeere
Nordische Sumpfbrombeere → Brombeere
Nori → Meeresalgen
Norwegische Brombeere → Brombeere
Noyer → Walnuss
Nuece de areca → Betelnuss
Nuece de areca → Betelnuss
Nuece pecan → Pekannuss
Nueces → Nüsse
Nuez de brasil → Paranuss
Nuéz de Coco → Kokosnuss
Nuez de Parà → Paranuss
Nuéz → Walnuss
Nullefatscher → Stachelbeere
Nuss → Walnuss
Nüsschen → Hagebutte
Nüsschensalat → Feldsalat
Nüsslisalat → Feldsalat
Nüsslisalat → Feldsalat
Nusspfirsisch → Nektarine
Nuts → Nüsse
Nutzhanf → Hanf
Nux → Nüsse

Oat → Hafer
Oberkohlrabi → Kohlrabi
Oberrübe → Kohlrabi

Obstbanane	→	Banane
Obstkraut	→	Obst
Oca	→	Sauerkleeknolle
Ochsenherz	→	Annone
Ochsenherzen	→	Tomate
Ochsenhörner	→	Steckrübe
Ochsenklaiwern	→	Heidelbeere
Ochsentieke	→	Heidelbeere
Ochsenzecke	→	Heidelbeere
Öchslein	→	Hagebutte
Ocra	→	Okra
Oeil de dragon	→	Longane
Oellig	→	Zwiebel
Ogen-Melone	→	Melone
Ogrose	→	Stachelbeere
Ogurets	→	Gurke
Ohr(en)bambelcher	→	Hagebutte
Ohrklunker	→	Hagebutte
Ohrringel(ein)	→	Hagebutte
Oignon	→	Zwiebel
Oignon d'Egypte	→	Zwiebel
Oignon d'hiver	→	Zwiebel
Oje	→	Zwiebel
Oka	→	Sauerkleeknolle
Okolo	→	Okra
Oktober-Mispel	→	Mispel
Okumo	→	Tannia
Olattiebeeren	→	Brombeere
Ölbeere	→	Olive
Ölbohne	→	Sojabohne
Oldenburger Palme	→	Grünkohl
Olea europaea	→	Olive
Oleaster	→	Olive
Ölfeige	→	Olive
Olijve	→	Olive
Oliva	→	Olive
Olivello spinosa	→	Sanddorn
Ölkürbis	→	Kürbis
Öllich	→	Zwiebel
Öl-Perilla	→	Perilla
Ölrauke	→	Rauke
Ölrettich	→	Rettich
Oltbeere	→	Johannisbeere
Ombeere	→	Himbeere
Onion	→	Zwiebel
Oportozwiebel	→	Zwiebel
Opuntia ficus indica	→	Kaktusfeige
Opuntie	→	Kaktusfeige

Orache	→	Melde
Orange amère	→	Pomeranze
Orange von Quito	→	Lulo
Orange	→	Apfelsine
Orangeletten	→	Pomeranze
Orangenlinsen	→	Linse
Orangequat	→	Kumquat
Örbsele	→	Berberitze
Oregon-Haselnuss	→	Haselnuss
Oreillons	→	Aprikose
Orejones	→	Aprikose
Orge	→	Gerste
Oriental radish	→	Rettich
Orientalische Persimmon	→	Kaki
Orientalische Zackenschote	→	Rauke
Orient-Rettich	→	Rettich
Orinocoapfel	→	Lulo
Orlando	→	Mandarine
Örsiba	→	Berberitze
Ortaggi	→	Gemüse
Ortanique	→	Mandarine
Oryza sativa	→	Reis
Orzo	→	Gerste
Oseille de bûcheron	→	Sauerkleeknolle
Oseille petite	→	Sauerampfer
Oseille ronde	→	Sauerampfer
Oseille	→	Sauerampfer
Ostergruss	→	Rettich
Ostigliato	→	Reis
Otaheite apple	→	Balsampflaume
Otaheite Gooseberry	→	Stachelbeere
Otaheite-Apfel	→	Balsampflaume
Otter	→	Brombeere
Outspan	→	Grapefruit
Oval-Kumquat	→	Kumquat
Ovalpflaumen	→	Pflaume
Ovo-Lacto-Vegetarier	→	Vegetarier
Ovo-Vegetarier	→	Vegetarier
Oxalide	→	Sauerkleeknolle
Oxalis	→	Sauerkleeknolle
Oxalis acetosella	→	Sauerkleeknolle
Oxalisrübe	→	Sauerkleeknolle
Oxel	→	Vogelbeere
Oyster plant	→	Schwarzwurzel

Pacana → Pekannuss
Pacane → Pekannuss
Paddy → Reis
Paderkerse → Kresse
Pahlerbse → Erbse
Pain de sucre → Fleischkraut
Pain des singes → Jackfrucht
Pakan → Pekannuss
Pak-Choi → Paksoi
Pak-Choi Shanghai → Paksoi
Pak-choy → Paksoi
Pak soi → Paksoi
Palak → Spinat
Palbohne → Bohne
Palerbse → Erbse
Palla rossa → Radicchio
Palma di coco → Kokosnuss
Palme des Nordens → Grünkohl
Palmenmark → Palmenherz
Palmira → Palmyra
Palmkirsche → Preiselbeere
Palmkohl → Dattel+Grünkohl+Palmherz
Palmsago → Sago
Palo santo → Kaki
Palta → Avocado
Paludenkohl → Blumenkohl
Pampelkraut → Löwenzahn
Pamplemousse → Pampelmuse
Pan de pobre → Brotfrucht
Pane d'Albero → Jackfrucht
Panicum miliaceum → Hirse
Pannagemüse → Amarant
Panzerbeere → Kürbis
Papaia → Papaya
Papaifrucht → Papaya
Papan → Papaya
Papangay → Luffa
Papanuss → Paranuss
Papas → Kartoffel
Papaw → Papaya
Papaya silvestre → Papaya
Papayafrucht → Papaya
Papaye de montagne → Papaya
Papaye → Papaya
Papayote → Papaya
Papayuela → Papaya
Papenkraut → Löwenzahn
Päperbeere → Johannisbeere
Papershell → Pekannuss
Papiernüsse → Walnuss
Pappadam → Linse
Pappelrose → Okra
Päpplet → Birne
Paprica → Paprikaschote
Paprika → Paprikaschote
Paprikamark → Paprikaschote
Paprikapüree → Paprikaschote
Paradajs → Tomate
Paradeis(er) → Tomate
Paradiesapfel → Tomate
Paradiesfrucht → Apfel
Paranoot → Paranuss
Paranött → Paranuss
Parboiled Reis → Reis
Parcha → Granadilla
Parchita → Maracuja
Pargaukle → Hagebutte
Pariser Karotten → Karotte
Pariser Weiß-rüben → Steckrübe
Parsnip → Pastinake
Partytomaten → Tomate
Passelbeere → Berberitze
Passerage cultivée → Kresse
Passiflora edulis var. edulis → Purpur-Granadilla
Passiflora edulis var. maracuya → Maracuja
Passiflora lingularis → Granadilla
Passiflora molissima → Curuba
Passiflora quadrangularis → Granadilla
Passiflore → Purpur-Granadilla
Passionsfrucht → Purpur-Granadilla
Pâssla → Schlehe
Pasta d'olive → Olive
Pasteke → Melone
Pastèque → Melone
Pasterna → Pastinake
Pasternak → Pastinake
Pastetenkürbis → Pâtisson
Pastinaca → Pastinake
Pastinacea sativa → Pastinake

Pastisson → Pâtisson
Pastorenkappe → Pâtisson
Pataca → Topinambur
Patata → Kartoffel
Patate americane → Batate
Patate aquatique → Wasserspinat
Patate dolci → Batate
Patate douce → Batate
Patenais → Pastinake
Paterkorn → Buchweizen
Patience → Sauerampfer
Patlican → Aubergine
Patnareis → Reis
Patsche → Hagebutte
Patschgroschl → Stachelbeere
Paudelbeere → Heidelbeere
Pautkenbeere → Brombeere
Pavies → Pfirsich
Pawpaw → Papaya
Paysanne → Gemüse
Pea aubergine → Aubergine
Pea → Erbse
Peach → Pfirsich
Peach-tomato → Lulo
Peanött → Erdnuss
Peanut → Erdnuss
Pear Melon → Pepino
Pear → Birne
Pearl onion → Lauch
Pecan → Pekannuss
Pecannoot → Pekannuss
Pecannuss → Pekannuss
Pêche → Pfirsich
Pedagnuoli → Feige
Pee in the bed → Löwenzahn
Peen → Karotte
Peer → Birne
Peisselbeere → Berberitze
Peitschenstrauch-beere → Brombeere
Pekingkohl → Chinakohl
Pelados → Physalis
Pelaten → Tomate
Pelati → Tomate
Pelaureis → Reis
Peluschke → Erbse
Pelzpfirsich → Pfirsich
Pendanga → Pitanga
Peperone → Paprikaschote
Peperone rosso tipo pomodoro → Paprikaschote
Peperoni → Paprikaschote
Pepinillo → Gurke
Pepino culi → Karambole
Pepino dulce → Pepino
Pepino hueco → Pepino
Pepino morado → Pepino
Pepinos → Gurke
Pepone → Kürbis
Pepping → Apfel
Pera → Birne
Percochen → Pfirsich
Pere → Birne
Peretti → Tomate
Pergauggle → Berberitze
Perilla ocymoides → Perilla
Perlbohnen → Bohne
Perllauch → Lauch
Perlmais → Zuckermais
Perlsago → Sago
Perltapioka → Maniok+Pfeilwurz
Perlzwiebeln → Lauch
Permollja → Schlehe
Persea gratissima → Avocado
Persimmon → Kaki
Persimone → Kaki
Persimonia → Kaki
Persimonn → Kaki
Persimonne → Kaki
Persimonpflaume → Kaki
Persische Datteln → Dattel
Persische Frucht → Pfirsich
Persische Limette → Limette
Persische Pflaume → Pfirsich
Persischer Apfel → Pfirsich
Persischer Senf → Rauke
Peruaanse ananaskers → Physalis
Peruanische Judenkirsche → Physalis
Peruanische Möhre → Arracacha
Peruanische Pastinake → Arracacha
Perubohnen → Bohne
Peru-Spinat → Quinoa
Peruvian carrot → Arracacha
Peruvian cherry → Physalis

Peruvian parsnip → Arracacha
Perzik → Pfirsich
Pesche → Pfirsich
Peterwalbeere → Preiselbeere
Petit oignon blanc → Lauch
Petit pois → Erbse
Petit radis → Radieschen
Petonciano → Aubergine
Pe-Tsai → Chinakohl
Pfaffenbeere → Johannisbeere
Pfaffenbeerlein → Heidelbeere
Pfaffenbirl → Heidelbeere
Pfaffenkraut → Löwenzahn
Pfaffenröhrlein → Löwenzahn
Pfefferbeere → Johannisbeere
Pfeffergurken → Gurke
Pfefferkraut → Kresse
Pfeffernüsse → Nüsse
Pfefferoni → Paprikaschote
Pfefferwurzel → Meerrettich
Pfeifenstöcke → Holunderbeere
Pfeilwurzel → Pfeilwurz
Pferdebanane → Banane
Pferdebeere → Brombeere
Pferdebohnen → Bohne
Pferdechampignon → Champignon
Pferdedorn → Sanddorn
Pferdemöhren → Karotte
Pferderadies → Meerrettich
Pferderose → Hagebutte
Pferderüben → Karotte
Pferdeworbel → Heidelbeere
Pferscher → Pfirsich
Pfingstliese → Hagebutte
Pfirsche → Pfirsich
Pfirsichpflaumen → Nektarine
Pfirsing → Pfirsich
Pflanzengallen → Apfel
Pflaume des Winters → Schlehe
Pflaumennuss → Ginkgopflaume
Pflückerbsen → Erbse
Pflückkohl → Grünkohl
Pflücksalat → Salat
Pflückspinat → Spinat
Pfluderbeere → Moosbeere
Pflugbeere → Brombeere
Pflumbeere → Brombeere
Pfropfenholz → Holunderbeere
Pfropfpiepenholz → Holunderbeere
Pfrosle(n) → Hagebutte
Pfrubeere → Brombeere
Pfrusel → Stachelbeere
Phaseolus → Bohne
Phaseolus vulgaris → Bohne
Phenomenal Berry → Himbeere
Phoenix dactylifera → Dattel
Phylophyta → Meeresalgen
Physalis ixocarpa → Physalis
Physalis peruviana → Physalis
Physalis pruinosa → Physalis
Physaliskirsche → Physalis
Phytolacca acinosa → Kermesbeere
Phytolacca americana → Kermesbeere
Picholine → Olive
Picke → Hagebutte
Pickelbeere → Heidelbeere
Pickgruschel → Stachelbeere
Pickrose → Hagebutte
Piemont-Kirschen → Kirsche
Piepekantjes → Hagebutte
Piesl → Mangold
Pignolia → Pinienkerne
Pignolien → Pinienkerne
Pignon → Pinienkerne
Pigweed → Quinoa
Pijnkern → Pinienkerne
Pikebeere → Stachelbeere
Pilafreis → Reis
Pilaureis → Reis
Pilav → Reis
Pilawreis → Reis
Pimento → Paprikaschote
Pimiento → Paprikaschote
Pimola → Olive
Pimpernuss → Pistazie
Pina americana → Ananas
Pinaat → Spinat
Pine → Pinienkerne
Pineapple guava → Feijoa
Pineapple → Ananas
Pine-apple → Ananas
Piniennüsse → Pinienkerne
Piniolen → Pinienkerne

Pinje frukt →	Pinienkerne
Pinole →	Pinienkerne
Pinon →	Pinienkerne
Pinon-Samen →	Pinienkerne
Pinserling →	Schlehe
Pinus pinea →	Pinienkerne
Piratensalat →	Kopfsalat
Pisang →	Banane
Pisangfeige →	Banane
Pisangfrucht →	Banane
Piselli →	Erbse
Pistacchi →	Pistazie
Pistache →	Pistazie
Pistachio →	Pistazie
Pistachos →	Pistazie
Pistacia vera →	Pistazie
Pistah →	Pistazie
Pistake →	Pistazie
Pistakinuss →	Pistazie
Pistasie-nött →	Pistazie
Pistazienmandel →	Pistazie
Pisum arvense →	Erbse
Pisum sativum →	Erbse
Pitaha →	Pitahaya
Pitaya →	Pitahaya
Pitschepatschen →	Hagebutte
Pla(n)tane →	Banane
Plankton →	Meeresalgen
Plantago lanceolata →	Spitzwegerich
Plantago major →	Spitzwegerich
Plantago montana →	Spitzwegerich
Plantain →	Banane+Spitzwegerich
Plante →	Banane
Plátano →	Banane
Platter Dänenkohl →	Weißkraut
Platterbse →	Kichererbse
Platzekess-stöckle →	Holunderbeere
Plenten →	Zuckermais
Plomme →	Pflaume
Plomperbeere →	Himbeere
Pluffenholz →	Holunderbeere
Plumen →	Pflaume
Plummen →	Pflaume
Plums →	Pflaume
Plutzer →	Kürbis
Poass(e) →	Schlehe
Pogitschken →	Johannisbeere
Pohe →	Physalis
Poire melon →	Pepino
Poire →	Birne
Poireau →	Lauch
Poirée →	Mangold
Pois →	Erbse
Pois ailé →	Bohne
Pois asperge →	Spargelerbse
Pois café →	Spargelerbse
Pois carré →	Bohne
Pois cassés →	Erbse
Pois chiche →	Kichererbse
Pois croquant →	Erbse
Pois mange-tout →	Erbse
Pois ridé →	Erbse
Pois rond →	Erbse
Poivron →	Paprikaschote
Pokeweed →	Kermesbeere
Polenta →	Zuckermais
Polierter Reis →	Reis
Pomarosa →	Jambolan
Pomegranate →	Granatapfel
Pomelitas →	Grapefruit
Pomerac →	Balsampflaume
Pomerancia →	Pomeranze
Pomerantsche →	Apfelsine
Pomme canelle →	Annone
Pomme cherry →	Apfel
Pomme d'amour →	Tomate
Pomme d'éléphant →	Zitrusfrüchte
Pomme d'orange →	Apfelsine
Pomme de bois →	Zitrusfrüchte
Pomme de cythère →	Balsampflaume
Pomme de Goa →	Karambole
Pomme étoilée →	Sternapfel
Pomme liane →	Granadilla
Pomme mexicaine →	Casimiroa
Pomme rose →	Jambolan
Pomme →	Apfel
Pommes de terre →	Kartoffel
Pomodori a fiaschetto →	Tomate
Pomodori oblunghi →	Tomate
Pomodori pera →	Tomate
Pomodoro →	Tomate
Pomodoro ciliegia →	Tomate
Pomodoro grappolo →	Tomate
Pompelmoes →	Pampelmuse

Ponnanganni → Amarant
Pontische Nuss → Haselnuss
Popcorn → Zuckermais
Popone → Melone
Porree → Lauch
Porro → Lauch
Pörschkohl → Wirsing
Portulaca → Portulak
Porzel → Hagebutte
Postelbeere → Heidelbeere
Postelein → Portulak
Potato → Kartoffel
Pôtiron → Kürbis
Pourpier → Portulak
Pourpier d'hiver → Portulak
Pousses de bambou → Bambussprossen
Pouteria lucuma → Lucuma
Pouteria sapota → Sapote
Pracherrose → Hagebutte
Prachtbohnen → Bohne
Prachtbrombeere → Brombeere
Präserve → Gemüse
Prätzel → Preiselbeere
Praume → Pflaume
Prauss(el)beere → Preiselbeere
Prei → Lauch
Preisselbeere → Preiselbeere
Preisslitz → Preiselbeere
Prellbeere → Moosbeere
Prentebeere → Preiselbeere
Presslauch → Lauch
Prestlinge → Erdbeere
Preus(s)elbeere → Heidelbeere+Preiselbeere
Preuselbeere → Moosbeere
Prickly artichoke → Kardone
Prickly pear → Kaktusfeige
Primeurs → Gemüse
Primofiori → Zitrone
Prince de Bretagne → Artischocke
Prinzessbohnen → Bohne
Prinzesserbse → Erbse
Prinzessmandeln → Mandel
Pritsele → Heidelbeere
Profichi → Feige
Profinkeln → Preiselbeere
Profosskohl → Weißkraut
Provinzkohl → Blumenkohl
Prowen(g)kelte → Preiselbeere
Prozelbeere → Preiselbeere
Prugne → Pflaume
Prugnole → Schlehe
Pruim → Pflaume
Prum → Preiselbeere
Prum(m)elbeere → Berberitze
Prumme → Pflaume
Prune coton → Ikakopflaume
Prune d'Amerique → Balsampflaume
Prune rouge → Balsampflaume
Prune → Zwetsche
Pruneau → Zwetsche
Prunelle → Schlehe+Reneklode
Prünellen → Reneklode
Prunes → Pflaume
Prunkbohnen → Bohne
Prunus → Kirsche
Prunus amygdalus → Mandel
Prunus amygdalus amarum → Mandel
Prunus amygdalus dulce → Mandel
Prunus amygdalus fragilis → Mandel
Prunus armeniaca → Aprikose
Prunus cerasifera → Pflaume
Prunus domestica → Pflaume
Prunus insititia → Schlehe
Prunus insititia var. italica → Reneklode
Prunus oeconomica → Zwetsche
Prunus persica → Pfirsich
Prunus persica var.laevis → Nektarine
Prunus salicina → Susine
Prunus spinosa → Schlehe
Prunus syriaca → Mirabelle
Prünzel → Preiselbeere
Psalliota bispora → Champignon
Psidium guajava → Guave
Puck(el)rose → Hagebutte
Puckelbeere → Heidelbeere
Pueraria lobata → Kudzu-Bohne
Puerro → Lauch
Puerto Rican cherry → Acerola
Puerto-Rico-Kirsche → Acerola

Puffbohne → Bohne
Puffmais → Zuckermais
Puffreis → Reis
Pulasan → Rambutan
Pula → Reis
Pullao → Reis
Pulses → Hülsenfrüchte
Pumbeln → Berberitze+Preiselbeere
Pummeln → Berberitze
Pummelo → Pomelo
Pummerlsalat → Eisbergsalat
Pumperblümchen → Löwenzahn
Pumpkin → Kürbis
Punica granatum → Granatapfel
Punischer Apfel → Granatapfel
Püppchen → Hagebutte
Purgnadel → Heidelbeere
Purple granadilla → Purpur-Granadilla
Purple passion-fruit → Purpur-Granadilla
Purpurspargel → Spargel
Purpurtang → Meeresalgen
Purslane → Portulak
Purzelkraut → Portulak
Püsseke → Holunderbeere
Pusteblume → Löwenzahn
Puttäpfel → Apfel
Puttengnaden → Heidelbeere
Puy-Linsen → Linse
Pyrus domestica → Birne
Pyrus pyraster → Birne
Pyrus serotina → Nashi

Quackeln → Holunderbeere
Quäckenbömenholt → Holunderbeere
Quärden → Holunderbeere
Quandong → Pfirsich
Quast → Hagebutte
Quatsche → Zwetsche
Quebbecken → Holunderbeere
Quebbeten → Holunderbeere
Queen Olive → Olive
Queensland-Nuss → Macadamianuss
Quêftchen → Holunderbeere
Quellenkrauke → Kresse
Quellenrauch → Kresse
Quellen-raukenkrau → Kresse
Queller → Glasschmalz
Quellgemüse → Gemüse
Quellkraut → Portulak
Quenepa → Longane
Quenette → Longane
Quetsche → Zwetsche
Quetschen → Zwetsche
Quewete → Holunderbeere
Quickreis → Reis
Quince → Quitte
Quinggombo → Okra
Quinkelte → Preiselbeere
Quinoamelde → Quinoa
Quinoareis → Quinoa
Quinua → Quinoa
Quito-Orange → Lulo
Quito-Orange → Lulo
Quito-oranje appel → Lulo
Quitsch(e) → Holunderbeere
Quittenapfel → Quitte
Quittenbirne → Quitte

Raap → Steckrübe
R(h)eindorn → Sanddorn
R(h)einweide → Sanddorn
Ra(h)mbeere → Brombeere
Raapstelen → Stielmus
Rábano picante → Meerrettich
Rábano → Rettich
Rabanos encarnados → Radieschen
Rabarbaro → Rhabarber
Rabarber → Rhabarber
Räbe → Steckrübe
Rabinschen → Feldsalat
Rachenputzer → Meerrettich
Radi → Rettich
Radicchio di Treviso → Radicchio
Radies → Radieschen
Radieschenkohl → Radieschen
Radieserl → Radieschen
Radijs → Radieschen
Radis japonais → Rettich
Radis rave → Rettich
Radish → Rettich

Rahmapfel → Annone
Rahmnuss → Paranuss
Rahmspinat → Spinat
Rahne → Rote Bete
Rahne → Rote Bete
Raifort → Meerrettich
Raisa → Eichblattsalat
Raisin d'Amerique → Kermesbeere
Raisins de table → Trauben
Raisins secs → Rosine
Raisins → Rosine
Rama → Rosella
Rambootan → Rambutan
Rambouetan → Rambutan
Ramboutan → Rambutan
Ramenas → Rettich
Râmestaude → Brombeere
Rampelbeere → Stachelbeere
Rampfe(n) → Brombeere
Randbeere → Brombeere
Rande → Rote Bete
Rängbeere → Johannisbeere
Rangoonbohnen → Bohne
Rankenbeere → Brombeere
Ranne → Rote Bete
Rantzebeere → Brombeere
Rapa → Stängelkohl
Rapa di primavera → Steckrübe
Rape → Raps
Räpeldorn → Brombeere
Raphanus sativus var. niger → Rettich
Raphanus sativus var. radicula → Radieschen
Raphanus → Rettich
Rapontika → Nachtkerze
Rapontikwurzel → Nachtkerze
Rappa → Stängelkohl
Rapünzchen → Feldsalat
Rapünzchensalat → Feldsalat
Rapunzel → Feldsalat
Raquemine → Kaki
Raspberry → Himbeere
Rauchbeere → Stachelbeere
Rauchling → Stachelbeere
Rauchpitter → Stachelbeere
Raudelbeere → Stachelbeere
Rauern → Stachelbeere
Raukenkohl → Rauke
Raumböwern → Heidelbeere
Rausch → Preiselbeere
Rauschbeere → Heidelbeere
Rauschgrün → Moosbeere
Rauze → Stachelbeere
Ravanello → Radieschen
Ravano → Rettich
Rawodele → Hagebutte
Rebkresse → Feldsalat
Rechholder → Holunderbeere
Reckholder → Holunderbeere
Red (leaved) chicory → Radicchio
Red beets → Rote Bete
Red cabbage → Rotkohl
Red Currant → Johannisbeere
Red Salad Bowl → Eichblattsalat
Red Spanish → Ananas
Red whortleberry → Preiselbeere
Reed mace → Rohrkolben
Refuga-Löwenzahn → Löwenzahn
Regina Claudia → Reneklode
Reidlinger → Stachelbeere
Reifziwerln → Schlehe
Reikemann → Hagebutte
Reine-Claude Plomme → Reneklode
Reine-Claude → Reneklode
Reisbesen → Hirse
Reisbohnen → Bohne
Reiselbeere → Berberitze
Reisererbsen → Erbse
Reiskoch → Reis
Reismelde → Quinoa
Reissbeere → Berberitze
Reisselbeere → Preiselbeere
Reisspinat → Quinoa
Remolachas → Rote Bete
Rêndelen → Preiselbeere
Renkbeere → Himbeere
Renkon → Lotoswurzel
Repeldorn → Hagebutte
Repolla morado → Rotkohl
Repollita → Rosenkohl
Repollo blanco crespo → Wirsing
Repollo blanco → Weißkraut
Repollo de corte → Schnittkohl
Repollo verde → Grünkohl
Reps → Raps
Retati → Melone

Rettig → Rettich
Reusch → Preiselbeere
Rhabarberbeere → Berberitze
Rhapontik → Rhabarber
Rheinische Gartenmelde → Melde
Rheum rhapontici → Nachtkerze
Rheum rhaponticum → Rhabarber
Rhubarb → Rhabarber
Rhubarbe → Rhabarber
Riberry → Preiselbeere
Ribes → Johannisbeere
Ribes album → Johannisbeere
Ribes grossularia → Stachelbeere
Ribes nero → Johannisbeere
Ribes nigrum → Johannisbeere
Ribes rubrum → Johannisbeere
Ribes spectabilis → Brombeere
Ribes var. → Jostabeere
Ribes → Johannisbeere
Ribisl → Johannisbeere
Ricchi → Lollo Rossa
Ricciaia → Marone
Rice → Reis
Rice bean → Bohne
Ridget gourd → Luffa
Ridget loofah → Luffa
Riesenalgen → Meeresalgen
Riesen-Champignons → Champignon
Riesengranadilla → Granadilla
Riesenkürbis → Kürbis
Riesenlinsen → Linse
Riesenmöhren → Karotte
Riesenorangen → Pampelmuse
Riesenquitte von Leskovac → Quitte
Riesenspargelbohne → Spargelbohne
Rieslingkraut → Sauerkraut
Riewe → Karotte
Rif(f)elbeere → Heidelbeere
Rîf(spitz)beere → Berberitze
Riffelbeere → Preiselbeere
Riffeli → Preiselbeere
Rimbeere → Himbeere
Rindfleischtomaten → Tomate
Rindsbeere → Brombeere+Himbeere
Rindsfarz → Stachelbeere
Ring(els)beere → Himbeere
Ringäpfel → Apfel
Ringlo → Reneklode
Ringlotte → Reneklode
Ripley Queen → Ananas
Rippenkohl → Mangold
Rippenkraut → Spitzwegerich
Rippenmangold → Mangold
Ripplichrut → Spitzwegerich
Ris de veau végétale → Aki
Riso → Reis
Risotto-Reis → Reis
Rispengetreide → Getreide
Rispen-Hafer → Hafer
Rispenhirse → Hirse
Rispentomaten → Tomate
Rissbeere → Heidelbeere
Ritscherl → Feldsalat
Riz → Reis
Rizala → Berberitze
Röbstill → Stielmus
Rocambole → Zwiebel
Rockenbolle → Zwiebel
Rocket → Rauke
Rödbeder → Rote Bete
Rode biet → Rote Bete
Rode kool → Rotkohl
Rödkaal → Rotkohl
Rödlök → Zwiebel
Rohkostsalat → Salat
Röhlk → Stranddreizack
Röhr → Stranddreizack
Röhrenkassie → Kassie
Röhrenlauch → Zwiebel
Röhrenschnittlauch → Zwiebel
Röhrenzwiebel → Zwiebel
Röhrkohl → Stranddreizack
Rohrzucker → Zuckerrohr
Rokambole → Zwiebel
Rollerbse → Erbse
Romaine lettuce → Römischer Salat
Roman rocket → Rauke
Romana → Römischer Salat
Romanasalat → Römischer Salat
Roma-Tomaten → Tomate
Rombeere → Himbeere

Romeinse sla → Römischer Salat
Römerkerne → Haselnuss
Römerkohl → Mangold
Römersalat → Römischer Salat
Romice → Sauerampfer
Römisch(er) Kohl → Mangold
Römische Bete → Mangold
Römische Pflaume → Pflaume
Römische Nuss → Haselnuss
Römischer Ampfer → Sauerampfer
Römischer Spinat → Sauerampfer
Rondier → Palmyra
Rondini → Zucchini
Rood lof → Radicchio
Roquette → Rauke
Rosa → Hagebutte
Rosa Champignon → Champignon
Rosa pendulina → Hagebutte
Rosados → Bohne
Rose apple → Jambolan
Rose hip → Hagebutte
Rose unter den Kohlpflanzen → Rosenkohl
Rosella-Eibisch → Rosella
Roselle → Rosella
Rosenapfel → Jambolan
Rosenbeere → Hagebutte
Rosenkohl Rubine → Rosenkohl
Rosenpappel → Okra
Rosenwirsing → Rosenkohl
Rosin → Rosine
Rosinenerbsen → Erbse
Röslikohl → Rosenkohl
Rossbeere → Heidelbeere
Rossblume → Löwenzahn
Rossbolle → Brombeere
Rossboppere → Brombeere
Rossheidelbeere → Heidelbeere
Rosskartoffel → Topinambur
Rossler → Topinambur
Rosspappel → Rosella
Rosspüppke → Hagebutte
Rossrippe → Spitzwegerich
Rosstraube → Johannisbeere
Röstgemüse → Gemüse
Rotalgen → Meeresalgen
Rotbeere → Preiselbeere
Rotbezinge → Johannisbeere
Rote Balsampflaume → Balsampflaume
Rote Banane → Banane
Rote Beete → Rote Bete
Rote Biete → Rote Bete
Rote Bohnen → Bohne
Rote Breme → Himbeere
Rote Bullgrawen → Preiselbeere
Rote Dattel → Jujube
Rote Dirndl → Hagebutte
Rote Druschel → Johannisbeere
Rote Endivie → Radicchio
Rote Gartenmelde → Melde
Rote Heide → Heidelbeere
Rote Heidelbeere → Preiselbeere
Rote Linsen → Linse
Rote Männlein → Hagebutte
Rote Mehlbeere → Maulbeere
Rote Mombinpflaume → Balsampflaume
Rote Oliven → Olive
Rote Passionsfrucht → Purpur-Granadilla
Rote Rohne → Rote Bete
Rote Rübe → Rote Bete
Rote Schlangengurken → Gurke
Rote Schlehe → Hagebutte
Rote Schlehen → Sanddorn
Rote Seealge → Meeresalgen
Rote Taubnessel → Taubnessel
Rote Tintenbeere → Berberitze
Rote Welpern → Preiselbeere
Rote Zonenkugel → Topinambur
Rote Zwiebeln → Zwiebel
Roter Balus → Granatapfel
Roter Chicoree → Radicchio
Roter Eissalat → Eisbergsalat
Roter Heinrich → Sauerampfer
Roter Holunder → Holunderbeere
Roter Kappes → Rotkohl
Roter Kopfsalat → Kopfsalat
Roter Reis → Reis
Roter Rettich → Rettich
Roter Rosenkohl → Rosenkohl
Roter Rude → Rotkohl
Roter Shiso → Perilla
Rotfrüchtiger Löwenzahn → Löwenzahn
Rotgroschel → Stachelbeere
Rothendeli → Preiselbeere
Rotkabis → Rotkohl
Rotkäppchen → Kopfsalat
Rotköpfchen → Hagebutte

Rotkraut → Rotkohl
Rotkraut → Rotkohl
Rotpipke → Hagebutte
Rotrübe → Rote Bete
Rotzbeere → Brombeere
Rougette → Rauke
Round pea → Erbse
Rowan → Vogelbeere
Royals → Haselnuss
Rüb(en)kohl → Steckrübe
Rubarbo → Rhabarber
Rübchen → Steckrübe
Rüben → Karotte
Rüben-Kälberkropf → Steckrübe
Rübenkerbel → Steckrübe
Rübenkohl → Stängelkohl
Rübenkraut → Mangold
Rübenraps → Raps
Rübenreps → Raps
Rubin → Lollo Rossa
Rübkohl → Kohlrabi
Rübli → Karotte
Rübsaat → Raps
Rübsamen → Raps
Rübsen → Raps
Rübstiel → Stielmus
Rübstielchen → Stielmus
Rubus bogotensis → Brombeere
Rubus caesius → Brombeere
Rubus chamaemorus → Brombeere
Rubus hybrid → Boysenbeere
Rubus idaeus → Himbeere
Rubus laciniatus → Brombeere
Rubus loganobaccus → Brombeere
Rubus phoenicolasius → Brombeere
Rubutze → Stachelbeere
Ruca → Rauke
Ruccula → Rauke
Ruchbeere → Stachelbeere
Ruchetta → Rauke
Rucola → Rauke
Rucolasalat → Rauke
Ruderalpflanzen → Pflanzen
Rüebli → Karotte
Rugetta → Rauke
Rugola → Rauke
Rührfass → Hagebutte
Ruiponce → Feldsalat
Ruke → Rauke
Rukola → Rauke
Rumex patienta → Sauerampfer
Rumex scutatus → Sauerampfer
Rumfrüchte → Früchte
Rummel → Zuckerrübe
Rummelbeere → Heidelbeere
Rumpelsbeere → Brombeere
Rundkornreis → Reis
Rundpflaumen → Pflaume
Runke → Rauke
Runkelbeere → Heidelbeere
Runkelrübe → Zuckerrübe
Runner bean → Bohne
Runzelerbse → Erbse
Runzelforze → Stachelbeere
Runzerebeere → Himbeere
Rupfsalat → Kraussalat
Rüsch → Brombeere
Ruserlbeere → Stachelbeere
Russischer Meerkohl → Meerkohl
Rutabaga → Steckrübe
Rüterdorn → Hagebutte
Rye → Roggen
Rys → Reis

Saat-Lein → Leinsamen
Saat-Platterbse → Kichererbse
Saccharum officinarum → Zuckerrohr
Sackpflaumen → Pflaume
Safranpfirsiche → Pfirsich
Salad Bowl → Eichblattsalat
Salad rocket → Rauke
Salada → Salat
Salade → Salat
Salatherzen → Kopfsalat
Salat der Königinnen → Salat
Saláta → Salat
Salatampfer → Sauerampfer
Salatbete → Rote Bete
Salatblume → Kapuzinerkresse
Salatgemüse → Gemüse
Salatgurken → Gurke
Salat-Rapünzchen → Feldsalat
Salatrauke → Rauke

Salatrübe → Rote Bete
Salatzichorie → Chicorée
Salicorne → Glasschmalz
Salicornia europaea → Glasschmalz
Salsendorn → Berberitze
Salsifi negro → Schwarzwurzel
Salsifis blanc → Schwarzwurzel
Salsifis noir → Schwarzwurzel
Salsify → Schwarzwurzel
Salzaster → Strandaster
Salzdillgurken → Gurke
Salzgemüse → Gemüse
Salzgurken → Gurke
Salzkraut → Glasschmalz
Salzmandeln → Mandel
Sambal → Kaffir-Limette
Sambuco → Holunderbeere
Sambucus ebulus → Holunderbeere
Sambucus nigra → Holunderbeere
Sambucus racemosa → Holunderbeere
Samengemüse → Gemüse
Sammelfrüchte → Früchte
Samphire → Glasschmalz
Samtactinidie → Kiwi
Samtbeere → Himbeere
Sandbeere → Sanddorn
Sanderbse → Sanderbse
Sandholz → Berberitze
Sandias → Melone
Sandkreuzdorn → Sanddorn
Sandmöhren → Karotte
Sang Shen-tzu → Maulbeere
Sankt Johann-träublein → Johannisbeere
Sansibarnüsse → Nüsse
Santihansbeere → Johannisbeere
Santihans-träublein → Johannisbeere
Sapodilla pruim → Sapotillapfel
Sapodilla → Sapotillapfel
Sapodilleepler → Sapotillapfel
Sapota bianco → Casimiroa
Sapota → Sapote
Sapote Blanche → Casimiroa
Sapotilla → Sapotillapfel
Sapotille → Sapotillapfel
Sarantigemüse → Amarant
Saratoga-Chips → Kartoffel
Saratoga-kartoffeln → Kartoffel
Saris → Kiwi
Saronfrucht → Sharon
Sättling → Sauerampfer
Sau(e)rach → Berberitze
Sau(er)beere → Preiselbeere
Sau(er)dorn → Schlehe
Saubeere → Brombeere+Stachelbeere
Saublume → Löwenzahn
Saubohnen → Bohne
Sauburtzel → Portulak
Saúco → Holunderbeere
Sauer(ach)dorn → Berberitze
Sauerach → Berberitze
Sauerbeere → Berberitze+Moosbeere
Sauerblatt → Berberitze
Sauerblätter → Sauerampfer
Sauerbrei → Annone
Sauerbutzen → Schlehe
Sauerdattel → Tamarinde
Sauergemüse → Gemüse
Sauergras → Sauerampfer
Sauerkirschen → Kirsche
Sauerklee → Sauerampfer+Sauerkleeknolle
Sauerkleerübe → Sauerkleeknolle
Sauerknöterich → Sauerampfer
Sauerkohl → Sauerkraut
Sauerländische Korinthen → Heidelbeere
Säuerling → Sauerampfer
Sauerlump → Sauerampfer
Sauerorange → Pomeranze
Sauerrüben → Steckrübe
Sauersack → Annone
Sauersenf → Sauerampfer
Sauerzitrone → Zitrone
Säule → Hagebutte
Sauohr → Spitzwegerich
Saure Limette → Limette
Saure Rüben → Steckrübe
Saure Gurken → Gurke
Saurer Kumst → Sauerkraut
Saurnelken → Löwenzahn
Saurose → Hagebutte
Savoy cabbage → Wirsing
Savoye cool → Wirsing
Savoyerkohl → Wirsing

Sayoor	→	Gemüse
Scallop	→	Pâtisson
Scalogni	→	Schalotte
Scarola	→	Endivie
Scarole	→	Endivie
Schabaöpfel	→	Quitte
Schabzigerklee	→	Bockshornklee
Schaddock	→	Pampelmuse
Schafchampignon	→	Champignon
Schafegerling	→	Champignon
Schafholder	→	Holunderbeere
Schafsmaul	→	Feldsalat
Schafspfirsich	→	Kiwi
Schafzunge	→	Spitzwegerich
Schalenobst	→	Nüsse
Schalerbse	→	Erbse
Schälerbsen	→	Erbse
Schalfrüchte	→	Früchte
Schälgurken	→	Gurke
Schalmandeln	→	Mandel
Schälnüsse	→	Walnuss
Schalotten-zwiebel	→	Zwiebel
Schantungkohl	→	Chinakohl
Scharfwurzel	→	Meerrettich
Scharkenstrauch	→	Schlehe
Scharlach-Erdbeere	→	Erdbeere
Schaschlik-zwiebel	→	Lauch
Schat	→	Salat
Schattbutbengel	→	Karotte
Schattenmorellen	→	Kirsche
Schattenrose	→	Hagebutte
Scheidenegerling	→	Champignon
Scheinfrucht	→	Früchte
Schellbeere	→	Brombeere
Schesen	→	Holunderbeere
Schetschken	→	Holunderbeere
Schibiken	→	Holunderbeere
Schikoree	→	Chicorée
Schildampfer	→	Sauerampfer
Schildkröten-Bohne	→	Bohne
Schildkröten-pflanze	→	Yam
Schipka	→	Hagebutte
Schipken	→	Holunderbeere
Schlachtekohl	→	Sauerkraut
Schlackerrose	→	Hagebutte
Schlafäpfel	→	Apfel
Schlagdorn	→	Hagebutte
Schlämpe-schlägeli	→	Berberitze
Schlangenbeere	→	Brombeere
Schlangenbohne	→	Spargelbohne
Schlangengurke	→	Schlangenhaargurke
Schlangengurken	→	Gurke
Schlangenknob-lauch	→	Zwiebel
Schlangenkürbis	→	Schlangenhaargurke
Schlangenlauch	→	Zwiebel
Schlangenzunge	→	Spitzwegerich
Schlappkraut	→	Weißkraut
Schleh(en)dorn	→	Schlehe
Schlehenapfel	→	Schlehe
Schlehenbilse	→	Schlehe
Schlehen-büchsenholz	→	Holunderbeere
Schlehenkrieche	→	Schlehe
Schlehenpflaume	→	Schlehe
Schlehenpraume	→	Schlehe
Schlempekraut	→	Zichorie
Schliche	→	Schlehe
Schliehbeere	→	Johannisbeere
Schliehe	→	Schlehe
Schliene	→	Schlehe
Schliere	→	Schlehe
Schliessfrucht	→	Früchte
Schlinge(l)	→	Schlehe
Schlingrose	→	Hagebutte
Schlinke	→	Schlehe
Schlogitzer	→	Heidelbeere
Schlotten	→	Zwiebel
Schlotterkelle	→	Preiselbeere
Schluckfärze	→	Schlehe
Schmalblättriger Wegerich	→	Spitzwegerich
Schmalzbeere	→	Preiselbeere
Schmalzbohnen	→	Bohne
Schmalzkraut	→	Feldsalat
Schmalzkübelein	→	Hagebutte
Schmalzler	→	Kopfsalat
Schmalzrübe	→	Steckrübe
Schmalzsalat	→	Kopfsalat
Schmeckbirä	→	Quitte
Schmerbel	→	Brombeere
Schmerbirne	→	Vogelbeere
Schminkbeere	→	Kermesbeere
Schminkbohne	→	Bohne

Schmorgurken → Gurke
Schnabelsalat → Lollo Rossa
Schnallenbeere → Moosbeere
Schnapsbeere → Moosbeere
Schnaps-Johannis-traube → Johannisbeere
Schneckenklee → Sauerkleeknolle
Schnee-Erbse → Erbse
Schneidebohnen → Bohne
Schneiderblume → Schlehe
Schnellbeere → Moosbeere+Preiselbeere
Schnellkochreis → Reis
Schnibbelbohne → Bohne
Schnippelbohnen → Bohne
Schnippelches-bohne → Bohne
Schnittbohnen → Bohne
Schnittendivie → Endivie
Schnitterbeere → Brombeere+Himbeere
Schnittkohl → Grünkohl+Schnittkohl
Schnittmangold → Mangold
Schnittsalat → Kopfsalat
Schnittsellerie → Sellerie
Schnittzwiebel → Zwiebel
Schnökelbeere → Preiselbeere
Schnorrgäuer → Brombeere
Schnoterkliess → Hagebutte
Schnotzbeere → Heidelbeere
Schnuderbeere → Heidelbeere
Schockererbsen → Erbse
Schollera → Moosbeere
Schöne Grete → Bockshornklee
Schopf-Trauben-hyazinthe → Zwiebel
Schoppenkraut → Sellerie
Schorseneren → Schwarzwurzel
Schosiken → Holunderbeere
Schossbeere → Brombeere
Schoten → Erbse
Schotenerbse → Erbse
Schotenfrüchte → Hülsenfrüchte
Schotengemüse → Hülsenfrüchte
Schoten-Hornklee → Spargelbohne
Schötzenmiere → Schwarzwurzel
Schrompera → Kartoffel
Schtorzenärla → Schwarzwurzel
Schuhäpfel → Stachelbeere
Schüppchen → Holunderbeere
Schuppenannone → Annone
Schusterbeere → Johannisbeere
Schuttpflanzen → Pflanzen
Schwabenkorn → Grünkern
Schwammgurke → Luffa
Schwammkürbis → Luffa
Schwammwurz → Spargel
Schwapperte → Brombeere
Schwarz(äugel)-beere → Heidelbeere
Schwarzäugel-beere → Heidelbeere
Schwarzdorn → Schlehe
Schwarze Bohne → Bohne
Schwarze Dattel → Dattelpflaume
Schwarze Erdbeere → Heidelbeere
Schwarze Gehands-rauwe → Johannisbeere
Schwarze Haubeere → Brombeere
Schwarze Himbeere → Brombeere
Schwarze Holunder-beere → Holunderbeere
Schwarze Johannis-traube → Johannisbeere
Schwarze Kasse → Johannisbeere
Schwarze Maul-beere → Maulbeere
Schwarze Mehrt-rübli → Johannisbeere
Schwarze Nüsse → Walnuss
Schwarze Preisel-beere → Heidelbeere
Schwarze Ribiseln → Johannisbeere
Schwarze Rosinen → Johannisbeere
Schwarze Sapote → Dattelpflaume
Schwarze Tomate → Aubergine
Schwarze Träuble → Johannisbeere
Schwarze Vogel-beere → Holunderbeere
Schwarze Wein-beere → Johannisbeere
Schwarzel → Heidelbeere
Schwarzelse → Kirsche
Schwarzer Flieder → Holunderbeere
Schwarzer Holunder → Holunderbeere
Schwarzer Reis → Reis

Schwarzer Rettich → Rettich
Schwarzholder → Holunderbeere
Schwarzkohl → Grünkohl
Schwarzkopf → Hagebutte
Schwarznessel → Perilla
Schwarzplenten → Buchweizen
Schwarzrettich → Rettich
Schwedenfrüchte → Früchte
Schwedische Hagebutte → Vogelbeere
Schwedische Rübe → Steckrübe
Schweinbeere → Johannisbeere
Schweinchen → Hagebutte+Stachelbeere
Schweinsbeere → Preiselbeere
Schweinskraut → Portulak
Schweizer Kuttle → Stachelbeere
Schweizer Mangold → Mangold
Schweizerkraut → Mangold
Schwertbohnen → Bohne
Schwerzeitbeere → Johannisbeere
Schwetzinger Meisterschuss → Spargel
Schwider → Moosbeere
Schwider(malte) → Berberitze
Schwiderdorn → Berberitze
Schwiderholz → Berberitze
Schwindel(n) → Heidelbeere
Schwindelbeere → Heidelbeere+Moosbeere
Schwinder(ne)-beere → Berberitze
Schwitztee → Holunderbeere
Scitzadorn → Hagebutte
Scitzela → Hagebutte
Scorsonére → Schwarzwurzel
Scorzo nera → Schwarzwurzel
Scorzonera hispanica → Schwarzwurzel
Scorzonera → Schwarzwurzel
Scütz → Hagebutte
Sea apple → Palmyra
Sea arrowgras → Stranddreizack
Sea asparagus → Glasschmalz
Sea aster → Strandaster
Sea buckthorn → Sanddorn
Sea coconut → Kokosnuss
Sea lettuce → Meeresalgen
Sea-Kale → Meerkohl
Seaweed → Meeresalgen
Secale cereale → Roggen
Sechium edule → Chayote
Sedano da coste → Staudensellerie
Sedano da taglio → Sellerie
Sedano rapa → Sellerie
Seebohnen → Meeresalgen
Seedorn → Sanddorn
Seedornbeere → Sanddorn
Seehoibeere → Heidelbeere
Seekohl → Meerkohl
Seekreuzdorn → Sanddorn
Seespargel → Glasschmalz
Seetang → Meeresalgen
Segale → Roggen
Segensnuss → Walnuss
Seicher → Löwenzahn
Seichkraut → Löwenzahn
Seidenbeere → Himbeere
Selinon → Sellerie
Selleri → Sellerie
Sellerieherz → Staudensellerie
Selleriekohl → Chinakohl
Sellrainer Rüben → Steckrübe
Seme de lino → Leinsamen
Semianzwiebeln → Zwiebel
Semifino → Reis
Semillas de Lino → Leinsamen
Sendbeere → Heidelbeere
Senffrüchte → Früchte
Senfgemüse → Gemüse
Senfgurken → Gurke
Senfkohl → Paksoi+Rauke
Senfrauke → Rauke
Senfspinat → Mosterdspinat
Senna → Kassie
Sennastrauch → Kassie
Sennes → Kassie
Sensiboom → Longane
Sentbeere → Heidelbeere
Sepbeere → Heidelbeere
Serbal de cazadores → Vogelbeere
Serbo selvatico → Vogelbeere
Serpent végétal → Schlangenhaargurke
Serpentinum → Aubergine
Sesame → Sesam
Sésame → Sesam
Sesamo → Sesam
Sésamo → Sesam

Sesamum indicum → Sesam
Seso vegetal → Aki
Setbeere → Heidelbeere
Sevilla orange → Pomeranze
Sevillana-Olive → Olive
Sevilla-Orange → Pomeranze
Seville orange → Pomeranze
Seychellen-Nuss → Kokosnuss
Shallot → Schalotte
Shamrock → Sauerkleeknolle
Shandong-Apfelbirne → Nashi
Shandongkohl → Chinakohl
Shepherdia argentea → Sanddorn
Shiso → Perilla
Shiso-Keimlinge → Perilla
Shungiku → Salatchrysantheme
Sibbeere → Heidelbeere
Sibirische Stachelbeere → Kiwi
Sibirische Zwiebel → Zwiebel
Sidebeer → Himbeere
Siebbeere → Berberitze
Siebeere → Moosbeere
Siebenrippe → Spitzwegerich
Siebenzeiten → Bockshornklee
Siekbeere → Holunderbeere
Siene → Rosine
Siévabohnen → Bohne
Silberaprikosen → Ginkgopflaume
Silberplatte → Holunderbeere
Silberzwiebel → Lauch
Silk gourd → Luffa
Silver kale → Meerkohl
Silverskin onion → Lauch
Sinaapfel → Apfelsine
Singharanuss → Wasserkasdtanie
Singwa → Okra
Sipel → Zwiebel
Sitrus frukt → Zitrusfrüchte
Sittere(n)beere → Brombeere
Sium sisarum → Zuckerwurzel
Sizilianische Nuss → Pistazie
Sizilianischer Fenchel → Fenchel
Sjalot → Schalotte
Skarla → Preiselbeere
Skoke → Kermesbeere
Skorbutkraut → Meerrettich
Skorzener Wurzel → Schwarzwurzel
Skorzonere → Schwarzwurzel
Skriffle → Preiselbeere
Skützgoglen → Hagebutte
Skuzelbeere → Heidelbeere
Sla → Kopfsalat
Släierte → Schlehe
Slapetorn → Schlehe
Slien → Schlehe
Slim Jim Aubergine → Aubergine
Sloe → Schlehe
Sloke → Meeresalgen
Small cranberry → Moosbeere
Small radish → Radieschen
Smith Tangerine → Tangerine
Smooth Cayeene → Ananas
Smooth loofah → Luffa
Smulenträkers → Hagebutte
Smyrna-Feigen → Feige
Snake gourd → Schlangenhaargurke
Snap pea → Erbse
Snijbiet → Mangold
Snijmoes → Schnittkohl
Snijselderij → Sellerie
Snôrbeere → Brombeere
Snow pea → Erbse
Snurrbeien → Brombeere
Soja → Sojabohne
Sojasprossen → Sojabohne
Solanum lycopersicum → Tomate
Solanum melongena → Aubergine
Solanum muricatum → Pepino
Solanum Quitoense → Lulo
Solanum topiro → Lulo
Solanum torvum → Aubergine
Solanum tuberosum → Kartoffel
Solbär(bum) → Brombeere
Someruco → Acerola
Sommerendivie → Römischer Salat
Sommersquash → Pâtisson
Sommerzitrone → Birne
Sonnenbeere → Brombeere
Sonnenbraut → Zichorie

Sonnenkraut → Zichorie
Sonnenwedel → Zichorie
Sonnenwende → Zichorie
Sonnenwirbel → Löwenzahn
Sonnenwirbele → Feldsalat
Sonnling → Topinambur
Sophienkraut → Rauke
Sorbier → Vogelbeere
Sorbus aucuparia → Vogelbeere
Sorbus aucuparia var. edulis → Vogelbeere
Sorghum durra → Hirse
Sorghumhirse → Hirse
Sorrel → Sauerampfer
Sorrento-Nuss → Walnuss
Souchet comestible → Erdmandel
Soup celery → Sellerie
Sour apple → Annone
Sour lime → Limette
Sour sop → Annone
Sou-sou → Chayote
Soya → Sojabohne
Soybean → Sojabohne
Spackel(dor) → Hagebutte
Spaghetti pompoen → Kürbis
Spaghettibohne → Spargelbohne
Spaghettikürbis → Kürbis
Spaliertomaten → Tomate
Spalterbse → Erbse
Spaltfrüchte → Früchte
Spanische Artischocke → Kardone+Pâtisson
Spanische Eier → Aubergine
Spanische Gemüsezwiebel → Zwiebel
Spanische Limone → Longane
Spanische Oliven → Olive
Spanische Pflaume → Balsampflaume
Spanische Schwarzwurzel → Schwarzwurzel
Spanische Zwiebel → Zwiebel
Spanischer Lauch → Lauch
Spanischer Pfeffer → Paprikaschote
Spanischer Salat → Melde
Spanischer Spinat → Melde
Spanish lime → Longane
Spanish plum → Balsampflaume
Spanish potato → Batate
Sparagio → Spargel
Spargel des Winters → Schwarzwurzel
Spargel für arme Leute → Schwarzwurzel
Spargelbohne → Bohne+Spargelbohne
Spargelfisole → Spargelbohne
Spargelkohl → Brokkoli+Rosenkohl
Spargelsalat → Römischer Salat+Spargelsalat
Spargelstangen → Spargel
Speckbeere → Preiselbeere
Speckbirne → Birne
Speckbohnen → Bohne
Speckrübe → Steckrübe
Speierling → Vogelbeere
Speise-Chrysantheme → Salatchrysantheme
Speisedistel → Artischocke
Speisemöhren → Karotte
Speiserettich → Rettich
Speiserüben → Steckrübe
Spelt → Dinkel
Spelz → Dinkel
Spelzweizen → Grünkern
Spennat → Spinat
Sperberbaum → Vogelbeere
Sperberbeere → Berberitze
Spickzwiebel → Zwiebel
Spiendorn → Berberitze
Spienwaimerle → Berberitze
Spierapfel → Vogelbeere
Spiessdorn → Berberitze
Spilling → Schlehe
Spinach beet → Mangold
Spinach → Spinat
Spinaci(o) → Spinat
Spinacia oleracea → Spinat
Spinacio della Nuova Zelande → Spinat
Spinacio fragola → Erdbeerspinat
Spinadel → Spinat
Spinatersatz → Spinat
Spinazie → Spinat
Spinellen → Stachelbeere
Spinet → Spinat

Spinetsch Spinat → Spinat
Spinez → Spinat
Spinling → Schlehe
Spinoso sardo → Artischocke
Spitzbeere → Berberitze+Brombeere
Spitzblättriger Meerkohl → Meerkohl
Spitzenreis → Reis
Spitzfederich → Spitzwegerich
Spitzkabis → Weißkraut
Spitzkohl → Weißkraut
Spitzkool → Weißkraut
Spitzpaprika → Paprikaschote
Spleissbeere → Preiselbeere
Splenterholz → Holunderbeere
Splittererbsen → Erbse
Spluderbeere → Preiselbeere
Spondias cytherea → Balsampflaume
Spondias dulcis Ambarella → Balsampflaume
Spondias mombin → Balsampflaume
Spondias pinnata → Balsampflaume
Spondias purpurea → Balsampflaume
Sponge gourd → Luffa
Spoon cabbage → Paksoi
Spreckelbeere → Heidelbeere
Spreissbeere → Heidelbeere
Spreissel → Preiselbeere
Spreisselsbeere → Preiselbeere
Sprengbeere → Sanddorn
Spriesselbeere → Preiselbeere
Sprossen → Rosenkohl
Sprossenbrokkoli → Brokkoli
Sprossengemüse → Gemüse
Sprossenkohl → Brokkoli+Rosenkohl
Sprosserl → Rosenkohl
Sprossgemüse → Gemüse
Sprossgemüse → Gemüse
Sprouting broccoli → Brokkoli
Sprue → Spargel
Spunzger → Stachelbeere
Squash → Pâtisson
Stabtomaten → Tomate
Stachelannone → Annone
Stachelbeerguave → Guave
Stachelbirne → Kaktusfeige
Stachelfeige → Kaktusfeige
Stachelgurke → Chayote
Stachelhans → Stachelbeere
Stachelhecke → Hagebutte
Stachellizchen → Stachelbeere
Stachelribisel → Stachelbeere
Stachide → Stachys
Stachle → Stachelbeere
Stachlige Weide → Sanddorn
Stachys sieboldii → Stachys
Stadtchampignon → Champignon
Stamboon → Bohne
Standardreis → Reis
Stangenbohnen → Bohne
Stangensellerie → Staudensellerie
Stangenspargel → Spargel
Stännerbohne → Bohne
Star apple → Sternapfel
Star Gooseberry → Stachelbeere
Starapple → Sternapfel
Starfruit → Karambole
Starke Orange → Pomeranze
Stauchelbaum → Berberitze
Staudelbeere → Heidelbeere+Himbeere
Staudenmure → Brombeere
Staudenrettich → Rettich
Staudenröschen → Hagebutte
Stäudlein → Heidelbeere+Preiselbeere
Staunsker → Stachelbeere
Stechbeere → Stachelbeere
Stechdorn → Sanddorn+Schlehe+Stachelbeere
Stechsalat → Kopfsalat
Steckreis → Reis
Stecksalat → Kopfsalat
Steckzwiebeln → Zwiebel
Stehbibbel → Sellerie
Steigbesinge → Brombeere
Steinbeere → Brombeere
Steinbickel → Preiselbeere
Steinchampignon → Champignon
Steinfassbeere → Berberitze
Steinfrüchte → Früchte
Steinmandeln → Mandel
Steinnuss → Paranuss
Steinobst → Obst
Steinpilz-champignon → Champignon
Steinröschen → Hagebutte

Stem lettuce → Spargelsalat
Stemmbeere → Himbeere
Stängelbeere → Himbeere
Stängelgemüse → Gemüse
Stängelmangold → Mangold
Stängelmus → Stielmus
Stängelrübe → Kohlrabi
Stängelsellerie → Staudensellerie
Stängelzwiebel → Zwiebel
Sterapple → Sternapfel
Sternchen-Blumenkohl → Romanesco
Sternfrucht → Karambole
Stibbern → Stachelbeere
Stichbeere → Johannisbeere
Stichelte → Stachelbeere
Stickbeere → Stachelbeere
Stickelatsch → Stachelbeere
Stielgemüse → Gemüse
Stielmangold → Mangold
Stielsellerie → Staudensellerie
Stikkelsbär → Stachelbeere
Stinkbeere → Johannisbeere
Stinkflieder → Holunderbeere
Stinkfrucht → Durian
Stinkholder → Holunderbeere
Stinkhölerte → Holunderbeere
Stinkholler → Holunderbeere
Stinkrose → Hagebutte
Stinksalat → Lattich
Stippmus → Stielmus
Stoanlbeere → Heidelbeere
Stockerbse → Erbse
Stopfbeere → Heidelbeere
Stoppelbeere → Brombeere
Stoppelbrombeere → Brombeere
Stoppelrübe → Steckrübe
Storlbeere → Hagebutte
Storzemiere → Schwarzwurzel
Stranddorn → Sanddorn
Stranddornbeere → Sanddorn
Strandkohl → Meerkohl
Strandmelde → Melde
Strandrauke → Rauke
Strängchensbeere → Johannisbeere
Strangelbeere → Johannisbeere
Strappelbeere → Stachelbeere
Straßenbraut → Spitzwegerich
Straßen-champignon → Champignon
Strauchbohne → Straucherbse
Strauchtomaten → Tomate
Strauchweichseln → Kirsche
Sträuselbeere → Preiselbeere
Straussbeere → Preiselbeere
Strawberry spinach → Erdbeerspinat
Strawberry tree fruit → Erdbeerbaumfrucht
Strawberry → Erdbeere
Streffelbeere → Preiselbeere
Streifmus → Stielmus
Streifrüben → Stielmus
Streitbesie → Sanddorn
Streuobst → Obst
Strickbeere → Preiselbeere
Stricknadelbohne → Spargelbohne
Striffelbeere → Preiselbeere
Strip → Johannisbeere
Strubelpeter → Kraussalat
Strullbeere → Stachelbeere
Strumpfbandbohne → Spargelbohne
Strutzenbeere → Johannisbeere
Studentenfutter → Früchte
Stupfelbeere → Stachelbeere
Stüpfistaude → Berberitze
Sturlbeere → Heidelbeere
Stuttgarter → Feldsalat
Succini → Zucchini
Suckel(in) → Hagebutte
Sucrine → Eisbergsalat
Südfrüchte → Früchte
Suerdorn → Berberitze
Suermoos → Sauerkraut
Sugar apple → Annone
Sugar beet → Zuckerrübe
Sugar cane → Zuckerrohr
Sugar loaf → Fleischkraut
Sugar pea → Erbse
Sugar-snap pea → Erbse
Suhwahirse → Hirse
Suikermais → Zuckermais
Suikermeloen → Melone
Sükbeere → Holunderbeere
Sukratsitron → Zitronatzitrone
Sulferte → Johannisbeere
Sultanas → Rosine
Sultanfeigen → Feige
Sultaninen → Rosine
Summerguttere → Stachelbeere
Sumpfaster → Strandaster

Sumpfbeere → Heidelbeere+Moosbeere
Sumpfbohne → Bohne
Sumpfbrombeere → Brombeere
Sumpfheidelbeere → Heidelbeere
Sumpfhimbeere → Brombeere
Sumpfkohl → Blumenkohl
Sumpf-Löwenzahn → Löwenzahn
Sumpfsilge → Sellerie
Sunflower → Sonnenblume
Sunnenfürzele → Stachelbeere
Suntina → Mandarine
Superfino → Reis
Superschmelz → Kohlrabi
Suppenbund → Gemüse
Suppengemüse → Gemüse
Suppengrün → Gemüse
Suppenkraut → Gemüse
Suppenlauch → Lauch
Suppensellerie → Sellerie
Suppenspargel → Spargel
Surade → Zitronatzitrone
Sureau → Holunderbeere
Surette → Sauerkleeknolle
Surich → Berberitze
Surinam cherry → Pitanga
Surinamkirsche → Pitanga
Surinam-Portulak → Portulak
Surinam-Spinat → Portulak
Sushireis → Reis
Susina → Pflaume
Susina damaschina → Zwetsche
Susine → Pflaume
Susine selvatiche → Schlehe
Süßapfelsine → Apfelsine
Süße Balsampflaume → Balsampflaume
Süße Eberesche → Vogelbeere
Süße Granadilla → Granadilla
Süße Limetten → Limette
Süße Mandeln → Mandel
Süße Mombinpflaume → Balsampflaume
Süße Orange → Apfelsine
Süße Passionsfrucht → Granadilla
Süßer → Kopfsalat
Süßer Kopfsalat → Kopfsalat
Süßer Maniok → Maniok
Süßer Paprika → Paprikaschote
Süßer Reis → Reis
Süßfenchel → Fenchel
Süßkartoffel → Batate
Süßkastanie → Marone
Süßkirschen → Kirsche
Süßmais → Zuckermais
Süßorange → Apfelsine
Süßpaprika → Paprikaschote
Süßpomeranze → Apfelsine
Süßsack → Annone
Süßschäfe → Erbse
Süßweichseln → Kirsche
Süßwurzel → Zuckerwurzel
Svarthyll → Holunderbeere
Svedsker → Zwetsche
Sviskeplomme → Zwetsche
Swamp cabbage → Wasserspinat
Swani melon → Kiwano
Swanimelone → Kiwano
Swarte Allbee → Johannisbeere
Swartjebeere → Brombeere
Swede → Steckrübe
Sweet corn → Zuckermais
Sweet cucumber → Pepino
Sweet melons → Melone
Sweet orange → Apfelsine
Sweet passionfruit → Granadilla
Sweet pepper → Paprikaschote
Sweet potato → Batate
Sweeties → Grapefruit
Sweet-Sop → Annone
Swertje → Brombeere
Sykomore → Feige
Syrische Nuss → Pistazie
Syrische Zwiebel → Schalotte
Syzygium jambos → Jambolan

Tabakröhrlistaude → Sanddorn
Tabernat → Olive
Tackbeje → Heidelbeere
Tacken → Brombeere
Tackenbeere → Heidelbeere
Tacso → Curuba
Tadernbobbacken → Preiselbeere
Tafelmeerrettich → Meerrettich
Tafelobst → Obst

Tafelreis → Reis
Tafeltrauben → Traube
Tahitian quince → Balsampflaume
Tahitiapfel → Balsampflaume
Tahitilimette → Limette
Tahitipflaume → Balsampflaume
Taino → Zuckermais
Taioba → Taro
Takenoko → Bambussprosse
Talinum triangulare → Portulak
Tamales → Zuckermais
Tamanegi → Zwiebel
Tamarillo → Baumtomate
Tamarin → Tamarinde
Tamarina → Tamarinde
Tamarind → Tamarinde
Tamarindi → Tamarinde
Tamarindo chino → Karambole
Tamarindos → Tamarinde
Tamarindus indica → Tamarinde
Tamarine → Tamarinde
Tambor → Mandarine
Tammer → Dattel
Tampala → Amarant
Tang → Meeresalgen
Tangelbeere → Himbeere
Tangelo → Mandarine
Tangerinas → Mandarine
Tangerine → Mandarine
Tangérine → Mandarine
Tangerines → Mandarine
Tangerini → Mandarine
Tangleberry → Himbeere
Tangor → Mandarine
Tania → Tannia
Tanier → Tannia
Tanten → Schlehe
Taoge → Sojabohne
Tapioca → Maniok+Pfeilwurz
Tapioka → Maniok+Pfeilwurz
Tapiokasago → Maniok+Pfeilwurz
Taraxacum erythrospermum → Löwenzahn
Taraxacum kok-saghyz → Löwenzahn
Taraxacum officinale → Löwenzahn
Tardivi → Melone
Tartuffel → Kartoffel
Tartuffoli → Kartoffel
Tatarenkorn → Buchweizen
Tatarischer Meerkohl → Meerkohl
Taterkorn → Buchweizen
Tau(b)beere → Heidelbeere
Tau(ben)beere → Brombeere
Taubeere → Himbeere
Taubenbeere → Heidelbeere
Taubenerbse → Strauchererbse
Taubenknopf → Brombeere
Taubenköpflein → Brombeere
Taubenschühlein → Preiselbeere
Taubenspick → Brombeere
Tavent corn → Zuckermais
Tayberry → Taybeere
Teeblume → Holunderbeere
Teeflieder → Holunderbeere
Teeholunder → Holunderbeere
Teerbeere → Brombeere
Teichkolben → Rohrkolben
Tellerlinsen → Linse
Tellerrüben → Steckrübe
Teltower Rübchen → Steckrübe
Teltower Weißrüben → Steckrübe
Temple → Mandarine
Tendergreen → Mosterdspinat
Tennai → Kokosnuss
Terebinthe → Pistazie
Ternickel → Schlehe
Tetinbeere → Brombeere
Tetragon → Spinat
Tetragone cornue → Spinat
Tetragonia tetragonoides → Spinat
Tetragonolobus purpureus → Spargelerbse
Teufel → Kartoffel
Teufelsbeere → Holunderbeere
Teufelsblume → Löwenzahn
Teufelsgurken → Gurke
Teufelsjohannistraube → Johannisbeere
Teufelswurzel → Kartoffel
Texaskürbis → Kürbis
Thailändischer Duftreis → Reis
Thaizwiebeln → Zwiebel
Thenga → Kokosnuss

Theobroma grandiflorum spreng → Cupuacu
Thurbeere → Brombeere
Tibits → Ananas
Tiefkühlgemüse → Gemüse
Tierlibaum → Kirsche
Tietebeere → Moosbeere+Preiselbeere
Tigernuss → Erdmandel
Tigernut → Erdmandel
Tiger-Tomate → Tomate
Tikemehl → Maniok+Pfeilwurz
Tikormehl → Maniok+Pfeilwurz
Tikurmehl → Maniok+Pfeilwurz
Tinnevelly-Senna → Kassie
Tintenbeere → Holunderbeere
Tintendattel → Jujube
Tintennuss → Kaschunuss
Tipituambo → Topinambur
Titanenblut → Brombeere
Todnessel → Taubnessel
Töffelen → Kartoffel
Tollbeere → Heidelbeere
Tollkirschen → Kirsche
Tomaat → Tomate
Tomate cerise → Tomate
Tomate d'arbre → Baumtomate
Tomate de árbol → Baumtomate
Tomate de la paz → Baumtomate
Tomatenbaum → Physalis
Tomatenkirschen → Tomate
Tomatenpaprika → Paprikaschote
Tomates allongées → Tomate
Tomates de pera → Tomate
Tomatillo → Physalis
Tomatillos enteros → Physalis
Tomatle → Tomate
Tomato → Tomate
Tombul → Haselnuss
Toor dal → Straucherbse
Top onion → Zwiebel
Topaz → Mandarine
Topfbeere → Heidelbeere
Topftomaten → Tomate
Topi → Topinambur
Topinambour → Topinambur
Torfbeere → Brombeere
Toronja → Pampelmuse
Totenbeere → Johannisbeere
Totenkraut → Preiselbeere
Tournesol → Sonnenblume
Tracadero-Kopfsalat → Kopfsalat
Tragopogon porrifolius → Schwarzwurzel
Trambeere → Brombeere
Tran(tje)beere → Preiselbeere
Tranbeere → Moosbeere
Tranebär → Moosbeere
Trapa natans var. bicornis → Wasserkastanie
Trapa natans var. bispinosa → Wasserkastanie
Trapa natans → Wasserkastanie
Traubenbeere → Brombeere
Traubenblätter → Weinblätter
Traubenholunder → Holunderbeere
Traubenkohl → Blumenkohl
Traubenrosinen → Rosine
Träubli → Johannisbeere
Träuschling → Champignon
Tree melon → Pepino
Tree onion → Zwiebel
Tree tomato → Baumtomate
Tregel → Stachelbeere
Treibhausgemüse → Gemüse
Treibhaus-kohlrabi → Kohlrabi
Treibzichorie → Chicorée
Trichosanthes cucumeriana → Schlangenhaargurke
Tricolora → Gemüse
Tri-Colo-Reis → Reis
Trigo → Weizen
Trigonella caerulea → Bockshornklee
Trigonella foenum-graecum → Bockshornklee
Trinkelbeere → Heidelbeere
Trinkkokosnuss → Kokosnuss
Triticale → Weizen
Triticum aestivum → Weizen
Triticum durum → Weizen
Triticum spelta → Dinkel
Triticum var. → Grünkern
Triumphbeere → Stachelbeere
Trockenäpfel → Apfel
Trockenbohnen → Bohne
Trockenfeigen → Feige

Trockenfrüchte	→	Früchte
Trockenobst	→	Obst
Trockenpflaumen	→	Pflaume
Trockenspeise-erbsen	→	Erbse
Tropaeolum majus	→	Kapuzinerkresse
Tropaeolum nanum	→	Kapuzinerkresse
Tropaeolum nanum plenum	→	Kapuzinerkresse
Tropaeolum tricolor	→	Kapuzinerkresse
Tropaeolum tuberosum	→	Kapuzinerkresse
Tropea-Zwiebel	→	Zwiebel
Tropenmelone	→	Papaya
Troscart	→	Stranddreizack
Trösschensbeere	→	Johannisbeere
Trotzkopf	→	Kopfsalat
Trübeli	→	Traube
Trüberli	→	Johannisbeere
Trüffel-kartoffeln	→	Kartoffel
Truffes de Chine	→	Kartoffel
Trugerdbeere	→	Erdbeere
Trumbolle	→	Brombeere
Trunkelbeere	→	Heidelbeere
Trutzelbeere	→	Stachelbeere
Tsabar	→	Kaktusfeige
Tsoi-sum	→	Choisum
Tucanuss	→	Paranuss
Tudela	→	Artischocke
Tüfteln	→	Kartoffel
Tüfteln	→	Kartoffel
Tuin boon	→	Bohne
Tumbo serrano	→	Curuba
Tuna	→	Kaktusfeige
Tunisnuss	→	Pistazie
Tupinambo	→	Topinambur
Tupiro	→	Lulo
Tupiru	→	Lulo
Tur	→	Straucherbse
Turbebeere	→	Moosbeere
Türgge	→	Zuckermais
Türken	→	Zuckermais
Türkenbohnen	→	Bohne
Türkenkorn	→	Zuckermais
Türkische Bohnen	→	Bohne
Türkische Dicknuss	→	Haselnuss
Türkische Erbsen	→	Bohne
Türkische Hasel	→	Haselnuss
Türkische Kartoffeln	→	Haselnuss
Türkische Rauke	→	Rauke
Türkische Rosinen	→	Rosine
Türkischer Weizen	→	Zuckermais
Türmchenkohl	→	Romanesco
Turnefürz	→	Stachelbeere
Turnetzlabomm	→	Kirsche
Turnip cabbage	→	Kohlrabi
Turnip early varieties	→	Steckrübe
Turnip tops	→	Stielmus
Turnip	→	Steckrübe
Turnip-rooted chervil	→	Steckrübe
Tütebeere	→	Moosbeere+Preiselbeere
Tutenholz	→	Holunderbeere
Typha latifolia	→	Rohrkolben
Tyttebär	→	Preiselbeere
Überfrucht	→	Früchte
Uchuva	→	Physalis
Ufermelde	→	Melde
Ufo-Kürbis	→	Pâtisson
Ugli	→	Mandarine
Ugly	→	Mandarine
Ui	→	Zwiebel
Ulve	→	Meeresalge
Umberbeere	→	Himbeere
Umbu	→	Balsampflaume
Umeboshi-Aprikosen	→	Aprikose
Ummel	→	Himbeere
Ungützli	→	Stachelbeere
Unio	→	Zwiebel
Ünne	→	Zwiebel
Unsinnele	→	Heidelbeere
Unterboden kohlrabi	→	Steckrübe
Unterkohlrabi	→	Steckrübe
Unzelebeere	→	Himbeere
Urd Dal	→	Bohne
Urd	→	Bohne
Urdbohne	→	Bohne
Uruchireis	→	Reis
Uva crespa	→	Stachelbeere
Uva da tavola	→	Traube

Uva de mesa → Traube
Uva espina (de San Pedro) → Stachelbeere
Uva passa → Rosine
Uva spina del Capo → Physalis
Uva spina → Stachelbeere
Uvas pasas → Rosine

Vaccinium corymbosum → Heidelbeere
Vaccinium myrtillus → Heidelbeere
Vaccinium oxycoccus macrocarpus → Cranberry
Vaccinium oxycoccus palustris → Moosbeere
Vaccinium uliginosum → Heidelbeere
Vaccinium vitis-idaea → Preiselbeere
Vaccinium vitis-idaea minus → Preiselbeere
Valerianella locusta → Feldsalat
Valerianella → Feldsalat
Valnött → Walnuss
Veenbes → Moosbeere
Veesen → Dinkel
Veganer → Vegetarier
Vegetabilien → Vegetarier
Vegetable oyster → Schwarzwurzel
Vegetables → Gemüse
Vegetarisches Fleisch → Nüsse
Veitchbeere → Brombeere
Veitchberry → Brombeere
Veldsla → Feldsalat
Venkel → Fenchel
Verdelli → Zitrone
Verdolaga grande → Portulak
Verna → Zitrone
Versich → Berberitze
Versichdorn → Berberitze
Vialone → Reis
Vicia faba → Bohne
Viehbesinge → Moosbeere
Viennese → Kopfsalat
Vierländer → Tomate
Vierwinklige Bohnen → Bohne
Vietsbohnen → Bohne
Vigna unguiculata ssp. sesquipedalis → Spargelbohne
Viktoriaerbsen → Erbse
Vinagrillo → Karambole
Vine leaves → Weinblätter
Violette de Palermo → Artischocke
Violettes Rennes → Topinambur
Viperaria → Schwarzwurzel
Virginische Dattelpflaume → Kaki
Virginische Erdbeere → Erdbeere
Vitamin C-Strauch → Sanddorn
Vitaminrosen → Hagebutte
Vitelaria paradoxa → Sapote
Vitelotte → Kartoffel
Vitis vinifera → Rosine+Traube+Weinblätter
Vlêder → Holunderbeere
Vlierbes → Holunderbeere
Vogelflieder → Holunderbeere
Vogelkirsche → Kirsche+Vogelbeere
Vogelnetz → Karotte
Vogerlsalat → Feldsalat
Vollblut → Apfelsine
Vollkornreis → Reis
Vollreis → Reis
Vossebes → Heidelbeere
Vossenbes → Preiselbeere
Vrihi → Reis

Wachsbohne → Bohne
Wachskürbis → Kürbis
Wachspflaume → Mirabelle
Wachtelbohne → Bohne
Wackelpeter → Früchte
Wähle → Heidelbeere
Wakame → Meeresalgen
Wakeln → Holunderbeere
Wal(d)beere → Heidelbeere
Walberte → Heidelbeere
Walbite → Heidelbeere
Waldbuchs → Preiselbeere

Waldchampignon → Champignon
Waldedelpilz → Champignon
Waldegerling → Champignon
Walderdbeere → Erdbeere
Waldhasel → Haselnuss
Waldheidelbeere → Heidelbeere
Waldhimbeeren → Himbeere
Waldklee → Sauerkleeknolle
Waldrettich → Meerrettich
Waldsauerklee → Sauerkleeknolle
Wall(e)beere → Heidelbeere
Walldorf-Salat → Salat
Walnoot → Walnuss
Walnut → Walnuss
Walpern → Heidelbeere
Walzengurken → Gurke
Wandelion → Löwenzahn
Wandlaus → Stachelbeere
Wäntele → Johannisbeere
Wanzenbeere → Johannisbeere
Wanzenträublein → Johannisbeere
Wärsching → Wirsing
Warzenmelone → Melone
Waschmöhren → Karotte
Wasserbeere → Heidelbeere+Johannisbeere
Wasserbrotwurzel → Taro
Wasserkerse → Kresse
Wasserkresse → Kresse
Wasserkübelein → Hagebutte
Wasserlauchkraut → Kresse
Wassermelonen → Melone
Wasserreis → Reis
Wasserrübe → Steckrübe
Wassersenf → Kresse
Wasseryam → Yam
Water melons → Melone
Water spinach → Wasserspinat
Watercress → Kresse
Waterkers → Kresse
Watermeloen → Melone
Waternut → Wasserkastanie
Wax gourd → Kürbis
Wax jambu → Apfel
Waxymais → Zuckermais
Wegblätter → Spitzwegerich
Wegbreit → Spitzwegerich
Wegdorn → Hagebutte+Stachelbeere
Wegerich → Spitzwegerich
Wegleuchte → Zichorie
Wegrauke → Rauke
Wegtritt → Spitzwegerich
Wegwarte → Zichorie
Wehani → Reis
Wehdorn → Berberitze+Sanddorn
Weibel → Hagebutte
Weibermegser → Hagebutte
Weibermetzger → Hagebutte
Weibrose → Hagebutte
Weichobst → Obst
Weichselkirschen → Kirsche
Weichseln → Kirsche
Weichweizen → Weizen
Weidenblättriger Stechdorn → Sanddorn
Weidendorn → Sanddorn
Weidling → Champignon
Wein(spitz)beere → Berberitze
Weinapfel → Johannisbeere
Weinbeere → Heidelbeere
Weinbeeren → Traube
Weinbeerendorn → Berberitze
Weinbeerlein → Berberitze
Weinbergpfirsich → Pfirsich
Weinbrombeere → Brombeere
Weinfersich → Berberitze
Weinkirsche → Schlehe
Weinkraut → Sauerkraut
Weinkrieschel → Johannisbeere
Weinlägel → Berberitze
Weinlaub → Weinblätter
Weinnagerl → Berberitze
Weinnägerlein → Berberitze
Weinsauerkraut → Sauerkraut
Weinscharl(ing) → Berberitze
Weinscheidling → Berberitze
Weinschierling → Berberitze
Weinträubel → Johannisbeere
Weintrauben → Traube
Weinzäpfel → Berberitze
Weiße Apfelbüten → Schlehe
Weiße Beete → Mangold
Weiße Champignons → Champignon
Weiße Kartoffel → Batate
Weiße Kresse → Kresse
Weiße Mandeln → Mandel
Weiße Maulbeere → Maulbeere
Weiße Nuss → Ginkgopflaume
Weiße Rübchen → Steckrübe

Weiße Rübe → Steckrübe
Weiße Sapote → Casimiroa
Weiße Schwarzwurzel → Schwarzwurzel
Weiße Taubnessel → Taubnessel
Weiße Zwiebel → Zwiebel
Weißeldorn → Sanddorn
Weißer Kappes → Weißkraut
Weißer Meerkohl → Meerkohl
Weißer Rettich → Rettich
Weißer Spargel → Spargel
Weißer Yam → Yam
Weißkabis → Weißkraut
Weißkohl → Weißkraut
Weißreis → Reis
Weißrübe → Steckrübe
Weißwurzel → Schwarzwurzel
Weiten → Weizen
Wele → Heidelbeere
Welpern → Heidelbeere
Welsch Lauch → Lauch
Welsche Hagebutte → Hagebutte
Welsche Mispel → Mispel
Welsche Nuss → Walnuss
Welsche Zwiebel → Zwiebel
Welschkohl → Wirsing
Welschkorn → Zuckermais
Welschkraut → Wirsing
Welschnuss → Walnuss
Welschzwiebel → Lauch
Welsh onion → Zwiebel
Wendelbeere → Johannisbeere
Wepdorn → Hagebutte
Wepeln → Hagebutte
Werdendorn → Sanddorn
Wersich → Wirsing
Westindian cherry → Acerola
Westindische Kirsche → Acerola
Westindische Limette → Limette
Westindische Merknuss → Kaschunuss
Westindische Mispel → Sapotillapfel
Westindischer Kürbis → Kürbis
Westindisches Arrowroot → Pfeilwurz
Westlicher Vegetarier → Vegetarier
Wetten → Weizen
Wetterrose → Hagebutte
Wheat → Weizen
White cabbage sprouts → Weißkraut
White cabbage → Weißkraut
White gourd → Kürbis
White sapote → Casimiroa
Whortleberry → Heidelbeere
Wieggi → Johannisbeere
Wieke → Hagebutte
Wiener Mandeln → Mandel
Wienerrettich → Rettich
Wiepe → Hagebutte
Wiepeldorn → Schlehe
Wiepke(s)dorn → Hagebutte
Wieptiuken → Hagebutte
Wiesenblume → Löwenzahn
Wiesenchampignon → Champignon
Wiesengemüse → Gemüse
Wiesenkresse → Kresse
Wild cucumber → Pepino
Wildapfel → Apfel
Wildbirne → Birne
Wilde Brombeere → Brombeere
Wilde Gurke → Pepino
Wilde Keppen → Hagebutte
Wilde Möhre → Karotte
Wilde Rauke → Rauke
Wilde Weinraute → Berberitze
Wilde Zichorie → Löwenzahn+Zichorie
Wilder Kohl → Meerkohl
Wilder Reis → Reis
Wilder Sellerie → Sellerie
Wilder Spinat → Melde
Wilde Zwetsche → Schlehe
Wildfrüchte → Früchte
Wildgemüse → Gemüse
Wildguaven → Guave
Wildgurke → Melone
Wildheidel → Heidelbeere
Wildkartoffel → Topinambur
Wild Lime → Limette
Wildrauke → Rauke
Wildreis → Reis
Wildrosinen → Johannisbeere
Wildspargel → Spargel
Wildweinbeere → Johannisbeere

Wildzwiebeln	→	Zwiebel
Wilking	→	Mandarine
Wimele	→	Himbeere
Wimelte	→	Johannisbeere
Windrose	→	Hagebutte
Wine raspberry	→	Brombeere
Winged bean	→	Bohne
Winged pea	→	Spargelerbse
Wingertsalat	→	Feldsalat
Winnenbeere	→	Heidelbeere
Winter melon	→	Kürbis
Winter purslane	→	Portulak
Winter radish	→	Rettich
Winter squash	→	Kürbis
Winteräpfelchen	→	Preiselbeere
Winterbanane	→	Banane
Winterbeere	→	Moosbeere+Preiselbeere
Wintercress	→	Kresse
Wintergemüse	→	Gemüse
Wintergerste	→	Gerste
Wintergetreide	→	Getreide
Winterheck(en)-zwiebel	→	Zwiebel
Winterkarotten	→	Karotte
Winterkirsche	→	Preiselbeere
Winterkohl	→	Grünkohl
Winterkohlrabi	→	Kohlrabi
Winterkresse	→	Kresse
Winterlauch	→	Lauch+Zwiebel
Wintermelone	→	Kürbis
Winterportulak	→	Portulak
Winterpostelein	→	Portulak
Winterrettich	→	Rettich
Winterroggen	→	Roggen
Winterspargel	→	Schwarzwurzel
Winterspinat	→	Spinat
Winterwirsing	→	Grünkohl
Winterzecke	→	Preiselbeere
Winterzichorie	→	Fleischkraut
Winterzitrone	→	Apfel
Winterzwiebel	→	Zwiebel
Wirrkopf	→	Endivie
Wirsching	→	Wirsing
Wirsingkohl	→	Wirsing
Wirsingkraut	→	Wirsing
Wirz	→	Wirsing
Wisberte	→	Stachelbeere
Wissegemeus	→	Gemüse
Witloof chicory	→	Chicorée
Witloof	→	Chicorée
Witschel	→	Holunderbeere
Witte kool	→	Weißkraut
Woatz	→	Weizen
Woddeln	→	Karotte
Wolbeere	→	Heidelbeere
Wolberten	→	Heidelbeere
Wolfskraut	→	Klette
Wolkenbeere	→	Brombeere
Woll(en)beere	→	Himbeere
Wollbohnen	→	Bohne
Wollmispel	→	Japanische Mispel
Wolper	→	Heidelbeere
Wolwatten	→	Heidelbeere
Wood sorrel	→	Sauerkleeknolle
Woodapple	→	Zitrusfrüchte
Worbel	→	Heidelbeere
Worbelbeere	→	Holunderbeere
Worcesterbeere	→	Stachelbeere
Wortel	→	Karotte
Woudwort	→	Stachys
Wrinkled pea	→	Erbse
Wruke	→	Steckrübe
Wunderförzli	→	Stachelbeere
Wundergütterli	→	Stachelbeere
Wundwegerich-blätter	→	Spitzwegerich
Wurmnessel	→	Taubnessel
Wurstkrippenholt	→	Schlehe
Wurstspinndorn	→	Schlehe
Würzelchen	→	Karotte
Wurzelgemüse	→	Gemüse
Wurzeln	→	Karotte
Wurzelrübe	→	Steckrübe
Wurzelsellerie	→	Sellerie
Wurzelspinat	→	Spinat
Wurzelwerk	→	Gemüse
Wurzelzichorie	→	Zichorie
Würzspinat	→	Spinat
Wutzen(staude)	→	Berberitze

Xanthosoma sagittifolium	→	Tannia
Xuxu	→	Chayote

Yale beets	→	Rote Bete
Yamatoimo	→	Yam
Yame	→	Yam

Yams → Yam
Yamsbohne → Bohne
Yamswurz → Yam
Yamswurzel → Yam
Yang Tao → Kiwi
Yang-Ts'ung → Zwiebel
Yardlong bean → Spargelbohne
Yautia → Tannia
Yellow passion-fruit → Maracuja
Yellow plum → Mirabelle
Yellow rocket → Kresse
Youngbeeren → Brombeere
Youngberry → Brombeere
Yssla → Eisbergsalat
Yuca → Maniok
Yucca → Maniok
Yujaba → Jujube
Yuvianuss → Paranuss

Zahme Eberesche → Vogelbeere
Zahme Hülse → Berberitze
Zahmer Flieder → Holunderbeere
Zahn vom weißen Drachen → Chinakohl
Zahnmais → Zuckermais
Zanahorias → Karotte
Zankerle → Johannisbeere
Zante Currants → Rosine
Zanzibarnüsse → Haselnüsse
Zapallo → Pâtisson
Zäpern → Heidelbeere
Zapote → Sapote
Zapote Blanco → Casimiroa
Zapote colorado → Sapote
Zapote de carne → Sapote
Zapotillo → Sapotillapfel
Zapotl → Sapote
Zarzomoras → Brombeere
Zauberkraut → Taubnessel
Zaufen → Johannisbeere
Zaunrose → Hagebutte
Zauzompfer → Sauerampfer
Zea → Zuckermais
Zea mays var. saccharata → Zuckermais
Zecken → Stachelbeere
Zeckenbeere → Heidelbeere
Zeder → Zitronatzitrone
Zedratzitrone → Zitronatzitrone
Zehrkraut → Stachys
Zeilnägele → Hagebutte
Zeitbeere → Johannisbeere
Zeitebeere → Stachelbeere
Zella → Sellerie
Zeller → Sellerie
Zellerie → Sellerie
Zellernuss → Haselnuss
Zentnerkürbis → Kürbis
Zespri → Kiwi
Zetschken → Holunderbeere
Zette(n) → Heidelbeere
Zeytinli Prasa → Lauch
Zezidien → Apfel
Zibarte → Pflaume
Zibeben → Rosine
Zibele → Zwiebel
Zibetkatzenbaumfrucht → Durion
Zibken → Holunderbeere
Zibulka → Zwiebel
Zichoriensalat → Chicorée+Radicchio
Zickeln → Holunderbeere
Ziegendorn → Hagebutte
Ziegenhornklee → Bockshornklee
Zierbananen → Banane
Zierkirschen → Kirsche
Zierkohl → Weißkraut
Zierkürbisse → Kürbis
Zierquitte → Quitte
Ziest(knollen) → Stachys
Ziest → Stachys
Zigerklee → Bockshornklee
Zimtapfel → Annone
Zimterdbeeren → Erdbeere
Zipfelsalat → Lollo Rossa
Zipolle → Zwiebel
Zipparte → Pflaume
Zippel → Zwiebel
Zitrange → Zitrone
Zitrangequat → Kumquat
Zitronengelb → Zitrone
Zitrulle → Melone
Zitterlbeere → Berberitze
Zitzerl → Berberitze+Stachelbeere
Ziweken → Holunderbeere
Zizania aquatica → Reis
Ziziphus lotus → Jujube

Ziziphus mauritiana → Jujube
Ziziphus vulgaris → Jujube
Zoanken → Schlehe
Zöchbeere → Heidelbeere
Zoete aardappel → Batate
Zoglbirl → Heidelbeere
Zolkerbeere → Brombeere
Zucca → Kürbis
Zucche ornamentali → Kürbis
Zuccherini → Apfelsine
Zucchina → Zucchini
Zucchino → Zucchini
Zuchtchampignons → Champignon
Zuchtpreiselbeere → Cranberry
Zuckerapfel → Annone
Zuckerbeere → Preiselbeere
Zuckerbohnen → Bohne
Zuckerbrechbohnen → Bohne
Zuckererbse → Erbse
Zuckergurken → Gur
Zuckerhut → Fleischkraut
Zuckerkartoffel → Topinambur
Zuckerkopf → Weißkraut
Zuckerkorn → Zuckermais
Zuckerlinsen → Linse
Zuckermelonen → Melone
Zuckerriementang → Meeresalgen
Zuckerschäfe → Erbse
Zuckerschote → Erbse
Zuckertomaten → Tomate
Zuckerwurzel → Erdmandel
Zulunuss → Erdmandel
Zwäbbesten → Holunderbeere
Zwäbesken → Holunderbeere
Zwackholz → Berberitze
Zwangerl → Preiselbeere
Zwebchen → Holunderbeere
Zwengerling → Preiselbeere
Zwerg(blatt)-holunder → Holunderbeere
Zwergapfelsinen → Mandarine
Zwergbrombeere → Brombeere
Zwergerbsen → Erbse
Zwergorange → Kumquat
Zwergpomeranze → Kumquat
Zwerg-Preiselbeere → Preiselbeere
Zwergtomaten → Tomate
Zwergzitrone → Kumquat
Zwerken → Holunderbeere
Zwetschgen → Zwetsche
Zwetschken → Zwetsche
Zwibolle → Zwiebel
Zwicker → Hagebutte
Zwiebelfenchel → Fenchel
Zwiebelgemüse → Gemüse
Zwiebelhäuptel → Zwiebel
Zwiebellaub → Zwiebel
Zwiebelrohr → Zwiebel
Zwiebelschlotten → Zwiebel
Zwiefel → Zwiebel
Zwillingspflaume → Litschi
Zwilsken → Holunderbeere
Zwiweken → Holunderbeere
Zwiwwel → Zwiebel
Zypro-Rosinen → Rosine